Dieses Buch berichtet vom Schicksal einer Familie aus der deutschbaltischen Minderheit in Kurland, dem heutigen Lettland, sowie Russland im 19. Jahrhundert. Gutshof, Garnison und Stadthaus als Mittelpunkte bestimmten ihr Leben.

Die familiengeschichtlichen Nachrichten sind verbunden mit zeitgenössischen Hintergrundtexten. Sie ermöglichen einen besseren Einblick in die damaligen Verhältnisse, die heutzutage kaum noch bekannt sind.

Merkwürdig erscheinen nicht zuletzt manche Parallelen zu den derzeitigen deutsch-russischen Beziehungen.

Ahmad von Denffer hat sich seit seiner Jugend in gelegentlicher Freizeit mit familiengeschichtlichen Forschungen befasst, zwischenzeitlich verschiedene genealogische Beiträge veröffentlicht, und nun, altersbedingt beruflich nicht mehr beansprucht, eine Auswahl des gesammelten Materials zu dem Buch „Gutshof, Garnison und Stadthaus" verarbeitet.

GUTSHOF, GARNISON UND STADTHAUS

Episoden aus drei Dekaden einer deutschbaltischen Familiengeschichte

Ahmad von Denffer

DEN MEINIGEN

Bibliografische Information der Deutschen Nationalbibliothek:
Die Deutsche Nationalbibliothek verzeichnet diese Publikation in der
Deutschen Nationalbibliografie; detaillierte bibliografische Daten sind
im Internet über http://dnb.dnb.de abrufbar.

Verlag: BoD · Books on Demand GmbH, In de Tarpen 42, 22848 Norderstedt
Druck: Libri Plureos GmbH, Friedensallee 273, 22763 Hamburg
ISBN: 978-3-7597-6188-0

INHALT

※

باسمه تعالى

VORBEMERKUNG

Ein Land, das es nicht mehr gibt

Ein Land, das es nicht mehr gibt, war Kurland. Sein ehemaliges Territorium ist heutzutage Teil von Lettland, das insgesamt nicht einmal 2 Millionen Einwohner hat. Etwa 50 000 Deutschbalten lebten dort noch bis zu ihrer Umsiedlung 1939 kurz nach Beginn des Zweiten Weltkriegs. Damals, so wird erzählt, habe eine Schülerin den Aufsatz verfaßt: „Vor siebenhundert Jahren zogen die Balten mit klirrenden Waffen über das Meer, um das Land zu erobern. Gestern um halb drei kamen sie zurück, unverrichteter Dinge!" [1]

In Wirklichkeit war es eine Tragödie. Nicht nur, daß diesen Menschen Heimat und Zuhause verlorengingen, die Umsiedler wurden auch überwiegend nicht, wie es in diesem „Pratchen" [2] eher beschönigend heißt, „auf Städte und Dörfer in Pommern verteilt und notdürftig untergebracht". In Pommern kamen nur wenige unter. Die Mehrheit hatte sich, notgedrungen sagt man, im besetzten Polen ansiedeln lassen. Nur einige Jahre später wurden sie 1945 zu Flüchtlingen. Die meisten fanden in Deutschland Zuflucht, die übrigen andernorts, von Australien bis Kanada. Einer der Kurländer-Nachkommen ist Ahmad von Denffer. Er schrieb dieses Buch.

Zu diesem Buch

Nachdem ich das Licht der Welt erblickte, erhielt ich nicht nur eine Geburtsurkunde, sondern auch eine kleine Karte aus grauem Papier. Ich habe sie noch. Darauf steht „Flüchtlings-Ausweis… AFT/H 605699… der Britischen Zone…" mit meinen Personalien. Interesse an der Herkunft der Meinigen und ihrer Geschichte hat mich mein Leben lang begleitet. Schon als Kind habe ich immer wieder von der „Heimat" gehört,

---

[1] Kaehlbrandt, L.: Gestern sind sie zurückgekommen…, Köln 1995, 23.
[2] Schnurre, Anekdote.

als kleiner Junge das bunte Familienwappen nachgemalt, als Jugendlicher mit Erkundungen begonnen, als Erwachsener ernsthaft recherchiert, nicht immer, aber immer wieder. Das war mir nützlich, denn es hat mich auf verschiedene Weise belehrt, mir Freude bereitet und zugleich Entspannung von beruflich bedingter Anspannung verschafft. Zugegeben, manchmal war es auch anstrengend und nicht immer erfolgreich. Jedoch hat es mir Wissen auf unterschiedlichen Gebieten teils erweitert, teils vertieft und auch neu erschlossen. Es war der Versuch, das Leben von Menschen zu verstehen, die mir im Vergleich zu den allermeisten, irgendwie doch am nächsten sind, obwohl ich sie persönlich nie getroffen habe und überhaupt in einer anderen Zeit und völlig anderen Gesellschaft lebe als sie.

Nicht ganz neu sind Auffassungen, denen zufolge der Mensch sein Selbstverständnis dadurch zustande bringt, daß er sein Leben als eine Geschichte anlegt, indem er, überwiegend unbewußt und teils doch bewußt, aus Erfahrungen und Erinnerungen immer wieder neu zusammenstellt, was er nach seiner Ansicht ist, woher das kommt, und wie er sein möchte. Wenn das zutrifft, dann gehört auch Familiengeschichte dazu und ist Familiengeschichtsforschung nur eine Erweiterung des Horizonts, gewissermaßen das Geschichtenerzählen für Fortgeschrittene, das zur Vertiefung des Selbstverständnisses beiträgt und ebenso aber auch eine Ablenkung von der Vertiefung des eigenen Selbstverständnisses sein kann.

Und vielleicht ist ja das, was da geschieht, der Arbeit des Archäologen ähnlich. Er gräbt Relikte aus, die seit langem ihrem Herkunftskomplex entfremdet verschüttet irgendwo liegen, bringt sie ans Tageslicht und meint, sie deuten zu können. Mangels anderer Möglichkeiten muß er sie mehr oder weniger aus ihnen selbst erschließen. Familiengeschichtsforschung kann man entsprechend betreiben, aber auch anders, nämlich wie die Arbeit in einem Steinbruch, aus dem Baustücke gewonnen werden, zur Ergänzung der ausgegrabenen Überreste, für die Errichtung eines Denkmals zur Erinnerung. Mir ist bewußt: Die Wirklichkeit der Altvorderen ist nicht die meine, kann es nicht sein. Ich kann nicht berichten, was war und wie es war, sondern ich berichte nur, was ich gesehen und gehört und wie ich es gesehen und gehört habe.

Allen, die durch Hinweise, Mitteilungen und Unterlagen dazu beigetragen haben, möchte ich ausdrücklich Dank sagen und dabei gern auch den langjährigen Austausch mit Enno, Hansi und Walter zu verschiedenen Gelegenheiten einschließen.

Als ich einmal Herbert nach Grafenthal fragte, sagte er mir, er sei nie dort gewesen, wisse kaum etwas darüber und meinte: „Diese Zeit ist sehr vernachlässigt worden." [3] Tante Tali habe ihm von einer besonderen Methode des Zahnziehens erzählt, auch die Geschichte vom Kanonenöfchen, die er leicht verzerrt wiedergab, und ebenso die vom versäumten Nachzählen des Geldes beim Verkauf des Gutes, doch soll die „Schuldige" die Gutsbesitzerin selbst gewesen sein. Vom Erbteil, so Herbert weiter, haben die Schwestern gut leben können. Er habe aus dem Nachlaß der Tanten fünf Löffel erhalten, wo sie sind, wußte er nicht, bei ihm oder bei seinem Sohn, er war damals über 80 Jahre alt. Nachstehend folgt mehr zu diesen und anderen Geschichten.

Doch zuvor noch ein Hinweis, den ich nicht übergehen will, auf das „familiengeschichtliche Reisen". Beruflich bedingt war ich viel gereist, manchmal kam ich dabei auch an Orte von familiengeschichtlichem Interesse und konnte dabei freie Zeit nutzen, Gott sei Dank. Bedeutsamer und ergebnisreicher aber waren natürlich Reisen, die ich unmittelbar für familiengeschichtliches Forschen unternahm und dann entsprechend plante und vorbereitete. Nicht nur das Auffinden von Archivunterlagen, sondern auch das Aufsuchen von Orten, die in der Familiengeschichte Bedeutung hatten, das Durchstreifen der Landschaften und der Städte, in denen die Altvorderen lebten, das Aufsuchen ihrer Wohnstätten, Betreten ihrer Kirchen und Stehen an ihren Gräbern, sofern erhalten, selbst das Antreffen von Menschen, denen der Name etwas sagte, all das verband mich auf gewisse Weise mit dieser Geschichte und ihren Personen, und natürlich umso mehr und vertiefter, wenn es sich wiederholte. Dadurch entstand verdichtete Kontinuität zwischen ihnen und mir, die Familiengeschichte und meine eigene Geschichte verwoben sich deutlicher und mehr als zuvor zu e i n e r Geschichte, und damit wurde Familiengeschichte noch auf besondere Weise zu einem Teil meiner Geschichte und meine Geschichte ein Teil der Familiengeschichte.

Die im Laufe von Jahrzehnten erlangten Informationen über die „Grafenthal'sche Zeit" darf ich, im fortgeschrittenen Alter beruflich nicht mehr beansprucht, nun zusammenstellen. Auch das ist wiederum lehrreich und macht Freude, und wenn Leser einen Gewinn davon haben, wird es meine Freude nur mehren.

Die bekanntgebliebenen und bekanntgewordenen Nachrichten über die Familienangehörigen habe ich durch die Verbindung mit Auszügen aus verschiedenen zeitgeschichtlichen Quellen zu erhellen versucht. Deren Orthographie wurde nicht

---

[3] Gesprächsnotiz 20.4.1988.

vereinheitlicht, auch auf streng wissenschaftliche Umschrift und Gesamtbibliografie wurde verzichtet. Die Literaturangaben sind vollständig in den Fußnoten mitgeteilt, Verweise auf Quellen und Archive sind wie vorgefunden wiedergegeben. Umbenennungen von Archiven, die insbesondere in Russland, aber auch außerhalb, im Laufe der Geschichte und während der Jahrzehnte meiner Recherchen teils mehrfach erfolgten, blieben unberücksichtigt. Die Abkürzung DBGG steht für „Deutsch-Baltische Genealogische Gesellschaft" in Darmstadt, KB steht für „Kirchenbuch", LVVA für „Latvijas Valsts vēstures arhīvs" (Lettlands Staatliches Historisches Archiv) in Riga, RGIA für „Rossijskij Gosudarstwenij Istoritscheskij Arkhiw" (Russisches Staatliches Historisches Archiv) in St. Petersburg, TsGIA für „Tsentralnij Gosudarstwenij Istoritscheskij Arkhiw Sankt-Peterburga" (Zentrales Staatliches Historisches Archiv St. Petersburg).

Manche Passagen mögen vielleicht auf den ersten Blick etwas langatmig erscheinen, wie etwa, wenn auch schon gekürzt, die Schilderungen von Militärkampagnen, die wiederholten Skizzen der jahreszeitlichen Wetterverhältnisse oder des alljährlich wiederkehrenden Johannis-Festes. Doch all dies kann einen tieferen Eindruck von den seinerzeitigen Lebensverhältnissen bewirken, der langen Dauer der wochenlangen Fußmärsche und den Strapazen der Kampagnen überhaupt, der Mühsal der Feldarbeiten, deren Erfolg weitgehend von der Witterung und letztlich vom Segen Gottes abhängig blieb und deren Bilanz sich am Johannis-Tag kundtat.

Und schließlich: In diesem Text gibt es viele Sterbenachrichten. Das ist nur natürlich. Der Tod gehört zum Leben, und wo vom Leben berichtet wird, gehört auch der Tod dazu. Es kann nicht schaden, sich in Erinnerung zu rufen, wie es im Koran heißt:

„Wir sind ja Gottes, und zu Ihm kehren wir ja zurück." [4]

---

[4] Koran Sure 2:156.

ZUR ORIENTIERUNG

Familiengeschichte und Allgemeingeschichte

Familiengeschichte, selbst wenn nur episodisch und ohnehin anders nicht möglich, ist Teil der Allgemeingeschichte. Beide sind auf vielfältige Weise miteinander verbunden und somit im Zusammenhang zu sehen. Alle Verflechtungen zu kennen und darzustellen, ist gleichfalls nicht möglich, doch auch unvollständige Hinweise können ein besseres Verständnis bewirken. Zur Orientierung folgt deshalb zunächst eine recht grobe Skizze des Hintergrunds für die anschließenden familiengeschichtlichen Episoden. Sie betreffen Geschehnisse aus drei Dekaden, die in etwa das zweite Drittel des 19. Jahrhunderts umfassen. Damals ersetzte die Dampfkraft in vielen Bereichen die Kräfte von Mensch und Tier und führte zur Entwicklung von teils völlig neuartigen Arbeitsgerätschaften wie etwa den mechanischen Spinnmaschinen und Webstühlen, dem Dampfpflug und der Getreidemähmaschine. Dampfschiffe ersetzten zunehmend Segelschiffe, Dampflokomotivzüge die Postkutschen. Seither veränderte sich das Überwinden von Wegstrecken und Entfernungen in ungeahntem Ausmaß. Eisenbahnen transportierten in immer mehr Ländern mehr und mehr Menschen und Güter über immer weitere Entfernungen in immer kürzerer Zeit. Darüber hinaus wurden bedeutsame Fortschritte im Bereich der Elektrizität gemacht. Zwar dauerte es noch viele Jahre bis zu ihrer alltäglichen Nutzung, doch begann nun ein zunehmender Wandel der Lebensgestaltung mit weitreichenden Folgen, wie etwa durch die Telegrafie und die Erfindung der Glühbirne 1854. Die beginnende Industrialisierung verdrängte zunehmend die traditionellen Verhältnisse. Nicht zuletzt veränderte sich das Weltbild der Menschen. Karl Marx und Friedrich Engels veröffentlichten 1847 das „Manifest der Kommunistischen Partei“, 1853 erschien von Arthur de Gobineau der „Versuch über die Ungleichheit der Menschenrassen“ und 1859 Charles Darwins „Über die Entstehung der Arten“. Die Grundlagen für die beiden großen menschengemachten Katastrophen des nächsten Jahrhunderts wurden gelegt.

Vom Wiener Kongress zum Krim-Krieg

Aus unserer heutigen Perspektive war das in Mitteleuropa die Zeit des Vormärz und des Biedermeier, die Zeit der Restauration, darauf folgender Revolutionen und der Reaktion. In Russland, zu dem das Baltikum damals gehörte, war es die Zeit der Herrschaft des Zaren Nikolai I., geprägt von Expansion und Repression. Was unsere

Großeltern im Baltikum als Schüler hierüber zu lernen hatten, ist einem Schulbuch zu entnehmen:

„Auf dem Wiener Kongress sollte die zukünftige Gestaltung Europas im Einzelnen beraten werden... Im zweiten Pariser Frieden wurde Frankreich auf die Grenzen von 1790 beschränkt und Ludwig XVIII. wieder eingesetzt. Der Wiener Kongress setzte seine Verhandlungen fort bis zur Schlussakte vom 9. Juni 1815... Russland erhielt den grössten Teil des Grossherzogtums Warschau als Königreich Polen ... An Stelle des ehemaligen römischen Reiches deutscher Nation trat der deutsche Bund mit 39 souveränen Staaten. Bundesbehörde war der Bundestag zu Frankfurt a. M. ... den meisten Einfluss hatte... der österreichische Staatskanzler Fürst Metternich. Zur Aufrechterhaltung des europäischen Friedens schlossen die 3 Monarchen von Russland, Oesterreich und Preussen noch zu Paris die heilige Alliance, welcher die meisten europäischen Staaten beitraten. ...

In Spanien ... entstand im Jahre 1820 ein Aufstand ... Die Erhebung in Spanien bewirkte auch im Königreich Neapel einen Aufstand, der, wie in Spanien, auf Beschluss der heil. Alliance mit österreichischen Truppen unterdrückt wurde. ...

Beinahe vier Jahrhunderte hatten die Griechen die Herrschaft der Türken ertragen müssen. Jetzt, durch das Beispiel der Spanier und Italiener angefeuert, und in Hoffnung auf Hilfe von Seiten des glaubensverwandten Russlands, dem Serbien eine selbständigere Stellung gegenüber dem Sultan (seit 1817) verdankte, erhoben sich die Griechen 1821. Anfangs hielten die Grossmächte sich zurück ... Dann aber nahmen England, Frankreich und Russland 1827 für die Griechen Partei, ihre vereinigten Flotten siegten ... Kaiser Nicolai I. von Russland (seit 1825) schickte seinen Feldherrn Diebitsch über den Balkan und erzwang 1829 den Frieden von Adrianopel, in welchem Griechenland mit Ausnahme von Epirus und Thessalien einen unabhängigen Staat bilden sollte. Nach unglücklichen inneren Streitigkeiten wurde 1832 der bairische Prinz Otto zum König gemacht...

Die Juli-Revolution 1830 und ihre Folgen

In Frankreich regierte Ludwig XVIII. bis 1824. Auf ihn folgte sein Bruder Karl X., ein Mann, der die königliche Macht ganz so wieder herstellen wollte, wie sie vor der Revolution gewesen war. Er begünstigte den Adel und die Jesuiten. Die Nichtachtung der Verfassung führte seine Vertreibung im Juli 1830 herbei. Es hatte sein gesunkenes Ansehn nicht herstellen können, dass er im selben Monat Algier erobern liess...

Das Königreich der Niederlande war der erste Staat, der... von der Juli-Revolution... erschüttert wurde. Die südlichen, von katholischen Franzosen bewohnten Provinzen erhoben sich gegen die protestantischen Holländer, welche der König Wilhelm ungebührlich bevorzugte. Unter Mitwirkung der Grossmächte, namentlich Englands, entstand 1831 ein selbständiges Königreich Belgien, das unter dem erwählten König Leopold I. von Coburg eine freie Verfassung erhielt.

In Polen brach gleichfalls ein Aufstand aus. Der Statthalter, Grossfürst Konstantin, der Bruder des Kaisers Nikolai, wurde aus Warschau vertrieben. Aber bald wurden die unter sich uneinigen Polen von Diebitsch Sabalkansky bei Ostrolenka (am Narew) 1831 und nach dessen durch die Cholera herbeigeführtem Tode von Paskewitsch bei Warschau besiegt. Die von Alexander I. verliehene Verfassung wurde aufgehoben, und Polen durch das „organische Statut" den übrigen Gouvernements gleichgestellt.

Das deutsche Volk hatte an die Befreiung von der französischen Fremdherrschaft die Hoffnung geknüpft, das... 1806 aufgelöste Reich werde jetzt in einer neuen Form... wieder erstehen. Diese Hoffnung war nicht in Erfüllung gegangen... Als die Juli-Revolution in Paris ausbrach, begannen auch in Deutschland Unruhen...

Die Februar-Revolution 1848 und ihre Folgen

Frankreich... Der König suchte sich auf die gebildeten Mittelklassen zu stützen, die in der konstitutionellen Monarchie das Heil Frankreichs sahen. Bald aber wurde... die Partei der Socialdemokraten mächtiger und mächtiger. Ihre Lehren von dem gleichen Recht aller Menschen auf Herrschaft und Besitz regten die Massen auf. Es kam im Februar 1848 zu einem Aufstande... Der König wurde vertrieben und an die Spitze des Staats trat eine provisorische Regierung... Eine rasch zusammentretende „Nationalversammlung" arbeitete eine republikanische Verfassung aus... allein die Republik hatte doch keinen langen Bestand. Louis Napoleon, der Sohn des Königs Ludwig von Holland, wusste durch Versprechungen und Bestechungen in einer allgemeinen Volksabstimmung (Plebiscit) seine Wahl zuerst zum Präsidenten der Republik, dann aber am 2. December 1852 zum Kaiser der Franzosen durchzusetzen. Die Massen waren gebändigt, aber auch die Freiheit der Bürger vernichtet.

In Oesterreich brach gleich nach dem Sturze Louis Philippe's eine Revolution aus. Metternich wurde gestürzt und der Kaiser Ferdinand, der Sohn Franz I., dankte ab zu Gunsten seines Neffen Franz Joseph.

Die Ungarn, die nach nationaler Selbständigkeit strebten, wurden durch ein russisches Hilfsheer unter Paskewitsch unterworfen.

Der Kaiser Franz Joseph verlieh übrigens nach längeren Revolutionsstürmen Gesammtösterreich eine Verfassung (März 1849). Auch in Preussen… entstand eine Volksbewegung, die damit endete, dass der König dem Staate eine Verfassung verlieh. Die Vertretung des Volkes bestand aus 2 Kammern: Herren-Haus (vom König ernannte Mitglieder) und Abgeordneten-Haus (vom Volke erwählt).

Da der Bundestag dem allgemeinen Verlangen nach einer Umgestaltung des deutschen Bundes zu einem freiheitlichen deutschen Gesammtstaat nicht zu genügen vermochte, so trat am 18. Mai 1848 eine aus allgemeinen Volkswahlen hervorgegangene deutsche Nationalversammlung… in Frankfurt a. M. zusammen… (und) arbeitete eine ganz Deutschland (mit Ausschluss Oesterreichs) umfassende Reichs-Verfassung aus. An der Spitze des Reiches sollte der König von Preussen als erblicher Kaiser stehen. Friedrich Wilhelm IV. aber schlug die Krone aus, um nicht mit dem Kaiser von Oesterreich und anderen deutschen Fürsten in Konflikt zu geraten. Nach vergeblichen Verhandlungen der Fürsten untereinander wurde 1851 der Bundestag wieder hergestellt.

Russland und der Krimkrieg

Auf Kaiser Alexander I. war 1825 sein Bruder Nikolai Pawlowitsch (1825-1855) gefolgt. Dieser Herrscher erhöhte noch die Macht und den Einfluss Russlands in Europa, welche durch die Kriege mit Napoleon begründet worden waren. Diese seine Stellung suchte Nikolai zu benutzen, um die Lage der Christen auf der Balkan-Halbinsel zu verbessern. Er forderte vom Sultan das Protektorat (Schutzrecht) über alle Christen im ganzen türkischen Reiche und besetzte, als seine Forderung nicht gewährt wurde, die Donaufürstentümer Moldau und Wallachei. Da erklärte die Pforte, unterstützt von England und Frankreich, den Krieg. Der russische Admiral Nachimow vernichtete die türkische Flotte bei Sinope (am Nordrand Klein-Asiens) 1853; aber aus den Donaufürstentümern zogen sich die Russen zurück, als 1854 auch Oesterreich eine feindliche Haltung annahm. Der Hauptschauplatz des Krieges wurde jetzt die Krim. Die verbündeten Engländer und Franzosen, später auch die Sardinier, belagerten die Festung Sewastopol … Beinahe ein halbes Jahr hatten die Feinde vergebliche Angriffe gemacht, als Kaiser Nikolai am 18. Februar 1855 starb. Sein Sohn Alexander II. (1855-1881) setzte den Krieg fort. Nach einem Jahre tapferster Verteidigung fiel Sewastopol am 11. September 1855. Bald darauf eroberte Murawieff die Festung Kars im Kaukasus. 1856. Auf dem Friedenskongress in Paris wurde festgesetzt, dass Russland einen schmalen Grenzstrich in Bessarabien an die Moldau abtreten, und ebenso wie die Türkei nur 10 leichte Kriegsschiffe im schwarzen Meer zur Bewachung der Küste halten sollte. Der Sultan musste versprechen, die Christen seinen übrigen Unterthanen in jeder Beziehung gleich zu stellen. …

Während des Krimkrieges waren die Russen über den Kaukasus bis Kars vorgedrungen. Letztere Festung wurde zwar im Pariser Frieden wieder an die Türkei herausgegeben, aber der eigentliche Kaukasus blieb in russischem Besitz. Die Bergvölker mussten sich definitiv Russland unterwerfen. Der tapfere Tscherkessen-Führer Schamyl fiel 1859 in die russische Gefangenschaft." [5]

Vom Leben und Treiben in merkwürdigen Gegenden

Einer der bekanntesten Reiseschriftsteller des 19. Jahrhunderts war Johann Georg Kohl (1808-1878) aus Bremen. Über das Baltikum berichtete er als außenstehender Beobachter, kannte jedoch die Verhältnisse vor Ort aus eigener Anschauung, denn er war seit 1830 sechs Jahre als Hauslehrer in Kurland tätig gewesen. Seine Schilderungen können helfen, sich eine Vorstellung von den dortigen Lebensumständen seinerzeit zu machen, „von dem Leben und Treiben in jenen in so vielfacher Hinsicht, durch ihre bunte Bevölkerung, durch ihre eigenthümliche Natur, durch ihre interessante Vergangenheit und durch ihre bedeutungsvolle Zukunft merkwürdigen Gegenden." [6] Kohl war sich darüber im Klaren, daß er als Außenstehender schrieb, meinte aber auch, als solcher eher unparteiisch zu sein. [7] Weil sich aus inländischer parteilicher Sicht aber teils unterschiedliche Auffassungen ergaben, sind solche im Folgenden gelegentlich mitgeteilt.

---

[5] Girgensohn, J.: Leitfaden der allgemeinen Weltgeschichte für die unteren Klassen der baltischen Gymnasien. Teil III: Die neue Geschichte, Riga 1883, 90 ff.
[6] Kohl, J.G.: Die deutsch-russischen Ostseeprovinzen oder Natur- und Völkerleben in Kur-, Liv- und Esthland. Erster Theil, Dresden Leipzig 1841, IV; 29 f.
[7] Kohl, VI f.

Landwirtschaft und Güter

Die Landwirtschaft Kurlands war im wahren Sinn des Wortes das Gegenteil brotloser Kunst. „Seit langen Jahrhunderten", so belehrt uns Kohls Darstellung,[8] „gehen die Cerealien der deutschen Ostseeprovinzen in alle Welt. Schweden, Holland, England und andere Länder wurden mit dem Brode dieser merkwürdigen Kornkammern seit undenklicher Zeit gefüttert. Die liv- und kurländischen Saaten werden auf allen Märkten als vorzüglich gelobt, und… stehen… im beßten Renommee und in höherem Preise als das Korn aller anderen Länder…"[9]

„Es ist kaum ein Stück zu nennen, in welchem die baltische Ackerwirthschaft der unseren gliche. Sämmtliche Ackergeräthe sind von den unsrigen völlig verschieden, der Complex der Güter ist ein anderer, die Zeiten der Aussaat, des Düngens und der Ernte sind total andere, die Herdenwirthschaft, die Holzwirthschaft, die ganze Organisation einer Gutsherrschaft sind bis in die kleinsten Details der Oekonomie eigenthümlich und originell…"[10]

„Die Organisation eines jeden jener 2500 Gutsgebiete ist in den Hauptzügen so ziemlich durch ganz Kur-, Liv- Esthland dieselbe und zwar folgende: An einem See, auf einem Hügel oder an einem Flußufer liegt die Residenz des Gutes, der Sitz der Gutsherrschaft, auf Lettisch „Muisha" *) , auf Esthnisch „Mois", auf Deutsch „der Hof" genannt, bestehend aus einem Wohnhause, einer Herberge für die Gäste, einer Wohnung für die Beamten, aus Stallungen, Gärten, Gewächshäusern, Mühlen, Krügen, Wirthshäusern, Branntweinbrennereien u.s.w., zusammengenommen oft 20 bis 30 verschiedenen Häusern, umgeben von Gärten, Parks, Gehölzen und von den schönsten Aeckern des Gutes, dem sogenannten „Hofesfelde." Diese schönen Aecker des Hofesfeldes sind der Kern des ganzen Gutes, und auf ihnen beruht der Hauptertrag der ganzen Wirthschaft.

Die Bestellung des Hofesfeldes ist der Hauptzweck aller im Gebiete wohnenden Bauern. Die Größe des Hofesfeldes hängt daher lediglich von der Größe der Anzahl und Kraft der Bauerschaft ab. Diese wohnt in mehr oder minder großer Entfernung

---

[8] Kohl, J.G.: Die deutsch-russischen Ostseeprovinzen oder Natur- und Völkerleben in Kur-, Liv- und Esthland. Erster Theil, Dresden Leipzig 184, 368-421 im Auszug.
[9] Kohl, 368.
[10] Kohl, 370.
*) Das „sh" ist wie das französische „g" vor „e" und „i" auszusprechen.

vom Hofe in den ihn umgebenden Wäldern und Sümpfen, auf den Hügeln und an den Bächen umher zerstreut, in einzelnen kleinen Bauerhöfen, die in Lettland „Gesinde" (lettisch „Ssete") genannt werden. Diesen Gesinden sind wieder kleine Stückchen Land oder verschiedene kleine Flicken zugetheilt, welche die Bauern zu ihrem eigenen Unterhalte bestellen, indem sie dann außerdem noch zu bestimmten Tagen zum Acker des Herrn kommen, um das Hofesland zu bearbeiten.

Die kleinen Güter haben keine anderen Bestandtheile als eben dieses „Hofesland" und die „Aecker der Gesinde." Die größeren aber, bei denen die Entfernungen zum Hauptgute zu weit sind, haben noch mehre Neben- oder Beigüter in ihrem Gebiete errichtet, welche „Beihöfe" oder auch „Hoflagen" genannt werden. Diese „Beihöfe" haben dann wieder ihre „Beihofsfelder" und ihre ihnen zugetheilten umwohnenden Bauern… Die Ländereien, welche den Bauerhöfen zugetheilt sind, zerfallen wieder in eine Menge kleiner Stückchen. Die Hauptsache gehört dem Wirthe des Gesindes. Doch ist ein Stück besonders für den Knecht, ein Flickchen zum Flachs für die erste Magd, ein noch kleineres Stückchen für die zweite u.s.w. bestimmt. Da jeder Bauer ganz selbstständig für sich besteht, sein eigener Schneider, Weber, Tischler, Schuster u.s.w. ist, so muß daher auch jedes Gesinde Alles haben, es ist ihm daher außer dem Roggen, Gersten- und Flachslande auch ein Flickchen Schafweide, ein Stückchen Viehweide, eine Partie Buschland, ein Gehölzchen, ein Wässerchen, ein Aeckerchen Flachsland, ein Gärtchen, ein Bienenhöfchen u.s.w. zugetheilt." [11]

※

Landbesitz

Von den Ländereien „mögen ungefähr zwei Drittel in adeligem Privatbesitze sein. Nicht ganz ein Drittel mag der Krone gehören. Ein nicht ganz unbedeutender Theil wird von den lutherischen Predigern verwaltet. Einige Güter gehören der Corporation der Ritterschaft zur Bestreitung der Kosten des Landtages, des Deputirten-Hauses, und ganz Unbedeutendes endlich besitzen die Städte. Alle Güter theilen sich demnach in „Privatgüter, Krongüter, Pastoratsgüter, Ritterschafts- und Stadtgüter."

---

[11] Kohl, J.G.: Die deutsch-russischen Ostseeprovinzen oder Natur- und Völkerleben in Kur-, Liv- und Esthland. Erster Theil, Dresden Leipzig 1841, 374 ff.

Die Krongüter werden in der Regel in „Arrende gegeben" (verpachtet). Gewöhnlich nehmen sie deutsche Edelleute in „Arrende." Doch ist es auch für alle anderen Stände ein Gegenstand der Speculation und des Gewinnmachens, solche Arrende zu billigen Pachtpreisen zu erlangen. Sehr viele von diesen Krongütern überläßt die Krone zu solchen billigen Preisen als eine Art von Belohnung an Die, welche sie auszeichnen und belohnen will. Daher vernimmt man oft: „Dieser oder Jener hat eine schöne Arrende erhalten." Sehr häufig verleiht die Krone dergleichen Güter auch ohne allen Pachtpreis an verdiente Männer auf 10, 20, ja 50 Jahre.

Die „Pastorate" sind ebenso zusammengesetzt wie die herrschaftlichen Güter, haben ihr Hofesfeld, ihr Gesinde, ihre Gärten, Wälder, Fischereien, Wiesen u.s.w. Ein Pastor in den Ostseeprovinzen ist ein eben solcher gnädiger Gutsherr wie sein adeliger Patron selber. Daher erhält er auch das Beiwort „zenigs". Die Letten nennen ihn „zenigs mazitais" (gnädiger Lehrer) wie ihren Herrn „zenigs kunx." [12]

Roggen und andere Ackerpflanzen

„Entschieden ist das Hauptproduct des Landes der Roggen, dem dieses kühle, feuchte Klima der nördlichsten gemäßigten Zone so wohl zu behagen scheint, daß er fast nirgends in größerer Vollkommenheit erscheint als hier. Allerdings wird auch noch Weizen bis nach Finnland hin erzielt, jedoch nur zum eigenen Bedarf und nur Weniges zur Ausfuhr. Auch Gerste und Hafer giebt der Acker, und zwar besonders die erste in nicht geringer Menge. Doch bildet Roggen so sehr die Hauptsache der ganzen Landwirthschaft und des ganzen Handelsverkehrs des Landes, daß gegen ihn alles Andere unbedeutend zu nennen ist, und daß von der guten oder schlechten Roggenernte und den guten oder schlechten Roggenpreisen das Wohl und Wehe der Provinzen abhängt. Bei guter Roggenernte verschmerzt man leicht die schlechte Ernte des Sommergetreides und die verdorbene Heuernte.

Die ganze Ackerwirthschaft wird dadurch, daß sie sich der Hauptsache nach um dieses eine Getreide dreht, außerordentlich vereinfacht, und hundert Rücksichten, die man anderswo zu nehmen hat, fallen hiermit weg. An Mais und Spelz ist natürlich noch weniger zu denken als an Weizen, noch weniger aber an Färbepflanzen, Krapp,

---

[12] Kohl, J.G.: Die deutsch-russischen Ostseeprovinzen oder Natur- und Völkerleben in Kur-, Liv- und Esthland. Erster Theil, Dresden Leipzig 1841, 376 f.

zuckergebende Runkelrüben und andere den Manufacturen dienende Gewächse. Ueberhaupt sind alle andere, dem Menschen Nahrung gebende und insbesondere alle solche Pflanzen, die auch dem Gartenbau nahe stehen und dem Gärtner zum Theil ebenso angehören wie dem Ackersmann, Rüben, Kartoffeln, Wurzeln, Kohlarten, sehr wenig manchfaltig und zahlreich, weil Roggenbrod und Gerstengrütze die vornehmsten und fast ausschließlichen Nahrungsmittel des gemeinen Mannes sind.

Ebenso einfach oder noch einfacher ist der Anbau der das Vieh nährenden Pflanzen. Gewöhnlich begnügt man sich in dieser Hinsicht mit Dem, was die Natur in den Sümpfen und feuchten Gründen aufsprossen ließ, und alle die zahlreichen Futterkräuter, die unsere Landwirthe mühselig anbauen, sind hier unbekannt… Das kleine magere Vieh des Landes ist genügsam, wie die Menschen. Beide haben vollauf, wenn Gott seinen Segen gab, und that er das nicht, so helfen sie sich kümmerlich durch, in der Hoffnung auf den Ueberfluß des kommenden Jahres.

Der Flachs- und Hanfbau ist in Kur- und Esthland auch nur unbedeutend. In der Regel producirt man nur so viel von jenen Pflanzen, als man zum eigenen Hemde nöthig hat… Auch das Holz wird nur für den eigenen Ofen und die eigene Wohnung gefällt…" [13]

※

Feldarbeit

„Wo irgend eine Arbeit verrichtet wird, da sind es immer hundert Hände, die auf ein Mal zugreifen. Die Menschen sind mehr oder weniger träge und untüchtig. Daher muß man immer ein Dutzend anstellen, wo man bei uns mit einem Paar genug hätte… Wenn ein neues Feld aufgerissen, ein Wald ausgerodet werden soll, welches Getümmel! Die halbe Mannschaft des Gutes, zuweilen 300 bis 500 Mann, ist dazu zusammengerufen. Mit ihren kleinen Aexten stürzen sie sich in's Gehölz, hacken, reißen um, graben und brechen die Wurzeln aus, wirthschaften und hauen, wie die Zwerge von Prinzessin Schneewittchen, und ehe man sich's versieht, ist das Gehölz verschwunden, die Bäume liegen zerstückelt und zersägt in hundert Haufen, und fünfzig Pflüge ziehen in die weiche Ackerkrume Furche an Furche, jede eine halbe englische Meile lang!

---

[13] Kohl, J.G.: Die deutsch-russischen Ostseeprovinzen oder Natur- und Völkerleben in Kur-, Liv- und Esthland. Erster Theil, Dresden Leipzig 1841, 377 ff.

In der Ernte ist es Dasselbe, hundert Sicheln, die da schneiden, zweihundert Weiberhände die da raffen, und fünfzig Wägelchen, die beladen nach Hause wackeln. In der Heuernte ist es wieder nicht anders. Die Wagen sind nicht zu zählen, die, mit Kräutern beladen, in langen Reihen aus den sumpfigen Heuschlägen heranschwanken.*) Bei den Waldarbeiten im Winter ziehen die Bevölkerungen ganzer Dorfschaften in den Wald, die Bauern zu Schlitten…

Eine der merkwürdigsten Arbeiten ist das Pflügen der großen Hofesfelder. Aus allen Weltenden, zwei, drei Meilen weit, kommen sie dazu an dem bestimmten Tage, den der reitende Wagger [14] oder Kubbias [15] dazu ansagte, herangetrabt. Ihre Ackerwerkzeuge sind klein, leicht und, obgleich anscheinend sehr roh und kunstlos gestaltet, doch sehr zweckmäßig und dem zu bearbeitenden Boden so angemessen, daß man bisher noch immer vergebens und ohne Erfolg versuchte, sie durch andere, aus der Fremde gekommene Geräthe zu ersetzen. Die Egge z. B. besteht aus mehren jungen Tannenbäumen, an denen man die kurz abgehauenen Zweige als Zinken stehen ließ, und die man dann durch Querhölzer mit einander verband. Keine künstliche Egge soll bessere Dienste leisten als dieses so rohe Instrument. Der im Lande allgemein gebräuchliche Haken, - einen Pflug kennt man nicht - der in der Form, wie er hier erscheint, bei keinem Volke, außer bei den Letten und Esthen, mehr vorkommt, ist so klein und leicht, daß ihn ein Mann allenfalls unter dem Arme davon trägt…

Die schöne, goldene Saat fliegt hier aus der geschickten Hand eines auf jedem Gute befindlichen Säemanns in den Boden… Die Kornhalme wachsen in diesem Lande wie Wälder in die Höhe und hängen voll schwerer Aehren wie Trauben. Das Wunder erfüllt sich gewöhnlich in einem äußerst kurzen Zeitraume. Kaum hat man im Mai die grünlich keimenden Saaten erblickt, so stehen sie im Juni auch schon in Halmen, und in den hellen Sommernächten des Juli fallen sie gelblich unter den hundert Sicheln der Schnitter. Man mäht hier **) nämlich in den Nächten, weil, wie mir ein Gutsbesitzer sagte, dann der feuchte Thau die Aehren schließt, während an den heißen Tagen die dürren Körner leicht davon springen möchten. Auch macht es die Kürze der guten

---

*) In vielen Gegenden des Landes läßt man das Heu in großen Schobern gehäuft auf den feuchten Wiesen bis zum Winter stehen und führt es alsdann erst in Schlitten auf der Schneebahn herein.

[14] Aufseher, Großknecht.

[15] Estnisches Wort, dem lettischen „Wagger" entsprechend.

Jahreszeit nöthig, daß Alles mit Hast geschehe und der Arbeiter Nacht und Tag sich plage. Die Reize einer solchen hellen, lauen Erntenacht sind ganz eigenthümlich. Dem Fremden scheint die Nachtarbeit im freien Felde die verkehrte Welt. Die melancholischen Gesänge der harkenden Mädchen ertönen von allen Feldern, in der Nähe und aus der Ferne mit dem Geschrei der Frösche vermischt…" [16]

✳

Erntefest
„Der Ernte folgt auf dem Edelhofe nach alter Sitte ein Traktement der ganzen Bevölkerung des Gebiets. In Esthland nennt man dieses herrschaftliche Erntefest „Talkus", im Lettenlande „Wakke". [17] Sie sind allgemein üblich, auch in Rußland, wo sie sogar, wie denn dort Alles einen religiösen Anstrich bekommt, mit kirchlichen Feierlichkeiten eröffnet werden. An Tanz und Musik (Dudelsack und Violine) fehlt es diesen Festen nicht… Ganze Ochsen werden dazu eingeschlachtet, die Erbsen- und Kohlsuppen, die Grütze und Kartoffelbreie in großen Bierbrauerkesseln gekocht, die Häringe, Aepfel, Käse in großen Haufen und in Körben gesammelt herbeigetragen und unter das Volk vertheilt. Die Leute sitzen an langen Bänken und Tischen, die aus Fichtenbäumen, Tannen und Zimmerbalken auf dem Gehöfte zurechtgesetzt werden. Branntwein und Bier fließen reichlich, Mastbäume, an der Spitze mit Tüchern, Hauben und Mützen geschmückt, sind hier und da errichtet, damit die Burschen für ihre Mädchen und Schwestern ein Geschenk herunterholen mögen. Schaukeln aller Art, wie sie bei'm Volke gebräuchlich sind, wackeln und schwingen sich hin und her, um die Fröhlichkeit in Schwung zu bringen, und bis in die späte Nacht hinein schreien die Geigen und der Baß zu dem unaufhörlichen Fußstampfen der lustigen Tänzer. Die Bauern versäumen selten diese Talkustage und kommen meilenweit dazu her, besonders weil der Branntwein einen so einladenden Geruch für sie hat *).

**) Wenigstens in vielen Gegenden. Durchweg ist diese Nachtarbeit nicht gebräuchlich.
[16] Kohl, J.G.: Die deutsch-russischen Ostseeprovinzen oder Natur- und Völkerleben in Kur-, Liv- und Esthland. Erster Theil, Dresden Leipzig 1841, 380 ff.
[17] Auch im Lettischen „talks" (Gutzeit, W.v.: Wörterschatz der deutschen Sprache Livlands, Riga 1892, III/2,7).

Doch ist ihre Heiterkeit noch weit größer - zur Johanniszeit bei der Heuernte und dann - sonderbarer Weise - bei den Düngerfuhren..." [18]

※

Riegenarbeit

„Im Herbste nach der Ernte treten dann die eigenthümlichen und bei uns zum Theil unbekannten Rigenarbeiten ein. Die „Rige" [19] - ein Wort, das durch die Stadt Riga, die ihren Namen von einer Rige bekam, bereits in aller Welt bekannt genug wurde - ist nämlich ein Gebäude, das theils zum Dreschen, theils zum vorausgehenden Dörren und Trocknen des Getreides bestimmt ist. Sei es, daß die große Feuchtigkeit des Klimas, oder sonst ein anderes eigenthümliches Verhältniß ein vorgängiges künstliches Austrocknen nöthig mache, genug in allen drei Ostseeprovinzen und auch in den benachbarten russischen und lithauischen Landschaften herrscht allgemein bei Bauer und Edelmann und seit uralten Zeiten die Sitte, das Getreide vor dem Dreschen durch Feuer zu darren. Die dazu nöthigen Vorrichtungen, die Rigen, sind gewöhnlich große, in Mitten des Feldes oder in der Nähe der Gehöfte erbaute Gebäude. Sie bestehen meistens aus zwei Flügeln, von denen der eine die Tenne, der andere den Darrraum darbietet. In diesem befindet sich ein großer Ofen, der die Temperatur der Luft bis zu 40, 50, ja 60 Grad Réaumur [20] erhebt. Die Halme werden auf Balken und Gestelle ausgebreitet und schwitzen hier alle Feuchtigkeit dermaßen aus, daß nachher bei'm Dreschen die Körner leicht sich lösen. Es werden dadurch mancherlei Zwecke und Vortheile erlangt. Das Dreschen wird erleichtert, die Körner werden fester und gesunder, trocken und dauerhaft, was sie dem Kaufmanne sehr erwünscht macht. Sie werden nicht dumpfig, und der Kornwurm kommt nicht hinein.

Es wäre leicht zu beweisen, daß die drei Ostseeprovinzen allein jährlich einige Millionen Rubel für Feuerung, Ofen- und Rigenbau verwenden müssen, um ihrem

---

*) Die Talkus und Wakken sind eigentlich eine alte Sitte der Ehsten und Letten. Das Wort Talk bedeutet so viel als eine Arbeit, die man nicht um Lohn, sondern um Essen und Trinken thut. Vor der Ankunft der Deutschen gaben sich die Bauern unter einander solche Feste, indem ein jeder seine Nachbarn bei der Ernte zur Arbeit und dann zum Schmausen einlud. Auch jetzt sind diese Feste unter den Bauern noch hier und da im Schwunge geblieben.

[18] Kohl, J.G.: Die deutsch-russischen Ostseeprovinzen oder Natur- und Völkerleben in Kur-, Liv- und Esthland. Erster Theil, Dresden Leipzig 1841, 385 f.

[19] Meist „Riege" geschrieben.

[20] Ca. 50, 62, 74 Grad Celsius.

Getreide alle diese Eigenschaften zu geben, ein Aufwand, den unsere Landwirthe gar nicht kennen. Die Sitte ist nicht erst von den Deutschen eingeführt, sondern von den Letten und Esthen, die alle noch in ihren kleinen Gehöften solche Rigen haben, entnommen worden...“ [21]

Diese Art der Weiterverarbeitung der Getreideernte war nicht ungefährlich. Das in Kurland übliche „Dörren“ in der Riege, wobei das Getreide vor dem Dreschen durch die Hitze von offenem Feuer getrocknet wurde, verursachte immer wieder Riegenbrände. Auch das Dreschen in den Winternächten bei spärlicher Beleuchtung des Riegeninneren durch brennende „Pergeln“ (Kienspäne), trug dazu bei. [22]

„Bei der am meisten verbreiteten Dreschweise ist ein Instrument von lettischer Erfindung, die sogenannte „Rolle“, in Gebrauch. Es ist dieß ein langer, dicker Klotz von Eichenholz, auf dessen Oberfläche viele dicke, kurze Stäbe oder Pflöcke eingekeilt sind. Der Holzcylinder dreht sich um eine Welle, an welche man das Pferdchen spannt, das nun mit der Rolle auf dem Getreide umhertrabt. Die Pflöcke schlagen bei'm Umdrehen auf die Aehren nieder und drücken die Körner heraus. In den Rigen großer Edelhöfe traben zehn bis zwölf Pferdchen mit solchen Rollen hinter einander her, von den Bauern wie in der Reitschule an langen Stricken in der Runde herumgeführt. Man hat daher für die Arbeit auch nicht den Ausdruck „dreschen“, sondern „in die Rolle gehen“ und nennt die Pferde selbst „Rollpferde“...

Die Reinigung des Getreides geschieht nicht wie bei uns durch das Werfen oder Würfeln der Körner, sondern durch das sogenannte „Windigen“. Es ist die bequemste Weise der Getreidereinigung, die irgendwo erfunden worden ist. Man hat nämlich große, aus Lindenbast geflochtene Siebe, die unter den Thüren der Rige im Zuge aufgehängt und geschüttelt werden. Das schwere Getreide selbst fällt aus dem Siebe gerade herab, Spreu und Staub aber werden vom Winde fortgeführt. Auch auf dieses Windigen sind die Rigen eingerichtet. Sie haben nach den vier Hauptwinden vier Thüren, und jenachdem der Wind weht, wird bald diese, bald jene geöffnet oder geschlossen, um den Zugwind herbeizuführen. Gewöhnlich fehlt es in ihrem windigen Lande

---

[21] Kohl, J.G.: Die deutsch-russischen Ostseeprovinzen oder Natur- und Völkerleben in Kur-, Liv- und Esthland. Erster Theil, Dresden Leipzig 1841, 387 f.
[22] Vgl. Provinzialblatt für Cur-, Liv- und Ehstland 29.2.1828, 33 ff.

nie an Wind. Doch warten sie auch manchmal Stunden lang vergebens, und oft muß die Arbeit aus Mangel an Luftzug Tage lang unterbrochen werden..." [23]

„Die Rigenarbeiten der Letten und Esthen sind unter allen ackerwirthschaftlichen Arbeiten vom freundlichsten und friedlichsten Charakter. Sie sind nicht schwer, und alle Geschlechter und Altersstufen dabei vereinigt. Sie geschehen gesellig auf engem Raume, weßhalb die Leute sie auch besonders lieben, um so mehr, da nun das Resultat aller Arbeiten und Mühen des Jahres, das schöne reife Getreide, dabei sichtbar zu Tage gefördert wird. Daher mag es auch kommen, daß das Volk gerade seine lieblichsten Gesänge in der Rige und für dieselbe ausgebildet hat. Es ist zum Erstaunen - wenigstens für Den, der an die stummen und nichts als ihre Arbeit, freilich tüchtig, fördernden Drescher deutscher Nation denkt, - wie poetisch und gesangreich dieß Volk in allen seinen Handirungen erscheint. Wenn die Mädchen hackend über die Tenne schreiten oder wenn die Knaben in den Sieben das Getreide ausstäuben, oder wenn die ganze Gesellschaft nach der Arbeit feiernd um den Heerd sitzt in der Beleuchtung des flackernden Pergels *) , immer ist es Gesang und Poesie, die den Tact ihrer Arbeiten begleiten, und wenn die harte Knechtschaft nicht wäre, so glaube ich, würden diese friedlichen, harmlosen und poetischen Leute singend und tanzend wie die Horen [24] über alle Mühen des Lebens hinwegschreiten." [25]

Vielleicht sind dem Beobachter Kohl manche Inhalte der Gesänge entgangen. Ein „Patriot" aus Kurland hat dazu mitgeteilt: „Als ein eigenthümlicher Gebrauch ist ferner zu erwähnen, daß in Kurland alles Dreschen nur des Nachts ausgeführt wird. Gleichviel, ob der Arbeiter Frohndienste leistet oder auf Jahreslohn gemiethet ist, drischt er zwei, oft auch drei Nächte in der Woche seinem Herrn und arbeitet dennoch am folgenden Tage gleich demjenigen Arbeiter, der die Nacht geruht hat und in der folgenden Nacht dreschen wird. Dieser Gebrauch findet bei den Bauern auch auf der eigenen Tenne statt. Der früher durchgängig im alleinigen Gebrauche befindlich gewesene Dreschflegel mag wol das Nationallied: „Hölle, Hölle ist die Tenne des Herrn, und Sclaven sind meine Brüderlein", veranlaßt haben. Es wäre somit nicht schwer,

---

[23] Kohl, J.G.: Die deutsch-russischen Ostseeprovinzen oder Natur- und Völkerleben in Kur-, Liv- und Esthland. Erster Theil, Dresden Leipzig 1841, 389 f.
*) Des Kienholzes, dessen sich die Letten und Esthen statt des Talglichtes bedienen.
[24] Griechische Göttinnen der Jahreszeiten.
[25] Kohl, 391 f.

aus allem Angeführten den angeborenen Haß der Letten gegen die Deutschen sich zu erklären, der sich in ihren Liedern sattsam offenbart, z.B.: „Das Herrchen reitet um mein Roggenfeld und weint, nachdem es gesehen, wie mein Roggenfeld gleich dem Meere wogt" (es steht nämlich das Feld sehr üppig, und der deutsche Herr weint aus Neid). Die Fähigkeit des Deutschen zu Allem drückt das alte Lied aus: „Der Deutsche hat lange Beine und Stiefel vom Teufel gemacht, er kann die Hölle durchwaten bis auf ihren Grund." Wenn die Letten Jemanden unter sich „einen Deutschen" nennen, so will das bei ihnen viel sagen, ist aber nichts weniger als schmeichelhaft." [26]

Teiche

„Einen ganz besonderen Theil des hiesigen Ackerbaues bildet die Bepflanzung der Teiche und kleinen Seeen. Der große Mangel an Dünger , der sich überall sehr fühlbar macht, hat nämlich die Menschen darauf geführt, auch die düngenden Theile, welche sich aus dem Wasser niederschlagen, zu benutzen. Man versteht zu dem Ende kleine Seeen oder auch künstlich gebildete Teiche mit Schleusen, mittels deren man das Wasser alle 4 bis 5 Jahre abläßt, um dann den bedüngten Boden zu ackern und mit Sommerkorn , insbesondere Gerste oder Hafer, zu besäen, die den fetten Schlamm in ein nutzbares Getreide verwandeln. Man nennt solche Teiche „Säeteiche"…[27]

※

Jahreszeitliche Bedingtheiten

„Im Winter ist die halbe Bevölkerung mit Transportarbeiten beschäftigt. Im Sommer ist ein großer Theil der Wälder nur den wilden Thieren zugänglich, weil sie in Sümpfen wurzeln, und erst, wenn der Winter für den Menschen Alles überbrückt, ist es ihm möglich, in das Innere derselben zu gelangen. Man spart daher alle Wald- und Holzarbeiten auf den Winter und eben so auch alle Transporte, die auf der Schneebahn

---

[26] Die Zustände des freien Bauernstandes in Kurland. Von einem Patrioten, Leipzig 1860, 28 f. Hinter dem „Patrioten" verbarg sich Andrejs Spāģis (1820-1871), lettischer Lehrer, dem Kreis der „jaunlatvieši" *(Jungletten)* „aus der Zeit der nationalen Wiedergeburt" zugerechnet (Zeiferts, T.: Die lettische nationale Literatur 386, in: Die Letten… Herausgegeben vom Verlag Aktien-Gesellschaft Walters & Rapa, Riga 1930, 383-406).

[27] Kohl, J.G.: Die deutsch-russischen Ostseeprovinzen oder Natur- und Völkerleben in Kur-, Liv- und Esthland. Erster Theil, Dresden Leipzig 1841, 392 f.

mit einem zweifach geringeren Kostenaufwande bewerkstelligt werden können. Da die ganze Reihenfolge der Arbeiten und die ganze ackerwirthschaftliche Einrichtung, die Schlitten, die Pferde, das Angespann, auf einen kalten schneereichen Winter berechnet sind, so läßt sich daher denken, welche Kosten, Sorgen, Noth und Querstriche in diesen Landen ein gelinder und schneeloser Winter macht. Ueberhaupt ist es bemerkenswerth, daß, weil die Jahreszeiten hier in so schroffen Gegensätzen und scharfen Abschnitten auseinander gehen und daher auch alle landwirthschaftliche Arbeiten auf so bestimmte und kurze Zeiträume angewiesen und beschränkt sind, auch die Noth immer unendlich viel größer wird als in den an Hülfsmitteln reicheren und minder einseitigen Ländern und Klimaten. Ist der Winter gelind und stecken dann Wälder und Wege im Sumpfe, so können die Transporte zur Stadt nicht gemacht, die Getreidevorräthe gar nicht oder nur mit großem Kostenaufwande versilbert werden, die angefangenen Bauten gerathen in's Stocken, weil das Holz nicht zugeführt werden konnte, und selbst der Mangel des Eises, auf welches man in der Branntweinbrennerei, in der Bierbrauerei und auch in der Haushaltung rechnete, wird schmerzlich empfunden. Alle andere Arbeiten sind ebenso auf bestimmte und kurze Zeiten beschränkt. War der Juni ohne Regen und vertrocknete das Heu, so ist für das Vieh eine Hungersnoth in bestimmter Aussicht, denn die Kürze des Sommers läßt keine zweite Heuernte wie bei uns hoffen, und Futterkräuter baut man nicht. War der Frühling dem Sommergetreide ungünstig, mißräth die Gerste, so giebt es keine oder nur wenige Kartoffeln, Rüben, Wurzeln und andere Surrogate, die man wegen der Kürze des Herbstes nicht zweimal auf demselben Acker ernten kann, und der arme Bauer muß im Winter Hunger leiden, da Gerstengrütze so sehr sein Hauptgericht bildet, daß es fast das einzige ist. Erfror oder verkümmerte gar die Roggenernte, so ist es dann mit Allem aus. Der Roggen ist die Hauptrevenue jedes Gutes, und nur sein reichlicher Ertrag kann alle anderen Verluste verschmerzen lassen. Mißräth er, so fehlt der nervus rerum, [28] Geld und Brod, und Elend und Noth drückt das ganze Land... In traurigen Heujahren sterben zuweilen in ganzen Strichen die Viehställe völlig aus, und bei betrübten Roggenernten lebt oft die ganze Bauerschaft von dem Brode, das der Herr zu theuren Preisen erkaufte." [29]

---

[28] Nerv der Dinge, d.h. das Hauptsächliche, Wichtigste.
[29] Kohl, J.G.: Die deutsch-russischen Ostseeprovinzen oder Natur- und Völkerleben in Kur-, Liv- und Esthland. Erster Theil, Dresden Leipzig 1841, 393 ff.

Brennholz und Transport

„Die Waldarbeiten sind die beschwerlichsten und lästigsten von allen und dabei nicht weniger dringlich als die anderen. Denn es ist unglaublich, wie große Holzvorråthe diese nordische Menschheit theils wegen der Kälte des Landes, theils wegen der Gewohnheit, hundert Dinge aus Holz zu verfertigen... verbraucht. Blos die Bedachung und Beschuhung der Leute ruinirt viele Gewächse, weil sie dazu die Rinde von den Bäumen schneiden. In den Branntweinbrennereien, in den Rigen, in den Zimmeröfen gehen unglaubliche Quantitäten von Holzfasern in Rauch auf..."[30]

„Die Zufuhren des Getreides geschehen im Winter, eben so wie alle anderen Arbeiten in großen Gesellschaften und eben so wie alle anderen Arbeiten im Fluge oder doch im Trabe. Alles wird in Hast und Eile abgethan. Die großen Entfernungen treiben dazu wie die Flucht der guten Jahreszeit. Wenn die Schneebahn nach manchem herbstlichen Schmuz und Wechsel sich endlich im December setzt, so werden die ganzen Bauerschaften der Güter aufgeboten, um die Zeit und das Eis zu benutzen, und auf allen Wegen und Chausseeen sieht man in langen Zügen die kleinen Schlittchen, jedes mit einem Pferdchen bespannt und mit ein paar Kornsäcken beladen, zu der Hafenstadt eilen. Das Korn geht auf dem Meere selbst fast keinen schnelleren Schritt als hier auf dem Lande, und eine Schiffsladung ist in kurzer Zeit 10 bis 15 Meilen weit gefördert. Ein eintretendes Thauwetter bringt aber oft eine schreckliche Stockung in diesem regen Treiben hervor. Die armen Pferdchen quälen sich vergebens im Schmuze ab und krepiren unterwegs. Mit zerbrochenen Wagen und Schlitten sind die kahlen Dämme bedeckt..."[31]

Viehwirtschaft

„Wenn die Roggenfelder der Ostseeprovinzen dem Agronomen das Schönste und Erfreulichste bieten, was in dieser Art gesehen werden kann, so gewähren ihm dagegen die Herden und Stallungen in der Regel einen sehr unerfreulichen Anblick, und die Viehwirthschaft des Landes, also die Basis des ganzen Ackerbaues in den des Düngers bedürftigen Ländern, möchte wohl noch mehr als irgend ein Zweig der

---

[30] Kohl, J.G.: Die deutsch-russischen Ostseeprovinzen oder Natur- und Völkerleben in Kur-, Liv- und Esthland. Erster Theil, Dresden Leipzig 1841, 395.
[31] Kohl, 396. „Dämme" war der gebräuchliche Ausdruck für „Fahrwege".

Verbesserung fähig sein. Die Viehracen, welche hier verbreitet sind, sind ungemein klein und kümmerlich, namentlich die Pferde und Rinder... Die Lasten, welche die Pferde schleppen, sind so liliputtisch, und die Milch, welche die Kühe geben, ist so dürftig, daß nur die Menge gut machen kann, was an Qualität und Quantität bei dem Einzelnen abgeht... Wenn in vielen Gegenden bei uns ein paar Kühe so viel Milch geben, daß sich eine ganze Familie davon nähren kann, so ist es dagegen in den Ostseeprovinzen nichts Seltenes, daß ein Bauer eine ganze Herde von Pferdchen, Kühen, Schafen und Ziegen hat und doch noch nicht im Fette schwelgt... Die Kühe des Landes sind von einer von Natur winzigen Race und erscheinen um so kraftloser, da sie sich in der Regel auf das Kümmerlichste nähren müssen. In guten Jahren erhalten sie Heu, gewöhnlich aber bilden nur Stroh und kraftlose Sumpfgräser ihre magere Kost.

Die häufigen Ueberschwemmungen, welche in diesen regnerischen Ländern herbeigeführt werden, verderben nicht selten die Wiesenkräuter der Art, daß unter dem Viehe, welches diese lange unter Wasser gestandenen Wiesen beweidet, bösartige Seuchen ausbrechen. Da der Wiesenbau und die Anpflanzung der Futterkräuter noch vor Allem im Argen liegen, so wird das Vieh Nacht und Tag und, wenn Noth ist und es einigermaßen angeht, auch im Winter hinausgetrieben, um sich in den Sümpfen, unter den Moosen oder dem Schnee seine Nahrung zu suchen. Der Dünger geht dabei größtentheils in den Sümpfen verloren. Nur auf wenigen Gütern erst hat man es versucht, Stallwirthschaft einzuführen und den Dünger sorgfältig zu sammeln...

Entschieden das interessanteste Hausthier des Landes ist das hiesige Pferd. Es ist klein von Gestalt und schwach an Kräften, doch bewundernswürdig in seiner Ausdauer, in seiner Unverwüstlichkeit und Unermüdlichkeit, mit der es erstaunlich viel mehr leistet, als man nach seinen Kräften erwarten sollte. Es ist ausgemacht, daß die Pferde entschieden die regsten Arbeiter im ganzen Lande sind, und daß auf ihnen nicht nur die schwerste und meiste Arbeit bei dieser ganzen nordischen Ackerwirthschaft ruht, sondern auf sie auch der schwerste Theil der den Menschen drückenden Leibeigenschaft zurückfällt. Es ist eine der unliebenswürdigsten Eigenschaften der Letten, daß sie mit ihren Pferden so wenig Erbarmen haben. Sie lassen ihren kleinen Thieren die Unbill, die sie von ihren Aufsehern erfahren, hundertfach entgelten, pflegen sie in keinem Stück und prügeln sie oft buchstäblich zu Tode. Sie fordern von ihren Pferden nicht nur die gewöhnlichen Arbeiten, welche dieselben auch bei uns leisten müssen, sondern auch noch viele andere dazu. Nicht nur pflügen, ernten, eggen und Holz führen müssen sie, sondern auch dreschen, Lehm treten, als Frachtpferde bei großen Transporten dienen, und selbst Sonntags und bei Hochzeiten und Kindtaufen werden sie gesattelt, um den Bauer und die Bäuerin, die fast nie zu Fuße gehen, im Trabe zur Kirche zu bringen.

Es ist unglaublich, mit welcher Energie, Thätigkeit und zähen Ausdauer die Natur diese Pferdchen ausgestattet hat, um sie alle die Noth ertragen zu lassen, welche Klima und Menschen über sie ausschütten. Bei einem Bündel dürren Strohs sind sie regsamer als unsere deutschen Pferde…" [32]

„Die übrigen im Dienste der hiesigen Menschheit lebenden Thiere sind dieselben wie bei uns, und es zeigen sich bei ihnen eben weiter keine Besonderheiten. Die Schafe und Ziegen sind so häufig wie im nördlichen Deutschland, das Geflügel, hier „Fasel" genannt, besteht aus denselben Individuen, und seine Anzahl steigt auf manchen großen Edelhöfen fast in's Unglaubliche. Alles, Milch, Butter, Eier und Fleisch gebende Gethier steht auf den Edelhöfen unter der Aufsicht und Leitung einer Frau, der sogenannten „Hofesmutter". [33]

Leibeigenschaft

„Der erste Schritt…, die nominelle Aufhebung der Leibeigenschaft, ist bereits geschehen, denn der Bauer kann seinem Herrn kündigen und frei von einem Gute zum anderen gehen. Der zweite, die Zusprechung des bäuerischen Eigenthums an Grund und Boden, bleibt noch übrig und droht beständig. Viele wünschen sogar, daß die völlige Entfeudalisirung der Güter bald eintreten möchte. Manche haben sogar ihre Bauern ganz abgeschafft und lassen ihre Aecker durch Tagelöhner bestellen." [34]

Näher betrachtet brachte indes die „nominelle Aufhebung" der Leibeigenschaft noch keine wirkliche Freiheit, denn sie war mit erheblichen Beschwernissen verbunden: „Der Bauer als freier Mann schließet mit dem Gutsherrn einen freien Vertrag," hat nur den Sinn: er muß mit dem Gutsherrn ein Pact im Sinn desselben eingehen, er kann nur den Gutsherrn wählen. Um diese Wahl zu beschleunigen, hat man in neuester

---

[32] Kohl, J.G.: Die deutsch-russischen Ostseeprovinzen oder Natur- und Völkerleben in Kur-, Liv- und Esthland. Erster Theil, Dresden Leipzig 1841, 397 ff.
[33] Kohl, 401.
[34] Kohl, 402.

Zeit festgestellt, daß nach der Kündigung des bestehenden Vertrages spätestens am 10. November eine Bescheinigung über den Abschluß eines neuen Vertrages bis zum 2. Februar beigebracht werden muß, widrigenfalls der alte Vertrag noch um ein ganzes Jahr eo ipso verlängert bleibt. Alle Verträge des kurländischen Bauern fangen an und enden mit dem 23. April, dem Georgstag. Nur eine Art des Vertrages ist zur Wahrung der Freiheit verboten, nämlich der Rücktritt in die Leibeigenschaft." [35]

„Wer in vergleichenden Untersuchungen sich üben will, ob nämlich die Christen in der Türkei allein in übler Lage sich befinden und ob dort schon das höchste Elend erreicht sei, dem rathen wir, die bäuerlichen Zustände in Kurland nüchtern anzusehen, namentlich empfehlen wir, die Bauerschaft, z.B. auf den Gütern Neuhof, Gaiken und Santen im Goldingen'schen Kreise, auf Menschenthum überhaupt zu prüfen. Er dürfte zu manchen überraschenden Resultaten gelangen.

Selbst die Sitten zeigen einen großen Unterschied zwischen den russischen Bauern und den freien kurischen. Der Russe nimmt vor seinem Herrn die Mütze oder den Hut, verbeugt sich und nennt ihn bei Tauf- und Vatersnamen z. B. Jwan Petrowitsch (d. h. Johann Peter's Sohn) oder Nikolai Pawlowitsch u.s.w., nennt ihn abwechselnd auch Batjuschka, d.h. Väterchen. Der kurische Bauer nimmt nicht blos die Mütze ab, sondern küßt seinem „gnädigen, barmherzigen Herrn" (allgemeiner Titel, doch lieber hört man statt des Herrn „Vater") den Rockzipfel. Eine besondere Herablassung ist's, wenn der Bauer gewürdigt wird, statt des Rockes die Hand küssen zu dürfen. Die „gnädigen Herren Lehrer" (Pastoren) oder „gnädigen Kirchenherren" nebst vielen andern Gnädigen haben dieselben Anrechte auf „Demuth." Wenn daher der Bauerrichter zum Handkusse vor dem Herrn Schreiber sich neigt, oder gar nach seinem Rockzipfel greift, so ist das weiter nichts, als ein blosses Kennzeichen, wie vortrefflich die systematische Knechtung und Verdummung durchgeführt worden." [36]

„Es giebt allerdings Gutsbesitzer, die so human sind, daß sie nicht den Bauern so ausbeuten und so behandeln, wie sie auf gesetzliche Art könnten, ja sie wünschen mehr oder weniger die Wohlfahrt desselben und streben sie an; allein in solchen Fällen ist die menschliche Lage der Bauern nicht dem Gesetze, sondern den einzelnen edlen Menschen zu verdanken; wie es auch schon zur Zeit der Leibeigenschaft in Kurland der Fall war, und jetzt in Rußland der Fall ist, daß es Gutsherren gab und giebt, bei

---

[35] Die Zustände des freien Bauernstandes in Kurland. Von einem Patrioten, Leipzig 1860, 26.
[36] Die Zustände … , 33.

denen es ihre Leibeigenen wenigstens doppelt so gut hatten und haben, wie es jetzt auf vielen Gütern die freien Bauern haben. Das Gesetz soll aber billiger Weise die Schwachen gegen die hartherzigen, mächtigen Egoisten schützen." [37]

※

Okladisten, Exemten und Militärpflichtigkeit

„In früheren Zeiten war Livland für alle dort ansässigen Deutschen eine Art von Paradies… Mit der russischen Eroberung wurde dies anders. Die Stände des Landes wurden in zwei Klassen getheilt, in solche, welche der Kopfsteuer und anderen Abgaben, der Rekrutenpflichtigkeit u.s.w. unterworfen, und in solche, die davon ausgenommen waren. Die ersteren nennt man hier jetzt „Okladisten", [38] die zweiten „Exempten", d. h. die „Ausgenommenen". [39] Sämmtliche… Klassen der Gesellschaft, die Bauern, die „deutschen Leute", die deutschen Handwerker, Künstler und Krämer, gehören zu den Okladisten, d. h. sowie sie Unterthanen des Reichs geworden sind… Weil sämmtliche Okladisten unter gewissen Umständen auch mit dem Stocke bestraft werden können oder, wie man sich hier ausdrückt, „unter dem Stocke stehen", so hat der Name natürlich eine nicht geringe Anrüchigkeit, und alle Wohlhabenden suchen sich auf alle mögliche Weise dieser Klasse zu entziehen, indem sie so lange als möglich sich die Eigenschaft eines „Ausländers" zu erhalten suchen, oder durch die Uebernahme irgend eines, Privilegien gewährenden Amtes oder durch ein Adelsdiplom in andere Stände hinüberschwingen.

Die höheren Stände… theilen sich seit alten Zeiten in die „Literaten" und den „Adel", beide - nur in Bezug auf jene russischen Institutionen - die „Exempten" genannt. Kaufleute und Schiffer waren allerdings Diejenigen, die das Land entdeckten, doch wuchsen ihnen die Priester und die Ritter, die es unterjochten, über den Kopf, und Adel und Kirche warfen das Loos über das Land, das ihnen als Gebietern zufiel… Die lutherische Reformation… führte den Predigerstand in sehr enge Gränzen zurück. Nichtsdestoweniger aber steht er, wie die sich an ihn anschließenden Advocaten, Professoren und Aerzte, die mit den Pastoren zusammen den „Literatenstand" bilden,

---

[37] Die Zustände des freien Bauernstandes in Kurland. Von einem Patrioten, Leipzig 1860, 30.
[38] Steuerpflichtige, vom russischen Wort „oklad", Steuer, Abgabe.
[39] In anderen Texten auch „Exemten" geschrieben.

dem Adel noch immer am nächsten. Weder die „Literaten", noch der Adel geben Abgabe, Kopfsteuer und Rekruten an den Staat." [40]

„Auch die stufenweise Militairpflichtigkeit der Bauern zeigt, wie diese Gelegenheit aufmerksam benutzt worden ist, um den Einfluß des Gutsherrn zu vergrößern und zu sichern. Die Bauern werden in dieser Hinsicht in 3 Klassen getheilt. Die aus der ersten Klasse werden zuerst unter das Militair gesteckt, und reicht ihre Anzahl nicht aus, dann kommt die 2. Klasse daran, sowie nach Erschöpfung dieser die 3. Klasse. Die beiden ersten Klassen reichen jedoch stets so weit aus, daß die 3. Klasse nie daran kommt. Der Gutsherr hat das Recht, nach Belieben den Personen 1. und 2. Klasse das Prädicat „Hofesmensch" beizulegen, und zwar auf 25 männliche Seelen ein militairpflichtiges Individuum mit diesem Namen zu belegen. Dies Prädicat wirkt besser als ein Amulet, indem es den Geretteten in die 3. Klasse bringt. Ein Bauer, der einen Bauernhof in Pacht oder in Frohndienst hat, gehört selbst mit seinem ältesten Sohne zur dritten Klasse." [41]

※

---

[40] Kohl, J.G.: Die deutsch-russischen Ostseeprovinzen oder Natur- und Völkerleben in Kur-, Liv- und Esthland. Erster Theil, Dresden Leipzig 1841, 419 ff.
[41] Die Zustände des freien Bauernstandes in Kurland. Von einem Patrioten, Leipzig 1860, 26.

GUTSHOF, GARNISON UND STADTHAUS

1989 Gravendale

Nach einem zeitigen Frühstück war ich frühmorgens vom Hotel Latvija in Riga losgefahren und hatte bei nur geringem Verkehrsaufkommen über die M 12 nach 68 Kilometern das südlich gelegene Städtchen Bauska erreicht. Die Orientierung war nicht ganz einfach, denn es gab keine brauchbaren Straßenkarten, und die Fotokopien der alten deutschen Heereskarte, die ich zu Rate gezogen hatte, erwiesen sich im Allgemeinen zwar als hilfreich, in manchen Details aber doch als ungeeignet. Unmittelbar vor der Talsenke des Flußes Memele am Ortseingang von Bauska und 200 Meter vor der Brücke bog rechts die Straße in Richtung Rundale und Dobele ab, die durch den Ort, an der Bauskenburg vorbei und über den Fluß Musa verlief. Nach etwa 12 Kilometern, nicht viel mehr als einen Kilometer vor dem Schloß Rundale, zweigte von der asphaltierten Straße rechts ein Schotterfahrweg nach Jaunsvirlauka ab, auf dem nach weiteren zwei Kilometern rechts die Ruine des Kirchturms von Mesothen in Sicht kam. Etwa vier Kilometer danach war ein kleiner Weiler namens Viesturi erreicht. Von dort führte wiederum rechts ein Zufahrtsweg nach Gravendale. Ich stellte das Auto ab und stieg aus, um das Gelände zu Fuß zu erkunden. Zunächst ging ich an das Ufer des Flußes Lielupe, denn natürliche Landmarken wie Gewässer, Anhöhen und Senken bieten meist die sichersten über lange Zeiträume einigermaßen unveränderte Orientierungshilfen. Von dort nahm ich den Weg landeinwärts nach Südwesten, machte ein paar Fotos und zeichnete mir eine Skizze von dem, was ich sah.

Durch den Fluß, früher „die Aa" genannt, ging eine Furt zum anderen Ufer, vielleicht 30 Meter entfernt, das Wasser war klar, eher flach, floß jedoch schnellströmend ziemlich gerade aus, während sich nicht weit aufwärts ein reißender Strudel zeigte, offenbar von einer kleinen Stromschnelle verursacht. An ruhigeren Stellen spiegelte sich der sandige, schmale, graugelbliche Uferstreifen im Wasser, dazu gelegentliches Schilf und grünes Buschwerk, die ein paar Meter ansteigende Böschung und der blaue Himmel. Bäume direkt am Ufer gab es nicht. Ein sanft aufwärts führender nach links gewendeter Weg mit tiefen Fahrspuren und ein paar Pfützen in rotbraunschlammiger schwerer Erde, das Gras an den Seiten noch grün, durchschnitt beidseitig liegendes Weideland. Nach etwa 350 Metern mündete der Weg in einen dichten Baumbestand, die Blätter der Bäume mit beginnender Herbstfärbung, meist gelb und weniger rot, durch den eine schattige Kastanienallee von vielleicht 150 Metern führte. Das Ganze war noch als ein ehemaliger Park erkennbar, zumal an teils überwucherten, aber baumlosen Flächen zwischen den einsäumenden alten Bäumen. Dieser Park mußte auf der Rückseite des Gutshofs gelegen haben.

Vom Park kommend, war links des Weges ein kleines gemauertes Haus zu sehen, noch weiter ein eigentlich unscheinbarer, aber wie sich zeigte, der größte Ruinenrest. Da stand einmal ein rechteckiges Gebäude aus Mauerwerk. Der größere Teil der Außenwände schien eingestürzt oder auch abgerissen, das Übriggebliebene war vielleicht noch zwei Meter hoch und ließ stellenweise die Unterseiten von Fensteröffnungen erkennen. Am auffälligsten war ein Stück der Vorderseite, still stand es da, vielleicht vier Meter aufragend oder etwas mehr, teils aus Ziegeln, teils aus anderen Steinen, mit einem Türrahmen aus verwitternden Holzbalken und einer alten nicht mehr zu öffnenden Tür. Der Blick durch den Türspalt ins Innere fiel auf eine teils herabgestürzte Bretterdecke und ließ einen recht großen Raum erahnen, am Boden verstreut irgendwelche herabgefallene Bruchstücke. Von außen sah man, daß es über dieser Decke eine Etage gegeben hatte, denn der obere Teil der Vorderwand ragte deutlich über die Höhe der Decke hinaus, war durch eine Art Zierstreifen abgesetzt, das Mauerwerk dort noch verblichen geweißt und mit kreisrunden Fenster- oder Lüftungsöffnungen versehen, zwei erhalten, und zwei unvollständig. An der Seite und in dieser Ruine standen kleine später angelegte hölzerne Schuppen, einfach, niedrig und mit schrägen Bretterdächern. Von hinten sah man noch besser, daß es sich um ein ziemlich großes Gebäude gehandelt haben mußte.

Später bestätigte sich, daß dort ehemals ein Wirtschaftsgebäude des Gutes gestanden hatte. Dahinter fand ich eine kleine Reihe niedriger Obstbäume, die Äpfel hingen reichlich und schwer herab, waren gerade reif und prangten auf der Sonnenseite rot. Ich probierte davon, der Geschmack war gut, aber herber, als der von Äpfeln, die ich kannte. Der spätere Versuch, zuhause aus den Kernen ein paar Pflänzchen zu ziehen, mißlang, ein weiterer Beweis, daß neben vielen anderen Talenten der Vorfahren auch dieses mir nicht zugekommen ist. Hinter dem Ruinenrest lagen von Gras und Buschwerk teils bedeckte Reste ausgedienter Ackergerätschaften, Da stand eine vom Rost durchlöcherte große Wanne, darüber ein Gestell, wohl zum Aufhängen des Tieres beim Schlachten, und einiges andere kleinere Gerümpel, über das hohe Halme gewachsen waren. Von Strauchzweigen eingerahmt und langsam überwuchert ruhte aus altem, verrostetem Eisen eine Art Sämaschine, einachsig mit zwei Rädern, von einem Zugtier zu ziehen, und einem Kasten, aus dem wohl das Saatgut zu Boden fiel.

Hier und da gab es noch ein paar bescheidene Bretterschuppen, links des Weges in einigem Abstand voneinander zwei weitere kleine Häuser. Sie waren einfach gebaut, von Lattenzäunen umgeben, offenbar nicht allzu alt und dem Aussehen nach bewohnt. Zwischen einigen Bäumen, deren Blätter teils schon herabgefallen waren und vergilbt am Boden lagen, weidete nicht weit entfernt eine einsame braune Kuh, die mich wahrnahm, kurz mit Kopfheben begrüßte und dann den Kopf wieder senkte, um weiter zu fressen. Später kam von irgendwo noch ein schwarzes Kälbchen herbei, das etwas neugieriger zu mir aufblickte. Mit einem solchen mögen auf dieser Wiese mein Urgroßvater und seine Geschwister als Kinder gespielt haben, doch das Kälbchen war zu jung, um mich darüber hinaus etwas aus jener lang zurückliegenden Zeit wissen zu lassen.

Von der Ruine führte der teils von Bäumen beseitete Fahrweg etwa einen Kilometer durch offene Felder bis zum kleinen Weiler Viesturi, der früher auf dem Gutsgebiet gelegen hatte. Dort begann die Schotterstrecke zur Mesothenschen Kirche. Zurück in Richtung des Flußes gehend sah ich in einiger Entfernung links jenseits eines abgeernteten Ackers eine Baumgruppe. dahinter ein altertümliches Windrad, das schon auf der alten Heereskarte eingezeichnet war, sowie daneben ein Haus. Dort gab es eine weitere Zufahrt zum Gutshof. An einem dahin führenden Feldweg vorbei kam bald, wiederum auf der linken Seite, ein großer, stiller Weiher, von niedrigen Bäumen umstanden, wohl ehemals und vielleicht noch immer ein Fischteich, danach führte in einigem Abstand ein weiterer Weg zu einem zweiten Weiher, noch etwas weiter links gelegen. Dieser schien zweigeteilt, denn er hatte in der Mitte einen verengten Abfluß, über den eine schmale Holzbrücke führte. Den Wegesrand säumten einige steinerne Begrenzungspfeiler, zwischen denen vielleicht einmal eiserne Ketten gespannt waren, wie man sie früher zu Dekorationszwecken verwendete. Hier irgendwo, unweit des Weihers und der Ruine, mußte das eigentliche Gutshaus gestanden haben, doch davon war keine Spur zu sehen. Jedenfalls ging es hinter dessen Rückseite hinab zum Fluß, und auch jetzt war von hier zwischen einzelnen Bäumen der Blick frei auf das entfernte jenseitige Ufer, an das sich bis zum Horizont weite, gelegentlich von Bäumen und Buschwerk unterbrochene Ackerflächen anschlossen.

Noch weiter links von diesem Weiher gab es wiederum ein paar einfache Häuser, die ebenfalls bewohnt schienen. Dorthin bin ich nicht gegangen, froh, keinem Menschen begegnet zu sein, denn ich konnte nicht wissen, wie mein Erscheinen aufgenommen worden wäre. Es war am frühen Sonntagmorgen, 24. Sept. 1989, in der Sowjetzeit, ich war Ausländer und streifte ohne Genehmigung umher. In dem Prospekt des Veranstalters „Baltisches Reisebüro" (Wencelides, München), mit dem ich nach Riga angereist war, konnte man lesen: „Wenn Sie zum ersten Mal in die UdSSR reisen… wird Ihnen vieles ungewohnt und fremdartig erscheinen… Sie können sich in den Städten, für die Ihr Touristenvisum ausgestellt ist, frei bewegen… Für private Tagesausflüge in andere Städte besteht die Möglichkeit, nach Ankunft persönlich beim örtlichen INTOURIST-Büro eine Genehmigung zu beantragen. Ohne eine solche Erlaubnis ist es nicht gestattet, sich außerhalb des Stadtgebiets aufzuhalten." Mein Interesse galt nicht primär anderen Städten, sondern verschiedenen Örtlichkeiten auf dem Land, und die eine Woche Reisezeit schien mir zu kurz, um auf Genehmigungen zu warten und am Ende vermutlich zu erfahren, daß sie nicht rechtzeitig erteilt werden konnten.

Ich stieg in den schwarzen Schiguli mit dem gelben Nummernschild, den ich gemietet hatte, gab Gas und fuhr in Richtung Rundales, Ruhental. Auf meiner Liste standen noch viele andere Orte, die ich bis zum Abend besuchen wollte, vor mir eine lange Strecke und hinter mir Gravendale, Grafental. Das Auto rollte rauschend über den Schotter des Weges, die Räder ließen kleine Steinchen aufspringen, die rasselnd zu Boden fielen, und hinter mir stieg die graue Staubfahne empor, die noch für eine Weile in der Luft stand und anzeigte, daß hier jemand gefahren war, bevor sie langsam zusammenfiel. Danach würde alles sein wie vorher, als wäre ich nicht da gewesen. Nur die Erinnerung daran würde es geben.

Wie lange und wie überhaupt würde sie bestehen?

※

1829 Grafenthal

Am Flüßchen Schwitte, etwa 18 Kilometer südöstlich von Kurlands Hauptstadt Mitau, lag das Kronsgut Billenhof. Dort hatten Jeannot und Caroline nach ihrer Heirat dem biblischen Auftrag „Seid fruchtbar und mehret euch" folgend gelebt. Auf Billenhof waren sechs ihrer Kinder zur Welt gekommen - Victor am 25. Jul. 1818, Thekla am 5. Jul. 1821, Theodor am 5. Jul. 1822, Eugen am 29. Febr. 1824, Alexander am 10. Jan. 1826 und Emilie am 28. Apr. 1827.

Kurland war ein Land, das es nicht mehr gibt. Seit 1795 Teil der sogenannten „Ostseeprovinzen" des russischen Zarenreiches, hatte es etwa eine halbe Millionen Einwohner. Der sogenannten 8. Revision, der Volkszählung von 1833/34, zufolge waren es insgesamt 507 265, davon 1 766 „Erbedelleute". [42] Einer von diesen hieß Eugen Johann von Denffer, genannt Jeannot. Geboren am 1. Mai 1791 auf Gut Bersemünde als Sohn des Obristlieutenants Johann Eugenius (1743-1801), war er als Fünfzehnjähriger 1806 in das Kaiserlich-Russische 1. Jäger-Regiment eingetreten, hatte an den Kriegen gegen Franzosen und Schweden teilgenommen und sich 1812-1814 im Krieg gegen Napoleons Truppen ausgezeichnet. Als verabschiedeter Stabskapitän heiratete er 1816 in Mitau die als Waise aufgewachsene 21jährige Carolina Kummerau.

Carolinas Vater Carl Ludwig Kummerau (1751-1808), getauft am 20. Aug. 1751 in Goldingen, war 1766 Apothekerlehrling in Mitau, kaufte 1787 Haus und Apotheke, wurde als Hofapotheker bestätigt und kam zu Ansehen und Wohlstand. Er hatte am 7. Sept. 1787 Katharina Elisabeth Lieb, Tochter des Doctor und Hofrath Johann Wilhelm Friedrich Lieb (1730-1807) geheiratet, die am 19. Nov. 1801 verstarb. Der Witwer Kummerau nahm darauf am 18. Mai 1802 Konstantia Gottlieb Bidder zur Frau, die auch Theophile genannt wurde. Er starb mit 57 Jahren am 21. Aug. 1808. [43] Die Apotheke leitete danach Heinrich Bidder (1783-1833), Bruder der Witwe. In jungen Jahren zunächst Lehrling in der Kummerauschen Apotheke wurde er nach dem Medizinstudium Arzt in Mitau. Christoph Heinrich Schmidt, der sein Beistand gewesen war,

---

[42] Das Inland 1.5.1840, 273 ff.; 8.5.1840, 289 ff. Von den 507 265 Kurländern waren 504 160 „Steuerpflichtige" und 3 105 „Exemte", d.h. von Abgaben befreite, darunter 751 adlige Männer und 1 015 adlige Frauen. Die Hauptstadt Mitau hatte 20 539 Bewohner steuerpflichtigen Standes und dazu 1 170 steuerfreien Standes, darunter Beamte und andere „Exemte" sowie 313 „Erbedelleute".

[43] KB Mitau Trinitatis Stadtgemeinde Getraute 1787 Nr. 30; 1802 Nr. 17; Gestorbene 1808 Nr. 38. (Register Verstorbene 1742-1816 LR 2886, 440 rechts).

verwaltete die Apotheke für die Kummerauschen Erben bis 1837 und erwarb sie dann selbst käuflich. [44]

Nochmals etwa 18 Kilometer südöstlich von Billenhof lag am Ufer des Flusses Aa das Privatgut Grafenthal. [45] Der Name des Gutes kann leicht zu irrtümlichen Vorstellungen verleiten, denn er läßt an eine gräfliche Besitzung, im „Tal des Grafen", denken. Doch die Bedeutung ist, wie ohnehin vieles in Familiengeschichten, eher prosaisch. In den „Kurländische Güter-Chroniken" sind andere Schreibweisen aus älteren Urkunden zu finden, darunter im frühen siebzehnten Jahrhundert „Graventall" (1604) und „Grauenthall" (1614), dann „Grafendal" (1658) aber auch „Gravendahl" (1634, 1658) und erst seit 1719 „Grafenthal". [46] Im Lettischen heißt es „Grawendahle", auch „Grāvendāle" geschrieben. [47]

In einer Lehnsurkunde vom 26. Juni 1516 über „eynn stucke landes im gebede vnd kirspell thom Bowske", ein Stück Land im Gebiet und Kirchspiel von Bauske, wird auf die seinerzeit übliche Weise das Gebiet anhand von zahlreichen Landmarken beschrieben. Zu diesen gehören die Flüsse namens „Semgalssche A" und „Sisseme",

---

[44] KB Goldingen Taufen 1734-1768, 133 (1751 Nr. 34); Mitausche Zeitung 5. Dez. 1801. Nach einer Notiz hieß die Stiefmutter Theophile Gottliebe, geb. 1772 und der Vater starb 1809, vgl. Krusenstjern, G. v.: Baltisches genealogisches Archiv, jetzt Deutsch-Baltische Genealogische Gesellschaft (Darmstadt) Mappe v. Bidder; Chomse, O.: Einige historische Nachrichten über die gegenwärtige Kummerausche… Apotheke 249, in: Sitzungsberichte der Kurländischen Gesellschaft für Literatur und Kunst 1868 246-250, auch in: Kurländische Gouvernements-Zeitung 24.4.1868, 193; Otto, G.: Die Apotheken und Apotheker Kurlands 167, in: Sitzungsberichte der Kurländischen Gesellschaft für Literatur und Kunst 1914, Mitau 1915, 81-213; Separatdruck Mitau 1915, 87 f.; Brennsohn, I.: Die Ärzte Kurlands, Riga 1929, 92 f. Das Rezeptbuch der Kummerau'schen Apotheke von 1811 ist im Rigaschen Stradins-Museum erhalten und wurde in einer Master-Arbeit untersucht: Lapėnaitė, A.: Vilniaus universiteto ir Mintaujos Kummerau vaistinėse XIX amžiaus pradžioje užregistruotų receptų turinio lyginamoji analizė (The comparative analysis of prescriptions recorded in Vilnius university and Kummerau (Mitau city) pharmacies at the beginning of 19th century), Vilnius 2017.
[45] „Grafenthal, lett. Grawentales m(uiza), an der Aa, 15 W(erst) von Bauske, 4 W. von der Kirche Mesothen, 28 W. von Mitau…" (Richter, A.: Baltische Adreßbücher. Kurland, Riga 1912, 364). Das russische Längenmaß Werst entspricht 1,0668 Kilometer.
[46] Kurländische Güter-Chroniken Neue Folge, Mitau 1890, I, 70-92, 72 ff.
[47] Possart, P.: Die russischen Ostseeprovinzen Kurland, Livland und Esthland. Erster Theil Kurland, Stuttgart 1843, 255; Feldmann, H.: Baltisches historisches Ortslexikon Teil 2 Lettland, Köln Wien 1990, 192. Hier sind ältere Schreibweisen vor 1702 merkwürdigerweise nicht berücksichtigt.

und die Grenze verlief unter anderem „A vpp der Sisseme munde vp tho volgende tho eynenn grauenn*), dem grauen vp tho gande bis an einen eckenstubben myt eynem crutze getekent…" was in etwa bedeutet: Von der Sisseme Mündung hinauf folgend zu einem Graben, dem Graben hinauf gehend bis zu einem Baumstumpf mit einem Kreuz gekennzeichnet…

Schon der Bearbeiter der „Güter-Chroniken" stellte dazu die Frage: „*) Hat das Gut von diesem Graben den Namen? Und welchem Zwecke diente der Graben? War es der Rest einer Befestigungslinie (Landwehr)?" [48] Die Antworten hierauf sind weiterhin offen, doch der Name Grafenthal kommt demnach vermutlich eher schlicht von „Grabental". [49]

Jedenfalls sollte Grafenthal das neue Zuhause der Familie werden. Jeannot hatte das Gut 1829, wie man sagte, „in Arrende genommen", also gepachtet. Kaufen durfte er es nicht, denn Grafenthal gehörte, wie die meisten Privatgüter in Kurland, zu den Besitzlichkeiten, die sich die Angehörigen der Kurländischen Ritterschaft vorbehielten. Im 19. Jahrhundert zählte Grafental zu den wertvollsten Gütern im Kreis Bauske und wurde an achter Stelle von insgesamt 40 Privatbesitzlichkeiten taxiert. [50] Es zeichnete sich dadurch aus, daß es „fast gar keinen Wald, vorzügliches Ackerland und am Fluß eine reiche Wiese besitzt, die den anderen Gütern fehlt." [51]

Wie groß war Grafenthal? Die alten Maßeinheiten wie der kurländische Haken, die Loofstelle oder die russische Dessjatine sind uns heutzutage nicht mehr vertraut. Wer nicht direkt mit Landwirtschaft zu tun hat, weiß meist auch nicht, was das Flächenmaß Hektar, ein Quadrat von 100 x 100 Metern, bedeutet. Ein Fußballfeld hat 0,714 Hektar, aber wer kann sich die Fläche von beispielsweise 25 Fußballfeldern vorstellen?

Das Gebiet des Gutes Grafenthal umfaßte 595 Dessjatinen Hofesland, hinzu kamen noch 802 Dessjatinen sogenanntes Bauernland, [52] insgesamt etwas mehr als 1500 Hektar oder 15 Quadratkilometer. Die Hauptfläche, abgesehen von vier kleineren jeweils

---

[48] Kurländische Güter-Chroniken Neue Folge, Mitau 1890, I, Beilage Nr. 11, 20.

[49] Güter-Chroniken 72.

[50] Möhring, C.: Resultate der relativen Wertberechnung der Privatbesitzlichkeiten in Kurland, Mitau 1887, 5.

[51] Möhring, 6.

[52] Möhring, 10. Nach anderer Angabe 582 Dessjatinen (Richter, A.: Baltische Adreßbücher. Kurland, Riga 1912, 365). Das russische Flächenmaß Dessjatine entspricht 1.1 Hektar. Hofesland wurde vom Gutsbesitzer selbst genutzt, Bauernland von den Gesindewirten.

getrennt liegenden Gesinden Intschi, Zebri, Springi und Svapski, bildete grob ein schräg liegendes ungefähres Rechteck vom Ufer der Lielupe/Aa im Osten bis zum Ufer des Flüßchens Svitene/Schwitte im Westen, eine Entfernung von vielleicht sieben Kilometern Luftlinie, etwa in der Mitte durch das Flüßchen Islice/Islitz in zwei Hälften geteilt. Die beiden Uferseiten an der Aa und an der Schwitte dürften jeweils knapp zwei Kilometer betragen haben. Das Rechteck mißt dann sieben mal zwei Kilometer, d.h. 14 Quadratkilometer. Aber was bedeutet das? Am einfachsten ist vielleicht, sich vorzustellen, man würde diese Fläche umwandern, also insgesamt 18 Kilometer laufen. Dann wäre man etwa fünf Stunden unterwegs gewesen. Würde man die Flächen der erwähnten vier weiteren Gesinde einbeziehen, käme noch eine Stunde oder mehr hinzu. Jedenfalls zeigt diese Schätzung, daß sie einigermaßen zutrifft, denn die Gesamtfläche von 1397 Dessjatinen entspricht 1536 Hektar und damit 15,36 Quadratkilometern.

Nach einer älteren Angabe zählte Grafenthal 255 männliche und 251 weibliche Seelen, später 278 männliche und 329 weibliche Seelen, somit insgesamt um 500 Bewohner.[53] Im nächstgelegenen Städtchen Bauske, unweit von Grafenthal, gab es 6 135 steuerpflichtige Einwohner und 81 steuerbefreite, von den letzteren 14 Erbedelleute. Im Mitauschen Kreis, zu dem Bauske und Grafenthal gehörten, hatte man „Steuerpflichtigen Standes 100 754" und „Steuerfreien Standes 485" ermittelt, davon 171 Erbedelleute, dazu Beamte und andere Exemte.[54]

Die allermeisten Steuerpflichtigen waren die lettischen Landbewohner. Anders als in Russland, wo die Leibeigenschaft 1861 und anders als in Amerika, wo die Sklaverei 1865 aufgehoben wurden, war dies in Kurland bereits 1819 erfolgt. Doch die lettische Landbevölkerung verblieb, solange sie nicht selbst Landeigentümer werden konnte, noch über lange Zeit in Abhängigkeit von den Gutsherren.

※

[53] Bienenstamm H. v.: Geographischer Abriß der drei deutschen Ostsee-Provinzen Rußlands... Riga 1826, 403; Possart, P.: Die russischen Ostsee-Provinzen Kurland, Livland und Esthland, Erster Theil Kurland, Stuttgart 1843, 255.
[54] Das Inland 1.5.1840, 273 ff.; 8.5.1840, 289 ff.

Bauernbefreiung in begrenztem Maß

„In des Kaisers Gegenwart wurde am 30. August 1818 die Bauernbefreiung in Mitau feierlich verkündet und für das Inkrafttreten des Gesetzes der Georgstag (23. April) des Jahres 1819 festgesetzt." Die Umsetzung erfolgte schrittweise während einer 14jährigen Übergangszeit. Seit 1833 gab es demnach in Kurland keine unfreien Menschen mehr, doch war die Freiheit keineswegs weder uneingeschränkt noch gleich für alle. Nur in begrenztem Maß konnte der befreite Bauer wählen, wo und wovon er lebte. Die freie Berufswahl gab es für den Bauern nicht. Er war genötigt, entweder Gesindepächter auf einem Gut oder landwirtschaftlicher Arbeiter, also „Knecht", zu werden. Einen entsprechenden Vertrag konnte er zwar mit jedem Gutsbesitzer abschließen, doch nur innerhalb der Grenzen des Gouvernements Kurland.

Als Pächter eines Gesindes brauchte er eine Bescheinigung darüber, um sich außerhalb des Gutes bewegen zu dürfen, auf dem er angeschrieben war. Wollte er länger als zwei Tage abwesend sein, hatte er das zuvor mitzuteilen. Dem Knecht hingegen war ohne einen Pass der Gutspolizei überhaupt nicht erlaubt, das Gutsgebiet zu verlassen.

Nur wer ein „unentbehrliches Handwerk" ausübte, und das auch „nur für den Bedarf der Gutshöfe und des Landvolkes", wie „Weber, Schneider, Schuster, Schmiede, Zimmerleute, Stellmacher, Tischler, Böttcher und Maurer", durfte sich damit ernähren. Seit 1849 konnten Bauern in Städten ansässig werden, seit 1858 auch in anderen ländlichen Gebieten außerhalb Kurlands. Grundbesitz kaufen, wie etwa das gepachtete Gesinde, war Bauern jahrzehntelang nicht gestattet und wurde erst 1863 möglich.

Der Gutsbesitzer hatte die Polizeigewalt auf dem gesamten Gut. Er durfte Übeltäter mit bis zu 15 Stockhieben oder 48 Stunden Arrest bestrafen und übertrug die „Hauszucht" in der Regel dem Gutsverwalter. Der Gesindewirt durfte seine Knechte bei Vergehen mit sechs Stockhieben züchtigen.[55]

---

[55] Creutzburg, H.: Die Entwicklung der kurländischen Agrarverhältnisse seit Aufhebung der Leibeigenschaft, unter besonderer Berücksichtigung der Privatbauern. (Diss.) Königsberg 1910, 8, 16 f., 50, 61, 23 f.

Kirche Mesothen

Eingepfarrt war Grafenthal zur Mesothenschen Kirche, etwa 4,5 Kilometer südlich entfernt. „Die Kirche zu Mesothen liegt… am linken Ufer der Aa… 200 Schritte vom Pastorat… ein Bau von Steinen… war in den Jahren 1820 und 1821 von Grund aus renovirt und in Stand gesetzt…" [56] Der Pastor Mesothen hatte 32 Dessätin Pfarrland und erhielt von den eingepfarrten fünf Gütern Mesothen, Ruhenthal, Grafenthal, Groß-Bersteln und Schwitten 14 Rbl. 82 Cop. Baar, und 99 1/9 Tschwrt. Getreide. [57]

Pastor in Mesothen war bis 1830 Jeannots Verwandter Georg Philipp Leopold Winkelmann (1766-1830). Dessen Schwiegermutter Marie Elisabeth (1742-1779) war Jeannots Vaterschwester, und Jeannots Mutter Marie Gottliebe (1753-1844) wiederum war eine geborene Rosenberger.

Winkelmanns Adjunkt [58] und Nachfolger als Pastor von Mesothen war Hermann Friedrich Conradi (1797-1874), mit dem Jeannot's Familie vielfach in Kontakt kam und gutnachbarschaftlich verkehrte. [59] Er trug 1828 ins Mesothensche Kirchenbuch ein:

„Maria Elisabeth Juliana Winkelmann geborne Rosenberger; gebor. zu Neuenburg d. 6t. Apr. 1770. Gemahlin des H. Probst und Consistorialrath Winkelmann zu Mesothen, gestorben 59 Jahre alt am Katarrhal fieber d. 18t. October Vormittags 10 ½ Uhr; 38 Jahre lebte sie in der Ehe und gebar 2 Kinder, die sie früh verlor. Sie war ausgezeichnet durch ihren christlichen Sinn im Leben, Wirken und Leiden; sie wurde begraben bei der Mesothenschen Kirche." [60]

---

[56] Busch, E.H.: Ergänzungen der Materialien zur Geschichte und Statistik des Kirchen- und Schulwesens der Evang.-luth. Gemeinden in Russland. Leipzig 1867, 455; Kallmeyer, Th., Otto, G.: Die evangelischen Kirchen und Prediger Kurlands, Riga 1910, 93.

[57] Busch, E.H.: Materialien zur Geschichte und Statistik des Kirchen- und Schulwesens der evangelisch-lutherischen Gemeinden in Russland, St. Petersburg 1862, 369; Busch, Ergänzungen 454.

[58] Amtsgehilfe, Vikar.

[59] Kallmeyer, Th., Otto, G.: Die evangelischen Kirchen und Prediger Kurlands, Riga 1910, 306; Pantenius, T.H.: Aus meinen Jugendjahren, Leipzig 1907, 102.

[60] KB Mesothen, Verstorbene 1828, Nr. 168.

Das Grafenthalsche Herrenhaus

Von der Mesothenschen Kirche kommend zweigt nach etwa 4,5 Kilometern rechter Hand in nordöstlicher Richtung die schnurgerade Anfahrt zum Gutshof Grafenthal ab. Das letzte Stück der nochmals über einen Kilometer langen Strecke führte durch eine rechts und links von Bäumen gebildete Allee. Vor dem Herrenhaus lag ein Teich, und der Weg mündete in die kreisförmig um ein großes Rondell angelegte An- und Abfahrt des Gebäudes, wo die Pferdekutsche nach einem Linksschwenk zu stehen kam. Auf dem Rondell lagen in vielleicht 25 meterigem Abstand voneinander auf gemauerten Lafetten zwei schwere Kanonenrohre aus dem Kriegsjahr 1812, die Mündungen den Ankommenden entgegen gerichtet.

„Das Wohnhaus ist auf einem steinernen Fundamente aus Holz erbaut und hat ein Pfannendach; dasselbe enthält unten 12 Zimmern u. außerdem 4 Giebelzimmer, von denen letztern jedoch nur drei heitzbar sind; es hat Gypsdecken und Kachelöfen und drei gewölbte Keller, das Gebäude ist, obgleich alt, doch bewohnbar." [61]

Erbaut wurde es wohl in der zweiten Hälfte des 18. Jahrhunderts. Es dürfte etwa 40 Meter lang und rund 15 Meter breit und hoch gewesen sein. Die hölzernen Außenwände waren verputzt und die Vorderseite des Gebäudes in Abständen verziert durch einfache Pilaster ohne Fuß und mit toskanischem Kapitel. Zur Eingangstür in der Mitte der Vorderseite führten Stufen, geschützt durch ein von Säulen getragenes Giebelvordach. Auf jeder Seite des Eingangs sah man ein Einzelfenster, gefolgt von einem Fensterpaar und einem weiteren Einzelfenster, zusammen acht hohe Fenster mit hölzernen Klappläden. Die unteren Seitenwände waren wie die Vorderfront mit Pilastern versehen, dazwischen jeweils zwei Fensterpaare. Im Fachwerkgiebel darüber gab es drei Fenster, vermutlich jeweils eines für die oberen Zimmer, die paarweise an den beiden Hausenden lagen, und das mittlere Fenster für einen Gang dazwischen. Aus dem Untergeschoß führte, vermutlich mittig, eine Treppe zu den Giebelzimmern. Hier war wohl Raum für Gäste. In einem der Zimmer dürfte die Hauslehrerin gewohnt

---

[61] Diese und die folgenden Angaben sind einer Akte in Lettlands Historischem Staatsarchiv (LVVA) entnommen: Nachlaßsache des Kap. v. Denffer. Protocoll über die Taxation von Grafenthal 20. April 1859, fol. 4-8a, LVVA 581/4/2100/4 (I a). Eine frühere Beschreibung des Gutes war bislang nicht aufzufinden. Auch wenn die Hinweise auf Alter und Zustand der Baulichkeiten dem Jahr 1859 entsprechen, kann man sich eine Vorstellung von Grafenthal 1829 machen.

und auch Unterricht erteilt haben. Oben aus dem Dach des Hauses ragten zwei gemauerte Schornsteine, den Seitenwänden näher gelegen.

Insgesamt bot sich der Anblick eines recht großen Hauses im schlichten, klassizistischen Baustil, wie er im Kurland jener Epoche vorkam. Der Bau des Grafenthalschen Herrenhauses war nicht ungewöhnlich, wenn auch insbesondere im 19. Jahrhundert auf vielen Gütern repräsentativere Umgestaltungen vorgenommen wurden. Ganz ähnlich wie Grafenthal sind andere alte Herrenhäuser, so Bornsmünde, Zohden oder Neu-Adlehn. Hier war „ein Typus verkörpert, der gewissermassen als die Urform unseres Herrenhauses bezeichnet werden kann. Es ist das rechteckige, einstöckige und langgestreckte Haus mit einem einfachen, glatten Satteldach… Diese frühe Erscheinungsform des Herrenhauses ist im konstruktiven Aufbau äusserlich dem Bauernhause nahe verwandt. Es enthält im Wesentlichen die gleichen Bauelemente. Das Innere dagegen entspricht in der Grundrissgestaltung bei aller Einfachheit der Ausstattung immerhin dem Wohnbedürfnis einer kultivierten Gesellschaftsklasse.“ [62]

„Die schlichteren Gutsbauten, die man meist im Sinne hat, wenn man von baltischen Gutshäusern spricht, waren oft erdgeschossig und anspruchslos, fügten sich mit ihren teils gebrochenen, teils gewalmten Dächern unauffällig in die Landschaft ein und waren echte Landhäuser, die zwar von einem gehobenen, im Grunde aber doch einfachen, stark auf das Familienleben bezogenen Lebensstil zeugten. Charakteristisch ist immer der gestreckte, rechteckige Baukörper mit dem vorgezogenen, häufig durch einen Dreiecksgiebel (Frontispiz), manchmal durch einen Walm, später auch mit einer Attika gekrönten Mittelrisalit als Betonung der Mittelachse. Mit ihren Baumgruppen und Parks, eingeleitet von Alleen, sind diese Gutshöfe aus der baltischen Landschaft nicht wegzudenken.“ [63]

Die Innenräume

Das Innere des Grafenthalschen Herrenhauses beschrieb der kurländische Schriftsteller Theodor Hermann Pantenius, der dort mehrere Jahre verkehrte: „Die Wohnhäuser waren sehr geräumig, und man liebte es, daß möglichst viele Zimmer

[62] Pirang, H.: Das baltische Herrenhaus I, Riga 1926, 46 f.
[63] Kraus, O.: Die Gutshäuser im Baltikum 149 in: Böckler, E. (Hg.): Beiträge zur Geschichte der Baltischen Kunst, Giessen 1988, 137-188.

zusammenhingen und eine recht lange „Enfilade" bildeten. Die sie verbindenden Flügeltüren blieben bei Tag und bei Nacht geöffnet. Die Wände waren oft nur getüncht und zeigten dann mit Schablonen hergestellte Muster. In den meisten Zimmern hatten die Fenster keine Gardinen, nur, oft blaue, Rouleaux, auf denen Jungfrauen oder Jünglinge an Wildbächen angelten oder sonst landschaftliche Abbildungen angebracht waren. Die Möbel zeigten den Empirestil; auf den Sofakissen erdrückte, wer sich zurücklehnte, gestickte Schoßhündchen oder Kätzchen. Die Damen hatten überhaupt insofern gute Tage, als alles, was sich irgendwie besticken ließ, gestickte Einlagen zeigte: Tabakkasten, Kästchen jeder Art, sogar Lineale. Die Brieftaschen waren gestickt, die Morgenschuhe, die Tragbänder [64] der Herren, die Gürtel um ihre Pelze. Die Fußböden waren gestrichen, Teppiche nur vereinzelt und in kleinem Umfange vertreten. Die zahlreichen Fremdenzimmer waren sehr schlicht ausgestattet." [65] Die Zimmer hatten Stuckverzierungen an der Decke und wurden mit glasierten Kachelöfen beheizt.[66]

„Die Beleuchtung erfolgte im gewöhnlichen Tagesverlauf durch Talglichte, deren Docht von Zeit zu Zeit vermittelst einer Putzschere gekürzt wurde. War Besuch im Hause, oder wurde eine Festlichkeit veranstaltet, so brannten Kerzen - anfangs aus Wachs, später aus Stearin - auf Armleuchtern und in Kronleuchtern. Angezündet wurden diese Kerzen vermittelst sehr übel riechender Zündhölzchen." [67]

Schlimmer als der Geruch war aber offenbar die Häufigkeit von Bränden, die man mit nachstehender Maßnahme zu verhindern versuchte: „Obrigkeitliche Bestimmungen u. Verordnungen. Um sowohl den Mißbrauch der so außerordentlich verbreiteten Streichzündhölzchen von seiten der niedersten Volksgenossen möglichst zu steuern, als auch den Feuersgefahren zu begegnen, die der unvorsichtige Gebrauch derselben schon vielfach herbeigeführt hat, soll der Detailverkauf der Streichhölzchen nach Verlauf eines halben Jahres - von Publicirung der diesfallsigen Vorschrift ab - nicht mehr gestattet sein…" [68]

※

---

[64] Hosenträger.
[65] Pantenius, T.: Aus meinen Jugendjahren, Leipzig 1907, 111. Dem folgt Strazdiņš, E.: Grāvendāle, Riga (2020), 13.
[66] Strazdiņš, 16.
[67] Pantenius, 112.
[68] Das Inland 28.3.1849, 221 nach St. Peterb. Handelszeit. v. 12. Januar 1849.

Die Kapelle

Obwohl im erwähnten Protokoll nicht aufgeführt, hat es wohl auf Grafenthal eine Kapelle gegeben, errichtet zwischen 1758 und 1794. [69] Im Testament des Ulrich v. Gantzkaw vom 17. Mai 1815 heißt es, sein Vater habe „die kostbare Familien-Kapelle erbauen lassen", und er verkaufe „Grafenthal… dem… George Johann Carl Ferdinand von Vietinghoff gen. Scheel… unter der Bedingung…, daß der Käufer… die Familien-Kapelle erhalte…" [70] Von letzterem hatten Jeannot und Caroline Grafenthal übernommen. Dem Kirchenbuch Mesothen zufolge wurden ihre weiteren Kinder auf Grafenthal getauft. [71] Im selben Kirchenbuch gibt es aber 1829 auch den Hinweis: „Anna Sprengel, Kammerjungfer der Frau von Ganzkau in Grafenthal, gestorben an der Wassersucht d. 30t. August über 50 Jahre alt. Begraben d. 3.t. Sepbr. in der Intschu Kapelle." [72] Mit „Intschu" ist sicherlich „Inči" (Intze) gemeint, das auf dem zu Grafenthal gehörenden Land am östlichen Flußufer lag. Vielleicht war dort die Grafenthalsche Kapelle.

Die Frau von Ganzkau starb im folgenden Jahr und wurde bei der Mesothenschen Kirche begraben. [73]

Garten, Park und Fluß

Auf der Rückseite des Hauses mit wohl entsprechender Fenstereinteilung lag in der Mitte der zum Garten führende Ausgang. Man ging durch Blumenbeete, dann Obstgärten und rechter Hand einen von höheren Bäumen bestandenen großen Park. [74] Ein leichter Abhang führte etwa 500 Meter hinab bis zum Flußufer. Durch das Wasser von je nach Jahreszeit unterschiedlicher Breite ging eine Furt, und am anderen Ufer lag ein Stück Land namens Sismen (Zizma), das zum Gut Grafenthal gehörte. Von dort konnte man nach zwei bis drei Kilometern zur Chaussee Mitau-Bauske gelangen.

---

[69] Feldmann, H.: Baltisches historisches Ortslexikon Teil 2 Lettland, Köln Wien 1990, 192.

[70] Kurländische Güter-Chroniken. Neue Folge, Bearbeitet und herausgegeben im Auftrage des Kurländischen Ritterschafts-Comités, Mitau 1895, 90.

[71] Kirchenbuch Mesothen Taufen 1831, 25.12; 1833, 10.10.; 1835, 1.9; 1837, 26.2.; 1838, 30.6.;1840, 1.1.

[72] KB Mesothen Verstorbene 1829, Nr. 159.

[73] KB Mesothen Verstorbene 1830, fol. 30.

[74] Nach Strazdiņš, E.: Grāvendāle, Riga (2020), 17 vier Hektar, doch mag dies die Erweiterung nach 1859 einschließen.

Die Entfernung auf der Chaussee betrug dann nach Bauske noch etwa 11 Kilometer und 32 Kilometer nach Mitau.[75]

※

Der Gutshof

Zum Gutshof, im Protokoll „Hauptgut" genannt [76], gehörten außer dem Wohnhaus noch weitere Gebäude. „Eine neue Herberge aus Holz auf steinernem Fundamente, unter einem Pfannendach, enthält 5 Zimmern." [77] Diese Herberge war eines von zwei Knechtehäusern. Das kleine Haus stand parallel zur Südseite des Herrenhauses und wurde „Witwenhaus" genannt.[78] Hier wohnten Hofesbedienstete, später die verwittwete Mutter von Theodor Hermann Pantenius mit ihren Töchtern. [79] Des Weiteren gab es „Eine sehr alte Herberge, von Holz unter einem Strohdache." [80] Diese befand sich außerhalb des Hofes. [81] Auch hier wohnten Hofesleute.

Hinzu kamen Wirtschaftsgebäude. „Eine gemauerte Kleete unter einem Schindeldache, hat einen gewölbten Keller. Dieses Gebäude dient zu gleich als Magazin-Klete." [82] Als „Kle(e)te" bezeichnete man ein Vorratshaus oder auch eine Scheune. Sie befand sich an der südlichen Seite des Innenhofs, war um die Wende vom 18. zum 19. Jahrhundert erbaut, 39,5 m lang, 9,5 m breit, 4 m hoch mit einem Risalit.[83]

„Der Pferdestall u. die Wagenremise nebst einem heizbaren Zimmer, gemauert, unter einem gemeinschaftlichen Pfannendach. Dieses Gebäude bedarf nur unbedeu-

---

[75] 10 oder 11 bzw. 30 Werst, Watson, K.F.: Adreß-Buch für die Kurländische Statthalterschaft, Mitau 1796, 75. (1 Werst = 1,067 km). Von Grafenthal bis Bauske 14 Werst, bis Mitau 29 Werst, Woldemar, J.H.: Alphabetisches Postadreß- und Tourbuch für Kurland, Mitau 1873, 30.

[76] LVVA 581/4/2100/4.

[77] LVVA 581/4/2100/4 (I b).

[78] Edgars Strazdiņš vermutet, daß es für die Witwe des Otto von Gantzkau gebaut worden war (Strazdiņš, E.: Grāvendāle, Riga (2020), 17). Da es im Protokoll indes als neu bezeichnet wird, kommt vielleicht eher die 1830 verstorbene Carolina von Ganzkow geb. von Simolin, Erbfrau von Grafenthal, in Frage, die Witwe des Ulrich von Ganzkow. Sie starb am 3. Januar 1830 (KB Mesothen Verstorbene 1830, fol. 30).

[79] Pantenius, T.: Aus meinen Jugendjahren, Leipzig 1907, 110.

[80] LVVA 581/4/2100/4 (I c).

[81] Strazdiņš, 17

[82] LVVA 581/4/2100/4 (I d).

[83] „(in ganzer Höhe des Bauwerks vorspringender Gebäudeteil)", Strazdiņš, 17.

tender Reparaturen und hat Raum für 28 Pferde." [84] Es lag gegenüber der Klete, dazwischen Hof und Teich, war 48,5m lang und 9,5m breit, fast der Klete gleich. [85] In der Remise wurden wohl die für die Feldarbeit erforderlichen Wagen untergebracht.

„Die Schmiede mit zwei Wohnzimmern; theils von Holz, theils von Fachwerk, hat ein Pfannendach u. befindet in gutem Zustande." [86] Dies wird eine Hufschmiede in der Nähe des Pferdestalls gewesen sein. Der Hufschmied und seine Familie wohnten hier. Eine weitere Schmiede gab es außerhalb des Hofes beim Rehten-Krug.

„Ein Gartenhaus, theils Weller,[87] theils Fachwerk unter einem Pfannendache, hat 2 heizbare Zimmern u. ist in gutem Zustande." [88] Hier wohnte der für Gemüse und Obstgärten zuständige Gärtner mit seiner Familie.

„Eine Wagenremise von Fachwerk mit einem Strohdache, ist gut erhalten." [89] Vermutlich war dies der Platz für die Fahrkutschen.

„Die Riege, ganz neu, ist theils gemauert, theils gewellert, unter einem Schindeldache enthält 2 Hitzriegen, und 2 Scheunen, so wie auch 2 heizbare Zimmern." [90] Die Zimmer bewohnte der Riegenaufseher mit seiner Familie. Die „Hitzriegen" waren Räume zum Trocknen des Getreides vor dem Dreschen, die Scheunen zum Lagern.

Der lettische Heimatforscher Edgars Strazdiņš nennt außerdem noch Viehhöfe am Teich, Badehaus und Eiskeller. Heutzutage erhalten sind nur noch das umgebaute Knechts-(Gärtners-)haus, die Teich-Kaskaden und der größte Teil des Parks. [91]

※

---

[84] LVVA 581/4/2100/4 (I g).
[85] Strazdiņš, 17.
[86] LVVA 581/4/2100/4 (I e).
[87] Strohlehm.
[88] LVVA 581/4/2100/4 (I f).
[89] LVVA 581/4/2100/4 (I h).
[90] LVVA 581/4/2100/4 (I i).
[91] Strazdiņš, E.: Grāvendāle, Riga (2020), 17, 20.

Weitere Wirtschaftsgebäude

„Das Pfahllande im Vierecke [92] von Holz erbaut, ruht auf einem steinernen Fundamente unter einem Strohdache; dieses Gebäude ist alt aber noch brauchbar." [93]

Pfahlland, in unterschiedlichen Schreibweisen vorkommend, bezeichnete den Viehhof, auch Viehstall. Ein Besucher Kurlands im 17. Jahrhundert berichtete: „Die Viehställe erregten die Bewunderung des Reisenden, denn sie waren meisterhaft gebaut und erfüllten ganz den Zweck, während der strengen Kälte die Wärme zurück zu halten. Man nannte sie „Fahland". Sie waren im Viereck gebaut, an dessen vorderer Seite sich eine Pforte, in der Mitte ein weiter Hof, und rund umher die Ställe befanden." [94] In der Mitte des Innenhofs war Platz für Misthaufen und Jauchegrube. „Auf den Gütern hatte man … Viehställe, die ein geschlossenes Quadrat um einen ungedeckten Hof bildeten, in dessen Mitte der Misthaufen lag… Auf dem Hof in der Mitte dieser Viehburg konnte das Vieh stehen; dort war es auch vor Wölfen geschützt… Die Viehburg hiess im Baltisch-Deutschen auch Valand, Vahland, Faland, Fahlland… Pfahlland," [95]

Weitere Wirtschaftsgebäude, die zum Gutshof gehörten, aber nicht unmittelbar auf dem Hof standen waren „eine ganz neue Feldscheune, in Fachwerk, auf steinernem Fundamente unter einem Schindeldache." [96] „eine Feldscheune, in Fachwerk auf steinernem Fundamente unter einem Strohdache; befindet sich in brauchbarem Zustande." [97] „eine Feldscheune in hölzernen Pfeilern mit Schaalkanten [98] ausgefüllt, ist aber noch brauchbar." [99] „eine Feldscheune in Fachwerk unter einem Strohdache, ist

---

[92] Das Pfahland, richtig: Fahland, d.h. Viehhof, als Vierecks erbaut (Valda Kvaskova/Riga half dankenswerterweise hier und bei einigen anderen Wörtern zum Verständnis). Näheres auch bei Gutzeit, W. v.: Wörterschatz der deutschen Sprache Livlands, Riga 1864, I, 270 f.

[93] LVVA 581/4/2100/5 (I k).

[94] Düna Zeitung 9.8.1893. (Was der Doctor Rofinus Lentilius in den Jahren 1677-1680 in Kurland erlebte.)

[95] Manninen, I.: Die Sachkultur der Esten, Tallin 1933, II, 253 u. Anm. 1.

[96] LVVA 581/4/2100/5 (I l).

[97] LVVA 581/4/2100/5 (I m).

[98] Minderwertiges Holzmaterial (V. Kvaskova). „Schaalkante" bezeichnet „das äußerste vom Rande des Balkens abgesägte, „abgeschälte" Brett, dessen eine Seite die rundliche Wölbung des Stammes bildet." (Bielenstein, A.: Die lettische Sprache Erster Theil, Berlin 1863, 450).

[99] LVVA 581/4/2100/5 (I n).

sehr reparaturbedürftig." [100] „eine kleine ganz neue Scheune zu Aufbewahrung von Ackergeräten, ist von Fachwerk unter einem Strohdache." [101]

Hinzu kamen außerdem noch „drei neue Knechts-Wohngebäude für 12 Knechte nebst den dazu gehörigen Viehställen, von Holz unter Strohdächern. Die Knechte erhalten zugleich 68 Lofstellen Land vom Hofe." [102]

Somit gehörten zum Gutshof Grafental „Herrenhaus, Diener-(Gärtner-)haus, Kornkammer-Magazin, Pferdestall, Remise, Viehhöfe, Heuscheune, Korndarre mit Anbau, drei Knechtsherbergen, Getreidescheune, Eiskeller und Badehaus." [103]

⁂

Die Mühle

„Fast jedes Gut besaß eine Mühle, um an Ort und Stelle das eigene Getreide und das der Bauern für den Eigenbedarf zu zermahlen, erstens, damit man keine Zeit durch die Fahrt zu einer anderen Mühle und das Warten dort verlor, zum anderen, weil man sonst die „Metze" oder „Matte", d.h. das Entgelt für das Mahlen fortgeben mußte, was bei der Menge des Mahlguts für die Güter bei der Spiritusbrennerei einen beachtlichen Verlust bedeutet hätte. Der „Mühlenzwang" - das gesetzlich verbriefte Mahlmonopol, das die herrschenden Schichten und die Kirchen in anderen Ländern, besonders in Deutschland besaßen - bestand in Lettland nicht im buchstäblichen Sinn. Aber der Gutsherr konnte trotzdem seinen Leibeigenen befehlen, ihr Getreide in der Gutsmühle mahlen zu lassen, wenn auch die Bauern einen Teil ihres Mehls daheim mit ihren Handdrehmühlen mahlen konnten. Dagegen erhielten die Gutsbesitzer zusammen mit ihrem Lehen das Recht, Mühlen zu bauen und zu betreiben, ein Recht, das sie bis in die zweite Hälfte des 19. Jahrh. hinein besaßen." [104]

„Eine Erfindung des 17. Jahrhunderts sind die »Holländischen Mühlen«. Bei diesen ist der Baukörper selbst stabil. Nur das mit den Flügeln verbundene Dach ist drehbar.

---

[100] LVVA 581/4/2100/5 (I o).

[101] LVVA 581/4/2100/5 (I p).

[102] LVVA 581/4/2100/5 (I q).

[103] Strazdiņš, E.: Grāvendāle, Riga (2020), 17.

[104] Teivens, A.: Latvijas dzirnavas, Stockholm 1985, 293 f. Zusammen mit dem Gut Grafenthal wird die dortige Mühle bereits im Jahr 1507 erwähnt (vgl. Teivens, 75) und auch auf J. u. K. Denfer hingewiesen.

Die Drehvorrichtung wird von einer Galerie aus bedient. Aus Holz erbaute holländische Mühlen haben meist einen achteckigen, die steinernen einen kreisrunden Grundriss." [105]

Auf Grafenthal gab es „Die Windmühle ein Fuß-Holländer von Holz, mit 2 Gängen, ist gut erhalten, zu selbiger gehören 12 Lofstellen Land und Ein Wohngebäude, gemauert, unter einem Pfannendache. Dasselbe besteht aus 3 Zimmern und ist gut erhalten. Ein Vieh- und Pferdestall nebst Remise, von Weller unter einem Strohdache gleichfalls in gutem Zustande. Die Mühle ist verpachtet für die jährliche Pachtsumme von 75 Rubl. und freier Mahlung für den Hof und die Brennerei." [106] Die Windmühle stand etwa einen knappen Kilometer entfernt vom Gutshof auf der Nordseite der Zufahrtsallee.

Das Gut

Außer dem Gutshof mit Herrenhaus sowie den Wirtschaftsgebäuden, Unterkünften und dem Land gehörten zum Gut Grafenthal zwei Beihöfe. [107] Im Beihofe Dammhof, *Dambju muiža*, etwas mehr als einen Kilometer westlich vom Gutshof gelegen, gab es kein separates Wohngebäude, bedeutsam war aber „Eine Branntweinbrennerei gewellert [108] mit einem Pfannendache, enthält auch eine Wohnung für den Brenner. Das Gebäude ist in gutem Zustande. Die Brennerei ist vollständig mit den nöthigen Apparaten versehen und wird mit Dampf betrieben." [109]

Die Branntweinherstellung war kein Ruhmesblatt der Güterwirtschaft, doch auf den meisten Gütern üblich und trug zu den Einkünften bei. Immerhin waren die schädlichen Folgen des Alkoholkonsums erkannt: „Nicht durch Mäßigkeitsvereine genöthigt, sondern nur um deren Zweck zu fördern, haben mehrere Güter, z. B. Grenzhoff, ihre Branntweinsbrennereien bereits eingehen lassen." [110]

Im Jahr 1838 hatte die Stadt Mitau 20 961 erwachsene Einwohner, für die „ungeachtet des Mäßigkeitvereins doch 25,000 Wedro Branntwein eingeführt und vertrunken

---

[105] Pirang, H.: Das Baltische Herrenhaus Riga 1930, III, 31.

[106] LVVA 581/4/2100/5 (IV a, b).

[107] Ein dritter Beihof „Garāmāja" (das lange Haus) wurde erst nach 1859 eingerichtet, vgl. Strazdiņš, E.: Grāvendāle, Riga (2020), 17.

[108] Mit Wänden aus Strohlehm.

[109] LVVA 581/4/2100/5 (II a).

[110] Das Inland 29.6.1838, 411 f.

wurden…"[111] Demnach hätte jeder Erwachsene in Mitau jährlich etwa 14,5 Liter Branntwein verzehrt, wobei davon auszugehen ist, daß im Allgemeinen Männer mehr und Frauen weniger getrunken haben und auf dem Land der Alkoholverbrauch noch höher als in der Stadt gewesen sein dürfte. Allerdings sollte man nicht übersehen, daß auch Einreibungen mit Branntwein gerade in der ländlichen Heilkunde nicht selten angeraten wurden.

Zu Dammhof gehörten außerdem „Ein Mast-[112] und Pferdestall, auf steinernem Fundamente, von Weller unter einem Strohdache, ist gut erhalten. Die Riege mit einem Flügel, von Weller mit einem Strohdache, enthält eine Hitzriege u eine Scheune und im Flügel die Malzdärre.[113] Eine Kleete von Holz auf einem Steinernen Fundamente unter einem Strohdache; ist sehr alt. Eine Feldscheune in Pfeilern, mit Strauch ausgeflochten, unter einem Strohdache ist in gutem Zustande. Eine Feldscheune von Holz, unter einem Strohdache, ist gut erhalten."[114]

Der Grafenthalsche Beihof *Dambju muiža* scheint von einer gewissen Bedeutung gewesen zu sein, denn er wurde noch 1922 in einem Artikel „Unsere Natur- und Kulturdenkmäler", aufgeführt, wenn auch nur als Ruine.[115]

Der zweite Beihof hieß Neuhof, *Jaunā muiža,* etwa drei bis vier Kilometer südwestlich vom Gutshof entfernt. Dort gab es „Das Wohnhaus von Holz, auf steinernem Fundament, unter einem Strohdache, enthält siebend Zimmern und ist ganz neu. Die Riege, neu erbaut, von Holz mit einem Strohdache, hat eine Hitzriege u. eine Scheune. Das Pfahlland u. der Pferdestall, von Weller unter einem gemeinschaftlichen Strohdache, ist neu erbaut. Ein Stall für Arbeitspferde, nebst einer kleinen Scheune von Holz unter einem Stroh (sic!), ist ganz neu. Eine Klete u. Wagenscheune, gewellert, unter einem Strohdache, ist ganz neu."[116]

Die Hinweise „neu" und „ganz neu" deuten darauf, daß diese Gebäude zu Dennfferschen Zeiten errichtet wurden.

---

[111] Das Inland 23.8.1839, 540 f. Ein Wedro (russisch für „Eimer") entsprach 12,3 Litern.
[112] Maststall, d. h., ein Schweinestall, der speziell für die Phase der Mast der Tiere ausgelegt ist. Andere Bedeutung: Stall, wo Tiere zum Schlachten abgefüttert werden. (V. Kvaskova).
[113] (Malzdarre) zum Trocknen von Malz zum Bierbrauen. (V. Kvaskova).
[114] LVVA 581/4/2100/5 (II b-f).
[115] Lancmanis, Z.: Mūsu dabas un kulturas peeminekli 450, in: Mūsu Nākotne 15-16, 1.8.1922.
[116] LVVA 581/4/2100/5 (III a-e).

Der Kalkofen

„Der Kalkbrand, in gutem Stande, unter einem Pfannendache, ist so groß, daß mit einem Mal 180 Last Kalk gebrannt werden können. Hierzu gehört eine Kalkscheune, die mäßig, mit einem Pfannendach versehen u. in einem guten Zustand ist. Bemerkung: Der Hof brennt für eigene Rechnung, muß aber wegen eigenem Mangel an Holz, jährlich circa 25 Faden Holz à 7 Fuß in cabo [117] für jeden Ofen kaufen." [118]

Kalk wurde in Grafenthal schon früher gebrannt und verkauft, „Auf dem Privatgut Grafenthal kann man nunmehro - nach einem Stillstande von 30 Jahren - wieder Kalk zu kaufen bekommen...." hieß es in Zeitungsannoncen von 1812 und 1815. [119] Auch Jeannot hat die Herstellung und den Verkauf von Kalk genutzt und mit Zeitungsannoncen darauf hingewiesen: „In Grafenthal ist guter Kalk zu haben. Grafenthal, den 28sten August 1836. J. von Denffer." [120]

Die Krüge

Weitere Einnahmen waren durch den Betrieb und die Verpachtung von sogenannten „Krügen", ländlichen Gast- und Schankstätten zu erzielen.

„Betrachten wir nun den Krug en face. Langes, niedriges Gebäude. Ein einziger Schornstein in der Mitte bildet gleichsam die Intestinalröhre des ganzen Organismus, denn um ihn lagern sich alle Kammern mit ihren Lungen, den respirirenden Luft und Wärme spendenden Oefen. Der Schlott [121] ist kerzengrade und enthält unten, wo er plötzlich breit wird, die enge, kleine, rußige Küche..." [122]

„Die Stadollen sind große Scheunen, die an beiden Seiten des Kruges und mit ihm unter einem Dach liegen, aber nach vorn etwa um die Breite einer Flügelthür vorstehen. Hierdurch wird eben Platz für letztere gewonnen, so daß ein Wagen ziemlich gemächlich in den Stadoll hineinfahren kann. * (*Ich sage mit Fleiß jetzt der Stadoll, nicht die Stadolle; dieser sonderbare Ausdruck, vielleicht von Stall (Oestr. Stadl) abzuleiten, wird so und so genannt). Dadurch aber, daß der Krug in der Mitte schmäler

---

[117] Vielleicht verschrieben für „cubo", Kubik, s. Mitauscher Kalender 1878, 47.

[118] LVVA 581/4/2100/5 (VI).

[119] Mitausches Intelligenzblatt 4.6.1812; 26.1.1815.

[120] Allgemeines Kurländisches Amts- und Intelligenz-Blatt 29.8.1836; 1.9.1836; 5.9.1836.

[121] Schlot, Rauchabzug.

[122] Das Inland 14.2.1855, 98 ff.

ist, als der Stadoll, das Dach aber überall gleich weit vorragt, entsteht eine Art Veranda, ein Vordach, das auf ein Paar hölzernen Säulen ruht und unter welchem in der Mitte 3-4 Stufen gewöhnlich zu einer mit Bänken besetzten Treppe und in den Krug führen. Der Stadoll hat keine Lage oder Decke, [123] sondern nur ein Dach... Ganz oben am Ende des Daches ist eine triangulaire, trichterförmige Oeffnung, die Luft, Licht und flatternde Tauben oder Sperlinge hinein läßt, aber den Regen nicht, oder nur in wenigen zerstäubenden Tropfen, wenn der Wind zufällig sie quer hinein treibt... Außer dieser Oeffnung besitzt ein Stadoll noch hier und da schmale und quere Stallfensterlein, eine Thür und Treppe, die in den Krug führt und außer der großen Flügelthür, die zur Veranda geht, eine zweite am Ende des Gebäudes, so daß ein Wagen, der in den Stadoll hinein gefahren ist, nicht umzukehren braucht, sondern durch die andere Thür direkt hinaus kann, wenn die Pferdefütterung beendigt ist und die Reise fortgesetzt werden soll. Ein ganz ähnlicher Stadoll, aber 2-3 mal größer, befindet sich am andern Ende des Krugs und ist für die Bauernpferde und Fuhren bestimmt." [124]

Grafenthal hatte vier solcher Krüge: *Kalna*, *Rētes*, *Rudzu* und *Zimzas*. Der größte der Grafenthalschen Krüge befand sich etwa einen Kilometer südwestlich des Herrenhauses am Fahrweg, der zur Kirche Mesothen führte:

„Der Kalnen-Krug, von Weller unterm Strohdache, ist reparaturbedürftig. Für diesen Krug, zu welchem 18 Lofstellen Land gehören, wird eine jährliche Pacht von 160 Rubel gezahlt.

Der Rehten-Krug, von Weller und Fachwerk, mit einem Strohdache, ist gleichfalls reparaturbedürftig; zu selbigem gehört eine gut erhaltene Schmiede von Fachwerk mit einem Bretterdache. Für diesen Krug, der auch 6 Lofstellen Land hat, wird die jährliche Pachtsumme von 75 Rubel gezahlt.

Der Rudsen-Krug von Holz u. Fachwerk mit einem Strohdache, ist reparaturbedürftig. Die jährliche Arrende für diesen Krug, zu dem 6 Lofstellen Land gehören, beträgt 85 Rub. S.M. [125]

---

[123] Lage ist der baltische Ausdruck für Decke eines Raumes.
[124] Das Inland 14.2.1855, 97 f.
[125] Rubel Silbermünze.

Der Sismen-Krug: von Holz, unter einem Strohdache, hat keine Stedolle,[126] aber einen kleinen Viehstall nebst Remise von Holz unter einem Strohdache. Krug und Wohngebäude sind reparaturbedürftig. Die jährliche Arrende für diesen Krug beträgt 54 Rubel." Die kleineren Krüge waren abgelegen, der Rehten-Krug drei bis vier Kilometer südwestlich vom Kalnen-Krug, der Rudsen-Krug am Fahrweg entlang des Flüßchens Schwitte, der Grafenthalschen Westgrenze, und der Sismen-Krug an der Ostgrenze, jenseits der Aa am Flüßchen Zizma. [127]

※

Die Gesinde

Insgesamt gehörten zum Privatgute Grafenthal außer den zwei Beihöfen Dammhof und Neuhof, der Windmühle und den vier Krügen sowie zwei Buschwächtereien 30 Gesinde. „Die 30 Gesinde zahlen zusammen an Pacht 3080 R.S. Zur Zeit existiren nur 27 Gesindestellen, indem in den letztern Jahren 3 Gesinde zu andern dreien zugezogen", [128] so daß mit drei Gesinden drei andere vergrößert wurden. „Man zog Gesinde ein, um andere zu schwache Gesinde zu completiren…; um die zwischen den Hofsfeldern eingeschachtelten, zerstreut liegenden Landstücke zur Arrondirung der Hofsfelder zu benutzen; um bei praktischer Zusammenlegung mehrerer Gesinde zu einem einzigen solche Gesindeeinheiten zu schaffen, die sich zu dem befürchteten Zwangsverkauf besser geeignet hätten; um aus vergrößerten Gesinden bessere Pachten zu beziehen; um die Zahl der zu erhaltenden Gebäude zu vermindern, endlich um die Zahl der unabhängigen Wirthe einzuschränken, weil dadurch die Administration des Gutes vereinfacht wurde." [129]

„Die Gebäude zweier Gesinde sind schlecht, die der übrigen Gesinde aber theils in gutem, theils in mittelmäßigem Zustande. Jedes Gesinde hat circa 15 Lofstellen in jedem von drei Feldern ferner einen jährlichen Heu Ertrag von circa 6 Faden à Stck.(?)

---

[126] Auch: Stadolle, d. h. Wirtshausstall, Pferdestall und Wagenremise an einem Krug. (V. Kvaskova).

[127] LVVA 581/4/2100/5 (V 1-4).

[128] LVVA 581/4/2100/5, fol. 7v.

[129] Hollman, H.: Kurländische Agrarverhältnisse 461 f., in: Baltische Monatsschrift 40 (1893), 338-67, 458-80.

u. ein Inventarium von 3 Pferden, 3 Kühen, 3 Schafen, 3 unbeschlagenen Raggen, [130] 3 unbeschlagenen Wagen u. 3 Pflügen.

Außer der Zahlung des baaren Zinses haben die Gesinde auch noch die Verpflichtung (?) den Hofes-Dünger unentgeltlich aus zufahren und eben so (?) für den Hof zu machen." [131]

Pachtverträge endeten stets am Georgstag, dem 23. April, die Pachtbedingungen waren frei vereinbar, der Grundeigentümer somit in der Regel dem Pächter gegenüber im Vorteil. „Der Bauer war der schwächere, der Gutsherr der stärkere Theil. Während der Bauer, um nicht brodlos zu werden, sich zu einem für ihn ungünstigeren Pachtcontract verstehen mußte, konnte der Gutsherr, ohne brodlos zu werden, einen zeitweiligen Verlust verschmerzen." [132]

Frone und Zinspacht

Der Gesindewirt entrichtete seine Pacht zunächst noch in Form von „Frone", also Arbeitsleistung, oder Abgabe von Naturalien, bis die sogenannte „Zinspacht" mittels Zahlung eines Geldbetrags Verbreitung fand. Ein Gesinde mit 6 arbeitsfähigen Männern, also Pächter und etwa dessen Söhne, Verwandte oder von ihm beschäftigte Knechte, stellte „im allgemeinen für die ganze Woche dem Gutshofe einen Arbeiter mit zwei Pferden Angespann und einen Arbeiter ohne Gespann" [133] zur Verfügung, kleinere Gesinde leisteten entsprechend weniger. Eine andere Form der Pachtentrichtung war die Bearbeitung der sogenannten „Reesche", eines vom Gutsherrn bestimmten Feldes von der Saatvorbereitung bis zur Ablieferung der Ernte. Hinzu kamen meist weitere Hilfsarbeiten wie Transport von Getreide sowie Brenn- und Bauholz, die der Gesindewirt mit seinen Pferden und Wagen für den Gutsherrn zu leisten hatte. Die Abgabe in Naturalien bestand meist aus „neun Lof Roggen, drei Rubel Silbergeld, 30 Pfund Honig, Hühner, ein Schaf, eine Gans, Flachs, Hanf, Hopfen. Dazu kam noch eine Abgabe von einem Lof Getreide an den Prediger." [134]

---

[130] Schlitten.

[131] LVVA 581/4/2100/5, fol. 7r, zwei Wörter unleserlich.

[132] Hollman, 351.

[133] Creutzburg, H.: Die Entwicklung der kurländischen Agrarverhältnisse seit Aufhebung der Leibeigenschaft, unter besonderer Berücksichtigung der Privatbauern. (Diss.) Königsberg 1910, 37.

[134] Creutzburg, 38.

Die „Zinspacht" folgte der zunehmenden Verbesserungen der Landwirtschaft seit den 1830er Jahren und war um 1845 in Kurland weit verbreitet.[135]„Die Zeitschrift „Inland" 1854 berichtete über den Zustand der kurländischen Bauern: „Seit etwa 15 Jahren, von welcher Zeit ungefähr die Pachtverhältnisse datieren, die jetzt auf den meisten Gütern Kurlands eingeführt sind, ist - ich will nicht gerade sagen ein Wohlstand - wohl aber eine Wohlhäbigkeit unter den kurländischen Bauern eingetreten, wie man sie früher nie gekannt hat. In sozialer Hinsicht bewirkte die Einführung der Geldpacht, dass sich die Bauernschaft Kurlands in zwei Klassen zu trennen begann, in die der Pächter oder Wirte und die der Landarbeiter, in Kurland noch bis heute „Knechte" benannt... Auf den Privatgütern, welche die „Knechtwirtschaft" eingeführt hatten, wurden nun Knechtwohnungen (Insthäuser) gebaut mit Ställen und Remisen für Pferde, Wagen und Ackergeräte... Der Verpächter musste... über ein grösseres Kapital verfügen, weil er bei der Einrichtung der Knechtwirtschaft dazu gezwungen war, bedeutende Aufwendungen für Anschaffung von Inventar und für Neubauten von Knechtwohnungen zu machen. Erst als diese Bedingungen erfüllt waren, war die Umwandlung der Fronpacht in die Geldpacht zweckmässig."[136]

Der Wald

„An Waldungen besitzt Grafenthal: ein Birkenwäldchen von circa 30 Lofstellen, welches mit 20 bis 30 jährigem Holz bestanden ist; ferner ein zweites mit 40 jährigen Bäumen bestandenes Wäldchen von 30 Lofstellen; dann ein Tannen und Erlen(?) Wäldchen von circa 80 Lofstellen, das gut bestanden ist, aber wenig Bauholz hat; und endlich einen nur mit Strauch bestandenen, circa 20 Lofstellen betragenden Waldplatz, genannt Sismen-Wäldchen.

Alle diese Wäldchen liefern jedoch weder Bau- noch Brennholz in genügender Qualität und Quantität."[137] Trotzdem war Holz begehrt. Entwendungen sollten die „zwei Buschwächtereien"[138] möglichst verhindern, doch konnte dies wohl nur

[135] Vgl. Hollman, H.: Kurländische Agrarverhältnisse 458 ff., in: Baltische Monatsschrift 40 (1893), 338-67, 458-80.
[136] Creutzburg, 55 ff. mit Verweis „Inland Nr. 49.B. Zustand der kurischen Bauern. Mitau 1854."
[137] LVVA 581/4/2100/5, fol. 7r.
[138] LVVA 581/4/2100/5, fol. 6v.

eingeschränkt gelingen, denn „Es wird nämlich die Walddefraudation niemals als Diebstahl von den kurländischen Gesezen angesehen und bestraft. Der Bauer kann zehn Mal den Wald bestehlen, er braucht im Falle der Ertappung nur mit Gelde zu büßen, ist und bleibt jedoch ein Ehrenmann, und kann noch vor Anderen vom Gutsherrn zum Richter erwählt werden." [139]

※

Der Friedhof Mellantsch

Aus dem Kirchenbuch von Mesothen wird ersichtlich, daß insbesondere die lettischen Verstorbenen von Grafenthal nicht bei der Mesothenschen Kirche beerdigt wurden, sondern auf Grabstätten in der Nähe ihrer Gesinde. Am häufigsten erwähnt wird der Friedhof von Mellantsch (lettisch Melnanši). Dieser Friedhof lag bei dem gleichnamigen Gesinde, etwa vier oder fünf Kilometer südwestlich vom Gutshof. Auch eines der Denfferschen Kinder fand dort seine letzte Ruhestätte, der am 27. Jan.1835 verstorbene nicht einmal zweijährige Johann Julius Rudolph, bestattet am 1. Febr. in Mellantsch. [140] Weitere solche Grabstätten gab es auch bei manchen anderen Gesinden wie etwa Intschu, Ranku und Zehrnes.

※

Der Entensee

Edgars Strazdiņš berichtet davon, daß es auf dem Gebiet des Gutes Grafenthal früher einen großen See gegeben hat. Er wurde nach 1859 trockengelegt. Dadurch konnte zusätzliches Ackerland gewonnen werden. Dieser See hieß, wie das Gesinde an seinem Ufer, Melanši, was in etwa „Entensee" bedeutet.

„Das Haus befand sich sehr nah am See, es war mit Stroh bedeckt und es sah so aus, als ob das Wasser durch die Tür kommen könnte." „Der See, mehr als 30 ha groß, befand sich westlich des Boliene Waldes, zwischen den jetzigen Rogas, Grävendāle Schule, Melanši und Pereļi, etwa 400 m von dem Fluss Īslīce entfernt. Der Entensee zusammen mit dem Boliene Wald war ein beliebtes Angel- und Jagdgebiet für… Grafenthal… Von dem See erzählte der Enkel von Zelma Šūba, Arnis Grīnis, der in seiner Kindheit im Frühling und Herbst Muscheln in den aufgepflügten Feldern gesammelt

---

[139] Die Zustände des freien Bauernstandes in Kurland. Von einem Patrioten, Leipzig 1860, 28f.
[140] KB Mesothen, Verstorbene 1835 Nr. 47 (fol. 120).

hatte. Auch der Ortsnamen-Sammler und Folkloreforscher Atis Maturs schrieb ein indirektes Zeugnis für die Existenz des alten Sees auf - nämlich ein Märchen.

Ein Vater besaß einen sehr faulen Sohn. Dieser wollte überhaupt nicht arbeiten und gehorchte seinem Vater gar nicht. Am Ende hat der Vater den Sohn weggejagt. Der Sohn ging und ging, bis er sich verlief. Da war ein großer See, an dessen Ufern hohes Schilf stand. Der Sohn verkroch sich da hinein und legte sich nieder.

In diesem Moment flogen drei Tauben herbei, legten ihre Federn ab, verwandelten sich in drei schöne Prinzessinnen und gingen in den See, um zu baden. Der Sohn stahl die Federn der jüngsten Prinzessin. Die älteren Schwestern kamen aus dem See, wurden wieder Tauben und flogen fort, die jüngste aber suchte ihre Kleidung. Als sie den Menschen sah, sagte sie: „Bist Du klein, wirst Du mein Sohn sein; bist Du jung, wirst Du mein Bruder sein; bist Du alt, wirst Du mein Vater sein; wenn Du ein guter Mensch bist, komm her, wenn ein böser, geh weg, wo Du hergekommen bist!" Der Junge sagte, er sei gut und ging zum Mädchen hin. Nach seinen Wanderungen war er nun hungrig. Die Prinzessin legte ihre Schürze am See auf den Boden und gleich tauchten verschiedene Speisen und Getränke auf. Sie aßen sich satt und gingen aus dem Wald heraus. Da stand ein Haus, und sie fragten nach Obdach für die Nacht...

Am Morgen sagte der faule Sohn dem Wirt, der sollte sein Brautführer sein. Gut. Sie fuhren in die Kirche, er ließ sich mit der Seemagd trauen und ging wieder heim zu seinem Vater. Der wollte gar nichts hören, trieb den Faulenzer fort. Der Sohn bat aber, ob er in der Mühlenkammer übernachten dürfe, da die Nacht schon angebrochen war. Das hat der Vater erlaubt..." [141]

Das ganze Märchen ist erheblich länger, die weiteren Geschehnisse sind indes ohne Bezug zum Grafenthalschen Entensee. Das Paar wandert weiter und kommt zu einem König. Die Frau bringt auf märchenhafte Weise zustande, daß dort ein zweiter Palast entsteht. Der König droht mit Strafe, wenn der Mann nicht ein wildes Tier aus dem Wald herbeibringt. Das bewirken die Zauberkräfte der Frau. Nach weiteren Komplikationen soll der Mann schließlich auf einem schmalen Brett über einen Teerkessel gehen, was ihm wiederum durch die Zauberkräfte gelingt. Der König, dadurch

---

[141] Strazdiņš, E.: Grāvendāle, Riga (2020), 24 f. Übersetzung aus dem Lettischen Agnese Lūse (Riga). (Auszug aus dem Märchen „Suche nach dem Unbekannten", 15. A. 46. A. 761. Māturu Atis in Grāvendāle. LP, VI, 1064 (3).)

ermutigt, geht ebenfalls über den Kessel und fällt hinein. Am Ende bekommt so der faule Sohn das Land des Königs, hat zwei Paläste und eine gute Frau. [142]

Von diesem märchenhaften Ertrag abgesehen war der Entensee für die Bewohner von Grafenthal noch auf andere Weise bedeutsam: „An Fischen sind die meisten Gewässer sehr reich: Karauschen, Schleien, Karpfen, Aale, Rebsen, Barsche, Alante, Wemgallen, Neunaugen, Lachsforellen, Weißfische, Hechte in Menge (von außerordentlicher Größe in der Aa).“ [143]

Gutsgemeinde und Gemeindegericht

Alle Bauernhöfe eines Gutes bildeten die Gutsgemeinde. Die Angehörigen der Gutsgemeinde wählten das Gemeindegericht. „Es bestand aus einem Gemeindeältesten als Vorsitzenden, mehreren Gerichtsgliedern und einem Gerichtsschreiber… Die Gerichtsglieder waren durchweg bäuerlichen Standes; der Vorsitzende des Gerichts, meist der Gemeindeälteste, war aus der Klasse der Wirte oder Pächter zu erwählen, während die Beisitzer zur Hälfte der Klasse der Dienstboten entnommen werden durften. Die Mitglieder des Gerichts leisteten in der Kirche den feierlichen Amtseid. Der Gerichtsschreiber wurde vom Gutsherrn angestellt und besoldet… Von diesem Gemeindegericht und von der Gutspolizei wurde die Polizei- und Ziviljustiz für bäuerliche Sachen in erster Instanz ausgeübt…“ [144] Darüber standen das Kreisgericht (ehemals Hauptmannsgericht) und das Oberhofgericht.

„Alle Mitglieder der Bauerngemeinde unterlagen der Rechtsprechung des Gemeindegerichts, mit Ausnahme der Hofleute, welche direkt der Gutspolizei unterstanden…

Die Strafgewalt des Gemeindegerichts bestand in einem Verweise, in der Verurteilung zur Abbitte oder zum Widerrufe, zur Vergütung des Schadens und in der Erteilung von 30 Stockschlägen bzw. Peitschenhieben…

---

[142] Meklēšana pēc nepazīstamā, 15. A. 46. A. 761. Māturu Atis in Grāvendāle. LP, VI, 1064 (3).

[143] Bornhaupt, C.: Entwurf einer… Beschreibung Liv-, Esth- und Kurlands, Riga 1855, III. Kurland 14 f.

[144] Creutzburg, H.: Die Entwicklung der kurländischen Agrarverhältnisse seit Aufhebung der Leibeigenschaft, unter besonderer Berücksichtigung der Privatbauern. (Diss.) Königsberg 1910, 9 f., 31.

Für Sicherheit und Ordnung sorgten in der Landgemeinde die Gemeinde- und die Gutspolizei; in mancher Hinsicht unterstand die Gemeindepolizei der Gutspolizei. Die Strafbefugnis der Gutspolizei bestand in der Verurteilung zur Abbitte, [145] Schadensvergütung, einer Geldbusse von höchstens 3 Rubel-Silber, 15 Stockschlägen oder Peitschenhieben oder Arrest von 48 Stunden." [146]

※

Grafenthalsche Bauerngemeinde

Eine wichtige Aufgabe der Gemeinde war es auch, die auf dem Gut lebende Landbevölkerung zu erfassen. In Russlands Gouvernement Kurland gab es zum Zweck der Steuererhebung Volkszählungen in den Jahren 1797, 1811, 1815, 1833, 1850 und 1856. Die Einwohner wurden je nach Stand und Wohnort in verschiedene „Seelenlisten" eingetragen. Deren Veränderungen verzeichnete man von Zeit zu Zeit in „Revisionslisten". Von diesen sind sehr umfangreiche, aber doch lückenhafte Bestände erhalten. In Lettlands Staatlichem Historischen Archiv (Riga) befindliche Dokumente wurden 1940 verfilmt und in den 1990er Jahren im Herder-Institut Marburg als Papierkopien rückvergrößert. Für die Grafenthalsche Landbevölkerung gibt es aus den Jahren 1826 und 1834 offenbar keine Unterlagen in Marburg. [147] Die Jahre 1826, 1850 und 1858 sind jedoch in Riga vorhanden, mittlerweile digitalisiert und unter „Grāvendāles (Grafenthal) privātmuiža" zu finden. [148]

Eine Revisionsliste der Bauerngemeinde des Gutes Grafenthal vom 9. Sept. 1850 führt 32 Gesinde und 4 Krüge an. Den Namen der Gesinde folgen die jeweiligen Anzahlen von dort lebenden Bauern und Bäuerinnen: Swanke 11, 13; Mellansche 6, 12; Bohle 8, 11; Smiltneek I 4, 6; Smiltneek II 13, 16; Budberg 9, 11; Juske 17, 15; Schirwe wetz 8, 13; Schirwe jauns 7, 9; Kanner 12, 13; Mellansche wetz 12, 12; Wetzwagger - -; Ginnart 7, 10; Intze 12, 10; Bunner 10, 11; Jaunstohke 8, 9; Wetzstohke 7, 11; Kiwal 9, 10; Skurbeneek jauns 8, 12; Wetzsebber 7, 11; Jaunsebber 14, 15; Swapschke 12, 12; Gretze 9, 9; Barsde 5, 7; Skurbeneek wetz 14, 9; Perel 7, 9; Tohle

---

[145] Bitte um Vergebung.
[146] Creutzburg, 9 f., 31 ff.
[147] Hoheisel, A., Wörster, P.: Die kurländischen Seelenrevisionslisten 1797-1834 (1858), Marburg 1997, 26 lt. Findbuch Repertorien Riga Nr.10.
[148] LVVA 630/1/254; Grāvendāles (Grafenthal) muižas 1797., 1811., 1816., 1826., 1850. un 1858. g. revīzijas un to papildinājumi (254.lieta).

10, 10; Schwittenschirwe 11, 5; Kaķķe 14, 13; Springe 7, 10; Rudsen Krug, Rehden Krug, Kalnen Krug, Sissmen Krug 4, 3. Losgekaufte Rekruten 6. [149]

„Im Ganzen… Seelen verzeichnet 288 männliche und 317 weibliche". Zur Bauerngemeinde Grafenthal gehörten demnach ohne die Hofesleute insgesamt 605 Menschen. Unterschrieben ist die Aufstellung von „TvDenffer" sowie „Jahn Kalning Gemger. [150] Vorsitzer xxx Jehkab Kernes Gemger. Beisitzer xxx Krischjahn Bumber Gemger. Beisitzer xxx (unleserlich, Gemeindeschreiber)".[151] Eine spätere Revisionsliste, erstellt durch das Grafenthalsche Gemeindegericht, unterzeichnete am 14. Januar 1853 der „Vorsitzer Kalning" gleichfalls mit drei Kreuzen, darunter die unleserliche Unterschrift des Gemeindeschreibers und links daneben der Siegelstempel des Grafenthalschen Gemeindegerichts. [152]

Vorratsmagazin und Schule

Besonders bedeutsam war die Verwaltung des Bauernvorratsmagazins, [153] das die Gutsgemeinde zu unterhalten hatte. Darin wurden durch Abgaben von jedem Gesinde Vorräte von Winter- und Sommergetreide für den Fall der Hungersnot oder Mangel an Saatgetreide angelegt. Wo möglich gab es auch ein Magazinfeld, das gemeinschaftlich bearbeitet wurde und dessen Ertrag zum Vorrat beitrug. Der Gemeindeälteste und zwei gewählte Magazinaufseher waren dafür verantwortlich, daß ausreichende Vorräte gelagert und entliehene Mengen entsprechend ersetzt wurden.

„Eine weitere Obliegenheit der Gemeinde war die Einrichtung und Unterhaltung einer Schule, und zwar bestimmte die Bauernverordnung, dass auf 1000 Seelen

---

[149] LVVA 630/1/254, 123 ff.
[150] Gemeindegericht.
[151] LVVA 630/1/254, 155.
[152] LVVA 630/1/254, 219.
[153] Creutzburg, H.: Die Entwicklung der kurländischen Agrarverhältnisse seit Aufhebung der Leibeigenschaft, unter besonderer Berücksichtigung der Privatbauern. (Diss.) Königsberg 1910, 33 f.

beiderlei Geschlechts wenigstens eine Schule angelegt werden sollte." [154] Die Grafenthalsche Schule wurde offenbar erst Ende 1840 vom Gutsherrn eingerichtet. [155]

※

Rekrutierung zum Kriegsdienst

Einem Adligen Russlands jener Zeit stand es frei, in den Kriegsdienst zu treten und ebenso, den Abschied daraus zu nehmen. Im Gegensatz dazu unterlag der Bauer der Rekrutierung und hatte kaum Möglichkeiten, sich zu entziehen. Nur wer 300, später 570 Silberrubel aufbrachte, konnte sich damit freikaufen und durfte dann sogar eine andere Betätigung als die in der Landwirtschaft wählen. Eine der Revisionslisten aus Grafenthal von 1850 verzeichnet 6 „Losgekaufte Rekruten", 4 davon aus den Jahren 1836, 1840, 1842, 1847. [156]

Die Regierung setzte jährlich und je nach Bedarf die Anzahl von Männern fest, die von der Bauerngemeinde für den Kriegsdienst zu stellen war. In Friedenszeiten sollten es alle zwei Jahre von 1000 Seelen fünf Rekruten sein, in Kriegszeiten in kürzeren Abständen 10 oder sogar 12 Rekruten,[157] und Russland führte fast fortwährend Kriege. Die Bauerngemeinde hatte dementsprechend auszuwählen, wen von ihren Leuten dieses Schicksal traf. Üblicherweise wurde gelost, befreit waren „die körperlich Unfähigen, die Eigentümer sowie die Pächter oder Bauernwirte einer Landstelle" bestimmter Größe „und deren älteste Söhne, die Mitglieder des Gemeindegerichts und die Gemeindevorsteher während ihrer Amtszeit und teilweise die Hofleute. Ein Gutsherr, dessen Gemeinde 100 Seelen (männliche und weibliche Personen) umfasste, konnte die Befreiung von der Rekrutierung für vier seiner Hofleute verlangen, für jede weiteren 50 „männlichen Seelen" durfte er einen Hofdomestiken mehr reklamieren." [158]

---

[154] Creutzburg, 28.

[155] Strazdiņš, E.: Grāvendāle, Riga (2020), 27.

[156] LVVA 630/1/254, 157.

[157] Vgl. Rigasche Zeitung 17.7.1843; 13.8.1834; 28.3.1849; Kurländische Gouvernements-Zeitung 28.12.1854.

[158] Creutzburg, H.: Die Entwicklung der kurländischen Agrarverhältnisse seit Aufhebung der Leibeigenschaft, unter besonderer Berücksichtigung der Privatbauern. (Diss.) Königsberg 1910, 29 f.

Für den Bauern war die Einziehung zum Militär in gewisser Weise einem Todesurteil gleichzusetzen, von dem lediglich unklar blieb, ob und wann es vollstreckt werden würde, denn der Soldat wurde ja zum Einsatz in den Krieg geschickt, wobei die Aussichten unversehrt zu bleiben nur gering sein konnten. Die 15jährige Dienstzeit, zuvor noch länger, bewirkte auch im Fall des Überlebens eine fortwährende Trennung von Verwandtschaft und Heimat. Als gewisse Begünstigung erschien, daß der verabschiedete Soldat seinen Lebenserwerb wählen durfte und nicht gezwungen war, in die Bauerngemeinde zurückzukehren, doch dann hatte er längst ein fortgeschrittenes Alter erreicht, das meist nur wenig Perspektiven bot. „Ein gemeiner Soldat, der nach beendigter fünfzehnjähriger Dienstzeit entlassen wird, befindet sich in einer mißlichen Lage. Er ist zu alt und stumpf, um noch etwas zu lernen, und zu sehr dem bürgerlichen Leben entfremdet, um sich noch als ein nützliches Glied demselben einzureihen. Ohne Existenzmittel muß er nothwendig dem Gemeinwesen zur Last fallen." [159]

Wer nicht dem Bauernstand angehörte, konnte die Rekrutierung wohl aus einem anderen Blickwinkel betrachten. So liest man in einer Zeitschrift jener Jahre: „Aus dem Jacobstädt'schen" in Kurland wurde berichtete: „Der Rekrutenempfang bringt viel Leben in unsere Stadt. Es ist erfreulich zu sehen, wie junge Burschen jetzt mit viel geringerem Widerwillen als früher in den Soldatenstand treten - Dank sei dafür den vervollkommnetern Maßregeln der Regierung. Die schlimmste Zeit ist der Losungstag; ist der erst vorüber und hat das Loos entschieden, so ergiebt sich jeder in sein Schicksal und die angenommenen Rekruten singen und tanzen in den Straßen. Was sollte sie auch mißmüthig machen? Die Dienstzeit ist ja sehr verkürzt und der entlassene Soldat findet, durch die Fürsorge der Regierung, ein gutes Unterkommen in seiner lieben Heimath." [160]

Bemerkenswerte Begebenheit

Die folgende bemerkenswerte Geschichte wirft ein Licht auf die seinerzeitigen Verhältnisse in Russland, wo damals die Bauernbefreiung noch nicht erfolgt war:

---

[159] Rigasche Zeitung 18.4.1862.
[160] Das Inland 8.12.1842, 429.

„Die Nordische Biene [161] erzählt in ihrer 143. № einen schönen Zug eines Russischen Unteroffiziers, Terenti Glotow. Derselbe wurde vor mehr als zwanzig Jahren unter die Rekruten abgegeben und kam bald darauf in die Garde-Artillerie. Durch Verfertigung von Kiwer (Czako's) [162] erwarb er sich nach und nach einiges Vermögen und gab auch als Unteroffizier seine Beschäftigung nicht auf. Nach Ablauf seiner 22jährigen Dienstzeit setzte er dieselbe fort und gelangte durch seinen Fleiß und die Vortrefflichkeit seiner Arbeit in eine sorgenfreie Lage und zu einem eigenen Häuschen, in welchem er schlecht und recht lebt, und seine Kinder durch Wort und Beispiel zum Guten aufmuntert. Vor kurzer Zeit kam Glotow zum Staatsrath M-w, dem jetzigen Eigenthümer seines Geburtsortes Buturlinka (Gouv. Saratow, im Sserdodskischen Kreise), erzählte ihm seine Herkunft und fragte ihn, wie viele und wer von seinen Verwandten noch am Leben sey. Aus den Revisionslisten geht hervor, daß von Glotows Familie noch 12 männliche und 16 weibliche Glieder am Leben sind. Auf Glotows Bitte, ihm dieselben käuflich zu überlassen, erklärt ihm der Herr, daß er, Glotow, kein Recht habe, Erbleute zu erwerben; wenn er jedoch dieselben aus dem Dienstverhältniß zu lösen wünsche, so sey er, der Herr, bereit, ihm alle 23 Individuen frei zu geben. Mit Freude geht Glotow dieses ein und bezahlt sogleich die erforderliche Summe, wofür er die Freibriefe aller seiner Verwandten erhält. Den andern Tag ruft Herr M-w den Glotow abermals zu sich und entdeckt ihm, daß einer seiner freigelassenen Verwandten einen Knaben von 14 Jahren, welchen er an Kindes Statt angenommen, bei sich habe, und daß ihm, Herrn M-w, seine Umstände nicht erlaubten, diesen Knaben umsonst freizulassen, daß sich aber auch Glotows Verwandter nicht gern von seinem Adoptivkind trennen würde. Sogleich bezahlt Glotow auch für diesen 500 Rubel. Ebenso bereitwillig löset er gleich darauf noch den 53jährigen Großvater der Frau eines andern von seinen Verwandten aus. So verwendete dieser wackere Mann 15.000 Rubel von seinem sauer erworbenen und ersparten Vermögen auf die Befreiung seiner Verwandten und zweier ihm ganz fremden Individuen." [163]

※

---

[161] Severnaja ptschela, russische Zeitschrift dieses Namens.
[162] Tschako, militärische Kopfbedeckung.
[163] Rigasche Zeitung 6.7.1835.

Der Anfang auf Grafenthal

Für Jeannot's Familie und insbesondere die Kinder wird der Umzug von Billenhof nach Grafenthal zu mancherlei Veränderungen geführt haben. Zwar waren die allgemeinen Lebensumstände auf den Landgütern sehr ähnlich, doch nun galt es, die neuen Örtlichkeiten und vor allem neue Menschen kennenzulernen.

Jeannot selbst muß sich natürlich schon vorher einen Überblick verschafft haben, aber auch ihm kann das Gesamtgebiet des Gutes und vor allem seine Bewohner erst im Laufe der folgenden Jahre gänzlich bekannt geworden sein. Die meisten Angehörigen der Bauerngemeinde und auch der Hofesleute waren mit der Landwirtschaft befaßt. Manche von ihnen hatten aber auch andere Aufgaben und nahmen entsprechende Stellen ein. Sie kommen in den Kirchenbüchern vor als Grafenthalscher Amtmann und Schreiber, Arzt, Krüger, Lehrer, Müller, Schmied und Schuster. [164] Diese lernte Jeannot wohl zuerst besser kennen. Erfahrungen damit, Hunderte von Menschen zu führen, hatte er als Offizier im Jäger-Regiment gesammelt. Sein militärischer Hintergrund dürfte in gewissem Maß auch auf dem Gut wirksam geworden sein. Viel Aufmerksamkeit erforderten zunächst die landwirtschaftlichen Abläufe. Auch wenn sich diese auf den meisten Gütern glichen, gab es dennoch Besonderheiten, die es zu berücksichtigen galt, um mit Erfolg zu wirtschaften. Nicht überall wurde beispielsweise wie auf Grafenthal Branntwein produziert oder Kalk gebrannt.

Jeannot waren die jahreszeitlich bedingten Erfordernisse der Landwirtschaft wohl vertraut, denn er hatte bereits Billenhof bewirtschaftet und war zuvor auch Miterbe des väterlichen Gutes Latwelischek in Litauen gewesen. Üblicherweise oblag die Aufsicht der Wirtschaftsführung jedoch einem Verwalter, der langjährig auf dem Gut verblieb. Im Kirchenbuch von Mesothen sind die Konfirmationen zweier Kinder „des Grafenthalschen Schreibers" und „Grafenthalschen Amtsmanns Friedrich Herzberg" verzeichnet - Jenny, 18 Jahre, Dom. Jubilate 1828 und Emil Johann, 16 Jahre, am 15. August 1830. [165] Bei letzterer Konfirmationsfeierlichkeit waren wohl auch Jeannot und seine Familie zugegen.

Da Gutsbesitzerwechsel üblicherweise auf den Georgi-Termin fielen, waren die Felder bereits vom bisherigen oder sogar vom neuen Besitzer bestellt. Der Sommer und

---

[164] Beispielsweise KB Mesothen Taufen 1835 Nr.62; 1836 Nr.96, Nr.233; 1839 Nr.2; Konfirmationen 1828 Nr.104, 1830 Nr.130 u.a.m.
[165] KB Mesothen Konfirmierte 1828, Nr. 104; 1830, Nr. 103.

der frühe Herbst waren Erntezeit, im Anschluß daran mußte man die Wintervorbereitungen treffen.

Schon ab Mai konnte man in den Gewässern Krebse fangen, die bevorzugten Monate für das Krebsen waren aber Juni, Juli und August. Im Juli, auch Heumonat genannt, erfolgte das Mähen auf den Heufeldern. Besonders die Schafe blieben während der Mittagshitze im Stall und weideten nur Morgens und Abends. Die Obststräucher lieferten Johannisbeeren und Himbeeren für Säfte und Kompotts, Bohnen, Erbsen und Gurken wurden eingelegt.

Im August war die Roggenernte, und sogleich begannen schon die Vorbereitungen für die Wintersaat, das Pflügen und Eggen der Brache. Die Tiere gingen auf die abgeernteten Felder und sogar in den Wald. Die Schafe wurden geschoren. Die Ernte der übrigen Getreide, Gerste, Hafer, Buchweizen, Weizen sowie von Erbsen, Flachs und Hopfen, erfolgte im September, ebenso das Getreidedreschen und die Aussaat des Winterroggens und des Winterweizens. Gemüse, Obst und Pilze wurden für die kommenden Monate eingemacht oder getrocknet. Der Grundbesitzer ging gern auf die Jagd. [166]

Trotz aller Beschäftigungen mit der Landwirtschaft waren Gäste offenbar stets willkommen. Der aus Bremen stammende Hauslehrer Kohl hielt fest: „Um gesellig und gastfrei zu sein, muß man vor allen Dingen Muße und Gemächlichkeit haben. - Bei uns hat kein Mensch Muße. Selbst die Reichen sind mit Geschäften überladen und legen ihre Zeit auf die Goldwage, und sogar der unabhängige Gutsbesitzer ist ein geplagter Mann, muß sorgen und speculiren, verbessern und amelioriren, [167] in Preußen ist er sogar ein halber Beamter geworden. In Livland und Kurland, was bekümmert man sich dort um die Zeit! Muße hat man alle Tage. Die Geschäfte besorgen der Amtmann, der Advocat und der Kaufmann. Auf die Uhr blickt man nur, um zu wissen, ob es nicht bald Mittagszeit ist, oder ob der Thee schon servirt wird, und in den Kalender sieht man zu keinem anderen Zwecke, als um zu erfahren, wie lange noch bis Weihnachten hin sei, wann das Osterfest fällt, wie viele Wochen man noch bis zur Seebadezeit habe, und ob nicht vielleicht morgen ein Geburtstag zu feiern sei.

Die Gutsherren sind unabhängige Könige. Kein Mensch mischt sich in ihre Angelegenheiten. Alle Sonnabende sehen die Liste der kranken und gestorbenen Bauern,

---

[166] Sacken, C. v.: Wirtschaftskalender für Kurland und Liefland…, Mitau o. J. (1750).
[167] Verbessern (des Ackerlands).

die ihr Arzt machte, durch, oder nehmen ihren Amtleuten, Schreibern, Förstern und Justitiarien Rechenschaft ab, geben den Bauern Audienzen, erlassen diesen oder jenen Befehl, den hundert willige Hände auszuführen bereit sind, oder machen einmal einen Ritt durch die Felder und Wälder, um sich des Segens Gottes zu erfreuen, der ihnen von selbst in Fülle zuwächst… Und da es in allen Dingen nicht scharf genommen wird, und Jedem viele hülfreiche untergeordnete Hände beispringen, so gewinnt man Zeit genug, die man der Muße, der heiteren Gesellschaft und seinen Gästen widmen kann. Nicht nur etwa in den Palästen des Adels, sondern auch auf den Höfen der Prediger und in den Häusern der Bürger und Kaufleute blüht daher überall die schöne Tugend der Gastfreiheit." [168]

„Es ist unmöglich, daß ein Gastwirth bei uns sehnlicher nach Gästen aussehen kann als ein kur- oder livländischer Landedelmann. „Gäste! Gäste!" heißt es in einem Ende des Hauses, wenn Einer, am Fenster lauernd, eine Kutsche von fern erblickte. Alles läuft aus allen Winkeln zusammen, und zu sehen, wer die Fremden sein mögen, ob der Besuch wohl ihrem Hause gelte. Die Bedienten stellen sich an der Thür in Bereitschaft. Hausherr, Dame, Kinder, Alles fliegt hinaus den lieben Gästen entgegen. Denn richtig! die Kutsche bog auf dem Gehöfte ein. Es ist das liebe Onkelchen, das gute Tantchen und das hübsche Cousinchen. Die Vettern haben nachzukommen versprochen und wollen gegen Abend auch noch ein paar gute Freunde mitbringen. Welcher Jubel! Man wird 8 Tage zusammen bleiben, fröhlich plaudern, tanzen, frühstücken, zur Tafel gehen, Thee trinken, Karten spielen, Jagd machen, ein Elen schießen, einen Bären hetzen. Ja was wird man nicht noch Alles vornehmen!" [169]

„Freilich fängt man jetzt auch schon in Kur- und Livland an, darüber zu klagen, daß die Gastfreundschaft nicht mehr so blühe wie in früheren Zeiten… Doch sind das nur Redensarten der Alten… Wer aus Deutschland kommt, findet hier Alles noch wunderbar gastfrei." [170]

※

[168] Kohl, J.G.: Die deutsch-russischen Ostseeprovinzen oder Natur- und Völkerleben in Kur-, Liv- und Esthland. Erster Theil, Dresden Leipzig 1841, 33 f.
[169] Kohl, 38 f.
[170] Kohl, 45.

Vetter August

Jeannots fünf Jahre älterer Vetter Julius Heinrich August, geboren am 25. Sept. 1786 „hor 10 vespert" als Sohn des Russisch-Kayserlichen Leutenants und Erbbesitzers auf Bundschenberg Julius Heinrich (1738-1814), am 2. Okt. in Kandau getauft, [171] war zu dieser Zeit Zivilgouverneur in Nowgorod. Seine Kurzbiografie nach der Dienstliste im Senatsarchiv findet man im Russischen Biographischen Lexikon und auch im Deutschbaltischen Biographischen Lexikon. [172] Acht Jahre alt kam er 1794 als Zögling in die Adelsschule Schklov, [173] das sogenannte Adlige Landkadetten-Korps, und wurde später Offizier im Heer. Bei Preußisch-Eylau erlitt er 1807 einen Beindurchschuß, erhielt nach Auszeichnung im Türkenkrieg 1810 einen goldenen Ehrensäbel, nahm 1812 im Krieg gegen die Franzosen teil und wurde 1813 in der Völkerschlacht bei Leipzig schwer verwundet. Im Haus des Universitätsprofessors Friedrich August Schmelzer (1759-1842) in Halle gesund gepflegt heiratete August dort als 28 jähriger Kaiserlich Russischer Stabskapitän am 18. Aug. 1814 Auguste Caroline Sophie Schmelzer, die 20 jährige Tochter des Professors, [174] die mit ihm nach Rußland ging. Zunächst diente er weiter beim Militär. In Witebsk wurde dem Ehepaar das erste Kind geboren, der Sohn Friedrich Eugen am 12./24. Okt. 1816. Zwei Akten des Direktorats des Kaisertheaters aus dem Jahr 1821 berichten über die Entlassung aus dem Dienst des Inspektors der Theaterschule Major Denfer sowie über die Theaterschule nach den Inventaren von Bock, Denfer. [175] „Der Leiter der Kaiserlichen Theater „Fürst Tjufjakin, der sich in allem auf den Inspektor der Schule, Major Denfer, stützte, widmete der Disziplin in der Führung der Schulangelegenheiten die größte Aufmerksamkeit. Auf Anregung desselben Majors Denfer wurde in der Schule ein „Schwarzes Buch" eingeführt, in dem die gegen Schüler verhängten Strafen erfasst wurden." [176]

---

[171] KB Kandau Getaufte 1786 fol. 26; hora 10 vespertina = 10. Stunde (10 Uhr) abends.

[172] Russkij biografitscheskij slovar St. Peterburg 1905,VI, 249 f.; s.a. Senatsarchiv Nr. 1743; Lenz, W. (Hg.): Deutschbaltisches Biographisches Lexikon, Köln 1970, 164.

[173] Schklovskoe Blagorodnoe Utschilischtsche, in der heutigen Stadt Schklou in Belarus (Weißrußland), etwa 250 km östlich von Minsk. (Brigadin, P.I.: voennaja schkola v Belarusi, XVIII-pervaja tschetbert XIX b, (Minsk) 2004, 100. Vgl. http://kdkv.narod.ru/Vilna/Spis-T-Shklov.html).

[174] KB Halle Unser lieben Frauen Traubuch 1814 fol. 569.

[175] RGIA 497/1/2103; 497/1/2170.

[176] Pogoschev, V.: Proekt zakonopoloschenij ob imperatorskich teatrach, S. Peterburg 1900, III, 302.

1826 wechselte August als Oberst endgültig in den Zivildienst und wurde am 21. Oktober zum Gouverneur von Nowgorod ernannt. In der St. Petersburgischen Zeitung war seinerzeit zu lesen: „Der Civil-Gouverneur von Nowgorod Sherebzow ist des Dienstes entlassen und an seiner Statt der wirkliche Statsrath Denfer zum Civil-Gouverneur in Nowgorod Allergnädigst verordnet worden." [177] Als solcher ist er seitdem in den Rang-Verzeichnissen aufgeführt, seit 1828 teils mit den ihm verliehenen Orden. [178]

Die Verhältnisse im Gouvernement Nowgorod waren bei Augusts Amtsübernahme nicht die besten. Nach einer Revision kam es zu einer besonderen Maßnahme: „Auf Allerhöchst Namentlichen Ukas Sr. Kaiserl. Majestät vom 19. Julii wird eine temporäre Expedition bei der Nowgorodschen Gouvernementsregierung errichtet, um die unbeendigten Sachen aus den vergangenen Jahren, welche laut dem Berichte des Revisors in Nowgorod, Senators Baranow, durch die Nachlässigkeit und Verwahrlosung des ehemaligen Civilgouverneurs daselbst, Sherebzow, sich in Unordnung und Verwirrung befinden, durchzugehen und zu entscheiden. Zum Unterhalte dieser temporären Expedition sind sechstausend Rubel jährlich aus dem Reichsschatze angeschlagen. Die Expedition muß ihr Geschäft unfehlbar in drei Jahren beendigen, nach Verlauf welcher Zeit jene Summe wieder eingezogen wird. Und da jene Unordnung und Vernachlässigung durch die Sorglosigkeit des Gouverneurs eingerissen, so sind die Unkosten für besagte Expedition nach Beendigung derselben, von ihm einzutreiben. Diese Prozedur wird für alle kommenden Fälle dieser Art gleichfalls festgesetzt und Solches den Gouverneurs vorläufig eröffnet. Die Gouvernementsregierung hat sogleich das Vermögen des gewesenen Civilgouverneurs von Nowgorod mit Beschlag für 18tausend Rubeln zu belegen." [179]

---

[177] St. Petersburgische Zeitung 9.11.1826; Mesjatsoslov c rospisju tschinovnich… Sanktpeterburg 1826, 11; Allgemeine Preußische Staats-Zeitung 28.11.1826, 1114 („Jerebtsoff" statt „Sherebzow"); „aus den baltischen Privinzen gebürtige… Gouverneure… Gouv. Nowgorod 1826. August Denffer" (Revalsche Zeitung 17.9.1896).

[178] Mesjatsoslov c rospisju tschinovnich… Sanktpeterburg 1826, 11; 1827, 45; 1828, 45; 1829, 46; 1830, 39; 1831, 39; 1832, 38; 1833, 38; 1834, 37; Spisok vsschim tschinam… S. Peterburg 1934.

[179] St. Petersburgische Zeitung 23.8.1827.

Man kann sich vorstellen, daß August sich mit der Ausführung dieser Maßnahme weder seinen Amtsvorgänger noch die ihm im Gouvernement Nahestehenden zu Freunden machen konnte.

※

Nowgorod

Die Stadt Nowgorod liegt knapp 200 Kilometer südlich von Petersburg und hat heutzutage etwas über 200 000 Einwohner. Der Fluß Wolchow teilt sie in die westliche und die östliche Hälfte und mündet nicht weit außerhalb im Süden in den Ilmensee. Dort steht auch eines der bedeutendsten russisch-orthodoxen Klöster, das nach St. Georg benannt ist. Nowgorod hieß im 19. Jahrhundert auch „ein großes Gouvernement oder Provinz im Nordwesten des europäischen Rußlands östlich der Gouvernements Petersburg und Pskov… die Zahl der Einwohner übersteigt nicht 780,000. Dieser großen Provinz mangelt es aber nicht an Fruchtbarkeit außer im Norden, wo es große Marschland- und Moorgebiete gibt. Das Übrige produziert Getreide, Hanf, Flachs, große Mengen Holz und etwas Eisen und Salz… In der Stadt gibt es auch einige Hausmanufakturen; und auf dem Land werden Seife, Leinen, Kerzen und Pottasche hergestellt. Die Ausfuhren sind auf Flachs, Hanf und Holz beschränkt…

Novgorod oder Novgorod-Veliki (das große Novgorod) ist eine ausdehnte doch nicht mehr stark bevölkerte Stadt… Hauptstadt des obigen Gouvernements. Sie liegt auf einer schönen Ebene am Nordufer des Ilmen-Sees und wird in zwei Teile geteilt vom tiefen und ziemlich schnellen Fluß Volchov… Der Teil am rechten Ufer heißt Torgaraia oder die Marktstadt, der am linken Sophiskaia oder St. Sophia-Viertel. Letzteres ist von einem Erdwall und einem Graben mit einer Reihe alter Türme umgeben. Es hat etwa eineinhalb Meilen Umfang, aber darin eingeschlossen sind eine Anzahl unbewohnter Häuser und viel offener Raum. Dort liegt der Kremlin oder die Zitadelle mit dem alten jetzt verfallenen Palast der Zaren und der Kathedrale St. Sophia, einem großen Gebäude mit Bronzetoren… Im anderen Stadtteil befindet sich das Gebäude des Gouverneurs; doch die übrigen Wohnstätten sind eine regellose Ansammlung hölzerner Bauwerke. Die Bevölkerung des ganzen Ortes beläuft sich auf nur 8000; die Einwohner handeln mit Getreide und es gibt auch einige unbedeutende Manufakturen für Leinwand und andere Artikel.

Novgorod-Veliki ist eine der ältesten Städte des Reiches, „Nestor (dem russischen Historiker) zufolge im 5. Jahrhundert gegründet, etwa zur selben Zeit wie Kiev…

Nachdem die Einwohner zwischenzeitlich ihre Vorrechte schrittweise erweitert hatten, wurde Novgorod zu einer Republik… Dieser Wechsel erwies sich als höchst nützlich für die Stadt, die ihr Gebiet in alle Richtungen ausdehnte und… das russische Sprichwort hervorbrachte „Wer kann Gott und dem großen Novgorod widerstehen?"… Der Handel war ausgedehnt, und Novgorod besaß eine der frühesten Fabriken der Hansestädte… Die Großfürsten Rußlands verfolgten den Aufstieg mit neidischem Blick… und unterwarfen es…" bis mit der Gründung von St. Petersburg dem Handel der Stadt der letzte Schlag versetzt wurde. „Gegenwärtig besteht Novgorod aus kleinen verstreuten Gruppen miserabler Häuser, getrennt durch Ruinen oder erkennbar früher bebauten Feldern. Diese Ruinen und die außerordentliche Anzahl seiner Kirchen zeugen von der früheren Größe." [180]

Auch wenn anders als im Mittelalter das Städtchen im 19. Jahrhundert nicht mehr von überregionaler Bedeutung war, wirkte sein früherer kultureller Rang doch noch weiter. Hinzu kam die begünstigende Lage nahe zur Metropole und Zarenresidenz, wodurch Verbindungen mit St. Petersburg und seiner Gesellschaft leichter herzustellen und zu pflegen waren als aus anderen Landesteilen.

Das Gouverneurshaus

In Nowgorod stand und steht noch immer auf der sogenannten Torgowaja Storona, der „Handelsseite", gegenüber der Kirche St. Johannes, an der ehemals Predtetschenskaja-, [181] heute Iwanskaja-Straße, Ecke ulitsa Bolschaja Moskowskaja, ein zweistöckiges steinernes Gebäude in schlichtem klassizistischem Baustil. Die etwa 40 Meter breite Vorderseite mit zahlreichen Fenstern unterbricht in der Mitte ein Scheinportikus, darin die recht schmale Eingangstür, von zwei Fenstern beseitet. Als ich es Ende April 2011 besichtigten konnte, war dort das Musik-Kultur-Zentrum untergebracht, die Musikschule S.W. Rachmaninow. In diesem Haus wohnte und arbeitete im 19.

---

[180] The Edinburgh Gazetteer…, Edinburgh 1822, IV, 553 f.; vgl. Auch J.: Das Russische Kaiserreich, seine Geographie, Statistik, Volks- und Regentengeschichte, Grimma 1847, 118 ff.
[181] „Vorläufer'sche" Straße, nach der dortigen Kirche „Johannes des Vorläufers", d.h. des Vorboten Jesu.

Jahrhundert der Gouverneur. [182] Heute gehört es zu den bedeutenden Kulturerbestätten der Nowgoroder Region. [183]

August trat im Spätherbst 1826 seinen Dienst als Zivilgouverneur von Nowgorod an. [184] Er war damals 40, seine Frau Caroline 32 Jahre alt. Mit ihnen kamen ihre sechs Kinder in dieses Haus, der zehnjährige Friedrich Eugen, die achtjährige Alexandra, die bald darauf in Riga verstarb, der siebenjährige Eduard Heinrich, die fünfjährige Sophie, der dreijährige Alexander und die zweijährige Theophile. Das siebte Kind, Nicolai kam zu Weihnachten 1826 noch in Moskau zur Welt. In Nowgorod geboren wurden 1828 Alexandra Louise, ihre Schwester Anna 1829, Hermann 1833 und als elftes und letztes Kind 1834 Woldemar Friedrich.

Im Inneren des Hauses führen rechts und links Gänge zur früheren Wachstube, den Diensträumlichkeiten des Gouverneurs, Dienstbotenzimmer, Küche und Speiseraum, in der Mitte die Marmortreppe in die obere Etage. Dort befanden sich ehemals die Wohnräume. Wenn auch die Innengestaltung und insbesondere die Möblierung den Erfordernissen der Musikschule sowie einer Rachmaninow-Ausstellung angepasst waren, ließ sich dennoch eine Vorstellung von der ursprünglichen Nutzung gewinnen. Der russische Komponist und Pianist Sergei Wassiljewitsch Rahmaninow (1873-1943) mit dem tatarisch-muslimisch klingenden Familiennamen stammte aus dem Nowgorodschen Gouvernement und emigrierte nach der Revolution von 1917. In der Sowjetzeit war seine Musik zeitweilig verboten, erst danach wurde er in Russland wieder öffentlich gewürdigt. Der große Saal in der oberen Etage, in dem Konzerte stattfinden, wurde sicher auch vom Gouverneur für Empfänge und sonstige Veranstaltungen genutzt.

Das Hinterhofgelände des Gouverneurshauses wurde mittlerweile anderweitig bebaut, so daß von den früher notwendigen Schuppen für Kutsche und Schlitten, Pferdestall, Vorratskammern, Brennholzlager sowie Wasch- und Badehaus nichts mehr zu sehen ist.

※

---

[182] Sekretar, L.A.: Doma, sobtija, ljudi, Welikij Nowgorod 1999. 159-76. Auszüge schickte mir freundlicherweise 2005 die Nowgoroder Bibliothekarin Tatiana.
[183] http://культура.новгород.рф/pub/files/okn.pdf, 22 Nr. 15 (Reg. Nr. 531410131160005).
[184] 1826, 21.10 bis 1834, 2.9.

Die Kanzlei

Das „dom gubernatora", Haus des Gouverneurs, ist nicht zu verwechseln mit dem früheren Gebäude der „kantseljaria gubernskogo prawlenija", Kanzlei der Gouvernementsregierung. Dieses Amtsgebäude befand sich auf der „Sophienseite" der Stadt, im Park des Kreml. Ich hatte es bereits im September 2005 kennengelernt. Es beherbergte damals das Museum der Geschichte Nowgorods mit Archiv sowie die Regionale wissenschaftliche Universalbibliothek. Zwei Löwenfiguren, die Vordertatze auf einer Kanonenkugel, bewachten den Eingang. Nach einem Brand 1809 „erhielten die Fassaden ein langweiliges, modernes Aussehen im Geiste der Architektur der Zeit von Nikolaus I. In dieser Form ist es bis heute erhalten geblieben. Die Arbeiten zum Wiederaufbau des Gebäudes wurden 1822 abgeschlossen... Im zweiten Stock befand sich... die Adelsversammlung (im linken Flügel des Gebäudes). Weitere Räume im zweiten Stock waren für die Gouvernementsregierung, das Büro des Gouvernementsstaatsanwalts, die Schatzkammer, die Wein- und Salzabteilung, die Zivil- und Strafgerichte, den Ärzterat und das Gewissensgericht bestimmt. In den Räumlichkeiten im ersten Stock befanden sich das Wachhaus, der Gefangenenhof des Zemstwo-Gerichts,[185] die Kreiskasse, das Zemstwo-Gericht, die Archive der Institutionen, die Gouvernementsdruckerei und das Gouvernementszeichnungsbüro."[186] Das Gebäude wurde noch wiederholt instandgesetzt und teils umgebaut.

Nicht alles, was sich in diesem Haus ereignete, ist erfreulich. August war an die Stelle des nach einer Senatsuntersuchung entlassenen und nach Sibirien verbannten doch zuvor begnadigten Vorgängers getreten, Dimitrij Sergeevitsch Scherebtzow, Gouverneur von Aug. 1818 bis 18. Mai 1826. Die Umstände, die zu dessen Verurteilung führten, schilderte Alexander Herzen, der 1840 bis 1842 in Nowgorod als Beamter Dienst tat:

„Araktschejew war ohne Zweifel eine der widerwärtigsten Persönlichkeiten, die nach der Zeit Peters II. auf den Höhen der russischen Regierung aufgetaucht sind... Von den Siegen dieses Artilleriegenerals haben wir wenig zu hören bekommen; er bekleidete beim Militär mehr zivile Posten, seine Schlachten wurden auf den Soldatenrücken geliefert, seine Feinde wurden ihm in Ketten vorgeführt, sie waren im voraus

---

[185] Zemstwo war ein Selbstverwaltungsorgan auf Kreisebene.
[186] Sekretar, L.A.: Doma, sobtija, ljudi, Welikij Nowgorod 1999, 37 f., vgl. https://proza.ru/2009/06/04/782

besiegt. In den letzten Jahren Alexanders regierte Araktschejew ganz Rußland. Er mischte sich in alles ein, besaß Blankovollmacht für alles und hatte zu allem ein Recht...

Während der Taganroger Reise [187] Alexanders erschlugen die Dienstleute auf Araktschejews Landgut Grusino die Geliebte des Grafen; dieser Mord gab den Anlaß zu jener gerichtlichen Untersuchung, von der die Beamten und Einwohner Nowgorods bis heute, das heißt nach siebzehn Jahren, noch voller Entsetzen sprechen.

Die Geliebte Araktschejews, eines sechzigjährigen alten Mannes, war seine Leibeigene; sie bedrückte, schlug und verleumdete das Gesinde, und der Graf schenkte ihrer Angeberei Gehör und ließ die Leute prügeln. Als jedes Maß der Geduld überschritten war, erstach sie der Koch... Aber die Schuldigen wurden nicht gefunden... Da erschien Araktschejew, völlig rasend geworden, in Nowgorod, ... begann er eine neue Untersuchung; jetzt nahm diese Geschichte ungeheuerliche Ausmaße an. Etwa achtzig weitere Personen wurden verhaftet. In der Stadt nahm man die Leute wegen eines einzigen Wortes fest, auf den geringsten Verdacht hin, wegen einer entfernten Bekanntschaft mit einem Lakaien von Araktschejew, für ein unvorsichtiges Wort. Durchreisende wurden verhaftet und ins Gefängnis geworfen; Kaufleute, Schreiber warteten wochenlang im Polizeirevier auf das Verhör. Die Einwohner versteckten sich in ihren Häusern, fürchteten sich, auf die Straße zu gehen; niemand wagte es, die Angelegenheit, um die es ging, auch nur zu erwähnen...

Der Gouverneur verwandelte sein Haus [188] in eine Folterkammer, vom Morgen bis in die Nacht wurden neben seinem Arbeitszimmer Menschen gefoltert. Dem Landpolizeichef von Staraja Russa, einem Mann, der an Entsetzliches gewöhnt war, ging schließlich die Kraft aus, und als ihm befohlen wurde, eine junge schwangere Frau unter Rutenhieben zu verhören, brachte er es nicht fertig. Er ging hinein zum Gouverneur - das war in Gegenwart des alten Popow, der es mir erzählt hat - und sagte ihm, daß es nicht möglich sei, diese Frau zu schlagen, daß dies dem Gesetz widerspreche; der Gouverneur sprang von seinem Sitz auf und stürzte sich, rasend vor Wut, mit

---

[187] Der Zar reiste im Herbst 1825 die Stadt Taganrog am Asowschen Meer, wo er am 19.Nov./1.Dez. starb.

[188] Gemeint ist vermutlich die Kanzlei und nicht das Wohnhaus. Auch im russischen Text heißt es jedoch lediglich „sein Haus", vgl. Herzen, A.: Byloje i dumy, Kap. 27.

erhobener Faust auf den Isprawnik. [189] „Ich werde Sie sofort verhaften lassen, ich werde Sie vor Gericht stellen, Sie sind ein Verräter!" Der Landpolizeichef wurde verhaftet und reichte seinen Abschied ein; ich bedaure von Herzen, daß ich nicht seinen Familiennamen weiß - mögen ihm alle seine früheren Sünden für diesen Augenblick, ich sage einfach, des Heldentums verziehen werden: es war durchaus keine Kleinigkeit, solchen Räubern ein menschliches Gefühl zu zeigen.

Die Frau wurde gefoltert, sie hat nichts von der Sache gewußt ... allein sie starb.... Da sie nicht wußten, was weiterhin werden würde, unternahmen diese Unmenschen eine letzte Anstrengung, und es gelang ihnen, den Schuldigen ausfindig zu machen; er wurde selbstverständlich zur Knute verurteilt. Mitten hinein in den Triumph der Untersuchungsrichter kam der Befehl Nikolais, sie dem Gericht zu übergeben und das ganze Verfahren einzustellen.

Dem Senat wurde befohlen, den Gouverneur abzuurteilen *; sogar dort war es nicht möglich, ihn freizusprechen. Doch Nikolai erließ nach der Krönung ein Gnaden-Manifest; die Freunde Pestels und Murawjows [190] fielen nicht darunter, wohl aber dieser Schurke. Nach etwa zwei bis drei Jahren wurde dieser selbe Mann in Tambow wegen Mißbrauches der Macht auf seinem Landgut verurteilt; ja, er konnte unter Nikolais Manifest fallen - er stand tief genug..." * Es ist außerordentlich ärgerlich, daß ich den Namen dieses würdigen Vorstehers des Gouvernements vergessen habe; soviel ich mich erinnere, war sein Familienname Sherebzow." [191]

Die Gouvernements-Regierung

„Die Civilgouvernements-Regierung", der August vorstand, „erstreckt sich auf die Justiz, Cameral- und Polizeiverwaltung. Dem Civilgouverneur, der eine große Gewalt ausübt, steht ein Regierungsrath, ein Kriegsgouverneur, ein Procurator und das Gewissensgericht zur Seite, die darüber wachen, daß seine Gewalt nicht über die bestehenden Gesetze ausgedehnt wird.

---

[189] Polizist.
[190] Hingerichtete Dekabristenanführer.
[191] Herzen, A.: Mein Leben, Berlin 1962, 625 ff.

Zur Gouvernementsverwaltung gehören: 1) Der Gouverneur, Vicegouverneur, zwei Räthe, ein Secretair, ein Procurator, zwei Anwälte, ein Landmesser, ein Baumeister, ein Physikus, ein Operateur, ein Geburtshelfer, ein Schreiber, eine Ober- und Unterhebamme. 2) Der Gerichtshof in peinlichen Sachen, 3) bürgerlichen 4) Cameralhof und 5) das Gewissensgericht. Das Militair steht unter den Regimentsgerichten; die Lehranstalten unter dem Kreisschulinspector, doch führt die Oberaufsicht darüber eine nahe gelegene Universität; die geistlichen Angelegenheiten unter den Consistorien. Die zweite Instanz in den Gouvernements sind die zwei Gerichtshöfe. Von diesen kann an den dirigirenden Senat appellirt werden… Die dritte und höchste Instanz ist der dirigirende Senat, von dem weiter keine Appellation, außer in bestimmten Fällen an den Monarchen Statt findet." [192]

Das Museum Nowgorod hat einige Archivdokumente veröffentlicht, darunter auch drei aus der Zeit von August, die als Beispiele für Vorgänge dienen können, mit denen er dienstlich zu tun bekam:

„Bericht Nr. 907 aus Tichwin vom Bürgermeisters Teglew an den Zivilgouverneur von Nowgorod Denfer A.U. über den plötzlichen Tod eines Hofmannes des Teglewschen Gutsbesitzers Zakhariew. 18.12.1826." [193] „Bericht Nr. 814 aus Krestetsk vom Bürgermeister Rjumin, an den Zivilgouverneur von Nowgorod, Denfer A.U. über den plötzlichen Tod eines Gefreiten des 3. Bataillons des Smolensker Infanterieregiments Ampleew. 20.12.1826." [194] „Akte der Gouvernementsregierung Nowgorod über die Suche nach einem Tataren aus dem Bezirk Malmisch im Gouvernement Wjatka, Ibraew A., der verdächtigt wird, gefälschte Banknoten in Umlauf gebracht zu haben. Bericht der Stadtverwaltung Waldai an die Provinzregierung Nowgorod über die Abwesenheit der gesuchten Person in der Stadt Waldai. 29.07.1833". [195]

Außer mit solchen regulären Vorgängen im Gouvernement mußte August sich auch mit Angelegenheiten befassen, die sein Vorgänger vernachlässigt hatte. Nicht alle Unternehmungen konnten gelingen. „Was man über die Schulgebäude liest, ist meist

---

[192] J.: Das Russische Kaiserreich, seine Geographie, Statistik, Volks- und Regentengeschichte, Grimma 1847, 50

[193] https://novgorod-iss.kamiscloud.ru/entity/OBJECT/57205?rubrics=5779106&index=14

[194] https://novgorod-iss.kamiscloud.ru/entity/OBJECT/57206?rubrics=5779106&index=15

[195] https://novgorod-iss.kamiscloud.ru/entity/OBJECT/563221?rubrics=5779113&index=1

höchst unerfreulich: mehr als einmal, Jahre lang, berichten die Vorstände über die Lebensgefährlichkeit derselben... der Gouverneur findet 1827 fast alle eng und ungeeignet." [196] „Trotz wiederholter Eingaben und Besuche durch Professoren des Pädagogischen Instituts blieb beispielsweise das Gebäude des Gymnasiums in Nowgorod, das der Schule erst 1811 in gutem Zustand als Geschenk der Gräfin Golovnina zur Verfügung gestellt worden war, in einem derart baufälligen Zustand, daß der Gouverneur 1827 dessen Abbruch und einen Neubau auf Kosten des Ministeriums für Volksaufklärung vorschlug... Dies trug dem Gouverneur einen Brief des Ministers Siskov ein: Die Gouvernementsverwaltung habe es zu diesem beklagenswerten Zustand kommen lassen; also habe auch sie die Mittel für den Neubau zu beschaffen. Siskov hatte sich informiert und rechnete dem Gouverneur vor, wieviel Geld das Gouvernement gut verzinst angelegt habe." [197] Welche weiteren Schritte August im Einzelnen unternahm, ist nicht bekannt, insgesamt aber waren seine Bemühungen offenbar nicht nur für das Bildungswesen in Nowgorod sondern auch für ihn selbst erfolgreich, denn er wurde mit Datum vom 5. Nov. 1828 „für eifrige und patriotische Pflege der Wohlfahrt der Schulen des ihm unterstellten Gouvernements zum Ehrenmitglied der Moskauer Universität gewählt." [198]

Ein anderer Fall, in dem nun offenbar August ein Versäumnis unterstellt worden war, betraf die Bereitstellung von Soldaten aus dem Gouvernement Nowgorod. Darauf nimmt eine Meldung aus dem Jahr 1829 Bezug: „Seine Majestät der Kaiser haben, in Betracht der vom Civil-Gouverneur von Nowgorod, wirklichen Etatsrath Denfer, eingereichten Rechtfertigung über die Ursachen der in dem ihm anvertrauten Gouvernement bemerkten Rückstände von der 91sten Rekrutirung, Allerhöchst zu befehlen geruht, daß die, genanntem Gouverneur wegen dieses Rückstandes gemachte und durch

---

[196] Schmid, K.A.: Enzyklopädie des gesamten Erziehungs- und Unterrichtswesens Eilfter Band, Gotha 1878, 129.

[197] Kusber, J.: Eliten- und Volksbildung im Zarenreich während des 18. und in der ersten Hälfte des 19. Jahrhunderts. Studien zu Diskurs, Gesetzgebung und Umsetzung, Wiesbaden 2004, 384 nach Otto, Novgorodskaja direkcija, S. 56-59, 96, 123 und RGIA, 733/20/149, 11. 4-6.

[198] Russkij biografitscheskij slowar, S.-Peterburg 1905, VI, 249. Im „Grundstein" heißt es „Ehrenmitglied des Kuratoriums" der Universität (Denfer, H. v.: Grundstein zu einer Geschichte der Familie von Denffer, Batum 1906, 47).

einen Ukas aus dem dirigirenden Senate vom 2. Mai 1828 publizirte Bemerkung, ihm nicht angerechnet, auch nicht in dessen Dienstliste eingetragen werden soll." [199]

✳

Das André Chénier-Gedicht

Bei seiner Tätigkeit als Zivilgouverneur hatte August nicht nur ihm untergeordnete Behörden wie etwa die örtlichen Polizeimeistereien einzubeziehen, sondern mußte auch übergeordneten Stellen zuarbeiten. Ein solcher Fall betraf ein Schriftstück, das im Gouvernement Nowgorod gefunden worden war. Der russische Nationaldichter Alexander Puschkin (1799-1837) hatte 1825 eine Elegie auf den in der Französischen Revolution 1794 hingerichteten Poeten André Chénier geschrieben. Die Zensurbehörde genehmigte den Text nur teilweise zur Veröffentlichung, er zirkulierte jedoch in vollständigen Abschriften, die als Unterstützung des Dekabristenaufstands vom 14. Dez. 1825 gedeutet wurden:

„Gleich zu Beginn seines Petersburger Aufenthaltes [200] wird Puschkin ins Kriegsministerium bestellt. Man hält ihm Verse vor, die in Abschriften unter der Überschrift »Der 14. Dezember« kursieren. Nach einem Blick auf den Text erklärt er mit Erleichterung: Ja, die Verse seien von ihm, nicht aber die Überschrift. Sie sei auch ganz sinnlos, denn die Verse stammten aus seiner Elegie André Chénier. Es handele sich um die Verse, die die Zensur seinerzeit nicht durchgelassen hatte. Die Zensurgenehmigung datiere vom Oktober 1825, zwei Monate vor den jüngsten Unruhen. Die in den unterdrückten Versen enthaltenen Invektiven gegen den Tyrannen und Mörder richteten sich gegen Robespierre und die Französische Revolution überhaupt. Nur böswillige Dummheit könne sie mit den Ereignissen vom 14. Dezember in Verbindung bringen. Die scheinbar so klare Sache wird trotzdem noch monatelang von Instanz zu Instanz verschoben und endet erst ein ganzes Jahr später, im August 1828 mit einem Senatsbeschluß, durch den Puschkin nicht etwa als unschuldig freigesprochen, sondern aufgrund einer kaiserlichen Amnestie aus dem Jahre 1820 begnadigt wurde - begnadigt für Verse gegen die Französische Revolution - eine geradezu monumentale Dummheit!

---

[199] St. Petersburgische Zeitung 23.1.1829, 55, zuvor Außerordentliche Beilage der St. Petersburgischen Zeitung Nr. 9 (21.1.1829, ohne Seitenangabe)
[200] seit Mai 1827.

Aber man hat es Puschkin nicht vergessen, daß er in seiner Erklärung von böswilliger Dummheit gesprochen hatte. Mit dem gleichen Senatsbeschluß wird nunmehr auch offiziell die geheime Überwachung des Dichters angeordnet. Das war 1828, Puschkin weiß davon natürlich nichts." [201]

Doch ging es in diesem Fall nicht allein um Puschkin und dessen Gesinnung. In Novgorod hatte man Puschkins Gedicht mit der verdächtigen Überschrift bei einem gewissen Andrej Filippowitsch Leopoldow gefunden, der dadurch in den Blick der Behörden kam. So entstand ein schwer entflechtbarer Komplex zweier miteinander verbundener Verfahren. Leopoldow wurde vor Gericht gestellt. Er gab sich als Unterstützer der Behörden und Gegner Puschkins aus. Der Chef der Geheimpolizei Benkendorf, dessen wahrer Agent Konoplew den Leopoldow verraten hatte, nachdem dieser ihm das Puschkin-Gedicht weiterreichte, bot Leopoldow eine Stelle an und setzte sich für ihn ein. [202] Leopoldows Haft während des Verfahrens sollte als Strafe dienen. Für die Verhandlungen im Senat hatte der Gouverneur A.U. Denfer am 26. März 1828 einen entsprechenden Bericht aus Nowgorod übergeben, wo dieser Fall zunächst untersucht worden war. „Die Situation für Denfer war nicht sehr erfreulich", denn der Senat wollte das Urteil des Bezirksgerichts Nowgorod anerkennen, wonach Leopoldow in Ketten gelegt und zur Zwangsarbeit verschickt werden sollte, doch wurde sich nicht einig. Deshalb hatte am Ende der Reichsrat sich damit zu befassen. Das Bemühen, Leopoldows Strafe zu mildern, war erfolgreich, er wurde zu Haft verurteilt und kam bald darauf frei.

Der Reichsrat oder Staatsrat, *Gossudarstwennij sowjet,* war die Institution, in der vor allem Gesetze und Gesetzesänderungen vorbereitet und beraten wurden. Er befasste sich darüber hinaus auch mit anderen staatlichen Belangen und entschied Rechtsfälle, über die der Senat uneinig geblieben war.[203]

Da auch die Literaturwissenschaftlerin Dr. Swetlana Bereskina diese Angelegenheit behandelt und den Gouverneur Denfer erwähnt hatte, [204] fragte ich sie nach eventuellen weiteren Hinweisen. Freundlicherweise teilte sie ihre Einschätzung mit. Sie habe

---

[201] Keil, R.D.: Puschkin. Ein Dichterleben, Frankfurt u. Leipzig 1999, 263 f.

[202] Druzhnikov, Yuri: Prisoner of Russia: Alexander Pushkin and the political uses of nationalism, London 1999, 337.

[203] Golowin, I.: Rußland unter Nikolaus dem Ersten, Leipzig 1845, 336 ff.

[204] Berezkina, S.V.: Problemi istorko-kulturnogo konteksta v nautschnoj biografii A.S. Puschkina (Diss.) Tomsk 2010, 13 f.

in einer Arbeit den Fall Leopoldow und Denfers Rolle dabei im Detail untersucht und den Eindruck gewonnen, Denfer sei ein aufgeklärter und humaner Administrator gewesen. [205]

※

Das Pagenkorps

Nicht zuletzt mußte August sich auch um das Fortkommen seiner Kinder kümmern. Seinen ältesten Sohn hatte er bereits im Kaiserlichen Pagenkorps unterbringen können, obwohl dieser vorläufig noch nicht in dessen Petersburger Anstalt eingetreten war: „Namentliches Verzeichnis der Kammer-Pagen und Pagen, die sich bei ihren Verwandten aufhalten, - nebst Anmerkung: von welchen die Zeugnisse über deren Geburt und Taufe eingesandt worden, und von welchen solche noch nicht eingegangen sind: ... Jewgeny Denfer (Alter)12/ (Sohn) des wirklichen Staatsraths, (Zeit der Anstellung als Page 1)828 April 14." [206] Die eigentliche Aufnahme war erst ab dem 15. Lebensjahr möglich.

Caroline brachte am 30. Aug./10. Sept. 1828 in Nowgorod ihr und Augusts achtes Kind zur Welt, das Töchterchen Alexandra Louise, [207] auch Alexandrine genannt.

---

[205] „Dear Mr. Ahmad von Denffer, I have a job which analyzes in detail the case of Leopoldov and in particular the role of Denfer in it: Berezkina S. V. Delo ob «Andreye Shenye» Pushkina i jego sudebno-pravovye aspekty // Russkaya literatura. 2010. No. 1. S. 26-41. Berezkina S. The case of Pushkin's "Andrey Shenye" and its judicial and legal aspects // Russian literature. 2010. No. 1. S. 26-41. This article summarizes materials from the book:
Alexander Pushkin: Documents for a Biography (1799-1829) / Introductory article, composition V. P. Stark; Notes S. V. Berezkina, V. P. Stark. St Petersburg, Art of St. Petersburg, 2007.
Materials and comments on Denfer can be picked up in this very large book with the help of a person's Index.
In studying the case materials I get an idea that Denfere had been an enlightened and humanitarian administrator. Best regards Swetlana Berezkina." (6.12.2011).
Der Senatsbeschluss vom 5.4.1828 und Anmerkungen dazu in Stark, V.P.: A.S.Puschkin. Dokumenti k biografii 1799-1829, St. Petersburg 2007, 726 ff. s.a. 768, 769, 846.
[206] Rigascher Anzeigen 30.12.1829.
[207] Handschriftliche Notiz (vermutlich von der Mutter Caroline) Nachlaß Dietrich v. D.; Denfer, H. v.: Grundstein zu einer Geschichte der Familie von Denffer, Batum 1906, 59.

August reiste im Oktober nach Petersburg: „Angekommene Reisende, vom 14. bis 17. Oktober… Von Nowgorod, der dortige Civilgouverneur, wirkliche Statsrath von Denfer." [208]

※

Rüge und Auszeichnung

Am 25. Mai 1829 wurde in der Zeitung *Moskovskija wedomosti* (Moskausche Mitteilungen) ein Beschluß des Dirigierenden Senats veröffentlicht, der den Zivil-Gouverneur von Nowgorod betraf. Diese Zeitung hat man auf Grafenthal wohl nicht gelesen, und auch in der Familiengeschichte ist der Vorgang bisher unbekannt geblieben. Die Mitteilung in der Zeitung betraf einen Streitfall zwischen August als Zivilgouverneur von Nowgorod und seinem Vize-Gouverneur Rimski-Korsakow, der sich im Dezember 1828 zugetragen hatte und mit dem Senatsbeschluß endete:

„Der Nowgoroder Gouverneur Denfer soll gerügt werden, weil er auf Bitten des Adels den Originalbericht des Vize-Gouverneurs Rimski-Korsakow zur Verfügung gestellt hat, was ihn hinreichend verdächtig macht, neben der Unkenntnis seiner Pflichten auch Rimski-Korsakow belogen zu haben." [209] Der Vize-Gouverneur hatte dem Innenministerium am 27. Dez. 1828 einen Bericht über die Straßen im Gouvernement zukommen lassen, der offenbar ungünstig für den Adel des Gouvernements ausfiel, dem die Instandhaltung oblag. Der Kollegienrath Rimski-Korsakow war nahezu zeitgleich mit August, nämlich am 25. Nov. 1827, auf die Stelle des Vize-Gouverneurs von Nowgorod berufen worden, blieb aber nur etwa 16 Monate in diesem Amt und wurde am 6. Apr. 1829 durch den vom Finanzministerium für besondere Angelegenheiten angestellten Etatsrath Sotow ersetzt. [210] Welchen Umständen dies geschuldet ist, wissen wir nicht, doch ist ein Zusammenhang mit dem Senatsbeschluß denkbar, der am 3. Mai 1829 erfolgte. Gleich ob August selbst sich darum bemüht hatte oder nicht, war er jedenfalls diesen für ihn offensichtlich unangenehmen Mitarbeiter losgeworden. Zudem zeigt der Vorgang, daß die Amtsausübung auch und gerade in solchem Rang keineswegs frei von Konflikten und Erschwernissen war.

Ungeachtet dieses Vorkommnisses brachte aber das Jahr 1829 auch Erfreuliches. Am 18. Aug. 1829 war in Nowgorod Carolines und Augusts neuntes Kind zur Welt

---

[208] Intelligenzblatt der St. Petersburgischen Zeitung 19.10.1828, 1060.
[209] Moskovskija wedomosti 25.5.1829, 1963 f.
[210] St. Petersburgische Zeitung 25.11.1827; 6.4.1829.

gekommen, die Tochter Anna. [211] Einer Archivakte zufolge wurde er mit dem „Abzeichen für untadeligen Dienst" ausgezeichnet. [212] Zudem dürften ihm die Aussichten auf zusätzliche Privateinnahmen willkommen gewesen sein, die sich anbahnten. Davon handeln zwei weitere Akten, „1829 über einen Pachtvertrag mit dem Gouverneur von Nowgorod, Denfer" [213] und „1829-1833 Akte über den Fall, dem Gouverneur von Nowgorod, Denfer, die Herrenhäuser Karmis in Livland und Mishof in den Provinzen Kurland zur Pacht zu gewähren und ihm anschließend im Austausch für die Herrenhäuser eine finanzielle Belohnung zu erteilen (26. Februar 1829 - 29. Januar 1833)." [214] Solche Zuweisungen von Kronsbesitzlichkeiten zur Begünstigung von Staatsbediensteten waren nicht unüblich. Sie mußten sich mit der Bewirtschaftung der Güter nicht befassen, sie nicht einmal aufsuchen, sondern gelangten über entsprechende Verwaltungsakte an die Einnahmen. August war einer weiteren Akte zufolge schon seit 1825 Nutznießer einer solchen Regelung: „Der Fall der Einsetzung einer finanziellen Belohnung für Oberst Denfer anstelle des ihm zur Pacht gewährten Karmis-Herrenhauses Fristen 03. März 1825 - 22. September 1837." [215]

Mitausche Verwandtschaft - Tottien, Kahn, Neander

Auch auf Grafenthal vergrößerte sich die Kinderzahl. Ende August 1829 wurde in der Trinitatis-Kirche Mitau das siebte Kind von Jeannot und Caroline getauft: „Mathilde Friderica Amalia Geb. den 15. Juni Get. den 30 August. Vater: der Vater (sic!) Rittmeister Johann von Denffer Mutter: Carolina von Denffer." Die Taufpaten waren Verwandte und der Familie Nahestehende, „Frau Kammerverwandtin Tottien" - sie war Jeannots ältere Schwester Maria Anna, „Frau Hofräthin von Bidder" - Amalia geb. Leydil, ihr Mann war der Arzt in Mitau Dr. med. Heinrich Bidder, der damals

---

[211] Handschriftliche Notiz (vermutlich von der Mutter Caroline) Nachlaß Dietrich v. D.; Denfer, H. v.: Grundstein zu einer Geschichte der Familie von Denffer, Batum 1906, 59. Ein Kirchenbuch Nowgorod vor 1833 war bislang nicht aufzufinden.
[212] RGIA 1286/4 1829g/10 l, wohl nach 25 Jahren seit Dienstbeginn 3. Okt. 1803 (Spisok graschdanskim tschinam perwich III klassow, Sanktpeterburg 1859, 41).
[213] RGIA 1286/4/457.
[214] RGIA 379/3/1138.
[215] RGIA 379/3/878.

auch Kummerausche Apotheke leitete, [216] - „Madem. Kummerau" Carolines Schwester Emilie, - „Herr Rath von Reibnitz" - seinerzeit Schloßhauptmann von Mitau, Jeannots Schwager, Witwer der Louise Elisabeth, - "„Herr Dr. von (unleserlich, vielleicht Huebschmann?), Herr Rath Kahn." [217]

Die beiden Letztgenannten geben Rätsel auf. Ein Eduard Johann Hübschmann war 1826-1870 Arzt in Mitau, seine Mutter hieß Christina Tottien. [218] Schlau erwähnt ihn mehrfach in seinem Mitau-Buch, aber keinen Kahn. Im Deutschbaltischen Biographischen Lexikon kommen weder Hübschmann noch Kahn vor. [219] Da zu den Paten auch „Frau Kammerverwandtin Tottien" gehörte, war an eine mögliche Verwandtschaft Tottien/Kahn zu denken. Tatsächlich hat der deutschbaltische Genealoge Erich Seuberlich (1882-1946) eine Tochter von Johann Heinrich Tottien (1759-1820) Kammerverwandter und Caroline Friederike Lieb (1777-1857) verzeichnet: „zu Mitau geboren: 1. Johanna Gisberta * 5.XI.1793 † ebd. 21.IX.1846, ∞ Mitau 26.IV.1816 mit Kreisschul-Lehrer Christian Carl Kahn * Mühle Platon (Kurld.) 1781, † Mitau 1833". [220]

Im 19. Jahrhundert war das Schulwesen in Kurland durch „das am 4ten Juny 1820 Allerhöchst bestätigte Schulstatut" geregelt. Das „Gymnasium illustre" in Mitau diente der „Gelehrtenbildung" und Vorbereitung auf den Universitätsbesuch. Daneben gab es „größere und kleinere" Kreisschulen, „zu den erstern gehören die in Mitau, Libau, Windau, Goldingen und Jakobstadt, zu den letzern die in Bauske, Tuckum und Hasenpoth. Alle Kreisschulen haben den allgemeinen Zweck, ächte Bürgerschulen höherer Art zu seyn, in denen alle diejenigen eine höhere Ausbildung erhalten können, die sich nicht dem Studium der Wissenschaften widmen, aber doch ihr Herz und ihren Geist mit höhern Forderungen nicht unbekannt bleiben lassen wollen. Diesem gemäß wird in den Kreisschulen gelehrt: die deutsche und russische Sprache, Geographie, Naturgeschichte und Physik mit steter Hinweisung auf technische Anwendung, die

---

[216] Brennsohn, I.: Die Ärzte Kurlands, Riga 1929, 93; Lenz,W. (Hg.): Deutsch-Baltisches Biographisches Lexikon, Köln Wien 1970, 63.

[217] KB Mitau Trinitatis Landgemeinde, Taufen 1829 Nr.16 (LR 2892, 355 rechts).

[218] Brennsohn, 220.

[219] Schlau, K.O.: Mitau im 19. Jahrhundert, Wedemark-Elze 1995; Lenz, W. (Hg.): Deutschbaltisches Biographisches Lexikon, Köln 1970.

[220] Seuberlich, E.: Stammtafeln deutschbaltischer Geschlechter II: Reihe, Leipzig 1927, 438 (Tottien).

höhern Rechnungsarten für das bürgerliche Leben, Geometrie mit praktischen Uebungen in der Feldmeßkunst, das Singen, das Zeichnen von Baurissen, Plänen, Verzierungen aller Art für Goldarbeiter, Tischler, Schlosser, Maurer u. s. w. ... Es bedarf wohl keiner besondern Erwähnung, daß auch bey den Kreisschulen, wie bey der gelehrten Schule, dem Gymnasium, auf religiöse Ausbildung des Gemüths die größte Wichtigkeit gelegt worden ist..." [221]

Die mit dem Mitauschen Kreisschul-Lehrer Kahn verheiratete Tottien-Tochter heißt im Kirchenbuch unter Taufen 1793 „Gisabetta" und unter Verstorbene 1846 im Original „Gisebertha", 53 Jahre alt, verwittwet. [222]

Die Eheschließung ist in einem später angefertigten Register aufgeführt unter „Kahn-Tottien 16,4" [223] (d.h. 1816 Nr. 4), doch ist dieses Kirchenbuch 1816 offenbar nicht erhalten. Überhaupt sind die Kirchenbücher von Mitau unvollständig. Es gibt jedoch ein Register mit dem Hinweis unter Verstorbene auf „Kahn - Carl Christian - 1833-6 S.176." [224] Mehr dazu hatte also schon Seuberlich nicht finden können.

Das selbe Kirchenbuchregister verweist aber auch auf fünf Taufen „Kahn - Woldemar 1817-11.S.3; Johanna Fried. Bertha 1819-25.S.15; Theoph. Angelica 1822-14.S.26; Bertha Caroline 1823-13.S.30; Auguste Amalie 1825-5.S.68." [225]

Seuberlich führt nur ein Kind „Kahn" auf: „Bertha Friedrike Johanna, * 1819, † Mitau 20.XI.1897, ledig." [226] Die Überprüfung der Taufeintragungen zu dieser Tochter und den anderen vier Kindern ergab Folgendes:

1817 „d 29 Mai 11 Wilhelm Woldemar, geb. d. 5 Febr. 1817 des Kreislehrers Hr. Kahn und dessen Gemahlin Berta, geb. Tottien ehel. Sohn. Zg. Hr. Dr. Ockel; Hr. Charpentier; Hr. Cap. v. Dempfer Mad. Kummerau; Frau Secretairin Tottien; Fr. Pastorin Neander." [227]

---

[221] Das öffentliche Schulwesen in Kurland, in: Mitauscher Kalender 1822, Mitau 1821 (39-40).

[222] KB Mitau Trinitatis Stadtgemeinde Taufen 1793, 358 (nur als Abschrift erhalten); Landgemeinde Verstorbene 1846, Nr. 19.

[223] Blosfeld, P.: Mitau Trinitatis Landgemeinde 1642-1833 Getraute, Posen 1941, 39. (Alphabetisches Register).

[224] KB Mitau Trinitatis Landgemeinde Verstorbene 1817-1833 (LR 2892, 666 links).

[225] KB Mitau Trinitatis Landgemeinde Getaufte 1817-1833 (LR 2892, 647 rechts).

[226] Seuberlich, E.: Stammtafeln deutschbaltischer Geschlechter II: Reihe, Leipzig 1927, 440, Anm. 32.

[227] KB Mitau Landgemeinde Taufen 1817 Nr. 11. (LR 2892, 5 rechts).

Dieser Eintrag bildet die Verwandtschaft der Paten aus den Familien Tottien, Kummerau, Neander und Denffer (hier Dempfer) ab. Leider fehlt der Vorname des Kreislehrers Kahn. Ockel war seit 1806 praktizierender Arzt in Mitau, Johann Friedrich Charpentier Kaufmann und Bürger in Mitau, verheiratet mit Dorothea Gottliebe Tottien. [228]

1819 „31. Aug. 25 Johanna Fridrike Berta, geb. 10. Febr. a.e. ehel. Tochter des Hr. Kreislehrers Kahn ud dessen Gattin geb Tottien. Zg. Hr. Professor Paucker; Hr. Dr Bidder Frau Pastorin Neander." [229]

Diese Tochter ist das von Seuberlich aufgeführte Kind. Hier fehlen die Vornamen beider Eltern. Magnus Georg Paucker (1787-1855) war seit 1813 Oberlehrer der Mathematik am Mitauschen Gymnasium. [230] Die Paten Bidder und Neander sind wiederum Verwandte der Mutter und damit des Täuflings.

1822 „29 Apr 14 Theophile Angelica geb 21 Dcbr 1821 ehel Tochter des Hr. Kreislehrers Kahn un deßen Gattin geb Tottien. Zg Md Kummerau. Fr. v. Laurenberg Hr Dr Bidder; Hr Oberlehrer v. Bienemann." [231]

Wie zuvor sind die Vornamen der Eltern ausgelassen. Madame Kummerau ist Constantia Gottlieb geb. Bidder, Dr. Bidder ihr Bruder Heinrich, der auch die Kummerausche Apotheke führte. Der Pate Oberlehrer Bienemann war wohl ein Kollege des Kreislehrers Kahn, Frau v. Laurenberg war Theophile geb. Tottien, Schwester der Kindesmutter sowie Tochter von Maria Anna (1776-1843) und Johann Ernst Tottien (1764-1830) und somit Jeannots Nichte. [232]

Ohne nähere Quellenangaben steht in „Genealogisches Handbuch der Baltischen Ritterschaften" unter Reibnitz: „Christian Carl Emil, * Mitau 1814 XII. 5., † das. 1881

---

[228] Brennsohn, I.: Die Ärzte Kurlands, Riga 1929, 310; Seuberlich, E.: Stammtafeln deutschbaltischer Geschlechter II: Reihe, Leipzig 1927, 437 (Tottien VI b.1.).
[229] KB Mitau Landgemeinde Taufen 1819 Nr. 25. (LR 2892, 17 rechts).
[230] Lenz, W. (Hg.): Deutsch-Baltisches Biographisches Lexikon, Köln Wien 1970, 583.
[231] KB Mitau Landgemeinde Taufen 1822 Nr. 14 (LR 2892, 28 links). Diese Taufe ist nochmals genannt auf einem Blatt „Einlage" (KB Mitau Landgemeinde Taufen 1822 LR 2892, 31 rechts).
[232] Denffer, H. v.: Grundstein zu einer Geschichte der Familie von Denffer, Batum 1906, 37; Genealogisches Handbuch der Oeselschen Ritterschaft, Tartu 1935, 589. (Sege v. Laurenberg). Im Archiv der DBGG waren Unterlagen zu Laurenberg und Sege/Szoege zu Laurenberg nicht zu finden.

IV.8., r. Lt. z. S., Schloßhauptm. zu Mitau ∞1852 II. 13 Theophile Angelica Kahn, * das. 1821 XII. 21 † das. 1901 IX. 26., T. d. Mit. Kreisschullehrers u. Rektors Christian Carl u. d. Joh. Gisberta (Bertha) Tottien aus Mitau." [233]

1823 „(10? unleserlich) Dcbr 13 Berta Caroline; ehel. Tochter des Hr. (Rector? unleserlich) Kahn und deßen Frau Gemalin geb. Tottin". [234]

Die Bezeichnung „Kreislehrer" fehlt. Das Wort vor „Kahn" ist nicht zweifelsfrei lesbar, bedeutet aber wohl „Rector". Der erste Buchstabe kommt ähnlich als „R" vor bei „Rathsherr". [235] Die Rigasche Zeitung meldete 1824 „Rector Kahn aus Mitau" unter „Angekommene Fremde", ebenso 1825 „Kreislehrer, Koll.-Sekr. Kahn, von Mitau". [236] „Das Directorium der… Selburgschen Witwen- und Waisen-Kasse" tagte zu Johannis 1826 in Mitau „im Schulhause beym Herrn Rector Kahn, dem Catharinen-Stift gegenüber, No. 14" und 1827 „in der Behausung des Herrn Kreislehrers Kahn in der Palais-Straße, dem Catharinen-Stift gegenüber." [237] Zur Unterstützung von Verunglückten bei einem Großfeuer am 20. Aug. 1827 trugen neben vielen Anderen „Kreislehrer Kahn 1 Rbl.S." und „Rath C. Kahn 2 Rbl.S." bei. [238]

Die letzte der fünf Taufen Kahn war 1828 „5. Auguste Amalie geb. den 30 November; getauft den 2(0? - unleserlich) December 1828 Vater: Kreislehrer Collegiensecretair Carl Kahn und dessen Gemahlin Mutter: Johanna Gisa Bertha, geb. Tottien. Pathen: Herr (unleserlich), Friedrich von Sege genannt Laurenberg, Frl Caroline (unleserlich), Frau Caroline (unleserlich)." [239]

Auguste Amalie Kahn heiratete später Wilhelm Napiersky (1823-1885), Oberlehrer für Mathematik am Mitauschen Gymnasium. [240]

---

[233] Genealogisches Handbuch der Baltischen Ritterschaften. Teil Kurland, Görlitz (1930), 175. (A II.)
[234] KB Mitau Landgemeinde Taufen 1823 Nr. 13 (LR 2892, 32 links).
[235] KB Mitau Landgemeinde Taufen 1822 Nr. 27 (LR 2892, 30 links).
[236] Rigasche Zeitung 8.7.1824; 10.7.1825.
[237] Allgemeines kurländisches Amts- und Intelligenzblatt 29.5.1826; 1.6.1826; 5.6.1826; 7.6.1827; 11.6.1827.
[238] Allgemeines kurländisches Amts- und Intelligenzblatt 21.4.1828. (Madame C.G. Kummerau 10 Rbl.S.; Frau Kammerverwandtin Tottien 1 Rbl.S.; Medicinalinspector, Ritter von Bidder 12 Rbl.S.).
[239] KB Mitau Landgemeinde Taufen 1825 Nr. 5 (LR 2892, 315 rechts).
[240] Lenz, W. (Hg.): Deutsch-Baltisches Biographisches Lexikon, Köln Wien 1970, 540.

Immerhin läßt sich aus all dem erschließen: Der Kreislehrer Carl Kahn stand demnach 1828 noch im Rang des Kollegiensekretärs und hatte wohl im folgenden Jahr die nächsthöhere Stufe Titulärrat erreicht, so daß er bei der Taufe von 1829 als „Rath Kahn" verzeichnet wurde. Die Rigasche Zeitung führt 1831 unter „Angekommene Fremde... Hr. Tit.-Rath Kahn... von Mitau" auf. [241]

Im Mitauschen Intelligenz-Blatt gibt es einige weitere Hinweise. Ein „C. Kahn, Privat-Lehrer" bot 1815 „neue Musicalien für das Pianoforte" an und war „gesonnen, eine musicalische Leih-Bibliothek zu eröffnen." Er wohnte „in der Post-Straße, in der Herberge des ehemaligen Hochhausenschen Hauses." [242] Um eine ausstehende Forderung „des Mitauschen Kreislehrers Kahn" gegen den Schuldner „Aron Samuel Lewinstein und dessen Frau Güttel" durchzusetzen, ließ das Bauskesche Hauptmanns-Gericht „zwey Kühe nebst einigen Meublen" beschlagnahmen. [243]

Zu Verwirrung führt, daß es außer dem erwähnten alten Kirchenbuchregister wie gesagt noch weitere später angefertigte Register gibt, die offenbar mit dem Original nicht völlig übereinstimmen. Im maschinenschriftlichen Register ist eine Taufe „Kahn-Tottien" als „25,13" angegeben, was für 1825 Nr. 13 steht. [244] Die Überprüfung im Kirchenbuch zeigte aber, daß es diesen Eintrag nicht gibt. Vielleicht liegt dem ein Lese- oder Tippfehler zugrunde, denn unter „17,18" ist unter „Proclamierte und Copulierte" 1817 verzeichnet: „Dom 1 Av 18 Kreislehrer Wilh: Kahn mit Dem. Julie Grenzius aus Dorpat des Buchdrucker Grenzius Tochter." [245]

Dieser Gotthard Wilhelm Kahn (1793-1867) hatte in Dorpat studiert, war 1818 dort Kreislehrer und 1819 Kreislehrer in Mitau, seither Prediger in Friedrichstadt, [246] und wurde wie ersichtlich 1817 in Mitau getraut und als „Kreislehrer" eingetragen. Er kommt seit 1819 in verschiedenen Zeitungsmeldungen vor, meist als Pastor Kahn. [247]

---

[241] Rigasche Zeitung 12.5.1831.

[242] Mitausches Intelligenz-Blatt 8.6.1815;11.6.1815;15.6.1815.

[243] Mitausches Intelligenz-Blatt 27.3.1821; 3.6.1821;7.6.1821.

[244] Blosfeld, P.: Mitau St. Trinitatis Landgemeinde Getaufte 1642-1833, Reval 1938, 44. (Alphabetisches Register).

[245] KB Mitau Landgemeinde Proclamierte 1827 Nr. 18. (LR 2892 99 rechts).

[246] Hasselblatt A., Otto G.: Album Academicum der Kaiserlichen Universität Dorpat, Dorpat 1889, 59; Kallmeyer, Th., Otto, G.: Die evangelischen Kirchen und Prediger Kurlands, Riga 1910, 452.

[247] Mitausches Intelligenzblatt 1.3.1819; 24.9.1820 u.a.m.

Auch er fehlt im Deutschbaltischen Biographischen Lexikon. [248] Die beiden Kreisleh-rer Kahn in Mitau waren Brüder. [249]

Maria Anna Tottien, die bei der Taufe von Mathilde Friderica Amalia am 30. Aug. 1829 erwähnte Kammerverwandtin und älteste Schwester des Jeannot, lebte wohl bis 1830 unweit von Grafenthal im Städtchen Bauske. Ihr Mann Ernst Gottlieb Tottien (1764-1830) war Aktuar des dortigen Hauptmann-Gerichts. „Tottien, Titulairrath, Ac-tuar bey dem Bauskeschen Hauptmannsgericht, wird, auf sein Ansuchen, seines Dienstes entlassen. Auftrag Sr. Excellenz, des Herrn Generalgouverneurs, Baron v. d. Pahlen, 8. May 1830." [250]

Zum Tauffest werden auch Jeannots Bruder Christian Heinrich Eugen und dessen Frau Charlotte Catharina, die Schwester Carolines, gekommen sein. „Ewgenij I-wan.(owitsch) Denfer" war damals Beamter der 10. Klasse bei der Staatlichen Be-hörde für Rechnungsprüfung/Revision [251] und hatte eine Wohnung in Mitau, wo ihn seine ältere Schwester Amalie (1784-1850) aufsuchte. Sie ist verzeichnet unter „In Mitau angekommene Fremde... Den 13ten July. Frau von Jankiewitz aus Lithauen, logirt beym Herrn Kapitän von Denffer." [252]

Amalie hatte am 29. Dez. 1802 in Zeymel geheiratet, ihr Mann Carl v. Jankiewitz, „ein Pole aus Weißgerben", war 1829 verstorben. [253] Sie blieb vielleicht vorüberge-hend in Mitau, kam aber dann nach Grafenthal zu ihrem jüngsten Bruder Jeannot.

※

---

[248] Lenz, W. (Hg.): Deutschbaltisches Biographisches Lexikon, Köln 1970, 361.

[249] Räder, W.: Die Lehrkräfte an den deutschen Schulen Kurlands 1805-1860, Lüneburg 1990, 38 (Nr. 128 u. 129). Leider hat Räder auf Quellenangaben verzichtet.

[250] Neander, G. F.: Auszug aus den in den Jahren 1829 bis August 1833 im Kurländischen Gouvernement... eröffneten Allerhöchsten Manifesten..., Siebente Fortsetzung, Mitau 1834, 255.

[251] Msyatseslov s rospis'yu chinovnykh osob ... rossiyskoy imperii... 1829. chast' pervaya... sanktpeterburg, (Beamtenverzeichnis des Russischen Reiches 1829, Erster Teil, Sankt Peters-burg) 775.

[252] Beylage zur Allgemeinen deutschen Zeitung für Rußland 13. July 1829, 340.

[253] Dem Kirchenbuch Mesothen nach verstarb sie am 6.5.1850 als kinderlose Witwe, war 27 Jahre verheiratet.

Puschkins Reise

Im Frühsommer 1829 hatte sich Russlands Nationaldichter Alexander Sergejewitsch Puschkin auf eine Reise in die von Russland eroberten transkaukasischen Gebiete begeben. Ohne jegliche militärische Ausbildung oder Erfahrung, wollte er, ähnlich wie später „Pierre" in Tolstois „Krieg und Frieden", die russischen Truppen begleiten, die erneut zum Krieg gegen die Türken aufbrachen. Seine Erlebnisse veröffentlichte er 1836 unter dem Titel „Die Reise nach Erzerum während des Feldzugs im Jahre 1829". [254]

Die Reiseroute führte ihn von Moskau in den Süden und dann durch den Kaukasus zunächst bis Tiflis in Georgien. „In Jekaterinograd beginnt die Grusinische Heerstraße; die Poststraße hört auf. Man mietet sich Pferde bis Wladikawkas und erhält zum Geleit Kosaken, Fußtruppen und eine Kanone. Die Post fährt zweimal in der Woche, und die Reisenden schließen sich ihr an: Das nennt man eine *Okkasion*. Wir brauchten nicht lange zu warten. Die Post kam am nächsten Tag, und am darauffolgenden Morgen waren wir um neun Uhr bereit, die Reise anzutreten. Am Sammelpunkt stellte man die aus ungefähr fünfhundert Menschen bestehende Karawane zusammen. Die Trommel wurde geschlagen, und wir setzten uns in Bewegung. An der Spitze fuhr die Kanone, eskortiert von Fußtruppen. Hinter ihr zogen sich die Kutschen, Kaleschen und Wagen der Soldatenfrauen hin, die von einer Festung in eine andere umsiedelten, dann folgte eine lange Reihe knarrender Ochsenkarren. Zu beiden Seiten liefen Herden von Pferden und Ochsen. Nogajische [255] Reiter in Filzmänteln und mit Lassos umkreisten sie. All dies gefiel mir zuerst sehr, doch bald langweilte es mich. Die Kanone fuhr im Schritt, die Lunte rauchte, und die Soldaten steckten sich daran die Pfeifen an. Die Langsamkeit, mit der wir uns vorwärtsbewegten (am ersten Tag legten wir nur fünfzehn Werst zurück), die unerträgliche Hitze, der Mangel an Vorräten, unruhige Nachtunterkünfte und schließlich das pausenlose Knarren der nogajischen Ochsenkarren brachten mich um meine Geduld. Die Tataren brüsten sich mit diesem Knarren und behaupten, sie zögen als ehrliche Leute umher, die es

---

[254] Alexander Sergejewitsch Puschkin. Gesammelte Werke in sechs Bänden. 5. Aufsätze und Tagebücher, Berlin, Weimar 1965, 383-438. Eine Zusammenfassung der Kriegsereignisse dieser Tage gibt Schiemann, Th.: Geschichte Russlands unter Kaiser Nikolaus I., Band II, Berlin 1908, 332-337.

[255] Nogaier, oft auch nur Tataren genannt, sind eines der nordkaukasischen Völker.

nicht nötig hätten, sich zu verbergen. Für dieses Mal wäre es mir angenehmer gewesen, nicht in so ehrbarer Gesellschaft zu reisen." [256]

Nach einem Aufenthalt in Tiflis setzte der Dichter die Reise fort. Es ging südlich nach Armenien, dann westlich über Gumri mit Blick auf den weit entfernten Berg Ararat bis nach Kars in der heutigen östlichen Türkei, damals bereits von Russland erobert. Bevor er die Stadt erreichte, kam er „abends in einem türkischen Dorf an, das zwanzig Werst von Kars entfernt war." Hier gab er ein eindringliches Beispiel für das Auftreten eines russischen Edelmanns:

„Ich sprang aus dem Sattel und wollte in die erste Hütte eintreten, doch in der Tür erschien der Hausherr und stieß mich unter Schimpfen zurück. Auf seine Begrüßung antwortete ich mit der Nagaika.[257] Der Türke fing an zu schreien, und viel Volk kam herbeigelaufen. Mein Führer trat anscheinend für mich ein. Man zeigte mir die Karawanenherberge; ich trat in eine große Hütte, die einem Stall ähnelte; es war kein Platz da, wo ich meinen Filzmantel hätte ausbreiten können. Ich verlangte ein Pferd. Zu mir kam der türkische Amtmann. Auf alle seine unverständlichen Ausführungen sagte ich nur das eine: „Werbana at" (Gib mir ein Pferd). Die Türken waren damit nicht einverstanden. Schließlich kam ich auf den Gedanken, ihnen Geld zu zeigen (womit ich hätte anfangen sollen). Sofort wurde ein Pferd herbeigeführt und mir ein Führer gegeben.

Ich ritt durch ein breites Tal, das von Bergen umgeben war. Bald darauf sah ich Kars, das auf einem von ihnen weiß erglänzte…" [258]

Russland hatte sich schon seit 1828 im Krieg mit dem Osmanischen Reich befunden, der in der Hauptsache wegen Griechenland geführt wurde. Die Kaukasusfront bedrohte dabei die Osmanen gewissermaßen im Rücken. Die osttürkische Stadt und Festung Kars wurde am 23. Juni 1828 eingenommen, weitere Festungen folgten, dann ruhten die Kriegshandlungen während des Winters mit tiefem Schnee bis zum Frühsommer 1829, in dem Puschkin reiste.

[256] Puschkin, Gesammelte Werke in sechs Bänden. 5. Aufsätze und Tagebücher, Berlin, Weimar 1965, 390 f.
[257] Peitsche aus Lederstreifen.
[258] Puschkin, Gesammelte Werke in sechs Bänden. 5. Aufsätze und Tagebücher, Berlin, Weimar 1965, 413.

Konstantin im Kaukasus

Puschkin war am 13. Juni 1829 beim russischen Heerlager außerhalb von Kars angelangt. Er traf dort auf verschiedene Bekannte und schloß sich den aufbrechenden Truppen an. Zur selben Zeit nahm der 27jährige Leutnant Konstantin an diesem Feldzug gegen die Türken unter dem Kommando des Generalfeldmarschalls Graf Paskewitsch teil. Konstantins Vater Otto Iwanowitsch war Jeannots ältester Bruder. Als verabschiedeter Major in Petersburg hatte er eine Adelsbescheinigung für seinen Sohn beantragt und am 15. März 1812 erhalten. Der Junge war damals 10 Jahre alt, seine Schwester Elisabeth zwei Jahre jünger. Auch für sie ließ ihr Vater eine Adelsbescheinigung ausfertigen, sie ist mit 6. Juni datiert. [259] Früh verloren die beiden Kinder ihre Mutter und Otto seine Ehefrau Anna Jakowlewna Archangelskaja. Der Witwer Otto heiratete danach die gleichfalls verwitwete Majorin Anna Galoni geborene Müller. Nach fast 20 Jahren verstarb sie 51jährig. Seine dritte Ehefrau wurde Luisa Pauline Fleischmann.[260]

Anläßlich des Krieges von 1812 war Otto in das neu aufgestellte 4. Ukrainische Kosaken-Regiment eingetreten. Seinen Sohn Konstantin hatte er zur Ausbildung im 2ten Kadetten-Korps in Petersburg unterbringen können. Dort wurden nicht nur die damaligen Schulfächer wie Religion, Sprachen, Mathematik, Geographie und Geschichte unterrichtet, sondern auch Grundlagen des Kriegswesens, sowie Reiten, Fechten, Tanzen und natürlich Exerzieren geübt. [261] Mit 18 Jahren kam Konstantin als Fähnrich zur Artillerie, mit 22 Jahren wurde er Unterleutnant [262] und durch sein

---

[259] Heroldieabteilung des Dirigierenden Senats, Urkundenarchiv Moskau 286/2/134, fol. 477-481; 286/2/135, fol. 5-8.

[260] Anna Galoni * Müller 1772, ∞1805, 24.12., - St. Pbg. 1823, 9.7.; Luisa Pauline Fleischmann * Riga 1781, - St. Pbg. 1866, 4.11., □ Friedhof Pawlowsk. Die Angabe in Grundstein 36, nach der Otto „dreimal mit Russinen verheiratet war", ist offensichtlich unzutreffend.

[261] Das 2te Kaiserliche Kadettenkorps (Ing. u. Artill. Corps) befand sich an der südwestlichen Seite des sog. Petersburger Stadtteils „an der Petrowka", (Buddeus, A.: Zur Kenntnis von St. Petersburg im kranken Leben, Stuttgart 1846, I, 241) an der damaligen Siechenskaja-Straße, (Reimers, H. C. v.: St. Petersburg am Ende seines ersten Jahrhunderts, St. Petersburg und Penig 1805, I, 271 f.; II Stadtplan zwischen 236/237, Nr. 135; 342).

[262] 20. Jan. 1820 Fähnrich 3. Leichte Kompanie der 9. Artillerie-Brigade, Dienstantritt 2. Febr. 1820, Unterleutnant 16. Apr. 1824 (Dienstliste, Russisches Staatliches Militärgeschichtliches Archiv Moskau, Akte 395/48/1016 Denfer). Die dort erwähnte 9. Brigade wurde in 20. Artillerie-Brigade umbenannt.

Einsatzgebiet zum „Kaukasier", denn seine Einheit gehörte zu den russischen Truppen im „Kawkas", dem Kaukasus. Der Ursprung dieses Wortes ist unklar, vielleicht bedeutet es „Schnee-Gebirge" oder „Eis-Gebirge" und deshalb „Weisses Gebirge", dessen Bergkette sich mehr als 1000 Kilometer zwischen Schwarzem und Kaspischen Meer hinstreckt, mit über 5000 Meter hohen Gipfeln, darunter Elbrus und Kasbek, alten Überlieferungen zufolge das mythische Gebirge Qaf und die Urheimat der Menschheit, seit sich dort nach der Sintflut die Nachkommen Noahs ansiedelten, bewohnt von verschiedenen Bergvölkern, über Jahrhunderte umstritten zwischen den drei großen Mächten Osmanisches Reich, Persien und Russland, von Nord nach Süd durchquert durch die Grusinische Heerstraße.

※

Der Perserkrieg

Schon seit dem 18. Jahrhundert hatte Russland sich durch verschiedene Kriegszüge mehr und mehr Raum im Kaukasusgebiet angeeignet und damit den Widerstand der meist muslimischen Bergvölker geweckt. Die bekanntesten Gegner der Russen waren die „Muriden" unter ihren Anführern Gasi Mullah, Hamsa Beg und Imam Schamil, die den Kampf gegen die fremden Besatzer zu einer Sache der Religion machten. Aber auch für Russland war es ein Religionskrieg.

Mit dem seit Juli 1826 geführten Persisch-Russischen Krieg hoffte Persien, zuvor von Russland eingenommene Gebiete zurückzuerlangen. Die Bergvölker nutzten dies zu Aufständen, die russischen Truppen bekämpften sie. Hierbei kam Konstantin zu seinem ersten Kriegseinsatz. Vom 28. Nov. bis 22. Dez. 1826 war er Teil der mit Artillerie unterstützten Truppe, die den „Lesginen-Aufstand" niederschlug. Das war ein Jahr, nachdem am 14./26. Dez. 1825 kaisertreue Artilleristen den Dekabristenaufstand in Petersburg niedergeschossen hatten. Der Perserkrieg endete nach harten Kämpfen mit dem Friedensschluß vom 10. Februar 1828. Konstantin hatte nicht nur unbeschadet überlebt, sondern sich mehrfach ausgezeichnet. Seit dem 6. Dez. 1827 trug er den St. Anna-Orden 4. Klasse, „za chrabrost" (für Tapferkeit) „in Auszeichnung bei der Belagerung und Einnahme der Festung Sardar-Abad",[263] wurde kurz darauf in Auszeichnung beim Kampf gegen Persien zum Leutnant befördert und erhielt für den Feldzug die

---

[263] Akte 395/48/1016 Denfer, Russisches Staatliches Militärgeschichtliches Archiv Moskau fol.4; Spisok kavaleram… (Verzeichnis der Ritter…) 1827, III, Sanktpeterburg 1828, 554; 1828, III, Sanktpeterburg 1829, 658; St. Petersburgische Zeitung 27.12.1827, 1229 f.

Silbermedaille sowie ein zusätzliches Jahresgehalt. [264] Das waren wesentliche Bausteine für eine erfolgreiche Militärkarriere. Auch sein Vater Otto Iwanowitsch, ehemals Major und nun Hofrat in St. Petersburg, konnte zufrieden, wenn nicht gar stolz sein. Aus dem Zehnjährigen, den er in die Kadettenanstalt gegeben hatte, war etwas geworden. Man kann also sagen: Für Konstantin hatte sich der Krieg gelohnt. Die Kämpfe dienten der Ausdehnung des russischen Machtbereichs, und gemäß dem Geist der Zeit konnte der Gedanke Konstantin erfreuen, sich dem Stand des Militäradels würdig erwiesen zu haben, denn man hielt dafür:

„In einem wohlgeordneten Staate sind alle Stande nöthig, nutzlich und edel, aber da die Menschen es schon zur Regel angenommen haben, in Unfrieden zu leben, so kann man dreust behaupten, daß derjenige, der sich mit Waffen dem Schutze des Vaterlandes widmet, edel und achtungswerth ist. Die Russen waren davon immer überzeugt, und wir hatten auch immer eben so viele Helden als Krieger. Siegen oder sterben, war von jeher das Gesetz eines jeden russischen Soldaten, und es wird es auch ferner seyn." [265]

Die Saganlug-Berge

Für Konstantin ergaben sich sehr bald erneut die Möglichkeiten zu siegen oder zu sterben. Kaum war der Russisch-Persische Krieg beendet, wurde der Russisch-Türkische Krieg begonnen. Konstantin war nun Leutnant der 3. Leichten Compagnie der 20. Artilleriebrigade unter Generalmajor Pankratieff. Geschütze seiner Einheit befanden sich in Toprach-Kaleh, in Tschilkan und in Chansir. Am 1. Juni 1829 begann Konstantin den Marsch zur Sammelstelle beim Dorf Kotanlı unweit von Kars in der heutigen Türkei.

„Am 10ten versammelte der Oberfeldherr bei Kotanly auf einer weiten Ebene alle dort befindlichen Truppen, … Das ganze Heer bestand aus 12,340 Mann Infanterie, 5,770 Reitern mit 70 Kanonen, in zwei Colonnen und eine besondere Reserve eingetheilt…" Konstantins Einheit war mit 8 Kanonen Teil der linken Kolonne. „Beim

---

[264] 21. Jan. 1828, ab 1. Jan. 1828 Dienstliste; Spisok… ofitseram (Verzeichnis… der Offiziere), Sanktpeterburg 1829, 559.
[265] Truhart, A.: Fama für Deutsch-Rußland vom Jahr 1806. Erstes Bändchen, Riga (1806), 46.

Dorfe Kotanly hatte das russische Heer an der Grenze seiner im vorigen Jahre ge-machten Eroberungen, 30 Werst entfernt vom Saganlug, gestanden", der Berggegend, die auf Türkisch „Soğanlı Dağı" heisst, etwa 80 km südwestlich von Kars. „Der Gipfel des Saganlug ist überhaupt so hoch, dass auf einem Marsche von 50 Werst die Russen dort eine Menge Lagen von Schnee vorfanden, die gewöhnlich bis zum August nicht schmelzen; ein dichter Wald, meist aus Fichtenstämmen, erstreckt sich über den gan-zen Bergrücken… durchgehends in Waldungen liegende steile Wege" werden „von einer Menge tiefer Klüfte durchschnitten, die vortreflich als Hinterhalt benutzt werden können…

Am 13ten Juni, um 5 Uhr Abends rückte… das Hauptcorps gegen den Saganlug, ohne Bagage, nur mit der Hälfte der gehörigen Pulverkarren, mit Proviant auf 5 Tage versehen, die Tornister auf dem Rücken,… ihrem Ziele entgegen", darunter in der Ersten Colonne „8 Kanonen der 3ten Compagnie 20ster Artilleriebrigade"- das war Konstantins Truppe.

„Pankratieffs Colonne, die den ganzen Tag… Miene zum Angriffe gemacht hatte, zündete bei einbrechender Nacht grosse Holzhaufen an, worauf… sie sich vor Tages-anbruch mit der Hauptmacht der Armee vereinigte. Um 4 Uhr Morgens setzten die Russen ihren Marsch fort…"[266]

So war Konstantin am 13. Juni mit seinen Kanonen und Mannschaften aufgebro-chen und zog durch die Sagan-Lu Bergkette bis zum Fluß Arax. Dort befand sich das feindliche Lager von Hakki-Pascha, das vor einem Angriff erkundet wurde. Konstan-tin gehörte zu Pankratjeffs Truppen, deren Aufgabe darin bestand, das Hauptkontin-gent vor feindlichen Angriffen zu schützen. „Um nicht auf dem linken Flügel ange-griffen zu werden, mußte Graf Pankratjeff die Berghöhen zur Linken mit 6 Bataillo-nen Fußvolk und 4 Regimentern Reiterei, von 16 leichten Geschützen unterstützt, be-setzen. Er hatte den Befehl, sich dem Feinde zu zeigen und alle Bewegungen in seinem Lager so lange zu beobachten, bis die Armee den Berg erreicht haben würde. Diese Demonstration gelang, der Feind richtete seine Aufmerksamkeit einzig auf den General Pankratjeff und bemerkte die Bewegung der Armee nicht, so daß sich dieser um

---

[266] Laemmlein, A.C.: Geschichte der Feldzüge in der Asiatischen Türkei während der Jahre 1828 und 1829, nach dem … Werke des Garde Obrist Uschakoff, Zweiter Theil, Leipzig 1838, 70 ff.; Fonton, F. de: La Russie dans l'Asie mineure ou Campagnes du Maréchal Paskevitch en 1828 et 1829, Paris 1840, 421 (Tafel D), 440 ff.

Mittagszeit wieder dem Corps anschließen konnte. Am Abhange des Berges wurde eine Wagenburg errichtet und die benachbarten Höhen recognoscirt… Die anschliessende Disposition lautete: Die Vertheidigung des Gepäcks übernimmt General Pankratjeff mit 7 Bataillonen Fußvolk, 3 Regimentern Reiterei und 24 Kanonen. Er beobachtet zugleich die Bewegungen des Feindes und verhindert ihn, unsere linke Flanke anzugreifen…"[267]

Den linken Flügel „deckten… 8 Kanonen der 20sten Brigade… Gegen 3 Uhr Nachmittags griffen die Türken den rechten Flügel ihrer Gegner… an… als der grösste Theil der vordern russischen Truppen in den Kampf geführt worden war, kam General Pankratieff mit einer Jägerbrigade und 8 Kanonen zu Hilfe. Die Schlacht schien beendet, um 4 Uhr Nachmittags kehrten die Truppen… ins Feldlager zurück…"[268]

Schneegekühlter Champagner

Puschkin wurde schon am Tag nach seiner Ankunft Zeuge von den ersten Gefechten, als die Russen in die Sagan-Lu-Berge marschierten und dann etwa 10 Werst vor dem feindlichen Lager anhielten. Der russische Obrist Uschakoff berichtete: „Das Gefecht am 14ten Juni 1829 ist noch deswegen besonders merkwürdig, weil der berühmte russische Dichter Alexander Sergheewitsch Puschkin Theilnehmer desselben war; er kam am Tage des Aufbruches der Armee nach dem Saganlug an… Als die Truppen im Thale des Inscha-Su gelagert hatten, wurde ihre äusserste Vorpostenkette plötzlich vom Feinde angegriffen; der Poët, zum erstenmale dem Kriegsschauplatze so nahe, konnte der Kampflust nicht widerstehen, sein Zelt verlassend, warf er sich aufs Pferd und befand sich in einem Nu bei den Vorposten; nur mit vieler Mühe gelang es dem kriegskundigen Major Semitscheff, ihn einzuholen und mit Gewalt aus der Mitte der plänkelnden Kosaken herauszuziehen, gerade in dem Augenblicke, wo der Dichter begeistert die Pike eines erschossenen Kosaken aufraffend, den türkischen Reitern entgegenstürzte. Die guten donischen Lanzenreiter waren nicht wenig erstaunt, so plötzlich unter sich einen unbekannten Helden im runden Hute und

---

[267] Eichwald, E.: Reise in den Kaukasus. Zweite Abtheilung, Stuttgart 1837, 647.
[268] Laemmlein, A.C.: Geschichte der Feldzüge in der Asiatischen Türkei während der Jahre 1828 und 1829, nach dem … Werke des Garde Obrist Uschakoff, Zweiter Theil, Leipzig 1838, 98 ff.

kameelhaarenen Mantel zu erblicken; es war die erste und letzte Waffenthat des Lieblings der Musen im Caucasus." [269]

Puschkin selbst erzählt weiter: „Von der Höhe des Berges bekamen wir das türkische Lager zu sehen, das von uns durch Schluchten und Höhen getrennt war. Wir kehrten spät zurück. Als wir durch unser Lager ritten, sah ich unsere Verwundeten, von denen fünf Mann in der gleichen Nacht und am darauffolgenden Tag starben. Abends besuchte ich den jungen Osten-Sacken, der am selben Tag in einem anderen Gefecht verwundet worden war. Das Lagerleben gefiel mir sehr. Bei Sonnenaufgang weckte uns ein Kanonenschuß. Der Schlaf im Zelt ist erstaunlich gesund. Am Mittagstisch tranken wir zum asiatischen Schaschlyk englisches Bier und in taurischem Schnee gekühlten Champagner." [270]

※

Heldentaten

Konstantin war am 19. Juni zur Vertreibung der türkischen Kavallerie aus dem Lager des Hakki-Pascha und der Vernichtung und Zerstreuung der Truppen des Pascha von Erzerum eingesetzt, am folgenden Tag bei der Eroberung der Festung des Hakki-Pascha bei Meliodjizz,[271] im Sturmangriff bis zum Sieg. [272] Dabei gingen die russischen Truppen in fünf Kolonnen vor. „Die zweite, unter General Pankratjeff, erhielt den Auftrag, in die linke Flanke des Feindes zu gehen und ihm den Rückzug durch den Wald und die Berge abzuschneiden… Die erste Colonne… stürzte sogleich auf das Lager los… Ein Theil der zweiten Colonne, von dem feindlichen linken Flügel mit einem heftigen Gewehr- und Kanonenfeuer empfangen, erstieg muthig die Höhe, nahm eine Batterie weg und verfolgte den Feind bis in die Wälder und Schluchten… Der andere Theil … hatte den Feind, der sich hauptsächlich nach den Bergen zog, nicht völlig abschneiden können; sie verfolgte ihn aber so lange, als das Terrain es erlaubte…

Die Türken verloren an 2000 Todte und ihre ganze Artillerie, bestehend in 19 Kanonen; außerdem wurden 1200 Gefangene gemacht und 16 Fahnen erobert… Der

---

[269] Laemmlein, A.C.: Geschichte der Feldzüge in der Asiatischen Türkei während der Jahre 1828 und 1829, Zweiter Theil, Leipzig 1838, 253 f.

[270] Puschkin, Gesammelte Werke in sechs Bänden. 5. Aufsätze und Tagebücher, Berlin, Weimar 1965, 418 f.

[271] Auch Milleh Dusu, Milli-Düss geschrieben.

[272] Dienstliste, Russisches Staatliches Militärgeschichtliches Archiv Moskau, Akte 395/48/1016 Denfer.

Verlust der Russen soll nicht über 100 Todte betragen haben."[273]

Für Konstantin folgte schon am nächsten Tag die Besetzung des Dorfes Khoroaq und darauf der Marsch nach Hasankala und die Besetzung dieser Festung.[274]

Während die Soldaten in Schießereien verwickelt vorrückten, gelang Puschkin ein menschenfreundliches Unterfangen: „In der Talsenke wurden etwa fünfhundert Mann gefangengenommen. Einige verwundete Türken machten mir Zeichen, ich solle zu ihnen kommen, wahrscheinlich hielten sie mich für einen Arzt und erwarteten Hilfe, die ich ihnen nicht geben konnte. Aus dem Wald trat ein Türke, der einen blutigen Lappen auf seine Wunde drückte. Die Soldaten gingen zu ihm in der Absicht, ihn niederzumachen - vielleicht aus Menschenliebe. Doch das empörte mich zutiefst, ich trat für den armen Türken ein und brachte ihn, der erschöpft war und stark blutete, mit Mühe zu dem Häuflein seiner Kameraden."[275]

Puschkin berichtete auch von folgender Heldentat, die sich bei Hassan-Kale ereignete:

„Am Morgen des 24. Juni zogen wir nach Hassan-Kale, einer sehr alten Festung, die der Fürst Bekowitsch am Vorabend eingenommen hatte. Sie war ungefähr fünfzehn Werst von unserem Nachtlager entfernt. Die langen Märsche ermüdeten mich. Ich hoffte, mich ausruhen zu können; doch es kam anders.

Ehe die Reiterei ausrückte, kamen in unser Lager Armenier, die in den Bergen wohnten, und baten um Hilfe gegen die Türken, die vor drei Tagen ihr Vieh fortgetrieben hätten. Der Oberst Anrep, der nicht richtig verstand, was sie wollten, nahm an, daß sich eine türkische Abteilung in den Bergen befände, ritt mit einer Schwadron Ulanen vom Weg ab und ließ Rajewskij melden, daß dreitausend Türken in den Bergen wären. Rajewskij folgte ihm, um ihm im Falle einer Gefahr beizustehen. Ich betrachtete mich als dem Nishnij Nowgoroder Regiment attachiert und sprengte mit großem Ärger davon, um die Armenier zu befreien. Als wir zwanzig Werst geritten waren, kamen wir in ein Dorf und sahen einige zurückgebliebene Ulanen, die eilig, mit gezogenen Säbeln, mehrere Hühner verfolgten. Hier

---

[273] Eichwald, E.: Reise in den Kaukasus. Zweite Abtheilung, Stuttgart 1837, 654 f.; Fonton, 454 ff., 460.

[274] Khoroaq 21. Juni; Hasankala 22./23. Juni, vgl. Fonton, F. de: La Russie dans l'Asie mineure ou Campagnes du Maréchal Paskevitch en 1828 et 1829, Paris 1840, 465 ff.

[275] Puschkin, Gesammelte Werke in sechs Bänden. 5. Aufsätze und Tagebücher, Berlin, Weimar 1965, 424.

machte einer der Dorfbewohner Rajewskij klar, daß es sich um dreitausend Ochsen handle, die die Türken vor drei Tagen weggetrieben hätten und die man in zwei Tagen ohne weiteres einholen könne. Rajewskij befahl den Ulanen, mit der Verfolgung der Hühner aufzuhören, und schickte dem Obersten Anrep den Befehl, umzukehren. Wir ritten zurück, kamen aus den Bergen heraus und langten in Hassan-Kale an. So hatten wir einen Umweg von vierzig Werst gemacht, nur um das Leben einiger armenischer Hühner zu retten, was mir gar nicht spaßig schien."[276]

Einnahme von Erzerum

Währenddessen war Konstantin unterwegs nach Erzerum und fünf Werst vor der Stadt in einen Abwehrkampf involviert, als das dortige russische Truppenlager angegriffen wurde.[277] Auch Puschkin war inzwischen weiter vorangekommen. Er berichtete:

„Hassan-Kale gilt als Schlüssel zu Erzerum. Die Stadt ist am Fuße eines Felsens erbaut, den eine Festung krönt... Unser Lager war auf einer weiten Ebene aufgeschlagen, die sich vor der Festung ausbreitete... Am 25. Juni, dem Geburtstag des Imperators, wurde in unserem Lager vor den Mauern der Festung ein Feldgottesdienst abgehalten. Als man während des Essens beim Grafen Paskewitsch auf die Gesundheit des Herrschers trank, verkündete der Graf den Marsch auf Erzerum. Um fünf Uhr nachmittags setzte sich das Heer schon in Bewegung.

Am 26. Juni machten wir, fünf Werst vor Erzerum, in den Bergen halt. Diese Berge heißen Ak-Dag (weiße Berge); sie bestehen aus Kreide. Ein weißer, ätzender Staub flog uns in die Augen; ihr trostloser Anblick stimmte einen traurig. Die Nähe Erzerums und die Gewißheit, daß der Feldzug zu Ende geht, tröstete uns."[278]

„Am 26sten gegen Mittag hatten die Russen das Thal von Arzerum erreicht, das Lager wurde 4 Werst von der Stadt, dicht an der Strasse, aufgeschlagen", in Sichtweite „der befestigte Hügel Top-Dag, dessen westlicher Abhang die Vorstädte berührte, auf seinem Gipfel waren aus Erde aufgeworfene, fast überall mit Geschütz besetzte, und

---

[276] Puschkin, Gesammelte Werke in sechs Bänden. 5. Aufsätze und Tagebücher, Berlin, Weimar 1965, 425 f.
[277] Nach Erzerum 24./25. Juni; Vgl. Eichwald, E.: Reise in den Kaukasus. Zweite Abtheilung, Stuttgart 1837, 657 f.
[278] Puschkin, 426 f.

von einem Theile der Infanterie vertheidigte Schanzen befindlich... Zwar hatte die Stadt sich bereits ergeben, doch um 3 Uhr führte der Graf persönlich die Truppen des rechten Flügels gegen den Top-Dag, General Pankratieffs Colonne, 3 Kosakenpulks auf ihrer rechten Flanke, bildete die Spitze; rasch und in schöner Ordnung marschirten die Truppen mit Musik und Trommelschlag; heftiges Feuer vom Top-Dag blieb von der russischen Artillerie unbeantwortet. So wie sich die Russen auf halbe Kanonenschussweite genähert hatten, glaubten die Türken längerer Widerstand wäre vergeblich, und ihre Haufen stürzten in grösster Unordnung in die Stadt, während der Oberfeldherr, der an der Spitze geritten war, sich mit seiner Bedeckung des Top-Dag bemächtigte... So war ungefähr um 5 Uhr Abends, auf dem Berge Top-Dag, im Angesichte fast des ganzen russischen Heeres und vieler Einwohner Arzerums das Schicksal dieser Stadt entschieden. Pankratieff sollte mit seiner Abtheilung die Festung besetzen, und in Parade rückten die Truppen zu dieser Feierlichkeit aus ihrem Lager. In Schlachtordnung, die Tirailleurlinie voraus, zogen das 41ste und 42ste Jägerregiment, denen 16 Kanonen der 20sten Artilleriebrigade folgten, mit Musik und fliegenden Fahnen durch das Karsser-Thor in die Stadt... von allen Seiten drängte sich das Volk, besonders die Kinder, die Ankömmlinge zu betrachten; von ihren platten Dächern sahen verschleierte Weiber das ungewohnte Schauspiel an, und warfen den Siegern Blumen zu, während man denselben aus den Häusern Brod, Milch, Honig, Früchte entgegentrug; es wunderte die Bürger, dass die in Reih und Glied marschirenden Soldaten, strenge Disciplin haltend, ihre Geschenke nicht annahmen. Ohne Widerstand zogen die Truppen in die Festung ein, aber bei Besitznahme der Citadelle kam es zu neuen Zwistigkeiten. Gegen 200 zu den zügellosesten Aufrührern gehörende Albaneser hatten die Thore geschlossen, und weder Drohungen noch gute Worte konnten sie zur Nachgiebigkeit bewegen, bis endlich das auf die Thore gerichtete Geschütz den Eingang erzwang; endlich um 6 Uhr wehte auf den Mauern der Citadelle die russische Fahne." [279]

Puschkin berichtete ähnlich: „Am Morgen des nächsten Tages [280] rückte unsere Armee vor. An der Ostseite von Erzerum befand sich auf der Höhe Top-Dag eine

---

[279] Laemmlein, A.C.: Geschichte der Feldzüge in der Asiatischen Türkei während der Jahre 1828 und 1829, Zweiter Theil, Leipzig 1838, 135 ff.; Fonton, F. de: La Russie dans l'Asie mineure ou Campagnes du Maréchal Paskevitch en 1828 et 1829, Paris 1840, 474 ff.
[280] 27. Juni 1829.

türkische Batterie. Die Regimenter marschierten auf sie zu und antworteten auf das türkische Feuer mit Trommelwirbel und Musik. Die Türken flohen, und Top-Dag wurde eingenommen... Doch in Erzerum war Unruhe zu bemerken. Plötzlich blitzte auf dem Stadtwall ein Feuer auf, Rauch stieg empor und Kanonenkugeln flogen nach Top-Dag... In diesem Moment kam Fürst Bekowitsch, der sich seit gestern zu Verhandlungen in Erzerum befunden hatte, auf den Top-Dag gesprengt. Er meldete, daß der Seraskier [281] und das Volk mit der Übergabe längst einverstanden seien, doch daß einige ungehorsame Arnauten [282] unter der Führung des Toptschi-Pascha sich in der Stadt der Batterie bemächtigt hätten und sich auflehnten. Die Generale ritten zu dem Grafen und baten um die Erlaubnis, die türkischen Batterien zum Schweigen bringen zu dürfen. Die Würdenträger aus Erzerum, die unter dem Feuer ihrer eigenen Kanonen saßen, wiederholten diese Bitte. Der Graf zögerte eine Zeitlang; schließlich gab er den Befehl, wobei er sagte: „Die haben genug Dummheiten gemacht." Sofort wurden Geschütze herangefahren, abgefeuert, und die feindliche Schießerei hörte allmählich auf. Unsere Regimenter marschierten nach Erzerum hinein, und am 27. Juni, dem Jahrestag der Schlacht von Poltawa, wehte gegen sechs Uhr abends die russische Flagge über der Zitadelle von Erzerum." [283]

„Abends wurde Stadt und Citadelle festlich erleuchtet und ein Feuerwerk abgebrannt. Die christlichen Einwohner bezeigten durch volksthümliche Gesänge und Spiele ihre aufrichtige Theilnahme an der Freude der Russen, und sogar die Türken hatten ihre Fenster durch vielfarbige Lampen erleuchtet." [284]

※

---

[281] Auch „Serasker", höchster osmanischer Generalsrang,

[282] Osmanische Truppe insbesondere albanischer Herkunft.

[283] Puschkin, Gesammelte Werke in sechs Bänden. 5. Aufsätze und Tagebücher, Berlin, Weimar 1965, 428.

[284] Laemmlein, A.C.: Geschichte der Feldzüge in der Asiatischen Türkei während der Jahre 1828 und 1829, Zweiter Theil, Leipzig 1838, 164 f.

Kriegsende

Als Puschkin Mitte Juli erfuhr, daß in Erzerum die Pest ausgebrochen war, trat er, um sich die „Schrecken einer Quarantäne" zu ersparen, am 19. des Monats 1829 seine Rückreise an, die ihn über Tiflis und durch den Kaukasus nach Wladikawkas führte. Konstantin blieb bei der Truppe in der besetzten Ost-Türkei. Dort gab es weiterhin Unruhen, darunter in Erzerum und Hassan-Kaleh, und auch in den Kurdengebieten zeigte sich Widerstand. Ebenso „drohte das Paschalik [285] Musch, woselbst Emin-Pascha zwar im Namen der russischen Regierung eingesetzt, durch grausames und leichtsinniges Betragen bei den Einwohnern aber verhasst war, mit Aufstand." [286] Immer wieder kam es zu Kampfhandlungen. Am 26. September 1829 wurde der Frieden von Adrianopel (Edirne) geschlossen, die Nachricht davon führte Anfang Oktober auch in der Ost-Türkei zum Ende der Gewalt. „Pankratieff erhielt unter Anderem den Auftrag, mit den Festungsarbeiten zu Arzerum einzuhalten, kein Getreide mehr anzuschaffen, und alle in Gefangenschaft gerathene Türken, auf 4 Tage mit Proviant versehen, in ihre Heimath zu entlassen." [287]

Konstantin hatte noch an der letzten russischen Strafexpedition zur Stadt Musch teilgenommen, die unter dem Kommando des Generals Re'utt erfolgt war. „Reut besetzte Musch am 5ten October und erklärte dem Befehle seines Obergenerals gemäss Ibrahim-Bek als Beherrscher der Provinz" [288] an der Stelle seines Neffen Emin Pascha, der den Russen nicht genehm war. Emin Pascha floh.

Nach Musch war ich einmal im Sommer 1976 gekommen, als ich, begleitet von Mehmet Orhan, damals Student in Mainz, und meinem Bruder Walter, im Osten der Türkei auf den Spuren von Bediüzzaman Said Nursi [289] reiste. Die auffällige Burg auf dem Berg inmitten der Stadt hatte ich fotografiert, doch von Konstantins Kriegseinsatz an diesem Ort wußte ich damals nichts.

Ein Großteil der russischen Truppen ging noch vor Wintereinbruch nach Armenien und Georgien zurück, ein Teil verblieb zur Sicherung einiger Standorte und Wegverbindungen. Der vollständige Abzug war für das folgende Jahr bestimmt. Konstantin

---

[285] Amtsgebiet eines Paschas; Pascha, Statthalter, hoher osmanischer Rang.

[286] Laemmlein, A.C.: Geschichte der Feldzüge in der Asiatischen Türkei während der Jahre 1828 und 1829, Zweiter Theil, Leipzig 1838, 176.

[287] Laemmlein, 237.

[288] 29. Sept. bis 5. Okt; Laemmlein, 239.

[289] Bedeutender türkisch-kurdischer Religionsreformator des 20. Jahrhunderts.

verbrachte noch den gesamten Winter in der besetzten Ost-Türkei, offenbar in Bayazid. Erst im nächsten Sommer kehrte er unter dem Kommando des Generalmajors Re'utt mit den russischen Truppen von Bayazid zur russischen Grenze zurück. [290]

An der kriegsentscheidenden Besetzung der befestigten Höhe Tobdach bei Erzerum und der damit verbundenen Einnahme von Festung und Stadt am 27. Juni 1829 war Konstantin direkt beteiligt. Dafür erhielt er den St. Wladimir-Orden 4. Klasse mit der Schleife, [291] die den Kriegsverdienst des Ordensträgers kennzeichnete. Für den Kriegseinsatz gab es die silberne Feldzugsmedaille von 1829, und für die Teilnahme am Türkenkrieg wiederum ein zusätzliches Jahresgehalt. Auch diesmal hatte Konstantin überlebt und war unversehrt geblieben, erneut hatte sich der Krieg für ihn gelohnt und auch im wahren Sinn des Wortes bezahlt gemacht.

Krieg zwischen zwei Religionen

Da ich persönlich einen etwas über den Durchschnitt hinausgehenden Bezug zur Welt des Orients und der Muslime habe, ist es sicher nicht falsch, wenn ich in diesem Zusammenhang kurz kommentiere. Für Russland war Krieg mit dem Osmanischen Reich, und ebenso mit Persien, nicht bloß Krieg zwischen zwei Staaten, sondern auch Krieg zwischen zwei Religionen. Dabei fällt auf, wie in der Inszenierung und damit zugleich der Wahrnehmung Staat und Religion verknüpft wurden. Zarengeburtstag, Militärparade, christlicher Gottesdienst und Sieg über die „Muhamedaner" verschmolzen zu einem Ganzen:

„Am 25sten, als am Geburtstage Seiner Kaiserlichen Majestät, ward den Truppen, nach so vielen ausgestandenen Mühseligkeiten, zum ersten Male Rasttag zu halten vergönnt. Um 10 Uhr Morgens war Kirchenparade; unter den Mauern Hassan-Kalehs, wo fast 1000 Jahre hindurch nur Muhamedaner von den Minarets zum Gebete gerufen worden, hielten

---

[290] 7. bis 11. Juni 1830.

[291] 1830, 29.5. Dienstliste, Russisches Staatliches Militärgeschichtliches Archiv Moskau, Akte 395/48/1016 Denfer; St. Petersburgische Zeitung 4.7.1830, 603; Spisok… ofitseram (Verzeichnis… der Offiziere), Sanktpeterburg 1831, 278; Spisok kawaleram… (Verzeichnis der Ritter…) 1831, Sanktpeterburg 1832, II, 395.

16,000 Russen feierlich ihren christlichen Gottesdienst, in der That ein Bild, eines Meistergriffels würdig."[292]

Selbst ein dem Zaren ablehnend gegenüberstehender Autor konnte die Rolle Rußlands mit der Frankreichs gleichsetzen und bedenkenlos schreiben: „Der Kaukasus hat mehrere Punkte der Aehnlichkeit mit Algerien. Hier wie dort liegt das Christentum mit dem Islam im Kampfe, die Civilisation mit der Barbarei."[293]

Nicht nur der russischen Militärführung war der Religionsbezug wichtig, sondern auch in der nachträglichen Berichterstattung über den Krieg und die Umgestaltung von Gesellschaft und Verwaltung wird er sichtbar:

„Noch nie hatte russischer Waffenklang so tief im Oriente ertönt, und zum erstenmale, seit der Oberherrschaft der Muselmänner in Asien, musste Arzerum sich christlichen Kriegern ergeben... Die Landesregierung beschäftigte sich nun damit die Abgaben unter christlichen und muhamedanischen Einwohnern gleich zu machen, und schaffte die auf den ersteren lastende erniedrigende Kopfsteuer ab. Weit schwieriger war es aber die Gerechtigkeitspflege auf besseren Fuss zu bringen; dem Stadtgerichte bei welchem Kadi, Mufti und die bedeutendsten Agas Sitz und Stimme hatten, musste einiger Einfluss gelassen und dennoch die Gerechtigkeit und Milde, die das Sistem des Grafen Paskewitsch stets charakterisirt haben, mit den fast willkürlich verstümmelten Gesetzen des Korans in Einklang gebracht werden."[294]

Indes war, anders als hier insinuiert, die als „Kopfsteuer" bezeichnete Besteuerung von Nichtmuslimen keine zusätzliche Belastung für diese, sondern ein Ausgleich für ihre Nichtmitwirkung beim Kriegsdienst:

„Nach dem bei der türkischen Regierung gebräuchlichen Sisteme... war es angenommen, dass die Städtebewohner muselmännischen Glaubens statt aller Abgaben und Lasten, von denen sie gänzlich befreit waren, stets gut bewaffnet sein und beim ersten Aufrufe unter die Fahnen treten mussten. Christen und Juden gegentheils waren verpflichtet, zum Unterhalt der Kriegsheere, jährlich einen Ducaten pro Kopf männlichen Geschlechts beizutragen."[295]

---

[292] Laemmlein, A.C.: Geschichte der Feldzüge in der Asiatischen Türkei während der Jahre 1828 und 1829, Zweiter Theil, Leipzig 1838, 129

[293] Golowin, I.: Rußland unter Nikolaus dem Ersten, Leipzig 1845, 486.

[294] Laemmlein, 167.

[295] Laemmlein, 65 f.

Gänzlich befreit von allen Abgaben waren indes die Muslime im Osmanischen Reich keineswegs, und natürlich führte man nun statt des osmanischen das in Russland übliche Steuerwesen ein, das im Übrigen ganz berechtigt als „Kopfsteuer" bezeichnet werden darf, wobei nun der Adel von der allgemeinen Steuer befreit war.

Mit diesen Bemerkungen ist nicht in Abrede gestellt, daß es auch Mißstände unter Muslimen, Osmanen und bei den Kaukasusvölkern gab, doch soll nicht versäumt werden, auf die traditionell verbreitete vorurteilsbehaftete Haltung ihnen gegenüber hinzuweisen.

Im Übrigen war auch muslimischerseits die Religion nicht bedeutungslos. Aus der Stadt Erzerum wurde berichtet, „daß das Volk, welches sich versammelt hatte, die ganze Nacht mit der Berathung zugebracht habe, und daß, so oft sich eine friedliche Neigung ausgesprochen habe, die Volksmasse ausgerufen hätte: Lasset uns unsere Religion nicht entehren!"[296]

Am deutlichsten aber ist Puschkin geworden. Er machte zu Beginn der Schilderung seiner Reise nach Erzerum eine wenig überraschende Feststellung und tat anschließend kund, wes Geistes Kind er war: „Die Tscherkessen hassen uns. Wir haben sie von ihren weiten und freien Weiden verdrängt. Ihre Auls[297] sind zerstört, ganze Stämme vernichtet. Stündlich ziehen sie sich tiefer in die Berge zurück und verüben von dort aus ihre Überfälle. Auf die Freundschaft der botmäßigen Tscherkessen ist kein Verlaß, sie sind immer bereit, ihren kriegerischen Stammesgenossen zu helfen… Es ist allerdings zu hoffen, daß die Eroberung des östlichen Schwarzmeergebiets die Tscherkessen von ihrem Handelspartner, der Türkei, abschneidet und sie zwingt, sich uns anzunähern. Der Einfluß des Komforts könnte zu ihrer Bändigung beitragen: Der Samowar wäre eine wichtige Neuerung. Es gibt noch ein Mittel, das stärker und sittlicher ist und mehr unserem aufgeklärten Jahrhundert entspricht: Die Verkündigung des Evangeliums. Die Tscherkessen haben erst vor kurzer Zeit den mohammedanischen Glauben angenommen. Sie hatten sich an dem aktiven Fanatismus der Apostel des *Korans* begeistert, unter denen sich Mansur hervortat, ein ungewöhnlicher Mann, der lange den Kaukasus gegen die russische Herrschaft aufwiegelte, schließlich von uns

---

[296] Eichwald, E.: Reise in den Kaukasus. Zweite Abtheilung, Stuttgart 1837, 658.
[297] Aul bedeutet Dorf.

gefangen wurde und im Solowezkij-Kloster starb. Der Kaukasus wartet auf christliche Missionare.“ [298]

Der selbe Puschkin, der sich einmal den Koran zum Vorbild für einige seiner Dichtungen nahm, propagierte christliche Mission im eroberten Land. Fünf Jahre zuvor hatte er seine „Nachahmungen des Koran“ verfaßt und dabei scheinbar etwas anderes vom Wesen des Islam verspürt, als er die Rolle des Propheten mit den Worten umschrieb:

> „Das Buch des Himmels schenkte man
> Dir nicht für die, so dich befeinden:
> Verkünde ruhig den Koran,
> Zwing nicht der Gottlosen Gemeinden!“ [299]

※

Landwirtschaft und Wetter

Für die Bewohner von Grafenthal und ihre Landwirtschaft waren die Wetterverhältnisse von entscheidender Bedeutung. Die in Mitau erscheinende „Allgemeinen Deutschen Zeitung für Russland“ berichtete über die „Witterung zu Mitau, im Monat July 1829… Im Ganzen genommen ist die Witterung dieses Monats sehr warm, windreich, meistenteils veränderlich, mit mehrern heitern Tagen, seltenem Regen und wenigen Gewittern. Nur eine merkliche Abkühlung der Luft erfolgt am 5ten July des Abends. Die Nachmittagswärme ist im Durchschnitt 20°, die Morgenwärme gegen 15°.

Dieser Monat hat 24 veränderliche, einen ganz bewölkten und 6 ganz heitere Tage; Regen an 13, Gewitter an 5 Tagen; 17 heitere Morgen, 16 heitere Mittage, 21 heitere Abende.“

Der September ist wie folgt beschrieben: „Die Luft behält bis fast in die Mitte des Monats noch einen merklichen Grad an Wärme. Der Himmel ist fast immer bedeckt, oder mit Zugwolken verhüllt, der Regen ist häufig und fast täglich, ganz heiterer Himmel selten und fast nur am Morgen, gegen die sonst hier gewöhnliche Art des Septembers. Als Seltenheit ereignete sich noch an den letzten Tagen des Monats ein

---

[298] Puschkin, Gesammelte Werke in sechs Bänden. 5. Aufsätze und Tagebücher, Berlin, Weimar 1965, 392 f.

[299] Nachahmungen des Korans von Puschkin. Deutsch von Henry von Heiseler, in: Neue Schweizerische Rundschau 1931, 840.

heftiges Gewitter, dem ein augenblicklicher Hagel voran ging. In den letzten Tagen des Monats ist der Barometerstand äusserst veränderlich, besonders niedrig aber am 26sten.

Es sind 18 veränderliche, 11 ganz bewölkte, 1 ganz heitrer Tag; 10 heitre Morgen, 6 heitre Mittage, 8 heitre Abende; Regen an 15, Gewitter an 2 Tagen.“ [300]

Ab Oktober ging das Vieh nur noch einmal am Tag auf die Weide. Von den Feldern waren die letzten Getreideernten einzubringen, die neu eingesäten Äcker von überschüssigem Wasser freizuhalten und vor allem von Tierfraß zu schützen. Gemüsevorrat kam auf trockenem Sand in den Keller, auch Beeren, Kräuter und Pilze. Ebenso wurde geschlachtet und das Fleisch teils konserviert und teils weiterverarbeitet. Der Flachs und die Dochte für die Arbeit im Winter waren vorzubereiten, ebenso das Viehfutter. Auch Branntwein verkaufte sich gut vor dem Winterbeginn. Im Fluß gab es Lachse zu fangen, die Jagd auf Hasen und Schnepfen war ertragreich.

Im November pflügte man bei Bedarf nochmals, hielt aber vor allem die besäten Roggenfelder im Blick und frei von überflüssigem Wasser. Aus dem Wald wurde noch Brennholz herbeigeschafft und zugleich versucht, Holzdiebstahl zu verhindern. Die Obstbäume versuchte man mit Strohumwicklungen vor Frost zu schützen. Ansonsten führte man die Wintervorbereitungen weiter fort, insbesondere wurden Materialien und Gerätschaften für das Spinnen und Weben bereitgestellt. Diese Arbeiten und auch das Färben der Wolle kamen dann im Dezember zur Ausführung. Auf den Feldern gab es nichts zu tun, Heuvorräte waren zum Schutz vor Diebstahl zu sichern, vor allem aber doch viel Getreide zu dreschen. Nicht zuletzt wollte der Gutsherr vor dem Jahresende noch ausstehende Abgaben wie die „Wacke“ [301] und andere Schulden ausgeglichen sehen, bevor die Bauern durch Armut bedrängt dies nicht mehr leisten konnten. In den Wintermonaten waren vor allem Schutzmaßnahmen vor Schäden durch die Kälte zu treffen. Die Wohnstätten wurden mit Feuer im Kamin oder Herd beheizt. Da Feuer die einzige Wärmequelle war, bestand praktisch immer Brandgefahr, und Löscharbeiten waren im kalten Wetter besonders schwierig, vor allem, wenn etwa der Teich zufror.

---

[300] Beylage zur Allgemeinen Deutschen Zeitung für Russland, 14.9.1829, 80; 9.11.1829, 96. Die Temperatur dürfte in Reaumur gemessen sein, d.h. 25° und 18,75° Celsius.

[301] Die „Wackenbücher“ verzeichneten die dem Grundbesitzer zu entrichtenden Abgaben in Naturalien oder auch Geld.

Die Vorräte an Gemüse und Fleisch im Keller durften ebenso wenig einfrieren wie dort gelagerte Getränke. Das vor dem Frost schützende Stroh an den Obstbäumen im Garten war zu ersetzen, wenn Wildtiere über Nacht daran gefressen hatten.

In Haus und Hütte wurde gesponnen, genäht und Federn gepflückt, im Hof was immer nötig instandgesetzt, von einfachen Arbeitsgeräten bis zu schweren Erntewagen.

Auch war weiterhin Getreide zu dreschen, Malz für das Bier herzustellen und in der Brennerei zu destillieren.

Das Vieh blieb im Stall und mußte dort gefüttert und der Stall reingehalten werden. Die jungen Kälber trennte man am besten noch im Januar von den Muttertieren. Die Schafe mit ihren jungen Lämmern brauchten ebenso Fütterung und Aufmerksamkeit wie die Schweine, die abgetrennten Ferkel und das Federvieh.

Auf zugefrorenen Teichen, Bächen und dem Fluß konnte Eisfischerei betrieben, im Wald gejagt werden, die Pelze der Tiere waren der kalten Jahreszeit wegen besonders gut. Auch Fallen wurden aufgestellt, um Wolf und Fuchs zu erlegen. Der Buschwächter mußte ein besonderes Auge darauf haben, daß der kaum völlig auszuschließende Holzdiebstahl nicht überhandnahm. Setzte mildere Witterung ein, sammelte sich auf den Roggenfeldern Wasser, für dessen Abfluß Sorge zu tragen war, damit die Saat nicht verdarb. [302]

1830 Das Frühjahr

„Witterung zu Mitau, im Monat Februar 1830 a. St. Die heftige Kälte der vorigen Monate ließ zwar im Februar etwas nach, doch war auch er verhältnißmäßig kälter als in andern Jahren, und am 12ten, 13ten, 18ten war die Kälte beträchtlich, Thauwetter aber nur an zwey Tagen, am 14ten und 15ten. Die Windrichtung war sehr abwechselnd, … Auch herrschten viele und mitunter heftige Winde… an 7 Tagen fiel Schnee, der in diesem Winter überhaupt nicht reichlich war; an 1 Tage feiner Regen; 10 heitere Morgen, 12 heitere Mittage, 13 heitere Abende.

Der März hat in diesem Jahre mehr veränderliche Witterung und bewölkten Himmel und weniger heitere Tage als gewöhnlich,… die Temperatur schwankt in der Nähe

---

[302] Vgl. Sacken, C. v.: Wirtschaftskalender für Kurland und Liefland…, Mitau o. J. (1750).

des Gefrierpunkts, die Erde thaut nicht auf, die Luft ist sehr bewegt, oft stürmisch aus Süd und West, … Am 19ten befreyet sich der Aastrom vom Eise, welches bei niedrigem Wasserstande wenig und in kleinen Massen treibt. Es sind 12 veränderliche, 14 ganz bedeckte, 5 ganz heitere Tage, Schnee an 9, Regen an 8 Tagen; 5 heitere Morgen, 8 heitere Mittage, 13 heitere Abende.“ [303]

Im März konnte üblicherweise das Vieh zur Tränke aus dem Stall gelassen werden. Das Ende des Vorrats an Viehfutter begann sich abzuzeichnen oder gar einzusetzen. Notfalls mußten ein paar Stücke Mastvieh verkauft werden, um Futter einzusparen. Zudem wurden im Garten nun Mistbeete für das Frühjahrsgemüse angelegt und das bis in den Sommer hinein benötigte Märzbier gebraut. Reparaturen an den nahezu stets hölzernen Gebäuden, besonders an den Dächern sowie Zäunen, konnten beginnen. Im April ließ man das Vieh zur Gewöhnung wieder aus dem Stall auf die Weide. Das Federvieh hatte die vorbereiteten Nester angenommen und begann zu brüten. Kohl und Wurzelgemüse wurden angepflanzt, die Obstbäume vom Stroh befreit und wo nötig gepropft, Kranichbeeren und Heilkräuter gesammelt und verarbeitet. Im Wald endete die Jagd, Holz, das zum Verkauf bestimmt war, brachte man heraus und bereitete es zum Transport vor. Auch reinigte man die Bienenstöcke. Auf den Feldern fing man erst zu ackern an, wenn sie trocken lagen. Üblicherweise wurden als Erstes Erbsen gesät.[304]

Der Sommer

Wegen der klimatischen Verhältnisse war in Kurland der Mai besonders wichtig für den Ackerbau, von dem seinerzeit das Wohlergehen abhing.

„Die rauhe Witterung des Aprilmonats geht noch in den Anfang des May über. Ungeachtet einiger warmer Mittage seit dem 5ten, bringen Nordwestwinde Kälte, besonders am 8ten, und auch noch am 18ten ein eintretender Nordwind. Mit dem 20sten tritt eine bleibendere warme Witterung ein, und der 26ste hat sogar eine Wärme von 23° R. Im Ganzen ist Trockenheit vorherrschend, und häufige heftige Winde. Es sind 18 veränderliche, 1 ganz bewölkter, 11 ganz heitere Tage; Regen an 10, Gewitter an 2 Tagen; 17 heitere Morgen, 14 heitere Mittage, 25 heitere Abende.“ [305]

---

[303] Beylage zur Allgemeinen Deutschen Zeitung für Rußland, 16.8.1830, 66; 23.8.1830, 68.
[304] Vgl. Sacken, C. v.: Wirtschaftskalender für Kurland und Liefland…, Mitau o. J. (1750).
[305] Beylage zur Allgemeinen Deutschen Zeitung für Rußland, 15.11.1830, 98.

Das Ackerland wurde zweimal oder dreimal umgepflügt und nach den Erbsen nun auch der grobe „litauische" Hafer gesät. Die Stallversorgung des Viehs, die Kälber ausgenommen, ging zu Ende, die Tiere kamen auf die Weide. Aus der Kuhmilch wurde die Maibutter gemacht. Die mittlerweile geschlüpften jungen Hühner, Enten, Gänse und Kalkunen [306] bekamen zunächst Zufütterung, bis sie im Freien nach Futter suchten. Der Küchengarten wurde nach dem althergebrachten Grundsatz bestellt „Alles was unter der Erden wächst, muß im abnehmenden, was aber über der Erden wächst, im zunehmenden Lichte gesät werden." Nachtfröste konnten junge Pflanzen verderben, so daß Bohnen etwa ab Monatsmitte und Gurken erst gegen Ende des Monats gesetzt wurden. Die Hopfenstangen waren aufgestellt. In den Wintermonaten aus Flachs gewebte Leinwand wurde zum Bleichen an der Sonne im Freien ausgebreitet und zwischendurch wiederholt begossen.

Im Juni sind die Tage am längsten und die Nächte am kürzesten. Das Bleichen wurde fortgeführt. Die Gerste und der gewöhnliche Hafer kamen zur Aussaat, ebenso der Sommerroggen, der Sommerweizen, Linsen, Bohnen sowie Flachs und Hanf. Das Milchvieh ging nach dem Melken mit dem Sonnenaufgang zur Weide, sollte aber vor der Mittagshitze zurückgebracht und mußte ausreichend mit Wasser und Salz versorgt sein. Am Spätnachmittag ging es nochmals bis zum Abend nach draußen. Die Obstbäume und Sträucher waren von Raupen und anderen Schädlingen zu befreien und mit Jauche zu gießen. Der Bienenwärter fing ein ausschwärmendes neues Bienenvolk mit der Königin ein und setzte sie in einen neuen Stock im Garten oder im Wald. Der Buschwächter hatte besonders darauf zu achten, daß kein Feuer ausbrach. Junge Enten und Schnepfen konnten geschossen und in den Wassern konnte gefischt werden.

Die Alltagsroutine der landwirtschaftlichen Arbeiten wurde durch das Johannifeiern unterbrochen. Kurz zuvor oder danach erfolgte die Düngung des Brachlandes mit der Mistausfuhr und dem Unterpflügen. [307]

Constantia Gotthardina

Auf Grafenthal begann das Jahr 1830 mit einem Begräbnis. „Carolina von Ganzkow, geb. von Simolin, Erbfrau von Grafenthal, starb 67 Jahre alt d. 3t. Januar infolge

---

[306] Truthähne, Puter.
[307] Vgl. Sacken, C. v.: Wirtschaftskalender für Kurland und Liefland..., Mitau o. J. (1750).

vieljähriger Körperleiden. Lebte in der Ehe mit Herrn Ulrich von Ganzkow 36 Jahre und hat keine Kinder gehabt. Nach dem Tode ihres Gemahls lebte sie 15 Jahre als Witwe, stets ausgezeichnet durch lautere Gottseligkeit u war eine Wohlthäterin so wohl ihren Angehörigen als auch ihren Gebietsleute, viele u grosse Leiden bereiteten sie für den Himmel vor und sie fand in ihrem Glauben eine unüberwindliche Kraft alle Beschwerden mit ausserordentlicher Geduld zu ertragen. Die Kirche zu Mesothen verdankt ihr mehrere fromme Gaben, als 2 grosse Silberne Kannen, 1 Kelch u Patelle [308] nebst Oblatendose u einen bedeutenden Beitrag zur Erbauung der Orgel. Sie ist mit ihrem Gemahl u ihrer Schwester der weil. Landräthin v. Firks begraben neben der Mesothenschen Kirche." [309]

Da im Kirchenbuch nichts anderes vermerkt ist, darf man annehmen, daß die Verstorbene, zumal sie kinderlos war, ihre letzte Lebenszeit noch auf Grafenthal verbracht hat, vermutlich im sogenannten „Witwenhaus", während Jeannot und seine Familie das Haupthaus bewohnten.

Ein weiterer Sterbefall im selben Jahr ereignete sich in Jeannots Verwandtschaft. Karl Ferdinand Amenda, der Pastor von Talsen im nördlichen Kurland, trug 1830 in sein Kirchenbuch ein: „Am 21.ten May starb zu Talsen, nach fünfwöchentlichem Krankenlager an Entkräftung: Constantia Gotthardina verwittwete von Hahn, früher verehelicht gewesene von Brunnow, geb Denffer genannt Jannsohn, Erbbesitzerin von Spahren auch früher von Postenden im 88sten Jahre ihres menschenfreundlichen, viele erfreuenden und beglückenden Lebens. Sie war Mutter von fünf Kindern, von denen nur eine Tochter sie überlebte." [310]

In der Mitauer Zeitung „Allgemeines Kurländisches Amts- und Intelligenz-Blatt" erschien Anfang Juni die Sterbeanzeige:

„Sanft und freundlich entschlief in den Armen der Liebe am 21. May unsere innig verehrte Mutter Constantia Gotthardina v. Hahn, früher vereheligte v. Brunnow, geborne v. Denffer, genannt Jannsen, im 89sten Jahre ihres Alters. Was diese Edle in dieser langen Reihe schön durchlebter Jahre Gutes und Segensreiches in allen

---

[308] Mit „Patelle" ist wohl die „Patene" gemeint, der zum Abendmahlgeschirr gehörige Oblatenteller.
[309] KB Mesothen Verstorbene 1830, fol. 30.
[310] KB Talsen Verstorbene 1830, fol. 352. Zu Karl Ferdinand Amenda s. Kallmeyer, Th., Otto, G.: Die evangelischen Kirchen und Prediger Kurlands, Riga 1910, 175; 216 f.

Beziehungen ihres Lebens gewirkt, das sagen die heißen Thränen ihrer Kinder und Enkel, in deren Glück sie stets das ihrige fand, - das sagen die lauten Segenswünsche aller Armen und Verlassenen, denen sie immer helfende, freundlichtröstende Mutter war, - Unvergeßlich ruht das Andenken an diese edle Entschlafene in dem traurenden Herzen der Ihrigen, und in der Erinnerung Aller, die, sie verehrend, ihren hohen Werth erkannten. Talsen, den 26sten May 1830. Namens der nachgebliebenen Kinder und Großkinder: Flora v. Rönne, geb. v. Brunnow, Obrist Gustav v. Rönne." [311]

Florentine, Constantias Tochter, war mit Gustav v. Rönne verheiratet. [312]

Die alte Barthels

Als man in Grafenthal, fast 150 Kilometer von Talsen entfernt, die Nachricht vom Tod der Constantia erhielt, hat man über sie gesprochen. Die Regelung ihrer Erbangelegenheit Spahren zog sich bis ins nächste Jahr hin, und so gab es noch mehrfach öffentliche Aufforderungen durch das Kurländische Oberhofgericht, etwaige Ansprüche geltend zu machen.[313] Jeannot war nicht davon betroffen, doch brachte dies Constantias Namen erneut in Erinnerung. So hörten auch die Kinder in Grafenthal von ihr. Julius (1838-1918) schrieb viele Jahre später Geschichten aus Grafenthal auf. Zwar sind seine Texte verlorengegangen, doch die Inhalte hat seine Tochter, Tante Tali, [314] weitergeben können. Sie schrieb:

„Was die alte Barthels erzählte.

Die verräucherte Küche des Gutshauses hatte für die Kinder eine große Anziehungskraft. Besonders abends. Wie war es da behaglich! Am Herde hantierte die alte Bahrtels, die Wirtschafterin des Gutes, Linzing, das Küchenmädchen, schürte das Feuer, der Diener Jaseps putzte die Messer und Minna, das Stubenmädchen, ging hin und her und deckte den Tisch. Der Speisezettel war für die ganze Woche vorherbestimmt, und zwar gab es Mittwochs zum Abendessen Pfannenkuchen mit Apfelmus. Dann schlüpften die Kinder besonders gern in die Küche und sahen der alten Bahrtels zu.

---

[311] Allgemeines Kurländisches Amts- und Intelligenz-Blatt, Mitau 7. Juny 1830.

[312] Genealogisches Handbuch der Baltischen Ritterschaften Neue Folge I, (Wanfried) 2011, 243 (Brunnow), leider vollständig ohne Quellengaben.

[313] Intelligenzblatt der St. Petersburgischen Zeitung 28.6.1831, 523; 2.7.1831, 533; 13.10.1831, 805

[314] Natalie v. Denffer (1868-1950).

Tante Pauline, die fünfundzwanzig Jahre lang in einer hocharistokratischen Erziehungsanstalt tätig gewesen war, und sich für die Hüterin des guten Tons im Hause hielt, [315] fand das „plebejisch" und verbot ihren Neffen und Nichten den Verkehr mit den Dienstboten. Die Mutter dagegen förderte einen freundschaftlichen Verkehr mit allen Hausangestellten, erlaubte den Kleinen auch nicht, nachlässig mit der Dienerschaft lettisch zu sprechen. In den meisten deutschen Häusern wurden die Dienstboten gut behandelt und blieben viele Jahre bei ihrer Herrschaft. Die Alten wurden sogar oft verwöhnt und das ganze Haus nahm Rücksicht auf ihre Grillen. Die alte Barthels war ganz besonders beliebt bei alt und jung. Den Kindern steckte sie gern etwas aus der Speisekammer zu, war immer lustig und erzählte auf Wunsch Geschichten, Märchen und auch allerlei, „was wirklich so gewesen war". Dabei sprach sie ein komisches Deutsch nach ihrer eigenen Grammatik, obgleich sie immer betonte, sie sei keine Lettin, und ihr Seliger wäre auch „ein ehrlicher Deutscher" gewesen.

Da steht die Alte am Herde, der Feuerschein beleuchtet ihr Gnomengesicht mit den pfiffigen Aeuglein und ihre verhutzelte Gestalt. Sie schleudert die Pfanne nach allen Regeln der Kunst in die Höhe, damit der Kuchen sich von selbst umdreht, und vergißt nie dabei zu sagen:

„Das hab ich nich von gleich viel wem gelernt, das hat mir ein feiner Koch aus Riga gelehrt."

Die Kinder sehn neugierig zu und wissen, daß die gute Alte jedem der Reihe nach einen heißen Pfannenkuchen geben wird mit den ermunternden Worten: „Frisch von der Pfanne schmeckt's am besten."

„Frau Bahrtels, rufen die Kleinen, erzählen Sie, erzählen Sie."

„Was denn?" fragt sie.

„Die grüne Jungfer aus Dondangen."

„Ja, ja, von der Zwergenhochzeit." [316]

„Nein, eine wirkliche Geschichte."

---

[315] Es ist unklar, wem der Name zugeschrieben wurde. Eine Verwandte Jeannots, die Erzieherin gewesen wäre, ist nicht bekannt, ebenso wenig eine Verwandte von Caroline.
[316] Zur Geschichte von der grünen Jungfer und der Zwergenhochzeit vgl. Denffer, Ahmad v.: Von Elfen und von Robben. Über Geschichten aus Kurland und ihre Hintergründe, in: Deutsch-Baltisches Jahrbuch 69/70 (Lüneburg 2022/2023), 47-68.

„Nu gut, dann erzähl ich von die Konstanzia Gotthardina, das war eure Aeltermutter.“ [317]

Und die Alte erzählt:

„Das is nu wohl an die hundert Jahre her, da lebte in Kurland eine Frau Obristin Reynart. [318] Sie wohnte auf son kleines Gutchen nicht weit von Doblen, und sie war sehr arm. Ihr Mann war schon lange gestorben. Sie hatte aber zwei Töchter. Die ältere, die Konstanzia Gotthardina, war schon vierzehn Jahre alt, und ein feines, hübsches Mädchen, aber die jüngere war noch sone kleine Marjell. [319] Es war ein langer und harter Winter. Da konnte die Obristin einmal in der Nacht nicht schlafen, denn sie hatte große Sorgen, und sie stand ganz früh auf, als es noch dunkel war, zündete ein Talglicht an und ging in ihre Handkammer und wollte nachsehn, was denn dadrin war. Da war aber gar nichts drin, kein Korn kein [320] Butter und kein Faser Fleisch und kein Nichts und kein Garnichts. Da war sie ganz traurig, und hat mit die Töchter nur eine dünne Wassersuppe zum Frühstück gegessen, und dann haben sie sich am Fenster gesetzt und haben gestickt und genäht. Denn das verstanden sie alle Drei sehr gut. Sie brodierten [321] auf Leinwand und auf Tüll, auf Seide und Sammet und verkauften ihre Handarbeiten in Riga und hatten dann ein bißchen Geld. So saßen sie nu und nähten, und jede hatte ihre eigenen Gedanken: die Mutter dachte an ihre Sorgen, die Konstanzia dachte an ihren ersten Ball, und die kleine Marjell dachte an dies und das. Schlecht angezogen waren sie auch, und es war so kalt in die Stuben. Die Mutter trug son alten Spenzer, [322] und die Mädchen dünne Kuftchen, [323] und alles war gestopft und geflickt.

Wie sie nu so sitzen, hören sie mit einmal Schlittenglocken und ein Schlitten mit ein hübsches, braunes Pferd fährt im Hof ein, und ein hübscher, junger Herr steigt heraus. Das war der Herr von Bernau, der hatte die Konstanzia auf dem Balle kennen gelernt

---

[317] Ältermutter, d.h. Großmutter.

[318] Tante Tali hat in ihrer Veröffentlichung den Namen Denffer durchweg ersetzt durch Reynart.

[319] Marjelle, d.h. unerwachsenes Mädchen (Gutzeit, W.v.: Wörterschatz der Deutschen Sprache Livlands, Zweiter Teil, Riga 1889, 210).

[320] „kein“ fehlt im Text, offensichtlich Druckfehler.

[321] Mit Stickerei oder Randbesatz verzieren.

[322] Aus d. Engl. Spencer, kurze Jacke.

[323] Das Kufftchen, Hausjacke der Frauen (Gutzeit, W.v.: Wörterschatz der Deutschen Sprache Livlands, Zweiter Teil, Riga 1889, 111).

gehabt und hatte sich verliebt in ihr. Er, gleich aus dem Schlitten heraus und im Zimmer herein. Dann hat er nach die Konstanzia gefreit. Die Mutter hat gleich: „Ja" gesagt, aber die Konstanzia is so rot geworden wie eine Rose, und sie hat nich gewußt, soll sie sich freuen oder sich schämen. Dann haben die Verwandten eine feine Hochzeit ausgerichtet, da haben sie drei Tage geschmaust und sich verlustiert. Und die Konstanzia hat ein weißseidenes Kleid angehabt und ist so schön gewesen wie einem König seine Tochter. Wie sie nun am vierten Tage abfahren, die Konstanzia und ihr Mann, da fragt sie ihm unterwegs:

„Aber sag mir doch, wohin fahren wir? Du hast mir noch nich erzählt, wo dein Haus und dein Gut is."

Da sagt er:

„Ich hab kein Haus und kein Gut nich, ich hab nichts als mein Schlitten und mein Pferd."

„Aber wo werden wir den wohnen?" hat sie gefragt.

„Bei die Verwandten", hat er gesagt.

Und so war es. Der Herr von Bernau war ein richtiger Krippenreiter. [324] Nu sind sie herumkariolt [325] in Stadt und Land. Bald fuhren sie an der Düna von Illuxt bis Jakobstadt und Friedrichstadt, bald an der Aa, und sie fuhren auch oben bis ans Meer nach Angern und Dondangen und unten herunter bis nach Litauen. Der Herr von Bernau war ein Jäger und ein Kartenspieler und ein großer Tänzer, und lustig war er auch immer. So haben ihn alle gern gehabt und haben ihn eingeladen hierhin und dahin. Aber die Konstanzia haben alle lieb gehabt. Wo sie auch war, da hat sie geholfen und mitgearbeitet, bald in die Wirtschaft und bald bei die Handarbeit, hat auch Kranke gepflegt und hat zum Tanz aufgespielt, was weiß ich, was sie nich alles getan hat. Zu ihrem Mann is sie immer gut und freundlich gewesen und hat ihm niemalen ein böses Wort gesagt. Aber im stillen hat sie oft geweint und hat den lieben Gott gebeten, er soll ihr doch son ganz kleines Hauschen schenken. Damit sie auch mal ihr Eigenes hat. So ging es das ganze Leben lang und beide sind sie bei langsam alt geworden. Aber die Konstanzia is hübsch und fein geblieben, hat weiße Haare bekommen und hat grad so ausgesehn wie eine Rose im Schnee. Ein einziges Kind haben sie gehabt,

---

[324] Krippenreiter, besitzloser Adliger, der „von Krippe zu Krippe reitend" bei Verwandten und anderen Gastgebern unterkommt.
[325] Herum gefahren mit einer Karriole, einem kleinen einachsigen Kutschwagen.

eine Tochter. Das arme Wurm haben sie nu überall mitgeschleppt und mühsam groß gezogen. Kinder, ihr wißt ja auch, wer diese Tochter später geworden is."

„Unsere Großmama, unsere Omama", antwortete es im Chor.

„Nu is der Herr von Bernau mit der Konstanzia zu seinem besten Freunde gefahren, das war der alte Baron Geyer aus Westenden. Dem seine Frau war schon lange gestorben, und seine Kinder waren verheiratet und wohnten wer weiß wo. Aber unterwegs hat der Herr von Bernau sich verkühlt gehabt, und wie er bei dem Freunde angekommen ist, wird er krank, legt sich ins Bett und stirbt. Die Konstanzia hat ihn beweint und begraben, und wie nu das Trauerjahr um war, haben sie sich beide geheiratet, der alte Baron und die Konstanzia. Sie war aber schon sechzig Jahre alt. Und haben noch fuffzehn Jahre lang glücklich zusammen gelebt.

Seht, Kinder, so is es nie zu früh und nie zu spät zum Heiraten. Ein großer deutscher Dichter, der hat auch gesagt:

„Hat man doppelt angespannt,
Fährt sich's leichter durch den Sand."

Den letzten Pfannenkuchen kunstgerecht in die Höhe schleudernd, schloß die alte Bahrtels ihre Erzählung:

„Und nu is Abendbrot." [326]

※

Weiteres zu Constantia

Bislang war über Constantia bekannt, was im „Grundstein" mitgeteilt ist: „Constantia Gotthardina v. Denffer, vielleicht auch eine Tochter des Johann Heinrich D., gen. J., * 1741, † 21. Mai 1830 zu Talsen. In den Kurl. Sitz.-Ber. [327] finde ich: Constantia Gotthardina v. Denffer, gen. Jansen, verwitwete v. Brunnow, wiedervermählte v. Hahn, † 21. Mai 1830, 39 J. (sic!) (88 J.?) (Mit. Ztg., Nr. 45, d. d. 7. Juni 1830), unterzeichnet von der Tochter Flora v. Rönne, geb. v. Brunnow und dem Schwiegersohn Obrist Gustav v. Rönne, Namens der nachgebliebenen Kinder und Grosskinder. Sie hatte 5 Kinder, von denen nur 1 Tochter sie überlebte. (Talsen, Kirchenbuch, Totenregister.) Constantia Gotthardina war verheiratet seit 1803 mit Friedrich Karl

---

[326] Denffer, N. v.: Aus Aeltervaters Zeit, Löcknitz o.J. (ca. 1941), 76-79.
[327] Kurländische Sitzungs-Berichte (Sitzungs-Berichte der Kurländischen Gesellschaft für Literatur und Kunst, Mitau).

Philipp Baron v. Hahn, Erbherr auf Postenden. Er ist * 25. Jan. 1748 und † 20. Jan. 1814, kinderlos. (Cf. Baron Hahnsches Geschlechts-Reg.)." [328]

Mittlerweile ist einiges mehr hinzugekommen. In einem langen Brief datiert Riga 18. u. 19. Oktober 1927 machte Herbert seinem Bruder Theo [329] verschiedene Mitteilungen über die Denffersche Familiengeschichte. Darin erwähnte er: „Die Aufzeichnungen der Ida v. Tiling. Diese ist eine Urenkelin der Constantia Gotthardina v. D. und ihres Mannes v. Brunnow. Die Aufzeichnungen, die langweilig zu lesen sind, schildern das Leben der Constantia Gotthardina und ihrer Nachkommen. Es geht aus ihnen hervor, daß Constantia Gotthardina eine Tochter George Christophers ist, ebenso wie auch die Charlotte Amalia v. D. Dieser George Christopher hatte nach d. Aufzeichnungen noch eine dritte Tochter, die einen Franzosen Lennel heiratete." [330]

Herbert war später dieser Spur nachgegangen und 1966 zu dem Ergebnis gekommen: „George Christopher, seit 1744 Besitzer von Sprosten, verheiratet mit Maria Elisabeth v. Goertz, Tochter des Besitzers von Sprosten, hat 3 Töchter gehabt: Constantia Gotthardina 1741-1830, verh. 1. mit Christoph Dieter von Brunnow, 2. mit Karl Philipp Baron von Hahn auf Postenden, zweitens Charlotte Amalie 1750-1815 verh. mit mag. theol. Daniel Christ. Pflugradt und eine dritte Tochter, die einen Franzosen Lennel heiratete (nach Aufzeichnungen von Ida v. Tiling, Urenkelin der Constantia Gotthardina)." [331]

Im Sommer 1984 fragte ich bei Dr. Peter v. Tiling nach den Aufzeichnungen der Ida v. Tiling. Sie waren ihm nicht bekannt, doch er schickte mir freundlicherweise eine Kopie der maschinengeschriebenen ersten Seite eines Textes „Stammbaum der Familie Tiling", der wie folgt beginnt:

„Auf dem Gütchen Sprohsten bei Tuckum (Kurland) lebte im 18. Jahrhundert die Witwe von Denffer mit ihren Kindern, von denen die jüngste Tochter Constantia Gotthardina von Denffer unsere Urgroßmutter ist. Die Mutter von Constantia lebte in sehr

---

[328] Denfer, H. v.: Grundstein zu einer Geschichte der Familie von Denffer, Batum 1906, 35 f.
[329] Herbert (1907-1988), Theodor (1909-1982), in der Familie Theo genannt, im Folgenden auch so zur Unterscheidung von Jeannots Sohn Theodor (1822-186).
[330] Denffer, Herbert von: Rigascher Brief 18. u. 19. Oktober 1927, 9 (Kopie im Familienarchiv). (Vielleicht verwechselt mit François Lainel ∞ Mitau 27.7.1819 Constantia Pflugradt gest. 22.6.1878, cf. Döring, J.: Was ich nicht gern vergessen möchte…, Riga 2016, 289).
[331] Denffer, Herbert von: Die Familie von Denffer. Eine kleine illustrierte Chronik, (privat vervielfältigt) München 1966, 3.

schweren pekuniären Verhältnissen, was sie mit dazu veranlasst haben mag, ihre Einwilligung zu geben, zur Verheiratung ihrer erst 14jährigen Tochter, mit dem um vieles älteren Herrn von Brunnow. Kinder dieser Ehe sind: I 1) Natalie Gotthardine (gest. 1830) I 2) Flora I 3) Friedrich, jung gestorben nach kinderloser Ehe mit Baroness von Funck.

Constantia lebte mit ihrem Gatten in Postenden, wo letzterer die Besitzungen des ihm befreundeten Baron Hahn verwaltete. Constantia war nach dem Tode ihres ersten Gatten von Brunnow, in zweiter Ehe mit Baron Hahn verehelicht, der ihr das Gut Spahren als Witwensitz und Wohnsitz hinterließ. Diese Ehe war kinderlos…"

Außerdem hatte Peter v. Tiling noch, wie er schrieb, „ein Skriptum, betitelt „Aus dem kleinen grünen Buch". Vielleicht waren das die Lebenserinnerungen. Die Passage über v. Denffer deckt sich praktisch mit obigem…" [332] Auch die ersten zwei Seiten dieses Skriptums erhielt ich in Kopie. Es ist ein nahezu gleichlautender handgeschriebener Text mit der Überschrift „Erste Abschrift vom alten Stammbaum 1926". Dem ersten Satz ist in Klammern hinzugefügt „Adelaide Tilings Diktat". Auf der zweiten Seite mit den Angaben zu Constantia Gotthardina und ihren Kindern steht an drei Stellen „Aus dem kl. grünen Buch v. (?)", „Grünes Büchlein", und „Das grüne Büchlein".

Schwestern der Constantia und der vollständige Name ihrer Mutter kommen nicht vor. Man möchte Peter v. Tilings Vermutung zustimmen, daß es sich bei dem kleinen grünen Buch um die Erinnerungen der Ida v. Tiling handelt, doch scheint es nicht erhalten geblieben zu sein. Die Nachrichten über die beiden Schwestern der Constantia beruhen deshalb bislang allein auf dem Hinweis im „Rigaschen Brief".

Constantia ist auf dem Friedhof von Spahren begraben. Der Hahnsche Familienverband veranlaßte 2012 die Instandsetzung des steinernen Grabkreuzes.

Nach der Kurländischen Revisionsliste 1797 lebten am 30.4.1797 „auf dem Hofe groß Spahren Adelichen Standes Friederich Philip Julius v. Brunnow 24 als Erbherr der Güter, deßen Vater Christoph Diederich v. Brunnow 72, deßen Mutter Constantia Gotthardina v. Brunnow geb. Denffer 48, deßen Schwester Florentina Elisabeth v. Brunnow 18, dessen Schwester Natalia Gottlieb 16." [333]

---

[332] Tiling, Peter v., Brief 29.7.1984.
[333] LVVA 630/1/839 fol. 57, 71

Demnach war Constantia Gotthardina 24 Jahre jünger als ihr Ehemann, er geboren 1725, und sie 1749. Glaubt man der Nachricht, daß die Halbwaise Constantia mit 14 Jahren verheiratet wurde, müßte das also im Jahr 1763 gewesen sein.

Ihr Geburtsjahr war nach der Todesanzeige 1741. Demnach wäre die Eheschliessung der Vierzehnjährigen mit Brunnow 1755 erfolgt. Die weiteren Nachkommen Brunnow, Hahn, Rönne, Tiling u.a.m. müssen hier nicht aufgeführt werden.

Das Gutshaus von Spahren hat Pirang beschrieben. [334] Es ist inzwischen instandgesetzt und dient als Kultur- und Veranstaltungszentrum der Gemeinde mit Bibliothek, kleinem Museum und Übernachtungsmöglichkeit. Als ich es im August 1996 erstmals besuchte, wurde es noch als Schule genutzt, bei meinem letzten Besuch am 24. Jul. 2017 freute man sich offensichtlich über mein Interesse und bot mir freundlicherweise eine umfassende Führung durch alle Räumlichkeiten einschließlich Dachgeschoß und Keller, angefüllt mit vielerlei Gebrauchsgegenständen vor allem aus den Bereichen Landwirtschaft, Handwerk und Hauswirtschaft.

Eine gewisse Reputationsreparatur

Was die alte Bahrtels erzählte, weicht in einigen Punkten deutlich von Constantias Geschichte ab. Daß Constantias Mutter Reynart hieß, geht auf Tante Tali zurück, ebenso wohl auch, die „Obristin". Es scheint, daß einiges „aus Aeltervaters Zeit" vermischt wurde. „Obristlieutenant" war Johann Eugen, Jeannots Vater. Das „kleine Gutchen" der „Obristin" war nicht bei Doblen, sondern noch über 40 Kilometer weiter im Norden Kurlands bei Tuckum und hieß Sprosten. Der Hinweis auf Doblen mag darauf beruhen, daß in dessen Nähe Bersemünde lag, eines der Güter von Jeannots Großvater und Vater. Der „Herr von Bernau" ist leicht als „von Brunnow" zu erkennen, [335] allerdings war er, als er die 14jährige Constantia heiratete, weniger ein „hübscher, junger Herr", sondern ging auf die Vierzig zu. Auch bekam Constantia mehr als ein Kind, nämlich drei, und „das arme Wurm" wurde nicht die Großmutter der Grafenthalschen

[334] Pirang, Heinz: Das baltische Herrenhaus Riga 1926, I, 55-56; 83.
[335] Den Hinweis darauf, daß viele der verfremdeten Namen bei genauerem Hinsehen zu entschlüsseln sind, verdanke ich Dr. Gerhard Conradi (1917-2000), den ich u.a. am 10./11. Aug. 1983 in Edmonton (Kanada) zu besuchen Gelegenheit hatte.

Kinder, weil die Verwandtschaftsverhältnisse ganz andere waren. Aber diese sind ja schon für Erwachsene schwer zu überblicken, und so kann eine entfernte Urgroßtante schon einmal mit einer Großmutter verwechselt werden. Vielleicht hat die Tilingsche Überlieferung dazu angeregt, von der Großmutter zu sprechen, denn dorthin passt sie ja. Richtig ist aber wohl, daß nur eine Tochter Constantias lebte, als letztere verstarb.

Bernaus bester Freund, „der alte Baron Geyer aus Westenden", hieß in Wirklichkeit Hahn und lebte auf Postenden. Führt man sich sein Geburtsjahr 1748 vor Augen, sieht man, daß er 23 Jahre jünger als Brunnow war. Die alte Bahrtels hat also den älteren und den jüngeren Mann vertauscht. Als „nach dem Trauerjahr" Constantia 1803 Hahn heiratete, war sie in der Tat über 60 Jahre alt, und er auch schon 55. Sie lebten bis zu Hahns Tod 1814 elf Jahre in der Ehe.

Sophie de Graimberg aus Karlsruhe heiratete neun Jahre später Baron Paul Hahn und hörte, nachdem sie 1823 nach Kurland gekommen war, dort die folgende Geschichte:

„Der ältere Bruder meines Schwiegervaters, von ihm sehr verschieden, wiewohl sein bester Freund, lebte in seinem für damalige Zeiten schönen Postenden ein elegantes Junggesellenleben. Auf einer Gesellschaft begegnete er Herrn v. Brunnow mit seiner hübschen und geistreichen Frau. Er lud den Mann zur Jagd, ihm versichernd, daß die Gegenwart liebenswürdiger Damen das Vergnügen des Waidmannes nur erhöhen könne. Als das Jagdhorn verhallt war und die Gäste sich nach allen Richtungen zerstreuten, blieben Herr und Frau v. Brunnow als Stammgäste in Postenden. Sie wurde dort Mutter von einem Sohn und zwei Töchtern, und als Herr v. Brunnow starb, ließ sich der Majoratsherr auf Postenden mit der Witwe trauen.

Der Sohn Brunnow heiratete. Er war im Besitz alles dessen, was das Menschenherz befriedigen konnte. Doch nagte ein geheimer Wurm an seinem Glücke, und er nahm sich das Leben. Groß war die Dankbarkeit meiner Schwiegereltern dafür, daß der Bruder - entsprechend jener seichten Zeit, die es mit den göttlichen Einsetzungen nicht genau nahm - keine Scheidung zwischen Herrn und Frau v. Brunnow veranlaßte und die Kinder, die er mit ihr hatte, nicht legitimieren ließ. Ihn hielt davon ab die Liebe zu seinem Bruder, dessen Deszendenz sonst um das Majorat gekommen wäre." [336]

Letztere Erklärung erscheint plausibel. Sie ermöglicht, einen auf Grund der Umstände unvermeidlichen Ansehensverlust abzumildern. Die Diskrepanz zwischen Sein und Schein ist leider auch in den besten Familien nicht immer ausgeschlossen. Das unedle Verhalten eines Familienangehörigen gegenüber den eigenen Kindern wird gewissermassen kompensiert mit dessen angeblich edlem Verhalten gegenüber dem eigenen Bruder. Daß Sophie v. Hahn dies alles zu hören bekam und auch erwähnt, legt den Schluß nahe: Die Angelegenheit erregte zu ihrer Zeit noch Aufmerksamkeit und war nicht einfach zu übergehen, sondern bedurfte einer gewissen Reputationsreparatur, die man mit dem Hinweis auf die Bruderliebe zu leisten sich bemühte.

Constantia Gotthardina war Jeannots Großtante zweiten Grades. Ihr Vater George Christopher und sein Großvater Johann Heinrich waren Brüder. Für uns scheint das eine eher entfernte Verwandtschaft, für die Menschen im alten Kurland war es noch anders. Die aus den schriftlichen Quellen entnommenen Angaben zu Constantia und ihren Ehemännern ermöglichen eine gewisse Vorstellung von ihrem Leben. Wenn man den historisch-kritischen Blick bevorzugt, muß man wohl einräumen, daß Geschichte sich nie wirklich rekonstruieren läßt und daß, zumindest für Kinder, aber nicht unbedingt nur für sie, schöner ist, was die alte Bahrtels erzählte, als das, was die Freifrau Sophie von Hahn berichtet hat.

Pastor Winkelmann

Einen Tag nach Constantia Gotthardina starb der Pastor Winkelmann. An dessen Begräbnis werden Jeannot und seine Familie teilgenommen haben:

„George Philip Leopold Winkelmann, Consistorialrath u. Bauskescher Probst, älterer Prediger zu Mesothen, starb nach einem 6monatlichen Leiden den 22ten May Morgens 3 Uhr im 65 Lebensjahre hier in Mesothen. Er ward geboren zu Küstrin d. 19t. Februar 1766 wo sein Vater Kaufmann war, bildete sich daselbst u. später zu Frankfurth u. Halle als Theologe aus, ward dann nach Kurland als Lehrer berufen, erhielt

---

[336] Hahn, Sophie Freifrau von: In Gutshäusern und Residenzen, Hannover-Döhren 1964, 179 f.; Majorat bezeichnet die erbrechtliche Regelung, den Güterbesitz ungeteilt dem ältesten Sohn zukommen zu lassen.

im Jahre 1790 die Vokation als Pastor-Adj. in Neuenburg, wo er 16 Jahre den weil. Pastor Rosenberger in den Amtsgeschäften unterstützte. Im demselben Jahre verehelichte er sich mit Marie Julie Elisabeth, ältesten Tochter seines Seniors, mit der er eine höchst glückliche 38 Jahre dauernde Ehe führte. Er zeugte 2 Kinder, die aber beide in der frühesten Jugend starben, an deren Stelle sie eine Pflegetochter, meine jetzige Frau, mit christlicher Liebe erzogen und bildeten... (Ein Nachruf von über eine Seite)." [337] Der weitere Text fehlt. Der erwähnte Pastor in Neuenburg, dessen Tochter Winkelmann geheiratet hatte, war Otto Ludwig Rosenberger (1739-1809), seine Ehefrau Marie Elisabeth (1742-1779), Schwester von Jeannots Vater. [338]

Auch Winkelmanns Nachfolger Conradi hatte die Tochter seines Seniors geheiratet, was die Verbindung zur Denfferschen Familie ebenso förderte: „1830. 5. Dom. Judica in Bersteln. Herrmann Friedrich Conradi, Pastor zu Mesohten 32 Jahre alt mit seiner verbten (sic!) Braut Julianna Roggenbaum, Pflegetochter des Mesohtenschen Predigers Probst Winkelmann 30 Jahre alt, copulirt in Mitau d 10t. April." [339]

Gesellschaftsleben und Dienst in Nowgorod

In Nowgorod war August der Gouverneur von seinen dienstlichen Angelegenheiten beansprucht, nahm aber auch am Gesellschaftsleben des Gouvernements teil. Domherr Meyer, ein Besucher aus Hamburg, schildert es durchaus löblich: „In Nowgorod bilden, mit dem Fürsten Schehavskoi, General en chef und Befehlshaber des Grenadierkorps, der Generalstab, die andern Generale, die ersten Behörden der Militärkolonien, die des Civilgouvernements Nowgorods, - an deren Spitze der ausgezeichnete Gouverneur und wirkliche Staatsrath Denfer, steht, - und mehrere gebildete Männer und Gelehrte, mit ihren Familien, den mässig grossen Cirkel der Gesellschaft. Die grösste Zahl dieser Männer und Frauen, sind Eingeborne der russisch deutschen Provinzen oder deutsche Ausländer; daher denn die Unterhaltung auch vielmehr deutsch oder französisch, als russisch geführt wird, - und dieser Anklang wohlbekannter Töne,

---

[337] KB Mesothen Verstorbene 1830, Nr. 118; Denfer, H. v.: Grundstein zu einer Geschichte der Familie von Denffer, Batum 1906, 28, 35; Kallmeyer, T., Otto, G.: Die evangelischen Kirchen und Prediger Kurlands, Riga 1910, 737.

[338] Kallmeyer, T., Otto, G., 617.

[339] KB Mesothen Copulierte 1830, fol.30. Bei Kallmeyer, T., Otto, G., 306 heißt sie „Jul. Ottil. Roggenbau".

hier im tiefen Norden, sein Wohllaut dem deutschen Ohr, an Iphigeniens schönen Ausruf mahnt: „o süsse Stimme! willkommner Ton der Muttersprach', in einem fremden Lande!"" [340]

Meyer suchte in Nowgorod auch den Kreml-Garten auf, fand „überall noch manche Punkte zur Verschönerung des Ganzen" und teilte mit „wir erlaubten uns, den damaligen Civil-Gouverneur, jetzigen Senateur in St. Petersburg, Geheimrath Denfer, hierauf aufmerksam zu machen." [341]

Am 1. Febr. 1830 wurde in der Nowgoroder Nikolskij Kathedrale getraut der Grundbesitzer verabschiedeter Stabskapitän Nikolai Petrow Sohn Kozlijaninow Powechan, 44 Jahre alt, zum zweiten Mal verheiratet, aus dem Krestetskischen Kreis, mit Jungfrau Anna Malewitscheva, 18jährige Tochter von Nadwornago Stepan Ignatiew Malewitsch. Der Zivilgouverneur von Nowgorod August Denfer war Bürge des Bräutigams. [342] Am 9. Nov. 1832 war August in der Nikolskij Kathedrale Zeuge bei der Taufe von Margarita, Tochter des Doktor Nikolai Kirilow. [343]

Im Staatlichen Archiv der Region Nowgorod sind erhalten ein „Rundschreiben an den Adelsmarschall des Bezirks Demjansk P. V. Schamschew vom Civilgouverneur Nowgorod A.U. Denfer" mit Datum 2. April 1830 [344] sowie ein „Brief Williamows an Denfer August Uljanowitsch im Archiv Büro für Institutionen Imp. Maria." [345] Was es damit auf sich hat, ist ohne Zugang zu den Dokumenten nicht zu sagen.

Petersburger Häuser

Im April und Mai verbrachte August, dienstlich oder privat, mehrere Wochen in St. Petersburg: „1830 Angereiste am 19. April Von Nowgorod, der wirkl. Staatsrath Denfer,

---

[340] Meyer, Domherr: Darstellungen aus Russlands Kaiserstadt und ihrer Umgegend bis Gross-Nowgorod im Sommer 1828, Hamburg 1829, 312 f.

[341] Meyer, Domherr: Russische Denkmäler. In den Jahren 1828 und 1835 gesammelt, Hamburg 1837, II, 205.

[342] Gosudarstvennij Arkhiv Novgorodskoj Oblasti (Staatliches Archiv der Nowgoroder Region) GRIA 483/1/14,9.

[343] GRIA 483/1/14,15.

[344] GRIA 138/1/101,3.

[345] GRIA 759/7/164.

dortiger Civilgouverneur."[346] „Abgereiste am 23sten, 24sten und 25sten Mai… Nach Now-gorod, der dortige Civilgouverneur, wirkl. Staatsrath von Denfer."[347] Während dieser Zeit wird er sich auch um die Petersburger Liegenschaft gekümmert haben, die ihm zugekommen war. Die genauen Umstände sind nicht bekannt. Im „Grundstein" heißt es nur „Von der eingangs erwähnten Anna Juliana v. Fabritien, geb. von Denffer, erbte ihr Neffe August ein grosses Grundstück in St. Petersburg, welches noch im Besitze der Nachkommen des August v. D. ist."[348]

Allerdings war Anna Juliana bereits am 23. Mai 1821 verstorben, ihr 1755 geborener Sohn Karl Magnus, verabschiedeter Flotte-Major, am 22. Dez. 1828. Dessen Frau Anna Maria, 1777 geb. von Krook, war seit 1827 tot. Deren Tochter Marie Elisabeth, geb. 1807, starb im Mai 1827 zu St. Petersburg, von der zweiten Tochter ist nichts weiter bekannt, ebenso wenig von anderen möglichen Erben.[349] Im ersten St. Petersburger Adressbuch sind zwei Grundstücke verzeichnet unter „Fabritianowa, Gen. Majorin im Karetni Stadtteil Borovaja-Straße No. 569" und „Fabritiano, Anna Iwanowna Gen Majorin im Litejni Stadtteil Mochow(aja)-Straße No. 46 und Litejni-Straße No. 38."[350] Anna Juliana verstarb am 23.5.1821. Im 1822 erstellten Adressbuch sind als Hausbesitzer verzeichnet Karetni Stadtteil Nr. 474 (alt 569) Fabritsian Karl Sekund-Major Erben sowie Litejni Stadtteil Nr. 42 (alt 38) und Nr. 50 (alt 46) Fabritsian, Gener. Major Erben.[351] Nach dem folgenden Adressbuch, das nur die Einwohner, nicht aber die Hausbesitzer aufführt, wohnte Fabritsian Karl Karlov(itsch) Sekund-Major im Karetni Stadtteil Nr. 474.[352]

August gehörte das Anwesen seit 1830.[353] Als Grundstücke des Wirkl. Staatsrats Denfer sind Nr. 9 (alt 596) und Nr. 12 (alt 59) erstmals im Häuserbuch von 1836 aufgeführt.[354] Im folgenden Jahr sind verzeichnet Denfer August Uljan(ovitsch)

---

[346] Intelligenzblatt der St. Petersburgischen Zeitung 22.4.1830, 348.
[347] Intelligenzblatt 28.5.1830, 467.
[348] Denfer, H. v.: Grundstein zu einer Geschichte der Familie von Denffer, Batum 1906, 49.
[349] Denfer, H. v.: Grundstein, 26 f.
[350] Sanktpeterburga adresnaja kniga 1809, 168.
[351] Ukasatel schilischtsche i zdanij w Sanktpeterburg, ili adressnaja kniga … na 1823 god, Sanktpeterburg 1822, 121, 84, 307.
[352] Rukowodstwo… ili pribawlenije k adresnoj knig…, Sanktpeterburg 1824, 429.
[353] Dubin, A. u. Broitman, L.: Mochowaja ulitsa, Moskau-St. Peterburg 2004, 178.
[354] Numeratsija domow w Sanktpeterburg 1836, 74, 207, 210.

Senator, Geheimrat Liteinij N 12 – N 42 durchgehend zur Mochowaja(Straße), sowie Denfer Karol(ine) Fed(orowna) Geheimrätin. [355] Auch im St. Petersburger Stadtatlas von 1849 ist das Denffersche Grundstück noch unter der Hausnummer 9 zu finden, im Adressenverzeichnis von 1854 unter Liteinij Prospekt Nr. 12. [356]

Jedenfalls wußte August das Anwesen und die darauf erbauten zwei Häuser auf vielfältige Weise zu nutzen. Das Haus in der Mochowaja-Strasse hatte drei Stockwerke, [357] das Grundstück war von der einen Seite über die Mochowaja-Straße und von der anderen Seite über den Liteinij-Prospekt zugänglich und bot, wie eine Fülle von Zeitungsanzeigen erkennen lassen, ganz unterschiedliche Möglichkeiten, Einkünfte zu erzielen. Nicht nur Zimmer wurden dort vermietet, sondern auch Räumlichkeiten für Werkstätten verschiedenster Art:

„Personen die ihre Dienste an bieten... Ein junger gebildeter Deutscher Mann, welcher auch richtig Russisch schreibt und spricht, wünscht mit einer Herrschaft nach Deutschland zu reisen. Derselbe ist erbötig, gegen einen geringen Gehalt die Verrichtungen eines Garderobemeisters und alle anderen Geschäfte, welche auf der Reise vorkommen können zu übernehmen und selbige mit gewissenhafter Treue während der ganzen Reise auszuführen. Derselbe ist zu erfragen in der großen Liteinoi-Straße im 1sten Quartale des Liteinoi-Stadttheils, gegenüber dem Hause des Generalstabes für die Militair-Ansiedlungen, im Hause des Generals von Dempfer Nr.42 unter der Pforte rechter Hand beim Einwohner in der dritten Etage." [358]

Zur Abreise dieses oder eines anderen Mieters kam es im folgenden Jahr, worauf die nachstehende Mitteilung im „Intelligenzblatt" deutet: „Abreise wegen ist eine schöne Französische Pedal-Harfe zu dem äussert billigen Preise von 400 Rubel zu verkaufen und zu erfragen in der großen Stückhof-Straße im 1sten Quartale im Hause des Generals von Dempfer Nr. 42 beim Einwohner in der 3ten Etage, der Eingang unter der Pforte rechter Hand." [359]

„Wohnungs-Veränderung. Der Wagenbauer E. Dähn hält es für Pflicht, dem hochgeehrten Publikum anzuzeigen, daß er gegenwärtig auf dem Stückhofe in das Haus des

---

[355] Kniga adressnow S. Peterburga 1837, 68.

[356] Adres-Kalendar Sanktpeterburgskich schitelej, Sanktpeterburg 1844, I, 97; Atlas trinadtsari tschastej C. Peterburga, 1849, (Moskwa 2003), 69, 197; Putewoditel 60,000 Adresow iz Sankt-Peterburga 1854, 33.

[357] Dubin, A., Broitman, L.: Mochowaja ulitsa, Moskau-St. Peterburg 2004, 178.

[358] Intelligenzblatt der St. Petersburgischen Zeitung 19.8.1830, 737.

[359] Intelligenzblatt 16.6.1831, 490; 19.6.1831, 498.

Geheimerathes und Senators v. Dempfer im 1. Quart. Nr. 12 seine Wohnung verlegt hat und empfiehlt sich zu geneigten Aufträgen wie früher." [360]

Auch in den folgenden Jahren, während August selbst im Petersburger Haus lebte, hatte er dort zahlreiche Mieter und Pächter:

„Abreisende (Ins Ausland.) … Der Titulär-Rath Waßilij Waßiljewitsch Tschatschkow; zu erfr. Auf der Liteinaja, im Hause des Hrn. Senators Denffer, No.12." [361]

„Abreisende (Ins Ausland.) … Peter Neumann, Tischlergesell, Hessen-Darmstädtischer Unterthan; zu erfr. In der Liteinaja-Straße im Hause von Dempfer, No. 12." [362]

„Abreisende (Ins Ausland.) … Julie Köhn, aus Lübeck; zu erfr. auf der Liteinaja im Hause des Herrn Denffer unter Nr.12." [363] Möglicherweise kam sie aus Deutschland mit Caroline, die im Herbst 1841 mit Familie in Lübeck angekommen war. [364]

„Privat-Bekanntmachungen… Das von mir neuerfundene Quer-Flügel-Fortepiano befindet sich seit dem 15. d. M. auf der Ausstellung. Andreas Christian Schröder, privilegierter Instrumentenmacher, wohnhaft in St. Petersburg in der großen Liteinaja-Straße, im Hause des Generals von Dempfer, No. 12." [365] Gemeint ist offensichtlich die „Vaterländische Industrie-Ausstellung", über die in mehreren Ausgaben der St. Petersburgischen Zeitung berichtet wurde. [366]

Dazu gehört die „Danksagung. Vor 6 Jahren kaufte ich von dem privilegierten Instrumentenmacher A.C. Schröder, wohnhaft in der großen Liteinaja-Straße im Hause des Geheimenrathes Dempfer unter No. 12, ein vortreffliches Fortepiano aus seiner Fabrik, welches an Ton und Stimmung bisher sich auszeichnet, und ein Jahr später erstand ich von demselben Herrn Schröder einen schönen Imperial-Flügel von seiner Arbeit, welcher, da ich meinen Wohnort mehrmals veränderte, mehrere Tausend Werst zu Lande transportiert worden ist, ohne einen Fehler zu erhalten, ja nicht einmal einer merklichen Verstimmung unterworfen war, wobei, trotz des alltäglichen Gebrauchs, der schönklingende melodische Ton dieses ausgezeichneten Instruments von Jahr zu Jahr angenehmer wird; daher bringe ich mit

---

[360] Intelligenzblatt 28.3.1835, 243; 29.3.1835, 247; 30.3.1835, 251.
[361] Intelligenzblatt der St. Petersburgischen Zeitung 20.4.1839, 242; 22.4.1839, 250; 25.4.1839, 258.
[362] Intelligenzblatt 24.4.1841, 287; 29.4.1841, 304
[363] Intelligenzblatt 1.9.1842, 570
[364] Lübeckesche Anzeigen 20.10.1841.
[365] Intelligenzblatt 17.6.1839, 402; 20.6.1839, 407
[366] St. Petersburgische Zeitung 16.6.1839 u. ff.

wahrem Vergnügen dem Herrn Schröder hiemit öffentlich mein Danksagung dar für die Erfüllung seiner mir gemachten Versprechungen, als ich von ihm nach dessen eigener Auswahl, obenbenannte Instrumente kaufte. J. Koberwein." [367]

„Es ist ein wenig gebrauchter moderner Flügel von mehr als 6 ½ Octaven billig zu verkaufen auf der Liteinaja, der Fuhrstadtskaja-Straße gegenüber, im Hause des Herrn Denfer, Quartier Nr. 32." [368]

„Vermiethungs-Anzeigen. Eine Bel-Etage, bestehend aus 12 Zimmern, wird nebst Küche, Boden, Wagen-Remise, Stallraum für 5 Pferde, Eiskeller und Behältniß für Weine vermiethet im 1. Quart. des Liteinaja-Stadtth., in der Machowoi-Straße im Hause des Senators v. Denffer, Nr.9." [369]

Die „Beletage" war die beste Wohneinheit im Gebäude, meist das erste Obergeschoß. Vermutlich betrifft dies einen Zeitraum, in dem sich Augusts Familie nicht in Russland aufhielt.

In Petersburg bin ich mehrfach gewesen und habe mir dabei auch das ehemals Denffersche Grundstück angesehen, mit den Häusern und dem ausgedehnten auch heute noch hofartigen Gelände zwischen der Liteijnaja und der Mochowaja, schätzungsweise gut zwei Fußballfelder groß. Von der Möglichkeit dort eine Wohnung zu kaufen, die sich 2021 ergab, habe ich keinen Gebrauch gemacht. Damals wurde im zweiten Stock des Hauses an der Mochowaja ein „Studio mit Designer-Renovierung" angeboten, Fläche 21 Quadratmeter, neue Bimetall-Heizkörper, doppelt verglaste Fenster, Fensterbank aus Massivholz, oben über kleine Treppe zugängliches Schlafzimmer, 3,92 Millionen Rubel. [370] Das waren seinerzeit etwa 45 000 Euro.

Agrarkrise und Konkurs

Gutsbesitz allein war keine Garantie für Erfolg. Das mußte Jeannots Bruder Christian Heinrich Eugen (1785-1846) erfahren. Er war bei der Staatlichen Behörde für Revision (Rechnungsprüfung) als Gehilfe und Executor d. Expedition z. Revision d. Rechnungen tätig, hatte zum 28. Febr. 1830 die 9. Rangklasse erreicht, wurde am 31.

[367] Intelligenzblatt der St. Petersburgischen Zeitung 24.1.1842, 50; 28.1.1842, 57.
[368] Intelligenzblatt 18.2.1842, 102; 19.2.1842, 105; 20.2.1842, 110.
[369] Intelligenzblatt 6.5.1839, 284; 9.5.1839, 292; 11.5.1839, 300.
[370] https://dzen.ru/a/YL594QC1e3W2SmN6

Jan. 1831 Kommissionar d. Depots d. Rigaschen Kommission und dort am 28. Febr. 1834 als „älterer Kommissionar" in die 8. Rangklasse befördert. [371] Diese Beamtentätigkeit, die ihm als verabschiedetem Offizier offenstand, ermöglichte ihm, das Scheitern seiner Gutswirtschaft einigermaßen unbeschadet zu überstehen.

Nach dem Krieg gegen Frankreich, in dem Eugen 1812 durch eine Kugel im Arm verwundet worden und seither behindert war, hatte sich mit dem Ende der „Kontinentalsperre" die wirschaftliche Gesamtlage in Russland zunächst gut entwickelt. „Von 1815-1820 trat für die gesamte Landwirtschaft eine Hochkonjunktur ein, die Preise für die Ackerprodukte stiegen stark und mit ihnen auch die Güterpreise. Der Wohlstand steigerte sich im Lande und ein reger Güterhandel war die Folge davon. Doch bereits 1820 machte sich eine starke Depression bemerkbar, und ebenso wie Deutschland wurde auch Kurland von einer Agrarkrisis schlimmster Art heimgesucht. Die Preise für die landwirtschaftlichen Produkte fielen noch mehr, als sie vorher gestiegen waren… Ein solcher Rückgang aller Preise musste natürlich viele Gutsbesitzer zu Fall bringen, namentlich die, welche teuer gekauft hatten. Ungefähr 80 Güter gerieten in Konkurs, weshalb diese Zeit die „Konkurszeit" genannt wird." [372]

Charlotte Catharina Kummerau (1791-1855), die ältere Schwester von Jeannots Frau Caroline, war mit Christian Heinrich Eugen, dem älteren Bruder von Jeannot verheiratet. Wann und wo die Ehe geschlossen wurde, war bisher nicht festzustellen. Ein Kirchenbuch Mitau Trinitatis Landgemeinde mit Trauungen vor 1817 ist nicht erhalten, die Suche in anderen Kirchenbüchern blieb ergebnislos. Möglicherweise hatte die Hochzeit auf dem damals noch Denfferschen Gut Latwelischek in Litauen stattgefunden.

Jedenfalls unterschrieben am 13. Aug. 1820 „Charlotte Catharina v. Denffer, geb. Kummerau" und „Eugen v. Denffer als ehlicher Assistent" das Verzeichnis der in der Brieflade des Privatgutes Springenhoff befindlichen Dokumente und am 13. Oct. 1820 „Eugen von Denffer Erbpfandbesitzer" das Verzeichnis der 9 Gesinde mit

---

[371] Denfer, H. v.: Grundstein zu einer Geschichte der Familie von Denffer, Batum 1906, 40.
[372] Creutzburg, H.: Die Entwicklung der kurländischen Agrarverhältnisse seit Aufhebung der Leibeigenschaft, unter besonderer Berücksichtigung der Privatbauern. (Diss.) Königsberg 1910, 39 f. Vgl. Hollman, H.: Kurländische Agrarverhältnisse 353 ff., in: Baltische Monatsschrift 40 (1893), 338-67, 458-80.

Inventarium. [373] Sie hatten am 9. Aug. 1820 Springenhof auf 80 J. in Erbpfandbesitz für 37000 Rbl Silber-Münze gekauft.

Dem Erwerb war offenbar kein Glück beschieden. Darauf deuten schon zwei Schreiben von Eugen an Reichsgraf Medem Springenhof 12. Aug. 1821 und 22. Sept. 1821 wegen Pfändung der Hofesleute (oder Bauern) Denffers durch Medem. [374]

Cornelia Caroline Theophile, genannt Nelly, das erste Kind von Eugen und Charlotte, wurde am 4. Dez. 1822 auf Billenhof geboren, dem Kronsgut, das damals Eugens Bruder Jeannot bewirtschaftete. Nellys Taufe war am 5. Febr. 1823 in Mitau. [375]

Auf Springen kam am 22. Sept. 1824 das zweite Kind zur Welt, Johann Felix. Er wurde am 19. Okt. auf Groß-Bersen im Kirchspiel Doblen getauft, sein Onkel Jeannot war Taufpate.[376] Kaum mehr als ein Jahr darauf starb der kleine Junge am 19. Dez. 1825 an Krämpfen in Mitau. [377]

Mit Zeitungsbekanntmachungen teilten Eugen, der im November 1824 nach Petersburg reisen wollte, und Charlotte, mit, daß sie die Oberhofgerichts-Advocaten Schmölling und Proch als ihre Bevollmächtigten bestimmt hatten. Charlotte nannte am 30. Okt. Groß-Bersen als ihren Aufenthaltsort. [378]

Für den 10. November 1824 war ein Zwangsverkauf angekündigt von „13 Löfe Weizen, ein kupferner Branntwein-Kessel und 38 Stück Milchvieh, welche dem Herrn Staabs-Rittmeister von Denffer, auf dem Erbpfandgute Springen, abexequirt worden". [379] Diese Maßnahme konnte Eugen abwenden: „Da die Subhastation der im Hofe Springen abexequirten Sachen um des willen nicht statt finden wird, weil der Herr Staabs-Rittmeister von Denffer die Executions-Impretantin Seesing für ihre Forderung gänzlich zufrieden gestellt hat, so wird solches hiermittelst bekannt gemacht. Tuckum, den 1sten November 1824." [380]

---

[373] LVVA 1100/13/397, 1 f.
[374] LVVA 1100/13/956, fol. 113 ff.
[375] KB Mitau Trinitatis Stadtgemeinde Taufen 1823 Nr.3; (LR 2891, 373 rechts).
[376] KB Doblen Taufen 1824; (LR 4002, 215 rechts).
[377] KB Mitau Trinitatis Landgemeinde, Gestorben 1825; (LR2890, 280 links).
[378] Mitausches Intelligenz-Blatt 4.11.1824, 7.
[379] Mitausches Intelligenz-Blatt 10.10.1824, 6.
[380] Mitausches Intelligenz-Blatt 11.11.1824, 7; 14.11.1824, 16; 18.11.1824. (Zwangsverkauf wurde Subhastation genannt).

Dennoch gelang es nicht, Gut Springenhof zu halten. In den Jahren 1826/27 kam es zu einem Verfahren beim Kurländischen Oberhofgericht Mitau „In Sachen Carl von Fircks, Erbsaaßen auf Sturhof contra die Charlotte Catharina von Denffer, geb. Kumerau in Assistence wegen Verkauf des Gutes Springen". Das Konkursverfahren, darf man vermuten, war mehr als unangenehm, an Peinlichkeit kam hinzu, daß manche der damit verbundenen amtlichen Bekanntmachungen durch den Kanzlei-Sekretär Georg Friedrich Neander [381] erfolgten, darunter die Aufforderung, daß etwaige Ansprüche und Forderungen nach dem Konkurs der „Erbpfand-Besitzerin des Privatgutes Springen, Charlotte Catharina von Denffer, geborene Kummerau" dem Oberhofgericht vorzulegen sind. [382] Der Kanzlei-Sekretär war der Zwillingsbruder des 1803 verstorbenen Grenzhofschen Pastors Christoph Neander,[383] der Marie Gottliebe geheiratet hatte, Eugens und Jeannots ältere Schwester.

In der Folge ist Eugens Familie offenbar nach Mitau umgezogen. Dort wurde am 7. Juli 1827 das dritte Kind, Carl Eugen Nicolai August geboren und am 20. Sept. getauft. [384]

Die Einzelheiten des Konkurses sind ohne Einsicht in die Unterlagen nicht erkennbar. Einer der Bekanntmachungen durch Neander ist aber zu entnehmen, daß „der Vormund des Johann Heinrich Kummerau, Adolph Rapp, über das gesammte Vermögen der gedachten Charlotte Catharina von Denffer, geborenen Kummerau, zum Concurs provociret, auch solcher Concurs mittelst Oberhofgerichtlichen Bescheides vom 21sten Januar 1827 nachgegeben worden". [385] Rapp war ein Bankier und Ratsherr in Mitau.[386] Johann Heinrich Kummerau, Charlottes älterer Bruder, hatte also nicht selbst gegen seine Schwester geklagt. Er stand unter Vormundschaft, weil er „blödsinnig" war. [387] In der Familienüberlieferung wurde die ganze Angelegenheit

---

[381] Lenz, W. (Hg.): Deutsch-Baltisches Biographisches Lexikon, Köln Wien 1970, 542. Neander verstarb am 6.1.1843 als „der letzte Beamte aus Kurl. Herzoglicher Zeit im activen Dienste". (KB Mitau Trinitatis Landgemeinde Verstorbene 1843, Nr. 1).

[382] Allgemeines Kurländisches Amts- und Intelligenz-Blatt 15.2.1827; 9.7.1827; 7.12.1827.

[383] Kallmeyer, T., Otto, G.: Die evangelischen Kirchen und Prediger Kurlands, Riga 1910, 549.

[384] KB Mitau Trinitatis Landgemeinde Getaufte 1827, Nr. 12.

[385] Beylage zum allgemeinen Kurländischen Amts- und Intelligenz-Blatt 2.4.1827; Allgemeines Kurländisches Amts- und Intelligenz-Blatt 16.7.1827.

[386] Schlau, K.O.: Mitau im 19. Jahrhundert, Wedemark-Elze 1995, 148, 202.

[387] Kurländische Seelenlisten Städte Nr.51, 415 (Film Nr. A114).

weitgehend übersehen. Im „Grundstein" heißt es lediglich von Christian Heinrich Eugen „Er besass kurze Zeit das Gütchen Springenhof in Kurland" und in der „Chronik" kommt nicht einmal das vor. [388] Jetzt, bald 200 Jahre später, darf man wohl darüber berichten, was noch erfahrbar war, ohne jemandem zu nahe zu treten. Jedenfalls hatte der Fall insofern Bedeutung, als er vor das Oberhofgericht gelangte. Das Urteil „in Concurssachen der Charl. Cath. v. Denffer, geb. Kummerau, v. 19. Mai 1830" bzw. „im v. Denffer-Springenhoff'schen Concurse" schien in der juristischen Fachliteratur nennenswert, da es offenbar Fragen des Pfandbesitzes, des Immobilienverkaufs und rückwirkender Forderungen klärte. [389] Fragt man, weshalb der Gutserwerb des einen Bruders fehlschlug, während der des anderen Bruders gelang, könnte man annehmen, daß Eugen und Charlotte Springenhof zum ungeeigneten Zeitpunkt und insofern überhöhten Preis gekauft hatten, als 1820 die wirtschaftliche Lage in Kurland günstig schien, in der Folge aber die Erwartungen sich nicht erfüllten. Jeannot und Caroline erwarben das erheblich größere und wertvollere Gut Grafenthal erst etwa ein Jahrzehnt danach.

Reisen und Besuche

Neben der fehlgeschlagenen Gutsbewirtschaftung hatte Eugen aber auch noch eine Staatsbeamtenlaufbahn eingeschlagen. „Am 2. Febr. 1819… in Folge seiner Verwundungen… mit dem Range eines Stabsrittmeisters, Uniform und voller Pension verabschiedet" wurde er „am 26. April 1825… zum Kommissarius des Divisions-Hospitals der 1. Infanterie-Division ernannt… am 24. Juni 1826 zum Kollegien-Sekretär und dementsprechend zur 10. Rangklasse befördert. Infolge seines Gesuches… am 3. Dez. 1826 wegen Krankheit aus dem Kommissariat entlassen… am 5. Okt. 1828 zum Gehilfen des Executors der kaiserlichen Expedition zur Revision der Rechnungen

---

[388] Denfer, H. v.: Grundstein zu einer Geschichte der Familie von Denffer, Batum 1906, 41; Denffer, Herbert von: Die Familie von Denffer eine kleine illustrierte Chronik, München 1966, 7.
[389] Bunge, F.G.v.: Das curländische Privatrecht, Dorpat 1851, 88, 276, 282, 437; Neumann, C.: Die Classification der Gläubiger im Concurse nach curländischem Recht 137, Anm., in: Bunge, F.G.v.: Theoretisch-practische Erörterungen aus den in Liv-, Esth- und Curland geltenden Rechten. Fünfter Band, Reval 1853, 130-156.

ernannt und am 9. Jan. 1830 wieder verabschiedet. Am 28. Febr. dess. Jahres zur 9. Rangklasse befördert… am 31. Jan. 1831 zum Kommissionar der Rigaschen Kommission des Kommissariats-Depots ernannnt, am 28. Febr. 1834 in die 8. Rangklasse befördert, mit dem Titel eines »älteren« Kommisionars." [390]

Am 18ten Febr. 1830 kam in Mitau an „Hr. Denfer, von der 10ten Klasse, aus St. Petersburg, log. b. Halezky." [391] Die 10. Klasse entsprach dem Titel „Kollegien-Sekretär". Demnach war Christian Heinrich Eugen dienstlich oder privat nach Petersburg gereist, und dürfte dabei seinen älteren Bruder Ewald Johann Otto getroffen haben. Weshalb er in Mitau „bei Halezky" Quartier nahm, ist unklar. Ein paar Monate später jedenfalls lebten Christian Heinrich Eugen und Charlotte mit ihren zwei Kindern Caroline und August in einer Wohnung in Mitau. Dorthin kam „Den 11ten und 12ten Juny… „Hr. Kapit. v. Brasch aus Riga, lg. b. Hrn. v. Denffer im Radkeschen Hause." [392] „Carl von Brasch, Kapitän, Erbherr auf Leeparn und Uckern in Kovno, * 1795. † 1860" war verheiratet mit „Ernestine Tottien, * 1798, † 6. Juni 1875", [393] einer Nichte des Jeannot. Ihre Eltern waren Jeannots älteste Schwester Maria Anna (1778-1843) und deren Ehemann Ernst Tottien (1764-1830). Braschs Schwiegervater war am 7. Juni 1830 in Riga verstorben. Der Besuch in Mitau wird deshalb wohl eher mit dem Sterbefall als mit dem Johanni-Termin zu sehen sein. Man kann sich vorstellen, daß darüber zu beraten war, wo die nun verwitwete Schwiegermutter leben würde, und vielleicht gab es auch den Nachlaß Betreffendes zu regeln. Maria Anna verstarb am 29. Mai 1843 in Mitau. [394]

Erneut war Christian Heinrich Eugen im Sommer in St. Petersburg: „Abgereiste am 18ten Juni… Nach Riga, der verabsch. Beamte von der 10ten Klasse Denfer" [395] und

---

[390] Denfer, H. v.: Grundstein zu einer Geschichte der Familie von Denffer, Batum 1906, 40.

[391] Allgemeine deutsche Zeitung für Rusland, 20.2.1830, 88. Mehr ist nicht bekannt. Nicht im „Namenregister für das Familienarchiv der DBGG" (Baltische Genealogische Hefte 2, Darmstadt 2008/2022). Ein „Friseur Halecky" ist in Mitau vor 1850 erwähnt (Schlau, K.O.: Mitau im 19. Jahrhundert, Wedemark-Elze 1995, 211).

[392] Allgemeinen deutschen Zeitung für Rußland 14. Juny 1830, 284. In den Archivmappen Radtke, Rathke, Ratke der DBGG war nichts aus dem 19. Jahrhundert zu finden.

[393] Denfer, H. v.: Grundstein, 38.

[394] KB Mitau Trinitatis Landgemeinde Verstorbene 1843, Nr. 21.

[395] Intelligenzblatt der St. Petersburgischen Zeitung 21.6.1830, 558.

zum dritten Mal im selben Jahr 1830 in „St. Petersburg angereist Am 6ten Oktober…
Von Riga, der verabsch. Rittmeister von Denfer." [396]

Ewald Johann Otto (1774-1844), der älteste Bruder, lebte schon seit dem Beginn
seiner Militärlaufbahn nicht mehr in Kurland und nach seinem Abschied in St. Petersburg. Auch er war in diesem Jahr 1830 auf Reisen: „St. Petersburg Angereiste. Am
10ten März… von Smolensk, der Hofrath Denfer." [397] Ob er in Smolensk zu tun hatte
oder vielleicht sogar in Kurland auf Verwandtenbesuch gewesen war, ist nicht erkennbar.

In Petersburg wurde erneut ein „Verzeichnis der Ritter kaiserlicher russischer Or-
den" gedruckt, in dem Jeannot als Träger des St. Anna-Ordens vierter Stufe erscheint.
Man muß etwas genauer hinsehen, um seinen Namen zu entdecken - „Jogan fon
Denfr". [398]

※

Gegen die Bergvölker

Konstantin schoß weiterhin auf die Kaukasusbewohner, die der russischen Besetzung Widerstand leisteten, oder besser gesagt, er ließ auf sie schießen, denn als Artil-
lerie-Offizier bediente er nicht selbst die Kanone, sondern befehligte ihre Mannschaft.
Da die „Bergvölker jenseits des Kuban" sich auch nach dem Frieden von Adrianopel
(1829) weiterhin zur Wehr setzten, unternahmen die russischen Truppen „im Ausgange des Januarmonates d. J. einen Zug gegen die Bergbewohner, Schapsugen genannt... Auch die übrigen Räuber des Kaukasus sollen ihrer verdienten Strafe nicht
entgehen…" [399] Jedoch verzögerte sich die weitere Strafexpedition erheblich, und so
konnte erst im Herbst des Jahres weiter darüber berichtet werden:

„Auszüge aus einem in der Nordischen Biene [400] mitgetheilten Schreiben eines Jä-
geroffiziers jenseits des Kuban, dat. vom November v. J. Die nachstehende Schilderung des letzten Feldzuges jenseits des Kuban, mag minder interessant, besonders in
einem Zeitpunkte erscheinen, wo die Aufmerksamkeit der politischen Welt sich so

---

[396] Intelligenzblatt 9.10.1830, 920.
[397] Intelligenzblatt der St. Petersburgischen Zeitung 13.3.1830, 234.
[398] Spisok kawaleram imperatorskich rossijskich ordenow, Sanktpeterburg 1830, III, 548 (Datum der Ordensverleihung 3. Juni 1813).
[399] St. Petersburgische Zeitung 21.3.1830.
[400] „Sewernaja ptschela", Name einer damaligen Zeitschrift in russischer Sprache.

ausschließlich den Ereignissen im Westen zuwendet; allein nichts desto weniger sind unsere Waffenthaten gegen die Bergvölker gleichfalls ein Beitrag zur Geschichte des Reiches, und nicht nur in militärischer sondern auch in politischer Hinsicht wichtig. Denn sie dienen zur Sicherung der Grenzen, sowie der militärischen u. Handelsverbindungen mit den transkaukasischen Provinzen, und schaffen Frieden auf dem weiten Bergrücken des Kaukasus, der noch keinem Sieger huldigte. Die politischen Ereignisse des Tages hängen gleichsam durch eine elektrische Kette zusammen, und die Flintenschüsse an den Ufern der Seine oder Schelde hallen wieder in den Schluchten Lesghistans und den Thälern die der Kuban bespült. So drang die Kunde von den Auftritten im westlichen Europa kaum zu den Ohren der Söhne der Wildniß, als von Berg zu Berg die Sage flog: Rußland werde Frengistan bekriegen, und nur geringe Macht hier zurück lassen; dieß sey der Augenblick die Russischen Provinzen anzugreifen… Die Ausführung des Kriegsplanes gegen die Bergvölker erlitt eine längere Verzögerung durch die furchtbaren Wirkungen der Cholera, die auf ihren Flügeln Verheerung in alle Gegenden des Kaukasus trug, weder Freund noch Feind verschonend. Gegen Ausgang des Septembermonates wurden unsere zum Marsch bestimmten Truppen jenseits des Kuban, unweit des Langen Waldes concentrirt, woselbst eine neue Befestigung erbaut ist. Der Befehlshaber der Truppen auf der Kaukasischen Linie, General von der Kavallerie Emanuel, langte bei uns an… Unaufhörliche Regengüsse und der kalte Wind von den Schneegebirgen her, verkümmerten uns den Anfang des Feldzuges, und ließen keinen schönen Herbst hoffen. Dennoch gelang es uns, als wir in die Nähe des Langen Waldes kamen, Provianttransporte einzurichten, und den Abasechen Furcht einzujagen, die, aus Besorgniß, die Kriegsoperationen seyen zunächst gegen sie gerichtet, um Aufschub baten und Unterwerfung gelobten. Diese Völkerschaft… zählt über 20tausend Familien, und kann bis 20tausend Mann unter Gewehr stellen. Doch hindert sie die unter ihnen herrschende Uneinigkeit, sich zum Widerstande zu vereinigen. Die Abasechen und ihre Nachbaren die Schapsugen, welche die Strecke zwischen dem Kuban und Anapa bewohnen, zeichnen sich durch musterhafte Tapferkeit aus, haben eine nationale Verwaltung, und halten eine zügellose Ungebundenheit für das höchste Lebensglück. - Die Schapsugen können gleichfalls 10tausend Mann in's Feld stellen. Beide Völkerschaften, in häufigem Verkehr mit den Türken, erhielten über Gelindshik, Sudshuk-Kale und andere Uferplätze des Schwarzen Meeres, aus Konstantinopel verschiedene Handelsartikel, und wurden von

Türkischen Mollah's und Effendi's gegen die Russen aufgehetzt. Die Abasechen und Schapsugen sind unsre Hauptgegner jenseits des Kuban...

Am Abend traf der General von der Kavallerie Emanuel mit seinem ganzen Detaschement ein. Unser Heer bestand jetzt aus 11 Bataillonen Infanterie, 26 Kanonen, 5 Kosakenregimentern und der Asiatischen Landwehr die aus 400 Streifreitern, den ausgezeichnetesten Kabardinischen Fürsten und Häuptlingen zusammengesetzt war. Unter täglichen Mühseligkeiten und Scharmützeln legten wir von dem Langen Walde bis zur Iwanowschen Befestigung, die an dem Pschebs gegenüber Jekaterinodar erbaut ist, 120 Werst zurück, und kamen über acht Flüsse, theils sie durchwatend, theils über die von uns geschlagenen Brücken, unaufhörlich von dem Gewehrfeuer der Abasechen geneckt, die uns mit ihren Reiterpartheien begleiteten, und jedesmal wo sie nur eine vortheilhafte Position für sich, oder einige Schwierigkeiten für unser Weiterkommen bemerkten, die Gelegenheit und die Ortslage bestens benutzten. Mangel hatten wir nicht zu leiden; dreihundert Fuhren mit Proviant begleiteten das Detaschement; Heu und Holz fanden wir überall, denn die linke Seite des Kuban, bis dicht an die Gebirge, ist ziemlich bewohnt... allein freilich mußten wir bei jeder Fouragirung die Waffen zu Hülfe nehmen. Oft erschienen indessen auch Bey's oder Gebieter der Hatjukajer und Kirkinejer, um ihren Gehorsam zu bezeugen, und ihre Untergebenen, denen die strenge Disciplin der Russen Zutrauen einflößte, brachten Lebensmittel: Hühner und Kalkunen, [401] Käse, saure Milch und Honig, um sie gegen andere Sachen, besonders gegen Leinwand oder baumwollene Tücher auszutauschen. Von Geld war keine Rede. Gold und Silber sind ihnen noch wenig bekannt, wiewohl auch sie Bewohner Europas sind. Sie haben hölzerne Häuschen, ähnlich den Lehmhütten in Kleinreussen; beschäftigen sich mit Ackerbau, Viehzucht, und Verfertigung ihrer unentbehrlichsten Bedürfnisse, und kaufen nur Salz und Leinwand... Am 17. Oktober erreichten wir den Fluß Pschebs und die Iwanowsche Befestigung... Dieß war der Punkt von dem die eigentlichen Kriegsoperationen gegen die Schapsugen ausgehen sollten." [402]

„Die Iwanowsche Befestigung wurde im Sommer 1829, am Flusse Pschebs unweit der Schwarzen Berge, 25 Werst von Jekaterinodar angelegt. Da die Besetzung dieses Punktes im Lande der Schapsugen, den Bergbewohnern ein Dorn im Auge war, so

---

[401] Puten, Truthähne.
[402] St. Petersburgische Zeitung 14.2.1831.

beunruhigten sie, während des Baues, häufig das damit beschäftigte Detaschement" … „Zur Vermeidung alles Blutvergießens hatte" der Oberbefehlshaber „einige Male zuverlässige Leute mit dem Antrage an die Schapsugen abgeschickt, daß sie sich dem Zepter des Russischen Kaisers unterwürfen, und ihnen deutlich machen lassen, die Pforte habe sie durch den Traktat von Adrianopel abgetreten, sie würden eines vollkommenen Wohlstandes unter der Russischen Regierung genießen, wenn sie ihre Räuberzüge aufgeben und Unterwürfigkeit bezeigen wollten. Die letzte, in diesem Sinne an sie erlassene Proklamation, schickten sie mit nachstehender Aufschrift zurück: „Von der Sündfluth bis heute waren wir unabhängig, sahen in dem Türkischen Sultan, als Abkömmling der Chalifen, unsern Schutzherrn und haben nichts als Erde, Wald und Waffen; wollt Ihr diese, so könnet Ihr zu uns kommen." …

Nach einer so entschiedenen Erklärung blieb nichts weiter übrig als zu den Waffen zu greifen. Nachdem unsere Truppen, die aus dem Langen Walde, durch das Land der Abasechen, angelangt waren, zwei Tage gerastet hatten, setzten sie, am 19ten, ihren Marsch fort. Die rechte Kolonne… näherte sich dem Flusse Ubin auf der Heerstraße nach Anapa… Die zweite Kolonne unter dem Kommando des Generals von der Kavallerie Emanuel, bestehend aus 5 Bataillonen Infanterie, 4 Kanonen der reitenden Artillerie, 6 Berghaubitzen, dem Kubanischen Linienregimente und der Asiatischen Landwehr, zog sich oberhalb des Flußes Asip und nach der Quelle des Flüßchens Ubin, und hatte den Auftrag, auf ihrem Wege die Schlupfwinkel der Schapsugen zu zerstören.

An diesem und den beiden folgenden Tagen (19-21. Okt.) hörten wir den öfteren Donner des Geschützes in den Bergklüften, und dicke Rauchwolken verkündeten uns den verheerenden Gang der zweiten Kolonne. Die Schapsugen, dessen nicht gewärtig, daß die Russen sich entschließen würden, in den Schooß ihrer Gebirge zu dringen, und unvorbereitet auf den Punkt des Angriffes, hatten sich, in abgesonderten Haufen, in ihren Dörfern versammelt und vertheidigten sie nach Kräften, wurden aber genöthigt die unzugänglichsten Schlupfwinkel zu suchen, von dem raschen und unerschrockenen Vordringen der Russen immer mehr in die Enge getrieben. Man kann sich ihr Entsetzen denken, als sie ihre Wohnungen in Rauch aufgehen und ihre aufgehäuften Vorräthe von Getreide und Heu verloren sahen. Nachdem der General Emanuel in den Flußthälern des Asip und Ubin aufgeräumt hatte, stieß er zu der ersten Kolonne an dem bestimmten Vereinigungspunkte auf der großen Straße nach Anapa. Beim

Ausmarsche aus den Bergen wurde er hartnäckig von den erbitterten Schapsugen angegriffen, die in mehreren Haufen, jeder aus anderthalbtausend Mann bestehend, von allen Seiten seine Arrieregarde und sogar die Spitze der Kolonne überfielen, allein die Standhaftigkeit unserer Krieger bot dem Ungestüm des Feindes Trotz und kostete ihm ein bedeutende Menge Todter und Verwundeter. Wir verloren 70 Gemeine und einige Offiziere. Der General Emanuel war mit dem musterhaften Muthe unserer Truppen überhaupt, und insonderheit mit der glänzenden Tapferkeit der Kabardiner und Nogajer zufrieden, die im Verlauft dieses Gefechtes, eine reiche Kriegsbeute an Waffen und Effekten und viele Gefangene gemacht hatten. Die Beute wurde ihnen zu ihrer großen Freude geschenkt… Als unsere Truppen aus den Gebirgen zurückkehrten, waren sie mit unzähligem Hausgeflügel beladen. In sämmtlichen Kesseln der zweiten Kolonne kochten Hühner, Gänse und Kalkune und gewährten unsern Soldaten Genugthuung für die Widersetzlichkeit der Schapsugen. - Während die zweite Kolonne jenen Zug durch die Berge gethan hatte, langte die erste, mit dem Hauptquartiere, am Flusse Ubin an, und hatte, auf dem Marsche, ein kleines Geplänkel in den, am Wege gelegenen Wäldern, welches den Feind um einige Gefangene und eine Anzahl Vieh brachte. Als am 22sten Oktober, das ganze Detaschement am Flusse Il angekommen war, über welchen man zwei Brücken anlegte, ließ der Oberbefehlshaber daselbst die ganze schwere Wagenburg … mit 6 Kanonen … zurück. Die übrigen Truppen versahen sich mit zehntägigem Vorrath und rückten vorwärts. Am 23sten erreichten wir den Fluß Asip, über den eine fliegende Brücke geschlagen werden sollte…" [403]

Artillerie im Bergkrieg

„Am 24sten erhielt die erste Kolonne des Generals Pankratjew Befehl, oberhalb des Asips in die Gebirge zu gehen um die in diesen Thälern befindlichen Niederlassungen der Schapsugen zu zerstören, die auch die Wohnsitze ihrer wichtigsten Mollah's und Effendi's enthalten, welche so großen Einfluß auf die Gemüther der Schapsugen haben. Dort finden oft ihre großen Volksversammlungen, nach alterthümlicher Sitte, statt. Das Thal des Asips liegt beinahe im Herzen des Schapsugenlandes. Eine kleine Schilderung dieses Gefechtes möchte ein deutlicheres Bild des Bergkrieges geben…

---

[403] St. Petersburgische Zeitung 15.2.1831.

Die aufgehende Sonne beleuchtete den imposanten Anblick der Schneegebirge und der Schwarzen Berge; eine Menge Dörfer von blühenden Gärten umgeben, ziehen sich das ganze Thal des Asips entlang; unzählige Haufen der schlanken Gebirgsreiter in ihre Panzer gehüllt und festlich geschmückt, sprengten die Bergwände hinab und hinan und die Wälder entlang; der blendende Blitz der Gewehre unserer Infanterie bezeichnete den Zug der Kolonnen, die bald hinter Felsen und Hainen verschwanden, bald wieder auf den Anhöhen und Bergspitzen zum Vorschein kamen.

Zwei große Niederlassungen auf dem rechten und linken Ufer des Flusses, wurden nach kurzem Geplänkel, von unsern Kosaken und Scharfschützen ohne weiteres eingenommen und den Flammen übergeben. Allein drei Werst weiter harrte unserer ein größerer Widerstand. Dort bot eine große Anlage mit einer Moschee, und den Häusern einiger Effendis, auf einer hohen Stelle gelegen mit von Felsenabhängen und Gehölzen umgeben, den Schapsugen eine bequeme Vertheidigung. An fünfhundert Bergbewohner, von ihren Pferden gesprungen, staken hinter Hecken, Bäumen und Häusern und begrüßten uns mit einem schmetternden Gewehrfeuer. Sogleich richtete der General einige Stücke auf das Dorf und befahl, wo es anging mit Granaten und Kartätschen [404] zu schießen; die Kavallerie wurde in der Schlucht versteckt und die Schützen erhielten Ordre, dem Gehölze immer näher zu rücken, um die Aufmerksamkeit des Feindes zu fesseln, der in der Voraussetzung eines Angriffs von der Fronte, in große Verwirrung gerieth, als er das Bataillon des 39sten Jägerregimentes zu Gesichte bekam, welches, heimlich durch den Wald geschlichen, plötzlich im Rücken des vom Feinde vertheidigten Dorfes sich zeigte. Zugleich drangen die Infanterie, die Reiterei und die Artillerie rasch gegen den Ort vor, der in einem Augenblicke von den Schapsugen geräumt war, die auf ihren behenden Rennern ihr Heil in der Flucht suchten. Unsere Truppen zogen indessen immer weiter, und je mehr sie den Fluß hinauf gelangten, je bergiger und waldiger wurde die Gegend…

Der Feind, bestürzt durch unser schnelles Vorrücken und das wiederholte Umgehen seiner Stellungen, konnte sich nirgends mehr lange halten. Unsere Soldaten legten ihre Ränzel ab, um sich etwas zu erholen, und wollten eben einen kleinen Imbiß zu sich nehmen, als plötzlich wieder die Schapsugen sich herbeistahlen und auf unsere Scharfschützen und Flankirer zu schießen anfingen. Der General frühstückte unter

---

[404] Granaten sind mit Sprengstoff befüllte Artilleriegeschosse, Kartätschen solche mit kleinen Eisensplittern und breiter Streuwirkung ähnlich wie Schrot.

dem Gesäuse der Kugeln, denn die Büchsen der Schapsugen tragen weit. - Alsbald wurde zum Aufbruch getrommelt, und wir marschirten noch vier Werst vorwärts bis zu einem weitläuftigen Dorfe mit zwei Moscheen. Die Schapsugen vertheidigten es gar nicht, und diese Horst der Transkubanischen Effendi's und Mollah's, die von dort- her Unfrieden gegen die Russen aussäen, wurde den Flammen preisgegeben…"[405]
Danach ging es auf den Rückweg, „da der Zweck der Expedition erreicht war. Wir hatten Gefangene gemacht, Vieh erbeutet und über zwölf Schlupfwinkel der Räuber- völker nebst ihren Vorräthen vernichtet. Auf dem Hinmarsche war unser Verlust ge- ring, denn wir zählten nur acht Verwundete; allein Beschwerlichkeiten und der wahre Streit harrten unserer auf dem Rückmarsche… Kaum bemerkten die Schapsugen, daß wir den Rückweg einschlugen, als gegen anderthalbtausend derselben zu Pferde und zu Fusse, unsere Arrieregarde hitzig anzugreifen begannen…

Die Artillerie operirte von vortheilhaften Stellen aus; allein noch vor Erreichung des früher erwähnten grossen Waldes, in dem Dorfe unweit der Moschee, warfen sich die Schapsugen, begünstigt durch das dichte Gesträuch, und durch den Rauch der bren- nenden Häuser den Augen entzogen, in dreihundert Mann starken Haufen, mit lautem Geheul auf zwei Kanonen, die auf einer kleinen Anhöhe standen; einige Artillerie- pferde wurden augenblicklich verwundet, und die Kanonen in ihrer Bewegung aufge- halten. Der Moment war kritisch; doch ein Echelon Jäger, das unweit davon in Walde stand, eilte in vollem Laufe den Kanonen zu Hülfe, denen es gelang einige Kartät- schen mit gutem Erfolge abzufeuern… Der Feind wurde siegreich zurückgeschla- gen… Wir gelangten in unser Lager; schon in der Nacht bestand unser Verlust in einigen verwundeten Offizieren und gegen 40 theils verwundeten, theils getödteten Gemeinen… Am 28sten Oktober… zog der General Emanuel mit der zweiten Ko- lonne oberhalb des Abin, der General Pankratjew aber unterhalb, um die Ruhestörer zu strafen. Von allen Seiten ertönte der Donner der Kanonen und das Geschmetter der Flinten…"[406]

※

---

[405] St. Petersburgische Zeitung 18.2.1831.
[406] St. Petersburgische Zeitung 21.2.1831.

Zwecke und Folgen des Kriegszugs

Die Kämpfe zogen sich noch bis Anfang November hin. Für Konstantin hatte der Einsatz etwas über einen Monat gedauert. Im Oktober war er bei der Expedition gegen die Kuban-Abchasen unterwegs und am Schutz der Marschabteilung beim erwähnten „Langen Wald" und der Festung beteiligt. Vom 19. Oktober bis 1. November erfolgte die Strafexpedition über den Kuban in das Land des Kaukasus-Bergvolkes der Schapsugen wegen ihrer Auflehnung. Konstantins Dienstliste führt die Kämpfe und Stationen im Einzelnen an. [407] Am 4. November 1830 kam er über den Fluß Kuban zurück ins Land der Schwarzmeer-Kosaken, weder gefangen noch verwundet worden. [408]

Der russische Jägeroffizier, dessen Bericht die Zeitungen wiedergaben, schloß mit einem Resümee, dem wohl auch die Sicht des russischen Artillerieoffiziers Konstantin entsprechen konnte:

„Unsere Expedition jenseits des Kuban hatte, scheint es, einen doppelten Zweck: die Bestrafung der widerspenstigen Bergbewohner und die Recognoscirung der Orte für die bevorstehenden Unternehmungen… An zweihundert Dörfern nebst den sämmtlichen Vorräthen an Getreide und Heu, und die Mehrzahl der Aeltesten und Vornehmsten der Schapsugen sind ein Opfer ihrer Widersetzlichkeit geworden. Während der ganzen Expedition haben wir in unsern Reihen nur zweihundert Mann durch das Geschütz der Feinde eingebüßt… Die Demüthigung des gewaltigen und wilden Kaukasus gereicht dem Monarchen zu neuem Ruhme und der Menschheit zum Segen." [409]

Mythos Kaukasus

Viele Russen waren vom Kaukasus beeindruckt, nicht nur von seiner Landschaft, sondern auch seinen Menschen und ihren Kulturen. Russische Dichter und

---

[407] Vom 1. bis 12. Okt. 1830 Kuban-Abchasen; 10. Okt. am Fluß Nasal; Ab 13./14. Oktober am Fluß Kuban unter Kommando des Generalfeldmarschalls Graf Paskewitsch von Eriwan; 19. Oktober am Ubin und Flußübergang Asip, Zerstörung der Schapsugen-Dörfer, beim Fluß Asip in die Schlucht der Berge Schinokok, Zerstörung der Schapsugen-Dörfer; 20./21. und 22. Oktober Ubin Gegenangriff des Feindes, der seine Häuser verteidigen wollte, und Besetzung der Dörfer Taus-Aladschi und Taus-Kohabli, und am 30./31. Oktober Rückkehr von dort zur Festung Pischd.
[408] Dienstliste, Russisches Staatliches Militärgeschichtliches Archiv Moskau, 395/48/1016.
[409] St. Petersburgische Zeitung 21.2.1831.

Schriftsteller, von Puschkin über Lermontow bis Tolstoi, um nur die hervorragendsten zu nennen, brachten dies zum Ausdruck, transportierten und verpflanzten es in die russische Kultur. Puschkin starb 1837 im Duell, Lermontow, damals Husaren-Kornett, hatte daraufhin sein Gedicht „Der Tod des Dichters" geschrieben, dessen Zeilen ihm eine erste Strafversetzung in den Kaukasus einbrachten. Darin heißt es:

> „Ihr, die ihr dicht am Thron euch prügelt um die Plätze,
> Der Freiheit und dem Geist dient ihr als Henkersknechte!
> Versteckt euch nur im Schatten der Gesetze,
> Denn wo es euch angeht - da schweigt das Recht!" [410]

1840 zum zweiten Mal in den Kaukasus verbannt, erträumte er sich den Abschied von Russland und sah im Kaukasus einen Zufluchtsort:

> „Leb wohl, mein Rußland, schmutzges Land,
> Wo Herren nur und Sklaven leben,
> Ihre Uniformen, bunter Tand,
> Du Volk, gehorsam und ergeben!
> Vor deinen Paschas mög der Wall
> Des Kaukasus mich still vergraben,
> Die doch die Augen überall
> Und überall die Ohren haben." [411]

Konstantin kehrte als 28Jähriger nach Russland zurück und blieb bei Uniformen und buntem Tand. Dennoch mag er, wenn auch nicht alles, so doch manches, aus dem Kaukasus mitgenommen haben vom dem, das Lermontow in einem anderen kurzen Text leicht satirischen Tones über den „Kaukasier" geschrieben hat:

„Erstens, was ist ein Kaukasier und wie pflegen Kaukasier zu sein? Ein Kaukasier ist ein halb russisches, halb asiatisches Wesen; die Neigung zu orientalischen Sitten überwiegt bei ihm, doch in Gegenwart Fremder, das heißt in Gegenwart Reisender aus Rußland, schämt er sich dieser Neigung. Er ist zumeist dreißig bis

---

[410] Lermontow, M.: Gedichte und Poeme, Berlin 1987, 95.
[411] Lermontow, 191.

fünfundvierzig Jahre alt, sein Gesicht sonnengebräunt und etwas pockennarbig; ist er kein Stabskapitän, dann gewiß Major...

Ein echter Kaukasier ist ein bewundernswerter Mensch, würdig jeder Achtung und Teilnahme. Bis zu seinem achtzehnten Lebensjahr wird er im Kadettenkorps erzogen und als ausgezeichneter Offizier entlassen, heimlich hat er im Unterricht den »Gefangenen im Kaukasus« [412] gelesen und ist in Leidenschaft für den Kaukasus entbrannt. Mit zehn Kameraden wird er auf Staatskosten dorthin geschickt - mit großen Hoffnungen und kleinem Koffer. Schon in Petersburg läßt er sich einen Achaluchi [413] nähen und ersteht eine zottige Mütze und eine Tscherkessenpeitsche für den Postkutscher. In Stawropol angekommen, bezahlt er einen lumpigen Dolch viel zu teuer und legt ihn in den ersten Tagen weder bei Tag noch bei Nacht ab, bis er dessen überdrüssig ist. Endlich findet er sich bei seinem Regiment ein, das in irgendeiner Staniza [414] sein Winterquartier bezogen hat, hier verliebt er sich, wie es sich gehört, in ein Kosakenmädchen, einstweilen bis zur Expedition; alles wunderschön und so poetisch! Dann rückt man zu der Expedition aus; unser Jüngling ist überall zu finden, wo auch nur eine Kugel schwirrt. Er nimmt sich vor, zwei Dutzend Bergbewohner mit eigenen Händen zu fangen, er träumt von schrecklichen Schlachten, Strömen von Blut und Generalsepauletten. Im Traum vollbringt er wahre Heldentaten - ein Wunschbild, Unsinn, vom Feind ist weit und breit nichts zu sehen, Scharmützel sind selten, und die Bergbewohner halten, zu seinem großen Leidwesen, den Bajonetten nicht stand, lassen sich nicht gefangennehmen, sondern bringen ihre Haut in Sicherheit. Zudem ist im Sommer die Hitze schier unerträglich, im Herbst Regen und Schnee und Kälte. Langweilig! Fünf, sechs Jahre verstreichen: ein ständiges Einerlei. Er sammelt Erfahrungen, wird kaltblütig und spottet über die Neulinge, die ohne Notwendigkeit ihr Leben riskieren.

Unterdessen zieren zwar viele Kreuze seine Brust, die Beförderung aber läßt auf sich warten. Er ist düster und wortkarg geworden; er macht es sich gern gemütlich und raucht sein Pfeifchen; in Mußestunden liest er auch Marlinski [415] und erklärt, er

---

[412] Gemeint ist Puschkins Gedicht.

[413] Kaukasischer halblanger Oberrock.

[414] Kosakensiedlung, meist an der Grenze gelegen.

[415] Der Schriftsteller Alexander Bestuschew-Marlinskij, als Dekabrist in den Kaukasus verschickt, verwendete Kaukasus-Sujets, starb dort 1837 im Kriegseinsatz.

sei sehr gut; auf Expeditionen ist er nicht mehr versessen… Statt dessen hat er eine neue Leidenschaft, und gerade die macht ihn zum echten Kaukasier.

Entstanden ist diese Leidenschaft folgendermaßen: In der letzten Zeit hat er sich mit einem friedlichen Tscherkessen angefreundet und reitet nun des öfteren zu ihm in den Aul. Fremd den Raffinements des Lebens in der vornehmen Welt und in der Stadt, hat er Gefallen an dem wilden Leben gefunden, von der Geschichte Rußlands und der europäischen Politik weiß er nichts, dafür hat er eine Vorliebe für die poetischen Überlieferungen des kriegerischen Volkes entwickelt. Die Sitten und Gebräuche der Bergbewohner sind ihm geläufig, er kennt ihre Helden dem Namen nach und hat sich die Ahnentafeln der wichtigsten Familien gemerkt. Er weiß, welcher Fürst verläßlich und welcher ein Gauner, wer mit wem befreundet ist und zwischen wem Blutsfeindschaft besteht. Er versteht ein bißchen Tatarisch; er hat sich einen Säbel, einen echten *Gurda*,[416] angeschafft, einen Dolch, einen alten *Basalai*, [417] eine Pistole von jenseits des Kuban, ein ausgezeichnetes Krimgewehr, das er selbst einfettet, ein Pferd, einen reinrassigen *Schalloch*,[418] und eine vollständige Tscherkessentracht, die er nur bei wichtigen Anlässen anlegt und die ihm irgendeine wilde Fürstin genäht und zum Geschenk gemacht hat. Seine Vorliebe für alles Tscherkessische grenzt schon ans Unglaubliche. Er ist bereit, den ganzen Tag mit einem schmutzigen Usden [419] über ein lumpiges Pferd und ein rostiges Gewehr zu reden, und es gefällt ihm sehr, andere in die Geheimnisse der asiatischen Sitten einzuweihen… er führt nur einen Teekessel mit sich, und selten wird auf seinem Biwakfeuer Kohlsuppe gekocht. Bei Hitze wie bei Kälte trägt er unter dem Gehrock einen wattierten Achaluchi und auf dem Kopf eine Schaffellmütze; er hat eine starke Abneigung gegen Mäntel und zieht die Burka [420] vor; die Burka ist seine Toga, darin hüllt er sich ein; der Regen tropft ihm in den Kragen, der Wind schlägt die Burka auseinander - halb so schlimm! Die durch Puschkin, Marlinski und Jermolows Porträt berühmt gewordene Burka kommt nicht von seiner Schulter, er schläft darauf und deckt sein Pferd damit zu…

---

[416] Kaukasischer Säbel besonderer Stahlqualität.

[417] Bazalai war der Name berühmter kaukasischer Damaststahlschmiede, bekannt für höchste Qualität.

[418] Schaloch-Pferd, beste tscherkessische Pferdeart.

[419] Tscherkessischer Anführer.

[420] Kaukasischer ponchoähnlicher Überwurf, nicht mit dem gleichnamigen Frauengewand zu verwechseln.

Den eigenen Worten zufolge ist sein Pferd erstaunlich schnell - auf weiten Strecken. Lächerliche fünfzehn Werst mag er darum mit Ihnen auch nicht reiten. Fällt ihm der Dienst mitunter auch schwer, er hat es sich zur Maxime gemacht, das Leben im Kaukasus zu loben; jedem, der es hören will, sagt er, der Dienst im Kaukasus sei sehr angenehm.

Aber die Jahre vergehen, der Kaukasier ist schon vierzig, es zieht ihn nach Hause, ... er kauft einen kleinen Wagen, spannt ein paar Schindmähren davor und macht sich gemächlich auf den Weg in die Heimat; auf Poststationen hält er jedoch stets, um mit den Durchreisenden zu plaudern. Wenn Sie ihm begegnen, erkennen Sie ihn sofort als *echten* Kaukasier, denn selbst im Gouvernement Woronesh schnallt er Dolch oder Säbel nicht ab, weil sie ihm nicht hinderlich sind. Der Stationsaufseher hört ihm respektvoll zu, und erst hier erlaubt sich der pensionierte Held, zu renommieren und Geschichten zu erfinden; im Kaukasus ist er bescheiden - aber schließlich und endlich, wer sollte ihm in Rußland beweisen, daß ein Pferd nicht in einem Ritt zweihundert Werst zurücklegen kann und kein Gewehr der Welt auf vierhundert Saschen [421] ins Ziel trifft? Aber ach, meistens vermodern seine Gebeine in muselmanischer Erde. Er heiratet selten, und bürdet ihm das Schicksal doch eine Gemahlin auf, bemüht er sich, in eine Garnison versetzt zu werden, und beschließt seine Tage in irgendeiner Festung, wo ihn seine Gattin vor einer für den Russen so verhängnisvollen Gewohnheit bewahrt..." [422]

1831 Aufstand in Polen und Litauen

Im November 1830 war es in Warschau zu einem schwerwiegenden Aufstand gegen die russische Herrschaft über Polen gekommen, der sich in den folgenden Monaten weiter ausdehnte und den das russische Militär erst im Spätsommer 1831 niederschlagen konnte. Auch für das angrenzende Kurland war 1831 „Ein verhängniszvolles jahr, wegen der insurrection in Lithauen ... Bis Mitau sind jedoch die insurgenten nicht vorgedrungen, aber näher bei der grenze, hie und da, als bey Elley und besonders Polangen, sind zwischen ihnen und dem russ. militär, auch dem

---

[421] Saschen, Saschehn: alte Maßeinheit, ca. 2 m.
[422] Lermontow, M.: Prosa und Dramatik, Berlin 1987, 431-435.

Scharfschützen-corps aus hiesigen buschwächtern... gefechte vorgefallen..."[423]

„In drei an Kurland stoßenden Kreisen des Wilnaschen Gouvernements sind Unruhen ausgebrochen, in dem von Telsch, von Schawlen und von Roßjani. Ein Haufe der Empörer näherte sich Polangen, und besetzte die Poststraße,... In Libau, der nächsten bedeutendern Stadt Kurlands... bereitete sich die ganze wehrhafte Bevölkerung zu muthigem Widerstande. Im ganzen Gouvernement wurden die Förster und Buschwächter unter die Waffen gerufen, die ein kleines, aber treffliches Korps berittener Scharfschützen bildeten. Glücklicherweise darf man hoffen, daß diese Anstrengungen nicht lange nöthig seyn werden. -

Unterm 24sten März meldet das Libausche Wochenblatt, daß die bei Polangen stationirte Russische Gränz-Zollwache die Lithauischen Insurgenten geschlagen, und ihnen eine Kanone, zwei Fahnen, zwei Trommeln, 32 Gefangene und 80 Pferde abgenommen habe. Die Insurgenten ließen 200 Todte auf dem Platze...

Riga, vom 31. März. Vor 8 oder 10 Tagen sahen wir viele Flüchtlinge aus Mitau hier anlangen, welche die Nachricht, daß ein Insurgentenhaufe an der Gränze von Kurland herumschwärme, aufgescheucht hatte. Viele derselben sind indeß schon wieder beruhigt heimgekehrt."[424]

Man kann sich vorstellen, daß auch Eugen seine Familie aus Mitau in Sicherheit zu bringen versuchte, zumal er als Beamter im russischen Staatsdienst den Aufständischen besonders mißliebig erscheinen mußte.

In Riga verstarb am 31. März 1831 Henriette v. Budbergs (1790-1847) älteste Tochter Elise mit 22 ½ Jahren, die Frau des Doktors der Philosophie Bornhaupt.[425] Sie war geboren am 12. Nov.1808 und hatte am 30. Dez.1828 in Nerft Karl Friedrich Bornhaupt geheiratet. Ihre Mutter Henriette war die jüngere Schwester von August und somit Eugens und Jeannots Kusine, Elise ihre Nichte.

Am 11. April kam es zwischen Elley, etwa 25 km westlich von Grafenthal, und der litauischen Grenze zu Kampfhandlungen zwischen russischen Truppen und den „Insurgenten", von denen 70 ihr Leben ließen. Am nächsten Tag wurden die Polen weiter

---

[423] Sloka, L. J.: Kurzemes draudžu chronikas, Riga 1930, II, 160 f. (Hofzumberge).
[424] St. Petersburgische Zeitung, 9.4.1831, 346.
[425] KB Riga Dom Verstorbene 1831, fol. 269. Rigasche Stadtblätter 15.4.1831; Genealogisches Handbuch der Baltischen Ritterschaften, Kurland, Görlitz (1939), I, 216.

verfolgt und aus dem Flecken Janischki verdrängt, [426] Bei Kämpfen um Janischki kamen nochmals 200 Polen ums Leben. [427]

Elley liegt an der direkten Straße vom litauischen Schaulen und Janischki nach Mitau. Grafenthal, zu Fuß sechs Stunden von Elley und weniger gut erreichbar, war vielleicht nicht direkt betroffen. Dennoch müssen die Vorkommnisse auch die Grafenthaler beunruhigt haben, zumal das Gut auch Buschwächter hatte, die wohl zu der aufgestellten Truppe geschickt oder zumindest in Alarmbereitschaft gesetzt worden waren.

Kaum schienen diese Widrigkeiten beendet, bahnte sich erneut Gefahr an. „Ebenfalls am 17ten ging die officielle Nachricht aus Bauske ein, daß ein aus Riga dahin abgefertigter und am 15ten daselbst angelangter Rekrut am 15ten Abends sich unwohl gefühlt, am 16ten früh unter Symptomen der Cholera erkrankt und am Abend desselben Tages verschieden ist. So ist denn diese Seuche nun auch im eigentlichen alten Kurland angekommen! Bis zum 17ten May, Morgens 9 Uhr, hatte sich in Bauske noch kein ähnlicher Krankheitsfall gefunden." [428]

Der Georgi-Markt

Ein bedeutsames alljährlich wiederkehrendes Ereignis, nicht nur für das Gut Grafenthal sondern auch das Umland, war der „Bauernmarkt". Händler brachten verschiedenste Waren teils von weit her, zugleich wurden auf dem Gut hergestellte Erzeugnisse verkauft. Auch für den Gutsbesitzer bot sich damit die Möglichkeit, eine wenn auch nur geringe Einnahme zu erzielen. Für Grafenthal beliefen sich der Ertrag auf etwa 120 Rubel. [429] Solche Märkte gab es auch auf anderen Gütern. Sie fanden an traditionell feststehenden Tagen statt, die auch in den Jahreskalendern aufgeführt waren. In Kurland gab es jedes Jahr statistisch gesehen mehr Märkte als Tage. Der Mitauische Kalender verzeichnete auf drei dichtgesetzten Seiten über 400 „Jahrmärkte, welche in den Russisch-Kaiserlichen Herzogthümern Kurland und Semgallen, wie auch in verschiedenen Städten der angränzenden Länder, gehalten werden." Demnach

---

[426] Allgemeine Deutsche Zeitung für Russland, 14.4.1831, Extra-Beylage.
[427] Allgemeine Deutsche Zeitung für Russland, 18.4.1831, Extra-Beylage.
[428] Allgemeine Deutsche Zeitung für Russland, 19.5.1831, Extra-Beylage, 48.
[429] LVVA 581/4/2100, fol. 8.

fiel der alljährliche Markt von „Grafenthal, auf alt Georgii".[430] Gemeint ist der Sankt-Georgstag nach dem Kalender alten Stils, also des Julianischen Kalenders. Im 19. Jahrhundert betrug der Unterschied zum heutigen „neuen" gregorianischen Kalender 12 Tage, und „alt Georgii" entsprach dem 23. April. Der Markt fand üblicherweise am darauffolgenden Montag statt und dauerte nur einen Tag. [431]

Ein solcher „Bauerjahrmarkt in Kurland" ist in der Zeitschrift „Das Inland" geschildert: „Wer einen solchen Kram- und Viehmarkt in Livland gesehen hat, wird sich bei dem Gewirre und Geschrei der unaufhörlich auf einem Klumpen sich zusammen und durch einander drängenden Menge, kaum eines unheimlichen Gefühles erwähren können. - Auf den kurländischen Märkten geht es schon viel ruhiger und geordneter her, obgleich auch hier des Wilden und Wirren genug vorkömmt. Während des ganzen Tages waren nur ein Paar Schaafsdiebstähle vorgefallen, und außerdem hatte der Marktrichter nur drei oder vier Streitigkeiten zu schlichten gehabt. Dieser Marktrichter wird eigens für einen solchen Jahrmarkt aus den Mitgliedern der Ritterschaft erwählt. In der Mitte des für den Markt abgestochenen Platzes bildeten zehn bis zwölf zum Theil recht ansehnliche Zelte eine ziemlich breite Straße. Hier wurden von Krämern und Handwerkern, die aus den kleinen Städten Kurlands zum Theil ziemlich weit herbeigekommen waren, mancherlei Luxusartikel und für den Landmann nothwendige oder doch verleitliche Gegenstände der Gewerbsbetriebsamkeit, von Leuten niedern Standes aber Lebensmittel und Getränke zum Verkauf angeboten. Die zahlreiche Menge der Kauflustigen wogte durch diese Straße unaufhörlich hin und her, drängte sich unter den Zelten und gab durch mehr oder minder laute Witzworte seiner innern Lust und Freude einen heitern Abfluß. In der That sah man in den Zelten zum Theil recht geschmackvolle Erzeugnisse der Industrie ausgeboten, aber den bei weitem größten Raum nahmen bunte Flaschen mit gebrannten Wassern und allerlei Backwerk ein, von dem bescheidenen groben Roggenbrodte bis hinauf zu den feinsten Pfefferkuchen. Der Wagen des Zeltbesitzers bildete gewöhnlich den Hintergrund des luftigen Baues, vorn war durch untergelegte Klötze und drüber hingebreitete Bretter ein ziemlich primitiver Tisch hergestellt, der eben von jenen bunten Waaren bedeckt erschien, wenn nicht etwa im Hintergrunde der aufrecht gestellte Reisekoffer des Zeltinhabers die Stelle eines temporairen Budenschrankes vertrat. Drollig genug nahm es

---

[430] Mitauischer Kalender... 1829, Mitau 1828.
[431] Statistisches Jahrbuch für das Gouvernement Kurland, Mitau 1861, Tafel 20, 2.

sich aus, wenn die hinter dem Zelte angebundenen Pferde plötzlich ihre Häupter unter die Leinwand hindurch in das Zelt hineinsteckten und die wogende Masse der Käufer ganz erstaunt und verwundert zu betrachten schienen"…

Außerdem „gab es noch drei streng von einander geschiedene Regionen des Marktes, die durch eben so viele Reihen der symmetrisch aufgestellten Bauerwagen angedeutet wurden. Hier war der eigentliche Vieh- und Pferdemarkt, der interessantere und eigenthümlichere Theil des Treibens. Pferde, Hornvieh, Schaafe - jede Art und Gattung in der ihr angewiesenen Region sich haltend - gingen in der ersten Linie schnell aus Hand in Hand, während einer Stunde wohl zehn Mal ihren Besitzer wechselnd. In der zweiten Linie standen schon eine Menge Juden bereit, um das eben erstandene Lamm, Rind oder anderweitige Schlachtvieh, sogleich kunstgerecht vom Leben zum Tode zu bringen; während in der dritten Linie, Juden- und Zigeuner-Weiber das noch rauchende Fleisch schnell à la campagne zubereitet, gekocht und gebraten der eßlustigen Menge zum Kauf anboten, die ringsumher auf der Erde ausgestreckt, oder in Gruppen umherkauernd das unappetitliche Mahl heißhungrig verschlang. Ein ziemlich asiatischer Anblick, der an die Beschreibung erinnert, die Reisende uns von den Nomaden jenes älteren Welttheils machen.

Einen nicht minder eigenthümlichen Anblick bietet der Pferdemarkt dar. Hier drängen sich eine Menge Zigeuner durch die bunte Volks-Masse hin und her, weniger als Käufer, denn als Mäkler. Der Pferdehandel ist ein örtliches Vorrecht der Zigeuner, die den kleinen Schacherhandel dagegen den ebenfalls in großer Anzahl auf dem Markte erscheinenden Juden überlassen. - Eben die Anwesenheit der vielen auf das Morgenland zurückweisenden Juden und Zigeuner giebt dem Marktleben hieselbst seine eigenthümliche und wie nicht zu läugnen sehr interessante Färbung. Gleich den Juden entfalten auch die Zigeuner eine ungeheure Geschäftigkeit; durchschneiden die Menge mit unglaublicher Geschicklichkeit und Schnelle dergestalt, daß sie oft zugleich an mehren Orten zu sein scheinen. - Alle auf dem Markt befindlichen Zigeuner stehen unter dem Befehle eines, für die Dauer des Marktes erwählten Aeltesten (Marktkönigs), meist ihres Hauptmannes, dem sie unbedingt gehorchen, und fortwährend, das Marktgewühl in allen möglichen Richtungen zu Pferde durchkreuzt, überall beobachtet, untersucht, schlichtet und versöhnt, wo sich etwa ein Streit unter seinen Leuten und den Marktgästen entspinnt, bei wichtigeren Fällen aber die Entscheidung des Marktrichters anruft. - Der Pferdehandel lauft hier in der Regel - wie leider aller

Pferdehandel, selbst unter Gebildeten - auf Betrügereien hinaus, die nicht selten zu ernsten Händeln führen. Absichtlich verzögern die Zigeuner den Pferdehandel bis zur Nacht, wenn die Jahrmarktsfreuden und der Jahrmarktsdurst den Bauer im Gebrauch seiner Vernunft schwankend gemacht haben. Der Zigeuner sieht in der Dunkelheit ziemlich scharf, eine natürliche Folge seines nächtlichen Waldlebens; wenigstens ist sein Auge viel schärfer als das Auge des mit ihm handelnden meist von den Geistern des Branntweins und Bieres beherrschten Landmannes, und so ist der Bauer in der Regel der Betrogene. Auch fehlt es in der Nacht eben nicht an Händeln und Diebereien, und die eigentliche Arbeit des Marktrichters geht erst an, wenn die Sonne hinabgesunken ist. Dieser Handel auf den Bauermärkten macht das vorzüglichste Geschäft, und den Haupterwerbszweig der freien Söhne des Waldes und der Erde aus, wie die Zigeuner sich zu nennen lieben. - Zwar zu Städten und Flecken angeschrieben, haben sie doch nirgends feste Wohnsitze, sondern ziehen lustig und genügsam den größten Theil des Jahres durch Feld und Wald umher, und legen ihr müdes Haupt nieder, wo es sich eben trifft. Daß unter solchen Umständen der Diebstahl ihnen weder für ein Verbrechen gilt, noch als Erwerbsquelle unwillkommen ist, läßt sich begreifen. Wo ein Bauermarkt ist, findet sich auch gleich der Zigeuner ein. Unter den Männern erblickte ich viele imposante, stolze Gestalten mit bedeutenden ausdrucksvollen Gesichtszügen; die jungen Mädchen waren zum Theil sehr schön; aber die Weiber ohne Ausnahme unaussprechlich häßlich. Sie treiben das bekannte Wahrsagerhandwerk mit großer Schlauheit und Sagacität, [432] und sehen auch wohl die Gelegenheit zum Diebstahl ab. Die Gegenwart der vielen Juden und Zigeuner, die zum Theil in recht zerlumpten Kostümen erscheinen, geben diesen Märkten einen sehr eigenthümlichen, fast möchte man sagen, wilden uncivilisirten Anstrich; während doch die herrschende Ordnung und Symmetrie ein günstiges Zeugniß für die Bildung des Landvolkes ablegt. Als der Abend hereingebrochen war, flammten auf der ganzen Strecke des Marktplatzes überall Nachtfeuer auf, und es gewährte einen wild-malerischen Anblick, die um diese Feuer gelagerten oder in Bewegung begriffenen Gruppen zu betrachten. Ein buntes Gewirre von tausend Stimmen schallte durch die Nacht, und durch dasselbe hindurch ertönte das Wiehern der Pferde, das Brüllen des Hornviehes und das Geblöck der Schaafe und Kälber. Nach Mitternacht verstummte allmählig der Lärm, und als ich am folgenden Morgen Bershof verließ, waren nicht nur sämmtliche

---

[432] Scharfsinn.

Zelte verschwunden, sondern der friedliche Pflug ging auch schon über die Stelle, wo vor wenigen Stunden noch ein so reges Leben, ein so buntes Gewühl stattgefunden hatte." [433]

Ähnlich kann man sich wohl den Georgi-Markt auf Grafenthal vorstellen, der allerdings auch einmal ausfiel. Ursache war offenbar zunächst, daß beim Kalenderdruck ein falsches Datum mitgeteilt wurde. Dies berichtigen sollte eine Bekanntmachung:

„… Da die Grafenthalsche Gutsverwaltung ersehen, wie im Livländischen Kalender für 1831, der auf dem Gute Grafenthal in Kurland jährlich abzuhaltene Markt zu Johannis angezeigt worden; so wird solches von selbiger dahin berichtet: daß der Markt immer zu Alt-Georgi statt gefunden auch ferner nur zu erwähnter Zeit gehalten werden wird" [434] Doch offenbar war die Verwirrung nicht rechtzeitig aufzulösen, so daß schließlich im „Allgemeines Kurländisches Amts- und Intelligenz-Blatt" zu lesen stand: „Der auf dem Gute Grafenthal alljährig zu Alt-Georgi statt gehabte Markt wird in diesem Jahre nicht gehalten werden." [435] Anlaß dazu dürften schließlich auch die diesjährigen unruhigen Verhältnisse, bedingt durch den Aufstand in Litauen, und die sich anbahnende Verbreitung der Cholera gewesen sein.

Nutztiere und Viehzucht

Trotz widriger Umstände mußte der Gutsbetrieb weitergehen. So erschien ebenfalls im „Intelligenz-Blatt" die Annonce: „Von Johannis 1831 ab ist auf dem Gute Grafenthal das Milchvieh in Pacht zu haben; die nähern Bedingungen dieserhalb sind bey der dasigen Guts-Verwaltung zu erfragen." [436]

Die für die Gutswirtschaft notwendigen Nutztiere, die auch auf den Bauernmärkten und zu Johanni gehandelt wurden, waren

„1. Pferde. Auf den Gütern und in den Städten werden große starke Pferde gehalten, von denen ein nicht unbedeutender Theil aus dem Innern des Russischen Reiches eingebracht worden. Diese bilden jedoch nur eine geringe Zahl im Vergleich zu dem eigentlichen Stamm der Curländischen Bauerpferde. Letztere sind unansehnliche

---

[433] Das Inland 31.5.1848, 463 ff. (Harald von Brackel, 1838).
[434] Rigische Anzeigen 1831, 2.2., 6.
[435] Allgemeines Kurländisches Amts- und Intelligenz-Blatt 11.4.1831.
[436] Allgemeines Kurländisches Amts- und Intelligenz-Blatt 24.3.1831.

Thiere, von ausdauernder, aber wenig kräftiger Natur, durch fortwährende Hemmniß in der vollkommenen Ausbildung ihrer physischen Anlagen auf eine zwergartige Gestalt, als ziemlich constante Eigenschaft, reducirt. - Unter den gegenwärtigen Verhältnissen, wo die Bauern für die Benutzung der ihnen von den Gütern contractlich verliehenen Gesinde (Bauerhöfe), an Stelle einer Pachtzahlung, alle feld- und sonstigen Arbeiten, Producten-, Holzfuhr usw. für die Gutshöfe, nächst dem Betriebe ihrer eigenen Land- und Hauswirtschaft, zu besorgen haben, warten sie nicht füglich das geeignete Alter ihrer jungen Pferde ab, ehe sie dieselben zu schweren Verrichtungen anstrengen. Hiernächst ist es ihnen nicht immer möglich, den Thieren eine sorgsame Schonung zu gewähren. Wenn z. B. schwer beladene Fuhren Meilenweit von ihrer Heimath oder ihrem Ziele durch den Eintritt schlechter Wege überrascht werden, so darf die Fortsetzung der Reise doch nicht unterbleiben. Bedauerungswürdig ist das Schauspiel, welches in jedem Winter sich wiederholt, wenn nämlich ganze Schlittenzüge mit ihren Lasten nach plötzlich abgegangener Schneebahn über die bloße Erde von halb todtgequälten Pferden nicht mehr fortgeschleift, sondern nur fortgerucht werden können. Um diesem Uebel endlich vorzubeugen, ist schon die Einführung von Schlittenwagen vorgeschlagen worden. - Überdies aber vergehen sich Bauern nur gar zu oft durch Rohheit und Gleichgültigkeit gegen ihre Pferde. In der Regel laden sie ohnehin zu starke Fuder, um nur bald abzukommen; gerne setzt sich dann der faule Knecht noch oben drauf, ohne Rücksicht auf die Ermattung der ihm anvertrauten Pferde, und handhabt gedankenlos, oder auch nur zum Zeitvertreib, die Peitsche. Die Hofes- und Stadtpferde werden beständig auf dem Stalle gefüttert, die Bauerpferde im Sommer während der Nacht und bei müssiger Zeit geweidet. Das Winterfutter der letzteren besteht hauptsächlich in Heu, mitunter in Stroh, weniger in Körnern." [437]

„2. Rindvieh. Dieses ist kleines Landvieh, ausgeschlachtet von etwa 200 bis gegen 300 Pfund Gewicht. Hin und wieder trifft man Blendlinge einer schwereren Race, und zuweilen, besonders in den Städten, Holländische und andere ausländische Kühe. - Als Mast- und Schlachtvieh werden ansehnliche Partieen Ukrainischer Ochsen eingebracht. - Mit Ochsen zu arbeiten oder zu fahren ist in Curland nicht gebräuchlich. - Die Hauptnahrung des Rindviehes im Winter bei den Bauern ist Stroh.

3. Schafe. Die allgemeinen gehören zu den Haideschnucken. Auf mehreren Gütern wird seit längerer Zeit die Merinozucht im Großen betrieben; andere Güter treffen

---

[437] Das Inland 10.8.1838, 505 ff.

gegenwärtig Vorbereitungen, sie bei sich einzuführen. Auch giebt es hier größere und kleinere Heerden Oeselscher Schafe mit feiner Wolle von vorzüglicher Güte…

4. Ziegen werden nur noch hin und wieder zu wenigen Stücken gehalten; ganze Heerden sind hier nicht mehr vorhanden.

5. Schweine. Von diesen giebt es ein Gemisch von Racen durcheinander. - Mit der zunehmenden Ausbreitung des Kartoffelbaues mehrt sich die Zahl der Schweine, welche bis jetzt für die eigene Consumtion der Provinz nicht ganz ausreichen, denn jährlich werden noch Quantitäten von gehaltenem Speck aus dem Innern Rußlands eingebracht. Weitläufige, zum Theil Eichen- und Buchen-Forste gewähren vielen Gegenden gute Hülfsmittel für die Schweinezucht.

6. Geflügel. An Geflügel aller Art ist Curland reich, vornehmlich an Hühnern, Gänsen und Enten, weniger an Truthühnern. Tauben werden nur des Vergnügens wegen von einzelnen Liebhabern gezogen.

7. Bienen. Die Bienenzucht, vor einigen Jahrhunderten einer der wichtigsten Industriezweige des Landes, ist zur Unbedeutenheit herabgesunken. Mehr noch wird die Haus- als die Waldbienenzucht betrieben.…

Zum Schluß muß noch angeführt werden der Handel mit Producten der Viehzucht. Die wichtigsten rohen Ausfuhrartikel nach dem Auslande sind Häute, Knochen und Wolle, auch wohl Posen. [438] Wenig in Betracht zu ziehen sind Talg, Wachs, Butter, Bettfedern und Borsten. - Von Fabricaten wird nur Corduan- und anderes feinere Leder nach anderen Gouvernements versandt. Eingeführt werden aus dem Innern Rußlands Rindleder, Stiefeln und Schuhe, Talglichte, Seife, Honig und verschiedene Wollenwaaren; aus dem Auslande Käse. Einheimisch war früher nur der Sauremilch-Käse (Knappkäse) mitunter zäher Süßmilchkäse, selten Ziegenkäse. - Auf mehreren Gütern jedoch haben jetzt Ausländer, meist Schweizer, Viehpachtungen angenommen, welche grüne Schabzieger, eine Art Holländischen Schmand- und anderen Käse in ansehnlicher Menge bereiten. Es steht zu hoffen, daß dieser Artikel mit der Zeit noch für die Ausfuhr anwachsen wird." [439]

---

[438] Federkiele zum Schreiben.
[439] Das Inland 17.8.1838, 519 ff.

Die Cholera

Die Cholera war noch lange nicht überstanden. „Nach Johannis war eine beständig trockene u. warme witterung, welche eine reiche u. schnelle heuerndte gab. Im Juli stieg die wärme bis zu 22 u. 23° wärme im schatten. Die sommersaat hat dadurch wohl gelitten. Bey allen, den schönen gaben, die die natur uns reichlich spendete, trat nach Gottes weiser regierung eine fürchterliche krankheit ein, an welcher hunderte tausende von menschen plötzlich starben. Ihr name ist cholera, die von Asien aus in Moskau einbrach, von da nach Petersburg, Riga, Mitau, Goldingen, Hasenpoth u. anderen orten ihren mordenden einfall that. In Petersburg sind beynahe 5000, in Riga über 1500, in Mitau über 400 menschen gestorben... Gott bewahre die menschheit nach seiner gnade für dieses schreckliche uebel." [440]

„In Mitau ist die seuche verhältniszmäszig noch mehr verbreitet und die sterblichkeit ungleich gröszer gewesen, denn es erkrankten während der 73-tägigen dauer der epidemie, d. h. vom 18-ten may bis 30-sten jul. 875 menschen, von denen 465 starben, also mehr als die hälfte... die einwohnerzahl Mitaus, zur zeit der epidemie, kann man, da im mon. may so viele die Stadt verlaszen hatten, nicht höher als zwischen 8 und 9000 menschen anschlagen, es starben also so ziemlich der 19-te mensch." [441]

Der bekannte und schon erwähnte Mitauer Medizinalinspektor Dr. Heinrich Bidder, Bruder von Carolines Stiefmutter Konstantia Gottlieb geb. Bidder, veröffentlichte mehrfach in der „Allgemeine Deutsche Zeitung für Russland" umfangreiche Hinweise zum Verlauf der Epidemie und ihrer Bekämpfung, [442] dazu die Schrift „Anweisung, um zur Zeit der herrschenden Cholera-Seuche die Gesundheit zu erhalten und selbst bei der Pflege der Kranken die Ansteckung zu verhüten". [443]

Auch auf dem Land versuchte man, der Seuche mit den besten bekannten Mitteln entgegenzutreten:

„24 mai 1831 wurden der schon in Riga u. einigen örtern Kurlands wüthender ansteckenden krankheit, cholera genannt, auch hier kräftige maszregeln entgegen gestellt. Nachdem auf allerhöchsten befehl jedem fremden, der keinen gesundheitspasz hatte, durch schlagbäume und baueren wache, der eintritt in das Edwahlensche gebiet

---

[440] Sloka, L. J.: Kurzemes draudžu chronikas, Riga 1928, I, 20 (Angermünde).
[441] Sloka, L. J.: Kurzemes draudžu chronikas, Riga 1930, II, 160 f. (Hofzumberge).
[442] Allgemeine Deutsche Zeitung für Russland, 19.5.1831, Extra-Beylage, 41 ff. et infra.
[443] Mitau 1831.

verschloszen war, wurde der gemeinde in der kirche, als schutzmittel, folgendes bekannt gemacht u. eingeschärft: jeder soll einen wollenen gurt, ½ elle breit, um den leib tragen, um jede erkältung des Unterleibes zu verhüten. Jeder soll in seiner wohnstube ein gefäsz mit theer halten u. daszelbe öfter umrühren, um die Luft rein zu erhalten. Niemand soll baarfusz gehen. Keiner soll jüdische krämer, zigeuner oder irgend fremde, unbekannte Personen in seine wohnung einlaszen. Niemand darf ohne gesundheitspasz vom gemeindegerichte über die grenze Edwahlens gehen. Öfters tabak rauchen, aber aus pfeifen, mit deckeln versehen, wird empfohlen, besonders auf reisen u. beim eintritte in krüge oder fremde wohnungen. Jeder soll, sobald jemand in seinem hause über heftige schmerzen im unterleibe, schmerzhafte diarrhöe oder neigung zum erbrechen klagt, ungesäumt dem arzte es anzeigen, damit auf der stelle geholfen werden könne. Kaddikstrauch musz in jedem gesinde zum etwaigen räuchern vorräthig sein…

Nichtärzte heilen diese krankheit mit erfolg so: man reibt den kranken mit wollenen tüchern, welche befeuchtet werden mit warmen probebrantwein, versetzt mit (1 handvoll) türkischen Pfeffer u. gestoszenem Senfe (welche ingredienzien vorher zusammen aufgestellt u. an einem warmen orte gehalten werden müszen). Tritt so wärme in den körper, so legt man den kranken in ein bett, stellt zwischen die beine des kranken ein paar heiszgemachte ziegeln (in einer mulde) gieszt auf dieselben eszig zu wiederholten malen. Der unter der decke sich verbreitende dampf bringt den kranken in schweisz. In der zwischenzeit musz derselbe pfeffermünz oder krausemünz thee trinken. Oft ist so nach 2 stunden schon gänzliche genesung eingetreten." [444]

Cholera-Unruhen in Nowgorod

Die sogenannten „Militärkolonien" im Gouvernement Nowgorod „wurden gegen das Ende der Regierung des Kaisers Alexander durch den Liebling seiner letzten Jahre Araktschejew, gegründet, der sich große Vortheile für das Reich von denselben versprach… Zwischen dem Gedanken einer Maßregel und ihrer Ausführung liegen die Menschen die sie ausführen müssen, es gibt aber in Rußland nur äußerst wenige, es gibt beinahe keine Männer, die höhere Fähigkeiten mit einer edlen patriotischen

---

[444] Sloka, L. J.: Kurzemes draudžu chronikas, Riga 1928, I, 106 f. (Edwahlen).

Gesinnung verbänden; in die (sic!) Händen der Menschen, die sie ausführen sollen, werden darum oft in Rußland die besten Maßregeln zu den allerverderblichsten. Die angesiedelten Regimenter wurden von ihren Vorgesetzten auf so empörende Weise betrogen und mißhandelt, daß in der ganzen Armee der größte Widerwille gegen neue Ansiedlungen laut wurde. Bald empörten sich einzelne Soldatendörfer, worauf die härtesten Strafen und Verweisung ganzer Massen nach Sibirien erfolgte. Der Kaiser aber wurde von Araktschejew lange getäuscht; bei seinen Reisen wurde alles auf ächt russische Weise so eingerichtet, daß die Soldaten ihm im größten Ueberflusse zu leben schienen, während sie kaum ihr Leben zu fristen im Stande waren, und später, als die Wahrheit immer mehr und mehr ans Licht kam, wollte Alexander sich lieber täuschen lassen, als den großen Mißgriff seiner Regierung klar erkennen. Schon nach Alexanders Tod waren die Militärkolonien in dem Grade verhaßt, daß Araktschejew vom Hofe entfernt und ein großer Theil der angesiedelten Regimenter aufgelöst wurde. In den übriggebliebenen brach bei Nowgorod im Jahr 1831 während der Cholera eine der fürchterlichsten Militärrevolutionen aus, die Rußland vielleicht jemals gesehen. Alle Offiziere, deren die wüthenden Soldaten habhaft werden konnten, wurden auf schauderhafteste Weise gemordet, das wüthende Heer wollte nach der von Militär entblößten Hauptstadt ziehen. Petersburg zitterte bei dieser Nachricht, vergaß den Krieg in Polen und dachte acht Tage lang nur an die drehenden (sic!) Schrecken von Nowgorod. Der Kaiser aber reiste schnell dorthin und rettete durch Muth und Entschlossenheit sich und sein Reich vom Verderben. Die Schuldigen wurden grausam gestraft, und die Militärsiedlungen noch mehr beschränkt…" [445]

„Am 15. Juli mußte eine Emeute [446] in der Münzschmelze bei Ropscha durch Militär niedergeworfen werden; weit bedenklicher und eine wirkliche Gefahr für das Reich aber bedeutete der 14 Tage später in den Militärkolonien aus Nowgorod ausgebrochene Aufstand der angesiedelten Truppen. Auch dort, wie fast überall im Reiche war die Bevölkerung überzeugt, daß die Cholera die Folge böswilliger Vergiftungen sei. Die erste Veranlassung dazu scheint ein wirklicher Vergiftungsversuch gewesen zu sein, durch den ein Soldat sich eines Weibes zu entledigen suchte, das ihn heiraten wollte, nachdem er Umgang mit ihr gehabt hatte. Er wurde dabei betroffen, wie er ihr

---

[445] Rußlands Armee, Flotte und Finanzen in: Beilage zur Deutschen Zeitung (Frankfurt) 12.7.1848, 2.
[446] Aufruhr.

gewaltsam Vitriolspiritus, wie man es zu Chlorräucherungen benutzte, beizubringen suchte. Das Volk schleppte ihn zur Polizei, nahm aber die Erklärung des Arztes, daß die Flüssigkeit kein eigentliches Gift sei, so übel auf, daß es ihn tödlich mißhandelte und die Namen seiner Mitschuldigen verlangte. Der Mann wurde ermordet, mit ihm mehrere Offiziere und die Nachricht von dem, was in Staraja Rusa geschehen war, verbreitete sich nun durch alle Militärkolonien des Nordens. Der alte Graf Araktschejiw wurde von seinem schlechten Gewissen aus seinem Gute Grusino nach Nowgorod getrieben, wo er Schutz zu finden hoffte. Aber der Gouverneur und der Stadtkommandant wollten ihn nicht dulden, weil sie fürchteten, daß die Rache der Soldaten ihn bis in die Stadt hinein verfolgen und diese selbst gefährden könnte. Es bedurfte eines besonderen Befehls des Kaisers, um ihn in seiner Zufluchtstätte zu sichern. In Staraja Rusa aber mußten zwei Bataillone mit vier Geschützen die Ruhe herstellen. Gleichzeitig verbreitete sich der Aufstand über das Ansiedlungsgebiet der zweiten und dritten Brigade, wo namentlich die Artillerie unmenschlich wütete. Fast alle Bataillonskommandeure und Offiziere wurden ermordet, denn die Cholera war nur ein Vorwand, um dem seit Jahren aufgesammelten Haß der Mannschaft Luft zu machen. Ganz furchtbar waren die Ausschreitungen in Korosten, und schließlich gab es in dem ganzen weiten Siedlungsgebiet nur einen Ort, Medwed, der die Ordnung ungestört aufrecht erhielt. Es ist begreiflich, daß der Kaiser in äußerster Sorge war. Für den Augenblick erschien ihm diese blutige Meuterei weit gefährlicher, als die gerade damals in ein bedenkliches Stadium getretene revolutionäre Erhebung in Litauen…

Es ist nun höchst merkwürdig, daß, … eine Deputation von 60 Mann den Versuch machte, in Zarskoje Selo zum Kaiser zu gelangen, um diesem zu berichten, was geschehen sei, ihr Tun zu rechtfertigen und den Kaiser zu bitten, daß er sie von den abscheulichen Giftmischern befreie. Der Kaiser, der sie wegen Choleragefahr in Zarskoje nicht empfangen wollte, ließ die Leute nach Ishora führen und hat sie dort aufgesucht, um sie persönlich zu ermahnen. Sie mußten knieend anhören, was er ihnen zu sagen für gut fand. Dann schickte er sie zurück… Es ist aber noch zu blutigen Kämpfen gekommen, ehe die Ruhe völlig hergestellt war. Erst danach erschien der Kaiser, nur von Benckendorff begleitet, persönlich in den Kolonien. Er begab sich sogleich zum Regiment Kaiser Franz versammelte die Mannschaft in der Manege, wo sie vor ihm zu Boden fielen und unter Tränen um Verzeihung baten. Es war einer jener plötzlichen Übergänge von wilder Auflehnung zu reuiger Buße, wie sie tief im russischen Volkscharakter zu liegen scheinen. Ohne Widerrede führte ihm das Regiment die Hauptschuldigen „freiwillig" vor. Sie wurden dem Kriegsgericht übergeben und ein ganzes Bataillon mußte, so wie es war, nach Petersburg marschieren, wo die Leute dann in den Gefängnissen untergebracht wurden. Keiner von ihnen hat auf dem Marsch den Versuch gemacht zu entkommen. Die Handwerker-Kompagnie des Regiments Graf Araktschejew, aber schickte er direkt auf den Kriegsschauplatz. Der Kaiser hat noch alle übrigen Regimenter aufgesucht und Befehle für die Organisation der Kriegsgerichte getroffen. Dann kehrte er erleichterten Herzens heim. Furchtbar war die Strafe, die nach der … Untersuchung die Schuldigen traf. 150 erhielten Rutenstrafen, durch Spißruten wurden 1599 Mann getrieben, die Knute erhielten 88, Korrektionsstrafen 773 Mann. Es sind aber noch während dieser körperlichen Züchtigung 129 tot auf dem Platz geblieben."

Der Aufruhr hatte am 30. Juli 1831 begonnen und war am 18. August niedergeschlagen. „Unzweifelhaft haben die Härten des ganzen Systems der Militärkolonien und die Unredlichkeit der mit der Verwaltung dieses ungeheuren Wirtschaftskomplexes betrauten Beamten vom Militär wie vom Zivil, sehr wesentlich zu dem Aufruhr beigetragen. Ausgebeutete und Ausbeuter standen auch hier, wie faßt überall in Rußland einander gegenüber. Auch war der Aufstand in den Kolonien kein vereinzeltes Symptom…" [447]

August und Araktschejew

Als Zivilgouverneur von Nowgorod war August zwar nicht unmittelbar mit den Maßnahmen zur Niederschlagung des Aufstandes befasst, die eine Angelegenheit des Militärs blieben, doch war die Zuständigkeit für die Sicherheit im gesamten Gouvernement seine Sache. So hielt er einem Aktenstück fest, daß sich im Gefängnis von Waldai 48 Häftlinge befinden. [448]

Jean Europaeus, damals Militärarzt, berichtete in seinen Erinnerungen davon, daß August mit dem berüchtigten Grafen Araktschejew aneinandergeriet. Während der Unruhen verbarg Araktschejew sich in Tichwin. „Nachdem die Revolte sich gelegt

[447] Schiemann, Th.: Geschichte Russlands unter Kaiser Nikolaus I. Berlin 1913, III, 149 ff.
[448] TsGIA 1286, nach Predtetschenskij, A. V. u. Kudrjavtseva (Hg.): Krestjanskoe dvischenie b Rossii b 1826-1849 gg, Leningrad 1985.

hatte, … kehrte er nach Novgorod zurück und wohnte in der Herberge des Kaufmanns Moroschin im Stadtteil Sofia. Man erzählt, dass Gouverneur A.U. Denfer seinen Polizeimeister zum Grafen sandte, um ihn zu bitten, die Stadt zu verlassen, da seine Anwesenheit für die Bewohner Gefahr bedeutete, die ohnehin Angst vor einer Attacke der Soldaten hatten. Man kann sich vorstellen, wie erzürnt der Graf war, denn obwohl nicht mehr in Amt, wurde er aus alter Gewohnheit hofiert. Er sandte sofort einen Schnellkurier nach Petersburg und erhielt die Erlaubnis in Novgorod zu bleiben. Der Gouverneur bekam eine Belehrung über seine Gedankenlosigkeit." [449]

„Der Gouverneur von Nowgorod, A. U. Denfer, war ernsthaft alarmiert, nachdem er von der Ankunft von Araktschejev erfahren hatte. Er schickte sofort den Polizeichef zu ihm, um ihm zu sagen, dass die Anwesenheit seiner Exzellenz, des ehemaligen Leiters der Militärsiedlungen, für die Einwohner der Stadt gefährlich sei. Aufständische Dorfbewohner könnten dann die Stadt angreifen. Alexej Andrejevitsch geriet, nachdem er die Bitte des Gouverneurs gehört hatte, in einen Zustand extremer Wut. Empört setzte er sich sofort an den Tisch und schrieb einen Brief an Kaiser Nikolaus:

„Vater, Eure kaiserliche Majestät! In der gegenwärtigen Zeit, die für die Seele Eurer Majestät schmerzhaft ist, sehe ich mich in meiner gefährlichen Situation gezwungen, mich mit meiner demütigen Bitte an Sie, barmherziger Souverän, zu wenden. Von allen Seiten erreichten mich Gerüchte, dass die Militärsiedler zu mir nach Grusino kommen wollten, um mich zu töten, weil ich eine Militärsiedlung errichtet hatte, für die ich in dieser unruhigen Zeit in meiner Provinz Nowgorod lebte.

Ich fürchte mich nicht vor dem Tod, er kann jeden treffen, wenn er von Gott bestimmt ist, aber ich werde im Rang als Euer General beleidigt durch den Gouverneur, der seinem Rang nach jedermanns Beschützer sein sollte, doch er wirft mich aus der Stadt und beleidigt und kränkt mich, einen alten Mann von 64 (Jahren), indem er mir einen Wohnort nach seinem eigenen Urteil zuweist und den Anstand vergisst.

Ihr, gnädigster Kaiser, wisst, dass ich mich seit sechs Jahren in Grusino aufhalte, wo ich nur mit dem Wohlergehen meiner Bauern beschäftigt bin, nichts von außen

---

[449] A.J. Europaeusken Jälkeläisten Sukusanom at 1959 Nr. 1 (30). Den Text von Europaeus entdeckte ich zuerst 2001 in dieser Zeitschrift aus Finnland, Eva Otremba (München) hatte damals freundlicherweise Auszüge daraus übersetzt. Russischer Text: Vospominanija Evropeusa o sluschbe v voennom poselenii i ob otnoscheenijach k grafu Araktscheevu 233, in: Russkaja Starina VI, 1872, Nr. 9, 226-241. Auszüge übersetzte freundlicherweise ins Deutsche Erik Kokenov (München).

sehe und höre, sondern wie ein kranker Greis lebe, der sich darauf vorbereitet, in die ewige Heimstatt zu gehen!..."

Seine Majestät antwortete sofort: „1. August 1831. Heute Mittag erhielt ich Ihren Brief, Alexei Andreevich, und befahl nun, Sie zu schützen. Ich beeile mich, Sie zu benachrichtigen und Ihnen zu versichern, dass Sie überall, wo sich meine Macht erstreckt, sicher sind. Ich glaube nicht an die Gerüchte, die Sie erreicht haben, und ich bin sicher, dass Sie, wenn Sie nach Gruzino zurückkehren möchten, sogar durch die Bezirke der Militärsiedlungen fahren können, in denen die Ordnung bereits wiederhergestellt ist."

Zufrieden mit der Antwort des Herrschers lebte der Graf den ganzen August in Nowgorod. Nachdem er sich vergewissert hatte, dass die Gefahr einer Repressalie gegen ihn vorüber war, kehrte er im September nach Grusino zurück." [450]

„Nikolaus schrieb dem Grafen Tschernischev: „Aus dem beiliegenden Brief des Grafen Araktschejev werden Sie sehen, wie unhöflich man mit dem General umgeht... Schreiben Sie Herrn Lutze und dem Gouverneur, daß ich es deren persönlicher Verantwortung überlasse, die Sicherheit des Grafen Araktschejev während seines Aufenthalts in Novgorod zu wahren; es ist ihre Aufgabe, jeden vor Gefahren zu schützen, insbesondere jene, die ich für würdig ansehe, meine Uniform zu tragen. Herr Lutze als vorübergehender Oberbefehlshaber soll eine Wache vor das Haus des Grafen Araktschejev stellen, und er soll alle Massnahmen ergreifen, falls, was ich nicht glaube, eine wirkliche Gefahr droht, so dass ihm dann nichts geschieht. Schreiben Sie in starken und entschiedenen Worten." [451]

Ein interessantes im Allgemeinen übergangenes Detail dieser Affäre hat Alexander Herzen beiläufig erwähnt. Es läßt Augusts Abweisung von Araktschejew, als dieser vor den Aufständischen nach Nowgorod floh, in einem etwas anderen Licht erscheinen: „Der abgesetzte Wessir" (gemeint ist Araktschejew) ... „zog sich nach Grusion zurück. Die Ungnade desselben hatte einen solchen Eindruck gemacht, daß der Civilgouverneur von Nowgorod es nicht auf sich zu nehmen wagte, dem einst allmächtigen Minister jetzt einen längeren Aufenthalt in dieser Stadt zu verwilligen, die selbst das Bild gänzlichen Verfalls darbot, und derselbe ließ Araktschejef bedeuten, als derselbe

[450] Tomsinov, V.: Araktschejev, Moskau 2010, 127.
[451] Estaf'ev, P.P.: Vosstanie voennich poseljan novgorodskoj gubernii v 1831 g., (Moskau 1934), 184, Anm. 1, freundlicherweise übersetzt von Erik Kokenov.

eines Tages hier erschien, die Stadt sofort zu verlassen. /Dieser Gouverneur schickte einen Kourier nach Petersburg, um den Kaiser von Araktschejefs Ankunft in Kenntnis zu setzen, aber der Kaiser ließ ihm denselben auf seine Kosten wieder zurückschicken und ihm sagen: daß die gegebene Nachricht für ihn von gar keinem Interesse sei./ Der Kaiser mißbilligte das Benehmen des Gouverneurs höchlich, und schickte den Grafen Orlof ab, demselben einen Verweis zu ertheilen, zugleicher Zeit aber nach Grusion zu gehen, um in voller Uniform dem General seine Aufwartung zu machen." [452]

Aus dieser Version kann man schließen, daß Zar Nikolai am liebsten nichts von Araktschejew gehört hätte, dann aber, als dieser sich selbst an ihn wandte, den Konventionen folgend dem ehemaligen Günstling seines verstorbenen Vaters doch Unterstützung gewährte. Demnach hatte August offenbar die Art der Beziehung zwischen Araktschejew und dem Zaren nicht ganz richtig eingeschätzt und sich dadurch den Verweis zugezogen, der aber anscheinend seiner weiteren Laufbahn nicht schadete.

August und Europaeus

In der Zeitschrift „Kolokol" (Die Glocke), die Alexander Herzen im Londoner Exil herausbrachte, erschien später ein Beitrag über „Die Empörung von Nowgorod im Jahre 1831", in dem der Name des Gouverneurs Depfer (sic!) genannt ist, zu dem während der Unruhen ein Bote geschickt wurde. In einem späteren Nachdruck des Textes heißt der Gouverneur dann Lepfer... [453] Derart verwischen historische Spuren.

Der schon erwähnte Militärarzt Jean Europaeus berichtete von den Einzelheiten jener Tage aus eigenem Erleben. Er war selbst dem Gouverneur in Nowgorod begegnet. Als einige Aufständische Europaeus auf der Poststation Podborezje festhielten und sein Gepäck untersuchten, fanden sie darin ein vergoldetes Heilandsbild, und Europaeus bot ihnen an: „Schaut mal Kinder, sollte Gott mich aus den Klauen der Soldaten befreien und wenn ihr mich zum Gouverneur von Nowgorod bringt, schenke ich euch das Bildnis für eure Kirche." - „Zu welchem Gouverneur? war die Antwort, weißt du denn nicht, dass

---

[452] Schnitzler, J.H.: Geheime Geschichte Rußlands unter den Kaisern Alexander und Nikolaus, Grimma 1847, I, 201; ders. Geheimgeschichte von Rußland ... Leipzig 1847, IV, Beilage IX, 185 f. Weniger ausführlich Schiemann, Th.: Geschichte Russlands unter Kaiser Nikolaus I. Berlin 1913, III, 150.
[453] Kolokol list 17, 1858, 135; Panaew, (N.I.): Nowgorodskoe wozmuschtschenie v 1831, Leipzig 1875, 36.

Gouverneur Denfer seit langem schon im Kerker sitzt?" Ich wusste nicht, was ich von der Sache halten sollte, denn wegen der Choleraepidemie und wegen den Gerüchten aus Staraja Russa glaubte man alles." … Europäus berichtete weiter: „Aus dem Fenster sah ich Hilfspolizist Fedor Grigorjew, den ich gut kannte und ich bat ihn, den Gouverneur zu benachrichtigen… Nachdem er etwas Geld von mir bekommen hatte, besorgte er sich ein Pferd und ritt los. Er musste gar nicht bis Nowgorod reisen, denn schon unterwegs traf er den Gouverneur. „Wohin so eilig?", fragte Denfer, und als er erfuhr, was los war, befahl er dem Hilfspolizisten, uns nach Nowgorod zu bringen.

Bei seiner Rückkehr nach Podborezje hat er den Befehl des Gouverneurs gemeldet, aber die betrunkenen Soldaten haben ihn ignoriert. Sie haben gedroht, den Hilfspolizisten zu töten, falls er uns zum Gouverneur bringen sollte… Es wurde Nacht. Die betrunkene Horde entfernte sich, und nur zwei Wachen blieben übrig, so betrunken, dass sie keine Gefahr waren. Nach einer Weile kam Hilfspolizist Fedor Grigojew zu uns… von dem… Fuhrmann begleitet... Schau, das ist Fuhrmann Iwan Isakowitsch, der euch freundlicherweise zu Gouverneur bringen will." Europaeus schenkte Grigojews Mutter das Heilandsbild, als sie ihn anflehte, ihren Sohn und sich nicht der Gefahr der Flucht auszusetzen. „Fedor Grigoriew half mir in den Wagen, und auch der von Typhus geschwächte Apotheker Masalin wurde eingeladen. Nach einiger Zeit trafen wir eine Wache, dann eine zweite, aber sie waren dermaßen betrunken, so dass wir ohne zu halten durch das Gebiet entkamen. Wir waren noch nicht sieben Werst Richtung Nowgorod gefahren, als ein Ulan uns anhielt. Der Kommando-Offizier Worobjew hatte ihn gesandt. - Wer da unterwegs? - Kaufleute sind wir, antwortete Grigorjew, und hoffte damit davon zu kommen, aber der kluge Reiter war nicht damit zufrieden und hegte den Verdacht, dass wir keine Kaufleute sind. Er wandte sich an mich und stellte die selbe Frage. - Was geht es dich an, wer wir sind? - Aus meiner brüsken Antwort schloss er, dass wir keine Kaufleute waren und sagte: - Ich habe den Auftrag, den Arzt des Regiments König von Preussen zu eskortieren. - Wenn es so ist, so bin ich gerade derjenige. - Also, Euer Hochwohlgeboren, gehen wir, jetzt brauchen Sie nichts mehr zu fürchten.

Nachdem wir zum Haus des Gouverneurs begleitet worden waren, hat er sein Pferd so schnell gewendet, dass ich nicht mal mich bedanken konnte. Der diensthabende Beamte unterrichtete Seine Hochwohlgeboren August Uljanowitsch Denfer von meiner Ankunft, und ich wurde sofort in sein Kabinettszimmer vorgelassen, wo er geschlafen hatte. Als er einen Unbekannten im Soldatenmantel auf sich zukommen sah, sprang er auf und ergriff etwas vom Tisch, wohl Dolch oder eine Pistole (in der Stadt befürchtete man einen Aufstand der Unterschicht), und fragte mich: - Was willst du, und wer hat dich hereingelassen? - Seien Sie unbesorgt Euer Hochwohlgeboren, ich bin Europaeus. - Warum tragen Sie einen Soldatenmantel? - Das berichte ich Ihnen morgen, aber jetzt befehlen Sie, mich zum Bezirksstab bringen zu lassen, zu dem mir bekannten Adjutanten Major Haminski, denn mein Gefährte, der Apotheker ist derart schwach, daß er sich kaum auf den Beinen halten kann. - Der Gouverneur hat den Diensthabenden zu sich gerufen und wies ihn an, uns zu begleiten…

Um mich bei Fedor Grigorjew für seine Uneigennützigkeit und dafür, dass er uns von der wilden Horde befreit hatte, zu danken, bat ich sowohl schriftlich als mündlich den Gouverneur, diesen Bauern zu belohnen. Der Gouverneur hat mich zu sich gerufen und erklärte, dass er bereits dem Minister mitgeteilt hatte, dass die Fuhrmänner von Podborezje nicht revoltiert hatten. Die Antwort des Gouverneurs hat mich jedoch nicht befriedigt. Ich beschloss deshalb einen Bericht… zu schicken. Die Korrespondenz hat nur ergeben, dass dem Gouverneur empfohlen wurde, Grigorjew zu danken. Aber meine Dankbarkeit wird bis zu meinem Tod anhalten. Solange ich in Nowgorod lebte, habe ich ihn nicht vergessen, aber man erzählt, dass er vor etwa anderthalb Jahren gestorben ist." [454]

Eine spätere Darstellung

In einem 70 Jahre späteren Artikel der Zeitschrift „Russkaja Starina" (Russische Altertümer), die geschichtliche Themen behandelt, wird vom damaligen Besuch des Zaren in Nowgorod berichtet:

„Das zweite Mal kam Kaiser Nikolaus I. 1831, ebenfalls im Sommer, nach Nowgorod, als unter den Militärkolonisten ein Choleraaufstand ausbrach. Der Zar besichtigte zunächst die Cholera-Baracken. Er erfuhr, dass die Baracken von der Stadtversammlung eingerichtet worden waren, wohin die Kranken von Straßenältesten gebracht wurden, die an den Fenstern vorbeigingen, mit einem Stock klopften und fragten: „Sind alle bei guter Gesundheit?" Auch die Witwen und Waisen der Über-

---

[454] A.J. Europaeusken Jälkeläisten Sukusanomat 1954 Nr.3 (12). Auszüge aus dem ursprünglichen russischen Text Evropeus, I.I.: Vospominanija I.I. Evropeusa. Bunt voennich poseljan korolja prusskogo polka 557, in: Russkaja starina 1872 VI/11, 547-558 übersetzte freundlicherweise Erik Kokenov (München) ins Deutsche.

lebenden der Cholera wurden nicht vernachlässigt. Die Stadtversammlung sammelte Spenden und lud die Betroffenen in ihre Räumlichkeiten ein, um Hilfe zu verteilen...

Gleichzeitig erhielt der Zar die geheime Information, dass Gouverneur Denfer nichts gegen die möglichen Unruhen unter den Einwohnern der Stadt unternommen hatte. War Denfer dem Charakter nach in der Lage, etwas dagegen zu unternehmen? Er war ein kleiner, alter Mann, schwach, nachgiebig in seinen Befehlen und ein schrecklicher Feigling. Während des Aufruhrs ging Denfer selbst mit einer geladenen Waffe in der Tasche aus dem Haus. Er tötete sogar beinahe Dr. Europeus, als dieser in einem Soldatenmantel vor den Aufständischen in die Stadt kam und mit einem Freudenschrei auf ihn zustürzte. Das einzige, was den Arzt rettete, war, dass er seinen Namen rief, als der feige Gouverneur hastig eine Waffe auf ihn richtete. Und die Beamten hatten ein Händchen dafür, die Befehle des Gouverneurs zu missachten. Denfer schnupfte leidenschaftlich gern Tabak, und jeder konnte ihn ausnutzen, wenn er eine Schnupftabakdose bei sich hatte. War der Gouverneur nicht einverstanden, widersetzte er sich und fragte seinen Gegner unweigerlich: „Was für einen Tabak schnüffelst du?" Der gute Tabak erfreute den Gouverneur und milderte seine Einwände größtenteils ab. Denfers Feigheit war hoch entwickelt. Er war überrascht, als er erfuhr, dass mit Prügeln bewaffnete Aufständische auf dem Weg nach Nowgorod waren und den Landesherrn sehen wollten, um die Vergiftung der Siedler durch die Vorgesetzten anzuklagen. Der Gouverneur eilte zum Stadtoberhaupt Kusnezow, bat und flehte ihn an, ein Mittel zu finden, um sich dem Einfall der Bande zu widersetzen. Der Bürgermeister war bereits ein alter Mann, aber keineswegs feige. Er schlug dem Gouverneur vor, aus der Stadt zu gehen und die Aufständischen zu überreden, nicht nach Nowgorod zu kommen. Denfer hatte Angst davor und entschuldigte sich damit, dass er stets im Hause sein müsse. Kusnezow ging allein und traf am 7. Werst der Petersburger Straße auf eine Menge von Kolonisten, die mit Knüppeln, Sensen und teilweise mit Gewehren bewaffnet waren. Er hielt die Menge an, als wüsste er nicht, was sie vorhatten, und fragte sie, wohin sie gingen. - In die Stadt, sagten die Dorfbewohner, man sagt, der Zar sei gekommen. Kusnezow war nicht zurückhaltend und fragte, warum sie kämen. - Sie suchten nach der Wahrheit, warum sie unsere Seelen zerstören und mit Gift vergiften.

Der Bürgermeister begann, sie zu ermahnen, indem er ihnen bewies, dass ihr Vorhaben unpassend war. Er sagte, niemand in der Stadt kenne sie, und man würde sie nicht unterstützen, weil die Menschen friedlich seien und sich mit ihrem Schicksal abfinden würden. Kusnezow sagte, dass sie im Gegenteil den Herrscher verärgern würden, weil sie sich an einem fremden Ort an ihn gewandt hätten und nicht in ihren eigenen Siedlungen. Die Aufständischen waren überrascht und zögerten. Der kluge alte Mann nutzte dies aus und riet ihnen, da sie hörten, dass der Zar von Nowgorod aus alle Siedlungen aufsuchen würde, wäre es viel klüger, nach Hause zurückzukehren und ihm dort ihre Beschwerden vorzutragen. Die Rebellenbande war mit den Reden und Worten des Bürgermeisters einverstanden, redete und redete und kehrte um. Für diese Leistung, die Kusnezow leicht das Leben hätte kosten können, verlieh ihm Kaiser Nikolaus zur Belohnung eine mit Edelsteinen besetzte Goldmedaille, die kein Orden war.

Denfer bewies damit zweifellos endgültig seine Feigheit und Unbeherrschtheit. Als der Zar nach Staraja Russa abreiste, machte der Zar ihm viel Vorhaltungen und hinterließ beim Gouverneur den Eindruck, daß ihm die Fortsetzung seines Dienstes kaum zumutbar war. Doch Denfer fand bald ein Schlupfloch zur Gunst des Herrschers durch Archimandrit Photius von Jurjew. Er besuchte oft das Kloster unter dem Vorwand, dass es ihm gefalle, und lobte dessen Einrichtung und Dekoration. Die gesamte Einrichtung war das Werk von Photius Anfertigungen und Entwürfen. Als er Photius lobte, vergaß Denfer sich selbst nicht, er bat den Archimandriten zugleich, ein gutes Wort beim Monarchen einzulegen; seine Bitten wurden so oft wiederholt und so eindringlich, dass der Archimandrit den Gouverneur sogar als „Heulsuse" bezeichnete. Die Besuche im Kloster erwiesen sich als erfolgreich. Photius bat die Gräfin wegen Denfer, und diese wandte sich an den Grafen A. Orlow, der dem Zaren nahestand. Alles wurde auf die angeborene, unheilbare Feigheit geschoben, mit der ein Mensch niemals fertig werden kann." [455]

Diese Darstellung ist merkwürdig. Der Vollständigkeit halber sollte sie aber nicht übergangen werden.

[455] Slezskinskij, A.G.: Imperator Nikolaj I w Nowgorode, 225 ff. in: Russkaja Starina 1902 (1-3), 223-228.

„Allerhöchster Dank" für „Feigheit"?

Man kann sich durchaus vorstellen, daß August in der Zeit der Cholera und der Unruhen in großer Sorge war, nicht zuletzt auch im Hinblick auf das Wohlergehen seiner eigenen Familie, mit der er in Nowgorod lebte - seine mittlerweile 37jährige Frau Caroline und die große Kinderschar, Eduard Heinrich 12, Sophie 10, Alexander 8, Theophile 7, Nicolai 5, Alexandra 3 und Anna gerade vor dem 2. Geburtstag am 18. August. Der Älteste, Friedrich Eugen, war 15 Jahre alt und vielleicht schon im Petersburger Pagenkorps. [456]

Über den Verfasser des obigen Textes, Alexander G. Slezskinsky (1857-1909), ist zu wenig bekannt, um sich eine Vorstellung davon zu machen, was ihn zu seiner Version antrieb. Sie erschien 70 Jahre nach den Geschehnissen. Er war weder Zeitzeuge, noch führt er Quellen an. Auch sonst gibt es noch einige Auffälligkeiten. Schon die geringe Mühe, ein genaues Datum des Zarenaufenthalts in Nowgorod mitzuteilen, hat der Verfasser sich nicht gemacht. Denfer war 1831 nicht wie behauptet ein alter Mann, sondern 45 Jahre alt. Dr. Europaeus selbst schilderte seine Begegnung mit ihm anders, das Zusammentreffen der beiden fand nicht außerhalb des Hauses statt, sondern er wurde in das Zimmer des Gouverneurs geführt. Insbesondere ist keine Rede davon, daß Denfer ihn beinahe getötet oder Europaeus sich auch nur bedroht gefühlt hätte.

Zwar in anderem Zusammenhang, bezweifelt doch auch der russische Historiker und Photius-Spezialist Jurij Kondakov die Zuverlässigkeit dieses Autors. [457]

Zudem hat Slezskinsky selbst in einer weiteren Veröffentlichung ein Dokument wiedergegeben, das seiner Wertung - oder besser gesagt Abwertung - des Gouverneurs entgegensteht:

„Folgendes Allerhöchste Rescript ist an den Civil-Gouverneur von Nowgorod, würklichen Staatsrath Dämpfer, ergangen: „Das letzte Mal, als Ich das Ihnen

---

[456] Rigascher Anzeigen 30.12.1829.

[457] „Die Schlußfolgerungen von A. G. Slezskinsky bezüglich der Krankheit von Photius sind ziemlich umstritten." - „Выводы А.Г.Слезскинского относительно болезни Фотия достаточно спорны" (Kondakov, J. E.: Filosofsko-religioznije zgljadj, obschestvenno-polititscheskaya i tserkovnaja dejatelnost archimandrita Fotija (Spasskogo), in: Voprosi istorii konservatizma 2015 Nr. 1, 67-131 nach: https://azbyka.ru/otechnik/Fotij_Spasskij/filosofsko-religiozyne-vzgljady-obshestvenno-politicheskaja-i-tserkovnaja-dejatelnost-arhimandrita-fotija-spasskogo/). Text ohne Seitenzahlen, Textstelle beginnt nach Anm. 254.

anvertraute Gouvernement besuchte, überzeugte Ich Mich mit wahrhaftem Vergnügen persönlich von den rühmlichen Gesinnungen der Treue und unverbrüchlichen Ergebenheit für Thron und Vaterland, welche die friedfertigen Einwohner jenes Gouvernements beseelen. Alle Bewohner der, in den vaterländischen Annalen von jeher berühmten Stadt Nowgorod, der hochgesinnte Adel, die wackern Bürger und Gutsbauern, haben mitten unter den Unordnungen, welche in eben jenem Gouvernement von Seiten der Militair-Ansiedler ausbrachen, ihre Pflichten mit Festigkeit beobachtet und sich als wahrhafte Russen, als würdige Söhne des Vaterlandes gezeigt. Zum Zeichen der Erkenntlichkeit dafür ist es Mir angenehm, Sie und die wohldenkenden Einwohner des Ihnen anvertrauten Gouvernements durch dieses Schreiben persönlich davon zu benachrichtigen, daß der Höchste über Mein Haus einen neuen Segen ausgegossen hat. Wenige Stunden nach Meiner Zurückkunft aus Nowgorod wurde Meine geliebte Gemahlin, I. Maj. die Kaiserin, von einem Großfürsten glücklich entbunden, der den Namen Nicolaus erhalten hat. Eröffnen Sie diesen Zuwachs Unseres Hauses dem Gouvernement, das Sie zu verwalten haben. Ich bin überzeugt, daß dessen Einwohner Meine und Rußlands Freude theilen und ihre inbrünstigen Gebete um Wohlergehen und Gedeihen für den Neugeborenen mit den Meinigen vereinen werden. Verbleibe Ihnen stets wohlgewogen. Zarskoieselo, den 27. Juli (8.Aug.)." [458]

Der Besuch des Zaren in Nowgorod wird demnach in der ersten Augustwoche stattgefunden haben, das sechste Kaiserkind, Nicolaus, kam am 8. August zur Welt. Tatsächlich muß Zar Nikolai I. sich dem Gouverneur von Nowgorod in gewissem Maß zu Dank verpflichtet gesehen haben, denn die Unruhen im dortigen Gouvernement, zeitgleich mit dem polnischen Aufstand, haben ihn offenbar stark beunruhigt. „Denis Dawydow erzählt in seinen „Aufzeichnungen" folgendes: Der Zar sagte einmal zu A.P. Jermolow: „Während des polnischen Krieges befand ich mich eine Zeitlang in der entsetzlichsten Lage. Meine Frau stand kurz vor ihrer Niederkunft, in Nowgorod war ein Aufstand ausgebrochen, ich hatte nur noch zwei Schwadronen der

---

[458] Slezskinskij, A.: Bunt woennich poseljan w choleru 1831 g, Novgorod 1894, 10 f.; Deutsche Fassung des Reskripts in: St. Petersburgische Zeitung 23.8.1831, 813 f.; Staats und Gelehrte Zeitung des Hamburgischen unpartheiischen Correspondenten 19.9.1831; Oesterreichisch Kaiserliche privilegierte Wiener Zeitung 21.9.1831, 1217; Oesterreichischer Beobachter 22.9.1831, 1300 f. - hier „Rußland. Der Kaiser hat an den Civil-Gouverneur von Nowgorod, wirklichen Staatsrath Denfer, folgendes Rescript erlassen: ...". Russisches Original im Bestand der Nowgorodskij gosudarstwennij obedinennij musej-zapowednik Nr. 7881215.

Gardekavallerie in meiner Nähe; Nachrichten von der Armee gelangten nur über Königsberg zu mir. Mir blieb nichts anderes übrig, als mich mit Soldaten zu umgeben, die aus dem Lazarett entlassen wurden." [459]

So erhielt August mit dem Reskript „den Allerhöchsten Dank" für die Aufrechterhaltung der Ruhe unter den Bewohnern seines Gouvernements zur Zeit der Unruhen. Außerdem hatte der Zar „dem Civil-Gouverneur von Nowgorod, wirklichem Staatsrath Denfer, für seinen ausgezeichneten Diensteifer, den St. Annenorden erster Klasse... zu verleihen geruht". [460] Den St. Anna-Orden zweiter Klasse trug August bereits seit dem 9. Jan. 1820, [461] den St. Georg-Orden 4. Klasse seit dem 13. Febr. 1823 [462] und den St. Wladimir 3. Klasse seit dem 22. Aug. 1826. [463]

Trauer und Freude

Im polnischen Städtchen Lomscha war am 13. Jul. 1831 Adolph v. Budberg, Henriettes erster Sohn und Augusts Neffe, „r. Offizier im Rgt. der reitenden Grenadiere" verstorben. [464]

Bald darauf, wohl noch während der Zeit der Unruhen, gelangte eine weitere besonders traurige Nachricht aus Halle an der Saale nach Nowgorod: Carolines Mutter, Augusts Schwiegermutter, starb am 7. Juli 1831: „Marienparochie... des Geh. Justizraths Dr. Schmelzer Ehefrau alt 60 J. 1 M. 2 W. 3 T. Unterleibskrankheit." [465] Sie hieß Johanna Sophia Petronella und war die Tochter von Johann Beckmann [466] (1739-1811), des Begründers der Wissenschaften von Technologie und Warenkunde.

---

[459] Herzen, A.: Mein Leben. Memoiren und Reflexionen 1812-1847, Berlin 1962, S. 172, Anmerkung.

[460] St. Petersburgische Zeitung 20.10.1831, 1022; Allgemeine Preußische Staats-Zeitung 12.11.1831, 1673; Regensburger Zeitung 17.11.1831.

[461] Spisok kawaleram imperatorskich rossiskich ordenow, St. Peterburg 1828, III, 142.

[462] Spisok kawaleram... ordenow... za 1843, Sanktpeterburg 1844, II, 60; W pamjat stoltnjago jubileja imperatorskago... ordena... georija, Sanktpeterburg 1869, 101.

[463] Spisok kawaleram ordena Sw. Wladimira, Sanktpeterburg 1844, III, 27.

[464] Genealogisches Handbuch der Baltischen Ritterschaften, Kurland, Görlitz (1939), 216.

[465] Hallisches patriotisches Wochenblatt 16.7.1831

[466] Moeller, H.: Beckmanns Schwiegersohn Friedrich August Schmelzer 53, in: Johann-Beckmann-Journal 2-3 (1989), 53-74. Für Verwirrung sorgt ein zweimaliger Druckfehler, wonach

August hatte weiterhin den Dienst im Gouvernement zu versehen. Ein Brief im Staatlichen Archiv der Region Nowgorod vom 11. Dez. 1831 berichtet über die Bereitstellung von Wagen des Zivilgouverneurs von Nowgorod A.U. Denfer zur Reise von Nowgorod und Demjansk und zurück. [467]

Auf Grafenthal wurde zu Weihnachten 1831 Jeannots und Carolines achtes Kind getauft: „Festum Nativitatis. Grafenthal. Johanna Rosalie Marie Gottlieb. Eltern: Herr Capitaine Johann von Denffer u. Frau Gemahlin Caroline von Denffer geb. Kummerau geb. d. 21t. Novbr., get. D. 25t. Decbr. Tfz: Frau Amalie von Jankiewitz; Fräulein Ida von Rukteschell Candidat Mylich." [468]

Amalie war Jeannots ältere verwitwete Schwester, die bei ihrem Bruder auf Grafenthal lebte. Ida von Rukteschell war die Hauslehrerin der Dennfferschen Kinder auf Grafenthal, und Candidat Mylich vermutlich der spätere Pastor Otto Johann Gottfried Ernst Mylich, der 1825-34 Hauslehrer in Kurland war, [469] zu dieser Zeit vielleicht auf Grafenthal oder in der Nachbarschaft.

Der Winter 1831/32 war ungewöhnlich mild. „Während der Wintermonate november u. december 1831 u. januar, februar u. märz 1832, in welchen sonst Kurland gewönlich schlittenbahn hatte, gab es gar keinen schnee. Das getreide muszte sämtlich auf wagen zur Stadt geführt werden, bei übrigens schönem Wege. Der thermometer hatte fast nie über 10° kälte R. Roggen u. Weizenfelder hatten jedoch ohne schneedecke sich bis zum frühling gut gehalten." [470]

1832 Archimandrit Fotij

Etwa zwei Stunden zu Fuß südlich der Stadt Nowgorod liegt am Ufer des Flusses Wolchow, bevor er in den Ilmensee mündet, das Kloster des Heiligen Georg. Gegründet im Jahr 1030 war es als eines der ältesten Klöster Russlands zugleich eines der angesehensten. Im Jahr 1822 wurde dort der aus der Nowgoroder Gegend stammende

sie am 7.7.1851 (statt richtig 1831) starb (Sorger, H.K.: Genealogie Johann Beckmann 92, 97 in: Forum Ware 11 (1983), 89-97.

[467] Godsudarstwennj archiw nowgorodskoj oblasti, 138/1/101, 15.

[468] KB Mesothen Taufen 1831, 267.

[469] Kallmeyer, Th., Otto, G.: Die evangelischen Kirchen und Prediger Kurlands, Riga 1910, 546.

[470] Sloka, L. J.: Kurzemes draudžu chronikas, Riga 1928, I, 107 (Edwahlen).

Mönch Photius, russisch Fotij, zum Klosteroberhaupt, Archimandrit. Er war zuvor schon in Petersburger Kreisen bekannt. In einer aufsehenerregenden Predigt hatte er sich gegen die zunehmende Verbreitung ausländischen Gedankenguts ausgesprochen, durch das er den Fortbestand nicht nur der orthodoxen Kirche, sondern Russlands überhaupt bedroht sah. Eine überaus reiche Gräfin, Anna Orlowa-Tschesmenskaja, wurde zu seiner einflussreichsten Anhängerin und förderte ihn seither.

Die 1812 begründete „Russische Bibelgesellschaft" wollte den Gläubigen durch Übersetzungen den eigenen Zugang zur Bibel zu erleichtern. Zu den Erfolgen in Kurland trug maßgeblich der schon genannte „Consistorial-Rath Winkelmann" als „Director der Kurländischen Comität" der Russischen Bibelgesellschaft bei, wie dies zwei Besucher aus Petersburg berichteten. [471] Die Bibelgesellschaft brachte in wenigen Jahren hunderttausende Bibelausgaben in verschiedenen Sprachen in Umlauf und verbreitete zugleich pietistisches und mystisches Gedankengut. Dadurch sahen die Kirchenoberen ihre Autorität gefährdet. Wer selbst die Bibel liest, kann auf eigene Gedanken kommen. Der Präsident der Bibelgesellschaft, Prinz Alexander Golitsin, ein Jugendfreund des Zaren, wurde 1817 mit dem neuen „Ministerium für geistliche Angelegenheiten und Volksaufklärung" betraut und protegierte von dort aus nicht nur die Anliegen der Bibelgesellschaft weiter, sondern beanspruchte auch kirchliche Weisungsbefugnisse. Damit war der Vorrang der Orthodoxie gebrochen. Der orthodoxe Klerus deutete dies als Gefahr für das ganze Land und verbündete sich mit konservativen Kreisen. Die Gegenbewegung wurde maßgeblich von zwei Persönlichkeiten aus dem Gouvernement Nowgorod betrieben - Graf Araktschejew und Archimandrit Fotij. Sie erreichten 1824 bei Zar Alexander die Absetzung Golitsins und die Auflösung seines Ministeriums. Freimaurertum und Rosenkreuzertum hatten als Hauptargumente zur Diskreditierung gedient. Die Bibelgesellschaft war schon allein deshalb ein besonderes Angriffsziel, weil sie von Anbeginn Unterstützung aus dem Ausland hatte, durch die Londoner „British and Foreign Bible Society". [472] Die Bestätigung dafür,

---

[471] Reise zweier Mitglieder der Russischen Bibelgesellschaft in den Ostsee-Gouvernements im Jahre 1816, S. Petersburg 1817, 11 ff.

[472] Wieczynski, J.L.: Apostle of obscurantism: the Archimandrite Photius of Russia (1792-1838) in: Journal of Ecclesiastical History 22 (1971), 319-331; Skinner, B.: Russia's Scriptural 'Reformation' in the Late Eighteenth and Early Nineteenth Centuries, in: Journal of Eighteenth-Century Russian Studies. 5 (2017), 73–102.

daß überhaupt die bestehende Ordnung in Gefahr war, bot der bald darauf folgende Dekabristenaufstand vom 19. November 1825.

Die Ernennung von Fotij 1822 zum Archimandriten des Sankt Georg-Klosters in Nowgorod mehrte sein Ansehen. Zugleich konnte er das Ausmaß seiner Möglichkeiten sichtbar machen, die Kirche zu fördern, da er mit großen Zuwendungen der Gräfin Orlowa den Ausbau des Klosters betrieb.

„Die innere Pracht seiner Kirche, welche es zum großen Theil dem Rufe der Heiligkeit seines Archimandriten, sowie den frommen Schenkungen einer seiner reichsten Büßerinnen, der Gräfin Anna Orlof-Tschesmenski verdankt, übersteigt allen Glauben. Der Ikonostas von vergoldeter Bronze erhebt sich von der Hauptkirche bis zur Kuppel; unter den Heiligenbildern sind die Christi und der heiligen Jungfrau mit Kronen geschmückt, die von Edelsteinen, Rubinen, Smaragden und kostbaren Perlen strotzen, Kandelaber von vergoldetem Silber stehen davor und nicht weit davon die kolossale Statue St. Georgs von getriebenem Silber. Die Einfassung der Evangelien und Missalen ist ganz von massivem Golde mit emaillirten Medaillons geschmückt, welche Scenen aus der Heiligengeschichte enthalten. Auf einer schönen Ballustrade, welche den Chor vom Schiff trennt, liest man folgende Inschrift: „Hier befand sich Kaiser Alexander vom Grafen Araktschejef und andern Personen seines Hofes begleitet im Gebet zur Seite Photius knieend."

In der Schatzkammer (Risniza) des Klosters werden Gegenstände von unschätzbarem Werth aufbewahrt, Bischofsmützen mit Perlen und Edelsteinen bedeckt, Priestergewänder von Goldstoff und hohem Werth, Bischofstäbe, Kruzifixe, Brustkreuze, Kelche und Hostienteller (Patenen), Heiligenbilder, prächtige Onyxe, Köpfe von Heiligen vorstellend, reich verzierte Altardecken u.s.w. Nur in den Klöstern ersten Ranges (Lawren genannt), dem Höhlenkloster (Petschenski) zu Kief, in dem Dreieinigkeitskloster (Troiza) des heiligen Sergius und in dem des heiligen Alexander Nefski findet man eine solche Menge von Reichthümern, welche die Kirche inmitten der Brüderschaften, die das Gelübde der Enthaltsamkeit und Armuth abgelegt haben, aufbewahrt. Photius (Photi), der Archimandrit des Klosters, lebte inmitten dieses Prunkes streng nach dem Gelübde. Im Geruch großer Heiligkeit, zog er von allen Seiten die Pilger, selbst aus den höchsten Klassen der Gesellschaft, herbei. Der Kaiser hatte ihn besucht und bei wichtigen Gelegenheiten der Mönch sich frei gegen denselben ausgesprochen. Eines Tages erschien derselbe im Winterpalast, ohne berufen worden zu sein: es war dies zur Zeit, wo der Fürst Alexander Galizin Minister des Kultus und der Volksaufklärung war. Als der fromme Mann vor Alexander gelassen wurde, berichtete derselbe, daß die Kirche gefährdet sei, daß sich fremde Lehrer hier einschlichen, daß die Einfachheit ihres alten Glaubens entstellt würde, und er forderte den Herrscher auf, die Gefahr zu beschwören, und diesen Mißbräuchen ein Ende zu machen. Bald nachher wurde der Fürst Galizin von seinem Ministerium abberufen und der heilige Synod blieb allein mit den geistlichen Angelegenheiten beauftragt."[473]

Untersuchung

Allerdings war Fotij keineswegs unumstritten, und es kamen immer wieder Gerüchte auf, die Zweifel an seiner Makellosigkeit weckten. Nicht zuletzt Puschkin verstieg sich zu Spottversen über das Verhältnis von Fotij und Anna Orlawa.[474] Seit Nikolai anstelle seines verstorbenen Bruders Alexander 1825 Zar geworden war, ging Fotijs Bedeutung merklich zurück.

„Nachdem Photius viele seiner Mitstreiter verloren hatte, konnte er das Gefolge des Kaisers nur noch durch die Gräfin A. A. Orlova-Chesmenskaya beeinflussen. In der spirituellen Abteilung verlor Photius im Allgemeinen jegliches Gewicht und wurde sogar unter Aufsicht genommen."[475]

„In den frühen 1830er Jahren verwandelte sich Photius' Kampf mit den ‚Versuchungen dieser Zeit' in Dummheit. Er weigerte sich, die Unterordnung anzuerkennen, ignorierte seinen direkten Vorgesetzten, Bischof Timotheus von Staraja Russa, und tat so, als hätte das Georg-Kloster den Status eines stavropegischen Klosters. Photius versuchte, seine Neuerungen im Georg-Kloster beizubehalten, und ging zur direkten

---

[473] Schnitzler, J.H.: Geheime Geschichte Rußlands unter den Kaisern Alexander und Nikolaus, Grimma 1847, I, 287 ff.

[474] Wieczynski, J.L.: Apostle of obscurantism: the Archimandrite Photius of Russia (1792-1838) 322 Anm. 2, in: Journal of Ecclesiastical History 22 (1971), 319-331.

[475] Kondakow, J.: filosofsko-religioznje wzgljadi obschestwenno-politicheskaja i tserkownaja dejatelnost arhimandrita Fotija (Spasskogo) (Philosophisch-religiöse Ansichten, gesellschaftspolitische und kirchliche Aktivitäten des Archimandriten Photius (Spassky)) in: Woprosi istorii konserwatisma (Fragen zur Geschichte des Konservatismus) 2015. № 1. C. 67-131 nach
https://azbyka.ru/otechnik/Fotij_Spasskij/filosofsko-religiozmye-vzgljady-obshestvenno-politicheskaja-i-tserkovnaja-dejatelnost-arhimandrita-fotija-spasskogo/

Täuschung von Metropolit Seraphim über. Als die geistlichen Behörden damit drohten, Photius ein Verbot der Priesterschaft aufzuerlegen, weil er im Kloster Bräuche eingeführt hatte, die in der Praxis der orthodoxen Kirche nicht akzeptiert wurden, legte er ein Schweigegelübde ab und begann, um Erlaubnis zu bitten, das Schema zu akzeptieren." [476]

Die Auffälligkeiten im Sankt Georg-Kloster mußten den Metropoliten Serafim beunruhigen. Im Jahr 1832 wurde der Gouverneur von Nowgorod mit einer Untersuchung der Verhältnisse im Sankt Georg-Kloster beauftragt. „Der konkrete Ausführende des Befehls der Regierung, der Gouverneur Denfer, handelte nicht aus seinem eigenen freien Willen, denn vorher hatte er wiederholt auf die Protektion von Fotij und seiner geistlichen Tochter zurückgegriffen". [477] „Bald wurde der Gouverneur in den Fall einbezogen, der zuvor in der Gunst von Fotij stand, der ihm sogar Protektion im Dienst verschafft hatte. Seitdem wurde Denfer zu Fotij schlimmstem Feind. Fotij schrieb der Gräfin und beschwerte sich über den Gouverneur, der nach Höchster Anweisung die Überwachung des St. Georg-Klosters übernahm: »Hier ist die List des Betrügers Denfer; erfunden, daß der Höchste Wille befahl, mich zu überwachen.« [478]

Mit dem Ausdruck „der Höchste Wille" ist der Wille des Zaren gemeint.

Am 9. März 2023 schrieb mir der russische Historiker und Fotij-Spezialist Jurij Kondakow, den ich nach weiteren Informationen zur „Protektion" des Gouverneurs durch Fotij gefragt hatte: „Guten Abend. Leider habe ich keine weiteren Informationen über Denfer. Diese ist der Korrespondenz von Fotij mit Orlowa-Tschesmenskaja entnommen, sie wurde in Auszügen von Slezskinsky veröffentlicht. Jetzt werden diese Briefe in RGADA in Moskau in 10 Bänden aufbewahrt. Ich habe sie gesehen, aber die Handschrift ist sehr schlecht, man kann sie nur schwer entziffern. Ich bin nächste Woche bei der RGIA, ich kann dort im Referenzkatalog nachsehen, was sie über Denfer haben. Beste Grüße, Yuri Kondakow." Mehr war bislang nicht zu erfahren.

---

[476] Kondakow, J.: filosofsko-religioznje wzgljadi obschestwenno-politicheskaja i tserkownaja dejatelnost arhimandrita Fotija (Spasskogo) in: Woprosi istorii konserwatisma 2015, № 1. C. 67-131.

[477] Kondakow, J.: Archimandrit Fotij (1792-1838) i ego wremja (Archimandrit Fotij und seine Zeit), Sankt-Peterburg 2000, 259. Der Hinweis auf die mehrfache Protektion geht möglicherweise auf Schleszinski zurück, wie dort fehlen hier Quellenverweise.

[478] Kondakow, 264.

Doch das Verhältnis von Fotij zu August kann auch schon früher nicht wirklich gut gewesen sein. Fotij hatte Zar Alexander am 14. Juni 1824 ein Memorandum geschickt, in dem er den Angriff der Atheisten und Revolutionäre auf die bestehende Ordnung für das Jahr 1836 ankündete. „Er warnte Alexander, daß sein Hof voller Deutscher war, daß die meisten der Provinzgouverneure in Russland Deutsche waren, alle Erzieher und Tutoren Franzosen, und daß aller Handel in Russland von jüdischen und englischen Kaufleuten betrieben wurde. Das gesamte Leben der Nation war von Ausländern abhängig geworden, die nur an Russlands Ruin interessiert waren." [479]

Das war zwei Jahre, bevor August unter Alexanders Sohn Zar Nikolaus Zivilgouverneur von Nowgorod wurde, wiederum als Provinzgouverneur zwar ein Balte, so doch ein Deutscher, zudem natürlich kein Orthodoxer, und der auch noch an die Stelle eines Russen trat.

„Der Skandal von 1832 begann damit, dass eine Dame M. A. Shakhowa (Maria, Melania oder Daria), die Tochter eines ehemaligen Hausmeisters der kaiserlichen Theater, in den Klöstern in der Nähe von Moskau auftauchte und anfing, beträchtliche Summen zu spenden. Dies erregte die Aufmerksamkeit der Behörden. Infolgedessen hat A. Kh. Benkendorf den Nowgoroder Gouverneur A. Denfer beauftragt, den Fall „Über den Streit zwischen Fotij und Orlawa und seinen Wahnsinn" zu untersuchen. All dies verursachte eine Lawine von Denunziationen gegen Fotij. Trotz der Tatsache, dass Fotij und die Fotinija 1833 und 1836 denunziert wurden, fand die III. Abteilung bei ihren Aktionen kein Corpus Delicti. Gegen Fotij wurde nichts unternommen." [480]

Am 10. Juli 1832 erstellte der Polizeichef von Tscherepowets, Woronow, einen Bericht an den Zivilgouverneur von Novgorod Denfer über die Inspektion einer Mühle des Syrkow-Klosters im Dorf Kharlamowskaja und am 16. Juli über Weiterleitung von Geldern des Mühlenbesitzers. [481] Vielleicht gibt es hier einen Zusammenhang mit der gegen den Archimandriten Fotij eingeleiteten Untersuchung. Dies würde dessen Abneigung gegen den Gouverneur weiter verständlich machen. Etwa ein Jahrzehnt

---

[479] Wieczynski, J.L.: Apostle of obscurantism: the Archimandrite Photius of Russia (1792-1838) 328 f., in: Journal of Ecclesiastical History 22 (1971), 319-331.

[480] Kondakow, J.: Chitrij fanatik c tsepkimi rukami (Ein gerissener Fanatiker mit hartnäckigen Händen) in: Religija i CMI, Moskwa 2005 (https://ruskline.ru/analitika/2005/06/03/hitryj_fanatik_s_cepkimi_rukami).

[481] Nowgorodskij gosudarstwennij obedinennij musej-zapowednik (Nowgorodsches Staatliches Vereinigtes Museum-Reservat) 16929326; 16929325.

zuvor war im Kloster ein Brand ausgebrochen. „Zusätzlich zu den Mitteln von A. A. Orlowa-Chesmenskaya versuchte Photius, staatliche Subventionen für das Kloster zu gewinnen. In einem Brief vom 26. Januar 1823 teilte A. N. Golitsyn Photius mit, dass er auf seine Bitte hin mit Metropolit Seraphim über die Erhöhung der Einnahmen des Georg-Klosters gesprochen habe. Der Prinz schrieb, dass es unmöglich sei, in der Provinz Nowgorod eine Mühle und einen Fischfang zu sichern, und schlug vor, Geld aus der Staatskasse zu verlangen. Das Feuer half Photius, und im März 1823 erhielt er 4.000 Rubel aus der Staatskasse mit weiteren jährlichen Zahlungen als Ersatz für „Mühlenleistungen". [482] Möglicherweise berührte die Untersuchung auch diese Umstände aus früheren Jahren.

Einer unmittelbaren Konfrontation mit Archimandrit Fotij scheint der Gouverneur jedoch aus dem Wege gegangen zu sein. „Der Gouverneur Denfer kam zum Kloster, um die Gerüchte zu prüfen, aber traf während des Abendgottesdienstes ein, als die Tore verschlossen waren. Er beauftragte den Bischof die Verdächtigungen zu untersuchen." Der Bischof schrieb später dem Metropoliten, es handele sich um Lügen. [483]

Vor dem für 1836 vorausgesehenen Umsturz warnte Fotij auch den Zaren Nikolaus, doch dieser ließ sich, anders als sein Vater, nicht beeinflussen. 1834 wies er Fotij an, keine weiteren Eingaben zu machen und drohte ihm mit Versetzung in ein weit abgelegenes Kloster. Im selben Jahr endete am 2. September die Amtszeit von August als Gouverneur von Nowgorod. Fotij, der als sich selbst kasteiender und mit dem Teufel kämpfender Mönch beim Volk im Nowgoroder Gebiet zum Ruf eines Heiligen gekommen war, verstarb 1838 an Schwächung durch Fasten und wurde im Sankt Georg-Kloster bestattet. Zehn Jahre später starb auch Gräfin Orlowa, deren Grab man neben dem seinen anlegte. [484]

So war das Milieu, und so waren Menschen im Nowgorod der Jahre des Gouverneurs August Uljanowitsch Denfer, mit dem der Zar indes zufrieden war, weil dieser sich einer offenbar wesentlicheren Aufgabe gewidmet hatte:

---

[482] Kondakow, J.: filosofsko-religiozaje wzgljadi obschestwenno-politicheskaja i tserkownaja dejatelnost arhimandrita Fotija (Spasskogo) in: Woprosi istorii konserwatisma 2015, № 1. C. 67-131.

[483] Kondakow, J.: Archimandrit Fotij (1792-1838) i ego wremja, Sankt-Peterburg 2000, 264.

[484] Wieczynski, J.L.: Apostle of obscurantism: the Archimandrite Photius of Russia (1792-1838) 330 f., in: Journal of Ecclesiastical History 22 (1971), 319-331.

„Seine Majestät bezeugen Allerhöchst-Ihr Wohlwollen: ... den Civilgouverneuren... des Gouvernements Nowgorod: wirklichem Staatsrath Denfer für die zeitige Eintreibung der ausstehenden Steuern." [485]

※

Erbpfand

In den Kurländischen Güter-Chroniken ist zu Grafenthal mitgeteilt: „1834 Mai 11 (corrob. 1834 Juni 20) gab der nunmehrige residirende Kreismarschall, Bank-Direktionsrath G. J. C. F. v. Vietinghoff die Güter Grafenthal gegen Zahlung von 70000 Rbl. auf die durch das Gesetz erlaubte längste Zeit an die Eheleute Capitain Johann Denffer und Caroline Wilhelmine Elisabeth geb. Kummerau, in Erbpfand." [486]

Ein Hinweis, daß Jeannot jedoch schon seit 1829 auf Grafenthal lebte, war bislang nur dem „Grundstein" zu entnehmen. [487] Indes verorten auch zwei Meldungen von 1832 über in Mitau Angekommene Jeannot auf Grafenthal: „Den 25ten May... Hr. Kapitän v. Demfer aus Grafenthal... log. B. Zehr jun." sowie „Den 20ten Oktober... Hr. v. Denpffer aus Grafenthal, log. B. Gastw. Köhler." [488]

Auch hatte Jeannot schon im Frühjahr 1827 seine Nutzung von Billenhof nicht verlängert, wie zwei Zeitungsanzeigen vom 2. April zu entnehmen ist: „Das Kronsgut Billdenhof wird zur Arrende-Disposition angeboten von dem Herrn General-Major von Kiel." - „Auf dem Kronsgute Billenhof, unweit Mitau, ist die ganze Heerde zu verkaufen; das Nähere darüber erfährt man bei der Guts-Verwaltung." [489]

So kann man annehmen, daß Jeannot Grafenthal zunächst für einige Jahre gepachtet hatte, bevor er es, wie erwähnt, mit Datum 11. Mai 1834 als Erbpfand kaufte. Dies zeigt auch die Revisionsliste von Grafenthal, die zuvor mit Datum 19. Febr. 1834 noch unterzeichnet hat „JvDenffer Arrendebesitzer". [490]

„Arrendebesitz ist die Pachtung eines Gutes von zeitlich festgelegter, meist längerer Dauer... Pfandbesitz ist der vorübergehende Besitz eines Gutes, das gegen Zahlung

---

[485] St. Petersburgische Zeitung 7.6.1832, 531.
[486] Kurländische Güter-Chroniken. Neue Folge, Bearbeitet und herausgegeben im Auftrage des Kurländischen Ritterschafts-Comités, Mitau 1895, 90 f.
[487] Denfer, H. v.: Grundstein zu einer Geschichte der Familie von Denffer, Batum 1906, 41.
[488] Mitauische Zeitung 28. May 1832, 256; Mitauische Zeitung 22. Oktober 1832, 508.
[489] Allgemeines Kurländisches Amts- und Intelligenzblatt 2.4.1827.
[490] Staatsarchiv Riga. Kurländ. Seelenlisten. Städte Nr. 24, Bauske. Fol. 387 (Film Nr. A 108).

einer Pfandsumme zur vollen, selbstständigen Nutzung übernommen wurde, mit der Bedingung der Herausgabe nach Rückzahlung der Pfandsumme durch den Eigentümer. Erbpfandbesitz ist der vererbbare Pfandbesitz…" [491]

※

„Definitive Freyheit"

Im Jahr 1832 gab es auf Grafenthal merkliche Veränderungen für die Bewohner. Insgesamt 74 von ihnen erlangten die „definitive Freyheit". Die sogenannte „Bauernbefreiung" in Kurland erfolgte seit 1819 durch ein mehrjähriges Verfahren, das im „Gesetzbuch für die kurländischen Bauern", [492] auch als „Kurländische-Bauer-Verordnung" bezeichnet, mit insgesamt 729 Paragraphen geregelt war.

„I. Die Krone und die Kurländische Ritterschaft entsagen allen ihren bisherigen auf die Leibeigenschaft und Erbunterthänigkeit der Bauern gegründeten Rechten, und werden dadurch auch der mit diesen Rechten verknüpften Verbindlichkeiten gegen die Bauern entbunden, … In der obigen Entsagung auf die Erbunterthänigkeit der Bauern und dem Vorbehalt des Eigenthums an Grund und Boden, sollen alle diejenigen, die auch nicht zur Kurländischen Ritterschaft gehören, jedoch Erbbauern in Kurland mit oder ohne Grund und Boden besitzen, einbegriffen seyn.

II. Um Irrungen und Störungen in staatsbürgerlichen und ökonomischen Verhältnissen zu vermeiden, geschieht der Uebertritt des Bauers aus der Leibeigenschaft in die Freyheit nur allmälig und theilweise. …

III. Es entsteht hieraus in Rücksicht der den Bauern zugetheilten Rechte eine vorbereitende Ordnung der Dinge und ein definitiver Zustand. …" [493]

Zu den wichtigsten Bestimmungen der 168 Paragraphen für den vorbereitenden oder „transitorischen Zustand" gehörten „§. 1. Den Kurländischen Bauern sind durch die Gnade Sr. Kaiserlichen Majestät, und durch die bereitwillige Entäusserung der Rechte des Kurländischen Adels auf die Leibeigenschaft der Bauern, die Rechte eines freyen

---

[491] Schroeders, P. v.: Beiträge zur Gütergeschichte Kurlands I. Semgallen (München) 1981, 11 ff.
[492] Gesetzbuch für die kurländischen Bauern Mitau 1819.
[493] Gesetzbuch für die kurländischen Bauern Mitau 1819, 3 f.

Standes zugesichert worden. Während vierzehn Jahren sollen alle bisher leibeigen gewesenen Bauern in Kurland nach und nach zum Genuß dieser Rechte… gelangen…

§. 5. Zufolge obigen Grundsatzes kann daher der Kurländische Bauer schon während des transitorischen Zustandes, weder allein, noch mit seiner Familie, noch auch ein Glied derselben, verkauft, verschenkt, abgetreten, verpfändet oder sonst verbrieft werden. Bey dem Verkauf eines Grundstückes bleibt der Bauer bey demselben, bis ihn die Reihe der völligen Freylassung trifft."

Besonders bedeutsam für den am Ende des Verfahrens zu erlangenden „definitiven Zustand" waren die Paragraphen „§. 3. Da die Eigenbehörigkeit nach der, in den Verordnungen für den transitorischen Zustand bestimmten, Frist gänzlich aufhört, so folgt daraus ganz von selbst, daß der freye Mensch nicht zum Gute gehört, mithin mit demselben nicht verkauft werden kann und am allerwenigsten einzeln. §. 4. Der Kurländische Bauer hat nunmehr das Recht, unbewegliches Vermögen zum erblichen Besitz zu erwerben; jedoch in Rücksicht des Landeigenthums nur in der Art, wie es die Landesgesetze den Nichteinzöglingen (non indigenae) gestatten. § 11. In Ansehung ihrer bürgerlichen Verfassung konstituiren sich die Kurländischen Bauern in Bauer-Landgemeinden, deren Angelegenheiten unter Aufsicht der Gemeindepolizey verwaltet werden. Ein jeglicher Bauer muß bey einer Gemeinde angeschrieben seyn. §. 27. Dem Mitgliede einer solchen Gemeinde steht es auch frey, diese zu verlassen, nachdem es seinen Verpflichtungen gegen seine bisherige Gemeinde, deren Glieder und die Gutsherrschaft, ein Genüge geleistet hat;" [494]

In Lettlands Historischem Staatsarchiv (Riga) gibt es ein „Summarisches Verzeichnis der zur 7ten Section gehörigen und daher mit dem Georgen-Tage 1832 zur „definitiven Freyheit" übergehenden Individuen aus dem Bauernstande im Bauskeschen Kreise", dem 23. April. Darin sind aufgeführt vom

„Privatgut Grafenthal

Gesamtzahl der Wirthe 8

Wie viele von denselben zu definitiven Freyheit übergehen 4

Ob und wie viele von den Wirthen die Gesinde aufgekündiget keiner

Anzahl der zur def Fre übergehenden Wirthinnen 4

Wirthskinder welche mit den Eltern zur def Fr übergehen 6 Söhne 5 Töchter

Knechte männl. 11, weibl. 11

---

[494] Gesetzbuch, 7, 8, 68, 69, 73.

deren Kinder Söhne 8, Töchter 5

Unverheirathete Dienstboten männl. 8 weibl. 10

Hofesleute männl. 1, weibl. 1

deren Kinder -

Gesamtzahl der... zur definitiven Freyheit übergehenden Individuen männl. 38, weibl. 36." [495]

※

Kurländischer Kreditverein

Im selben Monat konnte Grafenthal dem Kurländischen Kreditverein beitreten, der 1830 unter dem Eindruck der vorausgegangenen „Konkurszeit" als Solidarbank der Grundbesitzer eingerichtet worden war. „In Gemäßheit der Bestimmungen des Allerhöchst bestätigten Kurl. Creditreglements wird von Seiten der Direction des Kurl. Credit-Vereins hiermit bekannt gemacht, daß die Besitzer der nachbenannten Güter ihre Receptions-Fähigkeit zum Kurl. Credit-Vereine gehörig nachgewiesen und beurkundet haben, und daß somit der definitive Zustand des Kurl. Credit-Vereins gesetzlich eingetreten ist... Grafenthal... Mitau den 30. April 1832." [496]

„Der Zweck dieses Allerhöchst bestätigten Kreditvereins, zu welchem alle Landgüter des Kurländischen Gouvernements, und auch die im Pfandbesitz befindlichen, nachdem ihr Werth nach einem angemessenen Anschlage abgeschätzt ist, und sie für receptionsfähig anerkannt sind, beitreten können, ... ist (§ 2. des Reglements) die Sicherheit der Gläubiger für Kapital und Zinsen, Wiederherstellung des Kredits der Gutsbesitzer und die endliche Befreiung der Landgüter von den auf ihnen haftenden Schulden, durch ein mit einem Tilgungsfonds verbundenes Pfandbriefs-System." [497] Im Bedarfsfall konnte somit Finanzhilfe in Anspruch genommen werden.

Jeannots und Eugens Schwester Natalie Juliana starb vermutlich im Jahr 1832, in Talsen oder Lattwiliczky/Latwelischek. [498] Sie war 43 Jahre alt. Im Kirchenbuch Talsen kommt sie nicht vor, ein Kirchenbuch Zeymel (Litauen), zu dessen Kirche

---

[495] LVVA 630/2/97; 73 f.

[496] Allgemeines Kurländisches Amts- und Intelligenzblatt 10.5.1832. Vgl. Reglement des Kurländischen Kreditvereins, Mitau 1845.

[497] Reglement des Kurländischen Kreditvereins, Mitau 1845, v.

[498] Denfer, H. v.: Grundstein zu einer Geschichte der Familie von Denffer, Batum 1906, 45.

Latwelischek eingepfarrt war, scheint nicht erhalten. Über die Verstorbene ist nur wenig bekannt geblieben. Getauft wurde sie am 22. März 1789 in Doblen, ihr Geburtsort dürfte folglich Bersemünde gewesen sein. 1797 ist sie als Exemt im Kirchspiel Doblen verzeichnet. Am 17. Juni 1817 wurde sie in Zeymel getraut mit Joseph v. Jakimowicz (Jakimowitz, gestorben vor 1846), Stabskapitän, später Oberstleutnant d. Grenzwache. [499] Das Ehepaar hatte vier Kinder, die Tochter Antonie Marie heiratete am 27. Okt. 1846 in Tuckum den Arzt Dr. Friedrich Wilhelm Kupffer (1821-1879). [500]

Eugen war in Riga tätig und kam 1832 zweimal, dienstlich oder privat, nach Mitau: „Den 21ten May... Hr. Kommissionär v. Dempfer aus Riga, log. b. Halezky" sowie „Den 4ten July. Hr. v. Denffer, von der 9ten Klasse, aus Riga, log. b. Halezky." Mehr ist dazu nicht bekannt.

Eine unwahre Phantasiegeschichte

In der Zeitschrift „Die Gazette" erschien anläßlich des 250. Geburtstags Goethes ein Hinweis auf „offenbar erst kürzlich entdeckte Tagebuchblätter Eckermanns, ein intimer Blick in die „geschundene" Seele des Sekretärs und Gesprächspartners" Goethes mit einem Auszug „Aus den geheimen Tagebüchern des Johann Peter Eckermann, 23. März 1832*" als „* Vorabveröffentlichung einer in Vorbereitung befindlichen Edition. Der vollständige Text des Deckblatts des 67 Seiten umfassenden, eng beschriebenen Manuskriptes lautet: *Meine heimlichen Tagebücher, von mir, Johann Peter Eckermann, aufgezeichnet am Abend des 23. März 1832, versiegelt und gegeben zur Aufbewahrung dem W. Geheimen Rat Frhr. v. Denffer und zur Veröffentlichung bestimmt nicht vor meinem Tode.* [Unterschrift:] *J.P.E.* Quelle: Privatbesitz Frhr. v. Denffersche Erbengemeinschaft. D. Hg." [501]

Indes ist im Familienkreis weder über solche Tagebuchblätter noch eine solche „Erbengemeinschaft" etwas bekannt und die angekündigte „Edition" nicht erschienen.

[499] Archiv der Kurländischen Ritterschaft Kirchenbuchauszüge III, Getraute Kirchspiel Zeymel, 279. (Hessisches Staatsarchiv Marburg, seit 2006 im Herder-Institut Marburg).
[500] KB Tuckum Aufgebote und Getraute 1846 Nr.10 (fol. 157); Brennsohn, I.: Die Ärzte Kurlands, Riga 1929, 265.
[501] Die Gazette (München) Nr. 16, August 1999. Die Zeitschrift erschien seinerzeit nur „online", seit 2004 auch im Druck.

D(er) H(eraus)g(eber) Dr. Fritz Glunk, der mich einmal besuchte, [502] stellte sich mir als Bekannter einer Familienangehörigen vor, so daß er wohl mit ihr im Gespräch auch über die Denffersche Familie gewesen war. Ihr Bruder, danach befragt, meinte, es handele sich um eine „unwahre Phantasiegeschichte", wobei unklar blieb, auf wessen Phantasie sie beruht.

Gouvernement Nowgorod

Die St. Petersburgische Zeitung brachte unter „Berichte der Civilgouverneure für das Jahr 1832" den folgenden Überblick, der den Zustand des Gouvernements Nowgorod während der Amtszeit von August beschreibt:

„Der Ackerbau ist in diesem Gouvernement höchst unbedeutend und wird wegen des fast durchgängig schlechten Bodens und der früh eintretenden Herbstfröste, nur in den Kreisen Nowgorod und Demjansk betrieben. Im J. 1832 wurden vom Wintergetreide 276,919 und vom Sommergetreide 591,359 Tschetwert ausgesäet; von ersterm aber nur das 3te und von letzterm das 2te Korn geerntet, angeblich als Folge der Dürre und Kälte im Frühling und der anhaltenden Regen und kalten Winde im Sommer. In den übrigen Kreisen finden die Einwohner ihren Erwerb als Barkenführer und Barkenbauer. Das zum Bedarf des Gouvernements fehlende Korn erhält man aus den tiefer unten an der Wolga liegenden Gouvernements. Obstgärten giebt es hier fast keine.

Unter den Fabriken zählt man: 3 Kupferhämmer, 2 Glashütten, 16 Ziegelöfen, 4 Malzdarren, 2 Tuchfabriken, 11 Gerbereien, 6 Talgsiedereien und 5 Lichtziehereien.

Im J. 1832 wurden 18,480 Knaben und 17,777 Mädchen geboren; unter 28,850 Sterbefällen kommen 16,516 auf das männl. und 12,534 auf das weibl. Geschlecht, - 12,980 Kinder wurden vaccinirt.

An großem und kleinem Vieh sind im J. 1832 durch Nowgorod und Tichwin 65,219 Stück getrieben worden.

---

[502] 29.4.2004, 18:00 Uhr zwecks Interviews (veröffentlicht in: Die Gazette Nr. 2 Juni, 2004, 63-67 unter der provokativen Überschrift „Platz für das Islamische Recht" und mit nachträglich angefügtem Kommentar des Herausgebers, der in meinen „scheinbar harmlosen Antworten Brisantes" erkennen wollte, das hineinzulegen er sich offenbar genötigt sah, um das Ganze in das seinerzeit zunehmend islamophobe Klima einzupassen).

Die Stadteinnahmen beliefen sich im ganzen Gouvernement auf 182,460 Rub. Ausgegeben wurden: für die Unterhaltung der Polizei, des Ostrog [503] und für Straßenerleuchtung, zusammen 61,213 Rub., für die Unterhaltung des Magistrats, des Rathhauses, des Waisen- und Spruchgerichts, der Stadtkammer (Duma) u.s.w. 64,012 Rub., für Militärbedürfnisse 31,251 Rub. und für die Unterhaltung von Schulen und wohlthätigen Anstalten 37,717 Rub. - Auf Rechnung der Landabgaben wurden zum Heitzen und Erleuchten der Kasernen, zu Reparaturen an diesen Gebäuden und für die Unterhaltung der Posten, 253,508 Rub. verwendet.

Am 1sten Januar 1833 hatte das Kollegium der Öffentlichen Fürsorge ein Kapital von 1,559,770 Rub, 87$^{3/4}$ Kop.; seine Einnahme betrug 84,597 Rub. 82$^{1/2}$ Kop, und die Ausgabe 81,403 Rub, 45$^{1/2}$ Kop. Im Laufe dieses Jahres wurden auf seine Rechnung 483 Personen verpflegt und unterhalten, von denen 92 starben. (Journ. des Minist. des Innern.)" [504]

※

1833 Die Kindchen

Carolines und Augusts zehntes Kind war ihr fünfter Sohn Herrmann. Im Kirchenbuch Nowgorod ist seine Taufe verzeichnet: „(Geburt) 1833 Januar (24) den vierundzwanzigsten (getauft) (6) den sechsten Februar 3. (v. Denffer) Herrmann Woldemar (Eltern) August Julius v. Denffer, Civil-Gouverneur, wirklicher Staatsrath und Ritter und Ehegattin Caroline Friederike geb. v. Schmelzer - Beide Evangelisch-Lutherisch - (Pathen) Herr Ernst Baron v. Budberg, Fräulein Baronesse Ida v. Budberg (getauft) zu Nowgorod in der Wohnung der Eltern vom Pastor Abel." [505]

Die Paten waren Ernst von Budberg (1782-1836), der mit Augusts Schwester Henriette verheiratet war, und deren Tochter Ida (1812-1881). Vielleicht waren auch Henriette und ihre weiteren Kinder von Garssen in Kurland mit angereist.

Der kleine Junge starb schon im Alter von nur zwei Jahren am 11. Jan. 1835 und wurde auf dem evangelischen Wolkowo-Friedhof in St. Petersburg beerdigt. Auf dem

---

[503] Gefängnis.
[504] St. Petersburgische Zeitung 19.10.1833, 965.
[505] KB Nowgorod Geborene in der evang.-luth. Deutschen Gemeinde zu Novgorod 1833 (Russia Lutheran Church Book Duplicates 1833-1885, Novgorod 1833).

nicht mehr erhaltenen gusseisernen Grabkreuz waren die Jahreszahlen irrtümlich 1837 und 1841. [506]

Ein halbes Jahr nach Herrmanns Geburt starb in Petersburg am 3. Aug. 1833 seine zwölfjährige Schwester Sophie, Carolines und Augusts viertes Kind und zweite Tochter. Sie war am 20. Jan. 1821 abends in Moskau geboren und wurde ebenfalls auf dem Petersburger Wolkowo-Friedhofe (St. Annen) begraben. Das Todesdatum ist der Inschrift des Grabkreuzes entnommen. [507]

Benedikt Böhm gibt in seinem Werk über den Wolkowo-Friedhof gleichfalls 3. Aug. 1833 an, hat aber in weiteren Bänden noch die Angabe „Denffer, von Fräulein (Begräbnis) 13.1.1835 (Gemeinde) Anna (Alter) 1." [508] Es ist unklar, auf wen sich das bezieht. Es könnte eine Verwechslung mit dem ebenfalls im Januar 1835 gestorbenen Herrman sein.

Schon sechs Jahre zuvor hatten August und Caroline den Tod ihres zweiten Kindes, der Tochter Alexandra, zu beklagen. Ihr „Geburts- und Taufschein", ausgestellt vom Pastor der Evangelischen Alt-Kirche zu St. Michael in Moskwa am 30. September 1821, ist erhalten geblieben:

„Alexandra von Denffer. Ehelich geboren den vierundzwanzigsten April des Jahres Eintausend achthundert und achtzehn getauft den zweiten Juni desselben Jahres. Vater Herr August von Denffer, Major. Mutter Frau Caroline - geborne Schmelzer. Taufzeugen 1) Ihre Kaiserliche Hoheit die Großfürstin Alexandra Feodorowna, repräsentirt durch das erste Kammerfräulein Friderike von Klügel. 2) Herr Generalmajor Alexander von Neidhardt." [509]

Die beiden Taufzeugen waren keine ganz gewöhnlichen Personen. Der russische Generalmajor Neidhart war in den Jahren 1816 und 17 als Chef d. Stabes d. 4., d. 5. Inf. Korps [510] Augusts Vorgesetzter beim Militär gewesen.

---

[506] Denfer, H. v.: Grundstein zu einer Geschichte der Familie von Denffer, Batum 1906, 51, 60; Böhm, B.: Wolkowo lutherischer Friedhof in St. Petersburg, St. Petersburg 1998, 44.

[507] Denfer, H. v.: Grundstein, 51, 60; Böhm, 44.

[508] Böhm, 44; St. Petersburg 2004, III, 84; (Personenstandsregister) St. Petersburg 2005, IV, 18.

[509] Nachlaß Dietrich v. Denffer.

[510] Russkij Biografitscheskij Slowar St. Peterburg 1914, XI, 194 f.; Erik-Amburger-Datenbank: Ausländer im vorrevolutionären Russland. Datensatz 34613 (alt 35282).

Den Namen „Großfürstin Alexandra Feodorowna" trug die seit 1817 mit dem späteren Zaren Nikolai I. verheiratete Prinzessin Charlotte von Preußen. Sie war erst im Sommer des Vorjahrs der Taufe nach Russland gekommen. Vielleicht hatte sich eine Bekanntschaft mit Caroline als der Tochter des preußischen Juristen und Universitätsprofessors Friedrich August Schmelzer, seit 1817 Direktor der Universität Halle, ergeben. Carolines Ehegatte August war, im Majorsrang, bis 1821 als Inspektor der Kaiserlichen Theaterschule tätig. [511]

Die Repräsentantin bei der Taufe „Demoiselle Friederike Klügel" hatte Charlotte von Preußen nach Russland begleitet und verstarb dort 66jährig am 12. März 1838. „Die Verstorbene war in einem weiten Kreise gekannt und geliebt und ihr Tod wird von vielen Unglücklichen beweint werden, für welche sie wie eine liebende Mutter sorgte." - „Am 17ten dieses, Nachmittags um zwei Uhr, fand das Leichenbegängnis des Fräuleins Friederike Klügel Statt. Gedrängt waren Kirche und Gottesacker gefüllt und allen Gesichtern Rührung und Schmerz tief eingeprägt. Es befand sich unter allen Anwesenden auch kein einziger Blutsverwandter der Seligen. Diese werden im Auslande weinen, wann sie die betrübte Nachricht erfahren. Alle hatte sie sich also während ihres zwanzigjährigen Aufenthaltes in Rußland durch ihr eigenes Wirken zu theilnehmenden Freunden, zu Verwandten ihres mütterlichen Herzens gebildet. Sie nicht jung, nicht schön, nicht reich, nicht vornehm, ist dennoch so bekannt, so geachtet, so geschätzt, so geliebt, ja sogar verehrt, als fast unerreichbares Muster von Freundschaft, Treue, Aufopferung, Bescheidenheit und jeder weiblichen Tugend. Sorgfältig erzogen, durch viele frühere Verhältnisse geprüft, und hier im Lande durch das unbegränzte Vertrauen ihrer hohen Gebieterin so wirkungsreich gestellt, wandte sie mit feinem Gefühle Alles nur zu einem Zwecke, zum Beglücken Anderer an. So ist sie denn als eine Gesegnete geschieden, und wird in allen Verhältnissen und Bemühungen ihrer Wohlthätigkeit, ihres Dienstes und ihrer Freundschaft fortdauernd vermißt werden." [512] Zu dieser Zeit, als die Stellvertreterin der Patin starb, war das Patenkind der Großfürstin schon verstorben, seine Mutter Caroline hielt sich in Deutschland auf und sein Vater August in Saratow.

---

[511] RGIA 497/1/2103; 497/1/2170; Pogoschev, V.: Proekt zakonopoloschenij ob imperatorckich teatrach, S. Peterburg 1900, III, 302.
[512] St. Petersburgische Zeitung 15./27.3.1838; 20.3./1.4.1838

Auch Ende März 1827 war Alexandras Mutter Caroline auf Reisen und ist am 26. März unter in Riga „Angekommene Fremde" verzeichnet: „Frau wirkl. Staatsräthin Denpfer, von St. Petersb., log. bei Hrn. Brasch." [513] Sie hatte ihre Tochter Alexandra mitgenommen, vielleicht auch den 11jährigen Friedrich Eugen.

Brasch in Riga war ein Verwandter von August und Jeannot. Ernestine Tottien, die Tochter von Augusts Kusine Maria Anna, hatte Carl v. Brasch geheiratet. [514]

Das Kindchen Alexandra mit dem russischen Kosenamen „Saschinou" verstarb während des Aufenthalts in Riga kurz vor seinem neunten Geburtstag im Alter von acht Jahren und 11 Monaten am 3./10. April 1827. [515]

Eine einfache, handgezeichnete Skizze auf einem postkartenähnlichen Blatt mit blindgeprägtem Schmuckrahmen zeigt auf einem dreireihigen Ziegelfundament eine einfache Grabplatte, umgeben von einem Gitterzaun mit nach oben gerichteten Pfeilspitzen. Am unteren Rand ist zu lesen: „Hier ruht Saschinou von Denffer geb. zu Moskau den ten 1818 gest. zu Riga den Dez 1827". [516] Leerstellen und Irrtum bei den Angaben lassen darauf schließen, daß diese Skizze zu einer späteren Zeit angefertigt wurde und man sich an Einzelheiten nicht mehr genau erinnerte.

Als ich in Riga über den „Jekaba kapi" ging, kam auch mir der *genius loci* in den Sinn, der sich schon mehr als 100 Jahre vor mir bemerkbar gemacht hatte:

„Wir haben den St. Jacobi-Kirchhof durchwandert. Die Grabsteine sind vor uns lebendig geworden und die Todten, die sie decken, sind wie Schatten aus vergangenen Tagen vor uns emporgetaucht. Manche prächtige und kostbare Monumente und Kreuze, die Anspruch auf die Ewigkeit zu machen schienen, sind in der Zeiten Lauf mit Moos bewachsen und brüchig geworden, wieder andere sind schon verfallen und eingestürzt. Da tritt uns die Vergänglichkeit so recht vor Augen, das Vergessenwerden so vieler Menschen, die einst vielleicht für unvergeßlich galten. An vielen Gräbern

---

[513] Rigasche Zeitung 29.3.1827

[514] Denfer, H. v.: Grundstein zu einer Geschichte der Familie von Denffer, Batum 1906, 38; Seuberlich, E.: Stammtafeln deutschbaltischer Geschlechter II: Reihe, Leipzig 1927, 438 (Tottien VII d. 2.).

[515] KB Riga Jacobi-Kirche Verstorbene 1827, fol. 276v, 10. April; LR 106, 33c rechts; Rigasche Stadtblätter 13.4.1827, 134 (dort unter „Krons-Kirche", wie die Jacobi-Kirche auch hieß.); Seuberlich, E.: Auszüge aus den Rigaschen Stadtblättern 1810-29, in: Nachlaß Seuberlich Archivalien Bd. 24, 134

[516] Nachlaß Dietrich v. Denffer.

kommen wir vorüber, die eingesunken sind und fast dem Boden gleich geworden. Namenstafeln sind hier nicht mehr vorhanden, die stetig fortschreitende Zeit ist über diese Gräber hinweggegangen. Sie hat das Gedächtnis dieser Todten, - hier auf dem Kirchhof wenigstens, spurlos getilgt. Und noch etliche . . . Jahre, dann werden auch so manche Gräber vergessen sein, die heute noch im Blumenschmuck prangen. Doch verklingen und vergehen auch die Namen der Todten, ihre Werke bleiben uns doch. Und sind auch so viele Generationen hingegangen zum letzten Schlaf, neue werden kommen und sich an die alten reihen, denn:

„Gleich wie die Blätter des Wald's, so sind die Geschlechter der Menschen
Diese verwehet im Herbst der Wind, doch andere wieder
treibt der knospende Wald, geschwellt von der Wärme des Frühling's.
So der Menschen Geschlecht: dies wächst und jenes verschwindet." [517]

※

Katastrophe im „Stückhof"

In Nowgorod konnte August sich am 2. April 1833 über „die Insignien des St. Annen-Ordens 1ster Klasse mit der Kaiserkrone" [518] freuen, doch schon im nächsten Monat erreichte ihn aus Petersburg die Nachricht von einer Katastrophe im „Stückhof", wie die deutschsprachigen Bewohner den „Liteinaja"-Stadtteil nannten. [519]

„Am 12. Mai um 12 Uhr Mittags gerieth die Werkstätte eines Zimmermalers, im Hause des wirklichen Staatsraths Denfer, auf dem Stückhofe, in Brand. Die angränzenden, mit Stroh, Heu, Holz und Oelvorräthen angefüllten alten Schuppen des Wagenbauers Schmidt und der Kaufleute Feodorow und Wachruschtschow faßten augenblicklich Feuer. Der heftige Sturmwind schleuderte die Funken und Feuerbrände über eine Werst weit, so daß in der Offizierstraße und in der Kirchenstraße die Häuser des Kabinetsregistrators Grigorjew und des Beamten der vierten Klasse Petrow, ein Flügel

---

[517] Berkholz, A. v.: Der St. Jacobi-Kirchhof in Riga (1773-1895), Riga 1895, 67 f.
[518] St. Petersburgische Zeitung 2.5.1833, 389; Allgemeine Preußische Staats-Zeitung 10.5.1833, 533: „St. Annen-Orden 1ster Klasse"; Spisok kawaleram rossiskich imperatorskich i tsarskich ordenow, St. Peterburg 1850, I, 113.
[519] Kohl, J.G.: Petersburg in Bildern und Skizzen, Dresden Leipzig 1841, 218.

der Gensdarmenkasernen, das Haus des Kaufmanns Stretschkow und die Außenge-
bäude des Artilleriehospitals zu brennen anfingen. Schon sahen die Bewohner des
Stückhofes mit Beben einem ähnlichen Mißgeschicke entgegen, wie es im vergangenen Jahre die Bewohner der Jämskaja betraf. Allein unter dem Beistande des Höchsten
wurde durch die musterhafte Anstrengung und Selbstverläugnung der Löschkommanden sämmtlicher 13 Stadttheile das Unglück abgewandt und das Feuer auf allen Punkten gelöscht, nachdem es die zuerst von ihm ergriffenen alten Schuppen der Herren
Denfer, Schmidt, Feodorow und Waschruschtschow in Asche gelegt hatte.

Se. Majestät der Kaiser befanden Sich Selbst an den gefährlichsten Stellen zugegen,
schenkten der Kühnheit u. Thätigkeit der Polizei und der Löschkommanden Ihre hohe
Aufmerksamkeit, und geruheten, sie gnädig zu belohnen. Der wahre Anlaß der Feuersbrunst ist noch nicht erwiesen; allem Anscheine nach durch Unvorsichtigkeit der
Arbeitsleute des Malers bei Verfertigung ihres Firnisses. - Wie manchen ähnlichen
Unglücksfällen würde vorgebeugt, wenn die Hausbesitzer mehr Aufmerksamkeit auf
die Unbehutsamkeit mancher Einwohner, besonders der Handwerker, verwendeten,
vorzüglich beim Bereiten des Firnisses, dessen Abkochung bei der mindesten Unvorsichtigkeit Gefahr bringt; wenn ferner die Luken der Dachböden und Heuböden gehörig verschlossen und während einer Feuersbrunst die Dienstboten verhindert würden, aus bloßer unnützer Neugierde vom Hause zu gehen, um müssige Zuschauer
beim Brande abzugeben; wenn endlich in jedem Hause stets einiges Wasser zum Löschen vorräthig wäre, und die Leute, bei dem geringsten Ausbruch des Feuers, sogleich die Polizei davon in Kenntniß setzten, statt der Eigenhülfe zu vertrauen." [520]

August war damals in Nowgorod, nicht in Petersburg. Dem Bericht zufolge war der
ihn direkt betreffende Schaden vergleichsweise gering. Wie er geregelt wurde, ist
nicht bekannt. Immerhin aber flossen Augusts reguläre Einkünfte einschließlich der
Zulagen weiter. Mit Schreiben vom 13ten Juli 1833 No.553 übersandte die Mitausche
Kreis-Rentey dem August 15 Rubel 49 ½ Cop. Silber Münze „Revenüen des Kronsgutes Mißhoff pro 1830/31". [521]

Augusts zweiter Sohn Eduard kam als Vierzehnjähriger, während sein Vater noch
als Gouverneur in Nowgorod Dienst tat, zur Erziehung nach St. Petersburg. Im Moskauer Kirchenbuch ist er verzeichnet unter „Geborne und Getaufte im Jahre 1819...

---

[520] St. Petersburgische Zeitung 19.5.1833, 446; Rigasche Zeitung 23.5.1833.
[521] Beglaubigte deutsche Fassung Göttingen 14. Juni 1939 (Nachlaß Dietrich v. Denffer).

den 21ten Nov. Des Oberstlieutenants und Ritter August Denffer Sohn, welcher ihm von seiner Ehefrau Carolina geb. Schmeltzer den 27ten Octbr. 1819 geboren wurde. Pathen: der Generallieutenant Fürst Nicolai Chawansky, die Frau Obristin Anna Pawlow. Das Kind erhielt den Namen: Eduard Heinrich." [522]

Am 12. Juli 1833 wurde er in das „Kaiser Alexander I. Institut für Ingenieure der Verkehrswege" aufgenommen. Dieses Institut hieß damals noch „Institut korpusa inschenerow putej soobschtschenija" (Institut des Korpus der Ingenieure der Verkehrswege). Es befand sich in einem Gebäude am Obuchow-Prospekt, dem heutigen Moskowski-Prospekt Nr. 9. Die Schülerzahl betrug 240, aufgenommen wurden Söhne von Adligen, Oberoffizieren und einige Andere nach bestandener Prüfung. [523] Dort absolvierte Eduard in den folgenden Jahren bis zur Entlassung am 17. Dez. 1837 die einer Kadettenschule entsprechende Ausbildung, [524] die den Eintritt in den Staatsdienst ermöglichte.

Im Oktober 1833 beauftragte der Gouverneur von Nowgorod auf Anweisung des Innenministers die Stadtverwaltung mit der Suche nach Räumlichkeiten für die erste Öffentliche Gouvernements-Bibliothek. Die Räumlichkeiten wurden im Haus der Kollegien-Sekretärsfrau Ludmila Sokolowa an der Handelsseite gemietet. Der erste Leiter der Bibliothek war Ignatius Wictorowitsch Lesnewskij, Lehrer am Nowgoroder Gymnasium, die Eröffnung war 1./13. Dezember 1833. Anläßlich der 180jährigen Wiederkehr fand in Nowgorod 2013 eine Festveranstaltung statt. Auch am 185. Jahrestag wurde daran erinnert. [525]

---

[522] KB Moskau 1819, Zentrales Historisches Archiv Moskau 609/1/21, 30.

[523] Schitkow, S.M.: Institut ischenerow putej soobschtschenija imperatora Aleksandra I, St.Peterburg 1899, 65 ff.

[524] Staatsarchiv St. Petersburg 381/13/694; 381/13/1053: Petersburger Kaiser Alexander I. Institut für Ingenieure der Verkehrswege Akte über die Aufnahme des Schülers E. Denfer 12.7.1833-17.12.1837; Akte über die Entlassung des Schülers E. Denfer 3.12.1837-16.12.1837

[525] 6/18. Okt. 1833; 25. Dez. 2013, vgl. Petrowa, L.A.: Kladowaja mudrosti. Stranitsi istorii Nowgorodskoj publitschnoj biblioteki, o.O. (Nowgorod) o.J., 7, 14, dazu Abbildungen von Dokumenten 6, 9. Vgl. https://nounb.ru/other/fbooks/book_0128/files/assets/basic-html/index.html#1; https://www.nounb.ru/o-biblioteke/istoriya-biblioteki/185-letie-obrazovaniya-gubernskoj-publichnoj-biblioteki-v-novgorode; 180-letie obrasovanija gubernskoj publitschnoj biblioteki b novgorode (2013); http://www.nounb.ru/newsite/index.php/chtenie/literatura-audioformat/2-uncategorised

Die Villonschen Verwandten

Im Aktenverzeichnis des Kurländischen Oberhofgerichts Mitau gibt es 1833 den Hinweis auf eine „Appell. Sache E. Kummerau u. W. Willong ctr. Frau von Denffer geb. Kummerau". [526] Da die Akte selbst nicht auffindbar war, läßt sich nur sagen:

Emilie Kummerau, getauft 19. Aug. 1803, und Wilhelmine Kummerau, get. vermutlich 1808, waren Stiefschwestern von Charlotte Kummerau, get. 1. Jan. 1792 und Caroline Kummerau, get. 27. Nov. 1795. Wilhelmine war verheiratet mit Carl v. Villon, [527] Charlotte mit Eugen v. Denffer und Caroline mit Johann v. Denffer genannt Jeannot. Unklar bleibt, welche der beiden letzteren mit „Frau von Denffer" gemeint ist. Die Instanz „Oberhofgericht" deutet darauf, daß die Sache schon länger verhandelt wurde. Vielleicht wurden Ansprüche erhoben, nachdem Dr. med. Heinrich Bidder, der die Kummerausche Apotheke verwaltet hatte, in diesem Jahr, am 25. Juli 1833, in Bad Schwalbach verstorben war. [528] Jedenfalls betraf die Gerichtsverhandlung eine Angelegenheit zwischen den Kummerau-Schwestern und bestätigt, daß Meinungsverschiedenheiten selbst unter Geschwistern insbesondere dann unschön werden können, wenn es sich um Vermögensfragen handelt. Die Gerichtsbücher sind ebenso voll von solchen Fällen wie die Geschichtsbücher, die davon berichten, daß derart veranlaßte Übeltaten bis hin zu Mord und Krieg überall und immer wieder vorkamen, gerade auch in den besten Familien, Adel, Könige und Kaiser inbegriffen.

Für die Recherche noch erschwerender wirkt sich aus, daß angeblich eine zweite Kummerau-Schwester ebenfalls mit einem Villon verheiratet war:

In einer Notiz von Theo v. Denffer heißt es „Der Hofapotheker Kummerau zu Mitau hatte 4 Töchter, welche nach den Befreiungskriegen (1812-15) je 2 Brüder v. Denffer und v. Villon, alles gewesene russ. Offiziere heirateten. Jeder kaufte sich später ein Gut (haupts. von der Mitgift), Denffers Grafenthal und Springenhof (s.o.), Villons Bersebeck (490 ha) bei Doblen und Ards (langes a) (590 ha) benachbart Grafenthal. Grafenthal, Bersebeck und Ards waren stimmberechtigte Rittergüter. Ihre Besitzer,

---

[526] Staatsarchiv Riga. Verzeichnis der Acten des Kurländischen Oberhofgerichts, Appellationssachen 1833 Nr. 759/2081 (Film Nr. C 51 b).

[527] Conradi, G.: Taufbuch Mitau St. Trinitatis 1782-1805 (msch.schrft.), Nr. 814 Kummerau (Archiv DBGG); Das Inland 1858, 704. Mit ihren drei älteren Schwestern ist im Jahr 1815 Wilhelmina Friederica als siebenjährig verzeichnet in Kurländische Seelenlisten Städte Nr. 51 Mitau Exemten (Film A 114), 415.

[528] Brennsohn, I.: Die Ärzte Kurland, Riga 1929, 93.

als Edelleute, nicht zur kurländ. Ritterschaft gehörig, geltend (non indigena), waren auf d. kurl. Landtag stimmberechtigt. Springenhof war nur wenige Jahre in Dennfferscher Hand, Grafenthal 30 Jahre (1829-59). Bersebeck und Ards dagegen gehörten Villons bis zur lett. Enteignung 1919. So waren Villons seßhafte kurländische Gutsbesitzer, Dennffers - Nomaden. Th. v. D. 1975". [529]

Aus dem Text und den Flächenangaben für die Güter ist die Quelle für diese Informationen teils erschließbar. [530] Ards, bei Zerrauxt und Bauske gelegen, war 590 ha groß, Grafenthal zum Vergleich 630 ha, Bersebeck 490 ha.

Eine im Archiv der Deutsch-Baltischen Genealogische Gesellschaft (Darmstadt) befindliche Mappe „Villon" enthält keine Unterlagen über die fragliche Zeit, „Willong" fehlt überhaupt. Daß wie eingangs gesagt zwei Brüder Villon zwei Schwestern Kummerau geheiratet haben, war bislang nicht nachzuvollziehen. Zwar gibt es Hinweise darauf, daß Ards später Villons gehörte, doch auch das letzte mir bekannte Resumee der Gütergeschichte Kurlands ist diesbezüglich nur sehr vage: „Ungeklärt ist Ards… 1862 war Ards im Erdbpfandbesitz von Graf Igelström und 1912 im Besitz von A. v. Villon." [531] Eine Zeitungsanzeige von 1861 deutet gleichfalls darauf, daß Ards zu dieser Zeit nicht Villons gehörte: „Gräfin Igelstrom auf Ardsen bei Bauske" sucht „eine erfahrene gut empfohlene Lehrerin". [532]

Im Lauf der Recherchen ergab sich zunächst ein Hinweis, der die obige Notiz zu bestätigen schien. Im Traubuch der Trinitatis-Kirche Mitau ist verzeichnet:

„3. Oct. 1827 Carl Willong, Kreis Revisor in Goldingen mit Gottlieb Kummerau des † Hofapothek. K. ehel. T." [533] Doch der Nekrolog von 1858 in der Zeitschrift „Das Inland" [534] zeigte zweifelsfrei, daß dieser „Carl Willong" und der Bersebeck'sche „Karl Villon" nicht zwei verschiedene Personen waren. Der Kirchenbucheintrag der Trauung von 1827, erhalten als Abschrift, schreibt Kummeraus Tochter irrtümlich den Vornamen „Gottlieb" zu, während sie in Wirklichkeit „Wilhelmine" hieß. Ihre

[529] Nachlaß Theo v. Denffer.
[530] Kurland und seine Ritterschaft herausgegeben von der Kurländischen Ritterschaft… Pfaffenhofen/Ilm 1971, 377, 380 f.
[531] Schroeders, P. v.: Beiträge zur Gütergeschichte Kurlands, (München) 1981, 29, 21, 7.
[532] Rigasche Zeitung 24.8.1861.
[533] KB Mitau Trinitatis Stadtgemeinde Getraute 1827, Nr. 24.
[534] Das Inland 1858, 704.

Mutter war Konstantia Gottlieb Bidder. [535] Dies geht deutlich hervor aus dem Taufeintrag der Tochter von 1808: „Aprl 26 geb d. 7 Aprl Friederica Wilhelmine Constantia T. d. Hofapotheker Carl Ludwig Kummerau u. dess. Eheg. Constantia Gottlieb gb. Bidder." [536] In der sogenannten „Seelenliste" von 1815 ist „Wilhelmine Friederica 7 J alt" verzeichnet. [537] Als sie heiratete, war sie demnach 19 Jahre alt.

Ein Jahr darauf brachte sie in Goldingen ihr erstes Kind zur Welt: „Geb. d. 26ten October 1828. Get. d. 20t Januar 1829 Carl Theodor Aman dus(sic!) Villong, (g gestrichen) Sohn des hiesigen Hrn Kreis Revisor Carl Villong (g gestrichen) und dessen Gemahlin Wilhelmine geb. Kummerau. P: Herr Schul-Inspektor Bahder aus Windau, Herr Instanz-Sekretär Broederich, Madame Kummerau aus Mitau Demoiselle Villong." (g gestrichen) [538]

Zwei Jahre darauf folgte 1830 eine Tochter: „76 Geb: d: 23ten August Get d: 11ten October Emilie Theophile Dorothea Wilhelmine Villon Tochter des Goldingschen Hr Kreis-Revisors Carl Villon u. dessen Gemahlin Wilhelmine geborene Kummerau P. Demoiselle Emilie Kummerau, Frau Pastorin Harff, Herr Schulinspector Sieber." [539]

Das dritte Kind war 1832 ein Sohn „Am 30 October wurde des Erbpfandbesitzers von Bersebeck Tit. Rath Carl George Heinrich Villon u. dess Ehegatt. Wilhelmiene geb. Kummerau ehel. Sohn Woldemar Johann Heinrich getauft. Pathen: Kapitän v. Popow, H. Vorkampf Apotheker Schmid Madame Kummerau Madame Villon geb Bidder geboren d. 4. Julius 1832." [540] Der Junge lebte nur wenige Monate: „1833 (Dat fehlt) Woldemar Johann Heinrich Villon, Gehirnentzündung, ½ J." [541]

Es fällt auf, daß bei den Taufen von Wilhelmines Kindern keine Paten aus dem Kreis ihrer Halbschwestern Charlotte und Caroline vorkommen, was auch Folge der Spannungen sein mag, die zu der „Appell. Sache E. Kummerau u. W. Willong ctr. Frau von Denffer geb. Kummerau" führten.

---

[535] KB Mitau Trinitatis Stadtgemeinde Getraute 1802 Nr. 17.
[536] KB Mitau Trinitatis Stadtgemeinde Taufen 1808, Nr.16.
[537] Kurländische Seelenlisten Städte Nr. 51 Mitau Exemten (Film A 114), 415.
[538] KB Goldingen Getaufte deutsche 1829, Nr.14.
[539] KB Goldingen Taufen 1830, Nr.76 (S.339). Zu Harff s. Kallmeyer, Th., Otto, G.: Die evangelischen Kirchen und Prediger Kurlands, Riga 1910, 403.
[540] KB Doblen Taufen 1832, Nr.27.
[541] KB Doblen Gestorbene 1833, Nr.1 (S.253).

Das Gut Bersebeck war erst kurz zuvor an Karl Villon gekommen. „Behrsebeck" wurde „öffentlich versteigert und 1832 den 15. Juni dem Titulär-Rath Carl Villong für das Meistgebot von 19525 Rbl.S. zum Erbpfandbesitze, zugeschlagen". Am 3. Jan. 1844 für 35025 Rbl. S. eingelöst übergab es Theodor v. Sacken „1844 den 10 Jan. … der Gemahlin des frühern Pfandbesitzers, jetzt gelehrten Forstmeisters in Kowno, Majors Carl Villong, Wilhelmine geb. Kummerau für 40000 Rbl. S. auf zehn Jahre in Pfand, ermächtigte sie zur Cession, und sicherte ihr eventuelles Erbrecht zu."[542]

Wilhelmine starb am 10. Juni 1846, der Todes-Anzeige zufolge „im 39. Jahre ihres Lebens und im 19. unserer Ehe".[543] Diese Angaben stimmen überein mit dem Geburtsjahr 1808 und der Eheschließung 1827.

Ihr Erstgeborener Theodor v. Villon (* 26. Oct. 1828) war verheiratet mit Ina Berens. Sie lebten auf Bersebeck und hatten soweit ersichtlich folgende Kinder:

Eduard Alexander Karl Theodor * 3.2.1864; August Alfred Theodor * 31.7.1865 (Taufpate Capitain Victor v. Denffer aus Mitau); Eberhard Theodor * 30.12.1867, † 27.4.1868; Helene Margarethe Elisabeth * 1.6.1869; Charlotte Eberhardine Lucie * 15.6.1872 (Taufpatin Fr. Cornelie v. Denffer); Zwillinge Eberhard Theodor und Alexander Johann * 23.6.1874 beide † 7.7.1874 (Frühgeboren).[544]

Theodor Amandus von Villon, verstarb 78 Jahre alt, am 2. März 1907 in Riga.[545] Der 1912 als Besitzer von Ards genannte A. v. Villon könnte der zweite Enkelsohn des Bersebeckschen Ehepaars Carl und Wilhelmine gewesen sein, August Alfred Theodor. Bei der „Kommission zur Untersuchung von Fällen der Unterstützung Bermondts durch lettländische Staatsangehörige" … wurde 1920 „festgestellt, daß der Besitzer von Bersebeck, von Villon, gleichfalls auf der Seite Bermondts gekämpft hat. Von Villon hat sein Gut verlassen und ist mit den Bermondt-Truppen nach Deutschland gegangen. Hierzu erhalten wir heute folgende Zuschrift: „Nachdem der Besitzer von Bersebeck, Carl von Villon, im Januar 1919 von den Kommunisten ermordet worden ist, - ist gegenwärtig alleinige Besitzerin von Bersebeck die verwitwete Frau des Ermordeten. Von den beiden Söhnen des Ermordeten hat der eine, Theodor von

---

[542] Klopmann, F. v.: Kurländische Güter-Chroniken, Mitau 1856, 98 f.
[543] Rigasche Zeitung 29.6.1846.
[544] KB Doblen Taufen 1864, Nr.3; 1868, Nr.3; 1869, Nr.5; 1872, Nr.11; 1874, Nr.5 u. 6; Verstorbene 1868, Nr.7; 1874, Nr.7 u. 8.
[545] Rigasche Zeitung 5.3.1907.

Villon, nicht auf der Seite Bermondts gekämpft, sondern den ganzen Herbst 1919 sich zum Schutz seiner Mutter in Bersebeck aufgehalten und hat dann im November 1919 zusammen mit seiner Mutter Bersebeck verlassen. Der zweite Sohn des Ermordeten, Herbert von Villon, befindet sich an der Front in Lettgallen. Ards b. Bauske, 17. Februar 1920. Der Generalbevollmächtigte der Besitzerin von Bersebeck: Alfred von Villon." [546]

Später folgte noch eine kurze Zeitungsanzeige: „Gesucht... ein Verwalter für ein kleines Gut im Kreise Doblen. Offerten nach Ards bei Bauske, Villon." [547] Das erwähnte kleine Gut bei Doblen dürfte der Rest von Bersebeck gewesen sein. In der neubegründeten Republik Lettland war am 16. September 1920 ein Agrargesetz verabschiedet worden, das die bisherigen Großgrundbesitzer enteignete und ihnen nur ein sogenanntes höchstens 50 ha großes „Restgut" überließ.

Und schließlich: Die Eltern von Carl Willong bzw. Karl Villon hatten am 19. Juli 1793 in Mitau geheiratet: „George Theodor Willong, hoch fürstl. Förster in der Musse, mit Mademoiselle Dorothea Juliana Biddern d. seel. Amtm Bidder auf Weßaten ehel. 2te Tochter." [548] Villons und Kummeraus waren demnach schon von daher eng verbunden. Carl Ludwig Kummerau, der Vater von Charlotte und Caroline, hatte als Witwer am 18. Mai 1802 Constantia Gottlieb Bidder zur Frau genommen. [549]

Auf Grafenthal hatte es erneut Nachwuchs gegeben. Jeannot und Carolines neuntes Kind kam im Sommer 1833: „Dom. XX p. Trinit. Grafenthal. Johann Julius Rudolph. Eltern: Herr Capitain Johann von Denffer Arrend. von Grafenthal u. dessen Fr. Gemahl. Caroline Wilhelmine Elisabeth geb. Kumrau (sic!) geb. 31t. July, get. d. 10t. Octbr. Tfz. H. Lieutenant Rudolph von Ruckteschell; Frl. Ida von Rukteschell; Frau von Jankiewitsch; Räthin Kahn aus Mitau." [550]

Leutnant Rudolph war bisher nicht identifizierbar, Ida von Rukteschell war wie schon erwähnt Hauslehrerin auf Grafenthal, Frau von Jankiewitsch die Schwester Jeannots und Räthin Kahn aus Mitau, wenn auch mit undeutlich geschriebenem „a",

---

[546] Rigasche Rundschau 24.2.1920.
[547] Rigasche Rundschau 15.11.1920.
[548] KB Mitau Trinitatis Stadt Getraute 1793 Nr. 23.
[549] KB Mitau Trinitatis Stadtgemeinde Getraute 1802, Nr. 17.
[550] KB Mesothen Taufen 1833, Nr. 194.

wohl die Frau des Kreislehrers Christian Karl Kahn, der Pate „Rath Kahn" von Mathilde Friederica Amalie 1829. [551]

Am 1. Advent 1833 wurde in der Mesothenschen Kirche aufgeboten „Johann Lust Schreiber aus Grafenthal, ledig, mit: Marie des Billenhöfschen Wirths Pehter Grosewsky Tochter." Die Trauung erfolgte Sonntag nach Weihnachten im Grafenthal benachbarten „Salgallen Dom. P. fest Nativit." [552] Billenhof, das Jeannot vor der Übernahme von Grafenthal bewirtschaftet hatte, war zu Salgallen eingepfarrt.

※

1834 Seelenrevision

In Kurland hatte 1833/34 zur Feststellung der Bevölkerungszahlen eine „Seelenrevision" stattgefunden. „JvDenffer Arrendebesitzer" unterzeichnete die „Liste Der auf dem im Kurländischen Gouvernement, Bauskeschen Kreise und Bauskeschen Kirchspiele belegenen Gutes Grafenthal, domicilirenden Personen von Adel" und gibt deren Alter in Jahren an:

„Männliches Geschlecht Capitain und Ritter Johann von Denffer 43. Dessen Söhne Johann Robert Victor v. Denffer 15, Johann Theodor Carl v. Denffer 12, Johann Eugen Otto v. Denffer 10, Johann Alexander Ernst v. Denffer 8, Johann Julius Rudolph v. Denffer 1

Weibliches Geschlecht Dessen Frau Carolina v. Denffer 38. Dessen Töchter Bertha Gottlieb Thecla v. Denffer 13, Maria Gottlieb Emilie v. Denffer 7, Mathilde Friederica Amalie v. Denffer 5, Maria Johanna Rosalie v. Denffer 3, Schwägerin Frau Amalie v. Jankiewitz 50, Lehrerin Fräulein Naida v. Rukteschell 28

Grafenthal den 19ten Februar 1834 JvDenffer Arrendebesitzer" [553]

Das Datum zeigt, daß die Informationen zu Grafenthal in den Kurländischen Güter-Chroniken unvollständig sind. Dort wird nur später mitgeteilt: „1834 Mai 11 (corrob. 1834 Juni 20) gab der nunmehrige residirende Kreismarschall, Bank-Direktonsrath G. J. C. F. v. Vietinghoff die Güter Grafenthal gegen Zahlung von 70000 Rbl. auf die

---

[551] KB Mitau Trinitatis Landgemeinde Taufen 1829 Nr.16 (LR 2892, 355 rechts).
[552] KB Mesothen Copulierte 1833 Nr. 78 (S. 219).
[553] Staatsarchiv Riga. Kurländ. Seelenlisten. Städte Nr. 24, Bauske. Fol. 387 (Film Nr. A 108).

durch das Gesetz erlaubte längste Zeit an die Eheleute Capitain Johann Denffer und Caroline Wilhelmine Elisabeth geb. Kummerau, in Erbpfand." [554]

Jeannots Bruder Eugen wurde „am 28. Febr. 1834 in die 8. Rangklasse befördert, mit dem Titel eines »älteren« Kommisionars" [555] und war somit Kollegienassessor.

Aus den Volkszählungsunterlagen ist weiterhin zu entnehmen: Charlotte Catharina wohnte 1834, Mitau 4. Quartier Haus 123, Exemt, 44 Jahre, mit ihrem Sohn August 6 Jahre, Tochter Cornelie Caroline 10 Jahre, Ehegattin des verabschiedeten Stabs Rittmeisters und Komissionärs v. d. 9. Klasse in Riga Eugen v. Denffer. [556] In diesem Zusammenhang wurde von ihr verlangt, „den allegirten Stand zu beweisen, auch den Taufschein ihres Sohnes beizubringen." [557] Wie schon zuvor scheint Eugen bei Besuchen nicht bei seiner Frau gewohnt zu haben: 1834 In Mitau angekommene Fremde… „Den 9ten Juny…Hr. Kommissionär Denffer aus Riga… log. b. Halezky" und „Den 22ten December. Hr. Kommissionär v. Denffer, von der 9ten Klasse, aus Riga, log. im Advokat Bormannschen Hause." [558] Mit letzterem war Eugen wohl seit dem Springenhofschen Prozeß am Oberhofgericht bekannt.

※

Gymnasium illustre

Zwei Söhne von Jeannot besuchten in diesem Jahr das Mitausche Gymnasium. „Victor von Denffer, 16" und „Theodor von Denffer, 12" Jahre alt, waren, zusammen mit Eduard von Lieven und Friedrich von Saß, in Mitau am 8. März 1834 als „Söhne von Gutsbesitzern in Curland" und Exemten verzeichnet. [559] Auch sie „haben ihren

---

[554] Kurländische Güter-Chroniken. Neue Folge, Bearbeitet und herausgegeben im Auftrage des Kurländischen Ritterschafts-Comités, Mitau 1895, 90 f.

[555] Denfer, H. v.: Grundstein zu einer Geschichte der Familie von Denffer, Batum 1906, 40.

[556] Kurländische Seelenlisten Städte Nr. 52 Mitau fol. 613.

[557] Kurländische Seelenlisten Städte Nr. 52 fol. 679; Nr. 53 Mitau Remarquen Nr. 193. Zu dieser „8. Seelenrevision" in Mitau und den Aufforderungen nachträglich Unterlagen vgl. Schlau, K.O.: Mitau im 19. Jahrhundert, Wedemark-Elze 1995, 137 f.

[558] Mitauische Zeitung 12.6.1834, 280; 25.12.1834, 616. Halezky bleibt unklar, Friedrich Bormann (1741-1854) war Oberhofgerichtsadvokat in Mitau (Schlau, K.O.: Mitau im 19. Jahrhundert, Wedemark-Elze 1995, 245.).

[559] Staatsarchiv Riga, Kurländische Seelenlisten Städte Nr. 52, Mitau, Film A 113, 52, Nr.8.

Taufschein beizubringen und den steuerfreien Stand ihrer Geburt nachzuweisen." [560]
Victor und Theodor wohnten merkwürdigerweise nicht bei ihrer Tante, sondern im
Haus des Schmiedemeisters Rathke Nr. 175. Das dürfte im selben „Radkeschen
Hause" gewesen sein, in dem ihr Onkel schon 1830 lebte. [561]

Dem Kurländischen Schulstatut zufolge diente das „Gymnasium illustre zu Mitau
… der Gelehrtenbildung… indem es … mit dem Unterricht in den ersten Elementen
der alten Sprachen beginnt, und bis zum Universitätsstudium hinaufgeht. Zu diesem
Zweck hat es noch zwey untere Klassen erhalten, eine Quarta und Quinta, in welche
ein Knabe eintreten kann, sobald er nur einigermaßen seiner Muttersprache im Sprechen, Lesen und Schreiben mächtig ist. Außer dem Unterricht in den alten Sprachen,
in der Mathematik, Religionswissenschaft, Geschichte, Geographie und Naturgeschichte, in der deutschen und russischen Sprache, kann jeder auch noch den, in der
englischen und französischen Sprache, im Zeichnen, in der Musik, im Fechten, Vol-
tigiren [562] und Tanzen genießen, ohne mehr als das jährliche Honorar, in den drey
obern Klassen jährlich 20 Rthlr. Alb., und in den beyden untern jährlich 10 Rthlr. Alb.
zahlen zu dürfen… Ein vorzügliches Augenmerk ist auf die religiöse und sittliche
Erziehung der künftigen Gelehrten gerichtet, und zu dem Ende Folgendes eingerichtet: Jeder Vater sucht einen der acht Professoren oder Oberlehrer des Gymnasiums
dazu willig zu machen, daß er die specielle Aufsicht über seinen Sohn übernehme,
gleichsam Vaterstelle bey ihm vertrete, über seinen Fleiß, seine Sitten, seinen Umgang, seine Lebensweise wache, und ihn in allen Fällen mit Kraft und That unter-
stütze. Wo die Aeltern nicht selbst in Mitau leben, ist diese Aufsicht von der größten
Wichtigkeit… Bey den halbjährlichen Censuren erhält jeder Gymnasiast ein schriftli-
ches Zeugniß seines Verhaltens, das er seinen Aeltern zu übergeben, und mit deren
Unterschrift versehen dem Direktor wieder vorzuzeigen hat. Alles dieses, wie noch so
manche andre Einrichtung, bezweckt nur die Einführung und Erhaltung eines allgemeinen Geistes der Ordnung, des Fleißes und der Sittlichkeit, unter eine Jugend, die
künftig, im männlichen Alter, die Stütze und Zierde des Staates werden soll. Alle

---

[560] Staatsarchiv Riga, Kurländische Seelenlisten Städte Nr. 53, Mitau, Film C92, 52; Film A
113, 52, Nr.8., fol. 667 ad 52.
[561] Allgemeine deutsche Zeitung für Rußland 14. Juny 1830, 284. („Hr. Kapit. v. Brasch aus
Riga, log. b. Hrn. v. Denffer im Radkeschen Haus").
[562] Turnen auf dem laufenden Pferd.

eingeführten Strafen berücksichtigen die Erhaltung des Ehrgefühls; die höchste derselben ist die Ausschließung, die jedoch in Erwägung, daß dadurch leider mehr die
Aeltern als der Sohn bestraft wird, und Besserung mehr gehindert als befördert wird,
in eine körperliche Züchtigung, wenn es nämlich die Aeltern wollen, verwandelt werden kann. Nur in einem einzigen Falle ist mit der Ausschließung auch körperliche
Strafe verbunden, wenn nämlich von einem Gymnasiasten eine That begangen werden
sollte, die, wenn er mündig wäre, eine Kriminalstrafe nach sich ziehen würde. - Die
Zeit der Aufnahme in das Gymnasium, wobey sich die Aeltern an den Gouvernements
Schuldirektor zuwenden haben, ist am Ende July und December; unterdessen ist der
erste Zeitpunkt der zweckmäßigste, weil alsdann der Kursus in allen Klassen von
neuem beginnt." [563]

In jenen Jahren hatte der schon als Taufzeuge erwähnte „Professor Dr. M. G. Paucker, Oberlehrer der Mathematik am Gymnasium illustre zu Mitau" ein „Practisches
Rechenbuch, für inländische Verhältnisse," veröffentlicht. [564] Zu den zahlreichen darin angeführten Rechenbeispielen gehört auch das folgende: „Alte Loofstelle in Frauenburg nach Denffer. In einer Schrift des Johann Heinrich Denffer, genannt Jensen:
„Vernunft- und erfahrungsmäßiger Beweis etc.", Mitau 12. Jan. 1740, berichtet er,
daß nach Versuchen… die beste Mittelsaat in dasigen Gegenden für eine Reesche von
3 Loofstellen ein Quadrat von 310 rheinl. Fuß sey… Nach der von Denffer angeführten alten kurischen Saatregel sollen in des Säemanns bloßen Fußtapfen 7 Körner zu
liegen kommen…" [565] Es folgen Berechnungen in „rheinl. Quadratfuß" und „engl.
Quadratfuß", „rheinl. Cubikfuß", „engl. Cubikzoll" u.a., auf die hier verzichtet sei.
Die Mitauschen Gymnasiasten werden sich nicht mit allen der im Buch enthaltenen
Beispielen befasst haben. Zumindest aber dürften die Denfferschen Brüder, wenn sie
in diesem Mathematik-Buch geblättert haben, darin ihrem Urgroßvater begegnet sein.

---

[563] Das öffentliche Schulwesen in Kurland, in: Mitauscher Kalender 1822, Mitau 1821 (39-
40).
[564] Paucker, M.: Practisches Rechenbuch, für inländische Verhältnisse, in drei Heften, Mitau
1834; 1819 „31. Aug. 25 Johanna Fridrike Berta, geb. 10. Febr. a.e. ehel. Tochter des Hr.
Kreislehrers Kahn ud dessen Gattin geb Tottien. Zg. Hr. Professor Paucker; Hr. Dr Bidder
Frau Pastorin Neander." (KB Mitau Landgemeinde Taufen 1819 Nr. 25. (LR 2892, 17 rechts)).
[565] Paucker, M.: Practisches Rechenbuch, für inländische Verhältnisse. Drittes Heft, Mitau
1837, 113. (Hier „Jensen" statt „Jansen" und „Beweis" statt „Discours").

Böse Tage

In Kurland erfolgte am 11. Mai 1834 die schon erwähnte Erbpfandübernahme des Gutes Grafenthal für 70 000 Rubel Silber durch Jeannot und Caroline. [566]

Der darauf folgende Sommer war für die Landwirtschaft indes nicht günstig: „Juni, juli, august… diese drei monate des Jahres 1834 zeichneten sich aus durch fortwährende, nie gesehene dürre, so dasz in der ganzen zeit nicht ein einziger durchdringender regen, noch auch thau, des nachts die saaten erquickte. Kartoffeln u. gerste miszriethen gänzlich. Hafer war schlecht gewachsen. Roggen allein gedieh leidlich. Heu gab es über alle Beschreibung wenig. Das getreide muszte des nachts gemäht u. zusammengenommen werden, weil alles ungewöhnlich schnell reifte und saat streute. Waldbrände gab es allerorten. Alle sümpfe waren vertrocknet, so dasz vieles wild dem durste erlag u. todt gefunden wurde." [567]

Im Pastorat Mesothen hatte der Pastor Conradi für das Jahr 1834 verzeichnet: Ehelich geborene Täuflinge 135 männliche und 111 weibliche, unehelich geborene 5 und 4, totgeborene 4. Aus den Grafenthalschen Gesinden kamen 13 Kinder, davon 7 Jungen und 6 Mädchen: Nr. 70 Jurgis geboren am 17., getauft am 22. März; Nr. 108 Kristian 28. Mai, 10. Juny; Nr. 135 Latte 22. July, 29. July; Nr. 165, 166 (Zwillinge) Lihsbet, Jehkabs 20. Aug., 22. Aug.; Nr. 173 Trihne 21. Aug., 2. Sept.; Nr. 191 Kristian 20. Sept., 7. Okt.; Nr. 221 Dahrte 11. Nov., 18. Nov.; Nr. 226 Jahnis 15. Nov., 25. Nov.; Nr. 227 Lihsbet 15. Nov., 22. Nov.; Nr. 247 Jahnis 14. Dez., 20. Dez.; Nr. 250 Jahnis 11. Dez., 23. Dez.; Nr. 256 Greete 11. Dez., 23. Dez. [568]

Gegen Jahresende 1834 erging infolge der Volkszählung die folgende Aufforderung: „Alle zu Grafenthal verzeichneten, außerhalb des Gebiets wohnenden Individuen, werden hiermit aufgefordert, spätesteilig bis zum 1sten Januar k. J. ihre Pässe zu wechseln, und, wo nöthig, ihre Kronsabgaben zu berichtigen. Die Pässe sind auch nur alsdann gültig, wenn auf der Kehrseite derselben die Berichtigung der Kronsabgaben ausdrücklich bemerkt ist." [569]

---

[566] Kurländische Güter-Chroniken. Neue Folge, Bearbeitet und herausgegeben im Auftrage des Kurländischen Ritterschafts-Comités, Mitau 1895, 91. Sloka, L. J.: Kurzemes draudžu chronikas, Riga 1928, I, 108 (Edwahlen).

[567] Sloka, L. J.: Kurzemes draudžu chronikas, Riga 1928, I, 108 (Edwahlen).

[568] KB Mesothen Taufen 1834.

[569] Allgemeines Kurländisches Amts- und Intelligenzblatt 24.11.1834.

Der Winter 1834/35 „war noch gelinder, als der im Jahr 1831/32 u. es fror nicht über 80 R. Ein glück bei dem im vorigen sommer statt gefundenen heumangel u. der fast ganz miszrathenen ernte des sommer getreides. Das vieh der bauern konnte fast den ganzen winter wenn auch nicht auf nahrhafte weide, so doch in die heide gehen, um seinen hunger zu stillen. So segnet Gott auch in bösen tagen." [570]

Von Nowgorod nach Petersburg

Puschkin hatte in seinem Tagebuch am Mittwoch der Osterwoche 1834 erwähnt: „Araktschejew ist gestorben, aber der Tod dieses Autokraten hat niemanden beeindruckt. Der Gouverneur von Nowgorod war nach Petersburg gekommen, um Bludow zu melden, daß er krank sei und um Anweisungen hinsichtlich der Papiere entgegenzunehmen, die sich in seinem Besitz befinden. „Das ist nicht meine Angelegenheit", erwiderte Bludow, „wenden Sie sich an Benckendorff. Kleinmichel und Ignatjew wurden nach Grusino entsandt." [571]

Dimitrij Bludow, Protokollführer der Anklage gegen die Dekabristen, war zu dieser Zeit leitender Beamter im Innenministerium, Alexander Benckendorff war Chef der Geheimpolizei, Pjotr Kleinmichel Generaladjutant des Zaren und Ignatjew, vermutlich Pawel, Direktor des Pagenkorps. [572] Puschkins Bemerkung in seinem Tagebuch unterstreicht das Wesen der Staatsverwaltung einschließlich seiner hohen Beamten in Russland, wonach man sich um Angelegenheiten kümmerte, die dem Zaren wichtig waren und dem Übrigen wenig Bedeutung gab.

Unter „Angereiste in St. Petersburg am 23sten und 24sten August 1834" ist zu finden „Von Nowgorod, der dortige Civilgouverneur, wirkliche Staatsrath von Denfer" [573] sowie „Abgereiste am 2. September" „Nach Nowgorod, der dortige Civilgouverneur, wirkliche Staatsrath von Denfer." [574] Der Aufenthalt in Petersburg war dienstlich bedingt und markiert eine Zäsur in Augusts Laufbahn: Am 2. Sept. 1834 endete seine

---

[570] Sloka, L. J.: Kurzemes draudžu chronikas, Riga 1928, I, 108 (Edwahlen).

[571] Raab, H. (Hg.): Alexander Sergejewitsch Puschkin. Gesammelte Werke in sechs Bänden, 5. Aufsätze und Tagebücher, Berlin u. Weimar 1965, 364, 553; Dnewnik A.S. Puschkina, Moskwa 1997, 15, 165.

[572] Russkij biografitscheskij slowar (Russisches Biographisches Wörterbuch).

[573] Intelligenzblatt der St. Petersburgischen Zeitung 28.8.1834, 637

[574] Intelligenzblatt 6.9.1834, 662

Zeit als Zivilgouverneur von Nowgorod, [575] und er wurde mit selbem Datum zum Geheimrat und Senator in St. Petersburg ernannt. [576] Die St. Petersburgische Zeitung meldete unter „Allerhöchste Ukasen“: „Vom 2. September. Der Civilgouverneur von Nowgorod, wirkliche Staatsrath Dempfer, wird Allergnädigst zum Geheimen-Rath befördert, mit dem Befehle im dirigirenden Senate Platz zu nehmen.“ [577] Die neue Zeit begann mit „Angekommen in St. Petersburg 28sten September“… „aus Nowgorod, der Senateur Dempfer“. [578]

Zum Abschied aus Nowgorod erhielt August, wo er seit dem 21. Okt. 1826 im Amt gewesen war, von den Bewohnern, so die Überlieferung in der Familie, eine Schatulle, beschlagen mit rotem Samt und Eisenbändern. [579] Das Schloß ist mit einem kleinen gemalten Bild eines uniformierten und Gewehr bei Fuß stehenden Wachsoldaten versehen, das sich beim Aufschließen bewegt. Auf dem Innenrand der Schatulle ist eingraviert „ustjug weliki master Pavel Pajusow 1829 goda“, was den Hersteller aus der Stadt Ustjug Weliki kennzeichnet.

Senat und Senatoren

Der Dienst in Petersburg begann schon im folgenden Monat. „Se. Majestät der Kaiser haben am 24. Oktober Allergnädigst zu befehlen geruht, daß der Senateur, Geheimerath Dempfer im 4ten Departement des dirigirenden Senats Sitz nehme.“ [580] 1835 wird August im Rang des Geheimrats als Angehöriger des Dirigirenden Senats im 4. Departement verzeichnet. [581]

„Der Senat ist der höchste Gerichtshof Rußlands; als Vollstrecker und Leiter der Justiz wacht er über die Ausführung der Gesetze und über die Regelmäßigkeit der

[575] Istoritscheskija dannija ob obrasowanij gubernij …, St. Peterburg 1902, 99; istorija prawitelstwojuschtschago senata, st. Peterburg 1911, V, 124.
[576] Mursanow, N.A.: Prawitelstwojuschtschij senat… spisok senatorow, S. Peterburg 1911, 18; Journal de la Haye 16.10.1834, 2/1.
[577] St. Petersburgische Zeitung 16.9.1834, 833.
[578] St. Petersburgische Zeitung 30.9.1834, 883.
[579] Nachlaß Dietrich v. Denffer.
[580] St. Petersburgische Zeitung 13.11.1834, 1039.
[581] Staats-Handbuch Russlands… Vom Jahre 1835, St. Petersburg, 74.

Verwaltung. Seine Mitglieder werden vom Kaiser aus den Civil- und Militärwürdenträgern der ersten drei Klassen ernannt. Der Präsident ist der Kaiser selbst." [582]

Der Senat hatte elf Departements, sechs davon in Petersburg, drei in Moskau, zwei in Warschau. Das vierte Departement des Senats in Petersburg, dem August angehörte, war das „Appellations-Departement", [583] die gerichtliche Appellationsinstanz für Zivilsachen. „Appellation gegen den Senat findet nicht statt, außer an den Kaiser, der alsdann die Sache der Generalversammlung des Senats vorlegt." [584]

Zeitgenössische Kritiker des russischen Staatswesens haben den Senat und seine Angehörigen nicht allzu günstig beurteilt: „Die größte Anomalie, die in der Organisation des Senats besteht, ist die übermächtige Macht des Ministeriums, welches durch sein Veto die Entscheidungen... nichtig machen kann. Ist die Ursache davon der Umstand, daß die Senatoren auf's Gerathewohl aus der Armee und der Civilverwaltung gewählt, von Rechtssachen nichts verstehen? Aber wenn man diesem Uebelstande nicht abhelfen kann, so sollte man wenigstens nicht die Justizminister aus den Generalen und Diplomaten wählen… Die russischen Senatoren sind nicht probehaltig gegen mehr oder minder geschickte Geldanerbietungen; aber es ist noch leichter, ein einziges Individuum zu bestechen als eine Versammlung…" [585]

Noch weniger schmeichelhaft ist, was weitere Beobachter über die russischen Senatoren schrieben: „S'il arrive que le gouvernement veuille se débarrasser de quelque vieux serviteur dans les grades supérieurs, civils ou militaires, il le nomme sénateur." - „Wenn es sich ergibt, daß die Regierung irgendeinen alten Beamten der hohen Ränge, Zivil oder Militär, loswerden möchte, ernennt sie ihn zum Senator." [586] „… als Militärs, die im Generallieutenantsrange stehen, oder aus Civilbeamten vom Geheimenrathsrang sind sie im Allgemeinen schon ziemlich alt, wenn sie zu einem Sitz im Senat gelangen, und besitzen dieselben nicht schon von früher einige Kenntnisse von der so verwickelten Gesetzgebung ihres Landes, so bleibt ihnen zu deren Aneignung kaum noch die nöthige Zeit. In jedem Departement des Senats ist es der Präsident, welcher die ganze Arbeit besorgt, während die übrigen Mitglieder auf ihren Stühlen

---

[582] Golowin, I.: Rußland unter Nikolaus dem Ersten, Leipzig 1845, 342.
[583] Storch, H.: Russland unter Alexander dem Ersten, St. Petersburg 1805, VI, 314; Amburger, E.: Geschichte der Behördenorganisation Russlands, Leiden 1966, 73.
[584] Golowin, 347.
[585] Golowin, 349.
[586] Tourgueneff, N.: La Russie et les Russes, Paris 1847, II, 20.

schlafen. Die Senatswürde genießt deshalb auch nur ein geringes Ansehen; wird Jemand dazu ernannt, so gilt dies in den Augen des Publikums so viel, als sei er unter die Invaliden versetzt worden." [587]

August war 48 Jahre alt, als der Zar ihn zum Senator machte, und ein anderer Autor gesteht zu: „Uebrigens hat der Kaiser Nikolaus eine große Anzahl noch junger und zukunftsvoller Männer zu Senatoren ernannt…" [588]

Allerdings müssen der Senat und die Rolle der Senatoren auch im Zusammenhang mit den allgemeinen gesellschaftlichen Verhältnissen Russlands gesehen werden.

„Mit Nikolaus I. fing jene Epoche an, in der nach zutreffender Charakteristik „der blosse Gedanke als Frechheit und das schüchterne Wort als Verbrechen galt." [589] Alexander Herzen reiste im Jahr 1839 mit dem Postwagen von Moskau nach Petersburg, wo er am dritten Tag nach der Abreise um neun Uhr Abends ankam. Er schrieb in seinen Erinnerungen: „Mein Vater sagte mir, als er von mir Abschied nahm: „Vor allen Dingen sei vorsichtig! Petersburg ist nicht mehr, was es war; nimm Dich in Acht mit a l l e n Menschen, von dem Lohnkutscher bis zu den Leuten, mit denen Du, selbst bei meinen Freunden, zusammen kommst. Es giebt Spione in allen Ständen. Sei hiermit gewarnt!"" [590]

Unter dem Zaren Nikolaus I. wurde die Formel „Orthodoxie, Autokratie und Nation" zur Staatsideologie. „Die gesamte Nation sollte für „Glauben, Zar und Vaterland" zusammenkommen… Der Kaiser selbst widmete sein Leben dem Dienst an der Orthodoxie, Autokratie und Russland. Alle anderen in der Regierung waren gezwungen, dem Monarchen zu folgen…

Nicholas behielt dieselben Haltungen in den Beziehungen mit seinen Ministern und anderen Beamten bei, die ihm halfen, Russland zu regieren. Allgemeine Bestimmungen und Entscheidungen waren der ausschliessliche Bereich des Kaisers. Einzelne Assistenten konnten ihr besonderes Arbeitsfeld nur auf Anforderung ausdehnen, und selbst in ihren eigenen Abteilungen unterlagen sie fortwährender und kleinlicher

---

[587] Schnitzler, J.H.: Geheimgeschichte von Rußland unter der Herrschaft der Kaiser Alexander und Nikolaus, Leipzig 1847, III, 24.
[588] Schnitzler, III, 25 (Anmerkung).
[589] Simkhowitsch,W.G.: Die Feldgemeinschaft in Russland, Jena 1898, 203.
[590] Herzen, A.: Aus den Memoiren eines Russen. Petersburg und Novgorod, Hamburg 1856, 48.

Belästigung durch den Herrscher, der sie in direktem Verhältnis zu ihrer prompten und vollständigen Erfüllung seines Willen schätzte. Gehorsam wurde sehr hoch bewertet, Originalität sehr niedrig. Bedeutende Meinungsverschiedenheit mit dem Kaiser blieb außer Frage…

Untertänigkeit wurde so zum Kennzeichen vom Beamtentum Nicholas. In den Worten des Prinzen P. Schirinski-Schikhmatov, Bildungsminister am Ende der Herrschaft, an seinen Assistenten A. Norov: „Sie sollen wissen, daß ich keinen eigenen Sinn noch Willen habe - ich bin nur ein blindes Werkzeug des Willens des Kaisers." Dies, nach Meinung Schiemanns, galt im wesentlichen auch für alle die anderen Staatsmänner der Herrschaft, besonders in der späteren Zeit. Und tatsächlich finden wir den selben Mangel an Initiative und Imagination und dieselbe eifrige Ausführung des Willens des Herrschers, ob wir uns den Diplomaten zuwenden, den Soldaten, den Verwaltungsbeamten oder den Ökonomen. Der offiziellen Ideologie folgend übertrugen sie alle nur das heilige Prinzip der Autokratie in die Praxis…

Der Militarismus von Nicholas war sprichwörtlich. Der Kaiser zog naturgemäß Militärleute Zivilisten vor, und er versuchte, in allen Zweigen seiner Verwaltung militärischen Geist einzuführen, und in der Tat im ganzen Land… Nur der Justizminster Graf V. Panin, hatte nicht im Militär gedient…

Der Senat … zog wiederholt die Feindschaft des Kaisers auf sich. Nicholas unternahm es selbst, die richtigen rechtlichen Abläufe der Staatsmaschine zu überwachen, während der Senat mehr und mehr auf seine rein rechtlichen Funktionen reduziert wurde… Unter solchen Bedingungen blieb nicht viel Raum für Überwachung durch den Senat." [591]

Eine Reise nach Petersburg

Wann der Umzug von Augusts Familie nach Petersburg erfolgte, ist unklar und merkwürdig die Ankündigung Anfang Juni über „Abreisende. (Ins Ausland.)" von St. Petersburg: „Fräulein Ernestine von Schmelzer, Preussische Unterthanin; zu erfr. im

---

[591] Riasanovsky, N. V.: Nicholas I and Official Nationality in Russia 1825-1856, Berkeley 1959, 78, 41, 42, 43, 188.

Litenoi Stadtth. 1. Quart. Im Hause des Staatsraths Dampfer Nr. 42.“ [592] Carolines Schwester [593] aus Halle war demnach zuvor zu Besuch nach Russland gekommen.

Eine solche Reise auf dem Landweg schilderte Auguste Schulze aus dem thüringischen Städtchen Ellrich, das etwas über 100 Kilometer westlich von Halle liegt: „Es war am 27. Julius des Jahres 1830, als ich von den Segenswünschen meines Vaters gefolgt, in Begleitung meiner beiden Schwestern, mein trautes Vaterstädtchen Ellrich verließ, und Nordhausen zufuhr. Hier trennten auch meine Schwestern sich von mir, als ich in dem mächtigen Postwagen, der mich weiter befördern sollte, Platz genommen. Leise flog der Gedanke durch, meine Seele: werde ich die Lieben auch wieder sehen? Denn St. Petersburg war das Ziel meiner Reise, tausend Gefahren konnten auf mich lauern in der fernen, fremden Welt, … Ohne Unfall erreichte ich Berlin, … Am 6. August reiste ich… von Berlin ab. Mein Weg führte mich über Küstrin, Landsberg a. d. Warthe, Friedeberg nach Bromberg; es würde zu weitläufig sein, die unwichtigen Einzelheiten desselben hier anzuführen. Die Gegend war entsetzlich langweilig… Am 10. August, Morgens fünf Uhr, ließen wir uns, sammt der Postkalesche, in einem großen Kahne bei Graudenz über die Weichsel setzen. Der breite, prachtvolle Strom, in dessen Fluthen die aufgehende Sonne sich spiegelte, trennte uns ziemlich lange von der, auf dem jenseitigen Ufer liegenden Stadt; denn nur langsam ruderten wir vorwärts. Eine Viertelstunde von der Stadt, seitwärts an der Weichsel, liegt auf einem Felsen die Festung… Von Graudenz reiste ich über Marienburg… Elbing, Königsberg, Insterburg und Tilsit nach Memel… Ich hatte mir den Plan gemacht, von Memel zu Schiffe nach St. Petersburg zu gehen - aber ich mußte zu meiner großen Bestürzung erfahren, daß nur sehr selten eine solche Gelegenheit sich darböte, und jetzt gar nicht daran zu denken wäre…. Schon nach einigen Tagen bot, eine gute Gelegenheit zur Weiterreise sich dar. Ein memelscher Lohnkutscher hatte sich verbindlich gemacht, ein Paar Damen nach Petersburg zu bringen. Es war ihm noch ein Platz in seinem Wagen übrig geblieben, über die Bedingungen waren wir bald einig, und so fuhr ich Sonntags, den 22. August von Memel ab… Nach eilf Uhr Morgens passirten wir die

---

[592] Intelligenzblatt der St. Petersburgischen Zeitung 5.6., 8.6., 10.6.1834. Die Nr. „42“ ist wohl ein Druckfehler für „12“, „Dampfer“ eine nicht unübliche Verballhornung von „Denffer“ und das „von“ vor „Schmelzer“ eine Höflichkeitsübertreibung.
[593] Friederike Sophia Ernestine Schmelzer, * 18.11.1809 (Sorger, H.K.: Genealogie Johann Beckmann 92, in: Forum Ware 11 (1983) Nr.1-4, 89-97).

russische Grenze. Ich kann wohl gestehen, daß gerade kein heiteres Gefühl mich ergriff, als ich den Schlagbaum hinter mir zufallen hörte. Nun konnte ich nicht mehr zurück - ich schien mir im ersten Augenblicke eine Gefangene zu sein, besonders als ich die Begleitung eines Soldaten gewahrte. Dieser brachte uns aber nur bis zum Zollhause in Polangen, wo meine trüben Gedanken plötzlich eine andere Richtung erhielten. Wir mußten hier unsere Pässe zur Durchsicht abliefern, und all' unsre Koffer, Kisten und Kasten vom Wagen herunter nehmen und öffnen lassen; die nun eben so aufmerkssam als bescheiden von den Zollbeamten durchsucht wurden. Da man nichts Verbotenes bei uns fand, war das unangenehme Geschäft bald beendigt, und Herr Hörle, einer der Beamten, an den meine Reisegefährtinnen Empfehlungen hatten, bewies sich uns äußerst gastfrei, indem er uns sämmtlich, acht Personen an der Zahl… mit einem gewählten Mittagsessen bewirthete. Eine Gesellschaft Musiker, die gerade sich im Orte aufhielt, wurde herbeigeholt, und so hatte die erste Mahlzeit in Rußland etwas sehr Fröhliches. Auf ziemlich guten Wegen, doch in einem sehr schlechten Wagen, fuhren wir nun weiter; aber das schöne Wetter, das mich auf meiner bisherigen Reise begleitet hatte, verwandelte sich nun in regnichtes, und fing jetzt für mich an eine wahre Leidenszeit. Meine beiden Gefährtinnen hatten sich nämlich die besten Plätze im Wagen vorbehalten; ich mußte rückwärts, und zwar weil das Verdeck hier zu straff angezogen war, wegen meiner Größe in einer gebückten Stellung fahren. Ganz krank kam ich daher in Riga an, und äußerte dem Kutscher den Wunsch: von hier mit der Diligence weiter zu reisen. Der wollte aber nichts davon hören, versprach meinen Platz bequemer einzurichten, was er auch wirklich that, und so blieb ich denn bei meiner Gesellschaft. Wir logirten, während unsers anderthalbtägigen Aufenthalts in Riga, in der Stadt London, einem sehr guten Hotel. Ich erholte mich bald wieder so weit, daß ich ein Empfehlungsschreiben an Madam B. abgeben konnte, wurde von ihr sehr freundlich aufgenommen, und mit dem Sehenswerthesten der Stadt bekannt gemacht. Besonders wurde aber meine Aufmerksamkeit rege, als ich in die russische Kirche trat, und nun zum Erstenmal dem griechischen Cultus beiwohnte. Als aber das schauerliche Anschlagen der Glocken ertönte, - bei den Russen werden die Glocken nicht wie bei uns geläutet - das ganz wie unser Stürmen klang, da konnte ich es nicht länger in der Kirche aushalten, - ich eilte hinaus ins Freie.

Unsere Reise wurde von hier aus immer noch beschwerlicher. In Curland hatten wir doch wenigstens reinliche Wirthshäuser und genießbare Speisen gefunden; das hörte nun auf. Der alte Gottfried, unser ehrlicher Kutscher, hatte die Eigenheit, nicht in den Poststationen übernachten, sondern nur in öffentlichen Gasthöfen übernachten zu wollen. Diese aber dort sogenannten Krüge - die waren erbärmlich. Gewöhnlich enthielten sie nur zwei Zimmer: das eine, die russische Stube, wurde von Menschen und Vieh in großer Eintracht gemeinschaftlich bewohnt; das andere, die deutsche Stube, war etwas reinlicher, und wurde uns gewöhnlich angewiesen. Manche dieser Krüge, die oft einsam im Walde lagen, hatten ein sehr verdächtiges Ansehen. Ich erinnere mich, daß das arme Fräulein I ... einmal während einer ganzen Nacht, die wir in einem solchen unheimlichen Hause zubrachten, wahre Todesangst empfand; mir selbst auch nur der Gedanke meine Fassung erhielt: daß der gute Gott mich gewiß nicht hierher geführt, um mich so elend umkommen zu lassen. Und mein Glaube rechtfertigte sich auch; nicht das mindeste Böse widerfuhr uns. Nur sehr langsam ging unsere Fahrt von statten, immer unangenehmer wurde sie. Bisweilen fanden wir nicht einmal Betten vor, so daß wir auf Stroh schlafen mußten; ja wir konnten sogar manchmal kein Brot bekommen, und sahen uns daher genöthigt, in den Städten, die wir berührten, Vorräthe an Lebensmitteln einzukaufen. Mit unserer Sprache kamen wir nun auch nicht mehr fort, und wir waren herzlich froh darüber, daß der Zufall uns in Riga einen alten Bedienten zugeführt hatte, der uns jetzt als Dollmetscher dienen konnte.

In Dorpat hörte ich die ersten russischen Wörter, und lernte den Pirog - eine Art Pastete von Fisch - und den Kiwas - ein säuerliches Getränk kennen; beides ist bei den Russen sehr beliebt; ich aber konnte kein Wohlgefallen daran finden. Bei Narwa ließ ich mich zu dem Wasserfalle führen, den die Narowa hier bildet. Ich hatte noch keine Naturschönheit dieser Art gesehen, und konnte mich gar nicht losreißen von dem erhabenen Anblicke... Endlich - nachdem wir von Memel aus über vierzehn Tage unterwegs gewesen erreichten wir das letzte Nachtlager vor St. Petersburg: morgen sollten wir dort sein... Am 7. September neuen, oder am 26. August alten Styls, langte ich in der herrlichen, großartigen Kaiserstadt an." [594]

Ein Konvolut von engzeilig geschriebenen schwer lesbaren Briefen, die Ernestine Schmelzer während ihres einjährigen Aufenthalts bei ihrer Schwester Caroline an ihren Vater schrieb, sah ich 1983 bei Dietrich v. Denffer. [595]

---

[594] Schulze, Auguste: Ein Jahr aus meinem Leben in St. Petersburg, Nordhausen 1834, 7 ff.
[595] Petersburg 28.5.1833; Nowgorod 17.6.; Petersburg 24.8.; Moskau 27.9.; 14.11.; 27.12.; 6.1.1834; 18.1.; 14.2.; Nowgorod 21.3.; 23.3. 18.4.; 12.5.; 22.6.; Alexandra (Name des Schiffs,

Woldemar Friedrich, das elfte und letzte Kind von Caroline und August, kam noch in Nowgorod zur Welt: „1834 Novbr (2) den zweiten (getauft) (5) den fünften December v. Denffer Woldemar Friedrich (Eltern) Senateur, Geheimrath und Ritter August Julius v. Denffer und Ehegattin Caroline Friederike geb. von (sic!) Schmelzer - beide Evang. Lutherisch (Pathen) Geheimer Justizrath und Direktor der Universität zu Halle, Friedrich August von (sic!) Schmelzer abwesend Frau Professorin Louise v. Meckel zu Halle abwesend Fräulein Ottilie von Teichmann (Ort der Taufe) im Nowgorodschen Bethause von Pastor Abel." [596]

Daß Carolines Vater Schmelzer und ihre Schwester Louise [597] bei der Taufe „abwesend" waren, wird an der großen Entfernung zwischen Halle und Nowgorod gelegen haben. Eine solche Reise, zumal im Winter, dürfte für den 75Jährigen, selbst wenn von seiner Tochter begleitet, zu strapaziös gewesen sein.

Aus den Jahren 1828 bis 1834 sind drei Briefe von Caroline von Denffer an Walther Friedrich von Clossius (1795-1838) erhalten, [598] der von 1824 bis 1837 Professor an der Universität Dorpat war. Der Inhalt liegt mir bislang nicht vor.

1835 Der Halleysche Komet

Das neue Jahr war ein besonderes: „Im jahre 1835 erhielten alle Letten familiennamen… In diesem jahr war das wintergetreide ziemlich spährlich gewachsen, dünn

---

mit dem Ernestine zurückfuhr) 11.7. („zur Post Lübeck den 17ten") in einem Umschlag adressiert an „Herrn von Denffer Magdalenenlust bei Güstrow i. Meklenburg" mit der nachträglichen Aufschrift von Otto „Briefe der Schwester meiner Großmutter".

[596] Geborene in der Evangelisch-Lutherischen deutschen Gemeinde zu Nowgorod u. Olonetz so wie Kostroma Jarosla u Wologda im Jahre 1834, Nr.16; Abschrift in Adelsakte Denfer 1870 Russisches Staatsarchiv St. Petersburg RGIA 1343/20/1274 (Heroldie-Departement) ohne die Hinweise „abwesend" bei den Taufpaten.

[597] Louisa Wilhelmina, Carolines jüngere Schwester, war verheiratet mit dem Professor der Medizin August Albrecht Meckel (Sorger, H.K.: Genealogie Johann Beckmann 92, in: Forum Ware 11 (1983) Nr.1-4, 89-97); (Moeller, H.: Friedrich August Schmelzer. Professor der Rechte in Helmstedt von 1791 bis 1810. Im Schatten Haeberlins, (masch.schr., unveröffentlicht) Braunschweig 1986, 65. Von Martin Moeller, Sohn des Verfassers, 2013 freundlicherweise überlassen).

[598] Württembergische Landesbibliothek Stuttgart, Cod. Iur. 4° 136, 546-548.

und hie und da ausgegangen. Eine folge theils des verspäteten umbrechens der brache im vorigen jahre (durch die grosze trockenheit in der brachzeit veranlaszt), theils des unbeständigen winters. Doch war der brodmangel nicht so grosz, als im vorigen jahre und ward nicht so grosz, denn das sommergetreide war, im ganzen genommen, besser gerathen und eine reichliche kartoffel-erndte, von welchen voriges jahr kaum die saat geerndtet ward, half auch haus halten.

Die spät gesäete Gerste und im leichten Boden hatte hie und da in Curland, und noch mehr in Livland, durch die, schon in der letzten hälfte des augusts u. anfangs sept. eingetretenen starken nachtfrösten, gelitten, erhielt sich daher auch in einen hohen preise… Die junge roggen- zum theil auch weitzen-saat, ward im herbste von einem zoll langen grauen wurme, der larve eines insects, gefressen… Man wollte bemerkt haben, dasz die wenigsten roggen pflänzchen bis auf die Wurzel abgefressen wären u. im spätherbste wieder zu treiben anfingen. Die zukunft wird darüber am besten belehren. Je kräftiger der Boden, entweder durch düngung oder als neues land, desto geringer der schaden… Im spätjahre erschien, gerade so wie es von den astronomen u. auch im Mitauschen kalender von 1835 vorhergesagt war, der Halleysche komet… Er war an grösze und schönheit gar nicht mit dem kometen von 1811 zu vergleichen, und hatte anstatt des Schweifs nur einen lichten nebel auf der von der sonne abgewendeten seite um sich, ganz der vorhersagung gemäsz." [599]

Begräbnisse und Taufen

Am 11. Jan. 1835 starb in Petersburg der zweijährige Hermann als drittes der damals 10 Kinder von August und Caroline. Er wurde auf dem Wolkowo-Friedhof begraben. [600] Auch für Jeannots Familie hatte das Jahr mit einem Trauerfall begonnen: „Siebenundzwanzigst Januar um 7 ½ Uhr Morgens", (begraben) „Ersten Febr Mellantsch, Johann Julius Rudolph Sohn des Herrn Capitain von Denffer und deßen Frau Gemahlin Caroline von Denffer geb. Kummerau aus Grafenthal, (Geburtsort) Grafenthal

[599] Sloka, L. J.: Kurzemes draudžu chronikas, Riga 1930, II, 163 f. (Hofzumberge).
[600] Denfer, H. v.: Grundstein zu einer Geschichte der Familie von Denffer, Batum 1906, 51; Böhm, B.: Wolkowo lutherischer Friedhof in St. Petersburg, St. Petersburg 1998, 44.

(Alter) 1½ Gehirnentzündg". [601] Das Söhnchen war der erste auf Grafenthal verstorbene Familienangehörige und hatte nicht einmal zwei Jahre gelebt.

Im Hofe Grafenthal taufte Pastor Conradi aus Mesothen am 27. Febr. 1835 „Caroline Marie Elisabeth, Tochter des Grafenthalschen Schreibers Johann Luft und dessen Ehefrau Marie geborne Grosewsky, die bald nach der Entbindung starb... Pathen Elisabeth Luft Bergfried Hr. Freymann und Hr. Danowsky aus Annenberg." [602] Die Mutter des Kindes starb am 22. Febr. vier Uhr morgens und wurde am 27. Febr auf „Granse Kap." begraben, offenbar ein Begräbnisort, der zum „Granse-Gesinde", vielleicht zu Bergfried, gehörte. Sie war 27 Jahre alt, hatte nur ein Jahr in der Ehe gelebt, ein Kind geboren und war im Wochenbett gestorben. [603]

In Mitau waren angekommen 1835 „Den 1ten April... Hr. Kommissionär Denffer, von der 9ten Klasse, aus Riga, log. im Bormannschen Hause." [604] „Den 2. April. Fräul. v. Ruckteschell aus Grafenthal, log. b. Fr. v. Denffer." [605] Ida v. Ruckteschell war Lehrerin auf Grafenthal, sie wohnte demnach in Mitau bei Charlotte Katharina geb. Kummerau, der Ehefrau von Eugen, der selbst „im Bormannschen Hause" unterkam.

Wenig später reist in Mitau an „Den 3ten May... Hr. Revisorgehülfe Diedrichson aus Grafenthal, log. b. Jensen." [606]

Jeannot und Caroline bekamen ihr zehntes Kind, Elise genannt, geboren „1835 Ein und zwanzigsten May vier Uhr Morgens (getauft) Ersten September Caroline Wilhelmine Elisabeth Tochter des Herrn Capitain Johan von Denffer aus Grafenthal und dessen Frau Gemahlin Caroline Wilhelmine Elisabeth von Denffer. Eltern luth. Conf. Pathen: Madame Villon und Herr Villon auf Behrsebeck Herr Obrist von Laurenberg nebst Gemahlin Herr von Brasche nebst Gemahlin aus Riga getauft in Hofe Grafenthal von Pastor Conradi zu Mesothen." [607]

---

[601] KB Mesothen Verstorbene 1835, Nr. 47 (fol. 120). Nach „Mellantsch" ein unleserliches Wort.

[602] KB Mesothen Taufen 1835, Nr. 62.

[603] KB Mesothen Verstorbene 1835, Nr. 67. Lettisch „kapseta" bedeutet „Friedhof".

[604] Mitauische Zeitung 4.4.1835, 164.

[605] Mitauische Zeitung 4. April 1835,164.

[606] Mitauische Zeitung 7. May 1835, 220. Das zu mietende Haus der Witwe A.C. Jensen war in der Schreiberstraße, 3. Quartier, Nr. 108 (Allgemeines Kurländisches Amts- und Intelligenzblatt 16.9.1830).

[607] KB Mesothen 1835 Taufen, Nr. 194.

Die Villons waren das schon erwähnte Ehepaar Wilhelmine geb. Kummerau und Carl. Der Obrist Laurenberg hieß Friedrich v. Sege genannt Laurenberg (1796-1859) und war schon 1828 Pate bei der Taufe von Auguste Amalie, Tochter des erwähnten Kreislehrers Carl Kahn und der Johanna Gisa Bertha geb. Tottien, [608] der Tochter von Johann Heinrich Tottien (1759-1820) Kammerverwandter und Caroline Friederike geb. Lieb (1777-1857). [609] Laurenbergs Gemahlin Theophile geb. Tottien und ihre Schwester Ernestine geb. Tottien, verheiratet mit Carl v. Brasch aus Riga, waren Töchter von Jeannots älterer Schwester Maria Anna und Ernst Gottlieb Tottien. [610]

Das Kirchenbuch von Mesothen jener Epoche, das in zeitgenössischer Abschrift erhalten blieb, ist überwiegend in lettischer und wenig in deutscher Sprache geführt, die Handschrift schwer zu entziffern. Es verzeichnet unterschiedslos alle, die der Pastor betreute, vom Fürsten im Schloß Mesothen bis zum „peedsihwotajs" [611] im Bauerngesinde, Letten, Deutsche, Russen, Polen und Andere.

Im Kirchspiel Mesothen wurden 1835 getauft: Ehelich geborene Knaben 126, Mädchen 140, unehelich 2 Knaben und 4 Mädchen, totgeboren waren 7 Knaben und 3 Mädchen. Auf Grafenthal gab es 6 ehelich geborene Knaben und 13 Mädchen, ein unehelich geborenes Mädchen und einen totgeborenen Knaben. Eines der 13 Mädchen war Jeannots und Carolines Tochter Caroline Wilhelmine Elisabeth.

Getraut wurden 88 Ehepaare, 10 davon aus Grafenthal. Die Taufzeugen und Trauzeugen sind bei den Letten stets Letten gewesen, Denffer sind bei den Taufen und Eheschliessungen ihrer eigenen „Leute" nicht als Zeugen verzeichnet, was die bestehende Distanz zwischen den Ständen dokumentiert.

Gestorben sind im Pastorat 287 Menschen, 151 davon männlich und 136 weiblich. Aus Grafenthal und seinen Gesinden waren es insgesamt 19, davon 8 männlich und 11 weiblich, beginnend mit dem schon aufgeführten Denfferschen Sterbefall:

---

[608] KB Mitau Landgemeinde Taufen 1825 Nr. 5 (LR 2892, 315 rechts).

[609] Seuberlich, E.: Stammtafeln deutschbaltischer Geschlechter II: Reihe, Leipzig 1927, 438 (Tottien VII b. 1.).

[610] Denfer, H. v.: Grundstein zu einer Geschichte der Familie von Denffer, Batum 1906, 38; Seuberlich, 438 (Tottien VII d. 1., 2.); Genealogisches Handbuch der Oeselschen Ritterschaft, Tartu 1935, 589. (Sege v. Laurenberg).

[611] Ein im Gesinde nicht als eigentlicher Knecht Aufgenommener, der kein eigenes Haus hat (Almann, C.C.: Lettisch-Deutsches Wörterbuch Riga, 1872, 193).

„(Gestorben) 27. Jan. 1835 (Begräbnis) 1. Febr. 1835 (Grabstätte) Mellantsch (Name) Johann Julius Rudolph von Denffer (Alter) 1 ½ (Todesursache) Gehirnentzündung; 31. Januar 3. Febr. Sarkan Friedhof Kahrlis 11 Krämpfe; 12. Febr 17. Febr Mellantsch Dahrte 3 Tage; 22. Febr. 27 Febr. Granse Marie Luft 27 Wochenbett; 10.3. 17.3. Mellantsch Madde 75 Kanneeru Gesinde Witwe Altersschwäche 30 Jahre in der Ehe gelebt 1 Kind geboren; 11.3. 17.3. Mellantsch Jahnis Skurbeneeku Knecht mit Land entlohnter 46 verheiratet …; 29.3. 3.4. Grinku Friedhof Lihsbet 80 Witwe Altersschwäche 30 Jahre in der Ehe, 4 Kinder; 1.4. 7.4. Mellantsch Jehkabs aus Mellantsch 27 verheiratet Brustentzündung 4 Jahre in der Ehe gelebt mit Trihne und 2 Kinder gezeugt; 15.4. 21.4. Zehrnes Friedhof Krischian aus Jusku Gesinde(?) 47 verheiratet 21 Jahre mit Grete 6 Kinder Wassersucht; 3.4. 9.4. Mellantschu Anna aus Mellantsch Gesinde 2 ½ Jurge und Dahrtes Tochter Fieber; 21.4. 28.4. Mellantschu Indrikkes Beiwohner in Mellantsch, 55 Geschwulst mit Greete 10 Jahre und mit Edd(e?) 21 Jahre in der Ehe gelebt und 8 Kinder gezeugt; 27.4. 5.5. Intschu Friedhof Anne 3 Brustkheit; 30.4. 5.5. Mellantsch Indrikkis 65 Entkräftung 40 Jahre in der Ehe mit Anne gelebt und seit 14 Jahren blind, hat 7 Kinder gezeugt; 23.6. 27.6. Mellantsch Jurris Mellantschu Sohn von Jurra und Dahrte 4 plötzlich gestorben; 16.7. 25.7. Anne aus Smittneeku(?) 63 Witwe Altersschwäche 40 Jahre in der Ehe, 7 Kinder geboren; 23.9. 29.9. Rannku Friedhof Dahrte aus Sebbern Gesinde 38 verheiratet Wassersucht 20 Jahre in der Ehe gelebt und 7 Kinder geboren; 13.12. Intschu Friedhof Eine vor der Taufe gestorbene Tochter des Grafenthalschen Knechts Jahne und dessen Weibes Greete aus Smiltneek Matthihs Gesinde ½ Stunde; 14.12. 26.12. Zehrnes Friedhof Dahrte 65 Witwe Brustkheit 28 Jahre in der Ehe gelebt und 6 Kinder geboren; 30.11. 7.12. Ranku Friedhof Madde aus Swabschku 30 Brustkrankheit verheiratet." [612]

Das Standesdenken kommt selbst in der Wortwahl des Pastors für die Eintragungen im Kirchenbuch zum Ausdruck. Bei den zahlreichen lettischen Ehepaaren schreibt er in der Regel nur den Namen des Mannes und der Frau oder setzt letzterer gelegentlich das Wort „Weib" voran. [613] Bei deutschen Ehepaaren gebraucht er „Ehefrau" [614] und bei Adligen „Gemahlin". [615] Letztere Ehre wird auch der „Maria Elisabeth Juliana

[612] KB Mesothen Verstorbene 1835.
[613] Vgl. z.B. KB Mesothen Verstorbene 1834 Nr. 174, 231 u.a.m.
[614] Vgl. z.B. KB Mesothen Verstorbene 1834 Nr. 60, 65 u.a.m.
[615] Vgl. z.B. KB Mesothen Verstorbene 1828 Nr. 40; 1835 Nr. 47.

Winkelmann geb. Rosenberger erwiesen, geb. zu Neuenburg d. 6. April 1770, Gemahlin des H. Probst und Consistorialrath Winkelmann zu Mesothen, gestorben 18. October 1828." [616]

※

Sommerfrische

Augusts Schwester Henriette, mittlerweile 45 Jahre alt, war zur Sommerfrische an die Ostsee nach Libau gekommen: „1835 Badegäste, Den 30. Juny: Frau Baronin v. Budberg, nebst Familie, aus Garsden, bei Herrn Schiller." [617]

„Diejenige Zeit, in welcher sich das kurische Landleben am angenehmsten entfaltet, ist der Monat Juli, in welchem Alles, was nur einigermaßen flügge ist, sich an die See begiebt und am Strande seine Badehütten baut. Es füllen sich dann alle Seestädte mit Gästen aus den Ostseeprovinzen, die hierher kommen, um im kalten Meereswasser neuen Lebensmuth und frische Kräfte zu gewinnen. Die belebtesten Badeplätze sind Libau und Rewal… am Strande füllt sich jedes Dach, jede hölzerne Hütte der lettischen und esthnischen Bauern mit Pastoren- und Edelleute-Familien. Das Seebad stärkt wunderbar alle Lebensgeister und vermehrt die Lebenslust, Gesundheit und den Appetit - besonders zu bemerken den Appetit. Dabei sind die Strandwohnungen enge und legen allerlei mehr komische als unangenehme Gene [618] auf, so daß manche reiche Familie sich oft in vielen Stücken behilft wie eine Schauspielertruppe. Man ist dann froh und übermüthig wie die Krieger in der Campagne. [619] Zwei Mal des Tages zieht man gegen die brausenden Wogen zu Felde. Die Wellen sind hier oft selbst im Juli noch so kalt, daß das Bad selbst dem Muthe eines tapferen Kriegers zuweilen eine große Prüfung ist. Zwei Mal des Tages feiert man triumphirend mit triefenden Haaren seinen Sieg an wohlbesetzter Tafel. Der gemeinsame knappe Behelf, das enge Zusammenwohnen bringt die Menschen näher, reizt sie zur Vertraulichkeit, - die frische Gesundheit, die in Allen erblüht, macht sie launiger, und dieß führt denn zu den anmuthigsten und heitersten Unternehmungen, die während des Genusses reizender sind als in der Beschreibung. Gesellige Spiele, Tanz, Maskeraden, tableaux vivants, [620] Schauspiele und Musik, Alles erscheint in bunten Kränzen gemischt, und die Tage rauschen

---

[616] KB Mesothen Verstorbene 1828.
[617] Libausches Wochenblatt 3.7.1835.
[618] Wohl ein heute vergessenes Wort für Schwierigkeiten, vgl. frz. gêne - Belastung, Zwang.
[619] Kampagne, Feldzug.
[620] Lebende Bilder, bewegungslose Darstellung einer Szene durch kostümierte Personen.

am Strande dahin wie die Wellen des Meeres, die im tollen Uebermuthe schäumend eine hinter der anderen herlaufen.

Da man vom Seebade alles Heil für das kommende Jahr erwartet und in dieser Zeit gleichsam einen Vorrath von Gesundheit einzuernten hofft, von dem man während des Winters wie der Bär von seinem Pfotenfette zehren könne, so ist man sehr gewissenhaft im pünktlichen Nehmen der Bäder, und man macht sich ein eben so großes Gewissen daraus, ein Bad während des Strandlebens zu versäumen, als an hohen Festtagen nicht in die Kirche gegangen zu sein. Man hat auch genau bestimmt, wie viele Bäder nöthig sind, um über die Zukunft beruhigt vom Strande zurückkehren zu können. Fünfzig Bäder reichen dazu hin. Man nennt dieß die kleine Kur. Die große Kur aber besteht aus sechszig bis siebenzig Bädern, und beneidet ist die Haut Desjenigen, der so viele Striche gewinnen konnte; denn Jeder führt in der Badehütte sein ausführliches Conto über die Bäder, indem er, wenn er triefend, roth wie ein Krebs und vor Kälte zitternd aus dem Wasser kommt, mit Kreide einen neuen Strich des Segens und Heils der langen Reihe an der Wand hinzufügt. Man hat im Lande ein so großes Vertrauen zu den Seebädern, daß die Aerzte sie fast für alle mögliche Arten von Krankheiten verordnen…

Kein Vergnügen führen die Seebäder so unmittelbar herbei als die Spaziergänge, die durchaus mit zur Kur gehören. Gleich nach dem Frühstücke daher und eben so des Abends nach dem Thee begiebt sich Alles zu Fuß, zu Roß und zu Wagen auf die Wanderung…

Dazu kommt noch, daß die graue Woge des Meeres in diesen Gegenden ein so reizendes und kostbares Product an das Ufer spielt, [621] wie es der Bernstein ist. Daher wird denn der Rand der Meeresbrandung zur gewöhnlichen Promenade der Badegesellschaften gewählt und das Bernsteinsuchen zu einem geselligen Vergnügen gemacht… Wenn man nach einem Sturme, wobei der Grund des Meeres aufgeregt wurde, am Strande spazieren geht, so findet man das ganze Ufer mit dunkelgrünem Seetange, mit dem zugleich der Bernstein herausgerissen wird, bedeckt, und diese Tanglage mit blinkenden Bernsteinstückchen besäet. Die goldigstrahlenden Krystalle, welche die schwarze Woge des Meeres ausspie, flimmern reizend auf der dunkeln Unterlage des Tangs, und neuentdeckte Diamanten in den brasilischen Edelsteingruben werden nicht mit solchem Jubel aufgelesen wie hier von den heiteren Badegesellschaften die hübschen Ambrasplitterchen…

---

[621] So im Text, wohl für „spült".

Da die Seebäder einem Jeden so nahe am Herzen liegen, so ist natürlich auch beim Abschiede vom freudenreichen Strande die Betrübniß groß, und eben so innig der Wunsch, im nächsten Jahre hierher zurückzukehren. Diese Gefühle und dann auch eine Regung von Dankbarkeit gegen das Meer haben die Sitte begründet, den heilbringenden Wogen und ihren Nereiden [622] durch eine symbolische Handlung Dank zu bezeigen. Nach dem letzten Bade begeben sich daher alle Badegäste an den Strand werfen irgend eine Kleinigkeit, ein paar Geldmünzen, einen Ring oder eine Perle, in die Brandung und sprechen ihr dabei den Wunsch aus, das nächste Jahr wieder auf 4 Wochen mit ihr in guter Freundschaft zu verleben." [623]

In St. Petersburg hatte August seine dienstlichen Pflichten wahrgenommen, wobei er auch einem seiner Verwandten behilflich sein konnte. Am 20. Juni 1835 unterzeichnete er zusammen mit fünf weiteren Senatoren auf Kaiserlichen Befehl das Hofrath-Patent für Baron Leonhard Budberg. [624]

Am 17. Aug. 1835 bevollmächtigte Auguste Caroline Sophie Schmelzer, Augusts Gemahlin, ihren Vater Friedrich August Schmelzer, all ihre Angelegenheiten bezüglich des Erbes ihrer am 7. Juli 1831 verstorbenen Mutter Johanna Sophie Petronelle Schmelzer zu regeln. [625] Am 20. Okt. 1835 schrieb Friedrich August Schmelzer an Georg Kestner zwecks Besorgung eines Wechsels, um seiner Tochter in St. Petersburg eine Geldsumme übermachen zu können. [626]

1836 Traurige Nachricht

Im März 1836 kam eine traurige Nachricht aus Garssen. Im Intelligenzblatt war zu lesen: „Todes-Anzeige. Heute, am dritten März, entschlief sanft zu einem besseren Leben, nach mehrwöchentlicher schmerzhaften Krankheit, mein innigstgeliebter

---

[622] Nereïden, Meerjungfrauen.

[623] Kohl, J.G.: Die deutsch-russischen Ostseeprovinzen oder Natur- und Völkerleben in Kur-, Liv- und Esthland. Erster Theil, Dresden Leipzig 1841, 47 ff.

[624] LR 76b1, 65 f. In Frage kommt nur Leonhard Georg Gottlieb v. Budberg * Sennen 1785, 18.3., † St. Petersburg 1848, 24.6. (Cholera), Kais. Russ. Hofrat u. Lehrer am Pagenkorps (Genealogisches Handbuch der Baltischen Ritterschaften Neue Folge X, o. O. 2022, 76).

[625] Universitätsbibliothek Leipzig, Nachlass Georg Kestner NL 290/1/140. Kestner war Bankier und Kunstsammler in Hannover.

[626] Universitätsbibliothek Leipzig, Nachlass Georg Kestner NL 290/1/143; Hallisches patriotisches Wochenblatt 16.7.1831.

Gatte, Ernst von Budberg, Erbherr auf Garsen und Grützgallen, im 54sten Jahre seines Lebens. Diesen für mich und meine Kinder unersetzlichen Verlust zeige ich mit tief betrübtem Herzen meinen entfernten Verwandten und Freunden hiemit an. Garsen, den 3ten März 1836. Henriette von Budberg, geborne von Denffer." [627]

Ernst und Henriette, Augusts Schwester, waren fast drei Jahrzehnte ein Paar gewesen, ihre Hochzeit war im Jahr „1807 Nov. 1. Garssen: H. Ernst von Budberg mit Fräul. Henriette v. Denffer aus Stabben. In Garssen copul. mit Consist. Dispensat. ohne Aufgebot." [628] Ihr Ehegatte, geboren am 23. Okt. 1782 in Gritzgaln, war acht Jahre älter als sie. Der Fideikomissbesitzer von Garssen hieß mit vollem Namen Baron Christoph Gotthard Ernst von Budberg. Sie hatten zehn Kinder. [629] Das Erbe von Garssen trat später George Ernst Woldemar an. Er war der einzige lebende Sohn, taubstumm und beim Tod des Vaters erst 12 Jahre alt.

Die Wetterverhältnisse in Kurland waren für die Landwirtschaft nicht allzu erschwerend: „Schlittenbahn war in dem winter dieses Jahres zu den wichtigsten wintergeschäften und verrichtungen hinreichend. Der winter ging aber zeitig im februar gänzlich ab. Seit den 2-ten märz schon war eisgang bei Mitau u. nur ein paar tage später bei Riga. Die getraidepreise waren nicht höher gestiegen als im herbst, sondern etwas zurückgewichen." [630]

Aus Dorpat kam seit dem 1. Jan. 1836 eine neue Zeitschrift, die in den folgenden Jahrzehnten zur wohl bedeutsamsten einheimischen Informations- und Nachrichtenquelle für das deutschbaltische Lesepublikum wurde:

---

[627] Allgemeines Kurländisches Amts- und Intelligenzblatt 10.3.1836.

[628] Kirchenbuch Selburg Copulirte 1807, fol. 208. S.a. Wilde von Wildemann, C.: Kurländisches Traubuch, Hannover 1977, 112.

[629] Elise * 12.11.1808 † 31.3.1831 ∞ 30.12.1828 Carl Friedrich Bornhaupt; Adolph * 27.2.1810 † Lomscha 13.7.1831 Offizier reitender Grenadiere; Ida 6.2.1812 † 28.12.1881 ∞ 25.8.1838 Emil Schmidt v. d. Launitz; Aline * 15.3.1814 † 5.2.1891; Hermann * 21.4.1817 † 11.1.1838; Bertha * 17.4.1819 † ?; Mathilde * 29.3.1822 † 11.11.1889 ∞ 17.3. 1842 William Schmidt v. d. Launitz; 2 Töchter † als Kinder; Woldemar 31.8.1824 † 10.6.1875 ∞ 23.5.1859 Maria Bar. v. Korff. (Genealogisches Handbuch der Baltischen Ritterschaften. Teil Kurland, Görlitz (1930), 216; teils abweichend in Budberg, A. v.: Beiträge zu einer Geschichte des Geschlechtes der Freiherrn v. Bönninghausen genannt Budberg, Riga 1897 Tafel XI; Genealogisches Handbuch der Baltischen Ritterschaften (Neue Folge) X o.O. 2022, 120-122).

[630] Sloka, L. J.: Kurzemes draudžu chronikas, Riga 1930, II, 165 (Hofzumberge).

„Das Inland. Eine Wochenschrift für Liv-, Esth- und Curländische Geschichte, Geographie, Statistik und Litteratur". Auch auf Grafenthal, wo viel gelesen wurde, wird man sie bezogen haben.

※

Mitau

„Mitau, lettisch Jelgawa, die Hauptstadt von Kurland und ehemalige Residenz der kurländischen Herzöge (der letzte Herzog Peter abdicirte 1795 zu Gunsten Rußlands), liegt in einer ebenen, sandigen Gegend an der kurländischen Aa, welche weiterhin den Namen Buller Aa führt, und mag ungefähr 16,000 Einwohner haben. Die Stadt ist regelmäßig gebaut, hat aber meistentheils niedrige hölzerne Häuser. Das *Hôtel de Petersbourg* und die *Stadt Moskwa* sind zwar gute Gasthäuser, stehen aber in dem Rufe hoher Preise. Eins der ansehnlicheren Gebäude der Stadt gehört dem Gymnasium illustre, einer von dem letzten Herzoge gegründeten höheren Lehr-Anstalt mit Bibliothek von 25,000 Bänden und einem Observatorium. Seit 1834 ist eine Forstanstalt in 2 Classen hinzugekommen. Den regen Sinn der Kurländer für die geistigen Interessen bezeugt die im Jahre 1816 gestiftete kurländische Gesellschaft für Literatur und Kunst in Mitau, welche in ihrem Provinzialmuseum eine nicht unbedeutende Sammlung von Büchern, Naturgegenständen, Gemälden, Münzen und Alterthümern besitzt und ihre Schriften durch den Druck bekannt macht. Elisa von der Recke (†1833) legirte derselben einen großen Theil ihrer von bedeutenden Männern und Frauen empfangenen Briefe. Niemals ist Mitau belebter als zur Johanniszeit; dann kommt der Adel vom Lande zur Stadt, um seine Geldgeschäfte abzumachen und nebenbei sich zu belustigen; dann spielt auch die rigaische Schauspielertruppe in dem geräumigen Theater. Jenseits der Aa, über welche eine Schiffbrücke führt, befindet sich das Schloß, bestehend aus einem großen Hauptgebäude und zwei Flügeln. Den Bau desselben begann im Jahr 1739 der bekannte Biron, welchen die Kurländer 1737 auf seiner Gönnerin, der Kaiserin Anna, Geheiß zu ihrem Herzoge gewählt hatten, konnte ihn aber selbst nach seiner Rückkehr aus der Verbannung nicht ganz vollenden. Von 1797 bis 1801 residirte in diesem Schlosse Ludwig XVIII. unter dem Namen eines Grafen von Lille mit seiner Familie, und feierte daselbst auch 1799 die Vermählung des Herzogs von Angoulème mit der Tochter Ludwig's XVI. Jetzt ist das Schloß der Sitz des Civilgouverneurs und der Gouvernementskanzlei. - Die Bevölkerung Kurlands besteht größtentheils aus Letten, welche seit dem Jahre 1820 frei, aber fast durchgängig ohne

Grundeigenthum sind. Der Adel, die Geistlichkeit, der Kaufmanns- und Gewerbstand ist deutsch. Die ziemlich zahlreiche Judenschaft befindet sich im Besitze des Landhandels." [631]

„Wenn man einen kleinen Gutsbesitzer des Innern, der, auf seinem hölzernen Schlosse lebend, wenig an dem Thun und Treiben der großen Welt Theil nimmt, über Mitau reden hört, so glaubt man, einen französischen Landedelmann über Versailles oder Paris zu vernehmen. - Die geselligen Zirkel von Mitau sind das Höchste, wonach die jungen Damen und Herren streben. Ja horcht man erst, was die Letten von „Jelgawa" - dieß ist der Name, den sie dieser deutschen Stadt gaben, - erzählen, so könnte man glauben, sie sprächen von der Capitale der Welt. Auch außerhalb des Landes genießt Mitau besonders durch seine angenehme Geselligkeit einen entschiedenen und anerkannten Ruhm, von dem wir in Deutschland kein sterbendes Wörtchen wissen." [632]

„Wir Mitauer," sagte mir ein Mitauischer Patriot, „schmeicheln uns, daß unsere Stadt, obgleich sie nicht so viele Einwohner zählt als manche andere deutsche Capitale, doch in Bezug auf Gastfreiheit, gesellige Lebhaftigkeit und Bildung sich dreist anderen deutschen Städten von derselben Größe an die Seite setzen kann, wenn man sie nicht geradezu den meisten vorziehen will. - Wenigstens glaube ich, daß man zwischen Petersburg und Berlin gewiß keinen zweiten Ort finden wird, der so brillante, so gebildete, so rauschende und feine gesellige Reunionen bietet, als Mitau." [633]

In Mitau kam an „Den 17ten März… Hr. v. Denffer aus Bauske, log. b. Jensen" [634] und gefolgt „den 7ten April… Fr. Präsidentin v. Jankewitz aus Elenisky im Upitzschen Kreise, log. b. Fr. Hofräthin Ellrich." [635] Die erstere war wohl verwandt mit dem 1829 verstorbenen Carl v. Jankiewicz, dessen Witwe Amalia mittlerweile bei ihrem

[631] Wagner, K.T.: Handbuch für Reisende in Dänemark, Norwegen, Schweden, Rußland, Polen und Finnland, Leipzig 1840, 154 ff.

[632] Kohl, J.G.: Die deutsch-russischen Ostseeprovinzen oder Natur- und Völkerleben in Kur-, Liv- und Esthland. Erster Theil, Dresden Leipzig 1841, 95.

[633] Kohl, 100.

[634] Mitauische Zeitung 19. März 1836, 136.

[635] Mitauische Zeitung 9.4.1836, 172. Hofräthin Ellrich war die Witwe des Arztes und Hofrats Dr. Bernhard E(h)l(l)rich. Sie wohnte und vermietete in „Katholische Straße gegenüber der Katholischen Kirche No. 142". (Brennsohn, I.: Die Ärzte Kurland, Riga 1929, 146; Das Inland 1858, 83; Allgemeines Kurländisches Amts- und Intelligenzblatt 23.7.1829).

Bruder Jeannot auf Grafenthal lebte. Latwelischek und Szeymel lagen im genannten litauischen Kreis Upitza.

„Der frühling trat sehr frühe ein, brachte auszerordentlich schöne und warme tage. Nachdem schon am 21 märz mit der erbsensaat der anfang gemacht worden, traten bald darauf arge Kälte und oft wiederkehrende nachtfröste ein, was für die sommersaat sehr fürchten liesz. Im ganzen sommer waren eigentlich nur 2 sehr warme und regenfreie tage... Der sommer verging unter beständigem regen und fortwährenden kalten Witterung, woher es mit dem sommergetreide gar keinen fortgang hatte und die sommerfelder einen traurigen anblick gewährten. Dazu kam noch, dasz sich in die gerste, gleich unter der aehre, im halme, ein brauner harter wurm einfand, der das wenige vorhandene noch vernichtete. Der hafer muszte fast grün gemäht werden, denn er war durch die frühen nachtfröste abgefroren. Dies alles bewirkte im Pastorate, auf den bauerfeldern und in der Umgegend eine totale miszerndte. Sommersaat muszt gekauft werden. Die roggenfelder standen beszer, ohne dasz jedoch die ausbeute beim dreschen den erwartungen entsprach, wenn gleich an stroh viel mehr als im verwichenen jahre gewonnen wurde. Doch ist mit dank gegen Gott zu erwähnen, dasz die roggenerndte etwas beszer, als im vorigen jahre ausfiel und einigermaszen für die miszerndte an sommergetreiden entschädigte. Der graswuchs war sehr schlecht, daher überall wenig heu...“ [636]

„Mitau, den 21. Mai. Regen und eisiger Nordwind haben mit seltener Ausdauer bis jetzt angehalten. Die Zimmer mußten geheizt, die Pelze wieder hervorgesucht werden, und von den Landwirthen hörte man häufige Klage, daß der scharfe Nord ihnen den Roggen auswehe. Die Städter denken nun wohl nicht gleich an die Erndte, sondern wollen den Lenz nur genießen, nachdem sie Herbst und Winter die Stube gehütet, aber es war keine Freude draußen. Langsam schlugen die Bäume aus, spärliches Grün bedeckte die Wiesen, und hie und da nur ließ sich ein Blümchen sehen, und das Schlimmste dabei war, daß man diese Herrlichkeit nicht anders genießen konnte, als im Pelz und unterm Regenschirm. Aber auch Krankheiten rief dies ungewöhnliche Wetter hervor, der Tod hat bedeutend aufgeräumt, und viele Trauerflore sieht man wehen.“ [637]

---

[636] Sloka, L. J.: Kurzemes draudžu chronikas, Riga 1928, I, 65 f. (Barbern).
[637] Das Inland 3.6.1836, 390.

Am 4. Juni 1836 waren nach Mitau gekommen „Fr. v. Budberg, nebst Sohn, aus Gahrsen, log. b. Kreismarschall v. Witten." [638] Ein Kameralhofsrat „Witte von Wittenheim" ist bei Schlau erwähnt, fehlt aber merkwürdigerweise im Deutschbaltischen biographischen Lexikon. Carl von Witten, „geb. am 28. Nov. 1780... war von 1817 bis 1848 selburgscher residirender Kreismarschall. Er † am 7. Dbr. 1857." [639] Das Budbergsche Gut Garssen lag in der Oberhauptmannschaft Selburg, und der langjährige Kreismarschall war sicher mit den Gutsbesitzern der Gegend bekannt. Möglicherweise stand Henriettes Reise nach Mitau im Zusammenhang mit Erbschaftsfragen nach dem Tod ihres Gatten Ernst v. Budberg oder mit einer Auseinandersetzung über die Grenze des Gutes Garssen, denn nicht lange danach nahm sich Henriettes Bruder August dieser Sache an. Der Entwurf seines Gesuchs an den Zaren für seine Schwester Henriette v. Budberg wegen Grenzstreit des Gutes Garssen und dem litauischen Gut Okniste ist erhalten. [640]

Gleichfalls im Juni war aus St. Petersburg abgereist „am 25sten: nach Dünaburg, der Senateur Denfer". [641] Dünaburg, heute Daugavpils, war die nächstgelegene größere Stadt, von der aus das etwa 70 km nordwestlich gelegene Budbergsche Gut Garssen zu erreichen war. Vermutlich hat August seine Schwester dort besucht, um sich ihrer Angelegenheiten anzunehmen. Er war wohl etwa einen Monat lang geblieben, in dieser Zeit vielleicht auch zum Vetter nach Grafenthal gefahren und in St. Petersburg wieder „Angekommen: Am 27. Juli, aus Dünaburg, der Senateur Denfer." [642]

Nach Mitau kamen die meisten kurländischen Gutsbesitzer zum Johannistag, um ihre Geschäfte zu regeln, so auch „Vom 12ten bis 15ten Juny... Herr Kapitän v. Dempffer aus Grafenthal, log. b. Drechsler Seyffert." [643]

„Der Mitauische Johannistag ist in allen Stücken eine Copie der sogenannten Adels-Contracte, wie sie in Kiew und in mehren anderen polnischen Städten statthaben, und

---

[638] Mitauische Zeitung, 6.6.1836, 272.
[639] Schlau, K.O.: Mitau im 19. Jahrhundert, Wedemark-Elze 1995, 137 f.; Lenz, W. (Hg.): Deutschbaltisches Biographisches Lexikon, Köln 1970, 873; Lieven, A. v.: Curländische und Piltensche Landesbeamte 1562-1910, Mitau 1914, 250.
[640] Handschriftliches Konzept Deutsch und Russisch (Nachlaß Dietrich v. D.).
[641] St. Petersburgische Zeitung 27.6.1836, 626.
[642] St. Petersburgische Zeitung 29.7.1836, 746.
[643] Mitauische Zeitung 16.6.1836, 288. In der Archivmappe Seyffert der DBGG war nichts aus dem 19. Jahrhundert zu finden.

wahrscheinlich ist auch diese Sitte aus Polen übertragen worden. Wie in Kiew kommen nicht nur die geschäftreibenden Herren zur Stadt, sondern auch ihre Frauen und ihre ganze Familie. Die ganze Stadt ist dann voll Menschen und Leben, und jedes entbehrliche Stübchen vermiethet und besetzt. Die Damen machen ihre Einkäufe für's Land, viele oder wenige, je nachdem der Herren Ehegemahle Johanni gut oder schlecht war. Dieß lockt Kaufleute herbei. Die Verwandten und Bekannten, die sich oft, in entgegengesetzten Wäldern des Landes versteckt, das ganze Jahr nicht sahen, geben sich Gesellschaften und Banquette, und da die Zusammenkunft so vieler Menschen schon zu Heiterkeit und Freude aufgelegt macht, so lockt dieß noch Schauspieler, Krämer und anderes Marktvolk heran. Es wird so aus den drei Zahlungs- und Geschäftstagen, auf welche der eigentliche Johanni beschränkt ist, eine Art von zweiwöchentlichem Feste und Markte." [644]

Jeannot hatte in der Folge annonciert: „In Grafenthal ist guter Kalk zu haben. Grafenthal, den 28sten August 1836. J. von Denffer." [645]

Der Revisor

In St. Petersburg wurde am 19. April 1836 die Komödie „Der Revisor" uraufgeführt, die Nikolai Gogol im Vorjahr verfaßt hatte. „In dem „Revisor" hat sich Gogol die Aufgabe gestellt, die Bestechlichkeit und Rohheit des Russischen Beamtenthums zu geißeln. Das Stück spielt nicht in der vornehmen Welt, sondern in einer kleinen Kreisstadt, und die darin vorkommenden Personen sind ohne Ausnahme gemeine Naturen. Die komische Wirkung dieses Stückes auf der Bühne ist ganz unbeschreiblich. Es wird erzählt, Kaiser Nikolai habe nach der ersten Aufführung des „Revisors" den Dichter zu sich in die Loge kommen lassen und ihm unter Anderem gesagt: „So habe ich nie gelacht, wie heute Abend!" [646] Indes mußten noch drei Jahrzehnte vergehen, bis das Stück ins Deutsche übertragen als „Der Revident" auch auf Bühnen der Ostseeprovinzen zur Aufführung kam. [647]

[644] Kohl, J.G.: Die deutsch-russischen Ostseeprovinzen oder Natur- und Völkerleben in Kur-, Liv- und Esthland. Erster Theil, Dresden Leipzig 1841, 105 f.
[645] Allgemeines Kurländisches Amts- und Intelligenz-Blatt 29.8.1836; 1.9.1836; 5.9.1836.
[646] Rigasche Zeitung 3.1.1862.
[647] Rigasche Zeitung 29.12.1865; 3.12.1866.

„Die Idee zum »Revisor« stammt von Puschkin. Puschkin hat Gogol von einem Fall erzählt, der sich in der Stadt Ustjushna im Gouvernement Nowgorod zutrug. Es ging um einen durchreisenden Herrn, der sich als Ministerialbeamter ausgegeben hatte und die Bewohner der Stadt um ihr Geld brachte...“ [648]

Im Archiv des Puschkin Hauses (Institut Russischer Literatur St. Petersburg) wird ein Brief vom 27. Mai 1829 aufbewahrt, den der Gouverneur von Nowgorod August Denfer an Iwan Alexandrowitsch Makscheew in Ustjuschna geschrieben hatte, der dort Stadtgouverneur war:

"Mein lieber Herr Iwan Alexandrowitsch, ich habe privat erfahren, daß jemand in Zivilkleidung und mit dem Malteser (Ordens-)Zeichen sich seit mehr als fünf Tagen in ihrer Stadt aufhält. Dieser unbekannte Mensch kam aus Wologda im Wagen mit eigenen Pferden. Niemand in der Stadt und auch Sie nicht kennt den Grund für einen solch langen Aufenthalt, wer dieser Mensch ist, und welchem Stand er angehört. Deshalb erachte ich es für notwendig, Information von Ihnen zu erhalten, weshalb dieser Mensch in Ustjuschna wohnt, ob er öffentliche Orte oder Institutionen aufsuchte. Hat er nicht besondere Aufmerksamkeit auf etwas gerichtet? Falls er noch in Ustjuschna ist, finden Sie seinen Rang heraus und informieren Sie mich unverzüglich. Hochachtungsvoll Ihr August Denfer." [649]

Man weiß nicht, ob August bei der Aufführung anwesend war oder bei anderer Gelegenheit die Bedeutung erkannte, die sein Brief für die Entstehung dieses Theaterstückes hatte. Im Familienkreis scheint dieser Zusammenhang unbekannt gewesen zu sein, bis ich im Jahr 2006 darauf hinwies. [650]

---

[648] Gogol, Nikolaj: Der Revisor. Komödie in fünf Akten. Übersetzt und herausgegeben von Bodo Zelinsky, Stuttgart 1996, 141.

[649] F 652/2/89, außerdem unter F 652/2/88 ein Schreiben von Makscheews Sohn Alexej Iwanowitsch, in dem er darlegt, daß die Figuren in Gogols Stück erfunden sind und nicht seinerzeit in Ustjuschna lebenden Personen entsprechen und daß er in den Papieren seines Vaters den Brief des Gouverneurs fand. Eine andere Darstellung, wonach es durchaus Entsprechungen gab, findet man bei Dobrinskaja, L.: Rasskaz iz Puschkinskogo doma, Leningrad 1983.

[650] Denffer, Ahmad v.: Beiträge zu einer Geschichte der Familie von Denffer, Norderstedt 2006, 212.

Reisen nach Deutschland

Augusts Frau Caroline hatte sich mit den Kindern auf eine längere Reise begeben: „1836, April Abreisende ins Ausland… Die Gemahlin des Senators von Denffer mit ihren minderjährigen Kindern Theophile, Alexandrine, Anna und Woldemar; mit ihr die Rigasche Bürgerstochter Elisabeth Dicktus; zu erfr. im Liteinaja-Stadtth. 1. Quart., im Hause unter Nr. 9, 1.“ [651] Die Lübeckische Anzeigen verzeichneten „In Lübeck angekommene Fremde… bis zum 19. May… Ihre Excell. Frau Geheimräthin v. Denffer nebst Familie… log. in St. Hamburg“ [652] und die Hamburger Nachrichten meldeten anschließend am 21. Mai 1836 unter „Angekommene Fremde… Frau Geheimräthin v. Denfer, nebst Familie, v. St. Petersburg, l.z. Römischen Kaiser.“ [653] Im weiteren Verlauf der Reise wird Caroline nicht zuletzt auch ihren Vater in Halle, das Grab ihrer Mutter und andere Verwandte aufgesucht haben.

Bereits im Frühjahr war in Mitau angekommen „Den 24sten April… Hr. Kommissionär v. Denffer, von der 9ten Klasse, aus Riga, log. b. Mad. Kummerau.“ [654] Diesmal wohnte er demnach bei seiner Schwiegermutter Constantia Gottlieb Kummerau geb. Bidder. Wahrscheinlich gab es familiäre Angelegenheiten und Zukunftspläne zu besprechen, denn im Sommer 1836 reiste auch seine Frau Charlotte nach Deutschland, wo sie verschiedene Bäder besuchte. Vom „8. Juni bis 12. Juli in Bad Ems Im weissen Ross Fr. von Denffer m. Bed. a. Mitau,“ [655] ab 13.7. in Langen-Schwalbach 13.-23.7. In der Post, Gasthaus sowie 20.-23.7. bei Fr. Med. Ass. Wagner, wieder in der Post 24.-26.7. und bei Fr. Med. Ass. Wagner, dort seit 27.7. bis 25.8.1836. [656]

---

[651] Intelligenzblatt der St. Petersburgischen Zeitung 17.4.1836, 256; 21.4.1836, 267; 24.4.1836, 297.

[652] Lübeckische Anzeigen 21.5.1836.

[653] Neue Zeitung und Hamburgische Addreß-Comptoir-Nachrichten 21.5.1836, (3); Wöchentliche privilegirte gemeinutzige Nachrichten von und für Hamburg 24.5.1836, 5.

[654] Mitauische Zeitung 28.4.1836, 204.

[655] 6. Liste der Kurgäste und Durchreisenden zu Ems, Schwalbach… 8.-11.6.1836, 21; 7. Liste 12.-14.6.1836, 25; 8. Liste 15.-18.6.1836, 32; 9. Liste 19.-21.6.1836, 38; 10. Liste 22.-25. Juni 1836, 46; 11. Liste 26.-28.6.1836, 55; 12. Liste 29.6.-2.7.1836, 63; 13. Liste 3.-5.7.1836, 74; 14. Liste 6.-9.7.1836, 87; 15. Liste 10.-12.7.1836, 101.

[656] 16. Liste 13.-16.7.1836, 119; 17. Liste 17.-19.7.1836, 135; 18. Liste 20.-25.7.1836, 152, 154; 19. Liste 24.-26.7.1836, 167, 169; 20. Liste 27.-30.7.1836, 185; 21. Liste 31.7.-2.8.1836, 200; 22. Liste 3.8.-6.8.1836, 213; 23. Liste 7.8.-9.8.1836, 226; 24. Liste 10.8.-13.8.1836, 238; 25. Liste 14.8.-16.8.1836, 249; 26. Liste 17.8.-20.8.1836, 260; 27. Liste 21.8.-25.8.1836, 269.

Eugen seinerseits hätte wohl auch einen Kuraufenthalt gebraucht. Er wurde am 7. Sept. 1836 „infolge seines Gesuches, wegen Wunden", die er sich während der Napoleonischen Kriege zugezogen hatte, „aus dem Krondienste verabschiedet. [657]

Carolines Rückreise war im Herbst. „1836 in Lübeck angekommene Fremde … Bis zum 11. October…. Frau Geheimräthin v. Denffer nebst Familie… log. in St. Hamburg" [658] Von „Lübeck nach Petersburg … laufen auf dieser Tour drei Dampfschiffe, welche der von der russischen Regierung privilegirten Lübeck Petersburger Dampfschiffahrts-Compagnie [659] angehören, Naslednik, Alexandra und Nicolay, sämmtlich von 140 Pferdekraft. Naslednik steht im Rufe, am schnellsten zu gehen; Alexandra ist viel zu groß und schwerfällig für die Kräfte der Maschine und braucht daher in der Regel einen Tag mehr zur Fahrt (5 Tage); Nicolay ist erst seit vorigem Jahre im Gange, nachdem seinen Vorfahrer bekanntlich das Unglück betroffen hatte, nicht weit von Travemünde in Brand zu gerathen, und soll sehr zweckmäßig construirt sein. Die Abfahrt erfolgt von Travemünde… und von Petersburg jeden Sonnabend. Die Fahrpreise sind zwar jetzt herabgesetzt, dürften aber immer noch ziemlich hoch erscheinen. Man zahlt für einen Platz in der ersten Cajüte 20, in der zweiten 15 Ducaten, wofür 100 Pfund Baggage frei gehen. Für Kinder unter 10 Jahren wird die Hälfte, für Domestiken 10, für einen Wagen 17 Ducaten und für ein Pferd eben so viel entrichtet. Eine Separat-Cajüte zu 4 Betten kostet 74 und eine zu 3 Betten 56 Ducaten. Die Beköstigung ist ziemlich theuer. Wer Wein trinkt, kann dafür täglich einen Ducaten in Anschlag bringen. Ein sehr wesentlicher Unterschied besteht nicht zwischen der ersten und zweiten Cajüte. Wir haben dreimal die Fahrt auf der Alexandra sowohl in der ersten als auch in der zweiten Cajüte gemacht und in mancher Hinsicht uns sogar besser in der zweiten als in der ersten Cajüte befunden. Die Zahlung auf dem Schiffe wird in Hamburger Geld geleistet. Die Bestellung der Plätze erfolgt in Lübeck, wo auch die Pässe vom dortigen russischen Consul visirt werden müssen.

Den Hauptreiz der Fahrt von Lübeck nach Petersburg auf einem der Dampfschiffe bildet das bunte Gemisch der Reisegesellschaft. Neben Russen und Deutschen, welche natürlich vorherrschend sind, kommt man am häufigsten mit Engländern,

---

[657] Denfer, H. v.: Grundstein zu einer Geschichte der Familie von Denffer, Batum 1906, 40.
[658] Lübeckische Anzeigen 12.10.1836.
[659] Gegründet 1830, Betrieb seit 12.5.1831 (Leipziger Zeitung 13.5.1831, 1198; Possart, F.: Wegweiser für Fremde in St. Petersburg…, Heidelberg 1842, 205).

Franzosen, Holländern, Polen, Italienern und Amerikanern zusammen. Man denke sich, welches Durcheinander von Sprachen dieses Zusammentreffen von Menschen so verschiedener Nationen gibt; wie verschieden die Bildungsstufe, der Stand und Beruf, der Reisezweck und die daran geknüpften Hoffnungen und Befürchtungen so vieler auf einige Tage zusammengewürfelter Individuen sein müssen! Wenn auch die Ostsee ein geschlossenes Meer ist, so schwindet doch das Land auf eine große Strecke der Fahrt gänzlich aus dem Gesicht. Vor der Einfahrt in den finnischen Meerbusen zeigen sich nach und nach die Inseln Bornholm, Oeland und Gothland; ist das Schiff einmal in den Golf eingelaufen, so bleiben auch stets die niedrigen Küsten von Finnland und Esthland mit ihren zahlreichen vorliegenden Inseln, obwohl nur in weiter neblichter Ferne, im Auge. Bei Nacht bilden die zahlreichen Leuchtthürme anziehende Puncte der Beobachtung. Näher nach dem Endpuncte der Fahrt hin nimmt vornehmlich die steil und ziemlich hoch auf steigende bewaldete Insel Hogland das Interesse des Reisenden in Anspruch. Die Ufer treten allmählich immer näher und endlich tauchen die zahlreichen Masten der baltischen Flotte Rußlands empor, welche in Ehrfurcht gebietender Stellung vor der Festung Kronstadt in langer Linie aufgestellt ist, wenn nicht die üblichen Sommerexcursionen von ihr gemacht werden. Gewöhnlich kommt das Dampfboot den fünften Abend nach der Abreise vor Kronstadt an und geht entweder selbst bis Petersburg oder übergibt seine Passagiere und ihr Gepäck einem kleineren russischen Dampfboote zur Vollendung der Fahrt. Wünschenswerther ist es natürlich, daß der erstere Fall eintrete. Es hängt vom Wasserstande ab. Ob das Gepäck der Reisenden schon in Kronstadt oder in Petersburg untersucht werde, kommt ebenfalls auf die Umstände an. Es ist schwer zu sagen, welches der glücklichere Fall ist. In Kronstadt erhält man aber stets die erste Gelegenheit, mit den russischen Beamten bekannt zu werden, da solche sofort an Bord kommen, um die Schiffspapiere einzusehen und dafür Sorge zu tragen, daß keine Communication mit der Stadt und dem Hafen stattfinde. Tritt die Visitation des Gepäcks erst in Petersburg ein, was wohl als die Regel betrachtet werden kann, so werden alle Effecten in Kronstadt vorher plombiert…

Bei schönem Wetter ist die Fahrt von Kronstadt nach Petersburg sehr angenehm. Sie geht nicht schnell von Statten, da die ziemlich rasche Strömung der Newa sich auch in dem Busen noch fühlbar macht. Das ziemlich enge Fahrwasser wird durch schwimmende Tonnen und andere Warnungszeichen begrenzt. Mit Wohlgefallen ruht das Auge auf der etwas erhöhten Küste zur rechten Hand. Hier zeigen sich nach und nach die Lustschlösser Oranienbaum, Peterhof und Strelna neben anderen mehr oder weniger bescheidenen Landsitzen und schimmern in ihren hellen Farben aus der baum- und buschreichen Umgebung weithin hervor. Weniger befriedigend ist der Blick nach der linken Seite. Hier giebt die niedrige, kahle Küste kein schönes Bild. Bald aber wird die volle Aufmerksamkeit von den immer mehr auftauchenden Thürmen, Kuppeln und Häusermassen der Hauptstadt in Anspruch genommen. Was am meisten frappirt, das sind die langen vergoldeten Thurmspitzen der Admiralität und der Festungskirche; rechts fällt auch die mit goldenen Sternen besäete blaue Kuppel der Dreifaltigkeitskirche bedeutend in die Augen. Da die Stadt übrigens völlig flach liegt, so kann nur ein kleiner Theil derselben über sehen werden und es ist mehr das Ahnungsvolle des Anblicks, was den Ankommenden in Spannung erhält, als die wirkliche Größe desselben, bis er endlich in den Strom selbst einläuft…" [660]

Ende September 1836 wird aus St. Petersburg berichtet: „Das Dampfschiff „Alexandra" ist nach einer Reise von 89 Stunden am 30. September, Nachmittags 6 Uhr, mit 60 Passagieren hier angekommen. Unter den Angekommenen befinden sich: … die Geheimeräthin von Denfer." [661] Die Abfahrt von Travemünde war demnach am 26. September gegen Mitternacht. Die unterschiedlichen Datumsangaben sind eine Folge der verschiedenen Kalender, in Deutschland der gregorianische und in Russland der julianische. Die Reisezeit von weniger als vier Tagen war eine bedeutende Verkürzung gegenüber dem Segelschiff oder gar der Postkutsche, mit der wohl Caroline 15 Jahre zuvor gereist war, wie es der damalige Ankunftsort Dresden vermuten läßt: „Ein- und auspassierte Reisende… Am 19. April 1821. Einpassirt…Fr. Oberstlieut. Denfer aus Rußl., im bl. Stern". [662]

⁂

---

[660] Wagner, K.T.: Handbuch für Reisende in Dänemark, Norwegen, Schweden, Rußland, Polen und Finnland, Leipzig 1840, 147 ff.
[661] St. Petersburgische Zeitung 2.10.1836, 982; Rigasche Zeitung 7.10.1836.
[662] Dresdner Anzeigen 27.4.1821, 630.

Dorpat

Friedrich Eugen, Augusts und Carolines Erstgeborener, den sein Vater 1828 für das Pagencorps vorgesehen hatte, [663] war mittlerweile 20 Jahre alt und nahm im Sommer 1836 das Universitätsstudium auf. Die Angaben in der Matrikel Dorpat lauten: „3593 Eugen Friedrich Denfer 12. Oct. 1816 luth. Rel. Witepsk August Geheimerath u. Senateur Caroline geb. Schmeltzer St. Petersburg Diplomatik Statistik Immatrikulation 23. Juli 1836 23. Jan. 1842 Entlassung 1842 Sept. 30 Cand. Attestat v. 10. Juni 1843 Nr. 428" [664]

Ein im Nachlaß Dietrich v. Denffer erhaltenes farbiges Halbporträt zeigt ihn oder seinen Bruder Alexander als etwa 15Jährigen mit braunem Haar und blauen Augen in dunkelgrüner Uniformjacke. Nach einer Angabe ist es ein Selbstporträt, eine Kopie des Bildes soll von Bertha Ellissen stammen.

Im Baltikum des 19. Jahrhunderts waren bekanntlich die Ortsbezeichnungen mehrsprachig. „So heißt das deutsche Dorpat oder Derpt bei den Eingeborenen des Landes Tehrpata, bei den Russen Jurieff" - „Die Stadt hat jezt ihre 12,000 Einwohner, deren Anzahl aber immer noch in bedeutendem Steigen ist. Sie gehört also in den Ostseeprovinzen zu den Städten zweiten Ranges und steht mit Mitau und Rewal in einer Klasse." [665] Dorpat, estnisch Tartu, hat heute knapp 100 000 Einwohner und ist noch immer die herausragende Hochschulstadt des Landes. Als Friedrich Eugen nach Dorpat kam, fand er sich in einer Umgebung, die sich nicht nur durch die geographische Lage bedingt, sondern auch sprachlich und damit kulturell erheblich von Petersburg unterschied, wo er aufgewachsen war. Die Universität gab der Stadt ihren eigenen Charakter, dessen bestimmende Elemente das Deutsche, gefolgt vom Estnischen vor dem Russischen waren.

„Die Embach, ein bis Dorpat schiffbarer Fluß, der aus dem Inneren Livlands kommt und sich in den Peipussee ergießt, hat sich ein sehr tiefes Thal in das über der See erhabene Plateau Livlands eingeschnitten. Der rechte oder südliche Abhang dieses

---

[663] Rigascher Anzeigen 30.12.1829.

[664] Abschrift Zentralarchiv Dorpat Film J 31, 11; verkürzt in Album Academicum der Kaiserlichen Universität Dorpat, Dorpat 1852, 85 mit irrtümlicher Angabe + in St. Petersburg, ebenso Zweite berichtigte Ausgabe Dorpat 1853, 152; (Rummel, C.v.): Album Academicum der Kaiserlichen Universität Dorpat, Dorpat 1867, 162; Hasselblatt A., Otto G.: Album Academicum der Kaiserlichen Universität Dorpat, Dorpat 1889, 261.

[665] Kohl, J.G.: Die deutsch-russischen Ostseeprovinzen, Dresden 1841, I, 250; 267.

Thales ist höher (etwa 100 bis 130 Fuß hoch) als der nördliche und tritt gerade diesem Puncte sehr markirt und von mehren Seiten abgetrennt hervor… Der dadurch entstandene Berg trug früher die Citadelle der Stadt und die bedeutendsten und angesehensten Gebäude… Von diesem Allen ist nichts geblieben als die schöne Ruine des Doms. Sie, sowie der ganze Domberg, wurde später vom Kaiser Alexander an die Universität geschenkt, und jezt befinden sich auf letzterem die Bibliothek, die Sternwarte, das Clinicum, das anatomische Theater, mehre Cabinete und Wohnungen der Professoren. Der Berg ist oben sehr geräumig, und zwischen allen diesen Gebäuden bleiben große freie Plätze, die zu sehr anmuthigen Gartenanlagen benutzt sind.

Die Bibliothek hat wohl ein so eigenthümliches Local, wie man es selten findet. Es ist nämlich ein Theil des Doms für sie ausgebaut und die Büchersammlung darin in zwei über einander stehenden Sälen aufgestellt, während der größere Theil der alten Trümmer noch so zerstört und hohlaugig dasteht, wie der Krieg vor langen Jahren sie machte. Sie gehören offenbar zu den schönsten Kirchenruinen, die man sehen kann. Es war ein hohes und großes Kirchengebäude in gothischem Geschmacke. Die Thüren, durch welche die Frommen ein- und ausgingen, sind völlig zerstört, und nur noch die Thorwege in der Mauer erkennbar, die Fenster sind ausgebrannt, doch die gothischen Bögen noch deutlich zu erkennen, das Dach ist natürlich ebenfalls völlig ruinirt, und die Gewölbe sind theilweise eingestürzt, so daß Mond und Sterne in das Schiff der Kirche hinabblicken. Doch streben noch alle die Pfeiler hoch in die Luft, als wäre hier noch viel zu tragen. Die ganze Ruine liegt von allen Seiten frei und gewährt von überall her eine hübsche Ansicht…

Auf der nördlichen Seite des Domberges hat man die Stadt zu seinen Füßen und übersieht sie von hier aus sehr bequem. Ganz unmittelbar in der Nähe des etwas hervortretenden Domberges - zwischen ihm und dem Flusse bleibt an der engsten Stelle eine Strecke von kaum 400 Schritt Breite - liegen die wichtigsten Gebäude der Stadt, die Universität, der Marktplatz, die Magistrats- und Gerichtshäuser, die hauptsächlichsten Kaufläden, der Gostennoi Dwor (Basar) u.s.w. Zur Rechten und Linken, wo ein größerer Raum zwischen dem hohen Ufer und dem Flusse bleibt, entwickelt sich die Stadt mit einer Menge hübscher Privatwohnungen, Wirthshäusern u.s.w. in größerer Ausdehnung. Auch jenseits der Embach befindet sich noch ein nicht unbedeutender Theil der Stadt, doch liegt ihre Hauptmasse auf der rechten Seite des Flusses vereinigt. Das ganze hübsche Innere ist eingehüllt in ein weitläufiges Hakelwerk von nicht sehr freundlichen Vorstädten, die meistens von Russen und Esthen bewohnt sind… Auch jetzt noch ist der Binnenhandel von Dorpat durchaus nicht unbedeutend und eine seiner vornehmsten Nahrungsquellen. Doch ist ihre Universität jedenfalls eine weit berühmtere und der Aufenthalt des livländischen Adels eine eben so wirksame. Obgleich nämlich Riga die Hauptstadt Livlands ist, so ziehen doch die meisten adeligen Familien Livlands Dorpat zur Winterresidenz vor." [666]

Bei einem Zwischenaufenthalt am 27. Aug. 2001 habe ich einmal den alten Stadtkern, das 1809 im klassizistischen Stil errichtete Universitätsgebäude und den Domberg ein wenig erkunden können.

※

Die Universität

„Die Universität von Dorpat hat eine eben so bewegte und bunte Geschichte wie die Stadt selbst. Gegründet wurde sie von Gustav Adolph im Jahre seines Todes 1632 und bestand… bis zum Jahre 1656, wo ein Einfall der Russen alle Professoren verjagte und die Stadt zerstörte. Hergestellt wurde sie im Jahre 1667, wanderte aber nach 32 Jahren im Jahre 1699 nach Pernau, wo sie… 1710 vor dem nahenden Heere der Russen mit allen ihren Professoren, Sammlungen und Bibliotheken über's Meer nach Schweden entfloh. Darnach erlosch ihr Licht fast während eines völligen Jahrhunderts; denn erst 1802 stellte sie Alexander… in Dorpat wieder her und wies ihr hinreichende Revenueen an, welche sie in den Stand setzten, ausländischen Gelehrten lockende Vorteile zu bieten, wissenschaftliche Reisen unternehmen zu lassen und scientifische Sammlungen zu begründen und zu unterhalten.

Die Zahl der Professoren beläuft sich auf nahe an 40, und die der Studenten ist seit 1802 von 100 auf 200 bis 400 und jetzt auf 600 gestiegen. Es befanden sich 1840 hier 573 Studirende, und zwar Livländer 243, Esthländer 68, Kurländer 107, Russen 128, Finnländer 4, Polen 12, Ausländer 11. Setzt man die Anzahl der liv-, esth- und curländischen Studenten mit der Anzahl der Einwohner ihrer respectiven Provinzen in Vergleich, so ergiebt sich, daß aus Kurland einer von 5000, aus Esthland einer von 4000, aus Livland einer von 3000 in Dorpat studiren. Nichtsdestoweniger aber studiren, im Ganzen genommen, aus Kurland die meisten, aus Esthland, wo der Adel gewöhnlich Militärdienste sucht, die wenigsten Männer. Daß die Kurländer in Dorpat

---

[666] Kohl, J.G.: Die deutsch-russischen Ostseeprovinzen, Dresden 1841, I, 252 ff.

so schwach repräsentirt sind, kommt daher, weil sie mehr als die Livländer das Ausland besuchen...

Die Professoren sind durchweg Deutsche, mit Ausnahme des Professors der russischen Literatur und eines jungen russischen Professors der Chirurgie

Diese Deutschen werden gewöhnlich aus dem Auslande berufen; denn die Universität hat es bisher noch nicht verstanden, sich selbst neue Professoren zuzuziehen. Es liegt dieß hauptsächlich in dem Mangel an Concurrenz. Der jungen Privatdocenten, sowie der außerordentlichen Professoren sind wenige. Dabei haben diese keine Gelegenheit, sich auszuzeichnen, weil jedes wissenschaftliche Fach mit einem ordentlichen Professor besetzt ist, bei dem die Studenten dasselbe zu studiren genöthigt sind. Diese Einrichtung, sowie der Umstand, daß jedes Fach nur mit e i n e m Professor besetzt ist, der durchaus nicht die Concurrenz eines Nebenbuhlers zu fürchten hat, muß natürlich die Thätigkeit der Universität lähmen. Und vergleicht man Das, was hier geschieht, mit Dem, was auf deutschen Universitäten zu Tage gefördert wird... so möchten wohl die Dorpatischen Leistungen sehr unbedeutend erscheinen. Ganz anders aber nimmt sich die Universität aus, wenn man sie von Osten her betrachtet. Sie ragt dann über Alles, was sich in Rußland noch sonst Universität, nennt, bedeutend hervor, und ihre Wirksamkeit erscheint in Bezug auf Rußland so groß, daß es sich der Mühe lohnt, sie etwas näher, in's Auge zu fassen.

Die Universität ist durchaus von deutschem Geiste beseelt, was sich von keiner der fünf übrigen russischen Universitäten, wenn gleich auch bei jeder von ihnen einige Deutsche angestellt sind, behaupten läßt. Es existiren unter den Professoren und Studirenden viele kleine Gesellschaften und Vereine zu wissenschaftlichen und literarischen Zwecken, nämlich ein naturhistorischer Verein, einige Lesecirkel, eine juristische Gesellschaft und ein sogenannter Professoren-Abend, eine Gesellschaft, an der alle Professoren Theil nehmen und in welcher sie sich durch Vorträge und Conversation das allgemein Interessante aus ihren Fächern mittheilen. Dergleichen Verbindungen existiren auf den eigentlich russischen Universitäten gar nicht, wo die Professoren höchstens in voller Uniform in ihren Conferenzen zur Abmachung von Geschäften zusammenkommen. Die naturforschende Gesellschaft in Moskau macht die einzige mir bekannte Ausnahme davon. Ja man könnte in gewisser Hinsicht sogar behaupten, daß in Dorpat mehr Gesellschaften zu Zwecken der Bildung üblich seien als auf deutschen Universitäten, was dem Orte theils zum Lobe, theils zum Tadel gereicht. Die

Professoren leben dort in weit freundlicheren und friedlicheren collegialischen Verhältnissen, wodurch denn eben solche Verbindungen wie jener Professoren-Abend - etwas Aehnliches, glaube ich, existirt auf keiner deutschen Universität - hervorgerufen werden. Dieser Frieden ist nun recht hübsch, doch ist nicht blos Friedensliebe, sondern auch der Mangel an wissenschaftlicher Reibung und kritischer Energie die Ursache davon. Auf deutschen Universitäten ist immer das Schwert heraus, und wenn der eine College mit dem anderen über wissenschaftliche Puncte nicht einig ist, so verdirbt dieß gewöhnlich auch ihre sonstigen freundschaftlichen Verhältnisse. In Dorpat hängt man die Waffen der Kritik, welche Unfrieden in die Gemeinde bringen, an die Wand, läßt fünf gerade sein und vor allen Dingen über allzu heftige Dispute - die Suppe nicht kalt werden.

Jener deutsche Geist, der auf der Dorpater Universität herrscht, macht es denn auch, daß sie in ganz Rußland einer ungemeinen Achtung genießt. Wenn Einer in Dorpat sein Examen gemacht hat, so ist gar kein Zweifel mehr, daß er ein grundgelehrter Mensch sei, - und ein Dorpater Professor ist ein Ausbund alles Wissens…

Die Professoren stehen sich in Dorpat außerordentlich gut, sind doppelt so hoch besoldet als die unsrigen und haben nur halb so viel zu thun… Man kann unter ihnen leicht verschiedene Coterieen [667] erkennen, unter denen sich insbesondere die sogenannte sächsische oder ausländische und die inländische oder die der geborenen Livländer bemerklich machen, jene durch ihre größere Gelehrsamkeit und diese durch ihre Anspruchslosigkeit und angenehme Geselligkeit.

Diese angenehme Geselligkeit aber, dieß freundliche, gefällige und heitere Thee-, Diner-, Ball- und Conversations-Leben, das in Dorpat, wie überhaupt in den ganzen Ostseeprovinzen, Alles in seinem lieblichen Strome mit fortreißt, ist eben hauptsächlich daran schuld, daß die literarische, d. h. die bücherschreibende literarische Thätigkeit, so außerordentlich unbedeutend ist…

Die Sammlungen der Universität sind in keiner Hinsicht sehr beträchtlich. Die Bibliothek hat etwa 30,000 Bände, das zoologische und das mineralogische Cabinet sind sehr unbedeutend, doch sind beide sehr hübsch geordnet…

Von allen Sammlungen der Universität ist die der Pflanzen, der botanische Garten, die bedeutendste und vollständigste. Sie soll nicht weniger als 15,000 lebendige Gewächse enthalten, unter denen sich viele finden, die man in anderen botanischen

---

[667] Zirkel, Kreise.

Gärten Europas nicht sieht. Der Buchhändler giebt es jetzt drei in Dorpat, freilich wenig genug... es wird den Studenten immer leichter, sich mit Büchern zu versehen, und die drei dortigen Buchladen Lassen in Bezug auf Eleganz u.s.w. in der That nichts zu wünschen übrig..." [668]

※

Vorschriften

Vom Studentenleben in Dorpat haben viele Ehemalige in ihren Erinnerungen erzählt, der „Dörptsche Student" ist eine herausragende Gestalt und die studentische „Freiheit" ein Topos der deutschbaltischen Memoirenliteratur. Weniger bekannt ist demgegenüber, daß und wie das Studentenleben in Dorpat reglementiert war. Auskunft darüber geben die „Vorschriften für die Studirenden der Kaiserlichen Universität zu Dorpat", [669] die in gedruckter Form jedem Studienbeginner zur Kenntnis gebracht wurden. Der Blick auf manche der insgesamt 154 Paragraphen mag helfen, sich eine Vorstellung davon zu machen.

Vor der Einschreibung war eine Aufnahmeprüfung zu bestehen. „§ 8. Die... Aufnahme bei der Universität gewährt den Studirenden folgende Vortheile: a) den Schutz der Universität während der ganzen Zeit des Studiums auf derselben; b) das Tragen der verordneten Uniform; c) den Gerichtsstand bei der Universität; d) den Besuch der Universitätsvorlesungen und die Benutzung der zum Unterricht bestimmten Sammlungen und Institute; e) die Bewerbung um Preise für Beantwortung der von der Universität aufgestellten Preisfragen; f) nach erfolgreicher Beendigung des vollen Cursus das Recht des Eintritts in den Staatsdienst mit den festgesetzten Vorzügen; g) die Erlangung gelehrter Würden."

Die „zum Besten der Professoren oder Docenten" (§ 22) entrichteten Gebühren betrugen pro Semester fünf bis fünfzehn Rubel für zwei bis fünf- oder mehrstündige Vorlesungen. Die Lectoren setzten ihre Gebühren selbst fest. Gemeinschaftliche Privatstunden in Sprachen und Zeichnen kosteten für Studenten als Dreiergruppe drei Rubel. „§ 25. Diejenigen, welche das Schwimmen erlernen, zahlen dem Lehrer dieser Kunst für täglichen Unterricht im Laufe eines Vierteljahres zehn Rubel, oder für jede Stunde fünfzig Kopeken. § 26. Wenn vier Studirende täglich eine Stunde

---

[668] Kohl, J.G.: Die deutsch-russischen Ostseeprovinzen, Dresden 1841, I, 256 ff.
[669] Vorschriften für die Studirenden der Kaiserlichen Universität zu Dorpat, Dorpat 1838.

Privatunterricht im Tanzen nehmen, so zahlen sie zusammen sechszig Rubel für den Monat, die Kosten für die Musik mit eingerechnet. § 27. Der Fechtmeister ist verbunden, in seiner Wohnung einen besonderen Fechtboden mit dem erforderlichen Zubehör zu errichten. Nur auf diesem Fechtboden dürfen die Studirenden sich im Fechten üben. Jeder, der an dem Unterricht in dieser Kunst Theil nimmt, zahlt dem Lehrer zehn Rubel halbjährlich."

Gleichfalls geregelt waren die Möglichkeiten der Freizeitgestaltung. „§ 60. Es wird den Studirenden verboten, geheime Zusammenkünfte und Vereine, welcher Art sie auch seien, zu bilden. - Die Stifter derselben werden dem Criminalgerichte übergeben." Vereine mit wissenschaftlichen Zwecken sind mit ihren Statuten vom Rektor zu genehmigen und von zuständigen Professoren zu beaufsichtigen.

Des Weiteren gab es an der Universität Dorpat eine „Academische Musse" genannte Gesellschaft. Sie hatte zum Zweck „eine anständige und nicht kostbare Erheiterung nicht nur vermittelst der gewöhnlichen geselligen Vergnügungen, sondern auch durch Beschäftigungen im Fache der Literatur und der Kunst zu gewähren, und durch diese Vereinigung des Angenehmen mit dem Nützlichen den Vergnügungen einen höheren Werth zu verleihen, und das Streben nach Ausbildung zu fördern." (§ 63) Hier „können die Studirenden sich auch mit kleinen dramatischen Vorstellungen beschäftigen, jedoch mit der Beschränkung: 1) dass die Auswahl der Stücke in Beziehung auf ihren sittlichen Inhalt, und überhaupt die Aufsicht über Beobachtung des erforderlichen Anstandes bei den Vorstellungen der unmittelbaren Verantwortung des Rectors und der die Direction der Musse bildenden Personen anheim falle, und 2) dass diese Vorstellungen nicht öfter als 8 Mal im ganzen Winter, und ohne Theilnahme des weiblichen Geschlechts an denselben, gestattet werden." (§ 64)

Der Botanische Garten konnte außer an Sonn- und Feiertagen von 3 bis 9 Uhr Abends besucht werden. Ferien waren vom 20. Dezember bis 12. Januar und vom 10. Juni bis 22. Juli. Mit einem vom Rector ausgefertigten Pass durfte der Student für diese Zeiten Dorpat verlassen.

Auch für die finanziellen Angelegenheiten der Studenten gab es Vorschriften. Die Studierenden durften ihre Ausgaben nur bis zu bestimmten Höchstbeträgen anschreiben lassen: Für Mittags- und Abendtisch 50 Rbl.; dem Bäcker 20; für Wohnung mit Heizung, Möbeln und Bette 50; der Wäscherin und für Aufwartung 10; für Stiefel und Schuhe 15; dem Schneider 25, zusammen 170 Rbl. Beglich der Student seine

Schulden nicht vereinbarungsgemäß, wurde er aus dem Studentenverzeichnis gestrichen und die Polizei mit der Angelegenheit befaßt. Wer einem Studenten Geld gegen ein Pfand lieh, mußte dieses ersatzlos zurückgeben und wurde bestraft. „§ 76. Ein Studirender, der, ohne die äusserste Noth, mehr borgt, als er im Laufe eines Jahres bezahlen kann, wird für einen Verschwender erklärt; ein solcher wird, auf den Wunsch seiner Eltern oder Vormünder, und, wenn solche nicht vorhanden, auf Verfügung des Universitätsgerichts, unter Curatel gestellt." [670]

Die Studenten konnten für bestimmte Vergehen ohne die außeruniversitäre Gerichtsbarkeit direkt von der Universität belangt werden: „§ 79. Die Universitätsstrafen sind: 1) Verweis vom Rector; 2) Carcerhaft [671] bis drei Tage; 3) Verweis vom Universitätsgericht; 4) Carcerhaft von mehr als drei Tagen; 5) Ausschliessung aus der Liste der Studirenden; 6) Consilium abeundi; [672] 7) Relegation." [673] „§ 81. Die Carcerhaft hat drei Grade, nämlich: a) Haft mit der Erlaubniss, sich der gewöhnlichen Speisen zu bedienen; b) Haft bei Wasser und Brod; und c) Haft während der Ferien. In jedem Falle muss der Schuldige in völliger Einsamkeit sich befinden."

Bemerkenswert ist die Regelung „§ 93. Ein in trunkenem Muthe verübtes Vergehen vermindert nicht nur nicht die Verantwortlichkeit, sondern unterwirft den Schuldigen einer noch grössern Strafe."

Streichung aus dem Verzeichnis der Studierenden erfolgte, wenn ausstehende Schulden nicht fristgemäß beglichen wurden. Strenge Strafe drohte bei Lügen vor dem Rektor, Beleidigung von Privatpersonen, insbesondere auch von Frauen, Sachbeschädigungen, zudringlichem Verhalten bei privaten oder öffentlichen Feierlichkeiten, Nichtbefolgung von Amtsanordnungen des Universitätspersonals. „Carcerhaft" gab es auch, wenn ein Student nach 11 Uhr Abends auf der Straße in einen Vorfall verwickelt war, gleich ob mitschuldig oder nicht, der zu einer gerichtlichen Untersuchung führte.

Zu Consilium abeundi oder Relegation führten Störung des Gottesdienstes, Beleidigung der Gottesdienstbesucher, Beleidigung von Amtspersonen und Militär,

---

[670] Entmündigung.
[671] Karzer hieß der Haftraum der Universität.
[672] Rat zum Weggehen, d.h. Aufforderung, die Universität zu verlassen.
[673] Ausschluß aus der Universität, üblicherweise mit der Folge, auch an keiner anderen Universität aufgenommen zu werden.

Einwerfen von Fenstern, „nachtheiliger Gebrauch starker Getränke" (§104), „die öffentliche Ruhe störende Unziemlichkeiten" (§ 105), Verbreiten von Schriften unerlaubten oder sittenwidrigen Inhalts, „Hazardspiele" (§ 108), unerlaubter Umgang „mit einem Frauenzimmer" (§ 109), „erwiesene Verführung eines unverheiratheten Frauenimmers" (§ 110), Gewalttätigkeit außer Notwehr, insbesondere Zweikämpfe, Versammlungen zum Zweck der Nötigung, wiederholtes Auftreten in der Öffentlichkeit anders „als in der... formmässigen Kleidung" (§ 119), Vortäuschung von eigener Leistung bei eingereichter Abhandlung.

Manche dieser Delikte wurden zudem der außeruniversitären Strafverfolgung übergeben. Insgesamt ist erkennbar, welche unerwünschten Begleiterscheinungen des studentischen Treibens auf der Universität und in der Stadt Dorpat möglichst ausgeschlossen werden sollten.

Abschließend regelten die „Vorschriften für die Studirenden" auch die Voraussetzungen zum ordentlichen Studienabschluß:

„§ 144. Denjenigen, die den vollen vierjährigen Cursus in der Theologischen, Juristischen und Philosophischen Facultät beendigt haben, ist es erlaubt, sich einer allgemeinen Prüfung zu unterwerfen, welche sich auf alle Gegenstände des durchlaufenen Cursus erstreckt, und mit deren rühmlicher Vollendung der Titel eines wirklichen (graduirten) Studenten und das Recht zur Erlangung der zwölften Rangclasse beim Eintritt in den Civildienst verbunden ist."

„§ 146. Die gelehrten Grade, um welche der Wirkliche (graduirte) Student, nach Ueberstehung einer besonderen strengen Prüfung, sich bewerben kann, sind für die drei oberwähnten Facultäten: 1) der Candidatengrad, welcher das Recht zur Erlangung der zehnten Rangclasse, beim Eintritt in den Civildienst, verleiht. 2) der Magistergrad, welcher, nach derselben Grundlage, ein Recht auf die neunte Classe ertheilt; und 3) der Doctorgrad, mit der Berechtigung zur achten Classe nach derselben Grundlage."

„§ 147. Zur Erlangung eines gelehrten Grades ist, ausser Ueberstehung einer strengen Prüfung in den bestimmten Facultätsfächern auch Kenntniss der Russischen Sprache erforderlich, ohne dieselbe kann kein Studirender der Universität zu Dorpat eine gelehrte Würde erlangen." [674]

Die gewöhnliche Studiendauer war auf vier Jahre angesetzt. Das Verlassen der Universität setzte voraus, dieses 6 Wochen zuvor dem Rektor mitzuteilen. Es wurde

---

[674] Vorschriften für die Studirenden der Kaiserlichen Universität zu Dorpat, Dorpat 1838.

sodann in der Zeitung angekündigt. Ergab sich, daß der Student alle ausstehenden Schulden und sonstige Verpflichtungen geregelt hatte, erhielt er ein Zeugnis über sein Studium und den Abschluß.

※

Diplomatik und Statistik

Was dazu führte, daß Friedrich Eugen, statt in St. Petersburg zum Studium zu bleiben, nach Dorpat ging, ist nicht überliefert. Wohl hatte die Universität Dorpat ihren guten Ruf, doch das Hochschulwesen in der Residenzstadt hätte gleichfalls seine Möglichkeiten geboten, insbesondere auch einem Senatorensohn. Ein wesentlicher Unterschied war indes, wie schon gesagt, die Bedeutung der Sprachen. Zwar mußte in Dorpat zum erfolgreichen Studienabschluß auch eine Prüfung in russischer Sprache abgelegt werden, doch ansonsten wurde durchgehend in deutscher Sprache unterrichtet.

Einer Studentenverbindung war Friedrich Eugen nicht beigetreten, im „Album Curonorum" [675] und anderen Verzeichnissen ist sein Name nicht zu finden. Angesichts der politischen Verhältnisse und insbesondere der Haltung des Zaren zum Universitätswesen wird dies den Erwartungen an den Sohn eines Senators nicht entsprochen haben.

Die Universität Dorpat hatte vier Fakultäten, die theologische, die juristische, die medizinische und die philosophische Fakultät. Als Friedrich Eugen zum Zweiten Semester 1836 sein Studium begann, gab es in Dorpat insgesamt 574 Studienanfänger, davon 48 Theologen, 57 Juristen, 261 Mediziner und 181 Hörer an der philosophischen Fakultät. Mit 189 kamen die meisten aus Livland, aus Estland 81, aus Kurland 111 und 153 wie Friedrich Eugen aus anderen Gouvernements Russlands. Ausländer waren 13 neu eingeschrieben. [676]

Welche Kenntnisse Friedrich Eugen konkret während seiner Studienjahre in Dorpat erlangte, ist schwer nachvollziehbar. Er studierte Diplomatik und Statistik. „Diplomatik" oder Urkundenlehre gilt heutzutage als Hilfswissenschaft der Geschichte und ist unverändert wie seinerzeit „die Wissenschaft, welche geschichtliche <u>Urkunden</u>

---

[675] Bernewitz, A.: Album Curonorum. Mitgliederverzeichnis der Curonia 1808-1885, Mitau 1885.
[676] Das zweite Jubelfest der kaiserlichen Universität Dorpat, Dorpat 1853, 90.

verstehen, benutzen und die Echtheit derselben beurtheilen lehrt… Dazu erforderlich sind: vertraute Bekanntschaft mit den zu verschiedenen Zeiten üblichen Schriftarten, Abkürzungen und Schreibmaterial, mit den Namenszügen, Siegeln, Unterschriften hochgestellter Personen, mit der im Laufe der Jahrhunderte wechselnden Ausdrucksweise, den Titeln, den Anfangs- und Schlußformeln und vielen andern Dingen, welche die innern und äußern Kennzeichen der Echtheit der Urkunden ausmachen.“ [677]

In der Rückschau auf die Universität Dorpat war dieses Fach jedoch kaum von Bedeutung. Über die Diplomatik wird nur angemerkt, daß erst Carl Schirren, seit 1858 Professor der statistischen und geographischen Wissenschaften, Interesse daran bewirkte durch seine „mit praktischen Uebungen verbundene Vorträge über Paläographie und Diplomatik, die ersten dieser Art an hiesiger Universität…“ [678] Das war lange nach Friedrich Eugens Studienzeit.

Unter „Statistik“ verstand man in der ersten Hälfte des 19. Jahrhundert „die Lehre von dem gegenwärtigen Zustande der Staaten in Bezug auf Politik und Nationalökonomie, von der Zahl und der Bewegung der Bevölkerung, von der Verfassung, Verwaltung, Gerichtswesen, geistiger Kultur, Handel und Gewerbe, bewaffneter Macht, finanziellen Kräften. Sie… besteht in einer geordneten Darstellung von Thatsachen u. Zahlenverhältnissen. Die wissenschaftliche S. ist ziemlich neu…, aber in letzter Zeit in allen civilisirten Staaten durch Regierungen u. Gelehrte wetteifernd gefördert worden.“ [679]

Das Fach Statistik befand sich überhaupt erst in den Anfängen. Es war in Dorpat der Philosophischen Fakultät zugeordnet und erscheint in den 1830er Jahren, von denen hier die Rede ist, als Anhängsel der Geographie. Erst viel später hat man „die Hingehörigkeit der Statistik zu den Staatswissenschaften“ in Betracht gezogen. [680]

Nachdem 1826 „C. L. Blum in die Professur der statistischen und geographischen Wissenschaften berufen wurde, konnte ein Umschwung in der Behandlung dieser Fächer schon darum nicht stattfinden, weil der Genannte sich mehr gewissen historischen Studien zuneigte. Blum hat in seinen Vorlesungen, welche namentlich in den Stadien der Einleitungen, Uebersichten und Fernsichten anziehend waren, sowie auch

---

[677] Brockhaus Bilder-Conversations-Lexikon, Band 1, Leipzig 1837, 571-572.
[678] Rückblick auf die Wirksamkeit der Universität Dorpat…1802-1865, Dorpat 1866, 107, 110.
[679] Herders Conversations-Lexikon. Freiburg im Breisgau 1857, Band 5, 313.
[680] Rückblick, 100.

durch den Vortrag allgemein bildender Gegenstände, wie z. B. über Göthe's Faust, eine nicht unwirksam gebliebene Lehrthätigkeit ausgeübt. Seine litterarischen Arbeiten vor seiner Berufung betrafen Rom's alte Geschichte; in der ersten Hälfte seines Dorpater Aufenthalts schrieb er eine Studie über Herodot und Ktesias als die frühesten Geschichtschreiber des Orients…" [681]

„Für das Studium der Statistik und Geographie sind seit 1830 im Album der Universität 20 Studirende inscribirt." [682] Im Durchschnitt entspricht das weniger als einem Studenten pro Jahr. Im Jahr 1842 verließen insgesamt 12 Studenten die philosopische Fakultät „nach Absolvierung einer Prüfung" mit „gelehrte(r) Würde und Grade zuerkannt" … Aus der Theologie waren es 12, Juristen 18 und Mediziner 46, [683] insgesamt 88 Absolventen. Allein diese Zahlen lassen die besondere Bedeutung eines Hochschulstudiums in jener Zeit und Gesellschaft erahnen.

Man kann annehmen, daß ein Studium der Diplomatik und Statistik geeignet war, auf den Staatsdienst vorzubereiten. Zudem stand dem erfolgreichen Universitäts-absolventen mit dem „Candidatengrad" die zehnte Rangklasse „beim Eintritt in den Civildienst" zu. [684]

1837 Gedenkfeiern

Im Jahr 1837 erinnerte man sich besonders des Krieges von 1812, der 25 Jahre zuvor mit dem französischen Angriff auf Russland begonnen und dem Einzug russischer Truppen 1814 in Paris geendet hatte. „Am 9ten May wurde bei Borodino der Grund zu dem Denkmale der dort gelieferten, ewig ruhmvollen Schlacht gelegt." [685] In St. Petersburg gab es, wie auch schon in früheren Jahren, am Jahresende 1836 in der Kapelle des Winter-Palais einen Gottesdienst „zum Dank für die Befreyung des russischen Gebietes von den feindlichen Heeren". „Nach dem Gottesdienst begaben Sich Ihre Kaiserl. Majestäten, unter dem Vortritte der Geistlichkeit, in die Gallerie der

---

[681] Rückblick auf die Wirksamkeit der Universität Dorpat…1802-1865, Dorpat 1866, 109.
[682] Rückblick, 110.
[683] Das zweite Jubelfest der Kaiserlichen Universität Dorpat, Dorpat 1853, (95)
[684] Vorschriften für die Studirenden der Kaiserlichen Universität zu Dorpat, Dorpat 1838, § 146.
[685] Provinzialblatt für Kur-, Liv- und Esthland 3.6.1837, 85; Mitauische Zeitung 5.6.1837, 265.

Militärporträts, wo alle Personen sich befanden, die an den Feldzügen von 1812 und 1814 Theil genommen hatten, und wo Gebete für die Kaiserliche Familie und die russischen Armeen, sowie für das Andenken des Hochseligen Kaisers Alexander des Ersten gehalten wurden." [686]

Über ein „Großes Hoffest" aus diesem Anlaß berichtete Karl. v. Schlözer: „Am ersten Weihnachtstag war große Gala bei Hofe. Es ist das Fest der Vertreibung der Franzosen aus dem Russischen Reiche im Jahre 1812.

Ein Militärfest, gewiß das prachtvollste und imposanteste, was man sich denken kann. Ich fuhr um elf Uhr zu Hofe und kam um zwei Uhr zurück.

Bediente führten mich heute nicht in die mir schon bekannten großen Säle, sondern in die Gemächer der Kaiserin, wo herrliche Sachen ausgestellt und zu sehen waren. Nämlich die Kunstlieferung der kaiserlichen Porzellan- und Glas-Fabrik, welche der Kaiser bestellt hatte, um damit Geschenke zu machen... alles zur Belustigung der heute am Hofe Erscheinenden.

Ich traf hier den Fürsten Wolchonski Sohn und den Fürsten Serge Gagarin. Wir dachten noch rechtzeitig zur Messe zu kommen, allein es war zu spät; sie hatte schon angefangen, und es war nicht mehr in die Kirche zu gelangen. Ich durfte das nicht bedauern, denn nun hatte ich Zeit und Muße, die in dem alten Thronsaale, in der Galerie und in dem Georgen-Saale aufgestellten Detachements aus allen Garde-Regimentern, zusammen etwa siebenhundert Mann, zu bewundern. Das ist der prachtvollste Anblick, den man haben kann! In der Galerie standen die Schloßgrenadiere, im alten Thronsaale die Fußgarde, und im Georgen-Saale rechts die Chevalier-Gardes. Vor jedem Regiment stehen die Fahne und der Chef. In der Mitte der beiden Säle las die Geistlichkeit Messe, es wurde mit Weihrauch geräuchert und der Sängerchor sang. In früheren Jahren wählte man zu dieser Feierlichkeit nur Soldaten, welche mit der Medaille von 1812 geziert waren; aber deren gibts nur noch sehr wenige und so nimmt man heute solche, die den türkischen und polnischen Feldzug mitmachten. Hauptsächlich sieht man dabei auf die schönste Mannschaft; aus einem Regiment wie die Chevalier-Gardes, welche nicht so ins Feuer gebracht wurden, wie andere Garden, wo

---

[686] Mitauische Zeitung 9.1.1837, 13.

folglich jene Medaillen nicht häufig sind, sucht man nur die größten und schönsten Leute zu diesem Fest aus." [687]

Bei solchen Feierlichkeiten wird auch Jeannots Vetter August gewesen sein, der zu den Teilnehmern an den Feldzügen gehört hatte, und seit 1834 in St. Petersburg lebte. Von vergleichbaren Gedenkveranstaltungen in Mitau scheint es keine Berichte zu geben. [688] Mehrfach wurde aber die Öffentlichkeit darauf aufmerksam gemacht, daß nun auch deutsche Übersetzungen von russischen Werken über die Kriegsjahre zu haben sind:

„Unter den vorzüglichsten Werken der neuesten Russischen Literatur, zeichnen sich die gefeierten „Denkwürdigkeiten aus den Feldzügen von 1813, 14 und 15", von dem Herrn Generallieutenant M.M. v. Danilewsky am anerkanntesten aus… Das dankbare Vaterland sieht auch der Schilderung des großen Kampfes und weltbefreienden Sieges der Russen im Jahre 1812, von demselben Verfasser, mit Sehnsucht entgegen, die in 5 Bänden erscheinen wird. Der Feldzug von 1813 ist bereits… in Deutsche übertragen, wird in Leipzig unter dem Titel: „Denkwürdigkeiten aus dem Feldzuge von 1813" sehr bald die Presse verlassen…" [689]

Man kann sich vorstellen, daß in Grafenthal über den Krieg von 1812 besonders in diesem Jahr wie auch bei anderen Gelegenheiten gesprochen wurde. Jeannot konnte viel erzählen, nicht nur von bunten Uniformen, sondern auch Schmutz und Kälte, von Elend und Tod. Und auch die Grafenthalschen Leute hatten Erinnerungen an den Franzosenkrieg. Zwei der zurückgelassenen Kanonen waren unübersehbar vor dem Gutshaus aufgestellt.

Überschwemmung

Das Jahr 1837 bescherte Jeannot und Caroline ihr elftes Kind, geboren am „Achten Januar um 10 Uhr Morgens (getauft) Sechs und zwanzigsten Februar Johann Robert Carl Sohn des

[687] Dieses Fest fand 1835 statt (Rothe, H. (Hg.): Petersburger Briefe… von Schlözer, München 1997, 14 f.).

[688] Auch Karl-Otto Schlau wußte nichts darüber zu berichten, vgl. Mitau im 19. Jahrhundert, Wedemark-Elze 1995, 303 ff.

[689] Provinzialblatt für Cur-, Liv- und Ehstland 4.3.1837 Literärischer Begleiter, auch 18.3.1837, 13.5.1837, 26.5.1837. Allgemeines kurländisches Amts- und Intelligenzblatt 6.4.1837, 8.7.1837, 13.11.1837.

Herrn Capitain Johan von Denffer zu Grafenthal und dessen Frau Gemahlin Caroline von Denffer geborne von (sic!) Kummerau Eltern Lutherisch Pathen Herr Rath Willong nebst Frau Gemahlin aus Bersebek, Demoiselle Emilie Kummerau aus Mitau, getauft im Hofe Grafenthal von Pastor Conradi zu Mesothen." [690]

Willong aus Bersebek ist Carl v. Villon, seine Gemahlin Wilhelmine geb. Kummerau die jüngste Schwester von Caroline, Emilie wohl die zweitjüngste Schwester.

In Petersburg starb Puschkin am 29. Jan./10. Febr. 1837 bei einem Pistolenduell. In Kurland führte die Schneeschmelze im Frühjahr zu außergewöhnlich hohen Wasserständen der Flüsse mit schlimmen Überflutungen.

„Der Winter äuszerte sich hinsichtlich seiner strenge seit den 15 Januar in voller kraft. Die Winterbahn sehr schön. Die kälte 20 ° und vielleicht etwas auch drüber. Höher stieg die kälte auch nicht, daher ein auszerordentlich schöner Winter. Gegen das frühjahr fiel jedoch eine solche menge schnee, dasz durch das plötzliche schmelzen deszelben, vereint mit dem schnellen aufgehen des äuszerst dicken eises in den gewäszern, eine überschwemmung im gantzen lande erfolgte, wie es seit menschen gedenken nicht der fall gewesen war." [691]

„Ein günstiger winter, von seltener Beständigkeit, nur einige male 16-17 ° kälte, mehrentheils nur 10-12 ° und dennoch kein thauwetter, also eine ununterbrochene schlittenbahn…So hatte der winter, öfters bei einem Stande des thermometers nur von 1-2 ° bis zum 26-sten maerz beständig angehalten, als sich in der nacht auf den 27 sten maerz ein fürchterlicher sturm aus nord-ost-nord mit schneegestöber erhob. Dieser sturm hielt den 27-sten u. 28-sten mit gleicher heftigkeit an. Die Luft war ganz durch schnee verfinstert u. es trieb eine solche menge schnee herunter, als die ältesten Leute sich nicht erinnern konnten um diese Jahreszeit gesehen zu haben…

Am 29-sten hatte sich die Luft beruhiget u. nun ward es von tage zu tage gelinder. Vom 2-ten april an fing der schnee allmälig an zu schmeltzen, am 3-ten april war das thauwetter mit feinem regen verbunden. Ob nun gleich der winter nur allmälig abging, so muszten doch nothwendig durch die ungewöhnlich grosze masze schnee, auch ungewöhnlich grosze wasserfluthen entstehen; durch diese ward besonders das in einer, von mehrern flüssen durchschnittenen, niedrigen gegend gelegene Mitau heimgesucht. Am 4-ten april nachmittags (heiszt, der Bericht in der Mit. Zeit.) begann das eis in der Drixe sich zu heben, am 5-ten

---

[690] KB Mesothen Taufen 1837, Nr. 48.
[691] Sloka, L. J.: Kurzemes draudžu chronikas, Riga 1928, I, 66 (Barbern).

ging es in diesem flusse, sowohl wie in der Aa, in vollem gange, wobei das waszer fortwährend stieg und die heftigkeit des eisganges die sogenannte „grüne brücke" in die gröszte gefahr brachte: doch wiederstand sie glücklich dem strome, obgleich 3 der sie schützenden 5 eisböcke u. ein theil des pfahlwerkes der brücke fortgerissen wurden. In der nacht drang das wasser über das bollwerk längs der Bachstrasze u. durch alle thore in die stadt hinein. Bis zum 8-ten morgens stieg es fortwährend. Auch in die St. Trinitatiskirche war trotz der gegenvorkehrungen das wasser eingedrungen, weshalb Dom: Palm: [692] der deutsche Gottesdienst in der lettischen kirche abgehalten werden muszte. Am Grünen Donnerstage aber war die Trinit. kirche der deutschen gemeinde wieder zugänglich. Gegen 1000 obdachlose Individuen muszten in der Stadt unterkommen u. während 8 tagen zum gröszten theil auch beköstigung erhalten. Die aus dem stadärar [693] verabfolgten lebensmittel haben sich allein an brod [694] täglich auf mehr als 4000 pf. belaufen; hierzu haben auch andere nahrungsmittel, holz, stroh zu lagerstätten u.s.w. beschafft werden müssen. So weit die nachrichten gehen, ist indessen kein mensch in dieser groszen überschwemmung verunglückt." [695]

„Mitau, eine ganz offene Stadt auf einer von vielen kleinen Gewässern durchschnittenen Ebene, hat von der Ueberschwemmung sehr viel gelitten. Am Abende des 5ten April setzte sich das Eis der kleinen Flüsse in Bewegung. Das bis zum 8ten früh fortwährend steigende Wasser drang von allen Seiten in die Stadt, und stand in den niedern Gegenden im untern Stocke 2 Fuß hoch. In den Umgebungen der Stadt sah man großentheils nur Dächer hervorstehn, und auf einem Umkreise von 8 bis 9 Werst war nur mit Böten noch eine Communication möglich… Mehr als tausend Nothleidende wurden in die höhern Theile der Stadt zusammengeführt, behaust und beköstigt. Dieser Sorgfalt verdankt man es, daß kein Mensch umkam; aber der Schaden… ist außerordentlich groß… viel Vieh ist ertrunken… Auch die überschwemmten Saaten möchten wohl großentheils verdorben seyn, und die leeren Aecker erst spät zu bestellen." [696] Auch das beiderseitig von Flüssen begrenzte Grafenthal wird von dieser Überschwemmung betroffen gewesen sein,

---

[692] Palmsonntag, der Sonntag vor Ostern.
[693] Stadtvermögen.
[694] Brot.
[695] Sloka L. J.: Kurzemes draudžu chronikas, Riga 1930, II, 168 f. (Hofzumberge).
[696] Provinzialblatt für Cur-, Liv- und Ehstland 22.4.1837, 33; Rigasche Zeitung 17.4.1837; Beitrag zur Geschichte der Ueberschwemmung der Stadt Mitau im Jahre 1837 in: Mitauischer Kalender 1838, Mitau 1837.

obgleich das Wasser der Aa vielleicht den einige Meter über dem Flußbett liegenden Gutshof nicht erreicht hat.

※

Bad Ems und Schwalbach

Eugens Frau Charlotte hielt sich zur Zeit der Hochwasserkatastrophe nicht in Mitau auf, sondern für längere Zeit in Deutschland. Vermutlich war sie von ihrer Auslandsreise im Sommer 1836 noch nicht nach Kurland zurückgekommen. Eugen stand seit dem Vorjahr nicht mehr im Dienst, lebte aber wohl noch in Riga oder vielleicht schon in Talsen, die nun 15jährige Tochter Cornelie bei ihrer Tante in Bersebeck. Der zehnjährige Sohn August befand sich zur Schulbildung im Pastorat Wahnen. Am 24. Febr. 1837 traf Charlotte in Mannheim ein, füllte dort ein Anmeldeblatt aus und machte folgende Angaben: „Frau Charlotte von Denffer, Stand oder Gewerbe: von Adel, Heimaths-Ort: Mitau Letzten Wohnort: Wiesbaden mitgebrachte Dienstboten: Kammermädchen Caroline Feldmann aus Curland, Ob er von seinen Renten lebe, oder ob er sich mit einem Geschäfte und mit welchem zu ernähren gedenke? Von meiner Competenz Name des Vermithers Leonhard Hausser Conditor D - No.14 Ankunft 24. Febr 1837 Dauer Aufenthalt unbestimmt... ist 1. Juny 1837 von hier abgereist." [697] Weshalb sie gerade nach Mannheim kam und dort über drei Monate verbrachte, ist nicht bekannt. Man könnte an eine längere medizinische Behandlung denken, denn ihr anschließender nächster Aufenthalt war in Bad Ems „4. Juni bis 15. Juli Im weissen Ross Fr. v. Denfer m. Bed. a. Mitau." [698]

Bad Ems und das nahegelegene Schwalbach mit ihren Thermalquellen und Mineralwässern waren damals zu derart beliebten Kurorten geworden, daß dort während der Saison zweimal wöchentlich eine gedruckte „Liste der Kurgäste und Durchreisenden zu Ems, Schwalbach, Schlangenbad und Weilbach" erschien. Aus diesen Verzeichnissen konnte man entnehmen, wer von wo angereist und in welchem Hotel anzutreffen war, was nicht zuletzt die Kontaktaufnahme der Fremden untereinander

---

[697] Mannheim Stadtarchiv, Familienbögen 1760-1900.
[698] 5. Liste der Kurgäste und Durchreisenden zu Ems, Schwalbach... 4.-6.6. 1837,16; 6. Liste 7.-10.6. 1837,20; 7. Liste 11.-13.6. 1837,25; 8. Liste 14.-17.6. 1837,31; 9. Liste 18.-20.6. 1837,38; 10. Liste 21.-24.6. 1837,44; 11. Liste 25.-27.6. 1837,53; 12. Liste 28.6.-1.7. 1837,62; 13. Liste 2.-4.7. 1837,72; 14. Liste 5.-8.7. 1837,85; 15. Liste 9.-11.7. 1837,99; 16. Liste 12.-15.7. 1837, 114.

erleichterte. Ausländer kamen vor allem aus Frankreich, England und immer wieder auch aus Russland, von dort zunehmend in der zweiten Hälfte des 19. Jahrhunderts, bis hin zum Zarewitsch oder dem Schriftsteller Dostojewski.

„Ems, scheidet sich in die Orte Dorf- und Bad-Ems, welche indeß durch die vielen Neubauten des letzten jetzt unmittelbar zusammenhängen und eine Häuser-Reihe von 25 Minuten Länge bilden. Als Flecken haben sie 2300 Einwohner. Die Zahl der Bad- und Gasthäuser, wie derjenigen Häuser, in denen man nur Bäder und Wohnung, dagegen keine Beköstigung findet und solcher, wo es sich umgekehrt verhält, oder die nur möblirte Wohnungen bieten, ist sehr groß. Die sogenannten herrschaftlichen (herzoglichen) Gebäude zeichnen sich weniger durch äußere Schönheit, als durch Größe und bequeme Einrichtung aus. Der Kursaal ist nicht besonders groß, im Innern sehr bunt, mit Stukatur-Arbeiten und Vergoldungen überladen und mit einer rings umlaufenden Emporbühne versehen. Roulette und Trente-et-quarante [699] spielen leider auch hier die Hauptrolle. Nächstdem werden in diesem Lokal Bälle und Konzerte gegeben; benachbarte Säle dienen zu einer wohl eingerichteten aber theuern Speise- und Kaffe-Wirthschaft. Von dem Schaudichum hinter dem Darmstädter Hof, wohin man in 10 Minuten gelangt, hat man eine hübsche Uebersicht der Umgegend." [700]

Am Ende des Sommers kehrte Charlotte nach Kurland zurück: „1837 im September in Mitau angekommene Fremde… den 3ten September… Fr. v. Dempfer vom Auslande, log. b. Wittwe Gallner." [701] Eugen kam im Herbst nach Mitau zu Besuch: „1837 In Mitau angekommene Fremde. Den 12ten Oktober… Hr. Major v. Denffer, auss. Dienst, aus Talsen, log. b. Archivar Funk." [702]

Auch Augusts Frau Caroline reiste Mitte August 1837 erneut für längere Zeit nach Deutschland: „1837, August Abreisende ins Ausland… Die Gemahlin des Geheimrathes Denfer, Karoline Fedorowna, mit ihren Kindern Theophila, Alexandra, Anna und

---

[699] Glücksspiel mit Karten.
[700] Lange, L.: Der Rhein und die Rheinlande von Mainz bis Köln, Darmstadt 1847, 179.
[701] Mitauische Zeitung 7.9.1837.
[702] Mitauische Zeitung 14.10.1837, 492. Ein Archivar Funke ist ohne nähere Angaben 1848 genannt bei Schlau, K.O.: Mitau im 19. Jahrhundert, Wedemark-Elze 1995, 250.

Wladimir; mit ihnen die Erbmagd Tatjana Alexandrowa; zu erfr. im 1. Quartal des Liteinaja-Stadttheils, im eigenen Hause unter Nr. 9." [703]

Auffällig ist der Hinweis „mit ihnen die Erbmagd Tatjana Alexandrowa". Demnach beschäftigte Caroline eine Leibeigene, denn anders als in Kurland war die Leibeigenschaft in Russland noch nicht abgeschafft und die Bestimmung vom 2. Jan. 1841 „Adelige ohne Erbgut verlieren das Recht, Leibeigene käuflich zu erwerben" [704] noch nicht in Kraft.

Für die Reise konnte die Familie wiederum die „Dampf-Packetfahrt zwischen St. Petersburg und Lübeck" nutzen, besonders für die Kinder ein Erlebnis: „ - Die Fahrt der drei privilegirten schönen und großen Dampfschiffe: Alexandra, Capt. J.E.Diets, Nicolai I., Capt. N.W. Stahl und Naslednik, Capt. G.B. Boß, beginnt in diesem Jahre am Sonnabend den 13. Mai n.S. [705] von St. Petersburg. Jeden Sonnabend geht ein Schiff von jedem der beiden Plätze ab; zuletzt am 28. October von Lübeck und am 4. November n.S. von St. Petersburg. Die Preise der Passage und die Fracht für Contanten und Güter sind die nämlichen, wie im vorigen Jahre. Die Ein- und Ausschiffung geschieht in Cronstadt und Travemünde, die Abfahrt von Travemünde findet um 3 Uhr Nachmittags statt. Anmeldungen geschehen in Lübeck im Comptoir der Dampfschifffahrtsgesellschaft." [706]

Für das Petersburger Grundstück wurde in diesem Jahr ein Veräußerungsverbot verfügt, wie es insbesondere im Fall von Hypotheken oder auch ungeklärten Besitz- und Teilungsansprüchen erfolgte. Solche Verfügungen wurden in den Senatsmitteilungen bekannt gemacht: „Denfer Awgust Uljanow. Sen. Ob. 1837 - No. 18,695." [707]

---

[703] Intelligenzblatt der St. Petersburgischen Zeitung 12.8.1837,501;14.8.1837,510;17.8.1837, 516. In der ersten Meldung stand irrtümlich statt Alexandra „Alexander", wurde in der Folge berichtigt.

[704] Hösch, E., Grabmüller, H.J.: Daten der russischen Geschichte Von den Anfängen bis 1917, München 1981, 199; vgl. Intelligenzblatt der St. Petersburgischen Zeitung 12.8.1837, 501; 14.8.1837, 510; 17.8.1837, 516.

[705] Neuer Stil, d.h. nach dem heute üblichen Gregorianischen Kalender.

[706] Frankfurter Ober-Postamts-Zeitung 2.7.1837 (Beilage).

[707] Obschtschi alfawit familijam wladeltsew, imenija kotorich sostojat pod zapreschtscheniem s 1829 po 1841 god, Moskwa 1843, I, 992 (Allgemeines Alphabet von Familiennamen, deren Besitztümer sich unter Verbot (der Veräußerung) standen, von 1829 bis 1841). - Sen(atskije) Ob(jawlenije) Bekanntmachungen des Senats, in Sanktpeterburgija Senatskija Wedomosti (St. Peterburger Senatsanzeiger).

Vielleicht hatte August zur Finanzierung eines längeren Auslandsaufenthalts seiner Frau und Kinder oder zu anderen Zwecken ein Darlehen aufgenommen.

August selbst stand ein besonderer dienstlicher Auftrag bevor, er wurde der Untersuchung von Mißbräuchen im Gouvernement Saratow beauftragt. [708] Man war übereingekommen, daß seine Familie ihn in die 1500 Kilometer weit entfernte und wahrscheinlich wenig attraktive Gegend an der Wolga nicht begleitete, aber auch nicht in Petersburg verblieb. Von dort war „Abgereist: Am 23. December, der Senateur Denfer" [709] - ohne Ortsangabe. Vermutlich sollte der Zweck seiner Reise in Saratow nicht vorab unnötig bekannt werden.

Trübe Aussichten

Die Wetterverhältnisse in Kurland hatten die Landwirtschaft auch 1837 weiterhin nicht begünstigt: „In dem ganzen Sommer dieses jahres hatte die vegetation keinen gedeilichen fortgang. Im ersten frühjahre war der Boden von dem ungewöhnlich vielen schneewasser zu sehr durchweicht, konnte sich nur, spät etwas erwärmen u. gepflügt werden. Kaum war der Boden etwas getrocknet, so kamen in den letzten wochen des mai so häufige u. durchdringende regen, dasz die bereits aufgekommene gerste, wo das feld nur etwas vertieft war, 8-10 tage unter wasser stand, entweder ganz ausging oder doch zu qui[r]nen, [710] anfing, hie und da waren auch überschwemmungen entstanden... Als nun auch das wintergetreide zu schossen [711] anfing ward man mit kummer gewahr, dasz entweder der winter oder das so rauhe wetter anfangs april und die übermäszige näsze für roggen und weitzen muszte sehr ungünstig gewesen seyn, und dasz viele getreidepflanzen, oft ganze plätze, ausgegangen waren...

besonders die armen bauern hatten nun schon wieder die nahe aussicht auf ein mangeljahr, deren nun schon einige auf einander gefolgt sind, wo selten nur ein viertel der wirthe so viel an getraide erbauen konnten, um ihren hauptbedarf an brodsaat und futterkorn zu gewinnen u. ohne vorschüsse leben zu können.

---

[708] Russkij biografitscheskij slowar St. Peterburg 1905, VI, 249 f.; istorija prawitelstwujuschtschago senata, st. Peterburg 1911, IV, 506, 510. Revisionsakten im Russ. Hist. Staatsarchiv St. Petersburg F 1378.

[709] St. Petersburgische Zeitung 29.12.1837, 1296.

[710] quinen, d.h. kränkeln, siechen.

[711] rasch hochwachsen.

Die heuerndte war ebenfalls sehr spährlich ausgefallen, weniger als voriges jahr, obgleich auch dies nur einen mittelmäszigen ertrag gewährte. Als nun sowohl roggen, als auch gerste in ähren standen, wurden beide getraide-arten von demselben insect u. ganz auf dieselbe art wieder heimgesucht und abgebissen, wie es im jahre 1820 geschah... Nach aller wahrscheinlichkeit musz das ei dieses insects schon so in den jungen keim der getraidepflanze gelegt worden seyn, dasz dasselbe innerhalb ausgeheckt worden ist und bis zu seiner verpuppung gelebt hat. Da aber zu dieser verwandlung theils der raum im innern des halms mag zu beschränkt gewesen seyn, theils das thierchen in diesem zustande auch des safts der pflanze nicht mehr zu seiner nahrung bedurfte, so scheint es aus instinct den halm durchbiszen zu haben, damit seine verwandlung im freien, auswendig vom halme vor sich gehen könne. Es war dies aber eine wahre calamität (calamitas) in Beziehung auf die erndte und das feld sah ganz so aus, als ob sich eine hagelwolke über ihm entladen habe, so viele halme lagen mit ihren ähren an der erde...

Der roggen jedoch galt im herbste 20-25 cop. s. [712] mehr, fiel aber nach Neujahr von tage zu tage mehr, ein beweis des mangels an bestellungen vom auslande, von welchen, nach aller erfahrung, die preise auf den hiesigen märkten mehr abhängig sind, als von dem wegen oder miszwachs auf unsern feldern...

Dann ist es auch gar nicht zu verkennen, dasz seit einigen 40 jahren in dem handelsverkehr überhaupt und besonders auch im getraidehandel eine auffallende veränderung musz vorgegangen seyn. Spanien und Portugal seit der trennung von ihren ehemaligen amerikanischen ländern, Engelland seit dem kontinentalsystem Napoleons sind genöthigt worden mehr fleisz und kapitalien auf den ackerbau zu verwenden. Rechnet man hierzu die konkurrenz, mit welcher die getraidereichen amerikanischen provinzen und selbst zum theil schon länder Australiens an dem getraidehandel theil nehmen und sich dazu drängen... so läszt sich wohl mit einem hohen grade von wahrscheinlichkeit vorhersagen, dasz dem handel unserer Ostsee-provinzen ein noch gröszerer verfall, den einwohnern noch ungewohntere entbehrungen bevorstehen...

Im august war hie und da eine so anhaltende dürre eingetreten und der Boden war so zusammengebacken, dasz die brache entweder gar nicht hatte können zur rechten zeit aufgepflügt werden, oder in so groszen, harten schollen aufgebrochen war, dasz weder mit schweren walzen, noch mit eggen etwas ausgerichtet u. das land zur saat

---

[712] Kopeken Silber.

gehörig vorbereitet werden konnte, so dasz viele bauerfelder, schwerer Boden, noch zu Michaelis unbesäet standen, auch unbesäet bleiben muszten…

Auf einen gelinden herbst, mit sehr wenig regen, stellte sich vom 9-ten dec. an mit 10° kälte ein beständiger, anhaltender winter ein. Am ersten Weihnachtsfeiert. 20° kälte, aber kein eis auf dem fahrwege u. zu wenig schnee. So ging es fort, kein thau-wetter, aber zu wenig schnee, bis endlich in den letzten tagen des jan. eine tiefe schicht schnee herabfiel und eine schöne schlittenbahn überall machte…

Nachträglich noch die Bemerkung, dasz auch weder in den obst- noch auch gemü-segärten dies jahr die früchte gerathen waren…"[713]

※

Und wieder Johanniszeit

Trotz der insgesamt wenig erfreulichen Bilanz des ersten Halbjahres begab man sich in Kurland wie immer Mitte Juni zum Johanni-Termin nach Mitau.

„Mitau, den 16 Juni. Während der diesjährigen Neu-Johanniszeit ist unsere Stadt, wenn auch nichts weniger als mit Fremden überfüllt, wie es wohl in früheren Jahren während dieses Geschäftstermins öfter der Fall war, so doch im Ganzen recht lebhaft. In einer ganz ungewöhnlich großen Anzahl sind jedoch hier Gelegenheiten und Mittel zusammengetroffen, um die Gäste bestens zu vergnügen und allen Schwerbeladenen einen kleinen Theil ihrer Bürde abzunehmen. Darunter sind die bemerkenswerthesten: 1) Das Theater. Dasselbe wird besorgt von der aus einigen und dreißig Personen be-stehenden Schauspielergesellschaft des Hrn. W. von Schmidkow, „Director der Deut-schen Oper zu Wilna." Die meisten Vorstellungen werden ohne Tadel gegeben und sind gut besucht. 2) Drei Gesellschaften von Kunstreitern und gymnastischen Künst-lern, nämlich: „die wirkliche Familie Tourniaire", wie es auf der Afische[714] steht, auf ihrer Durchreise nach St. Petersburg, die Familie Robba aus St. Petersburg, und end-lich die Gesellschaft von Elise Tourniaire, Carré & Schumann. Die beiden ersteren Familien, Tourniaire die wirkliche und Robba, haben sich für die Dauer ihres hiesigen Aufenthalts vereinigt. Louis Tourniaire und Robba jun. leisten Alles, was man als Möglichkeit von gymnastischen Reitkünstlern erwarten mag. Elise Tourniaire,

---

[713] Sloka, L. J.: Kurzemes draudžu chronikas, Riga 1930, II, 169 ff. (Hofzumberge).
[714] Affiche, d.h. Plakat.

Gemahlin des vorgedachten, spielt jetzt bei herabgesetzten Preisen. Vor Kurzem stand in ausländischen und einheimischen Zeitungen die Nachricht, daß Hr. Tourniaire aus Polen nach Deutschland zurückgekehrt sei, ohne eine einzige seiner schönen Reiterinnen wieder mitgebracht zu haben. 3) Drei Menagerien. [715] Eine von C. Berg aus Hamburg, in welcher zugleich, außer Waffenarten der Wilden und einer Sammlung Conchilien,[716] auch „der Kopf des Tipoki oder Oberhaupts der Menschenfresser von Neuseeland, welcher Mann in einem Gefechte mit den Engländern erschossen worden" gezeigt wird. Ein tätowirter brauner Kopf ist dieser nun wohl, aber seit wie lange er dem armen Tipoki gehört, läßt sich eben so schwer nachweisen, als die Echtheit der meisten Reliquien. Ein Lama-Weibchen dieser Menagerie hat jetzt ein lebendes Junge geworfen. In der Menagerie aus Schlangen, Affen, Vögeln etc. des Stephani Eller, aus St. Petersburg angekommen, producirt sich auch eine Minerva[717] oder Preußische Wunderdame, welche mit verbundenen Augen alle an sie gerichteten Fragen „auf das Genaueste" beantwortet. Die Devise ihres „noch nicht-ergründeten Scharfsinnes" lautet: sage nicht, was Du nicht weißt etc. Und um diesem Grundsatze treu zu bleiben, sagt sie gar nichts, sondern überläßt die Antworten einem Bauchredner. In der Menagerie aus Kameelen, Affen und abgerichteten Hunden des Karamatti spielt die Hauptfigur ein Stachelschwein, von welchem es auf der Afische heißt: ein sehr verrufenes und doch völlig harmloses Thier. - Man erwartet hier noch ein Rhinoceros des Hrn. Tourniaire. 4) Ein Albinos. 5) Gruppirungen, Kampfspiele etc., arrangirt von Gröbke. 6) Brillante Illuminationen und Feuerwerke. - Außerdem Tyrolersänger, Prager Musikchors, Harfenistengesellschaften, Jüdische Voltigeurs [718] etc. Rechnet man noch hinzu die gewöhnlichen Erscheinungen in dem Mitauschen Johannistermin: Kuchen- und andere Buden, Bijouteriekram, Drehorgeln, Roßkämme und Zigeuner, so muß man gestehen, daß der diesjährige Johannis ohne sehr großes Gewühl bunt genug ist. Fremde Handelsleute, Bucharen [719] und dergleichen sind nur sehr wenige hergekommen. Die Geschäfte gehen übrigens besser, als man Anfangs fürchtete.

---

[715] Tierschauen.
[716] Weichtierschalen, Muscheln.
[717] Göttin der Weisheit.
[718] Pferdeakrobaten.
[719] Händler, Juden aus Buchara und Zentralasien.

Die Direction der Russischen Gesellschaft zur Versicherung von Capitalien und lebenslänglichen Revenuen in St. Petersburg hat während der diesjährigen Johanniszeit in Mitau ein Bureau zur Annahme und Abschließung von Versicherungs-Anträgen durch Hrn. Schwedersky eröffnet." [720]

„Gegen Ende des vorigen Sommers zeigte sich um Mitau an allen den Orten, wo im Frühjahre Wiesen und Weiden überschwemmt gestanden hatten, eine Seuche unter dem Vieh, woran dasselbe rasch starb. Menschen, die von dem Fleische des in der Krankheit geschlachteten Viehes aßen, befielen mit der blauen Blatter (Lettisch: „ar melnu pumpu"), und wo nicht schnelle ärztliche Hülfe eintrat, mußten sie ihre Unvorsichtigkeit mit dem Tode büßen." [721]

Glück im Unglück

Naturkatastrophen treffen nicht alle Menschen im gleichen Maß. Was dem Landbewohner Schaden verursacht, kann möglicherweise dem Städter nutzen. So war im „Intelligenzblatt" zu lesen: „Das Städtchen Bauske (in Kurland) hatte bisher kein Steinpflaster, und ein zu dessen Besorgung eingesetztes Comité wußte nicht, woher es das Material dazu, ohne Bezahlung nehmen sollte. Eine Nachricht meint, die diesjährige Ueberschwemmung habe so viele Steine herbeigebracht, daß jene Verlegenheit gehoben sey." [722]

Auch war in der Umgebung von Grafenthal am Jahresende die Gesamtbilanz für die Landwirtschaft doch weniger schlecht als zunächst erwartet:

„Bauske, den 10. December. Wesentlicher als die übrigen Schäden, welche die diesjährigen Frühlingsüberschwemmungen angerichtet haben, schienen Anfangs die weiten Strecken verschlämmten Landes - meistens Wiesen und Weiden - zu sein. Die Sandlagen erreichen auf den wenigsten Stellen eine Stärke von mehreren Fuß, auf den meisten nur von einigen Zoll bis ein Fuß. Auf allen diesen ist gegenwärtig das Gras schon erwünscht durchgebrochen und verspricht einen um so üppigeren Wuchs für die Zukunft. Die Natur selbst hat also hier eine Wiesenverjüngung hervorgebracht,

---

[720] Das Inland 23.6.1837, 420 f.
[721] Das Inland 12.1.1838, 32.
[722] Allgemeines kurländisches Amts- und Intelligenzblatt 8.7.1837, 107.

auch manchen Torf- und Moorgründen eine günstigere Bodenmischung verschafft. - So wird denn ein Theil jener vielen Schäden aufhören, als solche zu gelten...

In Curland ging das Getreide und Gras ziemlich gut auf, obgleich die Saat des Sommergetreides durch Überschwemmungen verspätet wurde; an hohen Stellen wuchsen Getreide und Gras gut, an niedrigen schlecht, und ersteres litt durch den Wurm. Die Erndte des Getreides fiel ziemlich gut aus, indem dasselbe 3- bis 5fach lohnte; die des Heus ist zwar mittelmäßig, doch hinreichend - Nach... derselben Zeitung wurde in Curland vom Weizen das 5te, vom Roggen und Hafer das 4te, von der Gerste das 3te Korn geerndtet... Das neue Wintergetreide ist sehr gut aufgekommen. - Die Flachs- und Hanferndte ist glücklich beendigt, die Ausbeute und Güte beider Artikel befriedigend." [723]

※

Sterbefälle auf Grafenthal

Dem Kirchenbuch von Mesothen waren für Grafenthal im Jahr 1837 die folgenden 13 Begräbnisse mit kurzen Hinweisen auf die Verstorbenen und die Todesursachen zu entnehmen:

Jehkabs Kaschums, ein Beiwohner, verstarb mit 64 Jahren am 9. Jan.1837 nach Brustentzündung und wurde am 24. Jan. auf dem Mellantschen Friedhof bestattet. Er war 34 Jahre mit Ilse und danach 6 Jahre mit Anna verheiratet und hat 8 Kinder aufgezogen.

Greete, 80 jährige Beiwohnerin auf dem Swanki Gesinde, verstarb am 2. März 1837 an Altersschwäche und wurde am 7. März auf dem Mellantschen Friedhof bestattet. Sie war verheiratet mit Anfis Krischian und mit Krischian und hatte 6 Kinder.

Der Witwer Krischian aus Mellantsch starb am 10. März 1837 mit 76 Jahren an Altersschwäche und wurde am 21. März in Mellantsch begraben. Er hatte 16 Jahre mit Katsche und 26 Jahre mit Greete in der Ehe gelebt und 10 Kinder gezeugt.

Am 8. April 1837 starb eine Stunde nach der Geburt und vor der Taufe das Töchterlein des Grafenthalschen Wirtes Wez-Stokku Ehrmann. Das Kind wurde am 11. April in Mellantsch beerdigt.

Am 24. April 1837 starb Jurgis zwei Wochen nach der Geburt an Schwäche und wurde am 2. Mai in Mellantsch begraben.

---

[723] Das Inland 22.12.1837, 852 f.

Am 16. Mai 1837 wurde in Mellantsch die totgeborene Tochter des Grafenthalschen Knechts Jurge und dessen Weibes Eewe aus dem Skurbeneek Gesinde begraben.

Am 26. Mai 1837 verstarb die 16 jährige Greete vom Grafenthalschen Rehten-Krug an einem Geschwulst. Sie war die Tochter von Jurga und Lihsbetes, ledig und wurde am 28. Mai in Mellantsch bestattet.

Am 27. Juni 1837 starb die Witwe Dahrte im Alter von 80 Jahren an Altersschwäche und wurde am 3. Juli in Mellantsch begraben. Sie war 25 Jahre verheiratet und hatte 3 Kinder.

Am 29. Okt. wurde die totgeborene Tochter des Knechts Jahne und dessen Weibes Greete aus dem Grafenthalschen Swanke Gesinde auf dem Mellantschen Friedhof beerdigt.

Am 3. Nov. 1837 starb an den Masern Amalie Ottilie, die dreivierteljährige Tochter des Grafenthalschen Sismen Krügers Carl Friedrich Kramsack und dessen Ehefrau Dorothea. Das Kind wurde am 10. Nov. auf dem Imbschen Friedhof beerdigt.

Am 20. Nov. 1837 starb mit 12 Jahren an Scharlachfieber Dorothea Emilie. Sie war die ältere Schwester der Amalie Ottilie Kramsack und wurde am 28. Nov. auf dem Imbschen Friedhof begraben.

Am 22. Nov. starb ebenfalls an Scharlachfieber Carl Johann, der 11 jährige Bruder der beiden Mädchen, und wurde am 28. Nov. gleichfalls auf dem Imbschen Friedhof beerdigt.

Am 16. Dez. 1837 verstarb der 18 jährige Jehkabs aus Grafenthal. Er stürzte vom Pferd, starb an den Folgen und wurde am 25. Dez. auf dem Friedhof Mellantsch begraben. [724]

Schlittenbahn und Wassermangel

Die Entfernung zwischen Jelgava, ehemals Mitau, und Riga beträgt etwa 45 Kilometer, heutzutage mit dem Auto auf gut ausgebauter Straße und bei freier Stecke in einer halben Stunde zu fahren. Mit Pferd und Wagen war man früher mindestens einen halben Tag unterwegs. Im Mitauischen Kalender heißt es: „Der Mitausche Wochen-

---

[724] KB Mesothen Verstorbene 1837 infra.

fuhrmann fährt nach Riga: Sonntags und Mittwochs um 4 Uhr Nachmittags, und kommt Dienstags und Freytags retour." [725]

„Die neue, in gerader Linie gezogene kunststrasze von Riga nach Mitau war schon im herbste vorigen Jahres fertig und konnte befahren werden. Man rühmte die durch sie bewirkte verkürzung des Weges, welchen die diligence [726] jetzt in 4 stunden zurücklegen könne. Ein strenger winter - von Weinachten an, bis die 3-te woche des jan., öfters 20° kälte, aber bis gegen ende des jan. keine tiefe schicht schnee u. keine grundlage von eis. Erst gegen ende dieses mon. thauwetter, etwas feiner regen und am 30. jan. viel schnee, worauf sich nun eine schöne schlittenbahn einbahnte. Diese dauerte ununterbrochen, ohne dasz einmal thauwetter eintrat, bis ende märz. Die Düna hatte eine eisdecke von 5 fusz dicke…" [727]

Der harte Winter verursachte eine besondere Versorgungsschwierigkeit. Aus Mitau wurde berichtet: „Der so ungewöhnlich lange anhaltende strenge Frost hat nun auch Wassermangel erzeugt. Nur wenige Pumpen können hier noch gemelkt werden, um welche sich arme halb erfrorne Leute von nahe und ferne mit aller Art Gefäßen drängen. Vom Lande hört man noch ärgere Klagen. Viele Güter müssen ihr nöthiges Wasser meilenweit anführen. In einer Zeit, wie die gegenwärtige, wird die Sorge für den Hülfsbedürfenden dringender; man hat ihr auch hier die regeste Aufmerksamkeit gewidmet." [728] Die Grafenthalschen hatten es wohl dadurch etwas leichter, daß sie am Flußufer lebten.

1838 Außergewöhnlich schlechte Witterung

Die Witterung und die Folgen für die Landwirtschaft waren in diesem Jahr 1838 außergewöhnlich schlecht:

„Die Witterung dieses Jahres weicht von dem gewöhnlichen Gange derselben so überaus ab, daß dies Jahr, wenn es auch nicht ein Wendepunkt in unserer Witterung werden sollte, wie es wahrscheinlich ist, doch sehr merkwürdig bleibt, und eine Aufzeichnung in den Geschichtsbüchern verdient.

---

[725] Mitauischer Kalender 1838, Mitau 1837, (44).
[726] Schnellfahrende Postkutsche.
[727] Sloka, L. J.: Kurzemes draudžu chronikas, Riga 1930, II, 172 ff., (Hofzumberge).
[728] Das Inland 26.1.1838, 62.

Schon der Anfang war abweichend; denn am Tage der Sonnenwende, den 9. December 1837, trat… ein Frost ein, der ununterbrochen bis zum M. Januar anhielt, und zwar größtentheils bei mehr als 10 Grad Kälte. Der niedrigste Stand des Thermometers war gerade um Weihnachten, am 25. December des Morgens, XVIII°. Die sich gleich zeigenden Folgen waren, daß die Erde breite und tiefe Risse bekam; daß das aus Quellen dringende Wasser, so wie es an die Luft trat, fror, und Eisberge von mehreren Fuß, ja Klafter Höhe bildete; daß die Erde auf Höhen, z. B. Kapellen, über 5 Fuß tief gefroren war, daß die Kartoffeln in den Gruben erfroren, daß das Eis eine hier unerhörte Dicke von 3 Fuß, ja auf großen Seen, wo der Wind darüber wegstreichen konnte, eine Dicke von 4 Fuß erhalten hatte; daß in vielen Teichen die Fische erstickten. Viele Bäche waren bis auf den Grund gefroren, so daß in manchen das Wasser gar nicht floß, in manchen nur ein ganz schwaches Strömchen ganz unten am Grunde rieselte. Daher waren Fische und Krebse in den Waldbächen ganz ausgefroren… In ziemlich großen Bächen… sind die Fische, weil es ihnen an Luft gefehlt hat, an Wuhnen [729] gekommen, und von den Bauern gefangen worden… Das dauerte bis gegen das Ende Januars, da erst fing das Eis an, in den Untiefen auszugehen… In den Seen konnte man theils gar nicht fischen, theils nur mit großer Beschwerde, weil das Eis zu dick war.

Sehr merkwürdig ist, daß obschon der Wind scharf und trocken über das Eis wegstrich, dieses nicht borst und darum auch nicht krachte, wie im Winter 1828 und 1829, wo das Krachen so heftig war, daß die Menschen, welche mehrere Werst weit am See wohnten, nicht schlafen konnten.

Das sonst am Ende Januar bis in die erste Hälfte Februars sich regelmäßig einstellende Thauwetter, welches das Eis der Ströme zu brechen pflegt, stellte sich wohl am 28. Januar ein, dauerte aber nur 24 Stunden, und war so schwach, daß sich kaum etwas Wasser auf dem Eise zeigte. Nach diesem Thauwetter fiel Schnee, und wir hatten eine gute Bahn, die bis zu Ende März anhielt." [730]

※

---

[729] Eislöcher.
[730] Das Inland 25.1.1839, 53 ff. (Druckfehler Sp.15 statt Sp.54), Bericht von J.G. Büttner.

Flohzirkus

„Mitau, den 10. Februar. Vielen Beifall erndtet der hier angelangte Bertolotto durch die Vorstellungen mit seiner zahlreichen Gesellschaft „betriebsamer" Flöhe… Herr Bertolotto besitzt Zeugnisse über die Zufriedenheit, welche er mit seinen kleinen Sclaven bei mehreren Europäischen Höfen sich zu erwerben das Glück gehabt hat. Wirklich bleibt es sehenswerth, wie die sonst wilden Thierchen die ihnen auferlegten Functionen verrichten. Auch von der naturgeschichtlichen Anführung, daß ein Floh eine mehrere hundert mal schwerere Last, als sein eigener Körper, fortbewegen kann, gewinnt man hier Ueberzeugung. Einer gewöhnlichen Dressur sind diese Thiere nicht unterworfen gewesen, weil es für ihre Winzigkeit keine Peitsche giebt; an ihrer Garderobe ist wenigstens die Mühe des seltsamen Schneiders zu loben. In der Versammlung der betriebsamen Flöhe giebt es unter andern auch eine wahrsagende Sibylle, welche auf die an sie gestellten Fragen Antwort ertheilt. Man fürchte sich aber ja nicht vor der kleinen Hexe, denn sie steht ganz und gar mit keinem Satan, sondern nur mit einem Bauchredner im Bunde… Bertolotto will nur auf wenige Tage die Städte Riga und Dorpat besuchen, und einen längeren Aufenthalt in St. Petersburg nehmen."[731]

※

Frostschäden

„Mitau, den 31. Marz. Immer noch steht die Eisdecke unsrer Aa so fest, daß sie Kanonen tragen könnte, und die Nächte sind bitterlich kalt, noch vor Kurzem 12 - 15° R.,[732] während am Tage die Sonne, wo sie nur hinzudringen im Stande ist, mächtig wirkt. Mehrentheils ist die Luft rein, und nur selten haben wir seit einigen Wochen Schnee - Regen erst in den letzten Tagen gehabt. Wohl mehr Neugierde, als wahre Besorgniß ist es, mit welcher man hier dem sichtbaren Frühlingsanfange, dem Ausgange des Eises, entgegen sieht; denn die Eisdecke liegt so tief im Flußbette, daß sie kaum den Wasserstand im Sommer erreicht, und - Schnee haben wir ja fast gar nicht gehabt, demnach könnten nur besondere Umstände eine solche Fluth, als sie im vorigen Frühlinge stattfand, bewirken…

---

[731] Das Inland 23.2.1838, 124.
[732] Reaumur, 15 bis 18,5 Celsius.

Obgleich der letzte Winter einer der strengsten für unser Clima war... so währte er doch nicht länger, als der vorige. Am 1. April, - also zwei Tage zeitiger als im abgewichenen Jahre, - wurde das Eis in der Aa und der Drixe durch den anschwellenden Strom gehoben; dennoch steht es noch heute fest, während das Wasser schon die niedriger gelegenen Ufergegenden überfluthet... In den Nächten friert es noch immer ein auch noch mehr Grade." [733] „Bei Mitau fing das Eis in der Aa am 7. April an zu bewegen und schon nach wenigen Tagen war der Fluß frei und die nur auf einige Stunden etwas gefahrvolle Passage völlig offen. Das Wasser ist nicht höher, als sonst im Frühlinge gewöhnlich." [734]

„Am 5. März erschienen diese Zugvögel: Tauben, Lerchen, Kibitze, Staare; am 21. März Schwäne; am 28. März Störche etc. Nun kam Thauwetter, Regen... Als die Erde anfing aufzuthauen, zeigten sich noch mehr die Folgen des Frostes. Alles was von Bäumen und Sträuchern im Herbst nur gerührt [735] worden war, selbst die härtesten inländischen Gewächse, Obstbäume und Gartenbeeren, Waldhimbeeren und Brombeeren, waren in der Wurzel erfroren. Viele auch nicht gerührte Obstbäume und Ziersträucher schlugen anfänglich aus, starben aber dann ab, weil ihre Wurzeln erfroren waren. Alle Zwiebel-Gewächse und viele perennirende [736] Gewächse waren todt. Die Erde thauete sehr langsam auf, das durch Quellen gebildete Eis stand an schattigen Stellen bis in den Mai hinein. In den Wäldern fand man dicht unter dem Moose noch im Juli die Erde gefroren... Am 8. Juli stellten sich warme Gewitterregen ein, welche bis zum 14. August ununterbrochen anhielten; dem ungeachtet war die Erde noch am 18. Juli gefroren. Erst am 25. Juli fand ich kein Eis mehr. Der Einfluß dieser Gefrorenheit der Erde wirkte auf die Witterung ein. Vom 4. bis zum 11. Mai fror es alle Nächte ununterbrochen, am 6. Morgens sogar 4 Grad. Eine Menge Gewächse waren erfroren, sogar die Blätter vieler Birken.

Im Anfange Mai fing ein trockener Nordwind an zu wehen... Anfänglich schadete dieser Wind dem Roggen sehr; allein am 18. und 19. Mai fiel ein warmer Gewitterregen, ... der auf die ganze Pflanzenwelt höchst wohlthätig einwirkte, den Roggen überaus hob, und den Gewächsen, eine solche Kraft ertheilte, daß ungeachtet der

---

[733] Das Inland 13.4.1838, 235 f.
[734] Das Inland 20.4.1838, 256.
[735] So im Text, gemeint ist wohl: getroffen, berührt, angerührt.
[736] mehrjährige.

Nachtfröste, welche in der schönsten Blütenzeit, gleich nach dem Regen, vom 20. bis 24. Mai kamen, dennoch alle Arten von Gewächsen in großer Fülle trugen. - Später hinderte der fortwährende Nordwind das gehörige Entwickeln der Gewächse, schon durch seine Kälte, noch mehr aber dadurch, daß er die vom 19. Mai bis zum 6. Juni eintretende Dürre sehr vermehrte, indem er alle aufsteigende Dünste wegtrieb; was besonders nachtheilig auf den Graswuchs einwirkte, so daß eine schlechte Heuernte erfolgte." [737]

※

Dürre und Regen

„Die Nachrichten von Curland und Litthauen in Betreff der Getreidefelder lauteten vorzüglich günstig; nur Weizen hatte an mehreren Stellen durch den Frost bedeutend gelitten, auch war weniger von dieser Getreidegattung ausgesäet, des seit Jahren schon niedrigen Preises und geringen Absatzes wegen; jetzt aber fürchtet man, daß Mangel an Regen und der vorherrschende Nord-, Nord-Ost- und Nord-West-Wind dem Getreide schaden dürfte. Auch haben wir in mehreren Nächten Frost gehabt, und anhaltend kalte Witterung, selten mehr als 12 Grad Wärme Mittags...

Sowohl in Privatcirkeln als in öffentlichen Blättern wurde wiederholt die Besorgniß ausgesprochen, daß der strenge Frost bei gänzlichem Schneemangel während der ersten Hälfte des abgewichenen Winters den Saaten verderblich werden könnte. Die Furcht hat sich nicht gerechtfertigt: weder im Sand- noch Lehmboden läßt sich ein solcher Schaden bemerken; die Winterfelder stehen im Allgemeinen gut, und wo es nicht so ist, da liegen dem andere Ursachen zum Grunde. - Jetzt fehlt es sehr an Regen...

Nachdem wir uns schon stufenweise an eine Hitze von 27° gewöhnt hatten, mußte die Ueberraschung derer groß sein, welche am Morgen des 28. April, - eben dem Bette entstiegen, um von der frühen Wärme etwa auf 28° Mittagshitze zu folgern, - sich wieder in den weißen Winter versetzt fanden.... Erdboden und Dächer lagen 1 Zoll hoch mit Hagel und Schnee bedeckt. Seitdem bis zum 1. Mai brachte ein strenger Boreas [738] in jeder Nacht noch 1 Linie dickes Eis zu Stande." [739]

---

[737] Das Inland 25.1.1839, 53 ff. (Druckfehler Sp.15 statt Sp.54), Bericht von J.G. Büttner.
[738] Winterlicher Nordwind.
[739] Das Inland 18.5.1838, 313 f.

„Aus Curland, vom 1. Juni. Den Winterweizen hat man aus vielen Feldern schon auspflügen und an seiner Stelle Gerste säen müssen. Ob der ungewöhnlich strenge Winter oder die anhaltenden und späten Fröste nach warmen Tagen und der Regenmangel in diesem Frühlinge ihm so sehr geschadet haben, darüber lassen sich die Ansichten nicht vereinigen. - Bis zum 18. ging der Mai-Monat ohne Regen hin, und noch in den Nächten vom 20. und 24. fror Eis. Vorherrschend blieb der Nordwind. Gegen das Ende des Monats waren einige Baumgattungen noch ziemlich unbelaubt. Der Graswuchs ist sehr zurückgeblieben. Langsam und ungleich entwickelten sich die Blüten der Obstbäume. Raupen fehlen nicht, und an Stellen sieht man Reihen von Weidenbäumen, auf denen sie das letzte Blättchen abgefressen haben. Der Roggen steht meistentheils recht gut, und treibt schon Aehren." [740]

„Ungeachtet die Erde im vorigen Winter so hart und tief gefroren war, so erschienen doch Feldmäuse in solche Menge wie wir sie hier nie gesehen haben, und vermehrten sich bei der Dürre im Mai und Juni gewaltig. Also trockner Frost ist es nicht, der uns von dieser Plage befreit. Maulwürfe schienen doch umgekommen zu sein, denn im Frühlinge zeigten sich wenige. Die Frostmotte, Geometra brumata, welche mehrere Jahre hinter einander die Obstgärten verheerte, war dies Jahr in sehr geringer Menge, ist also wohl durch den harten Frost getödtet." [741]

„Riga, den 12. Juni. Endlich ist der so lang genährte Wunsch nach Regen erfüllt, und… hat dieser Regen nun endlich die Pflanzen erquickt, den Staub von den Bäumen abgewaschen, die Vegetation befördert, und dem Landleben größern Reiz gewährt. Im Lande sollen hin und wieder die Roggenfelder von der Dürre gelitten haben. Aber früher haben Curland und Litthauen jene Wohlthat genossen, und die Roggenfelder sollen dort im Allgemeinen gut stehen. Von Sommergetreide und Flachs läßt sich noch nichts angeben, weil die Saat kaum beendet ist. Die Johanniszeit in Mitau, wo sich der Adel, wenn auch nicht wie früher der Zahlungstermine wegen, sondern mehr wohl, der alten Gewohnheit nach, neue Contracte für Getreidelieferungen zum Herbst zu schließen, entferntere Freunde wieder zu sprechen, und vor Allem wohl des Theaters und der übrigen sich darbietenden Annehmlichkeiten wegen, dort versammelt, veranlaßt mehrere der Unsrigen, in gleicher Absicht, Mitau zu besuchen, um so mehr, da durch die neue Chaussee die Bequemlichkeit des Reisens zugenommen hat, denn

---

[740] Das Inland 15.6.1838, 381.
[741] Das Inland 25.1.1839, 55 f. (Druckfehler Sp.15 statt Sp.54), Bericht von J.G. Büttner.

von den drei Diligencen [742] fahren 2 des Morgens um 8, u. Abends um 5 und eine Nachmittags um 1 Uhr dorthin." [743]

Auf Grafenthal war das zwölfte von Jeannot und Caroline zur Welt gekommen: „1838 (geb). Fünften Juny um 9 Uhr Abends (getauft) Dreissigsten Juny (Nr.) 147 Johann Julius Hermann Sohn des Herrn Capitaine Johann von Denffer aus Grafenthal und dessen Gemahlin Caroline von Denffer geb. Kummerau Eltern Lutherisch. Pathen Hermann Conradi Pastor zu Mesothen Fräulein Bayerhofer a. Grafenthal und Fräulein Emilie Kummerau aus Mitau, getauft von Pastor Conradi zu Salgallen." [744] Die Taufe erfolgte „im Guthe Grafenthal". [745]

Regenschäden

„Doblen, den 16. Juni. An dem Regen, welcher in voriger Woche einige Tage lang die lechzende Erde tränkte, hat sich auch die Hoffnung des Landmanns erfrischt… Die Sommersaaten sind nun geborgen, die Wiesen nehmen sich kräftig zusammen. Der Roggen verheißt eine reichliche Erndte. Ist vom Weizen auch vieles verloren gegangen, so ist doch vieles noch auf den Feldern geblieben. Von Obst läßt sich selbst keine mittelmäßige Fülle erwarten. Aus allen Gegenden hört man Klagen über Viehkrankheiten, in Folge der Dürre. Sie sind jedoch nicht sehr bösartiger Natur, und in den meisten Fällen wird mit Erfolg der bekannte Sauerhonig (Gemisch aus Essig und Honig), so wie ein Abreiben oder Beizen der Zunge des kranken Viehes angewandt. Nicht durch Mäßigkeitsvereine genöthigt, sondern nur um deren Zweck zu fördern, haben mehrere Güter, z. B. Grenzhoff, ihre Branntweinsbrennereien bereits eingehen lassen." [746]

„Doblen, den 2. Juli. Die Heuerndte hat begonnen und giebt nun die Überzeugung, daß der Ertrag der Wiesen in diesem Jahre überhaupt kärglich ausfallen wird. Am gestrigen Tage und in der Nacht vorher hatte sich der dritte durchdringende Regen

---

[742] Schnellfahrende Postkutschen.
[743] Das Inland 22.6.1838, 393.
[744] KB Mesothen LR3293, 518 r (Zentralstelle für Genealogie Leipzig). Das KB Mesothen dieses Jahres ist in Riga offenbar nicht erhalten.
[745] „Taufschein gegeben aus dem Mesothenschen Kirchenbuche… 12. Oct. 1844" („Adelsbeweise von Denffer", Staatsarchiv St. Petersburg 1343/20/1273 fol. 37).
[746] Das Inland 29.6.1838, 411 f.

während des gegenwärtigen Sommers und Frühlings eingestellt, welcher heute vom klaren Sonnenwetter wieder abgelöst ist. Von den Sommerfeldern zwischen hiesiger Gegend bis einige Meilen in Litthauen hinein kann man annehmen, daß gegen zwei Drittheile gut, die übrigen mittelmaßig oder schlecht stehen. Je nach dem Boden und einer günstig getroffenen Saatzeit sieht man 1 ½ Fuß hoch aufgeschossene und auch nur etwa fingerlange Gerste und Hafer. Ueber Lein läßt sich ziemlich dasselbe sagen. Kartoffeln und Kopfkohl gehen einem erwünschten Gedeihen entgegen. Von ersteren sind jedoch in diesem Jahre weniger als sonst gewöhnlich gelegt worden, weil ein Theil der Saat in dem letzten strengen Winter erfroren war. Auch nach dem 11. Juni und namentlich noch am 20sten zogen Störche in der Richtung nach Südwest. Man erzählt, daß oberhalb Waldbrände stattfänden. Einige Tage hindurch war die Luft allerdings mit Waldrauch geschwängert." [747]

„Vom 6. Juli bis 13. August trat eine Regenzeit ein, so stark und anhaltend, wie wir sie hier nie gesehen haben. Es regnete in diesen 5 Wochen fast ununterbrochen, und es fielen über 12 Zoll Wasser aus der Luft. Die Folgen davon waren: 1. daß der größte Theil des Heus der ganzen Provinz verfaulte. 2. Daß der auf den Halmen stehende, wie der in Mandeln [748] gestellte abgemähete Roggen stark auskeimte. 3. Daß die Flüsse aus den Sommerbetten weit heraus, in die Felder und Heuschläge hineintraten, und unsäglichen Schaden, durch Wegtragen des Roggens und Heus anrichteten… 4. Die unsern Bauern zum Bedürfniß gewordenen Kartoffeln fingen besonders im Lehmboden an zu faulen, und mußten vor der Reife abgenommen werden. 5. Die Bienen waren in 5 Wochen gar nicht zum Eintragen gekommen, daher war sehr wenig Honig, und weil die Erde mit Wasser überfüllt war und die Gewächse mehr Wasser aufnahmen, als sie verarbeiten konnten, war der wenige Honig, den die Bienen gesammelt hatten, so dünne wie Wasser, 6. Fast alle Gartenfrüchte hatten einen schlechten Geschmack. " [749]

※

---

[747] Das Inland 13.7.1838, 445 f.
[748] Haufen aufgestellter Garben.
[749] Das Inland 25.1.1839, 55 f. (Druckfehler Sp.15 statt Sp.54), Bericht von J.G. Büttner.

Nordlichte und Unglückschronik

„Im Anfange des Septembers erschienen mehrere Nordlichte. Die stärksten waren den 3., 9. und 16. September. Nun zeigte sich wieder eine ungewöhnliche Erscheinung, nämlich am 19. September fror es 4 Grad. Alles Obst, ohne Ausnahme, war getödtet, eben so die Kartoffeln, die auf der Oberfläche der Erde, und dicht unter derselben lagen, alle zarten Küchengewächse, selbst die harten Blätter, die unreifen Früchte der Saubohnen und Erbsen. Nur im vorigen Jahre (1837) war ganz um dieselbe Zeit, am 20. September, ein eben so starker Frost von 4 Grad.

Ein Gewächs, das in neuerer Zeit aus dem Vaterlande der Kartoffeln, aus der Tropenwelt, aus Peru und Mexico zu uns gekommen ist, und vielleicht mit der Zeit ebenso wichtig wie jene werden wird, nämlich Chenopodium Quinoa, hat nicht im geringsten durch den starken Frost gelitten, eignet sich also ganz für den Norden.

Vom 11. bis 16. October trat ein Frost ein, der bis auf VII° stieg und die Erde gefrieren machte, dann aber wurde es milde und warm. Am 7. Nov. stellte sich Bahn ein, bei der etwa 12 Zoll hoch Schnee fiel und der Frost stieg am 13. und 14. auf XV°; aber am 20. war aller Schnee durch ein Thauwetter von der Erde völlig weggenommen. [750]

„In Curland ward die Flachs- und Hanferndte glücklich beendigt. Ausbeute und Güte dieser Producte sind ziemlich gut. Man kann annehmen, daß 40,000 Pud Flachs und 6000 P. Hanf geerndtet sind. Nach dem Dreschen des Getreides hat sich ergeben, daß Weizen nicht die Saat, Roggen das 5te, Gerste und Hafer das 4te Korn wiedergab. Das neugesäete Wintergetreide war sehr gut aufgekommen. Nach den Frösten in der letzten Hälfte des Oktobers fiel bis Mitte November viel Schnee, der aber bei eingetretenem Thauwerter wieder schwand." [751]

In der Zeitschrift „Das Inland" wurde die „Unglückschronik Curland. Im August, September, October und November" veröffentlicht, darunter auch „Selbstmorde. Es erhängten sich… ein Bauernjunge auf Grafenthal (Bauske)…" [752]

---

[750] Das Inland 25.1.1839, 55 f. (Druckfehler Sp.15 statt Sp.54), Bericht von J.G. Büttner.
[751] Das Inland 28.12.1838, 846. Russ. Gewicht 1 Pud = 16,380 kg (Das Land Ober-Ost, Stuttgart 1917, 450).
[752] Das Inland 14. Dez. 1838, 812.

Nach Mitau kam „Den 6ten December… Hr. Amtm. Lust aus Grafenthal, log. Im Hôtel de Varsovie." [753]

※

Generalvollmacht

Im Kirchenbuch Talsen sind vermerkt als „Communicanten [754] 1838 „am dreißigsten März zu Hause … Pastorin Theophile Neander, Wittwe, Obristin Denffer, Wittwe, Major außer Diensten und Ritter v Denffer." [755] Letzterer ist Jeannots Bruder Eugen, 53 Jahre alt, der nun in Talsen wohnte, vermutlich zusammen mit der genannten Obristin, seiner 80jährigen Mutter Maria Gottliebe geborene Rosenberger und der Pastorin Neander, seiner 60jährigen Vaterschwester Marie Gottliebe.

In Petersburg hatte Jeannots Bruder Otto, wie im Jahr zuvor schon August, sein Grundstück zur Absicherung etwaiger Ansprüche genutzt, wohl auch für ein Darlehen, „Denfer Otto Iwanow. Sen. Ob. 1838 - No. 20,832. [756]

Augusts Neffe, der 21jährige Hermann v. Budberg, starb vermutlich am 11. Jan. 1838. [757] Nach dem Tod von Adolph 1831 verlor die seit 1836 verwitwete Henriette v. Budberg damit den zweiten ihrer drei Söhne, und außer den noch lebenden vier Töchtern blieb ihr nun der 14jährige taubstumme Woldemar. Am 30. Mai 1838 fertigte Henriette die folgende General-Vollmacht aus:

„Hiemit bevollmächtige ich, die unterzeichnete Henriette, verwittwete Baronin von Budberg, geb. von Denffer, in Assistenz, meinen verehrten Bruder, den Herrn Senateur, wirklichen Geheimrath und hoher Orden Ritter August von Denffer, um für mich, in eigenem Namen, so wie als Vormünderin meiner Kinder, als der sämtlichen Erben des weil. Baron Ernst von Budberg, alle uns, unsere Familien- und Geschäfts-

---

[753] Mitauische Zeitung 8. December 1838, 506.

[754] Teilnehmer am Kirchlichen Abendmahl.

[755] KB Talsen Deutsche Gemeinde Communicanten 1838, Nr. 84-86.

[756] Obschtschi alfawit familijam wladeltsew, imenija kotorich sostojat pod zapreschtscheniem s 1829 po 1841 god, Moskwa 1843, I, 992 (Allgemeines Alphabet von Familiennamen, deren Besitztümer sich unter Verbot (der Veräußerung) standen, von 1829 bis 1841). - Sen(atskije) Ob(jawlenije) Bekanntmachungen des Senats, in Sanktpeterburgija Senatskija Wedomosti (St. Peterburger Senatsanzeiger). Ebenso Obschtschi alfawit familijam wladeltsew, imenija kotorich nachodjatsja pod zapreschtscheniem s 1829 po 1865 god, Sanktpeterburg 1867, I, 1064 (Allgemeines Alphabet von Familiennamen, deren Besitztümer sich unter Verbot (der Veräußerung) befanden, von 1829 bis 1865).

[757] Genealogisches Handbuch der Baltischen Ritterschaften. Teil Kurland, Görlitz (1930), 216.

Verhältnisse, namentlich die unsern in Kurland belegenen Güter Garssen und Grütz-gallen betreffenden Angelegenheiten, vor- und ausser Gericht, bei allen hohen und niederen Behörden und Autoritäten in St. Petersburg durch Supplicationen, oder wie Solches sonst nur erforderlich ist, so zu vertreten und wahrzunehmen oder wahrneh-men zu lassen; zu diesem Behufe Sachwalter und Substituten zu ernennen und weiter zu bevollmächtigen, wie ich nur Selbst dazu befugt bin, wie auch dazu besondere Vollmachten verlangt werden können. Alles aber, was mein genannter Herr Bevoll-mächtigter auf den Grund dieser General-Vollmacht thun wird, werde ich keinesweges anfechten, vielmehr jederzeit so anerkennen als wie von mir Selbst vollzogen, werde Ihm auch alle Geschäftskosten ersetzen. Urkundlich habe ich diese General-vollmacht eigenhändig und in Assistenz unterzeichnet und besiegelt, auch vor Gericht anerkannt. So geschen Garssen, am 30ten Mai 1838. (gez.) A. von Münster, als ge-richtlich constituirter Assistent. mein Unterschrift und Siegel. Henriette von Budberg, gebohrene von Denffer, mein Hand und mein (Siegel)." [758]

Der konkrete Anlaß für die Bevollmächtigung ist nicht erkennbar, vermutlich war die Angelegenheit des Grenzstreits von 1836 zwischen den Gütern Garssen und Okniste noch nicht abgeschlossen war, in dem August interveniert hatte. Auch wollte Henriette im Sommer verreisen und fuhr ans Meer.

Sommerreisen

Am 17. Juli 1838 traf mit anderen Badegästen in Libau ein „Frau Baronin v. Bud-berg, aus Garsden, beym Herrn Rathsherrn Dehling". [759]

In der folgenden Woche meldete das „Intelligenzblatt" „Fortreisende. Frau Baronin von Budberg, Erbfrau auf Garßen, nebst ihrem Sohne Woldemar und ihren Fräulein Töchtern Ida, Aline, Bertha, Mathilde, und ihrer Pflegetochter Julie von Grebsky, rei-set nach dem Auslande." [760] Die Pflegetochter war die Nichte von Henriette v. Bud-berg, Tochter deren älterer Schwester Carolina (1783-1863?) und ihrem Ehegatten Joseph Edmund von Grebski, Juliane Louise Henriette geboren in Talsingen am 21.

[758] Denfer, H. v.: Grundstein zu einer Geschichte der Familie von Denffer, Batum 1906, 52; Dokument Nachlaß Dietrich v. Denffer.
[759] Libausches Wochenblatt 20.7.1838.
[760] Allgemeines Kurländisches Amts- und Intelligenzblatt 23.7.1838.

Febr. 1814, getauft am 27. März zusammen mit der Zwillingsschwester Emilie Elisabeth Henriette. [761]

Das konkrete Reiseziel der Budbergschen ist nicht bekannt. Von Libau aus gab es Schiffsverkehr, auch ein Besuch auf dem Landweg im nahegelegenen damaligen Ostpreußen ist vorstellbar.

Nur einen Monat später heiratete Henriettes v. Budbergs Tochter Carolina Auguste Ida am 25. Aug. 1838 in der Libauschen Kirche den Krons-Kirchspielprediger zu Grobin Emil von der Launitz. Er war Witwer und 32 Jahre alt, sie ledig und 23 Jahre. [762] Grobin liegt nur knapp 10 km östlich von Libau.

Auch Eugen war im Sommer unterwegs: Anfang Juni 1838 kam er nach Riga als „verabschiedeter Major von Dempffer, von Dorpat... log. im Hönchenschen Hause." [763] Kurz darauf ist er in Mitau: „den 6ten Juny... Hr. Major v. Denffer aus Talsen, log. b. Wittwe Köhler", [764] im nächsten Monat zuhause „Major Denffer" am 17. Juli 1838 Taufpate in Talsen von Bertha Charlotte Juliane Tochter des verstorbenen Talsenschen Einwohners und Sattlers Wilhelm Pavis und dessen Ehefrau Juliane geb Koch", [765] und am 10. August erneut in Riga „Angekommene Fremde... Hr. dim. Major v. Denffer, aus Talsen... log. zur St. London." [766]

Die Petersburger Caroline hatte sich 1838, wie schon im Vorjahr ihre Schwägerin Charlotte, nach Mannheim begeben. Dort machte sie am 4. Juny auf einem Anmeldebogen eigenhändig folgende Angaben:

„Caroline v. Denffer, (Stand oder Gewerbe) Geheimräthin, (Heimaths-Ort) Petersburg (letzter Wohnort) Halle zuvor Braunschweig,

---

[761] KB Setzen Getaufte 1814 Nr. 2, 3 (LR 3521, 16 links).

[762] KB Grobin Copulirte 1838 fol. 8. S.a. Das Inland 19.7.1848, 615; Kallmeyer, Th., Otto, G.: Die evangelischen Kirchen und Prediger Kurlands, Riga 1910, 503. Ein kurzer Beitrag „Das Geschlecht Schmidt von der Launitz" erschien in: Das Inland 19.7.1848, 614 f.

[763] Rigasche Zeitung 1.6.1838.

[764] Mitauische Zeitung 9.6.1838, 240. Die „Wittwe Köhler" bleibt ungeklärt, vielleicht war sie mit Alexander Köhler verheiratet, Sohn des Pastors Johann Christoph Köhler (1775-1853), Begründer des Köhlerschen Witwenstifts in Mitau. (Kallmeyer, Th., Otto, G.: Die evangelischen Kirchen und Prediger Kurlands, Riga 1910, 475; Schlau K.O.: Mitau im 19. Jahrhundert, Wedemark-Elze 1995, 262.).

[765] KB Talsen 1838 Taufen, Nr. 119; KB Talsen Deutsche Gemeinde Taufen 1838, Nr. 17.

[766] Rigasche Zeitung 10.8.1838.

(Bei sich habende Familienangehörige) Theophile, Alexandrine, Anna, Woldemar Mitgebrachte Dienstboten -

lebt von ihren Renten

(Vermieter) Herr Kanzleirath Heddäus N 5 ½ I. Ankunft 4. Juni 1838 Dauer Aufenthalt unbestimmt.

Des Weiteren ist auf dem sogenannten „Fremdenbogen" festgehalten: Wohnung später L 2.6 16. August 1839 abgereist.

Die Kinder sind 13, 9, 8 und 3 Jahre alt. Mann August v. Denffer Lutherisch Kais. Russ. Geheimrath (Geburtsort) Kurland (Wohnung oder Aufenthalt) St. Petersburg, jetzt in Saratow; Frau Caroline v Denffer Gehräthin Halle (Wohnung oder Aufenthalt) 5 ½ I

(Kinder bei den Aeltern) Theophile 13, Alexandrine 9, Anna 8, Woldemar 3 Lutherisch

(Kinder außer Hause) 4 Söhne in Rußland Eugen 21 studiert in Dorpat; Eduard 18 Junker beim Inf. Reg. B.d.T.; Alexander 14 in der Akademie; Nicolas 11 im Pagencorps (Kinder außer Landes) obige in Rußland ihrer Heimath." [767]

Semesterferien

Carolines Sohn Friedrich Eugen machte während der Semesterferien im Sommer eine Reise nach Kurland: „In Mitau angekommene Fremde… den 2 Juny…Hr. Stud Denfer aus Dorpat, log. im Hôtel de Moscau". [768] Denkbar ist, daß der Besuch den Grafenthalschen Verwandten galt und Mitau ein Zwischenaufenthalt war. Auch sein Onkel Eugen kam wie schon erwähnt dieser Tage nach Mitau angereist: „1838 In Mitau angekommene Fremde: den 6ten Juny… Hr. Major v. Denffer aus Talsen, log. b. Wittwe Köhler." [769]

Jedenfalls lernte der Student so aus eigener Anschauung die Hauptstadt des Gouvernements Kurland kennen, aus dem sein Vater stammte.

„In Mitau lebten im J. 1838 10,734 männliche, 10,227 weibliche Erwachsene und 7225 Kinder, überhaupt 28,180 Einwohner in 785 Häusern, von welchen 70 steinerne

---

[767] Mannheim Stadtarchiv, Familienbögen 1760-1900.
[768] Mitauische Zeitung 6.6.1838, 234.
[769] Mitauische Zeitung 9.6.1838, 240.

und 709 hölzerne waren. Zu diesen Einwohnern sind 1533 dienstthuende Soldaten, 50 Soldatenkinder, 62 verabschiedete Soldaten gezählt... - Zur 1. Gilde gehörte 1, zur 2. Gilde 79 zur 3. Gilde 204 Christliche Kaufleute; Hebräische dagegen 3 zur I. Gilde, 2 zur 2. und 14 zur 3. Gilde. Im Burgeroklad waren 13,019 Christen und 6301 Hebräer verzeichnet. - Beamte waren 561, Hebammen 7 und Lehrer 50. - Getraut wurden 18 Paare Griechisch-Russischer Konfession, 250 Paare Lutherischer, Reformirter und Catholischer Confession, 40 Paare Mosaischen Glaubens. Geboren sind überhaupt 1021 Kinder und gestorben 697 Personen. Man nimmt an, daß in Mitau 52,815 Tschetwert [770] Mehl angeführt und davon 12,171 Tschw. in der Stadt selbst verbraucht wurden; daß die Fleischer daselbst 1303 Ochsen, 615 Kühe, 9849 Kälber, 9485 Schafe, 285 Schweine und 478 Ferkel schlachteten, das vom Lande eingebrachte kleine Vieh und Geflügel nicht mitgerechnet, und daß ungeachtet des Mäßigkeitvereins doch 25,000 Wedro [771] Branntwein eingeführt und vertrunken wurden. - Aus den Kronswäldern waren 1770 Faden [772] Brennholz von 7 und 518 Faden von 8 Fuß [773] angeführt, das von Privatgütern gebrachte nicht gerechnet." [774]

„In Mitau sind 22 Advocaten, 15 Aerzte, 3 Apotheker, 39 Lehrer, 11 Lehrerinnen und 997 Schulkinder. Handwerker lebten im J. 1838 daselbst 1292, und darunter 258 Schuhmacher, 267 Schneider, 55 Schlachter, 33 Bäcker, 6 Müller, 68 Maurer, 24 Zimmerleute, 18 Schmiede, 12 Schlosser, 48 Tischler, 7 Instrumentenmacher, 17 Töpfer, 15 Stellmacher, 14 Drechsler, 11 Sattler, 3 Riemer, 6 Gerber, 22 Silberarbeiter, 20 Maler, 24 Uhrmacher, 24 Buchbinder, 8 Böttcher, 8 Gürtler, 8 Kupferschmiede, 6 Glaser, 6 Hutmacher, 2 Perrückenmacher, 6 Nadelmacher, 6 Seifensieder, 4 Knopfmacher, 4 Schornsteinfeger, 4 Faßbinder, 9 Handschuhmacher, 1 Bandagist, 9 Stuhlmacher, 1 Korbmacher, 41 Klempner, 44 Mützenmacher, 9 Petschierstecher, 9 Pfeifendrechsler, 14 Lackirer, 2 Parapluimacher. - In den Gefängnissen Mitaus befanden sich im J. 1838 1157 männliche und 229 weibliche, überhaupt 1389 Individuen, und von diesen wegen Mord (1 m. 1 w.) 2, wegen Brandstiftung (1 m. 1 w.) 2, wegen Diebstahl und Betrug (324 m. 69 w.) 393, wegen Ungehorsam und Widerspenstigkeit

---

[770] Russische Maßeinheit, ein Tschetwert entsprach ca. 200 Litern bzw. 1,5 Tonnen Getreide.
[771] Russische Maßeinheit, „Eimer", ca. 12,5 Liter.
[772] Längenmaß ca. 1,9 Meter; Raummaß für Holz, ca. 3 bis 4 Kubikmeter.
[773] Längenmaß, ca. 30 cm.
[774] Das Inland 23.8.1839, 540 f.

(65 m. 16 w.) 81, wegen Entlaufens 62 m., wegen Contrebande (11 m. 3 w.) 14, wegen Schulden 73 m., wegen Schlägerei (46 m. 1 w.) 47, wegen Straßenbettelei (46 m. 8 w.) 55, wegen Umhertreibens ohne Paß (528 m. 129 w.) 657. Unter 16 Jahren waren von den genannten Gefangenen (192 m. 37 w.) 139, 16 bis 20 Jahre (350 m. 76 w.) 426, 25 bis 35 J. (282 m. 65 w.) 347, 35 bis 59 J. (280 m. 39 w) 319, über 50 Jahre (l43 m. 12 w.) 155 Individuen. In der Stadt selbst wohnten von diesen (267 m. 79 w.) 346." [775] Mitau war zwar die größte Stadt Kurlands, doch mit Friedrich Eugens Studienort Dorpat oder gar Petersburg natürlich nicht zu vergleichen.

Sein jüngster Bruder Woldemar hielt sich mit Mutter Caroline und den Schwestern in Deutschland auf, die drei anderen Brüder Eduard, Alexander und Nicolai waren in Russland geblieben. Augusts Frau Caroline trug beim Ausfüllen ihrer Anmeldung in Mannheim zu „Kindern außer Hause" ein: „… Eduard (Alter) 18 Junker beim Inf. Reg. B.d.T…" [776] Ihr zweitältester Sohn hatte sich also nach Beendigung der Ingenieur-Korpus Schule für das Militär entschieden und kam in das „Karabinier-Regiment Barclay de-Tolly", ehemals 2. Karabinier-Regiment, das bei Nowgorod kantonierte. [777] Die Benennung „Karabinier" erhielten Truppen, die den „Karabiner" verwendeten, ein besonderes Gewehr, das kürzer und deshalb leichter zu handhaben war als die übliche Muskete.

Nach derselben Mannheimer Eintragung 1838 war „Alexander 14 in der Akademie…" [778] In Moskau hatte der Pastor 1823 in das Kirchenbuch geschrieben „d. 11ten Sept. habe ich getauft des Obristen und Ritters August von Denffer Sohn, welcher ihm von seiner Ehefrau Caroline Schmelzer den drey und zwanzigsten August (die)ses Jahres geboren wurde. Pathen des Kindes sind 1. Der Oberst Baron Roman Ixcüll 2. Die Frau Kollegien-Rathin Pomeranzoff. Das Kind erhielt den Namen Alexander." [779]

Auch ein Taufschein ist erhalten „Taufschein den drey und zwanzigsten August des Jahres Ein Tausend Acht Hundert und Drey und Zwanzig wurde dem Herrn Obristen und Ritter August von Denffer von seiner Ehefrau Caroline geborene Schmelzer ein

---

[775] Das Inland 30.8.1839, 559 f.

[776] 4. Juni 1838, Mannheim Stadtarchiv, Familienbögen 1760-1900.

[777] Allgemeine Zeitung (München) 29.9.1826, 1088; Preußische Wehr-Zeitung 16.9.1852, 2722.

[778] Mannheim Stadtarchiv, Familienbögen 1760-1900.

[779] KB Moskau Petri 1823, Zentrales Historisches Archiv Moskau 609/1/21 n 5505; Denfer, H. v.: Grundstein zu einer Geschichte der Familie von Denffer, Batum 1906, 59.

Sohn geboren, welcher den 11ten September desselbigen Jahres getauft wurde. Pathen des Kindes sind 1. Der Obrist Baron Roman Ixcüll 2. Frau Kollegien-Rathin Pomeranzeff. Das Kind erhielt den Namen Alexander. Auf Verlangen wird solches attestiert, und zu … Beglaubigung das Insiegel meiner Kirche beigefügt. Moskau am 25sten Februar 1827. Friedrich Göring Pastor an der evangelischen St. Petri Poalen Kirche" [780]

※

In der Akademie

Zugegeben, bevor ich im Juli 1997 zum ersten Mal nach Kiew kam, wußte ich nicht, wer Taras Schewtschenko war. Damit bin ich aber sicher nicht allein. Wäre ich in der DDR aufgewachsen, hätte ich es vermutlich in der Schule gehört: Schewtschenko war der Nationaldichter der Ukraine. Seinen Namen trug der „Bulwar Taras Schewtschenko" in der ukrainischen Hauptstadt. Diese große Straße nahm ihren Anfang unweit meines Hotels am „Siegesplatz" - Ploscha Peremogi oder Pobodi. An ihrem Ende begann die Hauptstraße „Chreschatik" der Stadt. Nun gut, man kann nicht alles wissen und nicht jeden kennen, und ohnehin hat jedes Land seinen größten Dichter und jede Hauptstadt eine große Straße mit dessen Namen…

Mir war es eine überraschende Entdeckung, festzustellen, daß der 14jährige Alexander nicht etwa, wie man annehmen sollte, eine Militärakademie besuchte, sondern die Akademie der Schönen Künste in Petersburg. Noch überraschender war es, ihn dort als Mitschüler von Taras Schewtschenko zu wissen, eines Leibeigenen, der zum berühmten Maler und vor allem zum ukrainischen Nationaldichter wurde. Schewtschenko, aus einem kleinen Dorf im Gouvernement Kiew, war neun Jahre älter als Alexander. Mit seinem Gutsherrn war er 1831 nach Petersburg gekommen, wo er sich künstlerisch betätigen und bilden durfte, Förderer fand und sich schließlich freikaufen konnte. Seit 1838 Schüler der Kunstakademie, verdiente er seinen Unterhalt durch Malerei und veröffentlichte auch bald Gedichte. [781]

Der ukrainische Literaturwissenschaftler Ewgen Prochorowitsch Kiriljuk hat in seinem Werk „Taras Schewtschenko. Dokumente und Materialien zur Biographie" mitgeteilt: "Denfer Alexander Augustowitsch (1813-1844) - russischer Amateur-

---

[780] Nachlaß Dietrich v. Denffer.
[781] Obrist, J.G.: Taras Grigoriewicz Szewczenko, ein kleinrussischer Dichter, Czernowitz 1870, XVII-XXIV; Jensen, A.: Taras Schewtschenko, Wien 1916, 3-14.

Künstler, besuchte gleichzeitig mit T. G. Schewtschenko den Zeichenunterricht der Akademie der Künste." [782] Alexanders Geburtsjahr war, wie schon mitgeteilt, 1823, nicht 1813, wie irrtümlich bei Kiriljuk.

Kiriljuk gibt zahlreiche Dokumente wieder, [783] in den folgenden werden sowohl Schewtschenko als auch Denfer genannt, es sind hauptsächlich Listen der monatlichen Prüfungen im Zeichnen nach der Natur. Die Namen der Schüler sind nicht alphabetisch geordnet, sondern mit absteigenden Nummern versehen, oft erst mit Nr. 3 beginnend. Die jeweils vergebenen Nummern scheinen den Rang der Schüler anzuzeigen. Von Ausnahmen abgesehen, schnitt Schewtschenko besser ab als Denfer, der meist im Mittelfeld lag. Lediglich Ende 1841 und Anfang 1842 war er vor Schewtschenko, der vielleicht auch deshalb zurückfiel, weil er sich zunehmend mit Dichtung und Literatur befasste.

Schewtschenko und Denfer nahmen an den folgenden monatlichen Zeichenprüfungen teil und erhielten die jeweiligen Nummern:

No 43. 1839, Oktober 28. (Zeichnen) nach der Natur (27 Teilnehmer)… 7. Schewtschenko… 30. Denfer; No 45. 1840, März 2. (Zeichnen) nach der Natur (21 Teilnehmer)… 7. Schewtschenko… 13. Denfer; No 47. 1840, April 3. (Zeichnen) nach der Natur (23 Teilnehmer)… 17. Schewtschenko… 19. Denfer; No 51. 1840, Mai 4. (Zeichnen) nach der Natur (28 Teilnehmer)… 4. Schewtschenko… 18. Denfer; No 58. 1840, August 31. (Zeichnen) nach der Natur (25 Teilnehmer)… 7. Schewtschenko… 14. Denfer; No 64. 1840, Dez. 24. Zeichnen nach der Natur (25 Teilnehmer)… 5. Schewtschenko… 15. Denfer. [784]

Sowohl Taras Schewtschenko als auch Alexander Denfer bewarben sich darum, ab 1841 an fortgeschrittenen Kursen teilnehmen zu dürfen. Beide wurden zugelassen

[782] Kiriljuk, E.P. (Hg.): Taras Schewtschenko. Dokumenti ta materiali do biographii, Kiew 1982, Namenverzeichnis. Vgl. http://litopys.org.ua/shevchenko/docum10.htm
[783] Zugänglich durch die „WaybackMachine" des „InternetArchive" https://web.archive.org/web/20131017125323/http://izbornyk.org.ua/shevchenko/docum02.htm
Dokumente Nr. 65 und Nr. 66 auch unter https://ua-kobzar.livejournal.com/73951.html
[784] Die voranstehenden Nummern sind die der von Kiriljuk mitgeteilten Dokumente, die Signaturen sind die des Leningrader Russischen Staatlichen Historischen Archivs der Sowjetunion, ukrainisch RDIA (Rossisjskij Derschawnij Istoritschnij Archiw - russisch RGIA) SRSR (Sojus Sowjetskich Sotsialistitscheskich Respublik): 789/19/723,32; 789/19/723,38; 789/19/723,39; 789/19/723,41; 789/19/723,45; 789/19/723,53.

aber auch aufgefordert, ihr Können im Bereich des architektonischen und perspektivischen Zeichnens zu verbessern:

„No 65. 1841, Januar 10. Aus dem Journal der Akademie der Künste über die Erlaubnis zur Teilnahme am Kunstunterricht für Taras Schewtschenko und andere Schüler der Akademie. Am 10. Januar 1841… in der Sitzung des Rates der Kaiserlichen Akademie der Künste… Sohn des Geheimrats Alexander Denfer (laut Eintragungsbuch Nr. 1401);… Freigelassener Taras Schewtschenko (laut Eintragungsbuch Nr. 1753);… legen Dokumente über ihre Herkunft und ihre Zeichnungen vor und bitten darum, als freie Schüler in die Akademie aufgenommen zu werden… die oben genannten Personen… Denfer… Taras Schewtschenko… haben gute Erfolge im Zeichnen nach dem Leben und in der Kunst, haben auch ausreichende Kenntnisse in den Wissenschaften, so nehmen wir sie als freie Schüler der Akademie in die Naturklasse auf, erlauben ihnen, den Kunstunterricht zu besuchen und… Kurse der Anatomie und Theorie der schönen Künste zu hören …

Aus dem Kunstunterricht von Scharkow… Schewtschenko… zu Professor Brjullow… Denfer… zu Professor Basin… Darüber hinaus ist notwendig eine Verbesserung im architektonischen und perspektivischen Zeichnen als Bedingungen für Ausbildung in den Künsten zur unentbehrlichen Pflicht für die Schüler zu machen… Denfer… Schewtschenko… besuchen neben anderen Klassen die Kurse für Perspektive und Zeichnen der Architekturordnungen, so dass sie, nachdem sie alle Architekturordnungen und perspektivischen Zeichnungen korrekt gezeichnet haben, diese mit der Bescheinigung der Lehrer der angegebenen Klassen nach Ermessen des akademischen Rates spätestens innerhalb eines Jahres vorlegen…" [785]

„No 66. 1841 Januar 28. Zeichnen nach der Natur (39 Teilnehmer)… 5. Schewtschenko… 18. Denfer; No 67. 1841, 22. März. Zeichnen nach der Natur (39 Teilnehmer)… 7. Schewtschenko… 19. Denfer; No 68. 1841, 10. Mai. … Zeichnungen und architektonische Kompositionen Zeichnen nach der Natur (30 Teilnehmer)… 8. Schewtschenko… 11. Denfer; No 69. 1841 Mai 31. Zeichnen nach der Natur (38 Teilnehmer)… 8. Denfer… 25. Schewtschenko." [786]

---

[785] RDIA 789/19/1682,9-24.
[786] RDIA 789/19/723,56; 789/19/723,61; 789/19/723,63; 789/19/723,66.

Im ersten Halbjahr 1841 kam es offenbar zu Problemen, die etwas mehr als die Hälfte der Teilnehmer am Anatomie-Kurs betrafen, zu dem Schewtschenko und Denfer erstmals zugelassen worden waren:

„No 73. 1841 Juli 8. Beschluß des Rates der Akademie der Künste über den Bericht des Anatomieprofessors I. W. Bujalskij… 4. Nach dem Bericht des Anatomieprofessors Bujalskij (laut Eintragsbuch Nr. 781), der mitteilt, daß er Ende Januar diesen Jahres begann, den Schülern Anatomie des menschlichen Körpers vorzutragen, eine kurze allgemeine Anatomie und Osteologie beendete… Bei der von ihm durchgeführten Prüfung waren… (21 Teilnehmer)… Moritz Webel und Alexander Denfer nicht bereit zur Prüfung… (24 weitere, darunter) Taras Schewtschenko erschienen nicht zur Prüfung… Beschluß: … den Herrn Inspektor zu beauftragen, Erklärungen von den Studenten einzuholen, die nicht an der Prüfung teilgenommen haben, warum sie nicht erschienen sind, und dem Akademischen Rat über die anschließende Prüfung Bericht zu erstatten…"[787]

Was sich daraus ergab, bliebe zu klären. Einen Eindruck vom Unterricht in der Akademie vermittelt eine Szene „Über Vorträge in Anatomie" aus dem betreffenden Jahr 1841. Die Bleistiftskizze Schewtschenkos zeigt den stehenden Dozenten vor sechs Studenten in Uniform, die ziemlich entspannt beieinandersitzen und ohne Schreib- oder Zeichenutensilien den Vortrag hören.[788]

„No 77. 1841 Oktober 4. Zeichnen nach der Natur…(35 Teilnehmer)… 14. Denfer… 27. Schewtschenko; No 78. 1841 November 1. Zeichnen nach der Natur… (39 Teilnehmer)… 27. Denfer… Malen nach der Natur… (10 Teilnehmer)… 6. Schewtschenko; No 79. (1841) November 28. Zeichnen nach der Natur… (39 Teilnehmer)… 5. Schewtschenko… 21. Denfer; No 82. 1841 Dezember 23. Zeichnen nach der Natur… (49 Teilnehmer)… 14. Denfer… 19. Schewtschenko; No 84. 1842 Januar 31. Zeichnen nach der Natur… (59 Teilnehmer)… 8. Denfer… Malen nach der Natur… (11 Teilnehmer)… 11. Schewtschenko; No 85. 1842 Februar 26. Zeichnen nach der Natur… (53 Teilnehmer)… 10. Denfer… 17. Schewtschenko."[789]

---

[787] RDIA 786/19/106, 70.
[788] https://ua-kobzar.livejournal.com/79251.html
[789] RDIA 789/19/723, 71; 789/19/723, 73; 789/19/723, 76; 789/19/723, 78; 789/19/723, 81-82; 789/19/723, 84-85.

Diese Dokumente haben das Wissen über Alexander etwas erweitert und jedenfalls verändert. Allerdings ergeben sich nun weitere Fragen: Konnte er, wie gefordert, bis zum Jahresbeginn 1842 die Verbesserung seines architektonischen und perspektivischen Zeichnens nachweisen? Warum nahm er nicht an der Anatomie-Prüfung teil? Wann verließ er die Akademie? Im Frühjahr 1842 jedenfalls stand sein Abschluß offenbar noch nicht bevor. Wenn die spätere Mitteilung „War Offizier" [790] zutrifft, mit welchem Rang trat er ins Militär ein und in welche Truppe? Dies ließe sich eventuell durch Recherchen in russischen Archiven klären, doch sind Möglichkeiten dafür derzeit nicht gegeben. Anderes wird wohl nicht mehr zu erfahren sein, wie etwa: Hatten Alexanders Eltern schon von Schewtschenko gehört, der in Petersburg bereits bekannt wurde, bevor ihr Sohn in die Akademie kam? Haben sie vielleicht auch, wie manche Petersburger, Schewtschenko unterstützt, damit das Geld zusammenkam, ihn freizukaufen? Selbst Angehörige der Zarenfamilie sollen ja dabei geholfen haben. [791] Was bedeutete es für den „Sohn des Geheimrats" neben einem, wenn auch, so doch erst kürzlich, „Freigelassenen", Sohn eines Leibeigenen, zu sitzen? Wie gingen sie miteinander um?

Sicher ist indes, daß Alexander mehr Zeit seines kurzen Lebens in der Kunstausbildung als beim Militär verbracht hat. Dies wurde offenbar in der Erinnerung schon bald verdeckt. Überhaupt sind die verschiedenen Datenangaben zu ihm einigermaßen verwirrend. Im „Grundstein" heißt es „† am 7. Nov. 1844 zu St. Petersburg, beerdigt auf Wolkowo (St. Annen)", in „Peterburgskij Nekropol" irrtümlich „geb. 1813" und bestattet „Wolkowo Lutherischer Friedhof". Böhm gibt zunächst an: „Denffer Alexander (geboren) 1813 (verstorben) 7.11.1835", später „07.11.1844" und ergänzt zudem noch unter (Gemeinde) „Cath(arinen)" sowie (Stand, Beruf) „aus der medizinische Akademie" (sic!). [792] Letzteres dürfte eine Verwechslung mit der „Akademii Mistetstvo", d.h. „Akademie der Künste" sein. Auch weckt es Zweifel am Hinweis im Grundstein „War Offizier". [793]

---

[790] Denfer, H. v.: Grundstein zu einer Geschichte der Familie von Denffer, Batum 1906, 59.

[791] Jensein, A.: Taras Schewtschenko, Wien 1916, 12.

[792] Denfer, H. v.: Grundstein, 59; Michailowitsch, Nikolai: Peterburgskij Nekropol, St. Peterburg 1912, II, 37; Böhm, B.: Wolkowo lutherischer Friedhof St. Petersburg, St. Petersburg 1998, 44; 2003, II, 445; 2004, III, 84.

[793] Denfer, H. v.: Grundstein, 59.

Unklar ist auch, wen das schon erwähnte farbige Halbporträt des etwa 15Jährigen mit braunem Haar und blauen Augen in dunkelgrüner Uniformjacke zeigt, Friedrich Eugen oder seinen Bruder Alexander, und ob es möglicherweise ein Selbstporträt ist. Im „Grundstein" ist zu Friedrich Eugen angemerkt „Sehr bedeutendes Maltalent." [794] Hat man vielleicht die beiden Brüder miteinander verwechselt? War mit dem „Maltalent" Alexander gemeint, der die Kunstakademie besuchte?

✳

Im Pagencorps

Bei ihrem Aufenthalt in Mannheim hatte Caroline am 4. Juni 1838 zu ihrem vierten Sohn in Russland angegeben: „Nicolas 11 im Pagencorps." [795] Seinem Vater August, seit 1834 Geheimrat [796] und Senator, war es gelungen, Nicolai dort zur Erziehung unterzubringen. Das wird Ende 1837 gewesen sein, als August die Revision im Gouvernement Saratow begann und Nicolai nicht, wie seine Geschwister, von der Mutter auf die Reise mitgenommen worden war, sondern in Petersburg verblieb.

„Die Schule, in welcher den jungen Leuten für den elegantesten Hof der Welt diejenigen eleganten Kenntnisse und feinen Sitten gelehrt werden, die sie nöthig haben, um als Pagen des Kaisers und der Kaiserin fungiren zu können, befindet sich auf der Gartenstraße, dem Bankgebäude gegenüber in einem magnifiken Palaste, dem sogenannten Pagencorps. Es werden hier 130 junge Leute, die Elite der Jugend des ganzen Reichs, mit den Feinsten Extracten der Wissenschaften und Künste genährt. Es sind die Söhne der Minister, Marschälle und der ersten Häupter des Reichs. Um Aufnahme zu erhalten, ist als geringster Grad Generallieutenantsrang des Vaters erforderlich. Mit dem zwölften Jahre werden die jungen Leute aufgenommen und mit dem achtzehnten Jahre entlassen. Alle Jahre werden ungefähr zwanzig zu ihren ritterlichen Diensten im kaiserlichen Palaste, wo ihrer beständig fünfzehn *de jour* sind, entlassen. Es ist diese Schule vielleicht die eleganteste in Europa, denn sie giebt an Pracht der äußeren Erscheinung dem kaiserlichen Palais selbst nicht viel nach. Kaiser Paul bestimmte das Haus zur Aufnahme der Johanniterritter, die aber weder in Malta, noch in Rhodos,

---

[794] Denfer, H. v.: Grundstein zu einer Geschichte der Familie von Denffer, Batum 1906, 58.
[795] Mannheim Stadtarchiv, Familienbögen 1760-1900.
[796] Die Rangklasse (tschin) Drei „Geheimrat" (Tajnj sowetnik) im Zivildienst entsprach dem „Generalleutnant" (General-porutschik) im Militär.

noch in Jerusalem jemals ein so großes Palais besessen haben, als ihnen hier kurz vor ihrer Auflösung zu Theil wurde. Die Kapelle des Ordens liegt in der Nähe des Gebäudes und trägt die Aufschrift: „Divo Joanni Baptistae Paulus Imperator Hospit. Magister." Diese Kirche ist noch mit den Kreuzen, Wappen und Farben der Ritter ganz so ausgeschmückt, wie Paul dieß besorgen ließ; auch steht hier noch sein goldener Thron, auf dem er den Versammlungen des Ordens beiwohnte. Noch jetzt wird hier beständig katholischer Gottesdienst gehalten." [797]

※

Neander und Seraphim

In Talsen, wo Jeannots Bruder Eugen lebte, starb eine Schwester der beiden: „Am 20. Dezember neun einhalb Uhr Abends verstarb Theophile Marie verwittwete Pastorin Neander, geborne von Denffer, adligen Standes wurde am 27. Dezember Nachmittags begraben, Geburtsort Wixtrauten Alter 57, Krankheit Brustübel Ehestand 7 Jahre, 2 Kinder beide tot." [798]

Maria Gottliebe (Theophile) war Eugens und Jeannots zweitälteste Schwester, nach anderer Angabe 1778 geboren. Sie heiratete 1796 in Doblen Christoph Friedrich Neander (1762-1803), Pastor zu Grenzhof.

Die verwittwete Pastorin Theophile Neander war beim Mitauschen Oberhofgericht in einer wohl Neanderschen Erbangelegenheit tätig geworden, [799] Am 10. Aug. 1821 war sie Taufzeugin bei Bertha Gottlieb Thekla, der Tochter ihres Bruders Jeannot [800] und 1824 mit ihrer Tochter bei der Taufe von dessen Sohn Johann Otto Eugen. [801]

Nach Seuberlich hatten die Eheleute Neander zwei Töchter, Amalie Emilia Charlotte Auguste 1797-1807 und Ulrike 1799, gestorben vor 1838. [802] Offenbar war Seuberlich eine dritte Tochter unbekannt geblieben. In das Kirchenbuch Mesothen hatte 1819 der schon erwähnte Pastor Winkelmann eingetragen: „71. Dom. Cantate Emilia Neander hier unterrichtet von mir, auf Bitte ihrer Mutter, und confirmirt am 8ten

---

[797] Kohl, J.G.: Petersburg in Bildern und Skizzen, Dresden 1841, II, 345; 1845, III, 359 ff.
[798] KB Talsen Verstorbene 1838, Nr.7.
[799] Mitausches Intelligenz-Blatt 25.3.1821.
[800] KB Mitau Trinitatis Taufen 1821, Nr. 44.
[801] KB Sallgalln 1824 Nr. 103.
[802] Seuberlich, E.: Stammtafeln Deutsch-Baltischer Geschlechter. II. Reihe, Leipzig 1827, Neander 353.

October. Sie ist die eheleibl. Tochter des weyl. Grenzhöfschen Pastors Neander und dessen Ehegattin gebohrne Denffer, welche meines seel. Schwiegervaters Schwestertochter ist." [803]

Emilie war seit (1. Jan.) 1824 [804] verheiratet mit Ferdinand Seraphim (1799-1871), Actuar [805] des Hauptmanngerichts in Talsen und hatte zwei Töchter, „Maria Theophile Seraphim * 28.3.1828 getauft 10. Mai Zur Taufe gehalten von der Großmutter Frau Pastorin Neander"... [806] Das Kind starb bald: "Dom 24 p Tr.... Marie Theophile 1 ½ J.a., Tochter des Tals. Actuar Seraphim, schwach u kränkl." [807] Auch die Mutter lebte nicht mehr lange. Im Kirchenbuch Talsen 1832 steht „Emilie Seraphim geb. Neander, 32 J. a. am 20ten Septbr gestorben. Sie war 8 J. verheirathet und hinterläßt ein Kind." [808] Dieses Kind, die zweite Enkelin von Jeannots Schwester Maria Gottliebe, hieß Johanna Seraphim, in Talsen geboren 3. April 1830, getauft 26. Juni, unter den Taufpaten kein Denffer. [809] Sie starb 1883 unvermählt Talsen. [810]

Saratow

Caroline hielt sich mit den jüngeren Kindern weiterhin in Deutschland auf. Am 5. Nov. 1838 hatte sie brieflich an Carl Westhoff, den Prediger der lutherischen Gemeinde Nijmwegen, die Bitte gerichtet, behilflich zu sein, Nachforschungen über die Herkunft der Denfferschen Familie anzustellen, die sie in Geldern vermutete. Westhoff schrieb ihr am 3. Dezember zurück, daß er in holländischen Unterlagen gesucht habe und „daß über die Familie Denffer leider nichts aufgefunden werden könne." Sein abschließender Satz betraf Carolines Aufenthalt in Deutschland: „... sey es nun,

---

[803] KB Mesothen Confirmirte 1819.

[804] Nicht im KB Talsen 1824.

[805] Gerichtsschreiber.

[806] KB Talsen 1828 fol. 271

[807] KB Talsen Verstorbene 1829 fol. 325.

[808] KB Talsen Verstorbene 1832 fol. 417.

[809] KB Talsen Getaufte 1830, fol. 332.

[810] Denfer, H. v.: Grundstein zu einer Geschichte der Familie von Denffer, Batum 1906, 38; Lieven, A. v.: Curländische und Piltensche Landesbeamte, Mitau 1914, 215; Baltische Ahnen- und Stammtafeln 43 (2001) Stammfolge Seraphim, 150). Nicht im KB Talsen Verstorbene 1883.

daß Sie noch länger in den Rheingegenden verweilen oder daß Sie dem im fernen Osten thätigen Gatten sich wieder zuwenden sollten…" [811] Damit ist Augusts Aufenthalt in Saratow angesprochen, wohin er 1837 zwecks der Revision versetzt worden war, die er 1838 durchführte. Diese Versetzung aus dem vielleicht noch einigermaßen erträglichen Petersburg in das noch weiter abgelegene Saratow - „im fernen Osten" - mag Caroline bewegt haben, Russland zu verlassen und nach ihrer Heimat zurückzukehren, vielleicht nicht zuletzt auch, um ihren Kindern das Leben in der russischen Provinz zu ersparen, denn sie nahm später einige ihrer Kinder mit. Sie sind, wie ihre Mutter, schließlich in Deutschland geblieben, während August weiter in Russland lebte.

Aus Saratow stammte Nikolaj Gawrilowitsch Tschernischewski (1828-1889), Sohn eines Priesters, der in seinem Buch „Was tun?" mit der Figur des Rachmetow das Idealbild des russischen Revolutionärs zeichnete. Seine Schilderung der offenbar äußerst unangenehmen Verhältnisse im Gouvernement Saratow läßt erahnen, weshalb August nicht von seiner Familie begleitet wurde:

„Die Stationen an den „Poststraßen" waren hässliche, schmutzige, verfallene Verschläge, ohne Stühle, ohne Tische, außer einem erbärmlichen, nach Fäulnis und Schmutz stinkenden aus Kieferbrettern mit einer Axt zurechtgehauenem Tisch zum Essen und Trinken. An den „Kutschstraßen" gab es „Gasthäuser" - manchmal aus gutem Holz gebaut, stabil, ohne Durchzug… aber schmutzig und stickig bis zur Unerträglichkeit; nicht so stinkend, wie die „Stationen", sondern ordentlich nach Bauernart, d.h. mit zentimeterdickem Schmutz überall, mit schwer zu atmender Luft vom erdigen Schlamm, vom Dreck, von den Stiefeln, von den Schaffellmänteln und dem Pferdegeschirr. Deshalb war für Reisende, die es gewohnt waren, ordentlich zu leben, das einzig Erträgliche die Häuser des Klerus, einiger Küster, Diakone, aber alle zu arm und beengt. Selbst als ich ein Kind war, zogen die Reisenden in abgelegenen Gegenden von einem Priesterhaus zum anderen... Mein Vater, der in der ganzen Provinz Saratow herumreiste und meine Fragen zur Geschichte des Landlebens beantwortete, sagte einfach und positiv, daß das Leben der Dorfbewohner seit der Zeit, als er die Region Saratow kannte, sich allmählich verbessert hat; „Gut oder nicht gut, jetzt

---

[811] Brief C. Westhoff an Caroline v. Denffer 3.12.1838, (Nachlaß Dietrich v. Denffer).

(um 1850), ist es immerhin viel besser als vor fünfzehn, noch mehr als vor dreißig Jahren." [812]

„Die Revision im Gouvernement Saratow durch den Senator A.U. Denfer beruhte auf der Anweisung vom 2. Dezember 1837, um Fälle von Mißbrauch bei lokalen Behörden, Verwaltungsstellen, Polizei und Gericht aufzuklären. Zur Untersuchung kamen unterschiedliche Angelegenheiten der örtlichen Behörden einschließlich Papierkrieg vor den Gerichten. Unterlagen dazu befinden sich im Russischen Historischen Staatsarchiv (RGIA). Die Aktensammlung im Archiv enthält 692 Vorgänge." [813] Darunter ist der Fall von Marfa Balandina „Über die Petition der Bäuerin Marpha Balandina zur Beschleunigung der Angelegenheit der Befreiung mit ihrem Mann aus dem Besitz des Gutsbesitzers Kutkin". [814] Des weiteren gibt es Unterlagen zu „Senator A.U. Denfer Inspektion von Bildungseinrichtungen der Provinz Saratow. Oktober 1838 - 23. März 1839" [815] sowie eine „Akte in Bezug auf Senator Denfer mit der Weiterleitung des Antrags der Saratow Kolonisten auf eine Vergrößerung des Landes 14. April 1838 - 28. Februar 1839", [816] aber auch durch die Revision neu entstandene Vorgänge wie die aus der Wirtschaftsabteilung des Innenministeriums „Über die Folgen der Prüfung durch Senator Denfer aus der Provinz Saratow 22. Dezember 1838" [817] oder „1838 Akte vom Finanzministerium zur Revision des Senators Denfer in Saratow". [818] Um die „Anstifter" von Bauernunruhen ausfindig zu machen, fuhr Senator Denfer mit dem Vizegouverneur von Saratow in das mehr als 200 Kilometer entfernte Städtchen Serdobsk. [819] Knapp 400 Kilometer südlich von Saratow lag das Städtchen

---

[812] Bistrow, S.: Topografija Saratowa I ego okrestnostej po wospominanijam N.G. Tschernischewskogo (Topographie von Saratow und seiner Umgebung nach den Memoiren von N.G. Tschernischewski 199 in: Tschernischewskij, N.G. Sbornik. Neisdannie teksti, stati, materiali wospominanija (Sammlung. Unveröffentlichte Texte, Artikel, Erinnerungsmaterialien), Saratow 1926, 197-205.
[813] RGIA Archivverzeichnis Fond 1378/1. Die Saratowsche Inspektion erwähnt neuerdings Bartsits, I.: Istorija gosudarstwennoj sluschbe rossii, Moskwa 2022, II/2, 158 (Geschichte des russischen Staatsdienstes).
[814] RGIA 1379/1/31 (4).
[815] RGIA 733/42/123.
[816] RGIA 383/3/403.
[817] RGIA 1287/45/1125.
[818] RGIA 560/7/768.
[819] Bulin, N.P.: Stranits schisni: iz istorii Serdobskoj organizatsii KPSS, 1961, 4.

Zarizyn, später Stalingrad und heute Wolgograd. Senator Denfer verhalf durch einen am 4. April 1839 höchstbewilligten Antrag im Senat das Anliegen des dortigen Stadtoberhaupts zu verwirklichen, dem Stadtmagistrat wegen der großen Entfernung zum Bezirksgericht die Zuständigkeit für bestimmte Leibeigenschaftsangelegenheiten zu übertragen. [820] Manche Vorgänge zogen sich noch über Jahre hin, so eine Akte von „1842 über verschiedene Unregelmäßigkeiten, die bei der Revision der Provinz Saratow durch Senator Denfer festgestellt wurden." [821]

Ein besonders eigenartiger Fall, mit dem August während seiner Zeit in Saratow in Berührung gekommen war, betraf die sogenannten „Milchtrinker".

Sektanti

Mit dem Ende des Dreißigjährigen Krieges hatten in Mitteleuropa die höchst unchristlichen Auseinandersetzungen über Religionsfragen einen gewissen Abschluß gefunden. Zur selben Zeit waren in der Orthodoxen Kirche Russlands üble Konflikte aufgekommen, als dort 1642 der Patriarch Nikon eine Reform durchsetzte. Im Wesentlichen betraf sie Einzelfragen des Ritus beim Gottesdienst, führte aber durch den Rückgriff auf byzantinisch-griechische Schriften auch zu einer gewissen Abkehr von der gewachsenen Tradition. In der Folge trennten sich 1666 die *Starowerzi*, d.h. die „Altgläubigen", von der nun reformierten Orthodoxie. Von dieser als *Raskolniki* (Schismatiker) abgelehnt hatten sie mehr als ein Jahrhundert Verfolgung zu erleiden. Die Kirche sprach ein Anathema [822] gegen die Anhänger des alten Ritus aus, und diese wiederum sprachen vom Kirchenoberhaupt als „Nikon dem Antichrist". Auch das Verhältnis von Kirche und Staat war berührt, denn die *Starowerzi* verweigerten es, den Zaren als Oberhaupt der Kirche anzunehmen. Zar Peter zwang seinen Untertanen das Abschneiden des Bartes auf, indem er eine „Bartsteuer" anordnete. Nicht zuletzt sollten damit die *Raskolniki* getroffen werden, deren Männer sich auch äußerlich durch das Festhalten an der alten Tradition der Barttracht auszeichneten. Sie

---

[820] Polnoie sobranije zakonow Rossijskoj imperii. Sobranije wtoroie tom XIV, Sankt Peterburg 1840, 345; Nr. 12199 (Vollständige Sammlung der Gesetze des Russischen Reiches. Zweite Sammlung, Band XIV).
[821] RGIA 1286/8/800.
[822] Kirchenfluch, Ausschluß aus der Gemeinschaft.

mußten die doppelte Steuer entrichten. Erst Katharina II. gewährte ihnen 1762 Glaubensfreiheit.

Etwa zu dieser Zeit waren in Russland weitere im Gegensatz zur Orthodoxie stehende Glaubensgemeinschaften aufgekommen. Während die „Altgläubigen" sich für die Bewahrer der eigentlichen Orthodoxie ansahen und sich im Grundsätzlichen von der orthodoxen Kirche wenig unterschieden, traten nun sehr deutliche Verschiedenheiten in theologischen Auffassungen hervor. Diese in Grundsatzfragen abweichenden Glaubensgemeinschaften nannte man kirchlicherseits und staatlicherseits „Sektanti". Zeitweilig waren sie übelster Verfolgung ausgesetzt, wurden bei Festhalten an ihren Überzeugungen grausam bestraft und manche von ihnen zu Tode geprügelt. [823] Am bekanntesten geworden sind die Duchoborzen, nicht zuletzt durch Leo Tolstoi, der ihre spätere Auswanderung nach Kanada unterstützte. Sie waren ursprünglich aus den weniger bekannten, doch nicht weniger bedeutenden Molokanen hervorgegangen.

Die Duchoborzen, d.h. „Geisteskämpfer", lehnten die äußeren Erscheinungsformen der Kirche einschließlich des Kreuzes, der Bilder, Rituale, Priester und Sakramente ebenso ab wie die Trinitätslehre und die Göttlichkeit Jesu. Auch die Bibel akzeptierten sie nicht als von Gott gegeben. Stattdessen wollten sie ihr Leben auf das Innere der Lehre Christi gründen, wie sie ihr Anführer Iwan Kapustin vermittelt hatte, der sich selbst einer Inkarnationsvorstellung nach als „Christus" sah. Zugleich vertraten sie die Ansicht von der Gleichheit aller Menschen. Sehr ungewöhnlich war ihre Vorstellung, „daß nicht allein Christen, sondern auch Juden, Muhamedaner und Heiden ins Himmelreich kommen." [824] Zwar erkannten sie den Zaren an und zahlten Steuern, bestritten jedoch den Vorrang der weltlichen Macht. Besonders auffällig war ihre Ablehnung von Gewalt bis hin zur Verweigerung des Kriegsdienstes, was sie, von Glaubensfragen ganz abgesehen, schon in einen in Konflikt mit dem Staat führen mußte. Zar Alexander I. mied weitgehend die Gewaltanwendung in der Auseinandersetzung mit den Sektierern. Er fragte: *„Convient-il à un gouvernement chrétien et civilisé de convaincre les hérétiques par les tortures, l'exil ou d'autres moyens cruels? L'Eglise*

---

[823] Vgl. Pech, T.: Die Molokanen. Ein Beitrag zur Sektenkunde und Kirchengeschichte Rußlands 212 ff., in: Riehl, W.H. (Hg.): Historisches Taschenbuch Fünfte Folge VIII. Jahrgang, Leipzig 1878, 203-237.

[824] Die Duchoborzen in Transkaukasien 244, in: Baltische Monatsschrift XI, Riga 1865, 240-250.

orthodoxe elle-même put-elle approuver les mensures de persecution si contraires à l'esprit de son chef Jésus-Christ?" [825]

Zar Alexander zog es vor, die Sektierer zur Konfliktvermeidung zu isolieren und aus der Mitte Russlands in das neu eingenommene südliche Randgebiet Taurien umzusiedeln, dessen Bevölkerung ohnehin keine Russen waren. August von Haxthausen, der 1843/44 auf Einladung von Zar Nikolai I. Russland bereiste, gibt einen Hinweis darauf, wie man zu dessen Zeit mit den Sektierern umging: „Das Sectenwesen hat in Rußland seine Hauptsitze und Verbreitung in Sibirien, am Ural, in den nördlichen Landstrichen, im Gouvernement Saratow, und unter sämmtlichen Kosakenstämmen. Eine Art Mittelpunkt befand sich lange am großen Irgis im Gouvernement Saratow; dort bestanden 4 große Starowerzen-Klöster, die sich aus sogenannten Läuflingen, d. i. desertirten Soldaten, entlaufenen Verbrechern aus Sibirien und fortgejagten Priestern und Mönchen recrutirten. Man sendete im Jahre 1838 Militair dorthin, hob die Nester aus, und schickte Alles nach Sibirien." [826]

Seit der Französischen Revolution war es in West- und Mitteleuropa zu gesellschaftlichen Veränderungen gekommen, die sich auch in Russland bemerkbar machten. Deutlichster Ausdruck war der Aufstand vom Dezember 1825, den Zar Nikolaus I. zu Beginn seiner Herrschaft niederschlug, als ihm eine Gruppe Revolutionäre, vor allem Offiziere, den Eid verweigerte. Sie forderten eine konstitutionelle Monarchie und das Ende der Leibeigenschaft. Um die Stabilität der bestehenden inneren Verhältnisse Russlands zu stützen, formulierte Sergei Semjonowitsch Uwarow, seit 1833 Bildungsminister, die Grundsätze „Orthodoxie, Autokratie, Volkswesen" [827] erkennbar im Gegensatz zu „Freiheit, Gleichheit, Brüderlichkeit". Nicht nur die Dekabristen und andere Anhänger ähnlicher Ideen, sondern auch Abweichler von der Russischen Orthodoxen Kirche galten als staatsgefährdend, denn sie standen im Widerspruch zu dieser Staatsideologie. Die Menschen in Russland mit ihrem Wesen und Denken sollten vereinheitlicht, vereinfacht gesagt normiert werden auf die Russisch-Orthodoxe Kirche,

---

[825] Gehring, J.: Die Sekten der russischen Kirche, Leipzig 1898, 190. - „Ist es angemessen für eine christliche und zivilisierte Regierung, die Ketzer durch Folter, Exil oder andere grausame Mittel zu überzeugen? Konnte die orthodoxe Kirche selbst die Verfolgungsmaßnahmen gutheißen, die dem Geist ihres Oberhauptes Jesus Christus so widersprechen?"

[826] Haxthausen, August Frhr v.: Studien über die inneren Zustände, das Volksleben und insbesondere die ländlichen Einrichtungen Rußlands, Erster Theil, Hannover 1847, 361.

[827] „prawoslawie, samoderschawie, narodnost" (правосла́вие, самодержа́вие, наро́дность).

den Zaren und das Russe-Sein. Schon 1830 hatte Zar Nikolai I. per Dekret bestimmt, daß „schädliche Sektierer" wie die Duchoborzen und Molokanen nicht im Inneren Russlands ansässig verbleiben durften, sondern an den Rand des Landes umzusiedeln hatten, freiwillig oder erzwungen.

※

Die Milchtrinker

Die Glaubensgrundsätze der Molokanen waren dem Kirchenchristentum etwas weniger entfremdet als die der Duchoborzen. Doch ebenso wie diese stellten sie die Orthodoxie und damit die in Russland bestehende Ordnung überhaupt in Frage und galten damit gleichfalls als gefährliche Abweichler. Selbst nannten sie sich „wahre, geistige Christen", genannt wurden sie „Molokane", d.h. „Milchtrinker" oder „Milchesser", weil sie insbesondere an Fastentagen entgegen der orthodoxen Regel Milch oder Milchspeisen verzehrten. [828]

Der russische Historiker Nikolai Kostomarow, der den Blick statt auf die Staatslenker auf die einfachen Menschen, auf das Volk und *„narodnost"*, lenkte, berichtete als Zeitgenosse über die Molokanen, die er Ende der 1840er Jahre während seiner Verbannung in Saratow kennengelernt hatte. [829] Sie störten die öffentliche Ordnung insbesondere dadurch, daß sie sich gegen die Kirche als Institution und deren Rituale aussprachen. Ihre Gedankengänge lassen sich nachvollziehen, wenn man sich ihren Grundsatz zu eigen macht „Der Buchstabe tödtet, aber der Geist macht lebendig" [830], d.h. nicht das Wort ist bedeutsam, sondern der Sinn. Folglich werden die hergebrachten Formen der kirchlichen Religionspraxis und damit die orthodoxe Kirche als solche obsolet, und nach Ansicht der Molokanen „hat die von Christus gegründete Kirche nur bis zum 4. Jahrhundert bestanden und ist dann durch Erfindungen entartet. Daher muß man wieder auf das Urchristentum zurückgehen." [831]

---

[828] Pech, T.: Die Molokanen. Ein Beitrag zur Sektenkunde und Kirchengeschichte Rußlands 216, in: Riehl, W.H. (Hg.): Historisches Taschenbuch Fünfte Folge VIII. Jahrgang, Leipzig 1878, 203-237; Gehring, J.: Die Sekten der russischen Kirche, Leipzig 1898, 175.
[829] Hierauf stützt sich Pech.
[830] Pech, 218.
[831] Gehring, J.: Die Sekten der russischen Kirche, Leipzig 1898, 180.

Dort findet man: „Bei Christus sind alle seine Anhänger einander gleich und er selbst hat gesagt, „daß alle Brüder sind, und wer der erste sein will, soll aller Diener sein". Demnach braucht es zum Gottesdienst keine besonderen Priester oder Priesterweihen sowie keine Sakramente, denn „wir sind alle Priester..." [832] Auch „ist die Taufe, die Christus befiehlt, die Lehre von Christi Evangelium... Die Wassertaufe ist nur eine ceremonielle Vorstellung der Idee von der Erneuerung und Reinigung des Menschen durch die Lehre Christi. Die Taufe mit Wasser an sich allein ... kann nicht erlösen, kann nicht schützen vor bösen Werken, nicht vom Getauften die Strafe Gottes abwenden für seine bösen Thaten. Sonst würde es unter den Getauften keine Uebertreter der göttlichen Gebote geben..."

Ähnlich verwerfen die Molokanen die Zeremonien des Abendmahls und der Ölung: „Viele, obgleich sie zur Ceremonie gehen, werden doch davon nicht besser und hören nicht auf zu sündigen, andererseits sei es nöthig, Leib und Blut Christi geistig zu genießen, d. h. so zu denken, zu fühlen, zu handeln, wie Christus befiehlt..."

„Gegen das Sakrament der Beichte" führen sie an: „Wer ... aufgehört hat zu sündigen ... hat erkannt, daß die Sünde etwas Schlechtes ist; und für diese Erkenntniß und Besserung vergibt ihm Gott, wenn er auch seine Geheimnisse dem Priester nicht anvertraut hätte... Andererseits, wie kann der Priester vergeben und Absolution ertheilen, wenn er selbst, wie man oft sehen kann, noch schlimmern Lastern ergeben ist?"

Ebenso ist das Sakrament der Ehe ihrer Ansicht nach wirkungslos und die Unauflösbarkeit unangebracht, denn „Liebe und Einigkeit - das ist's, worin die Ehe besteht, aber nicht in der Ceremonie... wenn sich aber zwischen ihnen Liebe und Einigkeit nicht einstellt, so ist es besser, sie gehen aus einander; das ist allerdings nicht gut, aber nicht das ist nicht gut, daß sie auseinandergehen, sondern das, daß sich zwischen ihnen keine Liebe eingefunden hat." Zur Eheschließung genügt der Entschluß des Brautpaars und der Segen der Eltern unter Herbeiziehung von Zeugen. „Trauungsceremonien gibt es gar keine." [833]

Gegen den in der orthodoxen Kirche wichtigen Fastenbrauch sprechen sich die Molokanen nicht grundsätzlich aus, „aber sie wollen für das Fasten weder bestimmte

---

[832] Pech, T.: Die Molokanen. Ein Beitrag zur Sektenkunde und Kirchengeschichte Rußlands 218 ff., in: Riehl, W.H. (Hg.): Historisches Taschenbuch Fünfte Folge VIII. Jahrgang, Leipzig 1878, 203-237.
[833] Pech, 218 ff.

Zeiten im Jahre, noch die Auswahl dieser oder jener Speise anerkennen... und das Fasten soll in vollständiger Enthaltsamkeit vom Essen mehrere Tage lang oder wenigstens in so wenig Essen bestehen, daß der Mensch nicht geradezu vor Hunger stirbt...

Die Molokanen meiden Schweinefleisch ... Zwiebel und Knoblauch... Am meisten aber den Wein... weil der Wein den Verstand beschwert und den Menschen in einen unnatürlichen Zustand bringt. Das Rauchen des Tabacks... wird auch nicht gebilligt, weil der Taback bewußtlos macht." [834]

Besonderen Einfluß auf die Lebensführung bewirken zudem die Ansichten zur Arbeit, zum Zeitvertreib, Reichtum und Luxus. „Die Arbeit ist nach ihrer Meinung für den Menschen nothwendig, wie Brot und Luft; sie gibt nicht nur die Mittel zum Leben, sondern schützt auch vor Ausschweifung und Lastern, deshalb sehen die Molokanen auf die Arbeit, wie auf eine religiöse Pflicht." Sie „tadeln das Kartenspiel und überhaupt jedes Spiel, dessen Zweck Gewinn ist ... Trunkenheit, Spiel ist der Weg zu allen Lastern und allem was einem evangelischen Leben zuwider ist, Selbst die Unterhaltungen der Jugend, Gesang, Tanz, Reigen führen, wenn sie auch nicht verboten sind, werden doch von eifrigen Molokanen gemieden und für leere Zeitverschwendung gehalten..." [835]

„Die Molokanen billigen keinen Luxus und keine Auswählerei im Essen, in der Kleidung, noch überhaupt in der Lebensweise. Sie haben sich in der Beziehung eine solche Meinung gebildet: Wenn wir luxuriös leben und auf uns große Reichthümer verwenden, so werden wir eben damit dazu beitragen, daß sich unter unsern Nächsten die Armuth verbreitet. Alles Ueberflüssige, was wir uns selbst erlauben, nimmt unsern andern Brüdern das Nothwendige. Die Prunksucht macht uns gefühllos gegen die Nöthe anderer... Es ist hübsch, sagen sie, reich zu sein, aber der Reichthum soll zum gemeinsamen Nutzen unserer Brüder dienen und nicht zur Laune des Reichen; der Reiche soll darein sein größtes Vergnügen und Wohlergehen sehen, daß er mehr als

---

[834] Pech, T.: Die Molokanen. Ein Beitrag zur Sektenkunde und Kirchengeschichte Rußlands 229 f., in: Riehl, W.H. (Hg.): Historisches Taschenbuch Fünfte Folge VIII. Jahrgang, Leipzig 1878, 203-237.
[835] Pech, 231.

andere seiner Gemeinde nützlich sein kann, deshalb aber ist es nöthig, daß der Reiche ein einfaches Leben führt und nicht auf den Luxus passionirt ist." [836]

Für die Zeitgenossen mußten solche Ansichten und daraus folgendes Verhalten zumindest auffällig wenn nicht anstößig sein. Darüber hinaus war für die Kirchenleute besonders empörend die „Neigung, überall einen allegorischen Sinn zu suchen … In solcher Weise ist es für die Molokanen ganz gleichgültig, ob Christus wirklich von einer Jungfrau geboren wurde, Wunder that, den Kreuzestod erlitt und von den Todten wieder auferstand, oder ob dies alles nur eine erbauliche Fiction ist; die Folge für unsere moralische Fortentwickelung ist nach ihrer Meinung ganz dieselbe, denn der Zweck der christlichen Lehre ist die menschliche Vollendung, die zu erlangen gesucht werden muß in der Liebe zu Gott und den Menschen… Eigentlich verwerfen die Molokanen allerdings den historischen Theil der Heiligen Schrift nicht; sie wollen nur darlegen, daß sie das Wesen nicht in den Buchstaben, sondern in dem Sinn sehen… Ob es wirklich so geschehen ist, das ist nach ihrer Meinung eine historische, aber keine religiöse Frage… es liegt also durchaus keine Nothwendigkeit vor, daß das in den Evangelien Erzählte genau so vorgegangen sei, wie es erzählt wird; es genügt, wenn nur darin innere Wahrheit enthalten ist…"

Entsprechend denken die Molokanen über Legenden. Sie „verwerfen nicht die Verehrung der Mutter Gottes und der Heiligen, sondern treten nur gegen ihre förmliche Anbetung auf." [837]

Mit ihren Ansichten über „die Obrigkeit und die Gesetze" gerieten die Molokanen auch „in Widerspruch mit den Forderungen der bestehenden gesetzlichen Bestimmungen und den allgemeinen Bedingungen der Ordnung." „Die Nothwendigkeit der Obrigkeit anerkennend, halten die Molokanen den Aufstand gegen jede Obrigkeit, auch die ungerechte, für ein Unrecht und verkündigen ein stilles Ertragen und hartnäckige Ausdauer." Sie „verwerfen die Obrigkeit nicht, wir meinen, daß man ihr gehorchen müsse, … aber wir glauben, daß man weder alles, was von der Obrigkeit ausgeht, für vorzüglich zu halten braucht noch darf, wenn uns unser eigenes Urtheil nicht von seiner Vorzüglichkeit überzeugt. In gleicher Weise darf und braucht man nicht das von

---

[836] Pech, T.: Die Molokanen. Ein Beitrag zur Sektenkunde und Kirchengeschichte Rußlands 230 f., in: Riehl, W.H. (Hg.): Historisches Taschenbuch Fünfte Folge VIII. Jahrgang, Leipzig 1878, 203-237.
[837] Pech, 224 ff.

der Regierung Befohlene zu erfüllen, wenn das, was die Obrigkeit verlangt, den moralischen Forderungen des Gewissens und des Rechtes entgegensteht... Christus befiehlt dem Kaiser zu geben, was des Kaisers ist, aber gleichzeitig mit der Bestimmung, daß auch Gott gegeben werde, was Gottes ist; daraus geht klar hervor, daß... man nicht des Kaisers wegen den Willen Gottes brechen darf, sonst würde dies eine von Gott getadelte Menschenverehrung sein..."

Aus dieser Haltung folgten andere schwerwiegende Differenzen und Vorwürfe: „Die Molokanen verwerfen alle Standesunterschiede; nach ihrer Lehre sind alle Menschen untereinander gleich; alle Zeichen der Verschiedenheit, Titel, Rang sind ihrer Meinung nach Eitelkeit und der evangelischen Lehre zuwider. Der Krieg ist eine Gott am meisten widerwärtige Sache: Militär darf keins sein, und deshalb darf man den, der vom Militär desertirt, nicht verfolgen, er handelt gut, indem er die Sünde flieht... Ja nicht blos der Deserteur, sondern jeder, der vor der Verfolgung der gesetzlichen Gewalt flieht, findet bei den Molokanen Aufnahme. Wir wissen nicht, sagen sie, ob die Flüchtlinge schuldig oder unschuldig sind... wir sind keine Richter, zu untersuchen ist nicht unsere Sache; wer bei uns Rettung sucht, dem helfen wir... Aus diesem Grunde ist die Beherbergung verdächtiger Leute das gewöhnliche Vergehen in der molokanischen Gesellschaft. Es ist noch ein anderes Verbrechen, das man unter den Molokanen für verbreitet hält; das ist die Falschmünzerei... Kostomarow konnte jedoch ... nichts erfahren, was darauf hätte schließen lassen, daß in der Lehre der Molokanen etwas vorhanden wäre, was ein solches Verbrechen billigte." [838]

Philaret Gumilewskij, Erzbischof von Tschernigow, faßte in seiner Kirchengeschichte die orthodoxe Sicht auf die „Milchtrinker" folgendermaßen zusammen:

„Aus den Geständnissen der Molokanen ist ersichtlich, dass sie das Christenthum hauptsächlich aus protestantischen Büchern erlernen. Ihre Lehre ist folgende. a. Sie glauben an Gott in drei Personen; aber das Fleisch Jesu Christi sei vom Himmel gekommen und kein menschliches; er sei auch nicht, wie andere Menschen gestorben. b. Die von Jesu Christo gestiftete Kirche habe nur bis zum 4. Jahrhundert bestanden und sei dann durch Erfindungen entartet; die wahren Christen kennten nur die Bibel. c. Die Auferstehung werde eine geistige, keine leibliche sein. d. Die Gaben des

---

[838] Pech, T.: Die Molokanen. Ein Beitrag zur Sektenkunde und Kirchengeschichte Rußlands 231 ff., in: Riehl, W.H. (Hg.): Historisches Taschenbuch Fünfte Folge VIII. Jahrgang, Leipzig 1878, 203-237.

heiligen Geistes würden nicht durch sichtbare Zeichen, sondern geistig mitgetheilt; darum sei die Taufe wie die übrigen Sacramente nicht nöthig. e. Das Fasten, die Verbeugungen und bestimmte Gebräuche seien nicht nöthig. f. Um so mehr sei die Verehrung der Bilder zu verwerfen, denn sie sei ein Götzendienst. Die Molokanen, (von Moloko, Milch) so benannt, weil sie das Fasten verwerfen, verabscheuen die Heiligenbilder in dem Grade, dass sie an den Bildern - die sie ihrer Sicherheit wegen in ihren Häusern aufstellen - mit einer Nadel die Augen ausstechen. g. Da Ukleïn [839] alles, was die Bibel sagt, buchstäblich zu nehmen lehrte, so halten die Molokanen das Verbot Mosis heilig, kein Schweinefleisch zu essen.

Unter dem Kaiser Alexander war die Regierung sehr nachsichtig gegen die Molokanen. Sie befahl, dieselben in das neu russische Gebiet überzusiedeln, um so mehr, als die Molokanen zu Tambow, die unter dem Volke wenig Liebe und Sympathieen gefunden, selbst darum baten, ihnen Land im Süden anzuweisen. Als jedoch die Molokanen an den Wässern der Molotschna und des gleichnamigen Sees Duchoborzen vorfanden, wollten sie unter diesen nicht wohnen, so dass man ihnen Wohnstätten unter den Colonieen der Mennoniten und Nogaier anwies. Eine grosse Anzahl Molokanen siedelten auch, mit und ohne Erlaubniss der Regierung, nach dem Saratowschen Gouvernement über, wo im J. 1799 ihre Prediger Popow und Frolow gelebt hatten. In diesem abgelegenen und reichen Gebiete, wo sie fern von aller obrigkeitlichen Aufsicht lebten, übten sie nicht nur frei ihre Ketzerei aus, sondern verbreiteten sie auch unter den Rechtgläubigen. Ueber die Nachsicht, die ihnen die Regierung zu Theil werden liess, äusserten sie sich folgendermassen: »Seht, man gestattet den Popen nicht uns anzutasten, - das beweist, dass man unseren Glauben für den rechten hält.« Damit lockten sie die Treuherzigen in ihre Gemeinschaft hinüber." [840]

Im Russischen Staatlichen Historischen Archiv St. Petersburg wird eine Akte von 58 Seiten aufbewahrt, die Unterlagen über einen Vorgang aus der Zeit vom 30. Mai 1838 bis zum 11. Aug. 1841 enthält, der sich mit den Molokanen in Saratow befasst:

---

[839] Semen Ukleïn gilt fälschlicherweise als Begründer ihrer Lehre, da er maßgeblich zu ihrer Verbreitung beitrug, vgl. Gehring, J.: Die Sekten der russischen Kirche, Leipzig 1898, 178, Anm.1.

[840] Philaret: Geschichte der Kirche Rußlands, II. Theil, Frankfurt 1872, 228 f. Der russische Text erschien erstmals 1847/48 in Moskau.

„Bemerkungen von Senator Denfer über den schädlichen Geist der Lehre der Molokanen-Sekte. Hier über die Ablehnung des Antrags der Bauern der judaisierten Sekte im Gouvernement Saratow, Kreis Zarizinskij Gemeinde Prolejskaja Dorf Balklej, sie in transkaukasische Provinzen umzusiedeln und über die Einweisung von Kolebaschew, Morosow und Alexandrow in Klöster." [841]

Die Einweisung von religiösen und auch anderen Störenfrieden in Klöster war ein in Russland übliches Verfahren zur Einschränkung der Bewegungs- und Handlungsfreiheit und auch zur Bestrafung. Der Hinweis auf eine judaisierte oder judaisierende Sekte deutet auf die als „Subotniki" (Sabbater) benannte Richtung der Molokanen, für deren Anhänger der Samstag statt des Sonntag bedeutsam war. „Im Gubernium Saratow sind beide Sekten vertreten." [842] Was genau August über den schädlichen Geist der Milchtrinker in Erfahrung brachte und wie er sich dazu verhielt, lässt sich ohne Einblick in die Akte nicht sagen. Bislang ergab sich keine Möglichkeit der Einsichtnahme. Auch ist nicht erkennbar, ob es einen Zusammenhang mit der eingangs erwähnten Militäraktion gegen die Sektierer im Gouvernement Saratow 1838 gab. [843] So bleibt nur festzuhalten, worauf der Vorgang schließen läßt: August war 1838 während der Zeit seiner Untersuchungen von Mißständen im Gouvernement Saratow dort auch mit einer Problematik konfrontiert, die aus religiösen Meinungsverschiedenheiten von Glaubensgemeinschaften folgte, denen er selbst als Lutheraner nicht angehörte. Insofern dürfte er eigentlich nicht der Gefahr der Parteilichkeit ausgesetzt gewesen sein. Indes war er als Senator nicht nur Vertreter der Obrigkeit, sondern unmittelbarer Angehöriger des Staatsapparats, der sich gerade in dieser Frage keineswegs neutral, sondern auf engste Weise mit der orthodoxen Kirche verflochten verhielt. Orthodoxie war Staatsdoktrin und Abweichung davon folglich staatsgefährdend. Ungeachtet dessen, ob August persönlich die religiösen Ansichten der einen oder der anderen Seite vielleicht bevorzugte, sollte er im Abweichen an sich von der vorherrschenden Orthodoxie eine Gefährdung für die bestehende Ordnung und damit einen „schädlichen Geist der Lehre der Molokanen-Sekte" gesehen haben. Die entsprechende

---

[841] RGIA f.1284 op.198 (1838 g.) d.67.

[842] Pech, T.: Die Molokanen. Ein Beitrag zur Sektenkunde und Kirchengeschichte Rußlands 206, in: Riehl, W.H. (Hg.): Historisches Taschenbuch Fünfte Folge VIII. Jahrgang, Leipzig 1878, 203-237.

[843] Haxthausen, August Frhr v.: Studien über die inneren Zustände, das Volksleben und insbesondere die ländlichen Einrichtungen Rußlands, Erster Theil, Hannover 1847, 361.

Kurzbezeichnung der Akte geht wohl nicht auf ihn zurück, dürfte aber wohl doch eine Tendenz des Inhalts zum Ausdruck bringen. Wir wissen nicht, ob es ihm leicht oder schwer fiel, seine persönliche Sicht der Dinge mit seiner Rolle als Senator in Einklang zu bringen, doch wissen wir, daß er für seine Verdienste um die erfolgreiche Revision im Gouvernement Saratow 1839 den Orden des St. Wladimir 2. Klasse erhielt.

Abschließend noch ein Hinweis, den ich nicht ausgelassen haben möchte: Zu vielen der mitgeteilten besonderen Merkmale der Molokanen gibt es auffällige Entsprechungen bei den Muslimen. Dazu lassen sich Koranstellen oder Prophetenworte anführen, angefangen mit dem Grundsatz, daß nicht das Wort ist bedeutsam ist, sondern der Sinn. Im Koran liest man dazu, daß Frömmigkeit nicht in der Beachtung äußerlicher Verhaltensregeln besteht, sondern im rechten Glauben verbunden mit Dienst am Mitmenschen. [844] Schweinefleisch, Berauschendes und Glücksspiel sind dem Muslim bekanntlich verboten. Die Ehegatten sollen durch Liebe und Barmherzigkeit verbunden sein, [845] die Eheschließung bei Molokanen und Muslimen ist ganz ähnlich, unterscheidet sich aber dadurch, daß der muslimische Ehemann mittels der Morgengabe, die er an seine Frau entrichtet, dafür sorgt, daß sie über eigenes Vermögen verfügt. Ehescheidung ist nach einem Prophetenwort das am meisten Verabscheute vom Erlaubten. Reichtum verpflichtet zur Wohltätigkeit. [846] Diese und weitere Entsprechungen näher zu betrachten wäre eine andere Arbeit. Auch die deutlichen Unterschiede sind nicht zu übersehen - vor allem ist der Islam rein monotheistisch, und im Hinblick auf den Gewaltverzicht ist dem Muslim Notwehr erlaubt. Die Umstände des Entstehens der „Sektanti" sind zwar sehr im Dunkeln, und es gibt verschiedene Annahmen dazu, darunter auch ein Zusammenhang mit den bulgarischen Bogomilen, „mit denen sie allerdings eine Ähnlichkeit aufweisen." [847] Indes ist ein Kulturtransfer zwischen Tataren und Russen so unbestritten, daß er zum „Bonmot" werden konnte - „Grattez le *Russe* et vous trouverez le Tatar", „Vous n'avez pas besoin de gratter le Russe pour

---

[844] „Die Frömmigkeit ist nicht, daß ihr eure Gesichter nach dem Osten und dem Westen kehrt, sondern die Frömmigkeit hat, wer an Allah glaubt und an den Letzten Tag und die Engel und die Schrift und die Propheten und sein Vermögensgut aus Liebe zu ihm den Angehörigen gibt und den Waisen und den Armen und dem „Sohn des Weges" und den Bettlern und für die Unfreien..." (Sure 2:177).

[845] „... und Er hat zwischen euch Liebe und Barmherzigkeit gemacht..." (Sure 30:21).

[846] „Und sie fragen dich, was sie hergeben sollen. Sag: Den Überschuß..." (Sure 2:219).

[847] Gehring, J.: Die Sekten der russischen Kirche, Leipzig 1898, 176 Anm. 6.

trouver le Tatar"[848] - und es ist nicht einsehbar, daß der Bereich der religiösen Ideen und Bräuche davon ausgeschlossen gewesen sein sollte. Man darf durchaus davon ausgehen, daß die jahrhundertelange Berührung, die Russland mit der muslimischen Welt hatte, nicht spurlos blieb.

1839 Silberhochzeit

Am 1. Januar 1839 wurde in Saratow, wie in anderen russischen Provinzen, eine neue Staatsvermögenskammer eröffnet. An den Feierlichkeiten nahm auch Senator Geheimrath Denfer teil. [849] Er hatte die Revision des Gouvernements durchgeführt und bekam am 25. März 1839 dafür den St. Wladimir-Orden 2. Klasse. [850] Seine Frau Caroline hielt sich weiterhin in Deutschland auf, „in den Rheingegenden", wie der Nijmwegener Pastor Westhoff schrieb.

Ihre 15jährige Tochter Theophile, die sie in ein Pensionat gegeben hatte, schickte ihrer Mutter Briefe, darunter vier Seiten „Für Mama in Mannheim. Verzeichnis der Gouvernanten. Diese welche habe ich gekannt." Es beginnt mit der „Vorsteherin Fräulein Jung, aus Marburg in Hessen", gefolgt von sechs weiteren Namen mit Herkunftsangaben, darauf ein „Verzeichnis der Pensionairinnen", mit über 60 Namen von Mitschülerinnen sowie des Weiteren die Namen und Lehrfächer der „Lehrer", unterzeichnet „Theophile Denffer, den 13 Februar 1839", [851] leider ohne Ortsangabe, so daß man nicht weiß, wo sie untergebracht war, den aufgeführten Namen und Ortsnamen zufolge indes nicht in Russland, sondern im deutschsprachigen Raum.

[848] Golovine, Ivan: La Résurrection de la Pologne et la Régéneration de la Russie, Paris 1863, 15.

[849] Leopoldow, A.: istoritscheskij otscherk Saratowskago kraj, Moskwa 1848, 153.

[850] Spisok kawaleram rossiskich imperatorskich i tsarskich ordenow, St. Peterburg 1850, I, 61; Rigasche Zeitung 24.4.1839. Seither jährlich in den Rang-Verzeichnissen als Senator mit Dienstrang aufgeführt: aufgeführt: Spisok tschinam... 1839, 20; 1840, 16; 1841, 39; 1842, 20, 39; 1843, 20, 98; 1844, 19, 31; 1845, 18, 21, 33; 1846, 16, 18, 21; 1847, 21, 82; 1848, 21, 47; 1849, 18, 24; 1850, 18, 76; 1851, 15, 45; 1852, 15, 70; 1853, 17; 1854, 17; 1855, 17; 1856, 18; 1857, 19; 1858, 20; 1859, 19; 1860, 20; Spisok senatorow 1850, 53; 1851, 53; 1852, 59; 1853, 58; 1854, 61; 1859, 24; 1860, 24; Spisok tschinam prawitelstwujuschago senata 1857, 57.

[851] Nachlaß Dietrich v. Denffer.

Eine Akte über Aushändigung des Reisepasses der Tochter des Senator-Geheimrates Theophile Denfer [852] läßt auf ihren weiteren Auslandsaufenthalt schließen, doch ist das Datum nicht erkennbar.

Im Sommer unternahm Caroline eine Rheinreise: „1839, 15. Juni in Bonn angekommene Fremde... Frau v. Denffer, Geheimeräthin a. Mannheim," ebenso den 18. Juni. [853] Die „Fremdenliste" von Neuwied am Rhein verzeichnet „Im Gasthaus der Brüdergemeine. Juli 29...Frau Geheimräthin v. Deuffer m. S. u. Bed. a. St. Petersburg." [854] Am 18. Aug. 1839 waren August und Caroline 25 Jahre verheiratet, doch offenbar begingen sie diesen Tag nicht gemeinsam. Sie hatten 11 Kinder, sechs Söhne und fünf Töchter: Friedrich Eugen geboren 1816, Alexandra 1818-1827, Eduard 1819, Sophie 1821-1833, Alexander 1823, Theophile 1824, Nicolai 1826, Louise 1828, Anna 1829, Hermann 1833-1835 und Woldemar 1834. Drei der Kinder waren bereits gestorben, die vier älteren Söhne hatten das Elternhaus verlassen, die drei Töchter und der fünfjährige Woldemar befanden sich mit ihrer Mutter in Deutschland. August tat weiter Dienst im Zarenreich.

Nikolaj Gawrilowitsch Tschernischewski erwähnte in seiner Autobiografie, daß er als Kind mit seinem Vater in der Nähe von Saratow die Einsiedelei „Raskolnichi" besuchte. Dazu ist angemerkt: „Dort lebten hauptsächlich altgläubige Laien-Einsiedler. Die Gründung des Klosters … geht zurück auf die 2. Hälfte des 17. Jahrhunderts … und seine Zerstörung auf die 40er Jahre des 19. Jahrhunderts zur Zeit der Revision der Provinz Saratow durch Senator Denfer." [855] Diese Anmerkung aus dem Jahr 1926 ohne weiteren Quellenverweis läßt erkennen, daß man sich in Saratow noch in der frühen Sowjetzeit an Augusts Revision erinnerte, auch wenn die korrekte Zeitangabe „Ende der 30er Jahre" sein müßte. Ein Zusammenhang der Klosterschließung mit dem erwähnten Bericht „Bemerkungen von Senator Denfer über den schädlichen Geist der Lehre der Molokanen-Sekte… und über

---

[852] RGIA 1286/15//331.

[853] Bonner Wochenblatt 21.6.1839; 23.6.1839

[854] Intelligenz-Blatt zum Fürstlich Wiedischen Regierungs-Blatt 7.8.1839, 122.

[855] Bistrow, S.: Topografija Saratowa I ego okrestnostej po wospominanijam N.G. Tschernischewskogo (Topographie von Saratow und seiner Umgebung nach den Memoiren von N.G. Tschernischewski 200, Anmerkung* in: Tschernischewskij, N.G. Sbornik. Neisdannie teksti, stati, materiali wospominanija (Sammlung. Unveröffentlichte Texte, Artikel, Erinnerungsmaterialien), Saratow 1926, 197-205.

die Einweisung von Kolebaschew, Morosow und Alexandrow in Klöster" [856] ist eher unwahrscheinlich, da die Molokanen von den „Raskolniki" unterschieden wurden und auch nicht in Klöstern lebten.

※

Grundbesitz und Arbeiterlohn

Eugen war in Talsen, verzeichnet als Communicant, Teilnehmer am Abendmahl, in der dortigen Kirche am Gründonnerstag 23. März 1839. [857] Ob er und seine Frau Charlotte ihre Silberhochzeit begangen haben, ist gleichfalls ungewiß, zumal schon das Datum der Trauung fehlt. Ihre Tochter Cornelia wurde 1822 geboren, der Sohn Felix 1824 lebte nur einen knappen Monat, August 1827 war das letzte Kind.

In Mitau wurde 1839 ein Buch veröffentlicht, das den Grundbesitzern als Leitfaden zur Wertbestimmung ihrer landwirtschaftlichen Flächen dienen sollte. Wie seinerzeit durchaus üblich, gab es die Möglichkeit, den Druck des Werkes durch Subskription zu fördern. Dreißig Exemplare bestellte die Dienststelle des Verfassers, die Kurländische Meß- und Regulierungs-Commission, sodann erscheint als erster im „Subscribentenverzeichnis" „In Kurland haben unterzeichnet: ... Herr Rittmeister von Denffer auf Grafenthal 1 Exemplar." [858]

Vom Inhalt her kann man auf Interessen und Erwartungen der Subskribenten und damit auch von Jeannot schließen. Das Buch behandelt die Bestandteile und Arten des Bodens, seine „Classificirung" als Garten, Acker, Wiesen, Weiden, die Ermittlung der Erträge, erforderlicher Kostenaufwand für die Bewirtschaftung, Wirtschaftsformen wie Knechts-, Bauern- und Gesinde-Wirtschaft und geht auch ein auf Früchte, Stroh, Dünger und Tierzucht. Es gibt beispielsweise Auskunft darüber, nach welchen Faktoren die Entlohnung der Arbeitskräfte auf den Gütern zu berechnen war. Verständnisschwierigkeiten bereiten die damaligen Maßeinheiten, zur Orientierung sei nur angeführt: „Riga in der russischen Provinz Liefland (wie St. Petersburg) (20 Pfd. sind 1

---

[856] RGIA f.1284 op.198 (1838 g.) d.67.
[857] KB Talsen Communicanten 1839, Nr. 70.
[858] Johnson, J.: Grundsätze der Veranschlagung landwirtschaftlicher Grundstücke, Mitau 1839.

Liespfund, 100 Pfd. sind 1 Lof, 400 Pfd. sind 1 Schiffpfund, 4800 Pfd. sind 1 Last …
(1 Pfd.=) 418,14 „Grammes". [859]

Auch manche der Einzelheiten sind aus heutiger Sicht überraschend. So liest man etwa, daß „der Unterhalt und der Lohn der Arbeiter von der Gewohnheit und von der Religion… abhängig" ist. Den Einfluß der „Gewohnheit" zeigt das Beispiel, „daß in Kurland, in der Nähe Mitau's, ein männlicher Arbeiter mit Lohn und Unterhalt 60 Rubel S.M. [860] und in der Nähe Libau's, also in demselben Gouvernement, bei denselben Produktenpreisen und bei einer und derselben Nationalität, nur 30 Rubel S.M. jährlich zu stehen kommt…

Einen geringeren, aber doch noch merklichen Einfluß übt die Religion auf den Unterhalt und Lohn der Menschen aus. Glaubensgenossen solcher Religionen, die große Fasten haben, brauchen schon viel weniger zu ihrem Unterhalt, als z.B. Lutheraner, die gar nicht fasten. Dagegen haben diejenigen Glaubensgenossen, in deren Religion viele Feiertage vorhanden sind, viel mehr zu ihrer Sonntagskleidung nöthig, als andere, die weniger zu feiern haben. Der Unterhalt und Lohn müssen also… an jedem Ort besonders, nach Maaßgabe der Gewohnheit und Religion festgestellt werden.

Um auch hiervon ein specificirtes Beispiel zu geben, führe ich dasjenige an, was man in der libauschen Gegend in Kurland und fast in ganz Livland zum Unterhalt, zur Kleidung und zum Lohn eines Arbeiters nöthig hat.

1) Zum Lebensunterhalt gehört für einen erwachsenen Arbeiter ohne Unterschied jährlich 6 Lof Roggen, 1 1/3 Lof Grütze, 2 2/3 Lof Erbsen und Bohnen, 3 Liespfund Salz, 3 Liespfund Häringe oder Strömlinge und ein Liespfund Kochfett, oder im Verhältniß Fleisch. Außerdem noch hin und wieder Gemüse und etwas Milch im Sommer.

2) Zum Lohn und zur Kleidung jährlich:

a) für ein männliches Individuum: 5 Rubel S.M. oder 5 Lof Getreide, zur Hälfte Roggen, zur Hälfte Gerste; 3 Hemde, ein Rock, 1/3 Pelz (d.h. alle 3 Jahre ein Pelz), ein Paar Winterbeinkleider und ein Camisol [861] (in anderen Gegenden wird das eine Jahr ein Pelz und das andere Jahr ein wollener Rock [862] und ein Camisol gegeben), 3 Paar

---

[859] Niemann, F.: Vollständiges Handbuch der Münzen, Maße und Gewichte aller Länder der Erde, Quedlinburg u. Leipzig 1830, 246.

[860] Silbermünze. „Der Rubel Silbergeld ist = 3 Rubel 60 Kopeken Papiergeld." (Niemann, 283).

[861] Der Weste ähnliches wärmendes Obergewand.

[862] Für Männer mantelartige Oberbekleidung.

Strümpfe, 3 Paar Handschuhe, 6 Paar Basteln, [863] 3 Paar Sommerbeinkleider, 3 Sommerkamisole und ein Paar Stiefel. Die Krons- und Gemeindeabgaben werden außerdem in dem Betrage von 5 Rubel B.A. [864] jährlich für ihn gezahlt;
b) für ein weibliches Individuum: 5 Rubel B.A., 5 Pfund Wolle, ein Liespfund Flachs, 6 Paar Basteln, ein Tuch und 2 Rubel B.A. zum Färben etc.; in diesem Fall erhält sie im Winter Zeit, sich die Kleider selbst anzufertigen, nämlich zu spinnen und zu weben. In anderen Gegenden werden auch fertige Kleider gegeben.
Reducirt man nun die Gegenstände des Unterhalts auf Getreide… gehören, um sich summarisch und in einer einzigen Getreidesorte auszudrücken, demnach jährlich:
a) für ein männliches Individuum 32 Lof Roggen und b) für ein weibliches Individuum 23 ½ Lof Roggen.

Eben so wie der Unterhalt und Lohn der Arbeitsleute bei Veranschlagung von Grundstücken berücksichtigt wird, muß auch der Unterhalt der Arbeitsthiere in Rechnung kommen. Für ein Arbeitspferd… ist fürs ganze Jahr 20 Lof Hafer und 13 ½ Fuder Heu à 30 Liespfund nöthig. Hierbei wird noch vorausgesetzt, daß das Pferd, wenn es groß ist, im Sommer mitunter etwas Weide genießt.“ [865]

Der größere Teil der Güter läßt indes das Land durch Bauern bestellen, „denen ein Lohn und Unterhalt an Land zu Theil wird… Man rechnet… auf den Kronsgütern in Kurland für eine Lofstelle Acker und Gartenland von der ersten Klasse, die der Bauer zur Benutzung hat, jährlich 16 1/14 Tag mit Anspann…“ [866] für Land geringerer Güte weniger und für Heuschläge entsprechend dem Ertrag. „Von diesen Tagen werden circa 8/13 im Sommer (vom 23sten April bis zum 29sten September) und 5/13 im Winter… geleistet. Im Sommer… ungefähr zur Hälfte mit Anspann… Im Winter… ungefähr nur 1/5 ohne Anspann.“ [867]

Jeannot wird das Buch wohl auch seiner Gutsverwaltung zu Gebrauch und Beachtung anempfohlen haben.

---

[863] Bauern trugen „Pasteln“, leichtes Schuhwerk, Sandalen ähnlich, manchmal aus Baumrinde oder Bast mit Ledersohle.
[864] Bank-Assignationen, d.h. Papiergeld im Unterschied zur besseren Silbermünze. Die parallelen Währungen bestanden in Russland offiziell bis 1843.
[865] Johnson, J.: Grundsätze der Veranschlagung landwirtschaftlicher Grundstücke, Mitau 1839, 51 ff.
[866] Mit Bereitstellung von Pferd und ggf. Wagen.
[867] Johnson, 53 f.

Zur selben Zeit bereiteten noch immer die Folgen der Geldwährungsveränderungen gewisse Schwierigkeiten für jedermann. Im kurländischen Herzogtum hatte man mit Talern, Schillingen und Ferdingen bezahlt, danach wurde der russische Rubel eingeführt.

„1839 Mitau, d. 12. Januar. Lange existiren hier und weit und breit in Curland die Ferdinge nicht mehr in der Wirklichkeit, desto unausrottbarer aber dem Namen nach. So höchst unbequem, bei der Decimaleintheilung der Russischen Münzen, die Berechnung nach Ferdingen (1 ½ Kop. S.) und Fünfern (7 ½ Kop. S) im täglichen Verkehre sich ausweiset, so bugsirt die Macht der Gewohnheit sie doch fort und fort durch alle halsbrechenden Klippen. Nach Prägung der neuen Kupfermünze in 5 und 10 Kopeken-Stücken, wo die 2 Kopeken-Stücke - zu 3 auf 1 Ferding - verschwanden, ließ man… das 5 Kopeken-Stück als Ferding und das 10 Kopeken-Stück als Mark, nämlich für 6 und 12 Kop. K. gelten. Eine enorme Werthserhöhung! von 20pCt., da als bloße Ausgleichungsmünze 4 Kop. K. gerade auf 1 Kop. S. gerechnet werden. Bald erschienen die Folgen davon: die silberne Scheidemünze wurde und wird immer seltener, während die kupferne herbeiströmt; selbst die Fünfer, welche, trotz allem Scheuchen, umherschwärmten, werden endlich von den Pseudo-Ferdingen aus dem Lande gejagt. - Beim Wechseln eines Silberrubels ist es gar nichts Seltenes, daß von dem Herauszubekommenden die Hälfte oder das Ganze in Kupfermünze gegeben wird. Das Liedlein: „sonst fuhr man zu Johannis das Geld auf Wagen her, jetzt kann man's ohne Plagen wohl in den Taschen tragen" ist nicht mehr passend; zu großen Beschwerden sind alle Taschen voll - Kupfergeld. - Daher hat man neulich schon die 10 Kopeken-Stücke wieder auf ihren Nennwerth reducirt, die 5 Kopeken-Stücke aber nicht, weil nach Ferdingen gebacken und gehöckert wird. Und doch könnte viel bequemer nach 10 und 5 Kop. gebacken und gehöckert werden." [868]

Futtermangel und Viehsterben

„Das neue jahr fing mit gelinder Witterung an, nicht über 6° kälte, aber wenig schlittenbahn. Erst gegen die mitte Januars stieg die kälte bis 18°, hielt aber nicht lange in diesem grade an und es war eine schöne schneebahn entstanden. Diese dauerte bis gegen das ende märz, ohne in dieser zeit gänzlich abzugehen und erleichterte

---

[868] Das Inland 25.1.1839, 60.

alle Winterarbeiten. Dabei war immer nur ein mäsziger grad von kälte, welche nur noch einmal, gegen ende febr. bis auf 14°-15° stieg, aber nicht lange anhielt…

Die getraidepreise stiegen nicht höher, als sie im herbste gewesen waren, vielmehr waren die weitzen u. roggen preise etwas gefallen… Der mangel am stroh, besonders roggenstroh, war in diesem winter äusserst drückend. In Litthauen war weder futter, noch langstroh um keinen preis mehr zu haben. In allen benachbarten höfen… war groszer mangel an stroh u. nachdem schon für mehrere 100 u. 1000 rubel s. dafür waren ausgegeben worden, sahe man sich doch genöthiget zu den strohdächern seine zuflucht zu nehmen. Überall, in höfen und bauergesinden sahe man gegen das früh-jahr abgedeckte dächer…

In Liefland soll, wie erzählt ward, der Futtermangel so grosz gewesen seyn, dasz man vieh hat todschlagen müssen, um nicht den jämmerlichen anblick zu haben es vor hunger crepieren zu sehen. Dasz in diesem Winter, der abgang an vieh ausseror-dentlich grosz müsse gewesen seyn, konnte man daraus schlieszen, dasz selbst in Szagarren, [869] wo bis jetzt das rindfleisch 70, höchstens 75 cop. gekostet hatte, solches nicht unter 1 rubel pr. 1 pfd. seit dem mon. april zu haben war. In Mitau und Riga hat zu gleicher zeit 1 pfd. rindfleisch 150 cop. s. gekostet. Auch die Pferde, besonders die arbeitsklepper, waren ausserordentlich theuer geworden. Seit abgange des winters konnte man weder auf hiesigen, noch auf Lithauischen märkten, ein ganz gewöhnli-ches bauerpferd, was sonst etwa mit 14-16 rubeln wurde bezahlt worden seyn, wenn es 5-7 Jahr alt war, unter 26 bis 27 rubeln bekommen.

Die witterung war im frühjahre sehr günstig, in der mitte aprils schon einigemals 18-20° wärme, seit dieser zeit auch kein einziger nachtfrost mehr. Abwechselnd fruchtbare regen und anhaltende warme witterung lieszen ein fruchtbares jahr hoffen. Auch war der graswuchs und die junge sommersaat, sowohl die frühe, als späte, von einem üppigen ansehen. Die witterung zur heuerndte war günstig und ward wenigs-tens ein drittel an heu mehr, als voriges jahr, gewonnen. Aber der roggen, welcher schon bald nach abgange des winters sich sehr dünn zeigte, muszte noch zu anfange julii durch mehlthau gelitten haben… und schon, vor der erndte lieszen alle umstände befürchten, dasz der roggen wiederum miszrathen sey. Dies ward leider durch das dreschen nur zu sehr bestätiget. Das stroh war so morsch, dasz nur weniges und schlechtes langstroh konnte erdroschen werden und doch war viel nöthig, um die

---

[869] Schagarren, das heutige Žagarė in Nordlitauen, etwa 60 km südwestlich von Grafenthal.

abgeriszenen dächer wieder zu decken... Von der mitte augusts an, bis zur saatzeit, so viel anhaltender regen, dasz hie und da niedrig gelegene felder mit schwerem Boden haben unbesäet bleiben müszen. Ein seltner segen war dies jahr an heu... an obst, besonders äpfeln u. kartoffeln. Der ertrag an obst war so reichlich, dasz gärten, sogar in der nähe von Mitau... keinen abnehmer finden konnten...

Im ganzen Winter von 1839/40 in dieser gegend der stärkste frost, seit der nacht vom siebenten dec., wo 22° kälte eingetreten waren. Mehr nahm die kälte nicht zu. Am 9-ten war sie schon wieder, bis auf 19° gefallen. Abwechselnd steigend und fallend, war gegen ende des Jahres ganz gelinde witterung geworden." [870]

※

Gelöschter Kalk

Zum Jahresbeginn 1839 wurde die für den 24. August vorgesehene Enthüllung des auf dem Schlachtfeld von Borodino errichteten Denkmals zur Erinnerung an den Krieg von 1812 angekündigt. „In diesem Jahre steht uns eine erhebende, für Jeden erfreuliche Feier bevor... Dort wird, 27 Jahre nach der großen und unsterblichen Weltbegebenheit, welche das Russische Reich verherrlicht, befestigt und erhoben hat, seinen gefallenen Söhnen die gebührende Ehre erwiesen werden; dort werden sich die noch lebenden Helden des ewig unvergeßlichen Jahres 1812, mit Rührung und innigem Entzücken, der Thaten, Gefahren, Drangsale und dem Ruhme ihrer Jugendjahre erinnern... Gewiß werden viele Kämpfer des Jahres 1812, die noch jetzt im Abschiede leben, dieser Nationalfeier beizuwohnen wünschen. Sie alle werden gewiß dem Vater des Russischen Volks willkommen seyn und sonder Zweifel den huldreichen Blick des Monarchen und die freundlichste Aufnahme bei ihren alten Cameraden finden." [871]

In Kurland, auch in der Grafenthalschen Gegend, konnte man dem kaum Aufmerksamkeit schenken, denn es drohte der Verlust der Viehbestände.

„Bauske, den 3. April. Klagen von allen Seiten über Futtermangel und Viehsterben sind aufs Höchste gesteigert; denn in vielen Bauergesinden ist auch das morsche Stroh der Dächer seit längerer Zeit aufgezehrt, während noch am gestrigen Tage, den 2/14. April, und heute neuer Schnee den Boden bedeckte. In Betracht dieses jüngsten

---

[870] Sloka, L. J.: Kurzemes draudžu chronikas, Riga 1930, II, 177 ff., (Hofzumberge).
[871] Rigasche Zeitung 1.2.1839.

Schneefalles und der in den Wäldern des Oberlandes und Litthauens liegenden Schneemassen sind den an unseren Flüssen wohnenden Bauern von Seiten einiger Gutspolizeien Vorsicht und Sicherungsmaßregeln gegen eine etwaige Ueberschwemmung anbefohlen worden." [872]

Jeannot ließ im „Intelligenzblatt" annoncieren „Daß auf dem Gute Grafenthal gut gelöschter Kalk à 2 Rub. S. per Last zu haben ist, wird zur Kenntniß des Publicums gebracht." [873] Der Verkauf von Kalk zu dieser Jahreszeit erfolgte nicht nur zwecks Erzielung von Einnahmen, sondern im Zusammenhang mit dem Viehsterben. Kalkwasser war ein Desinfektionsmittel, mit Kalk wurden die Kadaver bestreut, und wenn schon die Tiere tot waren, konnte man wenigstens ihre Häute verwerten, bei deren Weiterverarbeitung Kalk verwendet wurde. [874] Überhaupt versuchte man, altbewährte Mittel einzusetzen:

„Aus Curland, vom 1. Mai. Wohl in allen Gegenden unserer Provinzen herrscht Viehsterben. Alte Leute wollen sich eines ähnlichen nicht erinnern. Im Hofe Grenzhoff sind 190 Stück Hornvieh, auf dem Gute Setzen 80 Pferde, auf Susseyhoff 20 Pferde, gegen 30 Stück Hornvieh und über 150 Schafe gefallen. In 14 Bauergesinden des Gutes Alt-Sehren ist kein einziges Pferd nachgeblieben. Das Innere der gestürzten Thiere wimmelt von Würmern: Beweis, daß die Krankheit von verdorbenem Futter herrührt. Gegen solche könnte bei dieser Gelegenheit eines alten Präservativmittels wieder gedacht werden. Es besteht in Wermuth und zerstoßenen Wachholderbeeren, an denen unsere Wälder Ueberfluß haben, verbunden mit dem schon im Gebrauche stehenden Salze. Nebenbei würde ein Brühen das verdorbene Futter verbessern und nahrhafter machen." [875]

Doch nicht nur die Tiere mußten gegen Übel geschützt werden: „In Mitau hat sich das Polizeiamt zu kräftigen Maaßregeln gegen das Tabackrauchen auf den Straßen gemüßigt gesehen, da solches daselbst dermaßen überhandgenommen hat, daß sowohl hoch- als auch niedriggestellte Personen ohne die geringste Scheu mit brennenden Pfeifen oder Cigarren sich zu jeder Tageszeit in den Straßen blicken lassen." [876]

---

[872] Das Inland 12.4.1839, 235.
[873] Allgemeines Kurländisches Amts- und Intelligenz-Blatt 1.4.1839; 4.4.1839; 8.4.1839.
[874] Renner, Th.: Wörterbuch der Thierheilkunde, Weimar 1830, I, 617 ff.
[875] Das Inland 10.5.1839, 299 f.
[876] Das Inland 14.6.1839, 381.

Im Juni 1839 veröffentlichten Eveline von der Reck geb. von Budberg und Henriette von Budberg die Todesanzeige der am 22. Mai verstorbenen „Mutter und resp. Schwiegermutter, der Generallieutenantin Baronin Caroline von Budberg geb. von Rautenfeld". [877]

Den Landwirten brachte der Sommer eine gewisse Erleichterung: „Aus Curland, vom 25. Juni. Was die nahende Erndtezeit aus ihrem Füllhorn schütten wird, darüber läßt sich um so weniger etwas vorher bestimmen, als, eingedenk der Erndtewitterung des vorigen Jahres, ein vor einigen Tagen erst aufgehörter Regen geeignet war, jeden Propheten aus der Fassung zu schwemmen. Ueber den gegenwärtigen Stand der Gewächse in dieser Provinz kann man Folgendes sagen: Diejenige Getreideart, welche im vorigen Jahre totalem Mißwachse unterlag, der Weizen, verspricht in diesem Jahre die allerlohnendste zu werden. Der Roggen steht mehr gut als mittelmäßig. Die späteren Sommersaaten liefen Gefahr, da sie bei wenig unterbrochener Dürre bis zur Mitte dieses Monats gemacht wurden; jetzt aber sind sie kräftig aufgegangen. Früh gesäeter Lein, bei zwei Fuß Länge, schmückt sich schon mit feinen blauen Blümchen. Nach dem stattgehabten Futtermangel und Viehsterben sind an manchen Orten einzelne Stücke der Sommerfelder, und zwar bei den Bauern, unbestellt geblieben. Die Wiesen zeigen eine genügende Decke. Mit ganz ausnehmender Fülle sind die Obstbäume aller Gattungen begabt, obschon man an einzelnen den Raub der Raupen gewahrt. Nach den Folgerungen aus der Gegenwart darf man also allerdings einen gesegneten Herbst hoffen. - Alle aus Litthauen eingehenden Nachrichten lauten noch erfreulicher." [878]

Gerade die letzterwähnten Nachrichten dürften für die unweit der Grenze zu Litauen lebenden Grafenthalschen Erleichterung bedeutet haben, da die Verhältnisse bei ihnen denen in Litauen ähnlich waren.

„Aus Curland, vom 23. Juli. Fernerer landwirthschaftlicher Bericht über den Stand der Gewächse in Curland. - Der Heuerndte drohte ein gleiches Schicksal wie im vorigen Jahre: sie ist durch die häufigen Regen, welche in der zweiten Hälfte des Juni und im Juli, einigemal als Wolkenbrüche fielen, nicht allein verzögert worden, sondern hat auch wirklich gelitten. Zwar gab es inzwischen oft mehrere heitere Tage hinter einander, an welchen hastig gearbeitet wurde, jedoch finden nur unvollkommene

---

[877] Rigasche Zeitung 20.6.1839.
[878] Das Inland 5.7.1839, 424.

Beherzigung die Mahnungen der Erfahrung: betrachte eine Erndte nicht eher für die deinige, als bis sie unter Dach steht, erwarte nicht, daß zum Einscheuren auch morgen die Sonne lachen werde, sondern benutze jeden nächsten günstigen Augenblick.

Jetzt hat der Roggenschnitt begonnen bei erst halb abgebrachten Wiesen. Die weniger reifen Roggenfelder zeigen Mutterkorn. Vortrefflich stehen die Sommerfelder und vorzüglich schön und hoch der Lein, eben so die Kartoffeln und alles Gemüse; denn die Regenzeit blieb warm und schwül." [879]

Doch damit waren auch bald heftige Unwetter verbunden: „Jacobstadt, den 30. Juli. Die Gewitter scheinen uns in diesem Jahre nicht verlassen zu wollen; in der Hälfte d. M hatten wir am 14., 17. und 24. am Tage und in den Nächten vom 25. auf den 26. und 27. bedeutende Gewitter und am Abend des letzteren Tages starkes Wetterleuchten… Das Gewitter in der Nacht vom 25. zum 26. war, wenngleich nicht über uns, eins der furchtbarsten: der ganze Himmel stand bis gegen 4 Uhr Morgens in Feuer, die Blitze durchkreuzten sich von allen Seiten, und man kann nicht sagen, daß es eine Sekunde hindurch dunkel war. Leute, die auf den Heuschlägen schliefen, erinnern sich nicht, je ein solches Feuer gesehen zu haben. Das Gewitter in der darauf folgenden Nacht dauerte nicht so lange, war aber von Sturm begleitet. Ob Schaden angerichtet worden, hört man nicht.…

Goldingen, den 4. August. Gewitter durchziehen diesen ganzen fruchtbaren Sommer. Donnert es nicht, so sieht man doch des Abends oder in der Nacht Wetterleuchten. Daher hört man von allen Seiten über Gewitterschäden. Unter andern wüthete am 27. Juli um Frauenburg zugleich ein Orkan, der Blitz zündete ein Gesindenebengebäude und ein Hagel aus großen Schlossen [880] vernichtete die Saaten auf den Feldern von 4 Wirthen. Am 20. Juli erschlug der Blitz einen 13jährigen Jungen in der Badstube eines Alt-Schwardenschen Buschwächters und am 25. ein Knechtsweib in der Riege des Piltenschen Samit-Gesindes, wohin das Weib sich geflüchtet hatte. Mit der Riege gingen das Wohnhaus, die Ställe, Kleten und ein Kartoffelkeller in Flammen auf…

Kurland. Unweit der Taurkalnschen Forstei in der Hauptmannschaft Friedrichstadt wurde am 8. Juni von drei Fahrenden durch den Blitz einem jungen Mädchen die Hand verletzt, einem jungen Kerl die Mütze vom Kopfe gerissen, Haare und Augenbrauen versengt und auf der rechten Seite vom Halse bis zur Hand ein handbreiter Streif

---

[879] Das Inland 2.8.1839, 493.
[880] Hagelkörner.

eingebrannt, derselbe des Gehörs beraubt, und ein Knabe über drei Pferde auf ein viertes geschleudert. Man hatte die Beschädigten mit Rasen gerieben, und auf Anordnung des Arztes bis zu den Schultern in Erde vergraben. Nach drei Wochen waren die beiden jungen Leute fast ganz genesen, und auch die Wunden des jungen Kerls, der wieder hören konnte, geheilt. - In einem Gesinde des Gutes Druckenhof, (in der Hauptmannschaft Doblen) ward am 10. Juli ein 15jähriges Mädchen vom Blitz getödtet, und 5 in ihrer Nähe befindliche Personen stürzten betäubt zu Boden, erholten sich aber wieder. Am 29. Juli wurde aus demselben Gute eine Heerde von 30 Schafen bis auf eins auf solche Weise getödtet... Zu Libau erschlug im Juli der Blitz einen Knaben unter einem Baum." [881]

„Aus Curland, vom 20. August. Fortgesetzter landwirtschaftlicher Bericht. Der Roggen, den in der Blüthezeit und später Regen störten, zeigt sich meistens leicht von Gewicht. Weit besser fällt der Weizen aus. Von beiden Getreidearten ist mehreres bei der letzten nassen Witterung ausgekeimt. Auch das früher so viel versprechende Sommergetreide hat an Orten durch Regengüsse, Mehlthau und durch den Wurm gelitten. Unser Obst, frisch oder getrocknet, wird zu keinem Handelsartikel, sondern allenfalls zur Höckerwaare gemacht; darum schafft eine allgemeine überreiche Fruchtbarkeit an demselben, wie gegenwärtig, den Gartenbesitzern mehr Schaden als Vortheil. So werden Gärten voll segenschwerer Bäume in diesem Jahre für die Hälfte, ja für ein Drittel des Preises vermiethet, den sie in anderen Jahren einbrachten. 1 Lof Aepfel kostet durchschnittlich 30 Kop. S. M. Gar seltsamen Anblick gewähren die Pflaumenbäume, deren Früchte um Aeste und Zweige vollkommen geschlossene, mächtiggroße Trauben bilden." [882]

Borodino

„Am 26. August ward das auf den Borodinischen Feldern zur Erinnerung an die unvergeßliche Schlacht im vaterländischen Kriege vom Jahre 1812 errichtete Denkmal feyerlich enthüllt... Die verabschiedeten Generale, Stabs- und Oberofficiere, die an der Borodinoschen Schlacht Theil genommen hatten, standen... bey dem Monument, innerhalb des Gitters. S.M. der Kaiser geruhten gegen 8 Uhr... einzutreffen...

---

[881] Das Inland 16.8.1839, 524 ff.
[882] Das Inland 30.8.1839, 556 f.

Im Ganzen standen bey dieser Parade in Reih und Glied: 128 Bataillone, 167 Eskadrone, 33 Batterieen, 72 Kanonen reitender und 192 Kanonen Fußartillerie; ferner 31 Generale, 282 Stabs-, 2657 Ober- und 11,825 Unterofficiere, 5267 Musikanten und 99,846 Gemeine, zusammen 119,908 Mann."[883]

Jeannot wird damals wohl nicht die weite Reise von Kurland bis nach Borodino unternommen haben, möglicherweise war aber sein Vetter August, der in der Schlacht als Stabskapitän das 5. Infanterieregiment kommandiert hatte, wie die erwähnten Teilnehmer aus St. Petersburg gekommen.[884] Auch Jeannots Einheit, das 1. Jäger-Regiment, in dem er zu dieser Zeit als Oberleutnant stand, war 1812 in Borodino,[885] doch scheint seine Kompanie in der Reserve geblieben und nicht zum Kampfeinsatz gekommen zu sein, weshalb wohl Borodino in seiner Dienstliste fehlt. Ohnehin war seine Aufmerksamkeit wohl weniger von alten Kriegserinnerungen beansprucht als vom aktuellen Kampf gegen die Folgen der Widrigkeiten der Natur, die den Landwirten weiterhin zu schaffen machten:

„Aus Curland, vom 28. September. Landwirthschaftlicher Bericht. Durchschnittlich läßt sich die diesjährige Ernte wie folgt beschreiben. Wintergetreide schlecht, Sommergetreide einigermaßen gut, Kartoffeln und Kohl mittelmäßig, anderes Gemüse gut. An Viehfutter ist kein Mangel zu befürchten, da die Heuernte nicht übel ausgefallen und die Felder wenigstens viel Stroh gegeben haben. Die Niederungen stehen unter Wasser oder sind doch so naß, daß die Wintersaaten in ihnen nicht haben gemacht werden können. Auf diesen Feldern schwimmen Enten und Gänse, und auf wildes Wassergeflügel wird dort Jagd gemacht. Dagegen ist auf den trocken gelegenen Feldern die Wintersaat befriedigend aufgegangen. - Die Verheißungen des Frühlings sind also vom Sommer und Herbste nicht erfüllt worden."[886]

In der Zeitschrift „Das Inland" war noch von einem anderen besonderen Ereignis zu lesen: „Mitau, den 10. October. Einer der größten Reisenden in Europa ist hier eingetroffen. Obwohl er eigentlich, nach seiner Erklärung, zu unserm Michaeli-Jahrmarkte hergekommen, so hat er doch nicht der Mühe werth gehalten, den Trödel anzusehen,

---

[883] Mitauische Zeitung 14.9.1839, 375 f.
[884] Walkowitsch, A.M., Kapitonow, A.P.: Borodino. Dokumentalnaja khronika, Moskwa 2004, 15, 22, 26-28, 84-85.
[885] Walkowitsch, 308, 341.
[886] Das Inland 4.10.1839, 636.

sondern zieht es vielmehr vor, sich selbst bewundern zu lassen. Ueber sein angebliches Alter von 125, ja von 150 Jahren, kann er keinen Geburtsbrief aufweisen; dagegen glaubt man ihm gerne, daß er ein gewaltiger Scheik von der Küste Malabar sei. Bald nach seiner Ankunft sandte er in alle Häuser - Belletage und Dachstübchen ohne Unterschied - Visitencarten, so breit wie Theaterzettel, mit dem Namen: Das Rhinoceros der Mad. Tourniaire. Nach echt morgenländischer Sitte hält er auf Geschenke, welche er auf den Visitencarten ausdrücklich vorschreibt: 20, 15 und 7 ½ Kop. S. - Das ist eben nicht unverschämt im Verhältnisse zu dem Männchen von 6 Fuß hoch, 13 Fuß lang und mit einem Bauche, über den es 12 Fuß Umfang mißt." [887]

Auf Grafenthal traf hingegen ein kleinerer Reisender ein, das 13. Kind von Caroline und Jeannot: „1839 Funfzehnten October 7 Uhr Abends (Taufe) 1840 Ersten Januar 1. Theophile Wilhelmine Bertha Ida, Tochter des Herrn Capitaines Johann von Denffer Besitzer von Grafenthal und dessen Frau Gemahlin Caroline von Denffer gebor. Kummerau; Eltern Lutherisch; Pathen Madame Kummerau und Frau von Denffer aus Mitau, Madame Boettcher aus Eckengrafen. Wilhelm Conradi Arzt; getauft im Hofe Grafenthal von Pastor Conradi zu Mesothen." [888]

Madame Kummerau ist die Großmutter des Kindes, Frau von Denffer die Mutterschwester Charlotte. Madame Boettcher ist wohl Thekla Marie (1812-1905), Tochter des Dr. med. Heinrich Bidder, die am 17.3.1834 Johann Christoph Ernst v. Boetticher geheiratet hatte. [889] Dessen Bruder Gustav Boetticher war seit 1824 Erbpfandbesitzer von Eckengrafen, nach seinem Tod 1828 seine Witwe Wilhelmine bis 1842. [890] Wilhelm Conradi (1812-1884) war ein Bruder des Pastors von Mesothen Hermann Friedrich Conradi (1797-1874) und damals dort Arzt. [891]

„Aus Curland, den 23. Oktober. Am 13. d. M. zeigte sich der erste, kaum bemerkbare Schnee; gleichzeitig kam der erste Tagfrost, welcher bis zum 18. anhielt, und sogar auf 7° R. stieg. Seitdem erlaubt eine milde Herbstwitterung noch immer die

---

[887] Das Inland 18.10.1839, 667.
[888] KB Mesothen Geborene und Getaufte 1840, 674 Nr. 1 (LR 3293, 674 rechts). Die Originale der Kirchenbücher Mesothen 1838-1841 scheinen in Riga nicht erhalten, sondern verloren; Abschrift des Taufscheins in LVVA 640/1/2341 (Adelsbeweise Denfer), 15.
[889] Denffer, A. v.: Das Kurländische Gouvernements-Adels-Geschlechtsbuch, Siegen 2011, 68; Archiv Johann Paulsen: Bidder, 4 (DBGG).
[890] Klopmann, F. v.: Kurländische Güter-Chroniken. Zweiter Band, Mitau 1894, 117.
[891] Brennsohn, I.: Die Ärzte Kurland, Riga 1929, 127.

Benutzung der Viehweiden. Wir sind jetzt den sogenannten Meteornächten - vom 12. bis 14. November - nahe, in denen die Erscheinung einer ganz ungewöhnlichen Menge Sternschnuppen und Feuerkugeln regelmäßig wiederkehren soll, und erinnern Diejenigen daran, welche zu desfallsigen Beobachtungen Lust und Gelegenheit haben." [892]

„Vom 26. bis zum Schluß des Octobermonats hatten wir vollständigen Winter; offenbar zu frühe, weil noch der Herbst in den meisten Baumgattungen sich festgeklammert hielt. Ueber eine gefrorne Schneedecke glitten die ersten Schlitten, während der Wind durch dickbelaubte Pappeln sauste." [893]

„Aus Mitau wird vom 30. Novbr. v. J. über den Ausfall der Getreideernte im J. 1839 gemeldet, daß Weizen, Roggen und Hafer das vierte, Gerste das fünfte Korn gegeben. Das Tschetwert Weizen wiege 9 ½, Roggen ungefähr 8, Gerste 7, und Hafer 4 ½ Pud. Das neue Wintergetreide sei ziemlich gut aufgegangen. Der Handel mit Getreide sei unbedeutend, Hafer ausgenommen, auf welchen eine ziemlich bedeutende Bestellung aus dem Auslande eingegangen. Das Tschetwert Weizen koste 8 ½ R., Roggen 4 R. 30 K., Hafer 3 R. 10 K. S. Flachs und Hanf seien von sehr mittelmäßiger Güte, wegen der zu feuchten Witterung. Sie würden dort nur zum eigenen Verbrauch gezogen, und die Ernte des Flachses schätzte man auf 35,000, die des Hanfes auf 6000 Pud." [894]

„Aus Curland, vom 23. December. Um die vielen während des Futtermangels im vorigen Winter für das Vieh zur Nahrung und Streu verbrauchten Strohdächer der Landgebäude zu completiren, bedurfte es einerseits überhaupt einer bedeutenden Quantität Dachmaterial, die dem gewöhnlichen Strohbedarfe für die übrige Oeconomie entzogen werden mußte; andererseits ließ das schwer auszudreschende Getreide des letzten Herbstes wenig Langstroh aus den Riegen gewinnen. Es trat daher die Nothwendigkeit ein, die Aufmerksamkeit auf ein anderes Material zu richten, weshalb man denn gegenwärtig so häufig an die Herbeischaffung und Verwendung von Rohr zu Dächern arbeiten sieht. Nachrichten aus dem Oberlande zufolge, traf dort der strenge, bis gestiegene Frost vom 6. bis nach dem 10. d. M. schneelosen Boden. Unterhalb in Curland war derzeit zwar schon ziemlich viel Schnee gefallen, jedoch meist

---

[892] Das Inland 1.11.1839, 700 f.
[893] Das Inland 15.11.1839, 731.
[894] Das Inland 3.1.1840, 16 (Angaben für 1839). Das Hohlmass 1 Tschetwert entspricht 209,896 Liter (Das Land Ober-Ost, Stuttgart 1917, 450).

in Haufen zusammengeweht. - Jetzt, nach ein Paar Tagen Thauwetter, haben wir eine der besten Schlittenbahnen." [895]

※

1840 Armen- und Krankenpflege

Im Hofe Grafenthal wurde am 1. Januar 1840 von Pastor Conradi zu Mesothen getauft die am 20. Nov. 3 Uhr morgens geborene „Thecla Emilie Olga, Tochter des Grafenthalschen Amtsmanns Johann Luft und dessen Ehefrau Annette Emilie geb. Reuß. Eltern Luther. Pathen: Fräulein Thecla von Denffer, David Luft und Christian Luft." [896] Anders als bisher in Grafenthal hatte Jeannots Tochter Thecla diesmal die Patenschaft für ein Kind von Hofesleuten übernommen. Es ist dies die Thekla, von der später Pantenius schrieb:

„Von den Denfferschen Schwestern war mir die älteste, Thekla, noch besonders interessant. Sie war die geborene Diakonissin, eine jener Frauen, die für sich selbst gar nicht vorhanden sind, die nur für andere Menschen leben und nur glücklich sind, wenn sie mit voller Selbstaufopferung Kranke pflegen, Gebrochene aufrichten, Armen mit Rat und Tat zu Hilfe kommen. Sie war ein unbeschreiblich gütiger Mensch." [897]

Tante Tali hat später ganz ähnlich Theklas Schwester Mathilde charakterisiert: „Mathilde hatte die Armen- und Krankenpflege in ihrer Hand. Sie nähte und strickte beständig für die Knechtskinder und betreute die Alten und Kranken." [898] Vielleicht gibt es hier eine Verwechslung, die jedoch mangels weiterer Informationen nicht mehr aufzuklären ist. Da Pantenius, anders als Tante Tali, sich selbst in Grafenthal aufgehalten hatte, möchte man wohl eher ihm folgen. Jedenfalls wird jeder Fürsorgerin Gottes Lohn zukommen.

Jeannots älterer Bruder Eugen wohnte weiterhin in Talsen. Der kleine Ort „103 (Werst) von Mitau… hat 2 bis 300 Einwohner, zählte im Jahre 1836 15 steinerne und 35 hölzerne Stadt- und Privathäuser, besitzt eine steinerne, lutherische Kirchspielkirche, eine deutsche Parochialschule und eine Synagoge. Im Jahr 1840 hat der Collegien-Assessor E. v. Denffer beschlossen, hier aus eigenen Mitteln ein Kranken- und

---

[895] Das Inland 3.1.1840, 14.
[896] KB Mesothen Geborene und Getaufte 1840, 674 Nr. 2 (LR 3293, 674 rechts)
[897] Pantenius, T.: Aus meinen Jugendjahren, Leipzig 1907, 154.
[898] Denffer, N. v.: Aus Ältervaters Zeit, Löcknitz i.P., o.J. (ca. 1941), 50.

Verpflegungshaus zu erbauen." [899] - „Der Mangel einer Anstalt im Flecken Talsen zur Unterbringung kranker Dienstboten und anderer hülfsbedürftiger Personen bemerkend, hat sich der Herr Collegienassessor E. v. Denffer entschlossen, aus eigenen Mitteln ein Kranken- und Verpflegungshaus daselbst zu erbauen." [900] Näheres über dieses Vorhaben war leider bislang nicht in Erfahrung zu bringen.

Eugen kam zu Besuch nach Mitau: „In Mitau angekommene Fremde: den 15ten Februar... Hr. v. Denffer aus Talsen, log. b. Mad. Köhler." [901]

„Mitau, den 28. März. Nachdem das Eis unserer Flüsse schon am 20. d. M. durch den anschwellenden Strom gehoben worden, setzte es sich gestern in der Aa bei kaum gewöhnlicher Frühjahrsüberschwemmung in Bewegung, und zieht nun ruhig und gefahrlos vorüber." [902]

Wieder war Eugen Communicant in der Kirche Talsen am Gründonnerstag 11. April 1840 und am 23. Mai bei der Taufe von Eugen Heinrich Christian Stubendorff, „Pate: Eugen Heinrich Christian von Denffer, von der achten Classe." [903]

„Aus Curland, vom 15. April. Landwirthschaftlicher Bericht. Mit dem Anfange dieses Monats haben die Pflugarbeiten auf den trockener gelegenen Feldern begonnen. In den Gärten wird an manchen Orten schon gesäet. Die Möglichkeit der zeitigen Arbeiten kam um so erwünschter, als gegenwärtig, außer den gewöhnlichen Frühjahrsverrichtungen für den Landbau, noch Vieles aus dem vorigen Jahre nachgeholt werden muß, da ein bedeutender Theil der Winterfelder im Herbste, wegen der großen Nässe, unbestellt geblieben war. - Auf die Wintersaaten haben die trockenen Nordwinde, welche in diesem Monate bis jetzt geherrscht haben, nachtheilig gewirkt. - Die Viehfuttervorräthe reichten hinlänglich aus; überdies war die Weide bis in den Novembermonat hinein benutzt, und im Ganzen nicht lange völlig geschlossen." [904]

„Aus Curland, vom 7. Mai. Landwirtschaftlicher Bericht. Der Mai ist da und selbst schon auf ein Viertel vorgeschritten; aber seit dem Ende des März, wo mindestens im

---

[899] Possart, P.: Die russischen Ostsee-Provinzen Kurland, Livland und Esthland. Erster Theil Kurland, Stuttgart 1843, 291.
[900] Das Inland 1840, 29.
[901] Mitauische Zeitung 19.2.1840, 74.
[902] Das Inland 3.4.1840, 220.
[903] KB Talsen Communicanten 1840, Nr.86; KB Talsen Deutsche Gemeinde Taufen 1840 Nr. 21.
[904] Das Inland 24.4.1840, 266.

unteren Curlande der Frühling rege wurde, bis jetzt hat sich die Pflanzenwelt so wenig entwickelt und die Witterung so unfreundlich aufgeführt, daß man von dem Blüten- und Wonnemonat noch nichts bemerkt. Ein Theil der Bäume steht nackt, ein anderer ist bloß mit einem grünen Schimmer überzogen. Aurikel, Tulpen und all der Erstlings- schmuck der Gärten fehlen. - Regen, und zwar kalte Regen, haben, irgend einen vor- hergegangenen Schauer abgerechnet, sich erst mit dem Schlusse des Aprils einge- stellt. In der Nacht zum 2. Mai brachte ein strenger Frost auf dem Wasser der Gräben noch Eis von etwa 1/12 Zoll Dicke zu Stande. - Einige Roggenfelder stehen ziemlich gut, die meisten schlecht, wie z. B. in der Bauskeschen Gegend; auf allen sind mehr oder weniger ausgefaulte und stark ausgewehte Plätze sichtbar, von denen mehrere bereits für Sommersaat ausgepflügt werden. Eben so steht es mit den Wiesen und Weiden.

Die eingetretene Viehkrankheit, welche die Thiers, sogar bei gehörigem Futter, bis zum Sturze entkräftet, hat an vielen von einander ganz entfernten Orten mitunter zahl- reiche Opfer hingerafft." [905]

„Aus Curland, vom 4. Juni. Landwirthschaftlicher Bericht. Laut den eingehenden Nachrichten aus Litthauen stehen auch dort die Wintersaaten eben so wie in Curland, nämlich auf schwerem Boden schlecht, auf leichtem trockenen Boden gut oder mit- telmäßig bis auf die Vertiefungen oder sogenannten Kessel, in welchen ohne Aus- nahme Stellen geblieben sind, wo das Getreide ausgefault ist. Dergleichen Kessel sieht man überall, zuweilen einen nicht unbedeutenden Theil des Feldes einnehmen, und jährlich die ihnen anvertrauten Saaten durch Nässe verderben, oder doch leiden. Demnach besteht die an einem Felde vorzunehmende Cultur vor allem Anderen in seiner gehörigen Trockenlegung. Wenn man sonst die Vertiefungen mit mehr Schwie- rigkeit aufsuchen und beobachten muß, um sie durch anzulegende Gräben, durch be- sonderes Pflügen oder durch Ausfüllen unschädlich zu machen, so kann man sie jetzt sehr leicht an ihren Wirkungen erkennen, und für später vorzunehmende Arbeit be- zeichnen. - Ueber die Sommerfrüchte läßt sich nichts sagen, da Gerste und Kartoffeln gegenwärtig noch in die Erde gebracht werden; früh gemachte Saaten sind gut

---

[905] Das Inland 15.5.1840, 317.

aufgegangen. Die Obstbäume haben ruhig abgeblüht; Kirschen und Pflaumen versprechen nach dem Ansatze einen reichen Ertrag, Aepfel und Birnen einen geringen." [906]

※

Und wieder Johannis

„Mitau, den 17. Juni. Der eigentliche Johannistag ist bereits vorübergezogen, wie mehrere seiner nächsten Vorgänger, ohne großes Geräusch und Gewühl. Nicht schlechtere, sondern vielmehr bessere Zeiten haben den sonst brausenden Strom zum murmelnden Bache eingeengt, indem seit der Organisirung des Curl. Creditvereins die Geschäfte sich so sehr entwirrt, vereinfacht und erleichtert haben. Wie Vieles ungeahnet weit, so hat auch dieser Wechsel seinen Einfluß selbst bis zum Orient erstreckt, denn unter Andern haben die zu jenem Termine hier gewohnten Tatarischen Gesichte aus der Handelswelt sich völlig von uns abgewandt. - Den lautersten Genuß um diese Zeit gewährt das Theater; außerdem ladet die „Villa Medem" mit geschmackvollen Illuminationen zum Lustwandeln in der Abendkühle ein. Zu der äußeren Ausstattung des diesjährigen Johannis gehören noch eine mittelmäßige Menagerie und ein circus olympicus der gymnastischen Kunstreiterfamilie Carré. Von C. L. Cron ist eine reiche Ausstellung von Lithographien und effektvollen Lithochromien (mit Oelfarben übermalten Bildern) veranstaltet, wo der Eintrittspreis den Käufern wieder angerechnet wird." [907]

„Mitau, den 1. Juli. Sehr viele der Gäste, die früher unseren Johannis belebten, kamen des Theaters wegen her. Bei der großen Anzahl der jetzt Ausgebliebenen möchte darum das folgende Repertoir der in dieser Saison hier aufgeführten Stücke Interesse finden. Den 6. Juni: Prolog, dann: zu ebener Erde und im ersten Stock, Posse mit Gesang; den 7. der Templer und die Jüdin, Oper; den 8. die Schule des Lebens, Schausp.; den 9. die Belagerung von Corinth, Oper; d. 10. die verhängnißvolle Wette, Lustsp.; d. 11. die Entführung aus dem Serail, Oper; d. 12. der Templer und die Jüdin; d. 13. die Ehrendame, Lustsp.; Fröhlich, musical. Quodlibet; nach dem Schauspiel Maskerade; den 14. die Belagerung von Corinth; d. 15. der Jugendfreund, Lustsp.; der Dorfbarbier, Oper; d. 16. der Vampyr, Oper; d 17. die Räuber, Trauersp.; d. 18. das

---

[906] Das Inland 12.6.1840, 377.
[907] Das Inland 26.6.1840, 412.

Nachtlager in Granada, Oper; d. 19. die Bastille, oder wer Andern eine Grube gräbt, fällt selbst hinein, Lustsp.; der Sänger und der Schneider, Gesangsp.; d. 30. Norma, Oper; d. 21. der Verschwender, Gesangsp.; d. 22. Fenella, Oper; d. 23. Parascha, Schausp.; das Fest der Handwerker, Vaudeville; d. 24. der Brauer von Preston, Oper; d. 25. zur Geburtstagsfeier Sr.Maj. des Kaisers: Prolog, Volkshymne; dann: Eugen Aram, Schausp.; d. 26. Jessonda, Oper; den 27. der Zinngießer, Vaud., die Novize, Lustsp.; d. 28. Preciosa, Oper; d. 29. der Verschender; d. 30. die Erholungsreise, Posse; das Fest der Handwerker; der 4te Act von „Robert der Teufel." [908]

※

ne m'oublie jamais

Hinweise darauf, daß Caroline inzwischen nach Petersburg zurückgereist war, fehlen. Im Stadtarchiv Göttingen wird das Poesie-Album ihrer Tochter Anna aus den Jahren 1839 bis 1843 aufbewahrt. [909] Nicht alle, aber manche Eintragungen sind mit Orts- und Datumsangabe versehen. Daraus läßt sich erschließen, wo sich Anna mit ihrer Mutter und den Geschwistern in diesen Jahren aufgehalten hat: 1839 in Mannheim 15., 16., 17., 19. Dez.; 1840 in Stuttgart 6. April, 5. Okt., 7. Okt., 10. Okt.; 1840 in Halle 26. Nov., 4. Dez., 8. Dez.; 1841 in Halle 2. Febr., 20. Mai; 1841 in Giebichenstein (bei Halle) 10. Okt., 11. Okt.; 1843 in Petersburg 23. April.

Die zwei Zeichnungen im Album, beschrieben als „sehr laienhaft", sind erkennbar Kinderzeichnungen. Die erste zeigt ein Haus mit Türe und sieben Fenstern, links davor eine Handpumpe, aus der Wasser in eine Schüssel fließt. Rechts ist eine Gartenszene erkennbar, zwei Figuren sitzen auf Stühlen, dazu ein großer Blumentopf und ein Baum. An der Hinterwand des Hauses weht eine Fahne, auf dem Hausdach arbeitet ein Schornsteinfeger an einem von zwei Schornsteinen. Die als „Landschaft"

---

[908] Das Inland 10.7.1840, 443 f. Statt Verschender wohl Verschwender.

[909] Stadtarchiv Göttingen Stammbuchsammlung Stabu 107: Denffer, Anna v. Stammbuch: Laufzeit: 1839-1841, (1843); 6 Einträge ohne Datum. - 29 Einträge aus Mannheim, Stuttgart, Halle, Giebichenstein, (Petersburg); 8 Einträge ohne Ortsangabe. - Umfang: 37 Bll. - Beschreibung: Kassette, Rückenaufschrift: Denkmal der Freundschaft, Kassettendeckel-Innenseite: Albrechtsburg in Meißen (koloriert). - Bemerkungen: Bl. 01 u. Bl. 02 kein Texteintrag. - Provenienz: Städtisches Museum Göttingen. - Zugangsnummer: 602/81; Illustrationen: Bl. 01 Haus (Bleistift); Bl. 02 Landschaft (Tuschpinsel); beide Zeichnungen sehr laienhaft.

gedeutete zweite Zeichnung ist eine unfertige Szene. Drei Viertel des Blattes sind leer, nur das linke Viertel ist bemalt und zeigt eine Grabstätte mit einem geneigten Grabstein und einem hochragenden schlanken Baum, eingegrenzt von Pfosten und Ketten. Die Illustrationen dürften von Anna selbst oder ihrer Schwester Alexandrine stammen, die einfachere erste vielleicht von der jüngeren Anna. Man könnte annehmen, daß die Geschwister eines der Schmelzerschen Gräber in Halle besucht hatten.

Der Eintrag von Alexandrine in Annas Stammbuch ist in französischer Sprache geschrieben und lautet:

"Toujours aimée, toujours aimable/Favorisée du ciel comblée de ses bienfaits/
Jouis d'un bon heur durable/Et ne m'oublie jamais. - En relisant ce peu de lignes/
Souvient-toi de ta sincere soeur Alexan-/drine de Denffer.//
Pour ma chér Soeur Anna/de Denffer." [910]

Ort und Datum sind nicht angegeben. Eine weitere Eintragung mit Bezug auf Alexandrine ist indes nicht von ihrer Hand, sondern einem Handschriftenvergleich nach von Caroline, der Mutter der beiden Schwestern. Der nicht einfach zu entziffernde Text besteht aus den ersten Strophen zweier alter deutscher protestantischer Kirchenlieder und einer kurzen persönlichen Hinzufügung:

„Jesus nimmt die Sünder an. Saget doch dieß/Trostwort allen, welche von der rechten Bahn auf ver-/kehrten Weg verfallen. Hier ist, was sie retten/kann: Jesus nimmt die Sünder an. Gott will's ma-/chen, daß die Sachen gehen, wie es heilsam ist. Laß/ die Wellen sich verstellen, wenn du nur bei Je-/sus bist. Nim diesen Rath zur Erinnerung deiner//dichliebenden Schwester Saschinka/v. Denffer. Stuttgart den 6ten April/1840." [911] Saschinka (Alexandrine) war damals 12 Jahre alt, ihre Schwester Anna 11 Jahre. Was Anlaß zu diesem Rat gab, ist nicht erkennbar.

Ende Juni 1840 sind Caroline und die Kinder im württembergischen „Canstatt Angekommene Kurgäste seit 28. Juni... Frau Geheimerath v. Denffer mit Familie und Bedienung aus Petersburg". [912] Zudem sind bei der Volkszählung 1840/41 in Halle,

---

[910] Immer geliebt, immer liebenswert/Vom Himmel begünstigt, erfüllt von seinen Wohltaten/Genieße dauerhaftes Glück/Und vergiss mich nie. – Beim erneuten Lesen dieser wenigen Zeilen/erinnere dich an deine aufrichtige Schwester Alexan/drine de Denffer.//Für meine liebe Schwester Anna/de Denffer. (Stadtarchiv Göttingen Stammbuchsammlung Stabu 107, Bl. 6r, 6v).

[911] Stadtarchiv Göttingen Stammbuchsammlung Stabu 107, Bl. 23r, 23v.

[912] Schwäbischer Merkur 5.7.1840, 722.

Haus Nr. 127, verzeichnet: „Schmelzer Aug Friedr Geheimrath u Professor 82, die vier Töchter Auguste 36, Johanna 34, Henriette 32, Ernestine 31 sowie v. Denffer Karoline geb. Schmelzer Ehefrau zu b) im russisch Staatsdienst 40 und deren Kinder v. Denffer Theophile 16, Albertine 12, Anna 11 sowie Woldemar 6 Jahre alt (Religion) E." [913]

In Kurland fuhr Henriette, Augusts Schwester, im Sommer wie schon gelegentlich zuvor, nach Libau ans Meer: „1840 July Den 7.: Badegäste… Frau Baronin Budberg, nebst Familie, aus Garsden, beim Herrn Rathsherrn Dehling". [914]

„Aus Curland, vom 14. Juli… Auf der Strecke von Polangen bis Bauske sieht man fast ausschließlich gute Roggenfelder. Voll und besser als der Roggen steht der Weizen. Besonders viel verspricht unsere nordische Brodfrucht, unser sicherer Schutz gegen Hungersnot - die Kartoffel. - Man wird mit dem Segen dieses Jahres sehr wohl zufrieden sein: nur ja kein Regen mehr!" [915]

„Aus Curland, vom 30. Juli. Landwirthschaftlicher Bericht. Noch ruht die Roggenernte; nur auf einzelnen Anhöhen hat man sie, mehr der Noth und des Versuches wegen, begonnen. Diese Versuche, so wie die gebogenen Aehren voll großer Körner, lassen ein Wintergetreide von vorzüglich schwerem Gewichte hoffen. In Litthauen steht, laut den neuesten Nachrichten, das Wintergetreide ebenfalls vortrefflich. Hier, wie dort, ist auf den im vorigen Herbste unbestellt gebliebenen Feldern eine bedeutende Menge Sommerweizen, stellweise auch Sommerroggen - dem im Ganzen nicht genug Aufmerksamkeit zugewandt wird, - gebaut. Zur Vervollständigung unseres letzten Berichts kann noch angeführt werden, daß der Kohl eine seltene Größe erreicht, ferner daß die Wälder, obgleich ohne Mangel an Beeren, bis jetzt wenig, fast gar keine Schwämme - eine Hauptnahrung der ärmsten Volksclasse im Sommer - hervorbringen. Wie in den Nachbarprovinzen geht es auch hier mit den Blattern; an einem Orte verschwinden sie, an einem andern treten sie wieder auf." [916]

„11. August aus Curland: Bei sehr günstiger und eifrig benutzer Witterung während der letzten 8 Tage ist der größte Theil der Roggenernte glücklich vollendet." [917]

---

[913] Halle Stadtarchiv, Volkszählung 1840/41 Bürgerbücher Haus Nr. 127.
[914] Libausches Wochenblatt 10.7.1840.
[915] Das Inland 24.7.1840, 475.
[916] Das Inland 7.8.1840, 507.
[917] Das Inland 21.8.1840, 537.

„Aus Curland, vom 5. November... Nach dem Ertrage der gemachten Ernten ist im untern Curland kein Brotmangel zu fürchten, wie vielleicht im Oberlande. Auch in Litthauen haben einige Districte an Korn Fülle, andere Noth. - Bei Gelegenheit, daß in diesem Jahre ein großer Theil des Sommergetreides bei den Bauern verdorben ist, dürfte hinsichtlich eines Umstandes noch ein Vorschlag zur ferneren Erwägung zu stellen sein. Wenn der Wirth mit seinen Leuten und dem ganzen Gespann bei der Hofesernte beschäftigt ist. so könnten daheim, besonders in sehr dringenden Fällen, allenfalls die zurückgebliebenen Weiber, altersschwachen Personen, selbst Kinder das etwa schon gemähte Getreide von den gewöhnlich nahe um das Gesinde liegenden Feldern, ehe es bis zum Verschütten trocken oder von anhaltenden Regen überrumpelt wird, allmälig einbringen, wäre eben der Mangel an Gespann nicht ein Hinderniß. Im Auslande gewöhnt man nicht allein in kleinen Wirtschaften Kühe zum Lastziehen, sondern auch auf großen Höfen wird das tägliche Grünfutter mit den Kühen selbst vom Felde zum Stall geführt. Sollte es nicht leicht ausführbar und zweckmäßig sein, daß auch unsere Bauern ein Paar Kühe zu ähnlichen Zwecken in Reserve hielten, um mit ihnen keine weiten Fahrten, sondern solche nur auf den eigenen Feldern zu machen?"[918]

„Das jahr 1840 war sehr verhängniszvoll für die armen Bauern, indem eine sehr geringe ernte sie sowohl bei ihren magazin, wie auch beim hofe in schulden brachte... Um die arrendatoren bei der Unterhaltung der Bauern zu unterstützen wurde von der hohen krone eine beträchtliche summe geldes bewilligt, das ohne intereszen auf 10 jahre, mit rückzahlung vierteljährig 10 p. lf., nach maszgabe der grösze des gutes, abgelaszen wurde."[919]

Schule und medizinische Versorgung

In Kurland gab es gegensätzliche Ansichten über die Notwendigkeit der Bildung für jedermann. Die Kinder der Gutsbesitzer erhielten üblicherweise zunächst Privatunterricht durch zu diesem Zweck auf dem Gut lebende Hauslehrer und Hauslehrerinnen, kamen dann auch ins benachbarte Pastorat und später auf das Mitausche Gymnasium. Doch Unterricht oder gar eine eigene Schule für die Bauernkinder gab es kaum, so

---

[918] Das Inland 13.11.1840, 732.
[919] Sloka, L. J.: Kurzemes draudžu chronikas, Riga 1928, I, 67 (Barbern).

daß „noch im Anfange dieses Jahrhunderts, während nur ganz wenige wohlwollende Herren die Bauernkinder auf ihren Gütern im Lesen und Schreiben unterrichten ließen, nirgends eine eigentliche Bauernschule existirte. In Kurland wurde... erst im Jahre 1841 vom Adel der Provinz ein lettisches Schullehrerseminar gegründet...“ [920]

„Als nach der Bauernbefreiung allmählich Gemeindeschulen mit lettischer Unterrichtssprache eingerichtet wurden, gab es im Jahr 1842 - dem Jahr der Eröffnung des lettischen Lehrerseminars in Irmlau - nur 46 solcher Schulen.“ [921]

Eine Besonderheit von Grafenthal in der Dennfferschen Zeit war „Das Schulhaus, von Weller, auf einem steinernen Fundamente, unter einem Strohdache, enthält 4 Zimmer u. ist in gutem Zustand. Zum Schulhause gehört auch ein Stall nebst Remise, von Holz unter einem Strohdache. Dieses Gebäude ist neu.“ [922] Es befand sich 100 bis 200 Meter nördlich der Windmühle.

„Den Beginn der Grävendāle Schule kann man auf den 23. November 1840 datieren. Da brachte man die ersten vier Schüler auf das Gut. Einer hieß Juris Zīle und kam vom Hof Īslīc-Širvji. Das Lernen geschah in der Korndarre des Gutes. Der erste Lehrer hieß Štraubergs, - war hochgewachsen, „konnte einen ganzen Milcheimer voll mit selbstgebrautem Bier trinken“. Der andere Lehrer hieß Pḷavenieks.“ [923]

Offenbar erwies sich der anfängliche Unterricht in der Korndarre als so erfolgreich, daß es zum Bau eines Schulhauses kam, in dem wohl auch die Lehrersfamilie wohnte und mit eigenem Stall und Wagenschuppen versorgt war. Zwar sind die näheren Umstände und weitere Einzelheiten nicht mehr bekannt, doch ist zumindest festzuhalten, daß auf Grafenthal bereits vor der Eröffnung des ersten Lehrerseminars in Kurland die Einführung von Schulunterricht für die Bauernkinder und dessen feste Etablierung, gefördert durch den Bau des Schulhauses und die Einstellung der Lehrer, zu Zeiten von Jeannot und Caroline erfolgten und, so scheint es, ihnen zu verdanken sind.

---

[920] Rutenberg, O.v.: Geschichte der Ostseeprovinzen Liv-, Esth- und Kurland Leipzig 1859, I, 251. Nach anderer Angabe 1840 (Hoheisel, A.: Das lettische Lehrerseminar der Kurländischen Ritterschaft in Irmlau, Jahrbuch des baltischen Deutschtums 47 (2000), 33-41). Der Direktor war Karl Sadowski, dessen Tochter Bertha Schwiegermutter des Alexander v. Denffer (1874-1919).

[921] Hoheisel, A.: Die kleinen deutschen Leute auf dem Lande in Kurland (um 1797), 233 in: Zeitschrift für Ostforschung 43 (1994), 232-245.

[922] LVVA 581/4/2100/6 (VII).

[923] Strazdiņš, E.: Grävendāle, Riga o.J. (2020), 27. (Übersetzung Agnese Luse/Riga).

Diese Grafenthalsche Schule wurde auch später noch weiterbetrieben. Sie hatte 1860 „15 Knaben, 8 Mädchen = 23 Kinder, 1 Lehrer, eigenes Local, vom Gute unterhalten." [924] Offensichtlich besuchte demnach aber zunächst nur ein kleiner Teil der Bauernkinder diese Schule.

Etwa zur selben Zeit kam es auf Grafenthal auch zu einer bemerkenswerten Verbesserung der medizinischen Versorgung, an der Jeannot und Caroline ebenfalls Anteil hatten. „Im J. 1832 gab es in Kurland… bei einer Bevölkerung von 400.000 Menschen nur 58 Aerzte, also ungefähr auf 6900 Einwohner einen Arzt. Von den letztern bedienten 8 vornehmlich die höhern Stände und 22 vorzugweise die 360.000 Bauern… Fürs J. 1838… werden nur 42 Aerzte… angeführt." [925]

Mit Gustav Wilhelm v. Grabe (1802-1849) aus Kreutzburg bekam Grafenthal als eines von nur wenigen Gütern in Kurland einen Arzt. Er hatte in Dorpat Medizin studiert, war bis 1840 als Arzt in Ruhenthal und kam danach mit seiner Ehefrau Anna geb. Gröning (1813-1888) und Kindern nach Grafenthal. [926] Nicht nur die Grafenthalschen Leute hatten Nutzen davon, sondern das gesamte Kirchspiel Mesothen, als dessen „Oekonomie Arzt" Grabe praktizierte. [927]

Beim Kurländischen Oberhofgericht in Mitau gab es 1840 zwei Vorgänge und 1841 einen Vorgang „Appellations-Sache L. v. Finckenstein geb. Budberg wider Frau H. v. Budberg geb. Denffer". [928] Vermutlich ging es um Erbangelegenheiten. Louise Finck v. Finckenstein geb. v. Budberg war die zwei Jahre jüngere Schwester von Henriettes 1836 verstorbenem Ehemann Ernst v. Budberg. [929]

※

[924] Busch, E.H.: Materialien zur Geschichte und Statistik des Kirchen- und Schulwesens der evangelisch-lutherischen Gemeinden in Russland, St. Petersburg 1862, 370

[925] Brennsohn, I.: Die Ärzte Kurlands, Riga 1929, 43.

[926] Brennsohn, 174. Im Register 476 fehlt Grabe unter Grafenthal.

[927] KB Mesothen 1849 Verstorbene Nr.97.

[928] Staatsarchiv Riga. Verzeichnis der Akten des Kurländischen Oberhofgerichts Film Nr. C 51 b, Bl. 35a, 36, 37, Nr. 908, 927, 951.

[929] Budberg, A. v.: Beiträge zu einer Geschichte des Geschlechtes der Freiherrn v. Bönninghausen genannt Budberg, Riga 1897 Tafel XI Anm. 4.

Russland und Europa

Spätere Nachfahren von Offizieren haben wie ich nicht per se unbedingt tiefergehende, sondern oft nur sehr bruchstückhafte Kenntnisse vom Militärwesen und können, insbesondere, wenn sie selbst von eigenen Kriegserfahrungen verschont blieben, zu Vorstellungen neigen, die weit von der Wirklichkeit entfernt sind. Noch weniger realitätsbezogen ist eventuell das Bild, wenn es um die Verhältnisse in einer Zeit und Kultur geht, die nicht mehr die eigene ist. Von vornherein sei dabei eingeräumt, daß der Blick stets zunächst vom Betrachter ausgeht, bevor er überhaupt vielleicht kritisch hinterfragt werden kann.

Einem meinen lieben Vettern gefiel es, seinen Vorfahren, wenn er von ihm sprach, als „Haudegen" zu bezeichnen. Wenn ich an die Rolle kaiserlich russischer Offiziere im Krieg denke, kommt mir stattdessen das Wort „Sklaventreiber" in den Sinn. Beide Ansichten sind subjektiv. Deshalb ist es vielleicht von Nutzen, einen zeitgenössischen Beobachter ausführlicher zu Wort kommen zu lassen, der zudem, weil er selbst kein Russe war, in seinen Schilderungen eher als einigermaßen unvoreingenommen gelten darf. Der schon erwähnte Reiseschriftsteller Johann Georg Kohl aus Bremen, der sich während der 1830er Jahre in Kurland aufgehalten und auch andere Gegenden des Zarenreiches besucht hatte, konnte aus eigener Anschauung berichten. Ihm fiel auf, daß dem Militär in Russland eine besondere Wertschätzung galt, die er vor allem auf geographische und geschichtliche Faktoren zurückführte. Dabei schrieb er im Geist seiner Zeit vom Konflikt zwischen Slawen und Germanen. Nur am Rande sei bemerkt, daß manches aus seiner Darlegung noch heutzutage, zwei Jahrhunderte später, offenbar wirksam scheint:

„Auf die Frage, ob Rußland innerhalb seiner jetzigen Gränzen freiwillig stehen bleiben werde, antwortet eine gesunde historische Philosophie bei einem Blick auf die letzten beiden Jahrhunderte ein nur zu deutliches Nein!... Der Bruch zwischen dem östlichen und dem westlichen Europa, wird in jeder Hinsicht immer stärker und hat sich in den letzten 30 Friedensjahren mehr und mehr erweitert... Die Abneigung der Russen gegen das Fremde, gegen die Deutschen und Franzosen, hat sich nur unter Katharinen und Peter dem Großen etwas gemäßigt. In neuester Zeit ist sie wieder viel deutlicher hervorgetreten. Rußland fühlt sich jetzt so groß, daß man ganz gewöhnlich vom russischen Reiche wie von einem eigenen Welttheile spricht und Rußland, Asien und Europa coordinirt...

Die russische Hegemonie unter allen Slaven ist jetzt eine sehr modige Idee unter den Russen. Ihre Gelehrten besonders sind dafür begeistert, und mit großer Genauigkeit suchen sie zu bestimmen, was alles slavisches Land sei oder früher dazu gehört habe... Rußland... brachte die Slaven zu Ehren und wird sie vollends aufrichten. Die Zurückweisung des Mongolenthums ist beendet. Es bleibt das Germanenthum noch übrig. Der Anfang mit ihm ist auch bereits gemacht. Rußland besitzt von den Staaten und Communen, welche Deutsche und überhaupt Germanen an den baltischen Meeren hin auf wendischem, lettischem und finnischem Boden im Mittelalter gründeten, bereits mehre große Massen, die Provinzen Finnland, Ingermanland, Esthland, Livland und Kurland... An Kurland stoßen West- und Ost-Preußen als die nächsten Glieder in jener Kette der deutschen Ostsee Commune..." [930]

Polen und seine Aufteilung, durch die Russland sich einen beträchtlichen Teil einverleibte, hat der Autor an dieser Stelle nicht erwähnt, vielleicht, weil auch Preußen ganz wie Russland von den Teilungen Polens profitierte.

Jedenfalls aber steht das westliche Europa, so Kohl, der russischen Expansion mehr oder weniger inadäquat vorbereitet gegenüber: „Dem Gros aller europäischen nichtrussischen Armeeen, die fast alle aus junger unerfahrener Mannschaft bestehen, geht... der große Vorteil der Kriegserfahrung ab... Während wir in den letzten 25 Jahren ruhten, schossen sich die Russen schon fünf Mal mit Persern, Türken und Polen herum, bei welchen Gelegenheiten immer ein großer Theil des Gros der Armee im Feuer stand. Dazu hatten die ganze Zeit über die Russen den kaukasischen Bergkrieg, diese vortreffliche Kriegsschule, in der die Soldaten oft wechseln. Es stehen hier fortwährend über 80,000 Mann Russen im Feuer..." [931]

Nur ein Jahrzehnt nach der Veröffentlichung dieser Einschätzung erwies sie sich jedoch mit der Niederlage Russlands im Krim-Krieg von 1853-1856 als verfehlt - nicht im Hinblick auf die russischen Ausdehnungsbestrebungen, doch hinsichtlich der militärischen Kraft. Innerhalb der Gesellschaft Russlands hatte jedoch zunächst die Erfahrung der letzten Jahrhunderte erfolgreicher expansionistischer Geschichte zu der hohen Wertschätzung des Militärs geführt, die sich von „Liebe zu den Kriegern" bis hin zur „Soldatensucht" äußerte:

---

[930] Kohl, J.G.: Petersburg in Bildern und Skizzen. Dritter Theil, Dresden Leipzig 1846, 238 ff.
[931] Kohl, 245.

„Die trefflichen Eigenschaften des russischen Soldaten, sein nie murrender Gehorsam, seine unermüdliche Dienstfertigkeit, seine Tapferkeit, erwerben ihm natürlich viel Zuneigung bei allen Classen der Gesellschaft, welche Liebe durch das Beispiel von oben herab noch vermehrt wird. Diese Liebe zu den Kriegern, den Vertheidigern des Vaterlandes, hätte, wie gesagt, wohl ihren guten Grund, doch artet sie gewöhnlich in eine oft höchst lächerliche, oft sehr betrübte Soldatensucht aus. Bei uns läßt man den Soldaten auf der Straße wie jeden anderen redlichen Mann passiren und macht weiter kein Aufhebens davon. Anders ist es bei den vornehmen Classen in Rußland, die selbst in ihren weiblichen Elementen von jener sonderbaren Liebhaberei für Uniformen und Soldaten angesteckt sind... Selbst die jungen Damen lassen keine Uniform unbeachtet vorüber... Wenn die armen Bauern weinend unter das Gewehr treten, so ist es beim Adel keine Frage, daß die kleinen für den Offiziersäbel Geborenen sich lustig die Cadetten-Uniform anziehen. Die Kinder in Petersburg schon spielen Soldaten, führen Türken- und Tscherkessen-Schlachten auf und verhandeln keine Frage häufiger unter sich als die, ob sie in die Marine oder Landarmee treten wollen, ob der Cavalerie oder der Infanterie-Dienst vorzuziehen sei." [932]

※

Adel und Militär

Bei seinen Schilderungen der Verhältnisse in Russland war Kohl anderweitig umfänglich auf die verschiedenen Gesellschaftsschichten und Standesunterschiede eingegangen und hat also durchaus nicht übersehen, daß der Kriegsdienst sich sehr unterschiedlich gestaltete. Während die große Masse der russischen Soldaten auch bis über die Mitte des 19. Jahrhunderts aus zwangsrekrutierten Leibeigenen bestand, kamen die sie führenden Offiziere aus dem Adel.

„Der Adel Rußlands ist durchaus militärisch. Seine Söhne widmen sich theils freiwillig, theils auf Befehl fast ausschließlich diesem Berufe, ... seine Kinder schon träumen von Soldaten und spielen mit Soldaten, ja seine Töchter sogar widmen ihre Liebe nur den Uniformen. Der Militärdienst ist die allgemeine große Bahn, auf welche sich Alles begiebt, und von welcher aus die Wege zu allen Ehrenposten des Staates

---

[932] Kohl, J.G.: Petersburg in Bildern und Skizzen. Dritter Theil, Dresden Leipzig 1846, 229 ff.

führen… ein militärischer Grad sichert die Anwartschaft zu den… Stellen der Regierungs-, Staats- und Minister-Rathe… Es ist die herrschende Ansicht in Rußland, daß nur Der, welcher dem Militärdienste eine Zeit lang sich widmete, auch zu allem übrigen Commando befähigt sei… Der Militärdienst ist die allgemeine Vorschule für alle Staatsdienst-Geschäfte… Bevor man irgend ein Amt antritt, muß man „sluschbu snatj" (den Dienst kennen). - Durch den Militärdienst erhält man alle Eigenschaften, die einem russischen Staatsdiener irgend einer Art nöthig sind, den gehörigen Diensteifer, den Gehorsam und die Beugsamkeit gegen die Höheren, die Fähigkeit zum Commandiren und das Ansehen und die gehörige Würde den Untergebenen gegenüber. Fast alle Dienstbranchen sind militärisch organisirt… Fast alle höheren Posten sind nur von Generalen besetzt, so die der Staatsminister, der Senatoren, der Reichsräthe, der Gouverneure der Provinzen, der Curatoren der Universitäten…" [933]

„Der russische Adel ist - von Haus aus dem Soldatenthum geneigt. Doch ist es nicht bloß natürliche Neigung, die ihn zu den Cadetten-Corps und zu den Waffenschulen treibt, sondern auch ein künstlicher, vom Staate ausgehender Impuls und theilweise sogar Zwang. Das Gesetz Peter's des Großen, daß die Adelsprivilegien verloren gehen, wenn in zwei folgenden Generationen keines der Mitglieder der Familie, weder Vater noch Sohn sich durch Dienst einen Adelsrang erwarb, ist noch in Giltigkeit. Die russischen Adelsprivilegien sind daher einer beständigen Erneuerung bedürftig, und wenn der Vater nicht diente, so ist schon der Sohn in die Nothwendigkeit versetzt, zu dienen…" [934]

So gesehen waren nicht nur die Soldaten Russlands zwangsrekrutiert, sondern in gewisser Weise auch die Offiziere. Für letztere, die aus dem Adel kamen, gab es zwar rein rechtlich gesehen keine Pflicht zum Kriegs- und Staatsdienst, doch das Adelsbestreben erzeugte ausreichend starken sozialen Druck, um zu gewährleisten, daß nur wenige sich entziehen wollten. Allerdings bot der Dienst als Offizier demjenigen, der ihn zu nutzen wußte, auch ein besonderes Fortkommen:

„Kenntniß vom Dienst," auf Russisch: „sluschbu snatj" (buchstäblich „den Dienst wissen,") ist die höchste Kenntniß, welche die russischen Offiziere ambitioniren. „On otschen charascho sluschbu snajet," (er kennt ganz vortrefflich den Dienst) ist ein Lob, welches man alle Augenblicke von ihnen hört… und man könnte ein Buch dar

---

[933] Kohl, J.G.: Petersburg in Bildern und Skizzen. Dritter Theil, Dresden Leipzig 1846, 247 f.
[934] Kohl, 248 f.

über schreiben, um diese Redensart zu expliciren und deutlich zu zeigen, was Alles in der Kleidung, in der Pünctlichkeit, in der Haltung, sogar in der Stimme eines Offiziers dazu gehöre und welche detaillirte Kenntniß von jedem Knopfloch, von jedem Schuhsohlen Nagel er haben müsse, um sich das Lob zu verdienen: „*on charascho sluschbu snajet.*" [935]

Unter dieser Voraussetzung waren die Aufstiegsmöglichkeiten gut: „Denn nirgends ist das Avancement lebhafter und rascher als in der russischen Armee... Rasch schwingt sich der vornehme Junker über die untersten Stufen empor, bald ist er Fähndrich, Lieutenant, Stabshauptmann und Capitän gewesen und meldet seinem Vater, daß er Major geworden sei..." [936]

Allerdings mußten durchaus auch mancherlei Unannehmlichkeiten in Kauf genommen werden, vom Risiko, das Leben zu lassen, ganz abgesehen. Selbst der reguläre Sold, zumindest in den unteren Rängen, war nicht üppig, Zusatzeinkünfte zur Aufbesserung waren gesucht.

„Der Rang, die Orden, die Medaillen, die Kreuze, die Belobungen des Kaisers und der Marschälle, die goldenen Degen „*dla Chrabrost*" (für Tapferkeit *) sind von den äußeren Anreizungen das Einzige, was die russischen Offiziere an den Dienst fesselt. „Hübsch decorirt **)" und hübsch betitelt kehren sie aus allen Feldzügen zurück, aber schlecht besoldet und nach vielfachem Drangsal. Denn im Uebrigen ist der russische Dienst für die Offiziere nicht weniger hart als für die Soldaten. Die ungeheuere Strenge der Disciplin trifft sie wie die Gemeinen und legt ihnen in Bezug auf ihre Uniform und Lebensordnung eben so unangenehme Genen [937] auf wie jenen. Sogar die obersten Generale müssen sich in den entferntesten Provinzstädten beständig in voller Uniform zeigen...

*) Der goldene Degen ist eine in der russischen Armee sehr gewöhnliche Belohnung für bewiesene Tapferkeit. Es ist ein eleganter Säbel mit goldenem Gehänge und mit der Inschrift: „*dla Chrabrost.*" – Gewöhnlich verkaufen die Offiziere diesen Säbel und tragen nur eine kleine Nachbildung desselben *en miniature* auf der Brust unter den übrigen Decorationen. **) Es ist dieß ein charakteristischer Kunstausdruck. Man

---

[935] Kohl, J.G.: Petersburg in Bildern und Skizzen. Dritter Theil, Dresden Leipzig 1846, 260.
[936] Kohl, 250 f.
[937] Wohl ein heute vergessenes Wort für Schwierigkeiten, vgl. frz. gêne - Belastung, Zwang etc.

sagt z.B.: „die Garden sind diesmal aus Polen sehr hübsch decorirt zurückgekommen," oder: „die finnischen Jäger kamen aus der Türkei sehr schlecht decorirt zurück." - Man sieht hieraus, wie die bunten Bänder und goldenen Sterne bloß äußerer zierlicher Schmuck geworden sind.

Die Strapazen und Entbehrungen auf den Märschen sind für den nicht wohlhabenden Offizier ebenfalls äußerst groß, weil der Gehalt, durch den er sich das Leben comfortabler machen könnte, so äußerst klein ist und den an ihn gemachten Anforderungen so wenig entspricht… Doch muß man noch dabei bemerken, daß jeder höhere Offizier einen doppelten Gehalt bezieht, erstlich einen für seinen Rang und dann einen für seinen wirklichen Dienst… Den Rang behält der Inhaber auch wenn er nicht im activen Dienste steht, ebenso wie ihm der Rang selber fortwährend anklebt, so daß also, wenn ein Offizier in den Civildienst eintritt und z. B. Gouverneur einer Provinz wird, er erstlich seinen Offiziers-Ranggehalt bezieht und daneben noch den als Gouverneur erhält…" [938]

---

[938] „Der gemeine Mann erhält jährlich 12 Rubel…; der Unteroffizier 24 Rubel; der „Praportschik" (Fähndrich) 450 Rubel; der „Podporutschik" (Unterlieutenant) 510 Rubel; der „Porutschik" (Lieutenant) 600 Rubel…; der Stabs-Capitän 700 Rubel; der Capitän 750 Rubel… Der Major erhält „po tschinnu" (für seinen Rang…) 875 Rubel, „po dolschnosti" (für seinen Dienst), d.h. wenn er wirklich ein Bataillon commandirt, 1000 Rubel… also Summa Summarum 1875 Rubel…

Der „Podpolkownik" (Unter-Oberst oder Oberstlieutenant, von dem russischen Worte „Polk," Regiment) erhält „po tschinnu" 1000 Rubel und… „po dolschnosti" oder als Tafelgelder 1000 Rubel, wenn er aber ein Regiment commandirt, 3000 Rubel. Der „Polkownik" (Oberst) empfängt… „po tschinnu" 1200 Rubel und… „po dolschnosti" 3000 Rubel, zusammen 2400 Rubel [938]… Der Generalmajor… „po tschinnu" 2000 Rubel und… 4000 Rubel Tafelgelder, wenn er aber eine Division… commandirt, 6000 Rubel Tafelgelder. Der Generallieutenant erhält „po tschinnu" 3000 Rubel „po dolschnosti"… 6000 Rubel, als Anführer eines Corps… 10,000 Rubel. Der General von der Infanterie empfängt „po tschinnu" 4500 Rubel und als Corpsgeneral 10,000 Rubel, im Ganzen also 14,500 Rubel…

Es geht aus dieser Uebersicht hervor, daß der General einen 20 Mal höheren Gehalt hat als der Capitän, und der Fähndrich einen 40 Mal höheren als der gemeine Soldat. Viele von diesen Offizierstellen haben indeß noch eine Menge erlaubter und unerlaubter Neben-Revenueen. Die einträglichsten sind die Posten eines Corpscommandeurs, eines Regimentschefs und eines Compagniechefs. Die Provisionen, Mundvorräthe u.s.w. in natura oder die zu ihrem Ankauf bestimmten Gelder werden nämlich vom Generalquartiermeister-Amte an die Corpscommandeure übermacht und von diesen nicht an die Divisionen und Brigaden, sondern gleich an die Regimenter vertheilt, und von diesen Regimentern nicht an die Bataillone, sondern gleich an

Ein britischer Offizier, der 1829 Russland bereiste, teilte mit: „Das Gehalt eines *prapertschik* oder Fähnrichs beträgt etwa fünfhundert Rubel im Jahr, wovon er seine Uniform bestreitet, die etwa einhundertfünfzig Rubel kostet. Das Gehalt eines *polkovnik* oder Oberst eines Regiments beträgt zwölfhundert Rubel im Jahr, und dreitausend Tischgeld. Russische Obristen sind sehr freundlich zu ihren jungen Offizieren und sehen sie oft bei sich zuhause…"[939] Zumindest in der Etappe waren die Offiziere vom Dienst offenbar nicht überbeansprucht, sie „verbrachten ihre Zeit auf die übliche soldatische Manier: manche spielten Karten, andere fuhren mit leichten *droskies* umher oder machten Wettrennen gegeneinander in ihren Fahrzeugen, und man sah immer eine Gruppe die *svaika* spielte, also versuchte, einen schweren Eisennagel mit einem großen Kopf in die Mitte eines Ringes am Boden zu werfen."[940]

※

Soldat und Offizier

Unvollständig und unverständlich bleiben indes die Rollen und Funktionen der Offiziere, wenn man sie nicht im Bezug zu den Soldaten sieht, mit denen sie umzugehen hatten und ohne die sie selbst bedeutungslos gewesen wären.

„Ein russischer Soldat seinem Offizier gegenüber ist das merkwürdigste Schauspiel von Subordination und Furcht auf der einen Seite und von gebieterischem Herrscherwesen auf der anderen, welches man haben kann. Der Offizier spricht nichts als lauter scharf betonte Gebote, der Soldat nichts als das zweisilbige Wort: „*sluischu*!" (ich gehorche!) das hinter jeder Redensart des Offiziers hertönt. - „Iwan!" - Iwan marschirt herbei und steht wie eine Bildsäule, die Beine zusammengeschlossen, die Arme am

---

die Compagnieen weiter ausgetheilt… Die von der Regierung für den Ankauf, z.B. von Tuch, Brot, Heu u.s.w., bestimmten Gelder sind in der Regel nach einer allgemeinen Norm festgesetzt. Das Heu aber, das Brot, der Grütze u.s.w. sind zu Zeiten, und in manchen Provinzen immer, außerordentlich billig. Den Ueberschuß des Geldes verrechnen die Obersten, die Capitäne u.s.w. zum Besten ihrer Privatcasse, der sie aber nicht bloß durch Betrügung der Regierung, sondern auch noch durch Beschneidung der den Soldaten zugedachten Portionen Vieles zufließen lassen. Dem Inhaber eines russischen „Polks" fließt auf diese Weise immer, besonders in den wohlfeilen Provinzen des Südens, eine Quelle bedeutender Revenueen…" (Kohl, J.G.: Petersburg in Bildern und Skizzen. Dritter Theil, Dresden Leipzig 1846, 253ff.).
[939] Alexander, J. E.: Travels to the Seat of War in the East through Russia and the Crimea in 1829, London 1830, I, 99.
[940] Alexander, I, 103.

Leibe, den Blick unverwandt auf die Augen des Offiziers geheftet. „Iwan nimm diesen Brief" - „*sluischu!*" - „und trage ihn zum Obersten" - „*sluischu!*" - „sei aber flink" - „*sluischu!*" - „und komm in einer Stunde wieder" - „*Sluischu !*" - „Hörst du, flink, rasch!" - „*Sluischu!*"- „Kommst du nicht in einer Stunde, so bekommst du bei meiner Seele 25 Stockprügel!" - „*Sluischu!*"... [941]

„Die russischen Soldaten sehen ihre Offiziere so hoch über sich, daß sie ihnen sogar eine gewisse Art von vergötternden Ehrenbezeigungen zu Theil werden lassen. Wenn sie einem von ihnen begegnen, so müssen sie nicht nur den Hut ziehen, sondern sogar stehen bleiben und Front machen. In den Straßen, wo alle Augenblicke ein Federbusch vorüberrauscht, kommen sie daher nur langsam weiter, weil sie alle 10 Schritte einmal Front zu machen haben. So bestehen alle Lebenswege und Handlungen dieser armen Leute aus nichts als Frontmachen und anderen Respectsbezeigungen und Selbsterniedrigungen... Sie nehmen nicht nur schon in großer Entfernung den Hut ab, wenn sie einen Offizier nahen sehen, sondern selbst vor dem Hause, wo ein Offizier wohnt, - sie müssen dieß bei jedem Hause genau wissen, - thun sie dasselbe und gehen demüthig entblößten Hauptes vorüber, der Offizier mag zu Hause sein oder nicht, und wagen ihren Kopf erst nach einer langen Strecke wie der zu bedecken." [942]

„Weil die Offiziere so ganz und gar verantwortlich sind für das Wohl und Wehe der ihnen untergebenen Soldaten, für ihre Gesundheit und ihr Leben, für ihre Dummheiten, Vergehen und Ungeschicklichkeiten... so betrachtet auch der Offizier natürlich die Soldaten gleichsam wie seine Leibeigenen, und die Gewalt, welche er sich über sie anmaßt, wird dadurch um so größer, seine Aufsicht um so strenger und die Strenge der von ihm verhängten Strafen um so härter. Es hieße aber dennoch... namentlich den russischen Menschen verkennen, wenn man... glaubte, daß blos Furcht und Schrecken zwischen dem russischen Offizier und seinen Soldaten walte, und daß nur Liebloses zwischen ihnen passire... Namentlich in Rußland werden die Gebieter wie Väter geliebt und verehrt. Auch der Offizier liebt seine Soldaten, die er nie anders als „ribätui!" (meine Kinder!) anredet, und im Ganzen stören die vorfallenden Züchtigungen das gute Vernehmen zwischen Soldaten und Offizier so wenig, daß man im Gegentheil behaupten kann, gerade sie befestigen die gegenseitige Zuneigung." [943]

---

[941] Kohl, J.G.: Petersburg in Bildern und Skizzen. Dritter Theil, Dresden Leipzig 1846, 219.
[942] Kohl, 219 f.
[943] Kohl, 220 ff.

„Die russischen Soldaten sind so weit davon entfernt, von Strafe und Furcht allein regiert zu werden, daß vielmehr ihre Offiziere und Feldherren ebenso gut durch Rede, Witz, Humor und kleine Schmeicheleien ihre Herzen gewinnen. Kein russischer Offizier kann eine gewisse Art von Humor entbehren... Die Offiziere werden von den Soldaten gewöhnlich nicht bei ihren Rangnamen genannt, wie bei uns: „Herr Lieutenant," „Herr Oberst" u.s.w. , sondern die unteren: „Ewr. Hochwohlgeboren" (Wasche Wuissokoblagorodie), und die oberen vom General an: „Ewr. Excellenz" (Wasche Prewostchoditelstwo)...“ [944]

„Auf den Märschen ist der Offizier - freilich zu Pferde oder in seiner Kalesche - immer mitten unter seinen Soldaten... Spottlieder auf ihre Generale zu singen, nehmen die russischen Soldaten fast auf jedem Zuge in Anspruch, und es ist nichts Seltenes, den Offizier mitten unter seinen Soldaten zu finden, indem diese komische Spottlieder auf ihn mit Pantomimen und Gesticulationen vortragen. Auch haben sie allerlei Spiele, zu denen sie ihre Offiziere einladen, die uns nach dem hohen Begriffe von dem Ansehen eines russischen Offiziers sehr despectirlich erscheinen würden... So ist es z.B. etwas Gewöhnliches, daß sie lange doppelte Reihen bilden, indem sie sich Zwei und Zwei mit den Händen anfassen, und dann ihre Offiziere ohne eben viel Umstände einladen, sich von ihnen prellen zu lassen. Unter dem Gelächter und Gesange der Soldaten fliegen dann diese gebieterischen Herren, diese gefürchteten Machthaber, oft sehr komisch in den Lüften auf und nieder...“ [945]

Zwangsrekrutierung

Doch solche durch die Umstände bewirkten zeitweiligen Annäherungen hoben die grundsätzlichen Unterschiede zwischen den Soldaten und ihren Offizieren nicht auf. Das Militär bezog seine Mannschaften durch die sogenannten Aushebungen, periodisch stattfindende Zwangsrekrutierungen vor allem von Leibeigenen.

„Sie wollen Soldaten ausheben" - ist immer ein Schreckenswort, welches halb Rußland in Angst und Trauer stürzt. Wenn der Armee eine solche Aushebung nöthig geworden ist, so erscheint darüber ein Ukas, welcher im ganzen Reiche publicirt wird... Mitunter werden hie und da einige Gouvernements, die durch eine Hungersnoth,

[944] Kohl, J.G.: Petersburg in Bildern und Skizzen. Dritter Theil, Dresden Leipzig 1846, 223.
[945] Kohl, 222.

Epidemie oder sonst auf irgend eine Weise große Verluste erlitten, ausgenommen...
Die Recrutenaushebungen drücken natürlich den Bauer, der lieber zu Hause bleibt,
eben so sehr wie den Adel, der nicht gern seine Arbeiter mißt. Daher werden auch
meistens in dem Ausschreibungs-Ukase einige entschuldigende Worte gesagt über die
Ursachen, welche schon wieder eine neue Werbung verursachten. Der kaukasische
Krieg, heißt es, hätte viele Soldaten gefressen, oder die Lücken, die der türkische
Krieg und seine Krankheiten gemacht, seien noch nicht wieder gefüllt... Gewöhnlich
heißt es: von 500 männlichen Seelen zwei; aber zuweilen werden von 500 auch 3, 4-
6 gefordert.... Die Gutsherrschaften, die Stadtgemeinden, die Judenschaften, die
Handwerkerzünfte, die Zigeuner Communen, die Priester-Collegien, kurz alle Communen und Stände, welche Recruten zu liefern haben, - einzig und allein der Adel *)
ist davon ausnommen - müssen alsdann die zu stellenden Recruten... abliefern...
    *) In den deutschen Provinzen auch die Literaten, Prediger, Advocaten u.s.w., in
den russischen aber diese nur dann, wenn sie sich durch Studium oder Dienst einen
Adelsrang erworben haben.“ [946]
„Das russische Reich ist ein Reich ohne Ende und Gränze, und der Dienst, früher
25 Jahre während, dauert nach neueren Bestimmungen 20 und in einigen Fällen 15
Jahre. Der, den das Loos trifft, hat eben so gut die Aussicht nach dem Kaukasus als
an die chinesische Gränze beordert zu werden, 1000 Meilen von seinem heimathli-
chen Boden entfernt. Es giebt hundert Gelegenheiten, innerhalb der 20 oder 15 Jahre
des Dienstes umzukommen, und unter 20 Müttern, die ihre Söhne zur Loosung begleiten, mag kaum eine die Hoffnung hegen, ihr Kind wiederzusehen... Eine solche
Trennung ist also eine Trennung auf ewig, ein Lossagen von Allem, was dem Armen
in der Kindheit und Jugend durch Gewohnheit lieb und werth wurde...“ [947] „Der ver-
heiratheten Männer, die ihrer Familie für ewig entrissen wurden, dienen so viele in
der russischen Armee, daß z.B. alle Hökerweiber, die zahlreichen Brot- und Sauer-
kohlverkäuferinnen auf den Märkten der Provinzstädte lauter solche Soldaten-Stroh-
wittwen sind.“ [948]
Und „man sagt wohl nicht zu viel, wenn man behauptet, daß es keinen härteren
Dienst in Europa gebe als den russischen. Seine Härte ist sowohl in den physischen

---

[946] Kohl, J.G.: Petersburg in Bildern und Skizzen. Dritter Theil, Dresden Leipzig 1846, 201 f.
[947] Kohl, 205.
[948] Kohl, 203 f.

Eigenschaften des Landes als in den moralischen seiner Bevölkerung begründet. Die großen Dimensionen des Reichs machen eine Menge Märsche nöthig… Wie Alles in Rußland in steter Bewegung ist, so sind auch die Truppen auf unaufhörlichen Hin- und Hermärschen begriffen. Sie haben dabei einen höchst kärglichen Sold, der gemeine Linien-Infanterist erhält etwa 12 Papier-Rubel jährlich, … eine äußerst kärgliche Kost, gewöhnlich schlechtes Commisbrot und sehr knappe Portionen Grütze. Nur bei sehr seltenen Gelegenheiten, z.B. vor einer Schlacht, nach einer gut ausgefallenen Revue u.s.w., erhalten sie eine kleine, in ihrem harten Lande so angenehme und oft so nöthige Remuneration [949] an Branntwein. An Tabakrauchen, Schnupfen und andere der gleichen kleine Kummertröster und Sorgenbrecher dürfen sie kaum denken. Denn ihr lächerlich kärglicher Sold ist keinesweges allein etwa *pour la bonne bouche*, sondern davon müssen sie noch die Kreide, das Wachs und die Wichse zum Putzen ihrer Waffen und des Lederwerks, ferner eine Bürste, einen Kamm, Nähnadeln, Zwirn- und noch andere Kleinigkeiten unterhalten. Außerdem aber wird ihnen unter anderen Titeln gleich vorab einen Theil ihres Soldes abgezogen, so daß ihnen kaum so viel bleibt, wie ein Bettler leicht in einem Nachmittage verdient, nämlich etwa 7 Rubel… Papier…" [950]

---

[949] Sondervergütung.

[950] Kohl, J.G.: Petersburg in Bildern und Skizzen. Dritter Theil, Dresden Leipzig 1846, 213 f. Allerdings steht in gewissem Gegensatz zur derart erbärmlichen Lage, wie Kohl die Kasernen in St. Petersburg beschrieb: „Die Casernen sind lauter neue, schöne, lichte, zweckmäßig und zum Theil prachtvoll gebaute Häuser, die Zimmerräume darin groß, hell und luftig, die Schlafsäle immer von den Speise- und Wohnzimmern getrennt, die Betten, meistens von Eisen, in der pünktlichsten Ordnung, in gehöriger Entfernung von einander aufgestellt, mit Matratzen und leichten Decken versehen. Die Waffen der Soldaten findet man nie anders als in vollständiger Parade aufgehängt, bei jeder Garderobe den Namen des Inhabers mit großen Buchstaben angeschrieben. In jedem Zimmer hängt nicht nur ein Verzeichniß der Namen aller Soldaten, sondern auch ein großer Bilderbogen, auf welchem alle Gegenstände, welche sich beständig in der Garderobe eines Soldaten befinden müssen, sogar der Kamm, die Bürste, die Büchschen mit Kreide, mit Wachs, mit Schuhwichse, das Zwirnknäuel, das Taschenmesser und die Nähnadeln, die er haben muß, abgebildet sind. Alle diese Gegenstände werden sogar von den obersten Offizieren einer beständigen Revue unterworfen. Eben so wenig lassen die Küchen etwas zu wünschen übrig. In manchen derselben sind sogar kleine Dampfmaschinen thätig, um die Anstalt beständig mit dem nöthigen frischen Wasser zu versehen. Allerdings findet man nicht wie in Deutschland in den Zimmern der Corporale so gut versehene kleine Bibliotheken mit Büchern „über den Anstand eines Soldaten," „über das Dienstreglement," „ über die Kenntnisse, die einem Feldwebel nöthig sind," u.s.w. Auch fehlt in den Casernen eine

Folglich, so berichtete Kohl, gehen gerade in Petersburg die Soldaten insbesondere durch ihren geringen Sold veranlasst, zahlreich Nebenbeschäftigungen nach: „Die gewöhnliche Aushilfe in Petersburg sind die Soldaten. Sie selber arbeiten für sich in den müssigen Stunden bald als Schuster, bald als Schneider. Auch kommen sie auf allerlei Erfindungen, schnitzeln Holzwaaren und componiren eine Menge kleiner, oft recht artiger Spielsachen, Mühlen, Wägelchen, Häuserchen, Schiffe für Kinder, mit denen sie sich beständig in den Straßen von Petersburg herumschleppen." [951]

※

Prikas, Sprache, Religion

Wenn auch die Umstände in der Zarenresidenzstadt eigenartige waren, blieben die Soldaten vor allem außerhalb von erschwerten Bedingungen nicht verschont:

„Es ist ein mitleidenswerther Anblick, diese armen Leute auf dem Marsche zu sehen, wo sie sich… mit schweren Lasten im tiefen Schnee oder im Staube oder Kothe schleppen, und oft nichts Anderes zu trinken haben als das Wasser der Teiche oder geschmolzenen Schnee, in welchem sie die paar trockenen Brotkrumen erweichen, die sie sorgfältig in Papier gewickelt in der Tasche tragen. (Ich habe dieß Alles mit eigenen Augen gesehen.)" [952]

Solche und andere Widrigkeiten hielten nach Kohls Schilderung jedoch nicht vom Gehorsam ab.

„Von Widersetzlichkeit gegen Befehle ist in ihnen keine Spur, und wo sie hincommandirt sind da stehen sie wie die Bäume und lassen sich auf ihren Posten zerschießen und verstümmeln… „Prikas" heißt das mächtige Zauberwort, das den russischen Soldaten in's Feuer und Wasser treibt, und gegen welches er keinen Widerspruch gestattet. Wenn es heißt, es ist „prikas, das Haus anzustecken, so thut er es still und ruhig und weist alle Einrede mit dem „tak prikas" (so ist der Befehl) zurück… Das Marsfeld in Petersburg wird am Morgen vor den großen Revueen gewöhnlich mit Wasser bespritzt, um den Staub niederzuhalten. Als eines Tages etwa zwanzig Mann auf Prikas

---

Fechtstube und ein Tournier-Saal, und die Soldaten sind, wenn sie keinen Wach- oder Paradedienst haben und sich nicht selbst beschäftigen, einer argen Nichtsthuerei überlassen." (Kohl, J.G.: Petersburg in Bildern und Skizzen. Dritter Theil, Dresden Leipzig 1846, 270 f.).

[951] Kohl, 215.
[952] Kohl, 216.

mit dieser Arbeit beschäftigt waren, kam ein starker Regen herab, der ihre Bemühung natürlich überflüssig machte. Nichtsdestoweniger fuhren die Leute mitten im heftigsten Regen mit Spritzen fort, weil der Prikas noch nicht contremandirt war…

Bei der Ueberschwemmung des Jahres 1824 ertranken in Petersburg mehrere Schildwachen, weil sie, bis ihnen das Wasser an den Mund ging, auf den ihnen angewiesenen Posten blieben. Bei dem Scheitern eines Schiffes im Kronstädter Meerbusen, auf welchem sich eine große Anzahl und von Offizieren befand, ward der Mannschaft der Befehl gegeben: „Rettet vor Allen die Garde-Offiziere." - Ein Offizier schwamm um Hilfe schreiend heran. Bist du ein Garde-Offizier? fragten ihn die Matrosen und ließen ihn ohne Barmherzigkeit ertrinken, da er nicht mehr Zeit hatte „Ja!" zu antworten…" [953]

Kohl hat hier allerdings übergangen, daß es auch beim Militär Aufstände gab, wie etwa die Cholera-Unruhen in Nowgorod, mit denen es August im Jahr 1831 zu tun hatte, „eine der fürchterlichsten Militärrevolutionen…, die Rußland vielleicht jemals gesehen. Alle Officiere, deren die wüthenden Soldaten habhaft werden konnten, wurden auf die schauderhafteste Weise gemordet, das wüthende Heer wollte nach der von Militär entblößten Hauptstadt ziehen. Petersburg zitterte bei dieser Nachricht, vergaß die furchtbar wüthende Cholera, vergaß den Krieg in Polen und dachte acht Tagelang nur an die drehenden (sic!) Schrecken von Nowgorod…" [954]

Noch schlimmer traf die Zwangsrekrutierung diejenigen unter den Soldaten, die russische Untertanen, aber keine Russen waren, „die nicht national-russisch sind, unter den Tataren, Finnen, Esthen, Letten, bei denen die „Kazappen" und „Krehwos" (tatarische und lettische Namen für die Russen), die doch immer den Hauptstamm der Armee ausmachen, sehr gefürchtet sind, auch schon um deßwillen, weil sie ihre Sprache nicht verstehen…" Für sie bewirkte die lange Isolierung von ihrer natürlichen Umgebung einen außergewöhnlichen Anpassungsdruck. „In den Ostsee-Provinzen geräth dann immer die ganze Bevölkerung in Bewegung. Die Bauern machen zuweilen Aufstände, die aber leicht unterdrückt werden." [955]

---

[953] Kohl, J.G.: Petersburg in Bildern und Skizzen. Dritter Theil, Dresden Leipzig 1846, 226 f.
[954] Rußlands Armee, Flotte und Finanzen. Beilage zur Deutschen Zeitung (Frankfurt) 12.7.1848, 2.
[955] Kohl, 206.

„Das Commando in der ganzen russischen Armee ist, wie gesagt, russisch, die Sprache der Soldaten unter einander, weil die Russen die zahlreicheren sind, ebenfalls russisch; alle Deutsche, Letten, Polen, Kalmücken und Finnen entäußern sich daher während der Dauer ihres 20jährigen Dienstes völlig ihrer eigenthümlichen Nationalität und russificiren sich in einem Grade, der wirklich merkwürdig ist, so daß man einem alten russischen Soldaten seinen Ursprung durchaus nicht ansieht. Ein Lette, der 10 Jahre lang in der russischen Armee gedient hat, ist in allen Stücken ein so vollkommener Russe geworden…“[956]

Dazu trug nicht zuletzt bei, „daß bei gewissen religiösen Feierlichkeiten die Regimenter, so gemischt wie sie sind, zum Gottesdienst beordert werden und den griechischen Ceremonien beiwohnen müssen. Natürlich leben die Leute auf diese Weise sich mit letzteren ein und verlernen so den Glauben ihrer Väter, und nach einer Reihe von Jahren sind sie dann häufig ganz gute recht gläubige griechische Christen geworden…“[957]

„Viel hilft dem russischen Soldaten bei Ertragung aller Leiden sein religiöser Glaube. Der Fatalismus macht ihn seinen Feinden nicht weniger gefährlich als ehemals die Türken der ihrige. Jeder Soldat hat seine Amulete und Heiligenbilder auf der Brust hängen. Mit ihnen glaubt er sich ganz in Gottes Hand gegeben, und jede Kugel empfängt er dann als vom Himmel gesendet. Jedes Regiment hat seinen Protopopen (Oberpopen), jedes Bataillon seinen Popen, seine Diatschoks [958] und Kirchendiener, und jede Compagnie ihre Heiligenbilder, so wie ihre Heiligen. Wenn die Soldaten im Quartiere liegen, reist daher der Pope immer mit einem ganzen Wagen voll Kisten, in denen die Heiligenbilder der verschiedenen Compagnieen enthalten sind, von einem ihrer verschiedenen Standquartiere zum anderen, um ihnen das Abendmahl zu reichen, welches sie sehr oft nehmen. Auch sonst werden die Soldaten alle Tage im Gottesdienst ebenso pünktlich geübt, wie im Kriegsdienst; z. B. werden jeden Morgen alle Wachen zum Gebete herausgetrommelt. Sie treten unter‘s Gewehr. Der Unteroffizier betet laut vor, und die Soldaten beten mit entblößtem Kopfe still nach. Das selbe geschieht des Abends.“[959]

---

[956] Kohl, J.G.: Petersburg in Bildern und Skizzen. Dritter Theil, Dresden Leipzig 1846, 233.
[957] Kohl, 234.
[958] Diakone.
[959] Kohl, 217 f.

„Die Disciplin in der russischen Armee ist unerbittlich streng, so daß ein russischer Soldat wie ein solcher mir einmal selbst versicherte nie einen sorgenfreien Augenblick hat... Der Stock, den sie in jedem Augenblick zu fürchten haben, schwebt ihnen, wie das Schwert des Damocles, über dem Rücken...“ [960]

Ein ausländischer Beobachter schrieb vom Zaren „Nicholas behandelt seine Armee zu sehr als Spielzeug. Die Männer werden mit solch kindischer Kleinlichkeit gedrillt und geschnürt und geschnallt und geschniegelt, daß sie anfangen zu denken, ein Soldat könne keine höhere Pflicht haben als bei der Parade gut auszusehen. „Er fummelt an seiner Garde herum“, sagte ein Offizier, „gerade so wie es ein Kind mit seiner Puppe macht; und er erzieht seinen Sohn dazu, es gleichzutun.“ [961]

Vom Zarenbruder Konstantin Pawlowitsch soll der Ausspruch stammen: „Ich liebe den Krieg nicht, er verdirbt die Soldaten, beschmutzt die Uniformen und zerstört die Disziplin.“ [962] Unter solchen Umständen und auch im Hinblick auf die Gegensätzlichkeit der Lage von Offizieren und Soldaten, scheint letzteren der Krieg in gewisser Weise eine Art Befreiung gewesen zu sein:

„Bei diesem traurigen Zustande im Frieden, in wie glänzendem Lichte muß dem russischen Soldaten dagegen der Krieg erscheinen. Der lästige Kamaschen-Dienst [963] ist da weniger streng, und der Krieg bringt daher Freiheit von einer der drückendsten Lasten. Die Schlachten sind erträglicher als die Revueen, denn im schlimmsten Falle bringen sie Erlösung von allen Leiden, den Tod, im glücklichen Falle aber Beute und Ruhm und ein lustiges Leben, wogegen hinter den Revueen allemal der Stock droht, und als höchste Belohnung ein Lobspruch ertheilt wird. Dazu wird der Sold, den sie im Frieden in Papier erhalten, im Kriege in Silber ausgezahlt, d.h., da Silber einen vier Mal größeren Werth hat als Papier, um das Vierfache erhöht. Die russischen Soldaten sind sämmtlich beutelustig, und dabei haben sie die Idee, daß alle Länder, die das russische Reich umgeben, herrlicher und reicher seien als ihr Vaterland...“ [964]

---

[960] Kohl, J.G.: Petersburg in Bildern und Skizzen. Dritter Theil, Dresden Leipzig 1846, 218.
[961] Bremner, R.: Excursions in the interior of Russia..., London 1840, I, 300.
[962] Custine, (Astolphe) Marquis von: Russland im Jahre 1839, Leipzig 1844, II, 91.
[963] Vor allem Exerzier- und Paradeübungen mit besonderer Beachtung von Kleinigkeiten wie dem korrekten Sitz der Gamaschen, die der Soldat zum Schutz der Unterbeine trug.
[964] Kohl, 237.

1841 Asow

Für Jeannots Neffen Konstantin Ottowitsch waren die Kriegseinsätze längst beendet, zuletzt die Strafexpedition gegen die Schapsugen 1830 als Lieutenant Denfer, im Kaukasus-Korps, 20. Artillerie-Brigade, Ritter der Orden St. Wladimir 4ter Klasse mit Schleife und St. Anna 4ter Klasse, [965] aber nicht das Ende seiner Militärlaufbahn. Für ihn begann stattdessen eine lange Phase des „Kamaschen-Dienst", doch als Offizier weitaus erträglicher als für die „Gemeinen". Er verblieb in der Garnison, diente weiterhin bei der Artillerie und wurde befördert.

Zunächst aber kam es zu einem außergewöhnlichen Zwischenfall, der in einer besonderen fast hundertseitigen Akte aufgezeichnet wurde. [966] Mit Datum vom 29. Mai 1832 war Konstantin zur 3. Leichten Kompanie der 13. Artillerie-Brigade versetzt worden, wo er, zwischenzeitlich offenbar beurlaubt, am 21. Dez. 1832 den Dienst antrat. Auf der Reise befindlich kam er nach Asow im Süden Russlands, begleitet von seinem Burschen und einem weiteren Offizier namens Travin.

Während ihres Aufenthalts in der Stadt gab es einen Aufruhr gegen den Bürgermeister, an dem der Polizei-Offizier Kowaljewski aus Rostow beteiligt war. Konstantin und seine Reisegefährten unterstützten den Bürgermeister und wurden im Verlauf der Auseinandersetzungen von Kowaljewski geschlagen und verletzt. Auch wurde Konstatin dabei seiner Uniformjacke, seiner Pistole und seines Geldes beraubt.

Nach einem sich über acht Jahre hinschleppenden Verfahren erfolgte das Urteil gegen den Polizei-Offizier Kowaljewski, der mittlerweile auf seinem Gut im Bezirk Staro Bielsk lebte. Konstantin erhielt schließlich 135 Rubel Schadenersatz, 400 Rubel für den Verlust der Uniform, 80 Rubel für die Pistole sowie 6 Rubel in Silber und 50 Rubel in Papier. Auch Travin und der Bursche wurden entschädigt. [967]

Die Akte enthält Zeugenaussagen und andere Unterlagen zu dem Vorfall. Eines der Schriftstücke ist von besonderem Interesse, ein von Konstantin unterschriebenes Blatt, datiert 3. Febr. 1841 und mit seinem Wappenstempel versehen. [968]

---

[965] Spisok… ofitseram (Verzeichnis… der Offiziere), Sanktpeterburg 1831, 278.
[966] Russisches Militärgeschichtliches Archiv Moskau 395/276/594 Denfer (1840).
[967] Asow 1832, fol. 18; Entschädigung nach 8 Jahren fol. 27; Unterstützung des Bürgermeisters gegen den Polizei-Offizier, fol. 36.
[968] Russisches Staatliches Militärgeschichtliches Archiv Moskau 395/276/594 fol. 17 verso.

Der Abdruck ist nicht in Siegellack, sondern in schwarzer Tinte, rund mit Außenrahmen und ca. 3,5 cm Durchmesser, in der Mitte ein ovaler Schild mit zwei gekreuzten Säbeln und vier Bomben, darüber ein Spangenhelm mit offenem Flug als Helmzier, dazwischen zwei gekreuzte Säbel und die Initialen K D. Als Beiwerk ragen vier Fahnen hinter beiden Seiten des Schildes hervor, unter jeder Seite jeweils ein Kanonenrohr, (eine ähnliche Darstellung ist auf den russischen Offizierspatenten jener Epoche zu sehen). Zwischen den beiden Kanonenrohren zeigt eine Ordenskette heraldisch links vier Medaillen und rechts zwei Kreuze. [969] Ein freier Platz für ein drittes Kreuz deutet auf die Erwartung eines weiteren Ordens. Die Gesamtdarstellung verbindet das Denffersche Familienwappen - zwei gekreuzte Säbel oder Schwerter, beseitet von vier Bomben oder Kugeln - mit den Beifügungen des Offiziers der Artillerie - Kanonenrohre, Fahnen, Orden - und der Personalisierung mittels der Initialen.

Krasnoje Selo

Nicht allzu weit von Petersburg gab es ein „Schönes Dorf" - Krasnoje Selo, wörtlich „Rotes Dorf". Heute ist es zu einem Stadtteil von Petersburg geworden. Zu Zeiten, in denen man sich zu Fuß oder mit Pferd und Wagen fortbewegte, waren die etwa 25 Kilometer bis dorthin aber doch fast eine Tagesreise.

Die zunächst nur kleine Ansiedlung lag in einer Landschaft mit leichten Anhöhen und einem Flüßchen. Schon im 18. Jahrhundert wurden dort Militärübungen durchgeführt und die Gardetruppen stationiert. Im 19. Jahrhundert entwickelten sich die Übungen zu dem alljährlichen sommerlichen Großereignis der „Manöver von Krasnoje Selo". Mehrere zehntausend Soldaten nahmen daran teil. Sie hatten zu diesem Zweck ihre Zeltlager aufgebaut, Ausbildungen absolviert und immer wieder geübt. Der Höhepunkt waren Vorführungen und die Militärparade in Anwesenheit des Zaren und anderer inländischer und auch ausländischer Würdenträger, üblicherweise Ende Juli und Anfang August. Danach kehrten die Truppen zurück an ihre Standorte.

Marie v. Fahnenberg, die Ehegattin eines württembergischen Offiziers, der in russischen Diensten stand, berichtete:

„Schon lange hatte ich mich gefreut, das bei Krasnoje-Selo stehende 60,000 Mann starke Lager zu besuchen ... Die verschiedenen Lager der Infanterie, Kavallerie und

---

[969] Russisches Staatliches Militärgeschichtliches Archiv Moskau 395/276/594 fol. 17 verso.

Artillerie bilden zusammen einen wahren Ocean von Zelten, der nicht zu übersehen ist; außerdem sind alle benachbarten Ortschaften mit Militair angefüllt; in diesen sahen wir viele Damen, welche, um in der Nähe ihrer Männer zu seyn, während der Zeit des Lagers hier ihre Wohnungen aufschlugen und sich mit Vorhängen und dergleichen mehr ihre bäuerischen Wohnungen so viel wie möglich herauszuputzen und gegen die sengenden Sonnenstrahlen zu schützen suchen.

Da selbst die schlechtesten Wohnungen in dieser Zeit, wo Alles überfüllt ist, theuer bezahlt werden, so machen die dortigen Bauern mit denselben große Spekulation. Einige bauen hinter ihren gewöhnlichen Wohnhäusern, in welche sie verpflichtet sind, Einquartierung zu nehmen, kleine, niedliche Landhäuser, welche ihnen von den reichen Offizieren theuer bezahlt werden. Der Mangel an Raum und zugleich jener an Schatten ist gegenwärtig dort so groß, daß ein mir bekannter Divisionsgeneral, nur um mit seiner Familie im Freien ein Plätzchen zu haben, den Schatten eines Baumes für Geld miethete. Sämmtliche Zelte sind von doppelter Leinwand sehr sorgfältig gemacht und haben eine sehr hübsche Form; die der höhern Offiziere sind weit größer und hübscher als die übrigen.

In Krasnoje-Selo selbst sind zwei ganz gleiche, einfache Landhäuser, in welchen Se. Majestät der Kaiser und Se. kaiserl. Hoheit der Großfürst Michael wohnen. An den Sonn- und Feiertagen spielen des Abends die Musik-Corps der verschiedenen Regimenter. Die Vorzüglichkeit der russischen Hornmusik ist zu sehr bekannt, als daß ich über dieselbe noch etwas zu sagen brauchte. Diese herrliche, vollständige und geschmackvoll ausgeführte Musik an einem schönen Sommerabend unter freiem Himmel zu hören, ist ein Genuß, der sich nicht beschreiben läßt.

Jeden Abend um 9 Uhr verkündet ein Kanonenschuß die Retraite; auf dieses Zeichen treten sämmtliche Soldaten aus ihren Zelten heraus, entblößen ihr Haupt, und der Pope eines jeden Regiments hält ein lautes Abendgebet. Es ist ein feierlicher, ergreifender Moment, diese unübersehbare Schaar von Kriegern zu sehen, welche alle in dem selben Augenblicke, als wären sie gleichsam von dem Funken eines göttlichen Feuers entzündet, ihr Gemüth zum Himmel erheben.

Das Lager, welches jedes Jahr während der Monate Juni und Juli vereinigt ist, wird in diesen Tagen mit großen Manoeuvres beschlossen werden. Während des ganzen Monats August bleiben alle militairischen Uebungen eingestellt, da jedes Jahr um diese Zeit die Pferde auf vier Wochen auf die Weide geschickt werden. Nach Verlauf dieser Zeit hält gewöhnlich Se. Majestät der Kaiser in Petersburg eine große Parade über die Garderegimenter." [970]

Die Manöver von Krasnoje Selo waren demnach nicht bloß militärische Übungen, sondern vielmehr eines der herausragenden Sommerereignisse, gewissermaßen die Sommerfrische der Petersburger Gesellschaft.

Konstantin, inzwischen mehrfach versetzt, hatte es bis zum Kapitän gebracht und auch den St. Anna-Orden 3ter Klasse erhalten. [971] Nun übernahm er erstmals eine Rolle beim Manöver von Krasnoje Selo, die ihn, zusammen mit anderen Offizieren, aus der Masse der Mitwirkenden heraushob. Im Sommer 1836 gewährte ihm der Zar dreimal sein „Allerhöchstes Wohlwollen" für Paraden im Lager bei Krasnoje Selo und zudem wenige Tage darauf für eine weitere Parade sowie Manöver mit Lehrkampf, wobei seine Einheit Teil des Grenadierkorps im Lager beim Dorf Knjaschi Dwor war. [972]

Das Grenadierkorps gehörte mit dem Gardekorps zu den „Elitetruppen", deren Garnisonen „um Petersburg und Nowgorod" lagen. Die Artillerie des Grenadierkorps bestand aus insgesamt 112 Geschützen, jeweils acht bildeten eine Batterie. [973]

Zudem wurde Konstantin am 1. Aug. 1836 für ausgezeichneten Dienst, d.h. außerhalb der Ordnung, zum Major befördert. Er ging nun auf die Vierzig zu. Während andere Offiziere in diesem Alter ihren Abschied vom Militär nahmen und dann meist in den Zivildienst wechselten oder sich auf einem Landgut niederließen, setzte

---

[970] M.v.F. (Fahnenberg, Marie v.): Mariens Tagebuch. Reisebilder... Zweites Bändchen, Pforzheim 1842, 188, 192 f.; Eine ausführliche Beschreibung aus etwas späteren Jahren bietet Heyfelder, O.: Das Lager von Krasnoe Selo..., Berlin 1866.

[971] 1834, 22.2. nach Umbenennung der Brigade in 10. Artillerie-Brigade in die 2. Leichte Batterie eingetreten; 1834, 20.7. zum Stabskapitän befördert; 1834, 12.11. versetzt zur 1. Leichten Batterie der Brigade, 1835, 5.1. angetreten; 1835, 13.3. versetzt zur 3. Batterie der 2. Grenadier-Artillerie-Brigade, 25. Mai 1835, 25.5. angetreten; 1835, 17.3. für eifrigen Dienst mit dem St. Anna-Orden 3. Klasse ausgezeichnet; 1835, 8.9. zum Kapitän befördert (Dienstliste); Sanktpeterburgskija senatskija wedomodsti No. 14, 6.4.1835, 500; Spisok kawaleram... (Verzeichnis der Ritter...) 1838, Sanktpeterburg 1839, III, 577.

[972] Allerhöchstes Wohlwollen 1836, 28.7. für Parade 23.-27.7; 31.7 für Parade.; 1.8. für Manöver mit Lehrkampf (Dienstliste).

[973] Haxthausen, August Frhr. v.: Die Kriegsmacht Rußlands..., Berlin 1852, 18, 20, 22.

Konstantin seine Offizierslaufbahn fort und wurde am 1. August 1840 zum Oberstleutnant befördert. [974]

Ein weiterer Höhepunkt für ihn war am 5. Dez. 1841 erreicht:

„Zu Rittern des St. Georgen-Ordens 4ter Classe sind für 25jährigen tadellosen Dienst im Officiersrange am 5. Dec. v. J. Allergnädigst ernannt worden... die Commandeurs der Batterien der Artill.-Brigaden: der leichten No. 1 der 1sten Grenadier-Art.-Brig. Denfer..." [975]

Auf den weißen Kreuzarmen des Ordenszeichens war entsprechend zu lesen „25 let" - 25 Jahre. Nun konnte er das noch fehlende Ordenskreuz auf seinem Wappenstempel hinzufügen lassen.

August, der diesen Orden, gleichfalls für 25jährigen tadellosen Dienst, schon seit dem 13. Febr. 1823 trug, sollte Konstantin anläßlich dieser Auszeichnung beglückwünscht haben.

Die Namen der Ritter des St. Georg-Ordens sind im St. Georg-Saal des Kremls in Moskau auf großen Gedenktafeln aus Marmor zu lesen. [976] Als ich einmal im Januar 1996 den Kreml besuchte, war der weiterhin von der Staatsmacht genutzte Saal der Öffentlichkeit indes nicht zugänglich.

Konstantin erwarb sich in den folgenden Jahren noch mehrfach „Allerhöchstes Wohlwollen" für seine Truppenführung bei den Sommermanövern 1843, 1845 und 1848. Als weitere Auszeichnungen kamen hinzu der St. Stanislaus-Orden zweiter Klasse, der St. Anna-Orden zweiter Klasse sowie die Ehrenzeichen am St. Georg-Band für 20 Jahre tadellosen Dienst und für 25 Jahre. Auch wurde ihm, sicher nicht unwillkommen, „für die Wache in St. Petersburg" zusätzlich 1/3 Jahresgehalt gewährt. [977]

---

[974] 1836, 1.8. Major; 1837, 5.12. Kommandeur 1. Leichte Batterie der 1. Grenadier-Artillerie-Brigade, 1838, 12.1. angetreten; 1840, 1.8. Oberstleutnant (Dienstliste).

[975] St. Petersburgische Zeitung 7./19.3.1842, 227; Spisok kawaleram... (Verzeichnis der Ritter...) 1843, II, Sanktpeterburg 1844, 111; Stepanow, W.S., Grigorowitsch, N.I.: B pamjat stoltnjago jubilja... ordena swjatago...Georgija, (Zum Gedächtnis des hundertjährigen Jubiläums... des Ordens des St. Georg) St. Peterburg 1869,157; Schabanow, W.M.: Woennij orden swjatogo... Georgija (Der Militärorden des St... Georg), Moskau 2004, 286.

[976] Markowa, G.: Der grosse Kremlpalast in Moskau, Leningrad 1981/1990 Abb. 30, 31.

[977] Prikas 1843, 1.7.: Kommandeur 1. Leichte Grenadier-Artillerie-Batterie; Sommermanöver 1843 dreimaliges „Allerhöchstes Wohlwollen", 31.7. für die Parade des Grenadier-Korps beim Dorf Wisozk, 5.8. für Manöver der Garde und des Grenadier-Korps, 9.8.für die Parade von Krasnoje Selo;1843, 17.8. St. Stanislaw-Orden 2. Klasse für eifrigen Dienst (Dienstliste; Spisok

An dieser Stelle kann noch auf ein besonderes Detail im Zusammenhang mit dem russischen St. Georg-Orden aufmerksam gemacht werden. Der St. Georg-Orden war für besondere militärische Verdienste vorgesehen und am 26. November 1769 von der Zarin Katharina II. errichtet worden.

„Am selben Tag verlieh Katharina II. als Gründer des Ordens sich selbst die erste Klasse der Auszeichnung. Der erste Träger des St. Georg-Ordens, der damit für eine Heldentat in der Schlacht dekoriert wurde, war Oberstleutnant Fedor Ivanovitch Fabrician. Er erhielt die Auszeichnung am 8. Dezember 1769. Am 5. November 1769 war er mit einer Abteilung von 1600 am Ufer der Donau von einer 7000 starken Gruppe von Türken eingeschlossen. Trotz der überwältigenden zahlenmäßigen Überlegenheit des Feindes befahl der unerschrockene Fabrician einen Angriff. Die Türken ergriffen die Flucht und liessen alle ihre Kanonen und 1200 Mann Tote zurück. Die Russen verfolgten den Feind bis zur Stadt Galatz und nahmen diese sogleich ein. Dieses kriegerische Kunststück wurde als so hervorragend beurteilt, daß es Fedor Fabrician den St. Georg-Orden dritter Klasse entgegen den Regularien einbrachte."[978] Den Regularien hätte zunächst die vierte und nicht schon die dritte Klasse entsprochen.

---

kawaleram... (Verzeichnis der Ritter...) 1843, V, Sanktpeterburg 1844, 176); 1843, 22.8. Ehrenzeichen am St. Georg-Band für 20 Jahre tadellosen Dienst (Dienstliste; Spisok... snaki otlitschija besporotschnoj sluschb (Verzeichnis... Abzeichen tadellosen Dienst), Sanktpeterburg 1844, VI, 366 - Jahr der Auszeichnung und der Dienstzeit sind nicht identisch); 1844, 12.1. Kommandeur zur 2. Batterie derselben Brigade, 21.2. angetreten (Dienstliste); Prikas 1845, 1.7., 44; 61: Oberstleutnant 1. Grenadier-Artillerie-Brigade Batterie No. 2; 1845 dreimaliges „Allerhöchstes Wohlwollen", 30.7. für Lehrkampf der Garde-Kürassier-Division, 7. Kavallerie-Division, 1. und 3. Grenadier-Division mit seiner Artillerie bei Krasnoje Selo, 4.8. Manöver und Lehrkampf des Garde-Grenadier-Korps, 9.8. und Parade des Korps im Lager bei Krasnoje Selo (Dienstliste); 1845, 21.11. St. Anna-Orden 2ter Klasse (Dienstliste; Spisok kawaleram... (Verzeichnis der Ritter...) 1845, Sanktpeterburg 1846, 32); Prikas 1848, 1.5.,108; 205: Oberstleutnant 1. Grenadier-Artillerie-Brigade Batterie No. 2; 1848 dreimaliges „Allerhöchstes Wohlwollen" 19.7. für das Manöver am 17. Juli der Garde-Korps-Truppen mit der 1. Grenadier-Division und der 1. Artillerie-Brigade, 11.8. für das Manöver am 9., 10. und 11. August des Garde-Korps und anderer Truppen, 12.8. für die Parade der Regimenter der 1. Grenadier-Division und der 2. Artillerie-Batterie (Dienstliste); 1848, 31.7. zusätzlich 1/3 Jahresgehalt; 1848, 22.8. Ehrenzeichen am St. Georg-Band für 25 Jahre tadellosen Dienst (Dienstliste).

[978] Durov, V.A.: Ordena Rossii. The Orders of Russia, Moskva, 1993, 46 f.

Von der Zarin Katharina II. ist der Ausspruch überliefert: „es giebt nur zwei, Fabrician und ich, die diese Decoration theilen." [979]

Wer hinter „Fabrician" verborgen ist, hat man im Familienkreis offenbar längst vergessen. Dieser erstmalige Träger des russischen St. Georg-Ordens war Friedrich Ewald Schmid von Schmiedenfeld genannt Fabritien (1735-1782), der Ehegatte der Anna Juliana, deren Petersburger Anwesen schließlich an August gelangte. [980]

※

Silberhochzeit und maise-gads

„Curland Mitau, den 15. Januar - Endlich ist der gegenwärtige Winter ausgezeichnet reich geworden an Schnee, welcher mehreren der vorhergegangenen hinter einander an genügender Menge gemangelt hat. Besonders am 3. und 4. d. M war der Schneefall so stark, daß einzelne Equipagen [981] auf dem Wege stecken blieben und ausgeschaufelt werden mußten. Nach einem kurzen Thauwetter-Intermezzo hat sich eine vortreffliche Schlittenbahn gebildet, daher die Productendurchfuhr sehr lebhaft ist. Der Schnee liegt 2, stellweise mehrere Fuß hoch. Man denkt schon daran, wenn diese Massen im bevorstehenden Frühlinge zerschmelzen werden, da die Ueberschwemmungen von 1837 sich noch im Gedächtnisse erhalten. Jedenfalls ist, wenn auch ein anhaltender Wechsel von Thauwetter und Frost vor der kritischen Zeit eintreten sollte, großes Wasser zu erwarten." [982]

„Aus Curland, vom 25 Februar. - Die Jahreszeit ist bereits soweit vorgerückt, daß der baldige Eintritt einer anhaltend warmen Witterung wenigstens erwartet werden kann. Heute ist der 9. März n. St., und der Frühlingsanfang nach dem Kalender steht vor der Thüre. Noch liegt der tiefe Schnee seit seinem ersten Falle unvermindert, und das kaum merkliche Thauwetter, das in der letzteren Zeit eintrat, hat ihn nur etwas gesetzt, gar nicht zum Fließen gebracht gehabt. In Litthauen, von wo die meisten

---

[979] Secretan, M.P.: Mémoires de M. de Falkenskiold … Paris 1826, 67; Secretan, P. (Hg.): Denkwürdigkeiten des Herrn von Falkenskiold… Zweither Theil, Leipzig 1826, 47.

[980] Räder, W.: Die Juristen Kurlands im 17. Jahrhundert, Marburg 1957, 16; Ahnenreihe Fabricius, in: Baltische Ahnen- und Stammtafeln 23, Köln 1979, 37; Denfer, H. v.: Grundstein zu einer Geschichte der Familie von Denffer, Batum 1906, 25 f., 49.

[981] Kutschen mit Zugtieren.

[982] Das Inland 22.1.1841, 58.

unserer größeren Flüsse sich in Curland ergießen, trifft man haushohe Schneeberge an, und wegen ähnlicher, die aus den Wolken herab jeweilig noch neuen Zuschub erhalten, kann aus unseren Wäldern fast gar kein Bau- und Brennholz ausgeführt werden. Gewöhnlich gehen hier die Gewässer in der zweiten Hälfte des März, spätestens Anfangs April auf. Im vorigen Jahre schwollen die kleineren Flüsse gerade um die Mitte jenes Monats an. - Alle Umstände deuten also auf die Nothwendigkeit hin, sich auf ungewöhnliche Ueberschwemmungen gefaßt zu halten, damit die Fluth, wenn sie wirklich hervorbrechen sollte, nicht, wie im J. 1837. die Sicheren in ihren Betten überrasche. Ueberall kennt man die Gränze. bis wie weit das wogende Element in genanntem Jahre seine Herrschaft erstreckte. Daher möchte es den damals Heimgesuchten wohl dringend zu empfehlen sein, sich bei Zeiten für mögliche Fälle vorzubereiten, und bei höher gelegenen Nachbaren die Bergung vor dem Schiffbruche zu ordnen, sobald jedoch das Eis sich rührt, ja auch selbst sich zu rühren." [983]

„Aus Kurland, vom 1. Juni - Die Gewitter haben in diesem Jahre schon manchen Schaden angerichtet... Schon am 23. v. M sah man hier blühende Roggenfelder, worüber sich selbst alte Leute wunderten. Der Stand des Wintergetreides im unteren Curlande ist sehr befriedigend, im Oberlande leider wieder nicht viel versprechend. Die während des ganzen Mai- und zum Theil des Aprilmonats angehaltene Hitze und Trockenheit, welche nur hin und wieder einige Feuchtigkeit aus vorüberziehenden Gewittern herabkommen ließ, machte um die Bestellung der Sommerfelder verlegen; mit den zwei letzten Tagen des Mais sind jedoch nun die sehnlich erwünschten Regen eingetreten. - Ueber den Wiesen wallen allenthalben üppige Graswolken, durch den großen Vorrath von Frühlingsfeuchtigkeit im Boden erzeugt. - Ohne die mindeste Störung von Wind oder Regen blühten die Obstbäume ab, haben aber doch nicht so gar reichlich Früchte angesetzt." [984]

„Aus Curland, vom 9 Juni. - Auch hier hatte der Lenz in diesem Jahre eine wahre Treibhausnatur behauptet; wenigstens im unteren Curland gab es schon gegen das Ende des Maimonats reife Wald-Erdbeeren. Das feuchte und Regenwetter während der letzten 9 bis 10 Tage hat die später besäeten Sommerfelder schön begrünen lassen

---

[983] Das Inland 5.3.1841, 158.
[984] Das Inland 10.6.1841, 389 f.

und auch die früheren Sommersaaten gekräftigt.- Seit gestern geht die Witterung wieder zur Aequatorhitze über." [985]

Der 27. Juli 1841 war der Tag der Silberhochzeit von Jeannot und Caroline auf Grafenthal. Er war nun 50 Jahre alt, sie 46. Vor 25 Jahren, 1816, hatte ihre Trauung in der Mitauer Trinitatiskirche stattgefunden, 13 Kinder waren ihnen geschenkt, sieben Jungen und sechs Mädchen: Victor im Jahr 1818, Thekla 1821, Theodor 1822, Otto 1824, Alexander 1826, Emilie 1827, Mathilde 1829, Marie 1831, Rudolph 1833, Elisabeth 1835, Robert 1837, Julius 1838 und Bertha 1839. Zwölf von ihnen konnten das Fest mit den Eltern und Verwandten feiern, nur ein Kind lebte nicht mehr, Rudolph zweijährig gestorben 1835.

„Aus Curland, vom 28. Juli. - Ungefähr die Hälfte der Roggenernte ist bis jetzt glücklich beendigt, und würde wohl schon viel mehr abgebracht sein, wenn nicht der häufige Regen während des ganzen Julimonats, der zuweilen sogar in Wolkenbrüchen herabstürzte, die Arbeiten verzögert hätte… Wie die Proberiegen andeuten, wird diese Getreidegattung von schwerem Gewichte sein. Hat auch auf vielen Feldern der Schmel [986] gewuchert, sind auch die Aussichten im Oberlande nicht so günstig, so freuen sich doch die Bauern wenigstens im ganzen untern Curland, auf ein maise-gads (Brod-Jahr), denn die Sommersaaten stehen überall üppig, die meisten, besonders die spätgesäten Gerstenfelder zum Erstaunen. - Vom Weizen wurde zwar im Frühlinge so manches Stück ausgepflügt; viele andere Stücke jedoch, wo die Operation aus Mangel an Zeit oder in besserer Hoffnung unterblieb, versprechen jetzt das 6., auch wohl das 8. Korn. Der Lein ist auf einigen Feldern etwas undicht, auf den mehrsten sehr gut gewachsen. Kohl und Gemüse stehen mittelmäßig; auf eine reiche Kartoffelernte ist aber mit Sicherheit zu rechnen. - An Obst, Aepfeln und Birnen, giebts die Fülle; Wald- und Gartenbeeren waren nicht minder; nur Schwämme wurden von der ärmern Volksclasse bis jetzt sehr vermißt. - Die späten Heumacher haben mit dem Regen zu kämpfen gehabt, und die anschwellenden Flüßchen nehmen gegenwärtig noch einigen Tribut mit. Heu ist dennoch von den heuer ergiebigen Wiesen so viel unter Dach und Fach gebracht, daß das Vieh in Curland bis zur künftigen Weide

---

[985] Das Inland 17.6.1841, 404.
[986] Eine heute Schmiel genannte Art von Gras.

vollkommen geborgen ist. Laut den Nachrichten aus Litthauen sind dort die Umstände der Feldfrüchte mindestens eben so gut wie hier." [987]

※

Begräbnis in Halle

In Petersburg ging der Senator „A.U. Denfer" mit einem Jahresgehalt von „4939 Rub." [988] seinen Aufgaben nach und bezog auch weiterhin seine Zusatzvergütung, ähnlich wie schon zuvor durch Einkünfte der Güter Karmis in Livland und Mishof in Kurland: „Über die Fortsetzung der Ausgabe einer Geldvergütung als Gegenleistung für die Pachtung an Senator Denfer Fristen 12. Juni 1841 - 21. November 1841." [989]

Aus Halle berichteten die Zeitungen Anfang Oktober: Gestorbene Oct. „Den 2. Der Geheime Justizrath, Prof. und Director der hiesigen Universität, Dr. Schmelzer, alt 83 J. 4 M. 5 T. Entkräftung" [990] „3. Okt. In früher Morgenstunde endete seine irdische Laufbahn Herr Friedrich August Schmelzer, Direktor der Universität, Ordinarius und erster Professor an der Juristen-Fakultät. Er hatte am 27. Mai d. J. sein 83stes Lebensjahr zurückgelegt." [991] Seine Tochter Caroline lebte damals wohl mit ihren Kindern in seinem Haus und wird bei der Geburtstagsfeier und später am Begräbnis teilgenommen haben. Sein Schwiegersohn August erfuhr vom Tod, wenn nicht anders, durch die gleichlautende Veröffentlichung in der St. Petersburgischen Zeitung. [992]

Bald darauf, noch im Herbst, bevor der Dampfschiffverkehr von Lübeck nach Petersburg jahreszeitlich bedingt eingestellt wurde, kehrte Augusts Frau Caroline mit den Kindern nach offenbar vierjähriger Abwesenheit nach Russland zurück, wie die Mitteilungen über 1841 in Hamburg und Lübeck angekommene Fremde nahelegen: „Angekommene Fremde in Hamburg... Stadt Paris: Fran Geh.Räthin v.

---

[987] Das Inland 5.8.1841, 516.

[988] Bartsits, I.: Istorija gosudarstwennoj sluschbe rossii, Moskwa 2022, II/1, 454 (Geschichte des russischen Staatsdienstes).

[989] RGIA 384/2/630.

[990] Hallisches patriotisches Wochenblatt, 8.10. 1842, 1315.

[991] Allgemeine Preußische Staats-Zeitung 6.10.1842, 2079.

[992] St. Petersburgische Zeitung 4.10.1842.

Denffer, nebst Familie u. Gouvernante, v. Halle" - „Bis zum 19. Oct. Frau Geh.Räthin v. Denffer mit Fam. … log. in St. Hamburg."[993]

※

Merkwürdige Todesursachen

Nach Angaben des Curländischen Evangelisch-Lutherischen Consistoriums kamen in den Jahren 1840/1841 durch verschiedene Unglücksfälle ums Leben 189/173, davon durch Selbstmord 21/18; ertranken 78/65; verbrannten 4/4; verbrüht wurden 15/14; es erfroren 4/4; es erstickten im Dunst 4/2; es erstickten im Schnee -/1; vom Blitz wurden getödtet 2/4; erschossen (ohne nähere Angabe) -/1; auf der Jagd -/1; durch Unvorsichtigkeit 3/-; es fielen sich todt 16/12; erschlagen wurden von Räubern 3/-; von Pferden -/3; im Zank -/3; von Bäumen 11/11; von umgefallenen Fuhren 4/4; durch das Zusammenfallen eines Schornsteins -/1; durch das Zusammenfallen einer Scheune -/2; durch Unglücksfälle 4/ 4; verschüttet wurde in einer Kartoffelgrube 1/-; verschüttet wurde durch das Zusammenstürzen eines Erdkellers -/1; im Bette erdrückt -/l; an den Folgen eines Beinbruchs durch die Dreschmaschine -/1; in der Mühle verunglückt -/4 an den Folgen einer Verletzung -/1; am Verschlucken -/1; todtgefahren -/1; von einem Ochsen todtgestoßen 1/-; heimlich geborne Kinder -/2; am Genuß von Bilsen[994] starben -/2; an der Wasserscheu[995] starben 2/- in Folge des Trunks 7/-; plötzlich starben 3/-; todtgefunden 6/5; überhaupt 189/173."[996]

„Das jetzige jahrhundert war mit recht die periode der maschinen zu nennen. Von zeit zu zeit verkündigten öffentliche blätter die erfindung neuer maschinen allerlei art, besonders von dampfmaschinen. Dadurch, u. vorzüglich durch dampfwagen u. dampfböte gewann handel u. wandel und das ganze leben ungemein an lebhaftigkeit, kraft u. schnelligkeit. Vieles, wozu in fabriken sonst menschenhände erfordert wurden, konnte nun durch maschinen schneller und wohlfeiler geleistet werden. Durch Schnellpressen, wie sich auch eine beim buchdrucker Steffenhagen in Mitau befand, konnte der druck der schriften auf eine höchst überraschende weise beschleuniget werden. Auf dampfwagen, welche auf eisernen gleisen mit der schnelligkeit des

---

[993] Altonaer Mercur 14.10.1841, 1086; Lübeckische Anzeigen 20.10.1841.
[994] Bilsenkräuter, auch „Hexenkräuter" genannte teils giftige Nachtschattengewächse.
[995] Alter Ausdruck für Tollwut.
[996] Das Inland 17.3.18421842, 102 f.

Windes dahin rollten, konnte man die 16 meilen von Leipzig bis Dresden in 3 ½ stunden zurücklegen." [997]

„Das jahr 1841 war, Gottlob! hinsichlich der ernte gesegneter, konnte die armen leute jedoch nicht aus den früheren schulden herausbringen." [998]

※

1842 Milder Winter, guter Sommer

„Ein durch gelindigkeit ausgezeichneter winter. Die strengste kälte noch in der letzten hälfte dezembers, wo das therm. ein paarmal 15° unter 0 zeigte, öfterer noch 10°. Diesen grad hat es nach Neujahr nicht mehr erreicht, wo es beständig wechselte, einige grad über, dann wieder einige grad unter 0, im ersteren falle aber entstand doch kein eigentliches thauwetter. Als eine Seltenheit verdient angemerkt zu werden, dasz nach einer genauen beobachtung in den monathen januar, februar, märz, nicht ein einziges mal nordwind geweht hat. In den ersten tagen des april stellte sich erst wieder der nordwind ein u. blieb nach seiner gewohnten art recht schneidend. In übereinstimmung mit dem schwachen winter, war auch die kaum nothdürftige schlittenbahn. Es hielt sehr schwer nur den allernothwendigen bedarf an brennmaterial herbeizuschaffen, an balkenfuhr war gar nicht zu denken, denn zu dem Schnee, aus welchem die wenige Schlittenbahn entstand u. welcher schon im dez. gefallen war, kam in dem neuen Jahre nichts weiter hinzu, u. so war er in der mitte febr. ohne eigentliches thauwetter, von Luft und sonne allmälig aufgelöst, fast gänzlich verschwunden.

Die getreidepreise hielten sich während des ganzen winters ziemlich hoch… Da nun diese sehr annehmlichen preise keine folge von vorhergegangenem miszwachs oder mangel im lande waren, indem viele bauerwirthe, welche in den vorhergegangenen jahren brodvorschüsse bedurften, durch beihülfe der so wohlgerathenen gerste, in diesem winter mit ihrem eigenen brode auskamen, so konnten sich die bauern wohl etwas erholen und waren auch im stande den abgang eines arbeitskleppers, durch ankauf eines andern, wieder zu ersetzen. Sich bei dem zu ihren Leistungen erforderlichen bestande an Pferden zu erhalten, war seit einigen jahren eine

---

[997] Sloka, L. J.: Kurzemes draudžu chronikas, Riga 1930, II, 182 f. (Hofzumberge).
[998] Sloka, L. J.: Kurzemes draudžu chronikas, Riga 1928, I, 67 (Barbern).

schwere, oder wohl gar unauflösbare aufgabe." [999]

1842, am 17. März heiratete Henriettes Tochter und Augusts Nichte Louise Henriette Mathilde von Budberg mit 19 Jahren William Schmidt v. d. Launitz, Obrist und Ritter, Kommandeur des Odeßaschen Ulanen-Regiments, 39 Jahre alt. Die Trauung im Pastorat Grobin erfolgte durch E. von der Launitz, [1000] Mathildes Schwager.

Nach mehreren Jahren, in denen die Landwirtschaft und damit besonders die von ihr abhängigen Menschen stark durch die Witterungsbedingungen gelitten hatten, kündigten sich endlich für den Sommer 1842 wieder gute Aussichten an. „Aus dem unteren Curland, vom 1. Juni. Nach einer Reihe von Jahren, in denen der Weizen im Allgemeinen mißrieth, steht endlich jetzt dieses Getreide auf den Winterfeldern so ausgezeichnet schön, daß es nicht allein eine reiche, sondern eine überfüllige Erndte verspricht. Eben so gewähren die Winterroggenfelder fast überall nur einen erfreulichen Anblick. Auf einigen Feldern, wo der Roggen am 15. Mai etwa einen Fuß hoch aufgeschoben war, erreichte er am 27. schon Mannshöhe; an diesem Tage bemerkte man auch die ersten Aehren mit Blüten. - In dem angränzenden Litthauen ist der Stand des Wintergetreides derselbe wie hier. - Für die Sommersaaten, welche zum Theil erst jetzt beendigt werden, mangelte es sehr an Regen, doch stellte letzterer durch öftere Gewitterzüge in den meisten Gegenden sich eben noch zur rechten Zeit ein. - Weniger leuchtende Aussichten eröffnen die Obstgärten, besonders mit Kernobst; manche bedeutende Anlagen weisen kaum hin und wieder einige junge Früchte auf.

Die Behauptung, daß Hafer sich in Roggen verwandeln lasse, rufen immer mehr Versuche über diesen Gegenstand hervor. Auch gegenwärtig kann man hier auf ein Paar Plätzen, wo im vorigen Jahre Hafer gesäet und unter der Sense gehalten wurde, Roggenähren sehen. Die Verwandlung in Wirklichkeit wird noch von den Allermeisten geradezu verlacht, wenngleich Jedermann zugiebt, daß Roggen aus zufälligen Roggenkörnern unter dem Hafer wachsen könne; Andere schütteln nur zweifelnd den Kopf; Einzelne entschließen sich zu eigenen genauen Versuchen." [1001]

„Mitau, den 9. Juni. Das stille, ruhige Leben der Stadt ist nun wieder durch die Johanniszeit auf einige Tage geräuschvoller geworden, um die nun bald folgende größere Stille desto contrastirender zu machen. Die Johannisvorstellungen auf der

[999] Sloka, L. J.: Kurzemes draudžu chronikas, Riga 1930, II, 186 f. (Hofzumberge).
[1000] KB Grobin Copulirte 1842, fol. 12.
[1001] Das Inland 9.6.1842, 201.

hiesigen Bühne haben am 2. d M. ihren Anfang genommen und nun strömt alles dahin Unterhaltung zu suchen…" [1002]

„Mitau, den 17. Juni. Allmälig vermindert sich nun die lebhaftere Bewegung in der Stadt und bald werden wir von den in ihre Heimath zurückkehrenden Fremden wieder verlassen sein. Das schon seit einiger Zeit anhaltende Regenwetter war besonders während der dem Verkehr und den Vergnügungen am ungünstigsten und grollend sah die Menschenmenge den schadenfrohen Himmel an, der erst jetzt Miene macht, sich aufzuheitern. An sonstigen Sehenswürdigkeiten vom Auslande war diesmal nichts aufzuweisen, außer dem erst vor 3 Tagen hier zur Schau ausgestellten Gerippe des im Jahre 1827 bei Ostende todt ans Ufer gekommenen Walfisches, welches die Neugierigen in großem Zulauf besehen." [1003]

„Aus Curland, vom 10. August. Der Roggenschnitt ist als beendigt zu betrachten und eine gesegnete Ernte unter Begünstigung der erwünschtesten Witterung glücklich geborgen. In üppiger Fülle erwartet auch der Winterweizen das endliche Abbringen. Durch ganz Curland steht das Sommergetreide, wie sich der Reisende mit Vergnügen davon überzeugt, vortrefflich; ebenso Kohl, Kartoffeln usw. - Die Heuernte, welche wegen Regen erst in der Mitte des Julimonats beginnen konnte, ist stellweise reichlich, stellweise nur mittelmäßig ausgefallen. - Birn- und besonders die Aepfelbäume bieten wenig Früchte; an Kirschen und Pflaumen ist kein Mangel. - Aus Litthauen lauten die Nachrichten über das Getreide eben so sehr günstig, wie jetzt nach den öffentlichen Blättern aus dem ganzen Innern des Reichs…

Hagel und andere Gefahren

Von einem außerordentlichen Hagelschaden mitten im Sommer berichtete witzelnd die Zeitschrift „Das Inland": „Mitau, den 6. August. Das Glaserfest in Mitau. „Alle Hagel!" sagt man zuweilen ärgerlich, wenn etwas einen unerwünschten Ausgang nimmt. „Alle Hagel!" ruft aber jetzt mit freudeglänzenden Augen die ganze Glaserschaft in Mitau aus. Denn als hier am gestrigen Nachmittag von etwa 4 Uhr an, bei häufigen Donnerschlägen, ein furchtbarer Wolkenbruch herabstürzte, so daß mehrere Straßen unter Wasser gesetzt und nicht zu passiren waren, vereinigte sich mit

---

[1002] Das Inland 16.6.1842, 213.
[1003] Das Inland 23.6.1842, 220.

demselben später ein ungeheurer Hagelregen, den man seit Menschengedenken in Mitau nicht erlebt hat. Die zum wenigsten den Wallnüssen an Größe gleichen Schlossen [1004] wurden von dem heftigen Sturm dergestalt an die Fenster gepeitscht, daß diese in der ganzen Stadt erbärmlich zugerichtet wurden und Glasstücke und Hagel klirrend durcheinander flogen. Nach der veranstalteten Zählung ergab sich, daß überhaupt 23,134 Scheiben (darunter 197 im Schlosse) eingeschlagen worden. Voll Selbstgefühl, daß sie die einzigen Retter einer ganzen Stadt sind, sieht man die Glaser flink und geschäftig einher eilen, ihr Werk zu vollbringen. Dann flammen ihre Augen noch einmal freudestrahlend auf, glänzend wie das Glas im Sonnenscheine, und mit dem Wunsche: Alle Hagel über Mitau! Eilt jeder in sein Haus zurück." [1005]

Nicht nur das Wetter konnte gefährliche Folgen haben. Die „Übersicht der im Jahre 1842 bei dem Curländischen Oberhofgerichte abgeurtheilten Criminalsachen und Personen" vermittelt einen gewissen Eindruck von der allgemeinen Sicherheitslage im Land und der Häufigkeit von Vergehen: Ungehorsam u. Widersetzlichkeit gegen die gesetzl. Autoritäten 21, Kindermord 13, Verletzung der Gesetze über Waldfrevel in Kronswäldern 11, Einführung von Contrebande u. Handel damit 13, Diebstahl 260 Gaunerei 14, zusammen 395." [1006] Diebstahl stand an erster Stelle, alles andere war vergleichsweise selten. Dabei ist indes zu berücksichtigen, daß dies bei weitem nicht alle Fälle von Kriminalstrafsachen waren, von denen nur die strittigsten bis zum Oberhofgericht gelangten, während allermeisten Verfahren bei untergeordneten Instanzen geführt wurden.

1842 erschien im Livländischen Amtsblatt eine lange Liste mit Namen zahlreicher Personen, „wegen Ausmittelung des Vermögens und der Capitalien", darunter auch „der Staatsräthe… August Denfer". Entsprechende Mitteilungen waren an die Gouvernementsregierung Livland weiterzuleiten. [1007] Einzelheiten dazu sind nicht ersichtlich, möglicherweise ging es dabei um Angelegenheiten des Kronsgutes Karmis, aus dessen Erträgen August über Jahre seine Zusatzvergütungen erhalten hatte.

In Dorpat rückte Friedrich Eugens Studienabschluß näher. Im September 1842 wurde den Vorschriften gemäß durch wiederholte Zeitungsanzeige aufgefordert,

---

[1004] Hagelkörner.
[1005] Das Inland 18.8.1842, 291 f.
[1006] Das Inland 27.6.1844, 409 f. (Nur über 10fache Fälle sind wiedergegeben).
[1007] Livländisches Amtsblatt 27.8.1842.

eventuelle ausstehende Ansprüche gegen zur Entlassung vorgesehene Studenten zu melden, darunter Eugen v. Denffer. [1008]

„Das jahr 1842 war für den ackerbau vorzüglich gesegnet. Alle feld u. gartenfrüchte vorzüglich, aber der waizen war so gediehen, wie es in vielen Jahren nicht der fall gewesen, auch unter vieh u. pferden waren keine seuchen bemerkbar. Weniger günstig zeigte sich das jahr bei menschen. lm frühjahre wurden besonders viele kinder durch scharlach und später durch keuchhusten hingerafft. Eine besondere erscheinung ist der winter dieses jahres von 1842 auf 43, der bis auf ein paar tage zwischen Weihnachten und Neujahr, durchs ganze Land keine schlittenbahn gab…" [1009]

※

1843 Pflugradt, Tottien, Brasch

„Aus Curland, vom 1. März. Ueberall klagt man über Holzmangel. Gutshöfe und Bauergesinde helfen sich mit nassem Strauche, ja mit allerlei alten und nur irgend entbehrlichen hölzernen Geräthschaften. Die Moräste froren nicht fest, weshalb das nöthige Brennmaterial zum kleinsten Theile aus den Wäldern geführt werden konnte. Des Himmels Segen gab in der letzten Ernte unserm Landvolke wohl reichlich Speise, aber die Zubereitung derselben fällt an vielen Orten sehr schwer, weil man in unserem Norden zunächst für warme Wohnungen sorgen muß. Uebrigens ist die Bauart der Oefen in den Gesinden von der Art, daß sie eine unverhältnißmäßig große Quantität Holz consumiren. Um eine etwas geräumige Bauerstube zu erwärmen, bedarf ein solcher Ofen als einmalige Futterportion ein tüchtig beladenes halbes Fuder [1010] Strauch, woran besser construirte Oefen für sechs und mehr Heizungen genug haben. Zeit wäre es, daß man diesem Gegenstande volle Aufmerksamkeit zuwenden möchte. Man hält mit Recht den heurigen Winter für einen ganz ungewöhnlichen." [1011]

In Kandau wurde am 9. Mai Caroline Gertrude Pflugradt begraben, gestorben am 4. Mai 1843, wohnhaft im Hofe Puhren, 67 Jahre alt und unverheiratet. [1012] Sie war eine Kusine von Jeannot, ihre Mutter Charlotte Amalia geb. v. Denffer (1750-1815), ihr

---

[1008] Gerichtliche Bekanntmachungen 31.8.1842 in Beilage zur Dörptschen Zeitung 1.9.1842, 840; 4.9.1842, 851; 8.9.1842, 863.

[1009] Sloka, L. J.: Kurzemes draudžu chronikas, Riga 1928, I, 67 f. (Barbern).

[1010] Wagenladung.

[1011] Das Inland 9.3.1843, 89.

[1012] KB Kandau Verstorbene 1843, Nr. 48.

Vater der Pastor der lettischen Gemeinde in Doblen Daniel Christian Pflugradt (1741-1801). [1013]

Aus Mitau kam die Nachricht vom Tod der ältesten Schwester Jeannots: Maria Anna, genannt Marianne, gestorben am „29. Mai 1843, begraben 2. Juni Vormittags Mariane (sic!) Tottien geb. von Denffer Tit.Räth. Geburtsort unbekannt verwitwet Todesursache Alter." [1014] Sie war 67 Jahre alt geworden, am 15. Februar 1776 in Neuenburg geboren und dort am 20. Februar getauft. [1015] Bis 1830 hatte sie noch in Bauske gelebt, wo ihr Mann, Titulär-Rat Ernst Gottlieb Tottien, als Aktuar des Hauptmann-Gerichts tätig war, nach dessen Tod zog sie nach Mitau. Noch kurz bevor sie starb war sie bei ihrer Tochter auf dem Gut Plönen. Eine Übersicht „Milde Gaben für die durch Feuersbrunst verunglückten Bewohner der Stadt Kasan", datiert „Mitau, den 25sten Mai 1843", verzeichnet „Vom Gute Plönen Ernestine v. Brasch 1-10, Eugen v. Brasch -30, Ida v. Brasch -30, Ernestine Brasch -30, Auguste Brasch -30, Frau Räthin Tottien geb. Denffer 1-, Eine Ungenannte 1-, Carl v. Brasch 2-, Amalie Eckmel -60" jeweils Rubel Kopeken Silber. [1016]

Maria Annas große Nachkommenschaft ist im „Grundstein" aufgeführt, darunter ihre Tochter und Jeannots Nichte Theophile Tottien (1796-1873), die Ehefrau des Friedrich Sege von Laurenberg (gestorben in St. Petersburg 1859). Deren Tochter Ernestine Tottien (1798-1875) war verheiratet mit Carl von Brasch (1795-1860), Erbherr auf Leeparn und Uckern, und hatte sieben Kinder, unter ihnen Ernestine v. Brasch (1829-1850), Auguste v. Brasch (1832-1905) und Valerie v. Brasch (jung verstorben). [1017] Mit der Familie auf Leeparn, das nördlich an Latwelischek in Litauen angrenzte, waren die Grafenthalschen in beständiger Verbindung. [1018]

„Aus Curland, vom 2. August. Die Roggenernte ist meistens beendet und kann im Allgemeinen eine recht gute genannt werden, sogar von solchen Feldern, die man im

---

[1013] Kallmeyer, Th., Otto, G.: Die evangelischen Kirchen und Prediger Kurlands, Riga 1910, 574.

[1014] KB Mitau Trinitatis Landgemeinde Verstorbene 1843, Nr. 21 (mit Vermerk: Nachträglich).

[1015] KB Neuenburg Taufen 1776, Nr. 29; Lieven, A. v.: Curländische und Piltensche Landesbeamte 1562-1910, Mitau 1914, 234.

[1016] Allgemeines Kurländisches Amts- und Intelligenz-Blatt 5.6.1843.

[1017] Denfer, H. v.: Grundstein zu einer Geschichte der Familie von Denffer, Batum 1906, 37 f.

[1018] Pantenius, T.: Aus meinen Jugendjahren, Leipzig 1907, 113.

Frühlinge wegen ihres damals schlechten Standes schon umzupflügen gedachte. Der Winterweizen zeigt sich überall so vortrefflich, daß, wenn das schöne Erntewetter noch eine Zeitlang anhält, das heurige Jahr ein gesegnetes Weizenjahr sein wird. Vom Sommergetreide steht die Gerste mehr gut als mittelmäßig, der Hafer ziemlich winzig, dagegen der Lein sehr befriedigend. Kartoffeln, Kohl und Gemüse haben sich reichlich ausgebildet. An Aepfeln und Birnen giebt es gerade keinen Mangel, doch auch keine Fülle. Die Wälder liefern eine Masse Beeren, aber wenig Schwämme. Nur die Heuernte ist nicht besonders ergiebig ausgefallen. - Da auch aus dem ganzen Innern des Reichs die Berichte über die Feldfrüchte äußerst günstig lauten, so wird der jetzige Sommer wohl mit Recht zu den fruchtbaren gehören. In den oberländischen Forsten haben Raupen auch in diesem Jahre dem Nadelholze beträchtlichen Schaden zugefügt." [1019]

Victors Hochzeit

Fünf silberne Kaffeelöffel mit den Initialen „J. v. D." und der Jahreszahl 1843 konnte Herbert im Herbst 1965 im Schwarzwaldort Kandern erwerben. Dort lebten vor dem Ersten Weltkrieg Jeannots Töchter Emilie (1827-1918), Marie (1831-1896), Elisabeth (1835-1920) und Bertha (1839-1914). Herbert hatte die damals 73jährige Frau Luise Wendl aufgefunden, die als junges Mädchen „bei den Fräulein v. Denffer in Stellung gewesen" und bis zuletzt in Verbindung geblieben war. Sie erklärte die Initialen mit „Johann von Denffer". [1020] Vielleicht hängt die Jahreszahl mit dem besonderen Ereignis zusammen, das Ende Oktober 1843 auf Grafenthal gefeiert wurde - Victors Hochzeit.

Victor war Jeannots und Carolines erstes Kind: "1818 Taufe „170. Dom. XII.p.Tr. Des Billenhöfschen Arrendebesitzers Johann v. Denffer Söhnl. Johann Robert Victor, geb. d. 25ten Jul. Pathen: der Vater zur Taufe gehalten. Fr. Obrist-Lieutenantin Maria Gottlieb von Denffer, Grossmutter, Madame Gottlieb Kummerau, Grossmutter. Mutter: Caroline Wilhelmine Elisabeth geb. Kummerau." [1021]

[1019] Das Inland 10.8.1843, 276.
[1020] Herbert v. Denffer, Notiz Kandern 24.9.1965 mit Brief an Theo v. Denffer 13.10.1965.
[1021] KB Sallgalln Taufen 1818; LR 3943, 38 links; KB Sallgalln Abschrift fol. 57 (30); LVVA 640/1/2341 Adelsbeweise Denfer, fol 6, 1.

Am 25. Okt. 1826 hatte der Vater ihn als seinen achtjährigen Sohn in die Seelenliste des Gutes Billenhof eingetragen. [1022] Zunächst als Kind noch auf Grafenthal bei den Eltern kam Victor um 1830 nach Mitau zum Schulbesuch, aufgeführt im Verzeichnis der Schüler des Gymnasiums Mitau „Denffer, Joh. Rob. Victor", das leider ohne Jahresangaben ist. [1023] Weiter ist er genannt in „1834 Namentliches Verzeichniß der im Hause des Schmiedemeisters Rathke, in der Stadt Mitau … Nr. 175 wohnenden Personen von Adel und Exemten… 7 Victor von Denffer, 8 Theodor von Denffer Söhne von Gutsbesitzern in Curland 16 Jahre 12 Jahre [1024] … haben ihren Taufschein beizubringen…" [1025]

Nach dem Gymnasium entschloß Victor sich, dem Beispiel seines Vaters folgend, zunächst Offizier zu werden. Einzelheiten zum Dienstantritt fehlen, doch 1843 war der Rigaschen Zeitung zu entnehmen: „St. Petersburg, den 29. Juni. Vom Uhlanenreg. Sr. Kais. Hoh. des Großfürsten Cäsarewitsch Thronfolgers werden der Lieutenant von Denffer… auf sechs Monate beurlaubt…" [1026] Diesen Urlaub hatte er vermutlich zum Zweck der Hochzeit genommen. Die Trauung in der Mesothenschen Kirche erfolgte 1843 „32. Zwanzigsten October Victor von Denffer und Jacobine Bayerhoffer" [1027]

Jacobine Henriette Bayrhofer war die Tochter des Arztes Friedrich Bayrhofer und seiner Ehefrau Henriette. Das Leben des Vaters Beierhofer (Bayerhofer) scheint unstet und nicht zuletzt auch für seine Kinder sehr schwierig gewesen zu sein. Zweimal verheiratet, einmal geschieden, praktizierte er als Chirurg und Arzt an verschiedenen Orten im Westen Kurlands, in Gawesen (bei Libau), Bathen (bei Grobin), Ehnau (bei Neuhausen) und Gross-Kuthen (bei Ober-Bartau). Er gehörte zu den über drei Dutzend Ärzten, die als „nicht legitimiert" bezeichnet wurden, weil sie ohne eine von der

---

[1022] LVVA 630/1/99 (Kurländische Seelenlisten Billenhof).

[1023] LVVA 5759/2/781 (Kurländisches Provinzial-Museum) Verzeichnis der Schüler des Gymnasiums Mitau, fol. 15.

[1024] Staatsarchiv Riga, Kurländische Seelenlisten Städte Nr 52 Mitau Film A113, Bl. 667, Bl. 687.

[1025] Staatsarchiv Riga, Kurländische Seelenlisten Städte Nr. 53 Mitau Film Nr. C92; Bl. 22 (Nr. 52).

[1026] Rigasche Zeitung 3.7.1843.

[1027] KB Mesothen Getraute 1843; LR 3293, 935 links; KB Mesothen Getraute 1843, 63v, Nr. 32.

zuständigen Medizinalbehörde geforderte Zulassungsprüfung praktizierten. [1028] Geboren 1785 in Frankfurt heiratete er 1810 als Doctor med. in Gawesen mit 25 Jahren die ein Jahr ältere Friederike Louise Borriskowsky. Diese Ehe wurde nach drei Jahren geschieden, Monate vor der Geburt seines Sohnes Robert Carl, geboren am 13. Juli 1813. [1029] Gleichfalls vor dieser Geburt heiratete Bayerhofer am 5. Juni 1813 in Mitau Anna Hein. Cath. Puls, Kaufmannstochter aus Mitau, geb. 13. Jan. 1788.

Die Tochter Henriette Jacobine wurde nach Angabe im „Grundstein" 1816 geboren, die Tochter Caroline Sophie am 24. Juni 1818, doch laut dem Kirchenbuch Kruthen am 12. Juni 1817, ebenso ein Bay. Theoph. im selben Jahr. In Libau wurde am 4. April 1832 konfirmiert „Bayerhoffer, (Joh?) Theophil." und gleichfalls „Beyerhöffer, Jacobine Henriette", [1030] damals demnach 16 Jahre alt. Ihre Mutter starb dort wenige Monate später am 6. April 1832 als 44jährige Witwe. [1031] Wann und wo ihr Ehegatte verstorben war, ist unbekannt, im Kirchenbuch Kruthen ist 1817-1832 kein Bayerhofer verzeichnet, im Kirchenbuch Libau nur seine Witwe. Die Töchter des Doktors Bayerhofer waren demnach zunächst Halbwaisen und dann mit 16 und 15 Jahren Vollwaisen. Als Jacobine und Victor 1843 heirateten, war sie 27 und er 25 Jahre alt. Ein „Fräulein Bayerhofer a. Grafenthal" war schon am 30. Juni 1838 Taufpatin von Victors jüngstem Bruder Julius gewesen. [1032]

Bis zum Jahresende 1843 war Victor noch beurlaubt und auf Grafenthal, wo dann wohl auch seine Frau verblieb. Von dort aus traf er zweimal in Mitau ein, „1843 in Mitau angekommene Fremde. Den 12ten December. Hr. Lieut. v. Denffer, vom Ulanenregiment S. K. H. des Großfürsten Thronfolgers und Cäsarewitsch, aus Graven-

[1028] Brennsohn, I.: Die Ärzte Kurlands vom Beginn der herzoglichen Zeit bis zur Gegenwart, Riga 1929, 84; 30 ff.
[1029] KB Gramsden Taufen 1813, fol. 26.
[1030] KB Libau Trinitatis Confirmierte 1832, (LR 567) fol. 96; fol. 97. Ihre Geburt und Taufe sind im KB Libau nicht verzeichnet.
[1031] KB Mitau Trinitatis Land Taufen 1788 Nr. 297; KB Grobin Trauungen 1810; KB Mitau Trinitatis Stadt 1813 Nr. 17; KB Gramsden Taufen 1813; KB Kruthen Taufen 1817; KB Libau Trinitatis Confirmirt 1832, Nr. 4, Nr. 45 (LR 567, 730); KB Libau Trinitatis Gestorbene 1832 Nr. 48; Seuberlich Materialien 1908-1938 I (A-D), 108 Nr. 347, 348 (KB Grobin); Seuberlich Bd. 45 (Alphabetisches Register... 1791-1833... Libau), 26.
[1032] KB Mesothen LR3293, 518 r (Zentralstelle für Genealogie Leipzig). Das KB Mesothen dieses Jahres ist in Riga offenbar nicht erhalten.

thal…" [1033] und „1844 Januar In Mitau angekommene Fremde Den 5ten Januar… Hr. Lieut. v. Denffer, vom Ulanenregiment S.K.H. des Großfürsten Thronfolgers, aus Grafenthal." [1034]

Friedrich Eugen, der älteste Sohn von August und Caroline, hatte im Sommer 1843 sein Studium in Dorpat beendet „Promoviert sind bei der Dorpater Universität… zu Candidaten der Philosopischen Wissenschaften… Eugen Friedrich Denfer aus Witebsk…" [1035] Anschließend unternahm er eine bis ins nächste Jahr ausgedehnte Reise, die über Deutschland und die Schweiz nach Italien führte, wo er offenbar längere Zeit verbrachte: „1843 Bern Angekommene Fremde Vom 9. October… (Hotel) Dustelzwang… Denffer, Cand. d. Philosophie, v. Curland" [1036] „1844 „Den 4. Aug.… Hr. Eugen Denffer, Privat, von Verone (im Eisenhut)." [1037] Die Rückkehr nach Russland erfolgte offenbar über Dresden und Halle: „Angekommene Reisende. Am 26. Aug. … Stadt Berlin:… v. Denffer, Cand. a. Dorpat" [1038] „Angekommene Fremde vom 2. Bis 3. Sept. … Stadt Zürch… Hr. Partik. Denffer a. Petersburg." [1039]

Im September des Jahres zuvor, 1843, war „Im goldnen Kreuz" in Karlsruhe gemeldet „Hr. Baron von Deuffer mit Bed. aus England." [1040] Sollte dieser Friedrich Eugen gewesen sein, hätte er auch England besucht. Ob er ohne eigenes oder mit eigenem Zutun als Baron verzeichnet wurde, ist nicht erkennbar.

1844 Traurige Nachrichten

„Der ganze winter 1843-44 war an kälte nicht sehr strenge, bis Neujahr 1844 keine bahn. Mangel an viehfutter allgemeine." [1041] „Bahn" bedeutete eine ausreichende Schneedecke mit eingefahrener Strecke, um mit dem Schlitten statt mit dem Wagen zu reisen. Ein Grafenthalscher Denffer, vermutlich Jeannot, kam nach Mitau: „Den

[1033] Mitauische Zeitung 16.12.1843, 500.
[1034] Mitauische Zeitung 10.1.1844, 14.
[1035] Das Inland 22.6.1843, 213; Beilage zum Pernauschen Wochenblatt 3.7.1843.
[1036] Intelligenzblatt für die Stadt Bern 10.10.1843, 1016.
[1037] Bozner Wochenblatt 9.8.1844, 220.
[1038] Dresdner Anzeiger 27.8.1844, 11.
[1039] Der Courier. Hallische Zeitung für Stadt und Land 4.9.1844, 6.
[1040] Karlsruher Tagblatt 22.9.1843, 1108.
[1041] Sloka, L. J.: Kurzemes draudžu chronikas, Riga 1928, I, 68 (Barbern).

26ten Januar… Hr. v. Demffer aus Grafenthal, log. im Hôtel de Varsovie." [1042]

„Das jahr 1844 brachte mit dem Neujahr eine ungeheure schneemasze. Selten verging ein tag, an dem es nicht schneite. Die bahn erhielt sich unausgesetzt bis zu anfang april. Vorzüglich merkwürdig waren die sehr häufigen und anhaltende stürme, wodurch denn auch bei der groszen schneemasze der weg immer sehr, beschwerlich war, doch stellte sich das frühjahr sehr schnell ein… [1043]

Anfang Februar 1844 erreichte die Grafenthalschen eine besonders traurige Nachricht aus Talsen. Jeannots alte Mutter war gestorben:

„Am ersten Februar sechs Uhr morgens (begraben) am neunten Februar Marie Gottlieb von Denffer geborene Rosenberger, Obristlieutenantin (geboren in) Neuenburg in Kurland 91 Jahr verwittwet Altersschwäche." [1044]

Maria Gottliebe war die 1753 in Neuenburg geborene Tochter des dortigen Pastors Otto Wilhelm Rosenberger und seiner Frau Maria Magdalena Wulff. Um 1773 hatten Johann Eugenius und Maria Gottliebe geheiratet. Sie war eine leidgeprüfte Frau. Anderthalb Jahrzehnte jünger als ihr Mann hatte sie neun Kinder zur Welt gebracht, sechs Töchter und drei Söhne. Von den sechs Töchtern waren fünf zu ihren Lebzeiten verstorben und Amalia, die einzige, die nach ihr starb, war schon lange verwitwet. Alle drei Söhne, Otto, Eugen und Jeannot, waren in russische Kriegsdienste getreten, und so blieb über viele Jahre stets die Ungewißheit, ob sie noch lebten und jemals wieder zurückkommen würden.

Nach dem Tod ihres Ehegatten Johann Eugenius am 13. April 1801 hatte Maria Gottliebe mit den Töchtern zunächst weiter auf Latwelischek gelebt. Am 29. Dez. 1802 wurden in der zugehörigen Kirche Zeymel getraut „Carl v. Jankiewicz (Jankewitz, Jankiewitsch) „(ein Pole) aus Weissgerben mit Amalia v. Denffer aus Latwelischek". [1045] Ihr Mann starb 1829.

[1042] Mitauische Zeitung 31. Januar 1844, 44.
[1043] Sloka, I, 68 f. (Barbern).
[1044] KB Talsen Verstorbene 1844, Nr. 7.
[1045] Archiv der Kurländischen Ritterschaft Kirchenbuchauszüge III, Getraute Kirchspiel Zeymel, 277.

Maria Gottliebes Tochter Louise heiratete in der selben Szeymelschen Kirche am 28. Dez. 1806 Johann Georg Nicolaus v. Reibnitz, [1046] späterer Mitauer Schloßhauptmann. Sie starb 24jährig auf Latwelischek am 21. Jan. 1808 „nach glücklicher Entbindung von einem Sohne, am 12. Tage ihres Wochenbettes". [1047] Maria Gottliebes Enkelsohn lebte wohl nicht lange. In der Familiengeschichte Reibnitz wird er nicht genannt, er hieß Adolph Louis Eugenius, geboren am 9. Jan. 1808 auf Latwelischek und dort getauft am 26. Jan.[1048]

Maria Gottliebes jüngste Tochter Natalie heiratete gleichfalls im litauischen Zeymel am 17. Juni 1817 Joseph von Jakimowitz (Jakimowicz), [1049] verabschiedeter Stabskapitän, später Oberstleutnant d. Grenzwache. Er starb vor 1846. Aus dieser Ehe hatte Maria Gottliebe vier Enkelkinder: Josephine Selma geboren am 17. März 1820, Rudolf 1822, Oscar 1824 und Antonie Maria 29. Jan. 1825, nach anderer Angabe 29. Okt. 1823. [1050] Natalie starb schon 1832. [1051]

Die Denffersche Familie lebte 1816 noch auf Latwelischek. Ein kürzlich aufgefundener Vertrag vom 26. Okt. 1816, polnisch geschrieben, zwischen Maria Gottliebe, Eugen und Jeannot mit Eustachy Karol Karp regelte die Grenze zwischen dessen Gut Lepar(n) und Latwelischek. [1052] Da Jeannot 1817 Billenhof übernahm, dürfte Latwelischek zu dieser Zeit verkauft worden sein. Joseph von Jakimowitz war nicht nur Natalies Ehemann, sondern vielleicht auch der Käufer von Latwelischek, denn die

---

[1046] Archiv der Kurländischen Ritterschaft Kirchenbuchauszüge III, Geborene Kirchspiel Zeymel, 185; Genealogisches Handbuch der Baltischen Ritterschaften. Teil Kurland, Görlitz (1930), 175 Reibnitz.

[1047] Mitausches Intelligenzblatt 11.2.1808. Im „Grundstein" wird auf „Kurländische Sitzungsberichte" verwiesen, ohne Angabe von Jahrgang und Seitenzahl, sowie „Mitausche Zeitung" als Quelle angegeben (Denfer, H. v.: Grundstein zu einer Geschichte der Familie von Denffer, Batum 1906, 38), doch die „Mitausche Zeitung" hat keine Sterbenachrichten.

[1048] Archiv der Kurländischen Ritterschaft Kirchenbuchauszüge III, Getraute Kirchspiel Zeymel, 278; Genealogisches Handbuch, 175 Reibnitz.

[1049] Archiv der Kurländischen Ritterschaft Kirchenbuchauszüge III, Getraute Kirchspiel Zeymel, 279.

[1050] Denfer, H. v.: Grundstein, 46; Aberger, P. u. Legion, M.: Die Kartei Quassowski. Buchstaben I, J, Hamburg 1985, J 45.

[1051] Denfer, H. v.: Grundstein, 45. Dort heißt es, daß sie zu Talsen oder Lattwiliczky starb. Im KB Talsen ist sie 1831-1833 unter Verstorbenen nicht verzeichnet, Kirchenbücher dieser Zeit aus Litauen scheinen nicht erhalten.

[1052] Universitätsbibliothek Vilnius Manuskripte F 8-636.

Tochter Antonie Maria kam dort zur Welt. Dies ist den Kirchenbucheintragungen über die Trauung am 27. Okt. 1846 von „Herrn Doctor Friedrich Wilhelm Kupffer" mit „Fräulein Marie Antonie von Jakimowitsch... Latwilizkaw gebohren" zu entnehmen, proklamiert 6. Okt. 1846 als „Antonie Marie von Jakimowicz aus Grafenthal... gebürtig aus Latwelissek... 23 Jahr alt", [1053] demnach geboren 1823.

Maria Gottliebe zog zunächst nach Bauske, wo ihre älteste Tochter Maria Anna mit dem Titulär-Rat Tottien verheiratet war. Maria Anna Tottien war nicht einmal ein Jahr zuvor, am 29. Mai 1843 in Mitau, verstorben. Schließlich lebte Maria Gottliebe auf dem in der Nähe von Talsen gelegenen Gut Ploenen. Im „Grundstein" heißt es: „gestorben angeblich auf Gut Ploenen 1844" mit Hinweis auf das obige Totenregister Talsen. [1054]

Im Kirchenbuch Angern von 1844 war unerwartet dazu ein klärender Eintrag zu finden: „14 (Verstorben) Ersten Febr. 6 U. Morg. (Begraben) Neunten Febr. Vorm. Frau Obristleutnant Marie Gottlieb v. Denffer geb. Rosenthal, Grossmutter d. Fr. v. Brasch auf Ploen (Geburtsort) Hof Neuenburg (Alter) 91 Jahre (Ehestand) verwittwet (Todesursache) Alter (Bemerkungen) Sie war Mutter v 4 Kindern, Grossmutter v 2 Kk. Urgrossmutter v. 4 Kd. U. Eltermutter v. 2 Kd. Begraben bei ihrem Mann in Talsen." [1055]

Dieser Eintrag ergänzt die Angaben im Kirchenbuch Talsen Verstorbene 1844. Insbesondere erklärt der Hinweis „Begraben ... in Talsen", weshalb im „Grundstein" sowohl Plönen als auch Talsen als Sterbeort genannt sind. Der Hinweis „bei ihrem Mann" muß wohl richtig lauten „bei ihrem Sohn", nämlich Christian Heinrich Eugen, der in den 1840er Jahren in Talsen lebte, denn das Grab ihres Mannes Johann Eugenius, gestorben 13. April 1801, begraben am 23. April, befand sich in Latwelischek. [1056] Auch die Angaben von Geburtsname und Geburtsort lassen auf nur ungenaue Kenntnis schließen, der Geburtsname war „Rosenberger", nicht „Rosenthal", und der Geburtsort war kein „Hof", sondern in Neuenburg, wo ihr Vater Otto Wilhelm

[1053] KB Tuckum Getraute 1846 (LR 3745) 157 Nr. 10; KB Mesothen Trauungen 1846, (LR 3288), 129; 138; Baltische Ahnen- und Stammtafeln 43, Hamburg 2001, 97 (Kupffer).
[1054] Denfer, H. v.: Grundstein zu einer Geschichte der Familie von Denffer, Batum 1906, 28.
[1055] KB Angern Verstorbene 1844, Nr. 14.
[1056] „Verstorbene Kirchspiel Zeymel 1801 13 April (Begraben) 23 April (Alter) 66 ½ Obristleutnant Joh. Eugen v. Denffer Latwelischek" (Archiv der Kurländischen Ritterschaft Kirchenbuchauszüge III, 375).

Rosenberger Pastor war, wohl das Pastorat. Wenn sie, wie es hier heißt, mit 91 Jahren verstarb, muß ihr Geburtsjahr 1753 gewesen sein. [1057]

Die genannte „Fr. v. Brasch auf Ploen", deren Großmutter die Obristlieutenantin Marie Gottlieb war, hieß Ernestine (1798-1875), war die Tochter von Maria Anna (1776-1843) und Ernst Gottlieb Tottien (1764-1830) und hatte Carl v. Brasch (1795-1860) geheiratet. [1058] Maria Gottliebes zeitweiliger Aufenthalt in Bauske war demnach wohl durch die Betreuung ihrer Enkeltochter bedingt, deren Mutter nicht mehr lebte.

Die Beerdigung der Obristlieutenantin Maria Gottliebe in Talsen war am 9. Febr. 1844. Das Gut Ploenen, lettisch Plieņi, habe ich am 15. Aug. 1996 einmal aufgesucht, später den alten Friedhof in Talsen am 24. Juli 2017, doch Maria Gottliebes Grab war ebenso wenig aufzufinden wie das ihrer Tochter Natalie.

August und Carolines zweitältester Sohn Eduard wurde mit Datum vom 25. Nov. 1843 in das Leibgarde Jäger-Regiment versetzt. Dessen Standort war St. Petersburg, und Eduard wohnte im Denfferschen Haus Mochowaja 9: „Leib-Garde Jäger-Regiment... Sekonde-Lieutenants... Denfer, Eduard Henrich, Mochowoj Str. Lit(enij) Q(uartier) Haus Denfer No. 9." [1059]

In der Geschichte des Leibgarde Jäger Regiments ist aufgeführt: „Denfer, Eduard Henrichowitsch, Sekonde-Leutnant, (in das Regiment eingetreten) 1843, November 25, zu diesem Regiment versetzt vom Karabinier-Regiment Feldmarschall Fürst Barclay de-Tolly. 22. April 1844 mit Dienstgrad Sekonde-Leutnant als verstorben aus der Liste gestrichen." [1060]

Eduard war das vierte Kind, das August und Caroline verloren. Woran Eduard starb, ist nicht bekannt, vielleicht würde ein Kirchenbucheintrag Aufschluß darüber geben. Im „Grundstein" heißt es „† zu St. Petersburg, den 13. April 1844, 24 Jahre alt, als Sekonde-Leutnant vom Leibgarde-Jäger-Regiment, beerdigt auf dem Wolkowo-Friedhof am 18. April (St. Annen). NB. Auf dem Grabkreuz ist sein Geburtsjahr fälschlich mit 1820 und sein Todesdatum mit 13. April 1843 angegeben, was auf

---

[1057] Im KB Neuenburg nicht gefunden.

[1058] Denfer, H. v.: Grundstein zu einer Geschichte der Familie von Denffer, Batum 1906, 38.

[1059] Adres-Kalendar Sanktpeterburgskich schitelej... Kalendar Sluschaschtschick tschinownikow, Sanktpeterburg 1844, II, 164.

[1060] Istorjia Leib-Gwardii Egerskago Polka 1796-1896, S.Peterburg 1896, 73, Nr. 539.

einem Irrtum beruht." [1061] Diese irrtümlichen Datenangaben 1820 und 13. April 1843 findet man auch in „Peterburgskij Nekropol". [1062]

※

Kein Kind von Traurigkeit

„Gestern mit dem 8/20. März nahm der Kalenderfrühling seinen Anfang, während hier der tiefe Schnee fast täglich durch neue Lagen sich verstärkt. Schon seit vielen Wochen sind die meisten Wege mit mehren Pferden neben einander nicht wohl zu passiren, weshalb man an Schlitten die Pferde lieber einzeln vor einander spannt. In die Wälder hinein kann man vollends nur mit großer Schwierigkeit sich Bahn verschaffen. Bei anhaltendem Thauwetter möchten die Schneemassen kaum in 14 Tagen sich ganz auflösen. Allen Beobachtungen gemäß brechen die Gewässer in Curland gewöhnlich zwei bis drei Wochen nach dem Frühlings-Aequinoctium ihre Eisdecken. Bis dahin können jene Wasserquellen wohl noch allmälig sich verlaufen, jedoch wird unter den vorhandenen Umständen ein hoher Wasserstand beim nächsten Aufgehen der Gewässer wahrscheinlich. Darum dürfte Niemand, der in Flußniederungen wohnt, unrecht thun, wenn er an die Überschwemmungen im Frühlinge 1837 sich erinnert und bei Zeiten an nahe Möglichkeiten denkt." [1063]

Am Gründonnerstag 1844, dem 23. März, wurde Augusts Patensohn August, der Sohn des Eugen aus Talsen, in der Hasenpothschen Kirche konfirmiert. Im Kirchenbuch steht über seine Kenntnisse „im Lesen sehr gut; im Katechismus sehr gut; in der heiligen Schrift sehr gut". [1064] Hasenpoth war damals ein kleines Landstätdchen mit

---

[1061] Denfer, H. v.: Grundstein zu einer Geschichte der Familie von Denffer, Batum 1906, 58; s.a. Böhm, B.: Wolkowo lutherischer Friedhof St. Petersburg, St. Petersburg 1998, 44; 2003 II, 445; 2004 III, 84; (Personenstandsregister) St. Petersburg 2005, IV, 18. Dort steht abweichend wohl unpräzise „Leutnant".
[1062] Michailowitsch, N.: Peterburgskij Nekropol, St. Peterburg 1912, II, 37.
[1063] Das Inland 21.3.1844, 188.
[1064] KB Hasenpoth Confirmirte 1844 Nr.1, fol. 21.

82 meist hölzernen Häusern und 2189 Einwohnern. [1065] Dort besuchte August seit dem 1. Aug. 1842 bis zum 20. Dez. 1846 die Privatschule Franz Karl Strauß. [1066]

Seine Geburt ist im Kirchenbuch der Mitauer Trinitatiskirche Landgemeinde eingetragen: „Carl Eugen Nicolai August, geb. d. 7 Julii; get. den 20. Septbr. 1827. Vater: Stabs Rittmeister Eugen von Denffer, Mutter: Charlotte von Denffer, geb. Kummerau. Pathen: Wirkliche Staatsräthin Caroline von Denffer, geb. Schmelzer, im Namen ihres Gemahls des Staatsraths und Ritters, Gouverneurs von Nowgorod, August von Denfer, Capitain und Ritter Jeanot von Denffer, Frau Hofapothekerin Theophile Kummerau geb. Bidder, Demoiselle Emilie Kummerau, Frau Stadtsecretairin Clara Borchers, Frlein Thekla von Bidder, Demoiselle Auguste Tottien; Demoiselle Auguste Smolian, Demoiselle Clara Vokermann, Demoiselle Minna Bidder." [1067]

Der Petersburger August war Augusts Patenonkel, seine Frau Caroline geb. Schmelzer war - „im Namen ihres Gemahls" - nach Mitau gekommen: „1827 in Mitau angekommene Fremde ... den 17. September ... Frau Staatsräthin von Denfer aus Halle, logirt beim Herrn von Denfer. [1068] Auch Jeannot war Taufpate. Die Hofapothekerin war die Stiefmutter seiner Frau, Emilie Kummerau seine Schwägerin. Clara Borchers war die Frau von Friedrich Heinrich Borchers (1783-1864), Erster Stadtsekretär von Mitau.[1069] Die verschiedenen „Demoiselles" sind Töchter von weiteren Verwandten. Thekla Marie (1812-1905) von Bidder war die Tochter des Dr. med Heinrich Bidder, Auguste Tottien die ältere Tochter von Jeannots älterer Schwester Maria Anna. [1070] Auguste Smolian (* Riga 23.8./4.9.1810-Mitau 14./26.8.1853) kam aus der Bidderschen Verwandtschaft. Sie war eine Tochter von Friedrich Smolian (1772-1824),

---

[1065] Possart, P.: Die russischen Ostseeprovinzen Kurland, Livland und Esthland. Erster Theil Kurland, Stuttgart 1843, 32.

[1066] Album des Theologischen Abends und der Arminia, Jurjew Dorpat 1902, 23.

[1067] KB Mitau Trinitatis Getaufte 1827, (LR 2892, links 332) fol. 332; Staatsarchiv Riga KB Mitau Trinitatis Landgemeinde 1817-1833, 64. Eine teils unleserliche Abschrift „Extract aus dem Kirchenbuche der St. Trinitatiskirche zu Mitau" auf Deutsch und Russisch, datiert 28.9.1834, beglaubigt 26. 11.1903 wurde von Leonid v. Denffer im Staatsarchiv Bremen deponiert. Eine weit besser lesbare Kopie des „Extract" einschl. d. Beglaubigung in RGIA 1343/35/7221, fol. 22 ff.

[1068] Allgemeine deutsche Zeitung für Rusland (sic!) 20.9.1827, 452.

[1069] Schlau, K.O.: Mitau im 19. Jahrhundert, Wedemark-Elze 1995, 176, 385b, 385e.

[1070] Seuberlich, E.: Stammtafeln deutschbaltischer Geschlechter II: Reihe, Leipzig 1927, 438 (Tottien).

Kaufmann in Riga, und Caroline Gertrud Bidder (1779-1826), [1071] ältere Schwester des Dr. med. Heinrich Bidder. Nicht zuordnen konnte ich Clara Vokermann und Minna Bidder, vielleicht eine Schwester der obigen Thekla Marie.

1834 ist August als Sechsjähriger genannt in „Namentliches Verzeichniß der im Hause des 4ten Quartiers Nr. 123 der Stadt Mitau wohnenden Personen vom Adel und Exemtenstande", mit seiner Schwester Cornelie Caroline, zehn Jahre, und beider Mutter Rittmeisterin Charlotte Catharina v. Denffer geb. Kummerau 41 Jahre alt, „Ehegattin des verabschiedeten Stabs Rittmeisters u. Kommisionärs v. d. 9ten Klasse in Riga Eugen v. Denffer." [1072]

Außer im Strauss'schen Privatgymnasium Hasenpoth war August auch auf dem Gouvernements-Gymnasium Mitau und zuerst im Pastorat Wahnen. [1073] Die Schulzeit in Mitau wird wohl erwähnt, ist aber unklar. „Denffer, Karl Aug. Nic. Eugen" ist jedoch eingetragen in einem handschriftlichen „Verzeichnis der Schüler des Gymnasiums Mitau" aus dem ehemaligen Kurländischen Provinzialmuseum, das leider keine Jahresangaben macht. [1074]

Trotz der Schwierigkeiten der Eltern schien August kein Kind von Traurigkeit. Zu seinen Mitschülern gehörte Paul Seeberg (1823-1908), der, im väterlichen Pastorat Wahnen aufgewachsen, 1841-1845 Theologie in Dorpat studierte, Pastor der lutherischen St. Annen-Kirche in Petersburg wurde und schließlich sein Lebensende in Stuttgart verbrachte. [1075] Er berichtete aus der gemeinsamen Zeit im Pastorat Wahnen zunächst von einem bedauernswerten Hauslehrer, der den Unterricht erteilte:

„…eins stand ebenso fest, daß der Mann einige Absonderlichkeiten an sich hatte, für welche man zunächst nicht einmal einen Erklärungsgrund zu finden vermochte. Es kamen nämlich Tage, wo der kleine Mann mit dem vorgebeugten Kopf seine

---

[1071] Geschichte der Familie Smalejan auch Smalian, Smolian, Schmalian und ähnliche, o.O., o.J., Erster Band - I. Teil Das Stammbuch, B.I. Baltisch-Kurländischer Ast, Nr. 139, Nr. 148. (Archiv DBGG); KB Mitau Trinitatis Stadtgemeinde Getraute 26.10.1809 Nr. 43.

[1072] Staatsarchiv Riga. Kurländische Seelenlisten. Städte Nr. 52, Mitau. Film Nr. 113, fol. 613 (Herder Institut Marburg).

[1073] Bernewitz, A.: Album Curonorum. Mitgliederverzeichnis der Curonia 1808-1885, Mitau 1885, 55 Nr. 640 (5002).

[1074] LVVA 5759/2/781, fol. 15; Dannenberg, K.: Zur Geschichte und Statistik des Gymnasiums zu Mitau, Mitau 1875, 173 ff. verzeichnet für die Jahre 1807-1874 nur die Abiturienten.

[1075] Lenz, W. (Hg.): Deutschbaltisches Biographisches Lexikon, Köln 1970, 719.

blassen, unscheinbaren Augenbrauen finstrer und finstrer zusammenzog, mit seinen blöden Augen neben und durch die silberne Brille fürchterliche Blicke hervorsandte, mit dem Fuße stampfte und, wenn er gerade im Freien war, gegen unsichtbare Feinde wild durch die Luft fuchtelte. Man sah, es war ein Gewitter, ein Sturm im Anzuge. Jetzt, plötzlich, brach er los. Erst rannte der Unglückliche wie ein Rasender im Zimmer herum, warf drohende, unverständliche Laute um sich, bis er die Thür seines Zimmers aufriß und den langen Gang über den Boden… und die Bodentreppe hinunterjagte, um sich bei dem Vater zu beklagen, daß er verfolgt werde. „Verfolgt?" fragte der Vater verwundert. „Von wem?" - „Die, die da! In Altona!" hieß es dann (seine Verwandten, fromme, liebe Leute, unschuldig wie die Sonne). „Sie wollen es hindern; sie wollen es nicht zu stande kommen lassen. Aber, ich sage es Ihnen, Herr Pastor, sie und kein Mensch auf Erden soll es verhindern." - „Was denn?" fragte weiter der Vater, und da kam es denn endlich heraus, was freilich kein Sterblicher mit hundertfachem Prophetengeist hätte erraten können, daß die Königin Viktoria (buchstäblich) ihn glühend liebe, - und er natürlich sie; daß man ihn nur deswegen nach Rußland expediert habe, um sie nicht zusammenkommen zu lassen; aber er werde zeigen, daß er so nicht mit sich umspringen lasse u.s.w." - Ein andermal hatte die Verzweiflung die Oberhand. Dann hieß es: „Wenn das so fortgeht, Herr Pastor, diese Intriguen, dieser Verrat, dann bleibt mir nichts übrig, als mich unter die Erde zu vergraben." „Wünschen Sie vielleicht eine Schaufel dazu, Herr Doktor," erwiderte der Vater in aller Ruhe; „ich könnte Ihnen eine geben lassen?" - Dann gab er dem Armen wohl auch die Versicherung, - er werde nicht dulden, daß jemand einem so seltnen Glück, wie es dem Doktor zuteil geworden, in den Weg trete. Die Falten glätteten sich auf der Stirn dieses „Ritters von der traurigen Gestalt," ja er überzeugte sich von der Thorheit seiner Phantasien, fühlte vielleicht unter dem wiederkehrenden Geisteslicht, wie lächerlich er sei, wie bemitleidenswert, und brach in Thränen aus. Der „Raptus," wie wir diese Anfälle nannten, war vorüber, und es konnten Monate vergehen, bis wieder einer kam. In der Zwischenzeit war der Doktor ganz vernünftig. Uns Kindern machten diese Anfälle mehr Spaß als Herzeleid, ja wir hatten sie nach den Anlässen, bei welchen sie zum Ausbruch gekommen waren, klassifiziert. Einmal war es eine zuschlagende Mausefalle, welche natürlich nur von des Doktors Feinden, ihm zum Tort, [1076] aufgestellt worden war, ein andermal ein verschobenes Kopfkissen gewesen, welches den Raptus

---

[1076] Schaden, Ärgernis.

hervorrief, ja einmal wurde sogar das Brennholz, das lammfromm vom Winter her unter dem Ofen lag, und die Stühle im Zimmer schuldig befunden, und flogen sämtlich zum Fenster hinaus in den Garten, gerade in die Spargelbeete hinein. Darnach hatten wir einen „Mausefallen"-, einen „Kopfkissen"-, einen „Stuhl"- und sogar einen „Dirn"-Raptus, weil des Doktors Anfall mit dem Ausruf: „Infame Dirn!" begonnen hatte. Ob er damit Frau Venus oder sonst eine Göttin gemeint hatte, vermag wohl niemand zu sagen. Nun waren wir Knaben nicht ohne Talente; namentlich war einer der jüngern, mein lieber August v. D. mit absonderlicher mimischer Neigung und Begabung ausgestattet. Von seinem Genius geleitet, führte er in unsern Mußestunden diese Raptusse zu unsrem allgemeinen Gaudium drastisch genug auf. Es war überhaupt ein drolliger Bursche, dieser August, gerad und ehrlich und unverdorben, von uns allen geliebt, Sohn eines alten, 1812 lahm geschoßnen Majors, darum etwas kriegerisch gesinnt, namentlich gegen Nesselgebüsche, Kletten, Ameisenhaufen u.s.w., ein fruchtbarer Märchenerzähler und sogar Dichter. Mit Hilfe eines flachen Steines wollte er die Früchte seiner Muse drucken und meiner Schwester Lotte widmen. Eins seiner Gedichte begann: „Gesetzte Beine führen wir
Auf einem Birkenschlitten,"
- gewiß eine klassische Wendung. Reizend transponierte der Schalk den Kapuziner aus dem Wallenstein ganz in des Doktors Ton und Gebärde, so daß wir Knaben uns vor Lachen nicht zu lassen wußten. Auch sonst, wenn der Doktor, voll donquichotischer Gedanken an die Prinzeß Viktoria, hastig die Straße hinaufschritt, ging Augustchen hinterdrein und setzte die Füße nach des Doktors Takt, bis dieser einmal, von ungefähr sich umwendend, den Spuk gewahrte und ihm zurief: „Geh voraus! Geh voraus! Mach mir keine Männeken hinter dem Rücken!" Daß er dadurch nicht besonders in der Gunst des Doktors stieg, kann man sich denken." [1077]

Paul Seeberg erinnerte sich noch an ein weiteres Vorkommnis im Pastorat. Zur Silberhochzeit des Pastorenehepaars hatte der Hauslehrer mit den Kindern die Aufführung eines Rollenspiels vorbereitet, bei dem er selbst die Rolle des Götterboten Hermes übernahm.

„Vater und Mutter saßen auf ihren Ehrensesseln, die lieben Nachbarn und Freunde versammelten sich, - sieh! da schwebte der Götterbote durch die Küchenthür in den

---

[1077] Seeberg, P.: Aus alten Zeiten. Lebensbilder aus Kurland, Stuttgart 1885, 220 f.

Saal und wir Schatten hinter ihm her. Jetzt trat er vor das Jubelpaar, warf sich in die nötige Positur, reckte seinen Botenstab in die Höhe und begann pathetisch genug:
Aus jenen Höh'n, wo, was Poesie gesungen …
In diesem Augenblick fühlte eine neugierige Katze in sich den Drang, auch an der Fête teilzunehmen, drängte sich nach vorn und - dem Doktor gerade gegenüber - zwischen den Stuhlbeinen des Silberbräutigams hindurch, macht einen zierlichen Buckel und flötet mit erhobnem Schwanz ein Miau! so zart, so schmachtend, wie je der Doktor vor seiner angebeteten Prinzessin gehaucht. Das brachte ihn völlig aus dem Konzept; weg war sein Gedächtnis, - und ein Souffleur nicht vorhanden. Er züchtigt seinen widerwilligen Kopf; umsonst, dieser weiß nichts von allem, was ihm die Götter aufgetragen hatten. Der Doktor räuspert sich verzweifelt, einmal, zweimal, dann bat er bescheiden „Herr Pastor, Sie erlauben, daß ich nochmals anfange." Der Vater hatte natürlich nichts dagegen, nur ward es ihm schwer, sein Lachen unter dem Mantel der Würde zu verstecken. Der Doktor reckte also noch einmal seinen Stab in die Höhe, begann noch einmal mit göttlichem Pathos:
Aus jenen Höh'n, wo, was Poesie gesungen …
aber das tückische Gedächtnis verrät ihn aufs neue. Hat er vielleicht gar gehört, wie der Schalk, der August, den hochtrabenden Anfang in seiner Weise fortsetzt und uns zuflüstert: Aus jenen Höh'n, wo, was Poesie gesungen
… In unendlichem Wirrwarr liegt?
Hermes räuspert sich aufs neue, peinlich, unbarmherzig, umsonst! und bricht schließlich in den Seufzer aus: „Herr Pastor! Entschuldigen, - die Katz, - die Katz!" - Aber sieh da, gerade in diesem kritischen Moment, wo der Vater samt seinem Dorchen an dem heruntergeschluckten Lachen fast ersticken, tritt die liebe Lottetante, allzeit räsonnabel und auf mögliche Fatalitäten vorsorglich eingerichtet, mit dem Konzept der Hermesrolle zum Doktor und giebt ihm einen auffordernden Wink, seinem Göttergedächtnis Sukkurs [1078] zu bieten. Das ging denn auch ganz gut, und Hermes kam glücklich auf die Erde." [1079]

[1078] Hilfe, Beistand.
[1079] Seeberg, P.: Aus alten Zeiten. Lebensbilder aus Kurland, Stuttgart 1885, 222 f.

Im Kirchenbuch Wahnen 1834-44 sind keine Angaben über Schüler im Pastorat verzeichnet, [1080] doch das Datum der erwähnten Silberhochzeit des Pastors läßt sich erschließen, sie fiel auf den 17. Febr. 1843. [1081]

※

Überschwemmung

1844 „Aus Curland, vom 20. Mai. Das Wintergetreide bedeckte sich bei Anbruch des Frühlings mit üppig schönem Grün und steht auch jetzt vortrefflich, der Roggen bereits im Aehren. Die Sommersaaten werden erst beendigt, nach etwas anhaltender Dürre bei gegenwärtig günstiger Witterung. Mitau, den 19. Mai. Als etwas ganz Unerhörtes in unserem Clima verdient es bemerkt zu werden, daß gestern am 13. Mai, also zwei Tage vor dem 1. Juni neuen Styls, nachdem die Obstbäume bereits abgeblüht, hier ein Schneegestöber in dichten Flocken ein Paar Stunden lang herabwirbelte. Man erinnert sich, daß der Schneefall am 1. Mai v. J. hier schon als eine außerordentliche Seltenheit betrachtet wurde." [1082]

Aus Grafenthal wurde wieder Kalk verkauft, „Auf dem Privatgute Grafenthal bei Bauske ist guter Kalk zu 2 Rub. S. die Last zu haben." [1083]

„Mitau, den 17. Juni. Die Johannis-Tage mit ihrem ganzen Gefolge von heiteren und ernsten, freudenvollen und wehmüthigen Erinnerungen sind zum Theil an uns vorübergegangen, ohne daß der Gang der täglichen Geschäfte irgend einen Stillstand erlitten hätte; das Fest blieb seinem Charakter getreu. Den Mittelpunkt des geselligen Lebens bildete das Theater, zum letzten Male unter der Direction des Hrn. I. Hoffmann eines bedeutenden Zuspruchs sich erfreuend. Noch bis zum 23. d. M. soll uns dieser Genuß gewährt werden, als an welchem Tage der Schlußprolog den Schlußstein zu dem Gebäude legen wird, welches in dem etwas baufälligen Thalientempel seit wenigen Wochen aufgeführt wurde. Die Menschenmenge war an manchen Tagen im Theater-Locale pressend und erdrückend, was besonders durch die Benutzung bloß eines Haupt-Einganges sehr fühlbar wird. Auch an anderweitigen öffentlichen Vergnügungen war kein Mangel und die Geneigtheit des Publicums zur Theilnahme an

---

[1080] Staatsarchiv Riga, KB Wahnen 1834-1841.
[1081] Lenz, W. (Hg.): Deutschbaltisches Biographisches Lexikon, Köln 1970, 718 zu Seeberg, Johann Friedrich.
[1082] Das Inland 30.5.1844, 352 f.
[1083] Allgemeines Kurländisches Amts- und Intelligenz-Blatt 30.5.1844.

allen Kunstgenüssen stand mit dem Andränge von fremden Gästen in dem genauesten Zahlen-Verhältnisse. Wenn irgend Etwas, so charakterisirt dieser Zeit-Abschnitt das Polnisch-Litthauische Element Curlands. Aehnlich hat sich dasselbe in den Preußisch-Polnischen Provinzen gestaltet, wo der Adel des ganzen Landes zu denselben bestimmten Fristen nach althergebrachter Weise die Jahres-Geschäfte in der Hauptstadt abzumachen pflegt und wo sich an diese Zusammenkünfte dieselben Verhältnisse knüpfen." [1084]

Für die Landwirtschaft war der folgende Monat weniger erfreulich: „Aus Curland, vom 24. Juli. Ueberschwemmungen und Regengüsse sind die allseitig sichtbaren Kuppen unter den Erscheinungen dieses Sommers. Vom Mississippi, von der Wolga und Kasan, aus Klein-Asien, Deutschland, Ungarn u.s.w. durchkreuzen sich Nachrichten über Verheerungen durch Wasser. Auch hier sind letztere nicht ausgeblieben. Seit dem 4. d. M. bis jetzt zählt man keinen Tag ohne Regen, welcher mitunter in Strömen herabstürzte, so daß in wenigen Augenblicken über Wiesen, Felder und Landstraßen reißende Wildbäche flutheten. Die Flüsse traten aus ihren Ufern und ersäuften in den Niederungen alles Pflanzenleben. Uebrigens steht im Allgemeinen noch keine Mißernte zu befürchten. An mehr trockenen Orten treibt der Graswuchs durch die Nässe außerordentlich; aber zum Heumachen ruhen die Hände fortwährend müssig. Ein schlimmer Umstand, da die Zeit der Getreide-Ernte vor der Thüre steht und morgen (im allbekannten Jacobi-Termin) der hiesige Normaltag für den Roggenschnitt einfällt. Möchte sich dies Alles ausgleichen!" [1085]

Am 1. August 1844 gab es in Mitau ein besonderes Ereignis - das erste Dampfboot, das den Fluss Aa befuhr, traf mit etwa 150 Personen in Mitau ein. Vor der Rückfahrt nach Riga hatten auch viele Mitauer Gelegenheit, an zwei kürzeren Fahrten bis Paulsgnade teilzunehmen. [1086]

Für die Landwirte war indes der Sommer wenig erfreulich, denn der Regen ließ kaum nach: „Mitau d. 9. August. Fortwährende Regengüsse, die oft Wolkenbrüchen gleichen, scheinen allen Segen der diesjährigen Ernte zerstören zu wollen. Seit lange ist selten ein Tag ohne Regen vergangen und man erinnert sich nicht, einen solchen Sommer erlebt zu haben. Die am Aaflusse gelegenen Güter des Doblehnschen Kreises

---

[1084] Das Inland 27.6.1844, 417.
[1085] Das Inland 1.8.1844, 499.
[1086] Das Inland 15.8.1844, 526.

haben besonders große Schäden erlitten. Hier sieht man fast überall unter Wasser liegende Kornfelder, Fruchtgärten, Heuschläge, von welchen das schon gemähte Heu weggeschwemmt worden. Nicht weniger ist auf vielen Landstraßen durch die zerstörten Brücken die Passage gehemmt. Bei der Ueberschwemmung im Juli erreichte die Aa eine Höhe von 72 Zoll über den gewöhnlichen Wasserstand. Nach einem starken Regen in der Nacht zum 6. August schwoll die Aa wieder mit Schnelligkeit an und um 10 Uhr Abends desselben Tages wurde die hiesige Brücke abermals durchgerissen. Seit voriger Nacht ist jedoch das Wasser im Fallen; es erreichte diesmal eine Höhe von 70 Zoll. Beim Uebersetzen über den Strom gingen gestern zwei Menschenleben verloren." [1087]

„Sommer 1844. Der wind kam aus norden u. blieb noch den folgenden tag nördlich. Der ganze folgende sommer war regnerisch u. kalt. Das heu verdarb, die ernte war in jeder Beziehung eine der schlechtesten. Ueberschwemmung folgte auf überschwemmung. Das gemähte gras wurde fortgeschwemmt, das ungemähte mit schlamm überzogen. Der roggen des Jahres glich dem kleinkorne früherer Jahre, denn er wog 105 pfund, ja zuweilen selbst nur 98 und 80 pfund pro lof. Das unwetter dauerte fort bis in den november. Viele kartoffeln konnten gar nicht abgeerntet werden, da die felder fast bedeckt waren mit waszer. Die stoppelfelder blieben fast überall unaufgepflügt." [1088]

Immerhin konnte aber der Preis für Kalk in diesem Sommer angehoben werden: „Auf dem Gute Grafenthal bei Bauske ist sehr guter Kalk zu 2 Rubel 40 Kopeken S. die Last zu haben." [1089] Der silberne Rubel hatte 100 Kopeken, die Kopekenmünzen waren im 19. Jahrhundert aber aus Kupfer. Rechnerisch machte das keinen Unterschied, so daß die Preissteigerung im Vergleich zu Ende Mai immerhin bei 20 Prozent lag.

Erneut wurde das Rauchen in der Öffentlichkeit untersagt: „Mitau, den 19. August 1844… Das Cigarrenrauchen auf den Straßen hiesiger Stadt ist von der Polizeiverwaltung bei 10 Rbl. S. Strafe verboten und solches durch Trommelschlag bekannt

---

[1087] Das Inland 15.8.1844, 526.
[1088] Sloka, L. J.: Kurzemes draudžu chronikas, Riga 1928, I, 111 f. (Edwahlen).
[1089] Allgemeines Kurländisches Amts- und Intelligenz-Blatt 26.8.1844.

gemacht worden." [1090] Anders als in der Stadt war man jedoch auf dem Land von solchen Maßregelungen weniger betroffen.

„Aus Curland, vom 3. November. - Den Beschluß der Jahreszeit, die in diesem Jahre Sommer genannt wurde, aber eigentlich kein solcher war, machte die Mitte des Oc-tober-Monats. An dieser Gränze des Winters wurde noch Gras gemäht und zu Heu bereitet; da deckten noch viele Sommerfrüchte die Felder; da wurden noch frische eßbare Schwämme in den Wäldern gesammelt: Alles seltene Verspätungen! Am 19. trat der erste schärfere Frost ein, welchem am 23. der erste bedeutende Schnee und seitdem schon Winterbahn folgte: eine nicht gewöhnliche Frühzeitigkeit! Von den Kartoffeln liegt ein nicht geringer Theil festgemauert in der Erde." [1091]

Verstorben in Pawlowsk

Im Sommer 1844 waren seit „12. July Badegäste in Libau ... Herr Pastor E. v. d. Launitz aus Grobin, bei Grundmann; Fräulein Bertha von Budberg, aus Garsden, bei der Wittwe Rettiger." [1092] Berthas Schwester Mathilde war zwei Jahre zuvor von Pas-tor Launitz mit William Schmidt v. d. Launitz getraut worden.

Im selben Jahr wie seine alte Mutter starb auch Jeannots ältester Bruder „Ewald Johann Otto von Denffer, Major a.D., Hofrath verstorben in Pawlowsk/St. Petersburg am 4. Oktober 1844, Abends 11 Uhr, bestattet den 8. Oktober Nachmittags. Er war 70 Jahre alt, verheiratet, starb „In Folge seiner Wunden" und wurde bestattet „Auf dem Gottes-Acker zu Pawlowsk eingesegnet von Pastor Cordes." [1093] Geboren am 31. März 1774 in Neuenburg [1094] war er als 13Jähriger Korporal in der Kaiserlichen Garde zu Pferde und richtete 1788 ein Gesuch an die Kaiserin Katharina II., den Dienst im

---

[1090] Das Inland 5.9.1844, 575.

[1091] Das Inland 14.11.1844, 735.

[1092] Libausches Wochenblatt 12.7.1844.

[1093] Verzeichnis der im Jahre 1844 in der Evangelisch-Lutherischen St. Dorotheen-Gemeine zu Pawlowsk Verstorbenen fol. 57 Nr.4. Die Angabe Geburtsort Petersburg ist irrtümlich, rich-tig ist: Geboren 1774, 31.3. Neuenburg in Kurland. (Staatsarchiv Riga 235/1/102 KB Neuen-burg Täuflinge 1774 fol. 518. Dieser Eintrag ist nur in Riga vorhanden. Offenbar wurde die Seite 518 beim Verfilmen der Kirchenbücher 1939 nicht aufgenommen. Es handelt sich dabei jedoch um eine Seite aus dem im Film LR 2862 enthaltenen Kirchenbuch. Vgl. KB Jaun-pils/Neuenburg 1750-1776, 267).

[1094] Denfer, H. v.: Grundstein zu einer Geschichte der Familie von Denffer, Batum 1906, 36.

Regiment fortsetzen zu dürfen, [1095] erscheint dann aber als Offizier in Infanterie- und Musketier-Regimentern und nahm 1799 am Italienfeldzug unter Suworow teil. Wegen Frechheit oder Unhöflichkeit wurde er im April 1800 aus dem Dienst entlassen, trat 1812 ins 4. Ukrainische Kosakenregiment ein und kämpfte bis 1814 im Krieg gegen die Franzosen. In der Völkerschlacht bei Leipzig verletzte ihn eine Kanonenkugel am Bein. 1822 war er Aufseher der Kaserne Oranienbaum bei St. Petersburg, 1823 Kollegienassessor im Zivildienst und 1825 Hofrat. Seine Dienstentlassung von 1800 wurde am 15. Febr. 1826 aufgehoben.

Ottos Leben war insgesamt, dem russischer Offiziere seiner Zeit entsprechend, durchaus turbulent, das Familienleben, wie bei seiner Mutter, nicht frei von Leid. Dreimal schloß er die Ehe, [1096] zuerst wohl 1797/98 in Archangelsk mit Anna Jakowlewna Archangelskaja. Nach ihrem Tod blieb er mit zwei kleinen Kindern zurück, Konstantin 1802 und Elisaweta 1804 geboren. Am 24. Dez. 1805 heiratete Otto in Petersburg die verwitwete Majorin Anna Galoni, 1772 geborene Müller. Aus dieser Ehe kam 1810 die Tochter Julia. Ihre Mutter starb mit 51 Jahren in Petersburg am 9. Juli 1823. [1097] Die dritte Ehe schloß Otto mit Luisa Pauline Fleischmann, geboren 1781 in Riga. Sie wurde die Mutter von Ottos viertem Kind, der Tochter Alexandra. Luisa Pauline überlebte Otto noch um viele Jahre, gestorben in Pawlowsk/St. Petersburg als 85jährige Hofräthin Wittwe Luise Dempfer geb. Fleischmann an Schlagfluß

[1095] „Denffer Ewal (sic!) von. Kurländischer Edelmann. Ist nach Rußland ausgewandert, 14 Jahre alt, und hat den Wunsch in den hochberühmten Dienst Ihrer Majestät einzutreten (Rest fehlt) … „und daß ich wirklich aus kurländischem Adel bin, habe ich eine Bescheinigung der Herzoglichen …" (Rest fehlt) (Militärgeschichtliches Archiv von Rußland Moskau, 3543/1/971, Eingegangene Papiere für Januar u. Februar 1788, Bl. 178). Hierzu gehört: „Johann Eugenius von Denfer, Königl. Poln. Obristl., Erbsaas auf Bersemünde bittet für seinen Sohn Otto Ewald von Denfer ein Zeugnis seines Adels und daß er aus keinen nachtheiligen Ursachen sein Vaterland verlaßen. Suppl. 1788. Jan. 8, Nr. 16. Dieses ist den 22. expedirt und er hat ein Attestat erhalten." (LVVA 1100/13/ 393 Bl.1).
[1096] Die Angabe im Grundstein, 36 „alle drei Gattinnen waren Russinnen" ist offensichtlich unzutreffend.
[1097] Seuberlich, E.: Aus Kirchenbüchern der Evangl.-Luth. Gemeinden in St. Petersburg (jetzt Petrograd), Ms. Petrograd 1915, I. Catharinen-Gemeinde, 94 Nr. 156.

am 2. Nov. 1866 8 Uhr morgens, begraben am 6. Nov. Nachmittags, in der Kirche eingesegnet v. Pastor Lachner. [1098]

Ebenso wie in Talsen ist der alte Friedhof in Pawlowsk zwar auch erhalten, doch als ich mich am 26. April 2011 dort umsah, waren Denffersche Gräber nicht mehr aufzufinden.

In Petersburg war August weiterhin tätig als „Tain. Sov." - Tainij sovetnik, Geheimrat - „im 4. Departement des Senats", wohnte am „Litenij Prospekt Haus Nr. 12" [1099] und erhielt wie zuvor seine Zusatzvergütung nach der Akte „Mit Bezug auf den Justizminister über die Verlängerung der Frist für die Ausgabe einer Geldvergütung im Austausch gegen Pacht an Senator Denfer Fristen 28. April 1844 - 22. September 1844." [1100]

Auch vermietete August weiter Räumlichkeiten zu verschiedenen Zwecken. Ein Bericht über neuartige Bauweisen von Holzhäusern erwähnt einen Ofenbauer mit Namen Mischa Semjonov, der verbesserte Öfen und Kochherde baut. Er wohnte um 1844/45 im Haus des Senators Denfer. [1101]

Weshalb 1844 eine „Dienstliste des Geheimrats und Ritters Denfer im Bestand des Büros der Institutionen der Kaiserin Maria" vorkommt, ist ohne Akteneinsicht nicht erkennbar. [1102] Maria hatte als Witwe des 1801 ermordeten Zaren Paul verschiedene kulturelle und soziale Einrichtungen begründet und gefördert, die nach ihrem Tod 1828 vom „Büro der Institutionen der Kaiserin Maria" verwaltet wurden. August war vor über zwei Jahrzehnten als Inspektor der Kaiserlichen Theaterschule tätig gewesen.

Nikolai, Augusts Sohn, wurde im Jahr 1841 als Schüler „Denfer" des „Pascheskij Ego Welitschestwa Korpus" geführt und nun „Entlassen 10.8.1844... 7. Denfer." [1103] Er war jetzt 18 Jahre alt, hatte also den regulären Kursus absolviert. Dies ermöglichte

---

[1098] Pawlowsk Verzeichnis der Verstorbenen im Jahre 1866, fol.24 Nr.11. Die Annahme „aus III. Ehe Alexandra" (Denfer, H. v.: Grundstein zu einer Geschichte der Familie von Denffer, Batum 1906, 36) passt zeitlich nicht zu den nachträglich ermittelten und hier mitgeteilten Daten. Auch sind dort die beiden letzten Töchter falsch beziffert als 4. Julia und 5. Alexandra statt 3. und 4.

[1099] Adres-Kalendar Sanktpeterburg 1844, II, 206.

[1100] RGIA 384/3/631.

[1101] Kaiserliche Freie Ökonomische Gesellschaft St. Petersburg 1845 Nr.5: Nowe sposob postroiki derewjanpich schilischtsche, 235.

[1102] RGIA 759/4/378.

[1103] http://www.regiment.ru/reg/VI/C/1/3-5.htm

den Übergang zum Militär als Offiziersanwärter. 1846 war er als Junker im Karabinier-Regiment Feldmarschall Fürst Barclay de-Tolly. [1104] In diesem Karabinier-Regiment hatte schon zuvor sein Bruder Eduard gedient, der am 13. April 1844 verstorben war. [1105]

Nikolais Bruder Alexander starb in Petersburg am 7. Nov. 1844 [1106] mit 21 Jahren, nur etwas mehr als ein halbes Jahr nach seinem älteren Bruder Eduard, und war das fünfte ihrer 11 Kinder, das August und Caroline zu ihren Lebzeiten verloren.

※

1845 Großeltern

In den Ostseeprovinzen Russlands kam es zu einer für die meisten Menschen bedeutsamen Umstellung. Die Zeitschrift „Das Inland" berichtete: „Riga, den 20. Januar. Die allörtliche Einführung der russischen Maaße und Gewichte hat mit dem Beginne des neuen Jahres im Handel und Verkehr der Ostseeprovinzen eine neue Epoche begründet. Unser bürgerliches Sein ist an die von der Vorzeit uns überlieferten Handelsbasen der Väter, die uralten Loof- und Stoofmaße, das seit Jahrhunderten eingebürgerte Gewichtsystem - so sehr gekettet, daß nur langsam und allmählig eine Gewöhnung an die neuen Verhältnisse wird herbeigeführt werden können." [1107] Zu den damit verbundenen Schwierigkeiten gehörte nicht nur, daß man sich an den Gebrauch der russischen Maßeinheiten gewöhnen mußte, sondern vor allem auch, daß neue Meßgeräte und Gewichtstücke für die Waagen anzuschaffen waren.

Auf Grafenthal begann das Jahr 1845 dennoch mit Freude. Jeannot und Caroline waren Großeltern geworden, denn Victors Frau Jacobine Henriette hatte ihr erstes Kind zur Welt gebracht: Theophile, geboren am 12. Januar. [1108] In den Kirchenbüchern von Mesothen, Mitau und Libau sind die Geburt und Taufe nicht verzeichnet,

---

[1104] Lewschin, D.M.: Pascheskij Ego Imp. Welitschestwa Korpus za sto let, St. Petersburg 1902, II, 390.

[1105] Denfer, H. v.: Grundstein zu einer Geschichte der Familie von Denffer, Batum 1906, 58.

[1106] Denfer, H. v.: Grundstein, 59; Peterburgskij Nekropol, St. Petersburg1912, II, 37; Böhm, B.: Wolkowo lutherischer Friedhof St. Petersburg, St. Petersburg 1998, 44 (dort irrtümlich 7.11.1835); 2003, II, 445; 2004, III, 84.

[1107] Das Inland 6.2.1845, 97.

[1108] Denfer, H. v.: Grundstein, 61 - „Nach anderen Notizen soll Theophile 1844 geboren… sein". (ebd.)

man kann sie in Litauen vermuten. Dort war Victor zu dieser Zeit noch Leutnant im Ulanenregiment S.K.H. des Großfürsten Thronfolgers.

Aus Mitau wurde das Erscheinen eines neuen Buches angekündigt, insofern wichtig, als es bis heute Aufschluß über einen bedeutsamen Bereich der damaligen Alltagskultur gibt:

„Literärische Anzeige. Im Verlage von Fr. Lucas in Mitau ist erschienen und in allen Buchhandlungen zu haben: Praktisches Mitauer Kochbuch. Ein nützliches Hand- und Hülfsbuch für Hausfrauen und Köchinnen in Cur-, Liv- und Esthland, enthaltend: gründliche Anweisung zu der Kunst, in der kürzesten Zeit und ohne alle Vorkenntnisse die Speisen auf die wohlfeilste und schmackhafteste Art zubereiten zu können. Eine Sammlung von 1039 Recepten zum Kochen und Braten, zur Bereitung von Backwerken, Kremes, Gelees, Gefrorenem, kalten und warmen Getränken etc. Durch eigene Erfahrungen erprobt und herausgegeben von einem Vereine bewährter Hausfrauen. Zweite, um 147 Recepte vermehrte Auflage. Preis, geheftet 1 Rbl. S., elegant gebunden 1 Rbl. 25 Cop. S. Die so rasch nöthig gewordene 2te Auflage dieses Kochbuchs ist der genügendste Beweis für dessen ausgezeichnete Brauchbarkeit, welche von allen Seiten anerkannt wird. Das Buch ist von neuem von praktischen Hausfrauen durchgesehen, corrigirt und verbessert worden; es ist um 147 Recepte vermehrt, eleganter als die frühere Auflage gedruckt und wird dennoch zu dem frühern Preise verkauft." [1109]

Auch wenn man sich heute vom Wert des Kaufpreises keine rechte Vorstellung machen kann, ist es doch interessant zu sehen, daß die einfache, geheftete Ausgabe des Kochbuchs für einen Rubel Silber zu bekommen war, also die Hälfte von dem, was „eine Last" Grafenthalschen Kalks gekostet hat. Nach einer Übersicht der Lebensmittelpreise des Frühjahrs 1845 zahlte man in Mitau für „1 Brot von feinem Roggenmehl 3 Kop(eken)" und „Rindfleisch von der besten Sorte 1 Pfd 6 Kop(eken)". [1110] Statt das Kochbuch zu kaufen hätte man demnach 33 Brote essen oder 16mal Rinderbraten verspeisen können. Allerdings dürfte das Kochbuch, bei pfleglichem Gebrauch, von weitaus längerer Verwertbarkeit als die verzehrten Lebensmittel gewesen sein.

Die vermeintlich baltische jedoch in Wirklichkeit international vorkommende Süßspeise „Arme Ritter" wurde wie folgt zubereitet: „Man schneidet Weißbrod in dünne

---

[1109] Das Inland 9.1.1845, 32.
[1110] Das Inland 27.3.1845, 219.

Scheiben und weicht sie in süßer Milch, die mit Rosenwasser und etwas Zucker süß gemacht ist. Dann macht man einen Teig von 2 Eiern, einigen Löffeln Schmant, etwas Salz und einigen Löffeln Mehl, taucht die eingeweichten Scheiben hinein und bäckt sie in Butter schön braun. Man kann die in Milch geweichten Brodscheiben auch nur in geklopftes Ei tauchen, mit feinem Reibbrod bestreuen und in Butter backen; alsdann bestreut man sie mit Caneel und Zucker." [1111]

Birkensaft im April den Bäumen abzuzapfen war im Baltikum aber auch in Rußland weitverbreitet. Man konnte ihn frisch trinken, doch verdarb er bald, wenn er nicht haltbar gemacht wurde. Das Mitausche Rezept „Birkenwasser zu bereiten", lautete:

„Man füllt das Birkenwasser in Bouteillen, oder besser in Kruken, legt in jede Kruke 10 große Rosinen, eine kleine Handvoll Rosinenstengel, einen Theelöffel feinen Zucker und ein Stückchen rothen Weinstein; dann verkorkt, verharzt und überbindet man sie kreuzweise mit Bindfaden und gräbt sie in einem kühlen Keller in Sand ein. Dieses ist im heißen Sommer ein angenehm kühlendes Getränk und schäumt wie Champagner." [1112]

Der Sommer war auch die Zeit „Krebse zu kochen", die in Flüssen und Bächen gefangen wurden. „Die Krebse suche man aus, damit ja kein todter darunter bleibe, wasche sie gut und lege sie alsdann in kochendes Salzwasser; wenn sie gahr sind, gießt man das Wasser ab, gibt eine Handvoll Kümmel, Petersilienblätter und ein gut Stück Butter dazu, schmort es durch und richtet sie an. Damit die Krebse eine helle rothe Farbe erhalten, muß man zwei Mal ein glühend gemachtes Eisen in den Kessel stecken." [1113] Bekanntlich werden Krebse, wie auch hier angedeutet, lebend gekocht, weil tote zu Vergiftung führen können. Die Verwendung des glühenden Eisens scheint mittlerweile aufgegeben.

Bedrohliche Zeiten

„Aus Curland, vom 4. Juni. Die Aussichten auf die nächste Erndte haben sich hier nicht sehr günstig gestaltet. Das Wintergetraide steht im Durchschnitt nur mittelmäßig und die Sommersaaten werden behindert durch anhaltende Dürre; denn an mehren

---

[1111] Praktisches Mitauer Kochbuch, Mitau 1844, 237.
[1112] Praktisches Mitauer Kochbuch, 293. Kruke hieß der Krug aus Ton.
[1113] Praktisches Mitauer Kochbuch, 137.

Orten Curlands ist während des ganzen Maimonats hindurch und bis jetzt nicht ein Tropfen Regen gefallen… Durch die Dürre hat das Raupenungeziefer in solcher Unzahl sich entwickelt, daß die meisten Obstgärten, nachdem ohnehin schon im vorigen Herbst die Blüthenknospen sich winzig zeigten, ein halb winterliches Ansehn an den Bäumen ohne Laub und Frucht gewähren; ganze Kohlfelder werden in kurzer Zeit eine Beute der gefräßigen Insecten. - Aus dem Kownoschen und Wilnaschen Gouvernement lauten die Nachrichten besser…

Mitau. In diesem Jahre wird kein Getraide nach Riga verführt, weil keines zum Ausführen vorhanden. Im verwichenen hatten wir keins zum Verkaufen und das gegenwärtige erregt neue Besorgnisse. Die Roggen- und Waizen-Saaten müssen in vielen Gegenden ausgepflügt werden, der Graswuchs ist noch sehr gering, die Schaafe sind in den Fluß-Gegenden fast alle gestürzt, auch viel großes Vieh ist zu Grunde gegangen, so daß wir wohl Besorgnis erregende Zeit zu erwarten haben, aber Gottes Barmherzigkeit vermag ja auch diese bedrohliche Zeit der Noth abzuwenden!" [1114]

Auch die Johannis-Tage in Mitau waren von den schwierigen Verhältnissen betroffen: „Mitau, den 23. Juni. Der diesjährige Johannis zeichnete sich durch eine bemerkbare Stille der Straßen und durch die Leere der auf öffentliche Vergnügungen und die Schaulust des Publicums speculirenden Anstalten aus. Fast Niemand war zum Vergnügen, sondern jeder nur um Geschäfte abzumachen zur Stadt gekommen, Frau und Kinder, die sonst wol an den Johannis-Amüsements Theil nehmen, zu Hause lassend. Das vorige Jahr war auch gar zu schlecht, seit Menschengedenken weiß man von keiner für den Landbau so ungünstigen Witterung. Und dabei droht die anhaltende Dürre des jetzigen denselben Schaden anzurichten, wie die Nässe des vorigen. Seit acht Wochen fiel - in den Johannis-Tagen - der erste Regen, aber nur sehr local, und obgleich im ganzen Lande um diese Zeit Strichregen gefallen, so sind manche Güter doch auch davon unberührt und es ist für die Sommersaat dort sehr schlechte Aussicht, für die Winterfelder überhaupt nur mittelmäßige.

Unter diesen schon vorhandenen und noch zu befürchtenden Calamitäten hat sich die Wohlthätigkeit und Zweckmäßigkeit des mit dem Curländischen Creditvereine verbundenen Tilgungsfonds so recht ans Licht gestellt, denn ohne Zweifel ist vielen Creditschwankungen dadurch vorgebeugt, daß der im Anfange dieses Jahres versammelte Generalconvent beschließen konnte, allen Gütern, welche einen entsprechenden

---

[1114] Das Inland 19.6.1845, 425 f.

Betrag an Tilgungsfonds bereits zu Johannis 1843 eingezahlt haben würden, Stundung der diesjährigen Zinsen, (nicht aber des Beitrags zum Tilgungsfonds mit wenigstens ½%) wenn sie darum bitten würden, derartig zu gewähren, daß der gestundete Betrag in einigen Jahren durch Partiale jährliche Zahlungen oder nach kürzerer Zeit auf einmal wieder einfließen müsse. Von dieser Erlaubniß haben 68 Güter Gebrauch gemacht, ungefähr 1/4 aller im Creditvereine befindlichen… Ein solches Jahr wie das vorige, neben den auch nicht günstigen Aussichten des jetzigen, hätte früher mehr als ein Dutzend Concurse zu Wege gebracht." [1115]

※

Ein Doppelfest

Kurland gehörte nun seit 50 Jahren zu Russland. Dies war Anlaß für aufwendige Feierlichkeiten in Mitau, von denen die Zeitschrift „Das Inland" ausführlich berichtete. Auch damals galt, was noch heute gilt: Die veröffentlichte Meinung und die öffentliche Meinung sind nicht unbedingt identisch, und private Meinungen ohnehin oft außerhalb dieses Spektrums. Nicht jeder der Alten, die vielleicht die Zeitschrift lasen, wird derart patriotisch gestimmt gewesen sein, wie es der Verfasser der folgenden Zeilen vorgeben wollte:

„Curland. Mitau. Ein seltenes Doppelfest, machte den 25sten Juni, den die Unterthanen-Treue und Liebe schon in die Herzen aller Russen mit unauslöschlichen Zügen eingegraben hat, diesmal noch insbesondere den Bewohnern unserer Stadt und Provinz zu einem Denkmal an der Gränze eines durchlebten halben Jahrhunderts. Der Tag, der unseren Erhabenen Monarchen in das fünfzigste Lebensjahr führte, sah auch zugleich die fünfzigjährige Jubelfeier der Einverleibung Kurlands in das große Kaiserreich. Fünfzig Jahre sind es, als der Umwälzungssturm, gleich einem Orkane, Europa zu durchtoben begann - und das kleine Ländchen sich unter den Schutz und Schirm eines starren gewaltigen Armes flüchtete. Eine vielbewegte Zeit ist dahin geschwunden, aber nur für einen Augenblick hat sie uns berühren können. Je mehr also Veranlassung zu einem tiefen innigen Danke gegen den König der Jahrtausende, desto einfacher und sinniger war auch die Jubelfeier, deren Charakter auch nicht die geringste äußere Störung verletzte, wie es bei solchen Gelegenheiten häufig wohl zu geschehen pflegt.

[1115] Das Inland 5.7.1845, 461.

Mit freundlicher Geneigtheit hatte Se. Hohe Excellenz, der Herr Generalgouverneur, der Einladung unserer Ritterschaft gefolgt und war am 24sten Juni Abends zehn Uhr in Mitau eingetroffen, wo Hochderselbe in der von Sr. Excellenz, dem Herrn Civilgouverneur bereiteten Wohnung im Schlosse abstieg. Se. Eminenz der Herr Bischof von Riga, Philaret, traf später, am 25sten Morgens, bei der rechtgläubigen Kirche ein und bezog erst nach abgehaltenem feierlichen Gottesdienste die für Se. Eminenz im Schlosse bereit gehaltene Wohnung.

Am 25sten Morgens verkündigten, nach alter Sitte, die ernsten Töne von Blasinstrumenten der Stadt vom Rathhause her die Feier des Tages, und das Geläute der Glocken rief die Gemeinden zum Gotteshause. Um neun Uhr brachten Se. Excellenz der Herr Civilgouverneur und sämmtliche Gouvernements- und Stadtbeamten, so wie die Militärchefs, Sr. Hohen Excellenz dem Herrn Generalgouverneur in großer Cour ihre Glückwünsche zu dem Geburtsfeste Sr. Kaiserlichen Majestät dar. Hierauf begab sich gegen zehn Uhr die ganze Versammlung zur Kirche, zuförderst nach der Rechtgläubigen Kirche, in welcher Se. Eminenz der Bischof den feierlichen Gottesdienst und das Dankgebet hielt; das Te Deum [1116] begleitete der Donner der Kanonen. Nach Beendigung dieser kirchlichen Feier verfügte sich Se. Hohe Excellenz der Herr Generalgouverneur, in Begleitung des Herrn Civilgouverneurs, Landesbevollmächtigten und aller anwesenden Civil- und Militärbeamten, zu der St. Trinitatiskirche, wo nach der von dem Herrn Past. Primarius Neander abgehaltenen Liturgie, Se. Magnifizenz, der Herr Generalsuperintendent Wilpert, in ernster feierlicher Ansprache von der Kanzel, die Gefühle des Dankes zur Erneuerung heißer Gelübde für das Wohl unseres Allergnädigsten Kaisers und Herrn und des Ganzen Kaiserhauses erhob. In das Te Deum fiel der Donner des Geschützes ein.

Um drei Uhr begaben sich Se. Hohe Excellenz, der Herr Generalgouverneur, Se. Excellenz, der Herr Civilgouverneur, zu dem Festmahle, das anzunehmen auch Se. Eminenz, der Herr Bischof, sich freundlich erzeigte, nach dem Ritterhause, und wurden hier von sämmtlichen eingeladenen hohen Militär- und Civilbeamten, den Mitgliedern des Adels und der Geistlichkeit und von dem Herrn Landesbevollmächtigten und den Hrn. Kreismarschällen empfangen. Während des Festmahles brachte der Herr Landesbevollmächtigte in Ehrfurcht auf das Wohl unseres angebeteten Monarchen folgenden Toast aus:

[1116] „Dich Gott" (loben wir…), feierlicher Lobgesang, insbesondere bei Dankgottesdiensten.

„An die Feier dieses Tages, das Geburtsfest unseres verehrten Monarchen, knüpft sich für uns noch die Erinnerung an die denkwürdigste Begebenheit unserer vaterländischen Geschichte. - Es sind 50 Jahre, als festes Vertrauen in die Großmuth und Gerechtigkeit der glorreichen Herrscher Rußlands unsere Vorfahren bewog, die Zukunft Kurlands, das Wohl ihrer Nachkommen dadurch fest zu begründen, daß sie sich dem mächtigen Scepter derselben unterwarfen. - Paul der Erste, glorreichen Andenkens, gab uns, im hochherzigen Gefühle des Rechts, unsere Institutionen wieder, Nikolai der Erste, dessen erhabener Sohn, unser ruhmreiche Herrscher, giebt diesem wahrhaft Kaiserlichen Geschenk, als Quell der Gnade und Gerechtigkeit, seine ganze Weihe, indem wir mit Zuversicht hoffen dürfen, durch Seine väterliche Huld und Gnade diese Institutionen zusammengestellt und durch Sein Kaiserliches Wort für die fernste Zukunft sanktionirt, als besonderes Gesetzbuch zu erhalten.

Die Gewißheit, unter diesem mächtigen Schutze unser hergebrachtes Recht fortan unangestritten zu besitzen, erfüllt Jeden mit dem Gefühle der innigsten Dankbarkeit für den großherzigen Spender dieses Glückes, - und wenn erprobte Pflichttreue, so wie aufopfernde Anhänglichkeit an das Herrscherhaus, Merkmale sind, an denen wir, nicht ohne gerechten Stolz, den Ostseeländer erkennen, so müssen wir uns Glück wünschen, daß diese Eigenschaften von den Gefühlen der innigsten Erkenntlichkeit durchdrungen werden, welche als heiliges Vermächtnis von Geschlecht zu Geschlecht bestimmt forterben.

Heil unserem Erhabenen Monarchen, dessen Andenken noch die spätesten Enkel segnen werden, Heil dem Kaiser Nikolai dem Ersten, Er lebe hoch!!!"

Ein dreimaliges, den Herzen entströmendes Hurrah! unter dem Donner der Kanonen, bekräftigte, den sinnigen Toast und die Volkshymne ertönte im Saale. Der zweite Toast, den der Herr Landesbevollmächtigte feierlichst brachte, galt der Gesundheit und dem immerdar erblühenden Wohlergehen unserer Allergnädigsten Kaiserin und Landesmutter, S. K. H. des Thronfolgers und des ganzen Kaiserlichen Hauses. Erneuerter Jubel begrüßte und wiederholte den herzlichen Toast. Der dritte Toast wurde unserem verehrten Herrn Generalgouverneur gebracht, von der ganzen Versammlung mit entgegenkommendem Vertrauen und Liebe getheilt, und von dem Herrn Generalgouverneur mit den Wünschen für das stete Wohlergehen der kurländischen Ritterschaft und der Provinz erwiedert.

Während des Festmahles im Ritterhause wurden auf Kosten des Adelskorps sämmtliche in Mitau stehende Militärs untern Ranges, die Invaliden und die Armen in den Anstalten des kurländischen Kollegii der allgemeinen Fürsorge, auch die Arrestanten im Gefängnisse bewirthet und gespeist, daß Alle sich des Tages erfreuen könnten. Aehnliches geschah auf Kosten der Stadt für die Armen in der Anstalt Rom und den übrigen Armenhäusern. Ein dauerndes Denkmal dieses Tages war von der kurländischen Ritterschaft gestiftet, durch einen jährlichen Beitrag von einigen Kop. Silb. Münze auf den männlichen Kopf, die Errichtung eines Fonds zur Versorgung dürftiger Mitglieder des kurländischen Adels, insbesondere aber zur Unterstützung dürftiger adeliger Aeltern zur Erziehung ihrer Kinder für den Staatsdienst. Der Herr Landesbevollmächtigte legte Namens der Ritterschaft dem Herrn Generalgouvernenr die Bitte vor, die Allerhöchste Genehmigung dahin zu vermitteln, daß dieser Stiftung der Name „Nikolai-Stiftung", zur Erinnerung dieses Tages, beigelegt werden dürfe.

Auch in mehreren kleineren gemüthlichen Kreisen wurde dieser Tag gefeiert, so unter andern im Paulischen Garten von den Stadtältesten und einigen Mitgliedern des Rathes. Um 7 Uhr beehrte der Herr Generalgouverneur, begleitet von dem Herrn Civilgouverneur, dem Herrn Landesbevollmächtigten, den Herren Kreismarschällen, mehreren Gliedern des Adels-, des Militair- und Beamtenkorps, das Schauspielhaus mit ihrer Gegenwart. Eine von dem Herrn Musikdirector Schrameck komponirte Ouvertüre, in welche die Melodie der Volkshymne verwebt war, fand lauten Beifall. Der festliche von dem Herrn wissenschaftlichen Gymnasiallehrer Pfingsten gedichtete Prolog, gesprochen von der Schauspielerin Madame Hoffmann vor dem lebensgroßen Bilde unseres Allergnädigsten Monarchen, erhob das Gemüth und rührte die Herzen der Versammlung. Der Prolog wird zum Besten der Anstalt zu Altona gedruckt. Darauf folgte die liebliche Oper „Syrene" in sehr gelungener Darstellung. Spät verließen uns unsere hohen Gäste aus Riga…

Beim Einbrechen der Nacht erhob sich allmählig die Stadt in glänzender freiwilliger Erleuchtung. Unzählige Gruppen froher Menschen ergingen sich auf dem Marktplatze und in den erleuchteten Straßen. Von Zeit zu Zeit wiederholte Abfeuerung des großen Geschützes und die vom Rathhause und den Balkon des gegenüberliegenden „Kurischen Hauses" korrespondirenden Musikchöre unterhielten den Frohsinn der Lustwandelnden und schlossen das Doppelfest. Mögen nach einem halben Jahrhundert unsere Nachkommen mit derselben sinnigen Heiterkeit, mit denselben Gefühlen des

Dankes, der Treue und Liebe gegen unser Hohes Kaiserhaus, das Gott für und für mit Seinem schönsten Segen segnen und beglücken wolle, die hundertjährige Jubelfeier vollenden und neue Jahrhunderte begrüßen." [1117]

Nur noch ein kleinerer Teil der Bevölkerung hatte wohl eigene Erinnerungen an das Kurland vor 1795, an „die herzogliche Zeit" und die je nach Ansicht freudigen oder traurigen Umstände, unter denen sie zu Ende ging. Jeannot war damals erst vier Jahre alt, Caroline im Jahr der Geschehnisse geboren und hatte somit auch das 50. Lebensjahr erreicht. Ihren Geburtstag am 4. November hat man auf Grafenthal wohl gleichfalls gebührend gefeiert.

Um Bauske herum gut

„Viel Güter muszten ihre zuflucht zu den krons-magazinen in Petersburg nehmen, von wo ihnen roggenmehl zu hohen Preisen geliefert wurde. Die roggenpreise im herbst 45 waren 320-330; die gersten preise 200 kop., die hafer preise 150-170 kop., erbsen 500 kp. P. loof. Indessen fiel die kartoffel erndte ergiebig aus u. wird im künftigen jahr vor hungersnoth schützen." [1118]

„Aus Curland. In Quantität ist das Wintergetraide, wie vorauszusehen war, gering ausgefallen; um so mehr zeichnet es sich durch Qualität aus. Nach mehreren Proberiegen wiegt der Roggen 123 bis gegen 130 Pfd. im Loof. - Heu und Stroh ist ebenfalls nicht reichlich, Kartoffeln und Gemüse aber versprechen gute Ernten. - In diesem Sommer gab es außerordentlich viele Wald- und andere Beeren; dagegen fehlte es gänzlich an Schwämmen (Pilzen), von denen einige Arten auch jetzt noch nicht zum Vorschein kommen. - Am meisten haben von dem dürren Sommer die Bienen gevortheilt, wie ihre vollen Stöcke zeigen." [1119]

„Aus Kurland. Die Nachrichten über die diesjährigen Ernten lauten verschieden; wenn man sie aber alle zusammenfaßt, so ergibt sich doch als Resultat: es ist dieses ein schweres, ja ein gar schweres Jahr… Um Bauske herum soll es gut aussehen, eben so um Mitau…" [1120] Grafenthal bei Bauske war demnach von den erschwerten Verhältnissen wahrscheinlich weniger betroffen.

[1117] Das Inland 10.7.1845, 478 ff.
[1118] Sloka, L. J.: Kurzemes draudžu chronikas, Riga 1930, II, 194 (Irben).
[1119] Das Inland 4.9.1845, 634 f.
[1120] Das Inland 18.9.1845, 670.

Im Herbst war der Arzt aus Grafenthal nach Mitau gekommen „In Mitau angekommene Fremde… Vom 24ten bis zum 27ten September… Hôtel de Moscou… Dr. Grabe aus Grafenthal.“ [1121]

Vom Pastor in Mesothen wurden 1845 getauft: Ehelich geborene Knaben 115, Mädchen 96, unehelich 1 Knaben und 2 Mädchen, totgeboren waren 4 Knaben und 2 Mädchen. Auf Grafenthal gab es 10 ehelich geborene Knaben und 5 Mädchen, keine unehelich oder totgeborenen Kinder.

Getraut wurden 68 Ehepaare, 4 davon aus Grafenthal. Wie zuvor sind die Taufzeugen und Trauzeugen bei den Letten stets Letten gewesen, Denffer sind bei den Taufen und Eheschliessungen ihrer eigenen „Leute“ weiterhin nicht als Zeugen verzeichnet.

Gestorben sind im Kirchspiel Mesothen 209 Menschen, 102 davon männlich und 107 weiblich. In Grafenthal waren es insgesamt 15, davon 11 männlich und 7 weiblich. [1122]

Victor, Jeannots ältester Sohn, wurde zum 24. Okt. 1845 „Ritter des St. Annen-Ordens dritter Klasse“, [1123] wie dies später die Rigasche Zeitung meldete: „St. Petersburg 10. Februar. Durch Allerhöchsten Gnadenbriefe… vom 20. u. 21. November… Zu Rittern sind ferner Allergnädigst ernannt… des St. Annen-Ordens 3. Cl.: … die Lieutenants… vom Uhlanenreg. Sr. K. Hoh. Des Großfürsten Cäsarewitsch Thronfolgers von Denffer [1124] Eine kleine silberne Berlocke aus seinem Besitz hat sich erhalten. Sie zeigt das Denffersche Wappen mit einem Ordenskreuz unter dem Schild und ist als Siegel verwendbar.

Zur selben Zeit beendete Victor, inzwischen Familienvater, auch den Kriegsdienst: „Februar St. Petersburg 2. Februar. Durch Allerhöchsten Gnadenbriefe… vom 21. u. 21. November… Aus dem Dienste werden entlassen… der Lieut. v. Denffer vom Uhlanenreg. Sr.K.H. des Großfürsten Cäsarewitsch Thronfolgers als Stabsrittmeister… [1125]

[1121] Allgemeines Kurländisches Amts- und Intelligenz-Blatt 29.9.1845.
[1122] KB Mesothen vorbehaltlich Irrtümer.
[1123] Denfer, H. v.: Grundstein zu einer Geschichte der Familie von Denffer, Batum 1906, 54.
[1124] Rigasche Zeitung 13.2.1846.
[1125] Rigasche Zeitung 6.2.1846.

Von seinem Bruder Theodor begleitet, der im selben Regiment gedient hatte, kam er 1845 nach Mitau „Vom 12. bis 15. November… Hôtel de Moscou: … verabsch. Lieutenant und verabsch. Cornet v. Denffer aus Grafenthal…" [1126]

※

Begraben in Baden-Baden

Aus Petersburg reiste Caroline, die inzwischen offenbar bald drei Jahre wieder in Russland verbracht hatte, erneut nach Deutschland, mit ihr die Tochter Alexandra Louise. Sie mußte den Gepflogenheiten folgend die Reise behördlich genehmigen lassen, woraus 1845 die „Akte über einen Auslandsreisepass für Alexandra Denfer, Tochter des Geheimrats" [1127] entstand. Die Reise erfolgte offensichtlich wegen schlechter gesundheitlicher Verfassung der 17jährigen Alexandra Louise.

Anna und Theophile, die beim vorherigen Deutschland-Aufenthalt mitgekommen waren, werden in Petersburg geblieben sein. Über die dortige Bildung und Erziehung der drei Schwestern sind keine Nachrichten erhalten. So kann man sich davon nur eine allgemeine Vorstellung machen. „Die Schulen und Erziehungsanstalten für das weibliche Geschlecht sind in Petersburg fast nicht weniger zahlreich als die für das männliche. An der Spitze von allen steht das große Institut von Smolna… Wenn man mit den Söhnen zu Hause nicht weiß, wohin, so giebt man sie in die Cadettencorps, eben so die Tochter, wenn man sie nicht zu Hause erziehen kann, in die Institute. Alle begüterten Russen ziehen die häusliche Privaterziehung der Tochter vor…

Außer diesen öffentlichen kaiserlichen Instituten giebt es in jeder russischen Stadt und natürlich besonders auch in Petersburg noch eine Menge von Privat-Erziehungsanstalten, in denen die Sache ganz fabrikmäßig abgemacht wird. Es ist sehr gewöhnlich, daß die Mütter ihre Tochter dahin geben mit der Bedingung, in zwei oder drei Jahren müsse die Erziehung vollendet sein, alsdann müsse das junge Mädchen französisch sprechen und eine Symphonie von Spontini vorspielen können…

Die Examina in solchen Instituten sind die merkwürdigsten pädagogischen Festins, [1128] die man sehen kann. Zwei Wochen vorher wird zu einem solchen Examen - gewöhnlich um Ostern - das Institut gereinigt, polirt und geschmückt, und zwei Monate

---

[1126] Allgemeines Kurländisches Amts- und Intelligenzblatt 17.11.1845.
[1127] Russisches Historisches Staatsarchiv St. Petersburg 1286/9/1030.
[1128] Französisch für Festlichkeiten, Festbanketts.

vorher ist Alles fleißig und unermüdlich im Auswendiglernen und Studiren, damit am bestimmten Tage alles nach der Schnur gehe. Die Mütter, Schwestern und Tanten werden dazu eingeladen wie zu einem großen Banquet und fahren im vollen Staate in vierspännigen Carossen heran, um ihre Töchter, Schwestern oder Nichten glänzen zu sehen. Nach dem wissenschaftlichen Examen wird ein Concert gegeben, in dem die Schülerinnen vorspielen, dann ein Ballet, in welchem sie ihre Tanzkünste produciren. Darnach findet unter Pauken- und Trompetenschall die Vertheilung der Prämien statt, und das Ganze schließt ein Souper und ein brillanter Ball, worauf denn die Aeltern, entzückt über die geistige Bildung ihrer Kinder, nach Hause fahren." [1129]

Die Bildung und Erziehung von August und Carolines Töchtern wird indes nicht gänzlich auf diese Weise erfolgt sein, da sie in einem deutschsprachigen Haus groß wurden und zudem schon als Kinder mehrere Jahre in Deutschland verbrachten. Noch anders verhielt es sich wohl bei den Töchtern von Jeannot und seiner Caroline, die in Grafenthal aufwuchsen. Sie wurden von der Hauslehrerin Frl. Ida v. Rukteschell unterrichtet. [1130] Im Unterschied zu ihren Brüdern kamen sie offenbar nicht in ein Pastorat oder gar in das Gymnasium. Dennoch müssen sie dem Standard der Zeit gemäß gut gebildet gewesen sein. Der spätere Schriftsteller Theodor Hermann Pantenius attestiert seiner Freundin Marie „einen scharfen Verstand und die regsten geistigen Interessen". [1131]

Im Hamburger „Hôtel St. Petersburg" war am 28. Mai „Frau v. Denffer, v. Halle a.d. Saale" gemeldet. [1132] Caroline und ihre kranke Tochter Alexandra suchten im Sommer Kurorte auf. Am 22. Juni 1845 ist „Fr. v. Denffer m. Frl. Tocht. A. (aus) Petersburg in Schlangenbad, im Privathaus Stadt Wiesbaden", [1133] seit dem 29. Juni „Im Russischen Hof", dort bis zum 29. Juli. [1134] Ein Hotel „Russischer Hof" in

---

[1129] Kohl, J.G.: Petersburg in Bildern und Skizzen, Dresden 1846, II, 255 ff.

[1130] KB Mesothen Taufen 1833, Nr. 194; Staatsarchiv Riga. Kurländische Seelenlisten. Städte Nr. 24, Bauske, fol. 387 (Film Nr. A 108) (Grafenthal Volkszählung 1834).

[1131] Pantenius, T.: Aus meinen Jugendjahren, Leipzig 1907, 110 f.

[1132] Staats- und Gelehrte Zeitung des Hamburgischen unpartheiischen Correspondenten 28.5.1845, 6.

[1133] 12. Liste der Kurgäste und Durchreisenden zu Ems, Schwalbach, Schlangenbad und Weilbach 22.-24.6. 1845, 78; 13. Liste 25.-28.6.1845, 92.

[1134] 14. Liste der Kurgäste und Durchreisenden zu Ems, Schwalbach, Schlangenbad und Weilbach 29.6.-1.7.1845, 105; 15. Liste 2.-5.7.1845, 120; 16. Liste 6.-8.7.1845, 137, 17. Liste 9.-

Schlangenbad gibt es übrigens noch heute, doch handelt es sich um ein Gebäude, dem dieser Name erst später zukam.

Am 25. September 1845 ist „Denffer, Me, av. Sa fille Petersbourg, 25" in Baden-Baden.[1135] Die Nr. 25 bezeichnet das Haus der „Wittwe Eisen, 3 Etagen mit mehreren Zimmer/3 etages de salons et plusieurs chambres" in der Scheuerner Straße, im Ersten Viertel der Stadt. [1136] Ab dem 8. Oktober 1845 „Quartierwechsel Chez M. Lerch 383 … Me de Denffer avec sa fille et soeur, St-Petersbourg".[1137] Nr. 383 „A. Lerch, Schn./tailleur, Mehrere große Appartements/Plusieurs grands appartements" Drittes Viertel der Stadt, Sophienstrasse. [1138] Die hinzugekommene Schwester kann Anna oder Theophile gewesen sein, wenn nicht Carolines Schwester gemeint war.

Zwei Wochen später war Alexandra Louise tot: „Im Jahre achtzehnhundertfünfundvierzig starb in der evangelischen Gemeinde zu Baden den vierundzwanzigsten October Nachts um halbzwölf Uhr und wurde den siebenundzwanzigsten October früh um neun Uhr beerdigt: Louise Alexandrine von Denffer alt siebzehn Jahre, einen Monat und dreizehn Tage, eheliche und ledige Tochter des Herrn August von Denffer Geheimen Rathes und Senateurs in St. Petersburg und seiner Gemahlin Caroline geborene Schmelzer." [1139]

Sie war das sechste Kind, das August und Caroline zu ihren Lebzeiten verloren und ruht auf dem Friedhof Baden-Baden: „Alexandrine von Denffer, geb. 11. September 1828, † 29. October 1845. Monument mit Kreuz." [1140] Auch diesen Friedhof gibt es noch, ich konnte mich einmal, am 18. Mai 2008 aus der Schweiz zurückkommend, dort umsehen. Der „Hauptfriedhof" Baden-Badens lag auf einem Berghang an der

---

12.7.1845, 155; 18. Liste 13.-15.7.1845, 173; 19. Liste 16.-19.7.1845, 192; 20. Liste 20.-22.7.1845, 213; 21. Liste 23.-26.7.1845, 233; 22. Liste 27.-29.7.1845, 253.

[1135] Badeblatt für die Großherzogliche Stadt Baden, Beilage 157 Présence effective des etrangers à Bade, 25.9.1845, 1734; 27.9.1845, 1763; 30.9.1845, 1796; 3.10.1845, 1820.

[1136] Adressbuch für die Großherz. Stadt Baden 1845, 70, 71.

[1137] Badeblatt für die Großherzogliche Stadt Baden, Liste des Etrangers 8.10.1845, 1834.

[1138] Adressbuch für die Großherz. Stadt Baden 1845, 88, 89.

[1139] KB Evangelische Lukasgemeinde Baden-Baden Verstorbene 1845 No. 18, (pag. 111).

[1140] Becke-Kluchtzner, v. d.: Grabstätten adliger Personen auf den Gottesäckern zu Baden-Baden und Lichtenthal bei Baden-Baden 106, in: Vierteljahrsschrift für Heraldik, Sphragistik und Genealogie. Hg. v. Verein „Herold" Berlin 1885, XIII, 97-123. Auch ihre Mutter wurde später hier bestattet: „Caroline von Denffer, geb. 28. Januar 1794, † 13. Oct. 1878. Monument mit Kreuz." (ebd.).

Friedhofstraße. Ein Schaubild am Friedhofseingang zeigte einen „Rundweg", der zu den Gräbern von zwei Dutzend bedeutsamer Bestatteter auf diesem Friedhof führt, darunter auch der deutschbaltische Schriftsteller Werner Bergengrün (Riga 16.9.1892 - Baden-Baden 4.9.1964). Nach Auskunft der Friedhofsverwaltung begannen hier die Bestattungen im Jahr 1843, zwei Jahre vor Alexandrines Tod. Unterlagen über Gräber aus dieser Zeit gibt es offenbar nicht mehr. Auch diese Denffersche Grabstätte war nicht mehr erhalten.

※

Nowgorodsches Adelsgeschlechtsbuch

Am 31. Okt. 1845 erfolgte der Senats-Ukas No. 7200 zwecks Eintragung in das Nowgorodsche Adelsgeschlechtsbuch [1141] des „fon-Denfer: Iwan Iwanowitsch und Kinder: 1) Jogan-Robert-Wiktor 1818, 2) Jogan-Teodor-Karl 1822, 3) Jogan-Otto-Ewgenij 1824, 4) Jogan-Aleksandr-Ernest 1826, 5) Berta-Gotlib-Fekla 1821" und „6) Jogan-Robert-Karl 1837, 7) Johan-Julius-German 1838" durch Senats-Ukas No. 8069 vom 24. Dez. 1845. [1142] Dem Senats-Ukas No. 7200 lag als Datum der Adelsanerkennung der 4. Febr. 1827 zugrunde, dem Ukas No. 8069 der 24. Nov. 1844. Am 4. Febr. 1827 hatte die Nowgorodsche Adelsdeputiertenversammlung Jeannots Adelsbrief ausgestellt, [1143] und sich am 24. Nov. 1844 mit der Eintragung der beiden letztgenannten Kinder Robert und Julius befaßt. Die erforderlichen Unterlagen dazu waren schon 1844 eingereicht worden, darunter eine Abschrift der Dienstliste von Jeannot und die Taufscheine der Kinder mit Übersetzungen ins Russische. Man kann annehmen, daß Jeannots ältester Sohn Victor einen Adelsnachweis vorzulegen hatte, als er beschloß, nach Beendigung des Gymnasiums Offizier zu werden. In Kurland gab es

---

[1141] Nach heutigem Sprachempfinden ist ein Verzeichnis von Adelsgeschlechtern ein „Adelsgeschlechterbuch", während es in der deutschen Fassung des sog. Adelsmanifests von 1785 „adeliches Geschlechtsbuch (Dworanskaja Rodoslownaja Kniga)" heißt. (Vom Adel, St. Petersburg 1786, 31 ff.; Mitau 1796, 42 ff.). Dementsprechend wurde seither „Adelsgeschlechtsbuch" verwendet (z.B. Jahrbuch für Genealogie, Heraldik und Sphragistik, Mitau 1900, 140 ff.; Krusenstjern, G. v.: Die in die Gouvernement-Adelsgeschlechtsbücher von Livland, Estland und Kurland eingetragenen nichtimmatrikulierten Adelsgeschlechter, Hannover 1958).
[1142] RGIA 1343/20/1273, fol. 28r, 29v; Golitsin, P.P.: Spisok dworjanskich rodow Nowgorodskoj gubernii, Nowgorod 1910, 191.
[1143] Näheres dazu Denffer, A. v.: Eine Rarität aus Nowgorod in: Zeitschrift für Ostdeutsche Familiengeschichte 2023, 161-171.

zu dieser Zeit noch kein Gouvernements-Adelsgeschlechtsbuch. Deshalb wird Jeannot es als zweckmässig angesehen haben, sich und seine Kinder in das Adelsgeschlechtsbuch von Nowgorod eintragen zu lassen, zumal sein Adelsbrief von 1827 ja in Nowgorod ausgefertigt worden war. Unklar bleibt, weshalb von den Töchtern nur Thekla eingetragen wurde, nicht aber ihre Schwestern.

✳

1846 Begraben in St. Petersburg

Jeannots älterer Bruder Eugen lebte offenbar seit einiger Zeit dauerhaft in Petersburg. Von dort muß im Februar die traurige Nachricht von seinem Tod gekommen sein. „Nach dem Sterbe-Register der St. Annenkirche in St. Petersburg ist Eugen v. D. am 6. Februar 1846, in einem Alter von 60 Jahren als verabschiedeter Major gestorben und am 9. Febr. auf dem Wolkowo-Friedhof bestattet worden, doch war sein Grab leider nicht aufzufinden. Jedenfalls ruht er aber in der Nähe der anderen Familienmitglieder, deren Gräber vorzüglich erhalten, resp. in der Folge restauriert worden sind." [1144] Die Angaben bei Böhm „Begräbnis 08.03.1846" und „Alter 50" sind vielleicht Lese- oder Druckfehler. [1145]

Christian Heinrich Eugen, am 20. Okt. 1785 in Doblen getauft, [1146] war 1803 Unterfähnrich im Kiewschen Grenadier-Regiment und nahm am Russisch-Französischen Krieg von 1805 teil, in dem er bei Schöngrabern in Gefangenschaft geriet. Weitere Kriegseinsätze in den folgenden Jahren brachten ihn nach Ostrolenka, Moldawien und Bulgarien. Im Krieg von 1812 gegen die Franzosen diente er im 1. Jäger-Regiment. Bei den Kämpfen von Michailowska unweit von Smolensk wurde ihm der linke Arm durch eine Gewehrkugel so stark verletzt, daß er seither behindert war. Er blieb im Dienst bis zum Abschied als Stabskapitän 1815, trat dann in das Olwiopolsche Husaren-Regiment ein, das er 1819 als Stabsrittmeister verließ. Nach seiner Heirat mit Charlotte Kummerau folgte der unglücklich im Konkurs geendete Erwerb von Springenhof. Seit 1825 war Eugen in Riga im Staatsdienst, ließ sich nach seinem Gesuch

---

[1144] Denfer, H. v.: Grundstein zu einer Geschichte der Familie von Denffer, Batum 1906, 41. Das KB St. Annen 1846 ist scheinbar im Russischen Historischen Staatsarchiv St. Petersburg nicht vorhanden.
[1145] Böhm, B.: Wolkowo III, St. Petersburg 2004, 84; (Personenstandsregister) St. Petersburg 2005, IV, 18.
[1146] KB Doblen 1785 Taufen Nr. 17, LR 4002, 81 rechts.

von 1836 zur Entlassung wegen Verwundung in Talsen nieder und ging später nach Petersburg. [1147]

Es hinterblieben in Kurland seine Frau Charlotte und die beiden nun schon erwachsenen Kinder Kinder Cornelie und August. Nach dem Tod Eugens mußte Charlotte sich darum bemühen, „eine Pension für den Dienst ihres Mannes" zu erhalten. Davon zeugt eine Akte des zuständigen Senats-Departement in St. Petersburg aus den Jahren 1846/47. Ihr Gesuch wurde, zumindest zunächst, wohl abgelehnt, wie der Aktentitel nahelegt „Zur Ablehnung, der Witwe des Hofrats E. Denfer Zahlung einer Pension für Dienste ihres Gatten zu gewähren". [1148]

※

Im Forstverwaltungsdienst

„Nach officiellen Angaben gingen die Flüsse in Curland schon in der zweiten Hälfte des Februar auf. Seitdem herrschte ununterbrochen ziemlich warme, aber trübe Witterung; Fröste gab es zwar in einigen Nächten, jedoch nicht über 3 oder 4 Grad; die Gewässer fielen und fingen schon an ihr gewöhnliches Flußbett einzunehmen; an mehreren Orten zeigte sich bereits frisches Gras… Ein solches Eintreten eines in allen Beziehungen ungewöhnlich zeitigen Frühlings, - selbst die Lerchen trafen schon Anfang März ein, - gehört gewiß zu den merkwürdigen Erscheinungen in der Natur." [1149]

Im Frühjahr war ein Ehepaar aus der Familie in Deutschland, das nicht näher bestimmt werden kann. Die „Mannheimer Abendzeitung" meldete: „Bestand der Fremden im Gasthaus zum Rheinischen Hof in Mannheim, am 9. April 1846… von Denffer mit Gattin, Particulier, aus Berlin." [1150] Ein Druckfehler ist unwahrscheinlich. Man käme vielleicht weiter, wenn man wüßte, weshalb überhaupt in den letzten Jahren Denffersche Damen wiederholt nach Mannheim gekommen waren.

Als „Particulier" bezeichnet wurde „ein Mann, welcher ohne Anstellung zu haben u. Gewerbe zu treiben von seinem Vermögen lebt." [1151] Zu dieser Zeit waren verheiratete Denffer nur Jeannot, sein Sohn Victor und sein Vetter August. Dessen

---

[1147] Denfer, H. v.: Grundstein, 39-41; Denffer, A. v.: Beiträge zu einer Geschichte der Familie von Denffer, Norderstedt 2006, 177-80.
[1148] RGIA (Russisches Staatliches Historisches Archiv) 1330/5/2023, 1847.
[1149] Das Inland 25.4.1846, 406 f.
[1150] Mannheimer Abendzeitung 12.4.1846, 396.
[1151] Pierer's Universal-Lexikon, Altenburg 1861, XII, 717.

Dienstliste enthält keinen Hinweis auf Urlaub mit Erlaubnis, ins Ausland reisen zu dürfen. Auch wäre er wohl nicht als „Particulier" in Erscheinung getreten, sondern mit seinem Rang „Geheimrat". Bei Jeannot würde man eher „Gutsbesitzer" erwarten. Victor käme in Frage, wenn er zwischen dem Ende seiner Militärzeit und Eintritt in den Zivildienst eine Auslandsreise unternommen hätte. Dagegen spricht das kurz bevorstehende Ende der erneuten Schwangerschaft seiner Frau:

„1846 Funfzehnten April um 8 Uhr Abends (getauft) Siebenundzwanzigsten May Caroline Ernestine Amalie Olga, Tochter des Herrn Rittmeisters u. Ritters Johann Robbert (sic!) Victor von Denffer zu Grafenthal und dessen Gemahlin Jacobine Henriette v. Denffer gebor. Bayerhofer. Eltern luther. Pathen Frau Ernestine von Brasch hielt das Kind. Frau Caroline von Denffer Großmutter. Herr Capitaine von Denffer Großvater. Herr Theodor von Denffer Onkel des Kindes. Getauft in dem Hofe Grafenthal von Pastor Conradi zu Mesothen." [1152] Ernestine war die Tochter von Ernst Tottien und Maria Anna, der Schwester von Jeannot. Auffällig ist der etwas lange Abstand zwischen der Geburt des Kindes und der Taufe, 42 Tage. Auch die Kalenderumrechnung ist noch zu bedenken, denn der 9. April in Mannheim war erst der 28. März 1846 „alten Stils", des in Russland gebräuchlichen Julianischen Kalenders. Jedenfalls war nun Jeannots und Carolines zweites Enkelkind geboren und ein Mädchen.

Seinen neuen Dienst in der Forstverwaltung trat Victor 1846 an. Das geht aus einer Zuschrift hervor, die er viele Jahre später an die Rigasche Zeitung schickte:

„Zu dem Aufsatze über Kälberaufzucht in der Landwirthschaftlichen Beilage Nr. 4 zu Nr. 18 der „Rigaschen Zeitung" erhalten wir von schätzenswerther Seite folgende Mittheilung: Als ich von 1846 bis 1855 mich mit der Landwirthschaft im Kownoschen Gouvernement beschäftigte, zeigte mir ein alter, erfahrener polnischer Landwirt eine Art der Kälbererziehung an, welche sich in den acht Jahren, in welchen ich sie angewandt habe, als vorzüglich bewährt hat. Die Kälber, welche erzogen werden sollten, wurden während der ersten drei Wochen frei bei der Kuh gelassen, wo sie sich genügend satt saugen konnten, wobei selbstverständlich die Kuh in den ersten Tagen nachgemolken werden mußte, weil das Kalb sogleich nicht alle Milch aussaugen konnte. Nach drei Wochen wurden die Kälber in eine, in demselben Viehstalle gemachte

---

[1152] KB Mesothen Taufen 1846, Nr. 112; KB Mesothen 1846 (LR 3288, 98 links); LVVA 640/1/2341 (Adelsbeweise Denfer, 30 r, Nr. 5).

Umzäunung gebracht, in welcher eine Raufe mit feinem guten Heu und ein doppelter Trog angebracht waren und in letzteren in die eine Hälfte trockenes Hafermehl und in die andere reines Trinkwasser hineingethan wurde. Während der vierten Woche wurden die Kälber drei Mal täglich zur Kuh zum Saugen zugelassen und jedes Mal, nachdem sie sich satt gesogen, wieder in die Umzäunung zurückgebracht, wo sie vor langer Weile etwas das Mehl und das Heu zu fressen begannen. Während der fünften Woche wurden die Kälber nur zwei Mal täglich, zu Mittag und am Abend zur Kuh zum Saugen zugelassen, und begannen am Morgen, da sie hungrig waren, schon mehr Heu und Mehl zu sich zu nehmen. Während der sechsten Woche wurden die Kälber nur ein Mal am Abend zur Kuh zum Saugen gelassen, nach sechs Wochen ganz entwöhnt, nährten sich dann nur von trockenem Hafermehl und Heu und tranken das Wasser, welches selbstverständlich täglich erneuert wurde. Dieses Futter bekamen sie während des ganzen ersten Sommers. Bei Eintritt der warmen Jahreszeit im Frühjahre wurde eine größere Umzäunung draußen an der Nordseite irgend eines Gebäudes gemacht, in der sich die Kälber tummeln konnten, an der Wand des Gebäudes ein Dach, unter welches sie sich während der Hitze und der Regentage flüchten konnten und unter diesem Dache die Raufe mit dem Heu und der doppelte Trog mit Mehl und Wasser angebracht. In dieser Umzäunung blieben sie am Tage während des ganzen Sommers, wurden nicht auf die Weide gelassen und kamen im Herbst so glatt und fett in den Stall, wie sie nach ihrer Geburt bei der Kuh gewesen. Den ersten Winter bekamen sie Heu und auf je drei Stück täglich, 10 Stof Hafermehl in das Trinkwasser eingerührt ebensoviel wie das alte Vieh bei mir an Mehl erhielt, gingen den nächsten Sommer mit dem anderen Vieh auf die Weide, wurden den zweiten Winter, wie all mein Vieh, mit Stroh und 10 Stof Mehl auf je drei Stück täglich gefüttert, haben alle nach zwei Jahren gekalbt und waren sehr milchergiebig. Es wäre wünschenswert, wenn auch andere Landwirthe mit dieser Art Kälberaufzucht Versuche machen würden, denn sie ist praktisch, ohne Beschwerde und nicht kostspielig.

Mitau, Januar 1886. v. Denffer." [1153]

※

[1153] Rigasche Zeitung 13.2.1886, Landwirtschaftliche Beilage No 7, 26.

Wetterextreme

„Landwirthschaftlicher Jahresbericht für 1846, aus der Umgegend von Mitau ... Schon im Anfange des Februars schied der Winter. Den ganzen März und April hindurch, besonders im Verlaufe des letztern, hatten wir fast in jeder Nacht starke Fröste und gar keinen Regen. Der Mai, einige wenige warme Tage ausgenommen, war sehr kalt, hauptsächlich durch sehr rauhe und heftige Winde, und es fehlten auch in diesem Monate nicht Nachtfröste. Am 11. hatten wir den ersten Regen, und zwar einen starken warmen Gewitterregen, und am 16. u. 23. ganz unbedeutenden Strichregen. Die starken Winde trockneten den Boden in der Oberfläche wieder sehr schnell aus, besonders den zur Sommersaat gepflügten und gerührten Acker, so daß die flach liegenden Saamen bei der Kälte nicht keimten. Den Juni hindurch erhielt sich durchschnittlich eine mittlere Temperatur, aber auch dieser Monat blieb nicht frei von Nachtfrösten. Namentlich erfroren vom 9. auf den 10. einige Kartoffelstauden und später einige Roggenblüthen. Es regnete im Juni nur 2 Mal, vom 14. auf den 15. und am 20. In den Monaten Juli und August war es heiß, in den folgenden Monaten bis zum December ungewöhnlich warm, mit Ausnahme einzelner weniger Tage, wie z. B. am 2. Septbr., wo in der Nähe des Waldes, und am 12. und 13. fast überall, das Kartoffelkraut durch starke Nachtfröste getödtet wurde. In allen diesen Monaten, bis zum Ende des Novembers, hatten wir nur am 9., 30. und 31. Juli Gewitterregen, am 1. September einen ganz geringen Regen und am 16. noch einen kurzen aber starken Gewitterregen, endlich am 16. November den letzten geringen Regen. Am Abende des 18. November trat ganz plötzlich Kälte von 6 ½ ° ein. Im Juli u. August, besonders in dem ersten Monate, waren rund umher fast täglich gewaltige sehr drohende Gewitterwolken zu sehen und ferner Donner zu hören. Es stiegen oft auch Gewitterwolken auf, aber sie entluden sich nicht und spendeten auch den gewünschten Regen nicht; einzelne entluden sich auch heftig aber ohne Regen, und waren nur von Hagel begleitet; auch wurden mehrere Gebäude, - an einem Tage sah man es zu gleicher Zeit an drei verschiedenen Stellen brennen - eingeäschert und einige Felder durch Hagelschlag mehr und minder beschädigt. Nur einzelnen wenigen entfernten Gegenden führten diese Gewitter Regen, selbst sehr starken zu, ja in solchem Maaße, daß einzelne weit unterhalb belegene ganz ausgetrocknete Flußbette dadurch einen, ein Fuß und darüber hohen Wasserstand erhielten, obgleich in dieser Gegend nicht ein Tropfen Regen gefallen war. Am 30. November und 1. December fiel viel Schnee; es trat anhaltender Frost ein und die gebildete Bahn erhielt sich andauernd und gut bis zum Anfange des Monates März 1847; im Verlaufe des ganzen Vierteljahres trat nur an wenigen Tagen gelindes auf die Schlittenbahn gar nicht einwirkendes Thauwetter auf.

Vom Sommer an bis gegen die Mitte des März 1847 litten sehr viele Güter und Gesinde an Wassermangel, und mußten sich ihren ganzen Wasserbedarf, manche aus weiter Ferne, von den größern Flüssen her anführen.

Die Bearbeitung des niedrigen Bodens zur Sommerung war sehr schwierig und nicht vollkommen auszuführen, weil derselbe im Jahre zuvor durch die andauernden Regen übersättigt und in einen gleich dem Peche zusammenklebenden Zustand versetzt worden war, dessen zur Bearbeitung angemessener Zustand eben nicht abgewartet werden konnte. Der Umbruch und die weitere Bearbeitung des therigen durch die Dürre steinartig erhärteten Brachackers, war überaus schwierig; der am 11. Juni gefallene Regen machte den Umbruch jedoch möglich…

Die Weizen- so wie die Roggensaaten waren gewiß zur Hälfte ausgefault… Viele Leinsaaten, besondere die spätern, waren ganz mißrathen. Die Erbsen und Wicken blieben von den Erdflöhen ganz verschont. Sämmtliche spät gesäete Sommerung befiel, als im Juli des Abends starkes Wetterleuchten eintrat, sogleich und stark mit Rost, [1154] eine Erscheinung, die stets mit dem nächtlichen entfernten Wetterleuchten verbunden ist." [1155]

Die Flug-Maschine

Zu Johanni waren „1846 vom 10. bis 14. Juni in Mitau angekommene Fremde „Hôtel de Moscau… Doctor v. Grabe aus Grafenthal… die HH. von Budberg und Lehrer Diettrich aus Garsen… log. b. Handlungs-Makler Tode." [1156] Wenn auch, wie schon zuvor bemerkt, die Bedeutsamkeit der Johannis-Tage in Mitau abnahm, waren doch immer noch Geschäfte abzuschließen und die verschiedensten Attraktionen zu erwarten:

„Kurland. Mitau, den 9. Juni. Unsere Johannis-Saison verspricht keinesweges den glänzenden Reunions vergangener Jahre gleichzukommen. Curland, eine der kornreichsten Provinzen des Reichs, erfuhr im vorletzten Jahre zum ersten Male die

---

[1154] Pilzbefall bei Pflanzen.
[1155] Das Inland 20.10.1847.
[1156] Allgemeines Kurländisches Amts- und Intelligenzblatt 15.6.1846.

Einflüsse einer nicht bloß mittelmäßigen, sondern sogar schlechten Erndte. Noth u. Befürchtung steigerten sich, als die Nachrichten aus den benachbarten Gouvernements nach der letzten Erndte immer besorgter wurden u. der Bedarf der Provinz selbst nicht hinlänglich gesichert schien. Dessenungeachtet wirkten die wohltätigen Maaßregeln der Regierung u. die seit dem November v. J. im größten Theile von Europa als übertrieben erkannten Nachwehen des Erndtemangels auf die Stimmung nur günstig ein. Bald gesellte sich der Geist der Spekulation zu den guten u. bösen Geistern, welche die Garben des Augusts 1845 umschwebten u. der errungene Sieg des Schnitters sollte zur Niederlage für den Handelsstand werden, der die ausländischen Märkte beschicken zu können glaubte. Die Staats-Regierung gab diesen Wünschen kein Gehör; auf der Höhe von 1846 erschienen am fernen Horizonte nur dunkle Anzeichen herannahender Preis-Regulatoren; der frühe Abgang der Winterbahn zerstörte alle diese Pläne u. Hoffnungen. Jetzt, wo so viele Getreide-Vorräthe unbenutzt liegen, drohen erschwerte Communication u. überfrohnter Frachtlohn die Kornpreise der Seestädte aufzuwiegen; die Speculation gewinnt daher abermals neuen Spielraum.

Mitau, den 11. Juni. Der Rigische Schauspieldirector Ringelhardt mit seiner Gesellschaft hat seit dem Beginn d. M. sein Gastspiel hier aufgeschlagen, wie es aber scheint, unter nicht besonderer Theilnahme des hiesigen Publikums, indem man zum Theil mit den Vorstellungen nicht ganz zufrieden sein mag, auch wohl die Cassen zu schonen alle Ursache hat. - Ein großes malerisch-mechanisches Kunst-Cabinet mit mechanisch-plastischen Bildern, hier noch nicht gesehenen Dioramen mit Plastik und optischen Transparent-Gemälden öffnet uns die Aussicht auf noch gar nicht gekannte Kunstgenüsse. - Endlich hat Hr. Henry Dessort sein Mögliches gethan, um seine großen gymnastischen Kunst- und Kraft-Darstellungen in der großen arabisch-beduinischen herkulischen und athletischen Akademie, die vorläufig in der Villa Medem aufgeschlagen ist, anzupreisen… Unsere 5 bis 6 Gasthäuser sind mit Reisenden überfüllt… überall Gewühl und Geschäfte, aber wenig Geldgewinn u. noch weniger Gelüste nach kostspieligen Unternehmungen.

Mitau, den 12. Juni. Mit dem gestrigen Abende ist der statutenmäßige Termin zur Leistung der fälligen Bankzahlungen abgelaufen… Die Art und Weise der Regulirung, die Herbeischaffung eigener Mittel oder die Anweisung auf fremde Fonds ist der sicherste Barometer für die Ergebnisse der vorigjährigen und die Hoffnungen der dießjährigen Erndte… so viel man aber aus einigen in den letzten Tagen vorherrschenden Anzeichen hat entnehmen können, so möchte die Krisis des letzten Winters mitunter einige Nachwehen verspüren lassen." [1157]

„Unser Provinzial-Museum ist in den Johannistagen allen anständig gekleideten Personen geöffnet; bloß Kinder unter 8 Jahren dürfen es nicht betreten." [1158]

In der Zeitschrift „Das Inland" erschien kurz nach Johanni der Hinweis auf eine kuriose Angelegenheit, die man aber offenbar nicht besonders ernst nehmen wollte und dementsprechend, allerdings auf ebenfalls kuriose Weise, kommentierte: „Der Gouv.-Secr. Hryschkewitsch zeigt in unserem Intell.-Bl. an, daß die von ihm bearbeitete Flug-Maschine ihrer Beendigung nahe ist, und ladet Alle, welche von dieser Erfindung zum Fliegen Gebrauch machen wollen, ein, diese Maschine zu besichtigen; jetzt, wo die fliegenden Bewohner des Waldes verstummen, der fliegende Holländer ausgesungen hat und die zwischen Riga und Mitau auf der Chaussée einherfliegenden blumenspendenden bruststarken Kinder sich zu neuen Anstrengungen für das nächste Jahr rüsten, eine dreifach wichtige Erfindung." [1159]

Alexander v. Hryskiewicz, der im Deutschbaltischen biographischen Lexikon ebenso wenig vorkommt wie in Schlau's Buch über Mitau, [1160] hatte schon zwei Jahre zuvor auf seine Erfindung aufmerksam gemacht:

„Bekanntmachungen. Die Kunst zu fliegen.

Zur Erlangung einer freien Fahrt durch die Luft wurden schon viele Versuche gemacht, aber aus Mangel an natürlicher Kraft des Fliegens konnte keiner gelingen, und die bisherigen Ballons wandeln ohne Leben, unnütz, gefahrvoll, wohin, der Wind sie treibt. - Verschiedene Umstände bewogen mich über diesen Gegenstand nachzudenken, und ich habe eine Abhandlung nebst Project „über die Kunst des Fliegens" dem Manufactur-Collegium zu St. Petersburg vorgestellt. Die durch mich projectirte Kunst beruht hauptsächlich: 1) in der Elasticität der gedrückten Luft, 2) in der pneumatischen Kraft der ganzen Atmosphäre, und 3) in der Leichtigkeit des Wasserstoffgases, auf welche drei vereinigte unsichtbare Kräfte der Natur, die Mechanik und Physik mich gründend, ich gesonnen bin, sowohl die Menschen einzeln in Vögel zu

---

[1157] Das Inland 18.6.1846, 598 f.
[1158] Das Inland 25.6.1846, 626.
[1159] Das Inland 9.7.1846, 656. Mit „Intell.-Bl." ist gemeint das in Mitau erscheinende Allgemeine Kurländische Amts- und Intelligenz-Blatt.
[1160] Lenz, W. (Hg.): Deutschbaltisches Biographisches Lexikon, Köln 1970; Schlau, K.O.: Mitau im 19. Jahrhundert, Wedemark-Elze 1995.

verwandeln, als auch Vögel von verschiedener Größe für 2, 5, 9, auch mehr Personen zu bauen. Da jedoch zur Erreichung dieses wichtigen Zwecks in der kleinen Stadt Schaulen die Hauptmaterialien und die Kunsthandwerker für keinen Preis zu bekommen sind, und ich, durch Aufgebung meines Postens und Aenderung des Wohnorts, einen jährlichen Verlust von 4- bis 500 Rubeln S. nicht tragen kann; so habe ich mich entschlossen, den Unternehmungsgeist Einer geehrten und liberalen Kaufmannschaft hiemit aufzufordern, sowie der hochgeehrten Obrigkeit von Liv- und Kurland meine, bereits durch 12-jährige Dienste in verschiedenen Gouvernements- und Kreis-Behörden bewährten Kenntnisse in der Rechnenkunst, der Russischen, Deutschen und Polnischen Sprache, unterthänigst anzubieten, mit der ergebensten Bitte: mich zu einer passenden Stelle in Riga oder Mitau zu befördern, damit ich hierdurch in den Stand gesetzt werde, nebenbei meine Erfindung zur Fahrt durch die Luft, zum Wohle der Menschheit, ins Werk zu setzen. Schaulen, den 12. April 1844.

Gouvern.-Secretair Alexander v. Hryskiewicz, Secretair des Schaulenschen Rathhauses." [1161]

Die Meldung im „Intelligenzblatt", über die man sich im „Inland" lustig machte, war indes, zumindest aus heutiger Sicht, nicht unbedingt abwegig:

„Einem hohen Adel und geehrten Publikum mache ich hiemit ergebenst bekannt, daß die Bearbeitung meiner Flugmaschine ihrer Beendigung nahe ist und täglich am Nachmittage von allen Kunstliebhabern gesehen werden kann - hiebei findet statt: eine Pränumeration auf meine Abhandlung von der Kunst des Fliegens, deren Preis 50 Kop. S. Mitau in der katholischen Straße im Hause des Stellmachers Schiemann. Gouvernem. Secretair A. v. Hryschkewitsch." [1162]

Der Erfinder warb demnach auch für den Druck seiner Abhandlung. Ob sie erschien, war bislang nicht festzustellen, doch zumindest läßt sich sagen, daß den Annalen der Stadt Mitau anzufügen ist: Hier wurde 1846, lange nach Ikarus und vor den Brüdern Wright, von einem Mitauer Wagenbauer eine Flugmaschine gebaut, wohl auch die erste im Baltikum.

[1161] Rigasche Zeitung 21.4.1844, (4). Dem entsprechend auch Das Inland 2.5.1844, 284.
[1162] Allgemeines kurländisches Amts- und Intelligenzblatt 25.6.1846, (3).

In diesem Sommer wurde wieder Kalk verkauft, der Preis war um 10 Kopeken angehoben: „Auf dem Gute Grafenthal bei Bauske ist guter Kalk zu 2 Rubel 50 Kopeken Silber pr. Last zu haben.“ [1163]

Aus Bersebeck erhielten Jeannot und Caroline in Grafenthal und andere Verwandte die betrübliche Nachricht einer „Todes-Anzeige. Nach neunmonatlichen schweren Leiden entschlief am 10. d. M., abends 8 Uhr, zu einem besseren Leben meine geliebte Frau Wilhelmine, geb. Kummerau, im 39. Jahre ihres Lebens und im 19. unserer Ehe. Mit tiefbetrübtem Herzen widmet diese Anzeige entfernten Freunden und Verwandten C. Villon. Bersebeck, im Juni 1846.“ [1164]

Begraben in Kiew

Friedrich Eugen, ältester Sohn des Petersburger Senators August und seiner Frau Caroline, war von seiner Auslandsreise nach Russland zurückgekommen. Durch den Dorpater Studienabschluß qualifiziert stand ihm die Möglichkeit offen, in den Staatsdienst zu gehen. Friedrich Eugen trat eine solche Stelle in Kiew an, der Regelung zufolge als „Kollegiensekretär“ mit der Anrede „Wohlgeboren“. Ein Kiewer Beamtenverzeichnis aus jener Zeit konnte ich nicht auffinden. Die Behörde, bei der er tätig wurde und das Jahr des Dienstantritts lassen sich nicht nachweisen, jedenfalls wird es nach seiner Auslandsreise gewesen sein, also frühestens etwa im Herbst 1844. Insofern war er nur kurz im Dienst und noch nicht befördert, als ihn der Tod ereilte:

„Gestorbene in der Evangelisch-lutherischen Gemeinde zu Kiew im Jahre 1846: … Nr. 17 Juni 8 den achten Morgens drei Uhr (Begräbnis) Juni 10 den zehnten Vormittags zehn Uhr Denffer, Eugen, Cand. jur. Kanzelley-Beamter (Geburtsort) Witepsk (Alter) 29 Ledig (Todesursache) Kehlschwindsucht Eingesegnet am Grab von Pastor Abel.“ [1165]

[1163] Allgemeines Kurländisches Amts- und Intelligenz-Blatt 18.6.1846; 22.6.1846; 29.6.1846.
[1164] Rigasche Zeitung 29.6.1846.
[1165] KB Kiew Gestorbene 1846, 226 (Russia Lutheran Church Book Duplicates); Society for German Genealogy in Eastern Europe (Calgary, Canada) 1882637-3/1846, Scan 225; Denfer, H. v.: Grundstein zu einer Geschichte der Familie von Denffer, Batum 1906, 58 hat die irrtümliche Angabe im „»Album Academicum Dorpatensis« von 1889, sub Nr. 3593 … † zu St. Petersburg“ berichtigt: „Beruht auf Irrtum; er ist in Kiew gestorben.“ Die wohl aus dieser Quelle übernommene irrtümliche Angabe St. Petersburg findet sich auch im Film Nr. 1882637 Salt Lake City.

Friedrich Eugen lebte nur zwei Jahre länger als seine jüngeren Brüder Eduard und Alexander. Seine Mutter Caroline hielt sich zu dieser Zeit in Deutschland auf, sein Vater lebte in Petersburg. Friedrich Eugen war das siebte Kind, das sie von ihren 11 Kindern zu ihren Lebzeiten verloren.

In der Ukraine hatte ich verschiedentlich beruflich zu tun. Die Hauptstadt Kiew besuchte ich zuletzt Anfang Dezember 2015 zwecks eines Winterhilfeprojekts für Flüchtlinge von der Krim. In Kiew konnte ich zugleich bei einer interreligiösen Veranstaltung mitwirken. Auch ergab sich die Gelegenheit für einen Gang über den großen Friedhof „Baikowa Kladowischtsche". Dieser wurde 1833 als orthodoxe Begräbnisstätte angelegt, ein deutscher, lutherischer Teil mit eigener Einsegnungskapelle, kam 1839 hinzu. Dieser Teil ist heute auf dem Lageplan als „Stare Nimetske" - Alter Deutscher (Teil) - ausgewiesen, hat einen eigenen Eingang mit gemauertem Torbogen, beschriftet als „St. Nem". Mitten durch den Friedhof führt der „Boulevard Baikowa". Der alte deutsche Teil liegt am oberen Ende auf der südöstlichen Seite, links der aufwärts führenden Straße. Der Eingang heißt noch immer „Stara Ljuteranska" - Alter Lutherischer. Die kleine hoch aufragende Kapelle im neugotischen Stil wurde wohl erst 1848 erbaut, [1166] ist teils verfallenen aber steht noch, das Friedhofsareal ist dicht mit meist eingezäunten Gräbern belegt, die meisten davon jedoch nicht alt. Einige wenige aus der 2. Hälfte des 19. Jahrhunderts waren erkennbar, ein Grab Denffer bei meiner Begehung am frühen Vormittag des 2. Dez. 2015 jedoch nicht aufzufinden. Die Gräber sollen im 19. Jahrhundert durch den Friedhofsgärtner sorgsam gepflegt worden sein, nach 1936 kam es zu Zerstörungen und Verkauf von Grabsteinen. Die alten Grabstellenverzeichnisse gelten als seit langem verloren. [1167]

Bei einem früheren Besuch hatte ich am 26. Juli 1997 die damals als Lagerhalle für Museumsausstellungsreste genutzte Lutherische Kirche in der Stadt entdeckt, an der Lutherischen Straße, „Wulitsja Ljuteranska", ein Gebäude ohne Hausnummer neben der Nr. 24, daran angebracht ein Schild mit der Aufschrift „Pamjatnik Architekturi 27 Kircha 1855-1857" - Architektur-Monument der Ukrainischen Sozialistischen

---

[1166] Zur Lutherischen Kirche und Friedhof vgl. Das Inland 42/1857 692 f.; Granzin, 88; Terjoschina, T.: Die Deutsche evangelisch-lutherische Gemeinde in Kiew, in: Deutscher Kanal. Monatszeitung der Deutschen in der Ukraine 5 (51)/1997, 4.
[1167] Granzin, M.: Die deutsche Gemeinde in Kiew 88, in: Familie, Sippe, Volk 9/1943, 88-90; 10/1944, 11.

Volksrepublik… Dieses Kirchengebäude wurde also erst ein Jahrzehnt nach Friedrich Eugens Tod errichtet. Im Jahr 2000 erfolgte die Wiedereinweihung. [1168]

Eine erste briefliche Auskunft mit Verweis an das Staatsarchiv gab freundlicherweise Tatjana Teroschina. [1169] Auch das Sterbebuch, so erfuhr ich dort bei einem kurzen Besuch, soll erst 1855/56 beginnen. Vor dem Zweiten Weltkrieg, so sagte man mir, gab es 6 Millionen Dokumente, danach nur noch 1,3 Millionen. Den obigen Sterbeeintrag habe ich dann doch noch im Internet entdeckt. Dabei handelt es sich um eine Mikroverfilmung von Duplikaten Lutherischer Kirchenbücher 1833-1885, die sich nicht in Kiew, sondern im Russischen Historischen Staatsarchiv St. Petersburg befinden.

Wieder ins Ausland

Im Herbst wurde in der Mesothenschen Kirche die Heirat von Jeannots Nichte angekündigt: 1846 „Dom. 18. P. Tr. D. 6. October zu Mesothen Proclamandi 1. Friedrich Wilhelm Kupffer Doctor der Medizin zu Tuckum, Sohn des Hr. Pastor Kupffer zu Zabeln u dessen Gemahlin Louise Rambach gebürtig aus Zabeln luth Confeßion 25 Jahr alt; /(Eltern leben) mit/ Antonie Marie von Jakimowitz aus Grafenthal Tochter des Herrn Capitaine Joseph von Jakimowitz u dessen Gemahlin Natalie geb von Denffer; gebürtig aus Latweliszek luth. Confeßion Eltern tot 23 Jahre alt – Attest aus Tuckum d 21 Oct. Eltern willigen ein." [1170]

Im Kirchenbuch Tuckum ist Kupffers Trauung „Dom. 21 p. Tr. den siebenundzwanzigsten Octbr" teils unleserlich verzeichnet mit „Fräulein Marie Antonie von Jakimowitz (Sel. X.) Major Joseph von Jakimowitz Tochter (Elt.) +, in (Litthen) Latwilizkau gebohren 23." [1171]

Aus all dem ist zu entnehmen, daß Marie Antonie, deren Eltern beide verstorben waren, sich 1846 in der Obhut ihres Onkel Jeannot auf Grafenthal befand. Ihre Geschwister waren Josephine Selma, geboren am 17. März 1820, Rudolf 1822 und Oscar

---

[1168] Heimat im Glauben. Beilage zum Monatsheft „Volk auf dem Weg", 3/2000.
[1169] Deutsche Evangelisch-Lutherische Gemeinde in Kiew, 16.10.1997.
[1170] Kirchenbuch Mesothen Getraute 1846 LR 3288, 129r; 138v. (Dieses KB in Riga nicht aufgefunden).
[1171] KB Tuckum Getraute 1846, 157 Nr. 10, teils unleserlich; desgleichen LR 3745 rechts; Kurzfassung in Abschriften aus dem Tuckumschen Kirchen-Buche pro 1846, 20v, Deutsche Paare Nr. 5.

1824. [1172] Da der Geburtsort von Marie Antonie von Jakimowitz diesen Angaben nach 1823 Latwelischek war, ist anzunehmen, daß ihr Vater das Gut erwarb, als Denffers es verkauften, oder er es eventuell als Mitgift erhielt, als er am 17. Juni 1817 in Zeymel Natalie geheiratet hatte. [1173]

In Petersburg war August am 30. Januar 1846 mit dem Orden des Weißen Adlers ausgezeichnet worden. [1174]

Zwei Akten zufolge beantragte der Senator August für seinen jüngsten Sohn die Genehmigung ins Ausland reisen zu dürfen: „1846 zu Senator Denfer über die Entlassung seines elfjährigen Sohns Wladimir ins Ausland." [1175]

Auch über die Ausstellung eines Auslandsreisepasses für Karolina Denfer gibt es eine Akte 1846. [1176] Mutter und Sohn reisten nach Deutschland, die Töchter Anna und Theophile blieben scheinbar in Petersburg. Damals war August 60 Jahre alt und Caroline 52. Nach einem Vermerk von 1860 im Staatsarchiv Russlands (Moskau) lebte sie seit 1846 im Ausland. [1177] Ihr späteres Gesuch über eine Zuwendung an die Töchter des verstorbenen Vaters kam aus Halle/Saale, ihrem Heimatort. [1178]

Die Angelegenheit von 1844 mit dem Büro der Institutionen der Kaiserin Maria war offenbar noch nicht abgeschlossen, denn auch 1846 gab es Korrespondenz dazu mit Denfer August Uljanovitsch. [1179]

[1172] Denfer, H. v.: Grundstein zu einer Geschichte der Familie von Denffer, Batum 1906, 46. Die Kinder und Enkel von Marie Antonie und Friedrich Kupffer sind zu finden in Stammfolge Kupffer (Ast Zabeln), 97 (Zimmermann, Th. v.: Die baltische Literatenfamilie Kupffer, Baltische Ahnen- und Stammtafeln 43, Hamburg 2001, 71-118).

[1173] Archiv der Kurländischen Ritterschaft Kirchenbuchauszüge III, Getraute Kirchspiel Zeymel, 279.

[1174] Spisok kawaleram rossiskich imperatorskich i tsarskich ordenow, St. Peterburg 1850, I, 80; Rigasche Zeitung 30.4.1846; Allgemeine Preußische Zeitung 17.5.1846, 590; Oesterreichisch Kaiserliche privilegierte Wiener Zeitung 23.5.1846, 1148; Kaiserlich Königlich privilegierte Linzer Zeitung 28.5.1846.

[1175] RGIA 1286/10/257; 1286/14/214.

[1176] Russisches Historisches Staatsarchiv St. Petersburg 1286/10/590.

[1177] Staatsarchiv Russlands (Moskau) 1405/58/6548,5-6.

[1178] Gesuch datiert 18./30.4.1860 (Russisches Staatsarchiv 1405/58/6549, 5 ff.). Hinzu kam 1860 eine Akte zur Erstellung einer Abschrift der Dienstliste des Senators und des bis zum Tod zukommenden Gehalts (1348/73/716).

[1179] RGIA 759/7/987.

1847 Geschichtsstudium in Dorpat

Unter den vom 10. bis 12. Jan. 1847 in Mitau angekommene Fremden war „Frau Baronin v. Budberg aus Grobin log. b. Kreismarschall v. Witten.“ [1180] Henriette hatte wohl die Weihnachtstage und den Jahreswechsel bei ihrer Tochter Ida und dem Schwiegersohn Pastor von der Launitz in Grobin verbracht und machte auf dem Rückweg nach Garssen Halt in Mitau. Bei Witten war sie auch schon mit ihrem Sohn am 4. Juni 1836 gewesen. [1181]

Eugens Sohn August hatte das Aufnahme-Examen an der Universität Dorpat bestanden. Die Universität Dorpat besuchten 1847 insgesamt 598 Studenten, von denen 254 aus Livland kamen, 102 wie August aus Kurland, 62 aus Estland und 168 aus anderen Gegenden Rußlands. Die übrigen 12 waren Ausländer. Zur Philosophischen Fakultät gehörten 238 Studenten, zur medizinischen 177, zur juristischen 107 und zur theologischen 76. „Am ersten Ostertage wurde ein besonderer academischer Gottesdienst, vorläufig in der vom Magistrat der Stadt Dorpat zum Mitgebrauch bewilligten St. Johanniskirche, eröffnet. Der als hoch begabter Kanzelredner bekannte außerordentl. Prof. Harnack hat die Abhaltung dieses Gottesdienstes übernommen.“ [1182]

Das Studium der Geschichte, das August am 6. Jan. 1847 aufnahm, war an der Universität Dorpat jener Zeit offenbar weniger beeindruckend als das der Theologie oder Medizin. Es wurde maßgeblich bestimmt durch „Friedrich Kruse [1183] (1828-52), der sich“ - so eine rückblickende Einschätzung - „durch seine kritiklosen Ausgrabungen und unkritischen Schriften bekannt gemacht hat, und während dessen langer Amtsdauer das Geschichtsstudium ganz daniederlag. Nur durch den talentvollen, leider zu früh gestorbenen Privatdocenten Oberlehrer A. Hansen [1184] (1840-49) wurde den Studirenden der Geschichte Anregung geboten. Während der ordentliche Professor Kruse trotz seiner Wichtigthuerei in den 25 Jahren seines Kathederbesizes absolut nichts geleistet hat, brachte jener junge, mit Schulstunden überhäufte Privatdocent in den neun Jahren seiner Wirksamkeit es zu Stande, nicht nur einen ansehnlichen Zuhörerkreis in seinen Vorlesungen über die Geschichte der Ostseeprovinzen um sich zu

---

[1180] Allgemeines Kurländisches Amts- und Intelligenzblatt 14.1.1847.
[1181] Mitauische Zeitung, 6.6.1836, 272.
[1182] Das Inland 19.1.1848; Das zweite Jubelfest der kaiserlichen Universität Dorpat, Dorpat 1853, 91.
[1183] Lenz, W. (Hg.): Deutschbaltisches Biographisches Lexikon, Köln 1970, 420 f.
[1184] Heinrich August Hansen (Lenz, 294).

versammeln, sondern auch noch Arbeiten über historische, geographische und sprach-liche Gegenstände zu veröffentlichen…" [1185] Eine eigene Professur für Russische Ge-schichte gab es übrigens in diesen Jahren in Dorpat nicht.

Etwas näher betrachtet wurde Kruses Tätigkeit nicht ganz so übel eingeschätzt. Als August 1847 sein Geschichtsstudium begann, war Kruse schon zwei Jahrzehnte in Dorpat tätig gewesen und ging auf die Sechzig zu. Seine anfänglichen Versuche, mit Blick auf das alte Hellas „Nachrichten und Mittheilungen aus Griechenland und den griechischen Inseln in historischer, geographischer und archäologischer Hinsicht… nach Dorpat gelangen zu lassen… entsprachen… den Erwartungen nicht. Von grös-serem Erfolg waren die Bemühungen begleitet, mit denen Kruse sich der antiquari-schen Durchforschung des Inlandes widmete." Nachdem 1837 das Hochwassers der Düna „verschiedene Alterthümer, wie Graburnen, Waffen und Schmucksachen, auf-gedeckt hatte" untersuchte Kruse den Fund und „wurde von ihm ein Plan zu einer ausgedehnten Durchforschung der Ostseeprovinzen in der genannten Hinsicht ent-worfen," der „im Sommer 1839 zur Ausführung kam. Auf einer Strecke von mehr als 2500 Werst wurde das Land in verschiedenen Richtungen durchforscht. Die Folge-rungen, welche Kruse aus den Ergebnissen der Reise rücksichtlich der Bevölkerungs- und Verkehrsverhältnisse der Ostseeprovinzen in der frühesten Zeit auf Grundlage kühner Hypothesen zog, sind allerdings von der historischen Kritik nur selten als stichhaltig befunden worden. Dennoch ist anzuerkennen, dass seine auf die entdeckten antiquarischen Gegenstände bezüglichen Arbeiten und die sich daran knüpfenden For-schungen und gelehrten Streitigkeiten manche historisch-ethnographische Probleme veranlasst und dazu beigetragen haben, die Methoden ihrer Behandlung zu erweitern und zu läutern. Auch ist es ein bemerkenswerthes Verdienst, dass er ein Museum für vaterländische Alterthümer bei der Universität gegründet hat." [1186] Letzteres war im Jahr 1843 erfolgt.

Wie man sieht, fielen jedoch die Schwerpunkte von Kruses Forschungen in die Zeit lange vor Augusts Studienbeginn. Zumindest aber dürfte ihm bis zur Hälfte seines Studiums die Lehrtätigkeit von Heinrich August Hansen nützlich gewesen sein:

[1185] Die Deutsche Universität Dorpat im Lichte der Geschichte und der Gegenwart, Leipzig 1882, 87 f.
[1186] Rückblick auf die Wirksamkeit der Universität Dorpat…1802-1865, Dorpat 1866, 101 ff.

„Eine erhebliche Unterstützung erhielt zu jener Zeit das historische Studium durch die Vorträge des Dr. A. Hansen, der von 1840 bis zu seinem frühzeitigen Tode, 1849, Privatdocent an der Universität und gleichzeitig Oberlehrer der Geschichte am Gymnasium war. Unter seinen Vorlesungen, die historische, geographische und sprachliche Gegenstände betrafen, waren es besonders die über Geschichte der Ostseeprovinzen, welche einen ansehnlichen Zuhörerkreis fesselten. Von seinen Schriften verdient namentlich die Arbeit unter dem Titel „Osteuropa nach Herodot und Ktesias" Erwähnung, in welcher die Frage von der Herkunft der Scythen mit einer auch nachmals nicht übertroffenen Schärfe und Sicherheit der Methode der Lösung so nahe gebracht worden ist, als die der Erwägung zugänglichen Momente es gestatten. Ebenso wird seine Ausgabe der Origines Livoniae immer in Ehren gehalten werden. Diejenigen seiner Schüler, die zu ihm in nähere Beziehung traten, verdanken ihm eine erhebliche wissenschaftliche Förderung." [1187]

Hansen verstarb am 3. Mai 1849. [1188] Ein kurzer Bericht zeigt, wie damals die Trauerfeier für einen beliebten Lehrer gestaltet wurde. August wird daran teilgenommen haben:

„Die Trauerbotschaft von seinem Tode durchzuckte an jenem freundlichen Morgen wie ein Wetterstrahl von heiterem Himmel die Herzen seiner Kollegen, seiner letzten und seiner früheren Schüler, von denen mehrere und gerade von den gereifteren in helle Thränen ausbrachen, und die allgemeine Theilnahme gab sich in vielfachen Erweisungen, namentlich bei der Bestattung der sterblichen Hülle des Verewigten kund. Am 6. Mai Abends ward dieselbe von Lehrern und Schülern unter Anschluß der übrigen Freunde aus dem Trauerhause unter Fackelbegleitung in den großen Saal des Gymnasiums abgeholt. Eine einfache Schulandacht, wie der Lebende ihr in demselben Raume so oft beigewohnt, empfing die Leiche, ein einfacher Choralgesang, ein kurzes Schriftwort, ein herzliches Gebet. Am folgenden Tage um 11 Uhr Vormittags versammelte sich das Personal der akademischen und der übrigen Lehrer der Stadt, die gesammte Jugend des Gymnasiums und eine große Zahl von Studierenden und sonstigen Freunden des Verewigten in dem mit Bäumen und Blumen aufs schönste geschmückten Saale. Nach einem Chorgesange hielt Oberpastor Bienemann die

---

[1187] Rückblick, 103 f.
[1188] Die Kaiserliche Universität Dorpat während der ersten funfzig Jahre ihres Bestehens und Wirkens, Dorpat 1852, 156.

Leichenpredigt in herzlicher, würdiger Weise, und Direktor Haffner gab eine Skizze des Lebens und Wirkens des Verstorbenen in einfachen, aber durch ihre Wahrheit ergreifenden Worten. Darauf trugen Studierende den Sarg zum Leichenwagen hinab, andere begleiteten denselben mit Fackeln, die Schüler und das übrige Gefolge, unter demselben der hohe Chef unseres Lehrbezirkes, der dem Verstorbenen persönlich zugethan gewesen war, schlossen sich zu Fuß in langem Zuge an, welchem der Direktor mit dem umflorten Trauerstabe voranging. Ein von Posaunen und Hörnern geblasener Choral empfing denselben außerhalb der Stadt, ein Gesang von Studierenden auf dem Kirchhofe, Frühlingslerchen wirbelten über den Häuptern der Trauernden ihr Auferstehungslied, ein Schüler sprach am Grabe das letzte Wort des Dankes." [1189]

※

Studentenverbindung Curonia

Im ersten Semester trat August am 28. Febr. 1847 in die Studentenverbindung „Curonia" ein und schied am 13. Nov. 1848 aus, [1190] nach einer Notiz unfreiwillig. [1191] Eine andere Notiz hielt fest: „August war der einzige Dorpater Curone unseres Namens. Er trat als „Philister" (Alter Herr) aus der Verbindung aus, unbekannt, warum. Entgegen der Landessitte studierten Denffers kaum in Dorpat und waren nicht in stud. Verbindungen." [1192] Die Angabe „als „Philister" (Alter Herr)" ist wohl irrtümlich, da sie im Widerspruch zu dem in den Mitgliederverzeichnissen angegebenen Austrittsdatum steht.

[1189] Zur Erinnerung an Dr. August Heinrich Hansen… 78 f., in Thrämer, Th. (Hg.): Das Erziehungs- und Unterrichtswesen in den Russischen Ostseeprovinzen, Dorpat 1849, 65-84.

[1190] Bernewitz, A.: Album Curonorum. Mitgliederverzeichnis der Curonia 1808-1885, Mitau 1885, 55 Nr. 640 (5002); Räder, W., Bettac, E.: Album Curonorum (Jurjew Dorpat 1903), 165 Nr. 650 (5002); Verzeichniss der Corpsphilister und Corpsbursche der Landsmannschaft „Curonia" 1808-1883, Dorpat 1883, 44, Nr. 622 (Die Klammern zeigen die aus dem landsmannschaftlichen Verbande Geschiedenen an); Album Curonorum II 1932-1978, hg.v. Philisterverband der Curonia, o.O. o.J., 80; Räder, W.: Curonen-Nachkommen o.O. 1955, 22 Nr. 130.

[1191] Herbert v. Denffer sah noch 1927 zu Besuch in Mitau die „Aufnahme-Urkunde August v. D.'s (Har. 53 XXXIII) in die Universität Dorpat (wo er in die Curonia ein- und später unfreiwillig wieder austrat)" - Rigascher Brief 18./19. Okt. 1927 an Theo v. Denffer.

[1192] Theo v. Denffer, handschriftl. Ergänzung zu Denffer, Herbert von: Die Familie von Denffer, eine kleine illustrierte Chronik, München 1966, 7.

Zu dieser Zeit hatten unter den Dorpater Studenten die internen Auseinandersetzungen über die Notwendigkeit, sich trotz Verbots bei Ehrverletzung zu duellieren, ihren Höhepunkt erreicht. „Das Princip des Duellzwangs blieb noch ein Decennium unbestritten in Kraft. Da trat um 1848 zuerst ein einzelner Student mit der ganzen Wucht seiner eminenten Persönlichkeit für die Anerkennung der „Gewissensfreiheit" ein und so mächtig war sein Einfluß auf alle Kreise der Studentenschaft, so bezwingend die Kraft seiner Argumentation, daß alle vier Corporationen, denen kein äußerer Druck etwas hatte anhaben können, in ihren Grundvesten erschüttert wurden, denn sie alle waren in zwei Parteien... gespalten, die hervorragendsten Glieder aller vier Landsmannschaften drohten mit ihrem Austritt, und wenn man die Auflösung jener noch verhindern wollte, so mußte man nachgeben. Die Gewissensfreiheit wurde proclamirt und jedem stand es frei, ob er Duellant oder Antiduellant sein wollte; beide Standpunkte wurden als völlig gleichberechtigt anerkannt. Der Antiduellant brauchte blos vor dem Ehrengerichte zu erklären, daß das Duell seiner Ueberzeugung widerspreche, und erhielt dann, falls er im Rechte war, von seinem Gegner die vom Ehrengerichte vorgeschriebene mündliche Satisfaction." [1193]

Wie ein Blick in das Mitgliederverzeichnis der „Curonia" zeigt, war August bei weitem nicht der Einzige, der aus der Verbindung ausschied. August schloß sich später dem „Theologischen Abend" in Dorpat an, dem Vorläufer der „Verbindung Arminia, die ausschließlich aus Antiduellanten bestand." [1194] Das deutet darauf hin, daß er dem Gedanken des Duellzwangs ablehnend gegenüberstand, insbesondere aufgrund christlicher Haltung. Insofern konnte eine Studentenverbindung wie die Curonia, in der Gewaltanwendung geübt wurde und Mensuren zu fechten waren, für ihn nicht passend sein, so daß er nicht „Curone" blieb.

Not und Unsicherheit

„April 1847. Grosze noth! Theuerung - roggen 250 bis 300 kop. silber pr. lof, keine arbeit, kein verdienst u. so unzählig viele die arbeit suchen; nochmehr hungernde.

[1193] Die Deutsche Universität Dorpat im Lichte der Geschichte und der Gegenwart, Leipzig 1882, 122 f.

[1194] Album des theologischen Abends und der Arminia 1850-1900, Jurjew (Dorpat) 1902, 23; Die Deutsche Universität Dorpat, 124.

Kartoffeln faulten, so dasz es auch an kartoffelsaat mangelte. Am 23 april a. st. (alt Georgs) war noch eis im Pinkensee u. schnee an den abhängen u. in den vertiefungen. Noch ist indesz bis heute. (23en april) in dieser gemeinde niemand hungers gestorben, wie wohl aus andern gemeinden das erzählt. wird. Daszelbe gilt noch heute am 27en juli 1847, obschon 1 lf. roggen mit 400 bis 500 kopeken silber bezahlt wurde im laufe des juni d. j. und nun ist die hungersnoth mit Gottes gnädiger hülfe überstanden, da roggen bereits gemäht wird u. das jahr ein sehr gesegnetes zu werden auszicht vorhanden ist." [1195]

Mit wachsender Not nahm auch die allgemeine Sicherheit ab. „Mitau, d. 13. März. Diebstähle sind bei uns seit längerer Zeit an der Tagesordnung, ja sogar ein Mordanfall ist schon vorgekommen; selten vergeht ein Tag, wo man nicht von mehreren Einbrüchen und bedeutenden Diebstählen hört. Es ist in der That auffallend geworden, man lebt hier in steter Gefahr von dem Diebsgesindel heimgesucht zu werden, das plötzlich pestilenzartig eingebrochen ist. Wir beschränken uns nur auf Mittheilung einiger weniger, mitunter tragikomischer Fälle. Eine zahlreiche Weiberbande hatte sich zu einem in der folgenden Nacht zu unternehmenden Kleiderdiebstahle zusammengerottet. Ein Mitglied dieser wohllöblichen Gesellschaft hatte sich aber mit den übrigen Genossinnen verfeindet und zeigte das Vorhaben derselben dem nächsten Quartieraufseher an. Dieser ergriff zur Einfangung der Diebesbande folgende Maßregeln. Der zu beraubende Hausbesitzer, ein hebräischer Kaufmann, wurde von dem ihm in der folgenden Nacht zugedachten Besuche benachrichtigt, der zu erbrechende Kleiderschrank ausgeräumt und in denselben ein handfester Mensch gestellt. Die Directrice traf zu bestimmter Stunde ein, fand aber beim Oeffnen des Schrankes statt der erwarteten Kleider, zwei kräftige Arme, die sie u. ihre nächste Gehülfin innigst umschlungen der Polizei überlieferten, wobei der Hausherr noch die Unbarmherzigkeit beging, daß er sie vorher in einen Sack stecken und diesen ihnen um den Hals befestigen ließ, um jeden Entweichungsversuch unmöglich zu machen. Den übrigen gelang es zu entkommen, man wurde aber ihrer später dennoch habhaft und fand bei der Anführerin ein ganzes Register von Häusern und Familien, die bestohlen waren und die noch bestohlen werden sollten. - Am 9. d. M. wurde in dem Kupferschen (auch Meyerschen oder Quid-juris) Höfchen vor der Seepforte, während die übrigen Hausgenossen sich nach der Stadt zur Kirche begeben hatten, das allein zu Hause befindliche

---

[1195] Sloka, L. J.: Kurzemes draudžu chronikas, Riga 1928, I, 113 (Edwahlen).

Dienstmädchen von einer Räuberbande überfallen, gräßlich mißhandelt und die vorhandenen Geldmittel und Wertsachen entwandt. Man fand die Überfallene ganz entstellt, mit aus den Höhlen gedrungenen Augen und kaum etwas lebend. Den Thätern ist man bisher nicht sicher auf die Spur gekommen. - Vor einigen Tagen trat Abends ein Russe in eine Bude in der katholischen Straße und bat den Kaufmann, ihm zu gestatten, einen Sack mit eingekauftem Fleisch abzulegen, den er an demselben Abende oder am folgenden Morgan abzuholen sich erbot. Dies wurde ihm bewilligt, und er entfernte sich. Bald darauf kam der Anfangs nicht zugegen gewesene Handlungs-Commis um den Laden zu schließen. Er stieß zufällig an den ihm fremden Sack, der ihm ungewöhnlich beweglich und weich vorkam, sah den Inhalt nach und entdeckte - ein junges Mädchen von angeblich 15 Jahren. Sein richtiger Tastsinn, daß junge Mädchen von diesem Alter ziemlich weich sind, verhinderte glücklich die in der nächsten Nacht beabsichtigte Beraubung der Bude, indem die junge Dame bestimmt war, die Budenfenster zu öffnen. - Unfern Mitau auf der Chaussee nach Riga kam kürzlich der seltene Fall vor, daß drei Bauermädchen, von welchen eine blödsinnig war, einen ihnen entgegenkommenden Krämerjuden erschlugen. Zwei von den Heldinnen wählten sich die besten Tücher und Putzsachen aus, die Blödsinnige aber erhielt auf ihre Weigerung die schlechteste Waare anzunehmen, einen tüchtigen Prügel obendrein. Sie fing darüber bitterlich zu weinen an. Gleich darauf kam Jemand desselben Weges gegangen, der sie um die Ursache ihrer Betrübniß fragte. „Wie soll ich nicht weinen," erwiderte die Gefragte, „wir haben so eben einen Juden erschlagen und Triene und Greete haben mir die schlechtesten Tücher gegeben, obgleich ich ihnen geholfen und eben so gut geschlagen habe." Dies offene Geständniß gab zur gefänglichen Einziehung aller drei Teilnehmerinnen Veranlassung. Solch einen dem weiblichen Geschlechte selten eigenen Muth zeigten vor etwa 40 Jahren auch drei Bauermädchen aus dem Gute Odern bei Talßen, die - freilich aus andern Beweggründen - die Gutsbesitzerin, welche sie mit unerhörter Grausamkeit behandelte, eines Nachts durch Würgen und Messerstiche umbrachten. Zwei von ihnen starben in Folge der bei der Talßenschen Kirche erhaltenen Ruthenstrafe und Brandmarkung; die dritte, die tapferste, Namens Anna, äußerte bei der Execution, daß sie die Strafe vorausgesehen und sie sie gern ertrage, indem sie dadurch das ganze Gebiet erlöset. Von Sibirien aus, wohin sie versandt wurde, schrieb sie später an ihre Verwandten, daß sie dort geheirathet, es ihr vollkommen wohl gehe und sie sich ihrer That durch die Befreiung ihrer Gemeinde von einer Tyrannin freue." [1196]

※

Todes-Anzeige aus Garsen

Zu Johanni fuhr Henriettes Sohn nach Mitau, eine Tochter im Sommer ans Meer: „1847 am 9. und 10. Juni in Mitau angekommene Fremde... die HH. ... v. Budberg aus Garsen log. b. Stadt-Makler Tode." [1197] - 1847 Libau Badegäste den 14. July ... Fräulein v. Budberg, aus Garssen... beim Stellmacher Hartmann. [1198] Man sollte annehmen, daß auf dem langen Weg von Garsen auch die Grafenthalschen Verwandten besucht wurden.

„Mitau, Ende August. So viel man in diesem Jahre in unsrer Gegend sieht und hört, so ist es kein recht günstiges zu nennen. Roggen und Waizen waren zwar schön eingegraset, aber kalte Nordwinde weheten die Felder so sehr aus, daß vor Johannis die Saat sehr dünn ward und man schon befürchtete den Waizen auspflügen zu müssen und vom Roggen wenig zu ärndten; jedoch nach dem Regen um Johannis schoß der Roggen wunderbar in die Höhe und nahm sich zusammen; gerade in der Blüthezeit aber trat Frost ein, und der davon betroffene Roggen ist wohl verdorben, - an Stroh wohl noch gut, an Kornertrag aber gering. Waizen ist sehr schlecht, voll Unkraut, Hafer noch einigermaßen gerathen, - dünn, klein an Stroh und schwach an Körnern. Eben so sieht es mit der Gerste aus; Kohl und Wurzelfrüchte sind von der ununterbrochenen, anhaltenden großen Hitze zurückgeblieben; Heu ist theilweise mehr gewesen, als im v. J, theilweise weniger. Die Kartoffeln haben sehr großes Kraut, aber wenig Früchte. Erbsen versprachen eine reiche Aerndte, aber die Hitze ließ sie nicht groß auswachsen. Flachs ist überall gut gerathen. Wer im v. J. sich mit Zuchtschaafen versorgt, hat reichen Segen an Lämmern. - Aus den Magazinen ist fast überall das letzte Korn herausgenommen, so daß man zu Johannis die Thüren offen hielt, damit die Hitze die leeren Kornbehälter gut austrocknen könne. - Das Rindvieh soll in manchen Gegenden - an Flüssen - kränkeln und auch rasch stürzen; tiefer im Lande ist es frisch und gesund. - Selbst alte Leute können sich nicht erinnern, daß die Felder so früh

---

[1196] Das Inland 24.3.1847, 259 ff.
[1197] Allgemeines Kurländisches Amts- und Intelligenzblatt 14.6.1847.
[1198] Libausches Wochenblatt 16.7.1847.

bestellt worden wären, als in diesem Jahre. - Im Frühlinge lagen Viele darnieder am Nervenfieber, - jedoch war die Sterblichkeit nicht größer als in anderen Jahren…

… Im Illuxtschen Kreise ist… eine Leiche eines wahrscheinlich aus einem der benachbarten Gouvts. hieher gekommenen Bettlers gefunden. Aus der Untersuchung ergab sich, daß er an der aus Mangel und Entbehrungen aller Art entstandenen Brustwassersucht gestorben ist. In demselben Kr. ist am 27. Juni… eine Leiche eines 15jährigen Knaben gefunden. Aus der Untersuchung ergab sich, daß es wahrscheinlich gleichfalls ein aus einem der benachbarten Gouvernements hierher gelangter Bettler gewesen und aus Mangel an Lebensmitteln gestorben ist." [1199]

„Mitau. Der in diesem Jahre bei uns so ungewöhnlich früh eingetretene Winter ist eine so seltene Erscheinung, daß sich Niemand erinnern kann, eine solche erlebt zu haben. Bereits am 21. September fiel der erste Schnee und in den beiden folgenden Tagen anhaltend und in so dichten Massen, daß man noch mehrere Tage darnach weiße Dächer sah, wozu noch am 27. Septbr. ein mehrere Tage anhaltender, einige Grade starker Frost hinzutrat. Seit dem Jahre 1829, wo der erste Schnee am 29. Sept. fiel, haben wir keine so frühe Ankunft des Schneemannes erlebt." [1200]

Bei Petersburg sollte Anfang September 1847 „das in der Stadt Pawlowsk sub. Nr. 69 belegene, auf den Werth von 510 Rubeln S. veranschlagte, hölzerne einstöckige Wohnhaus des weiland Hofraths Otto Iwanow Denfer, nebst Wirthschafts- und Nebengebäuden, am 5. und 9. September in der St. Petersburgschen Gouvernements-Regierung öffentlich verkauft werden". [1201]

Im Livländischen Amtsblatt erschien nochmals eine Liste mit Namen zahlreicher Personen, „wegen Ausmittelung des Vermögens und der Capitalien", darunter auch „der Staatsräthe… August Denfer". Entsprechende Mitteilungen waren an die Gouvernementsregierung Livland weiterzuleiten, [1202] ein Zusammenhang mit den Sondervergütungen, die August seit langem erhielt, ist denkbar.

[1199] Das Inland 17.9.1846, 904 ff.
[1200] Das Inland 27.10.1847, 1029.
[1201] Livländisches Amtsblatt 4.9.1847.
[1202] Livländisches Amtsblatt 20.10.1847.

Am 22. Sept. 1847 verstarb in Talsen die Titulärräthin Johanna Charlotte Sartori, geb. Pflugradt. [1203] Um 1779 geboren, [1204] war sie die Witwe des Malers, Zeichenlehrers und Windauschen Kreisschulinspektors Jacob Friedrich Sartori (1758-1830), [1205] ihre Mutter Charlotte Amalia geb. v. Denffer (1750-1815) war Jeannots Tante, ihr Vater der Pastor der lettischen Gemeinde in Doblen Daniel Christian Pflugradt (1741-1801). [1206] Die Regelung ihrer Erbangelegenheiten zog sich bis 1852 hin. [1207]

Eugens verwitwete Frau Charlotte traf 1847 Reisevorbereitungen, die „zur Eingabe des Zivilgouverneurs von Kurland zu Auslandsreisepässen für die Adlige Charlotte von Denffer und das Mädchen Karoline von Slevogt" führten. [1208] Die beiden hielten sich im Oktober 1847 in Regensburg auf: „Fremden-Anzeige ... Fr. v. Denffer, Majors-Gat. u. Frl. Savogt, Part., v. Mitau" [1209] „Savogt" wird für Slevogt stehen, das Mädchen Karoline dürfte eine Tochter des „Consistorial-Secretair Rath Slevogt" [1210] in Mitau gewesen sein. „Part." ist zu ergänzen als „Particulierin", d.h. vom eigenen Vermögen lebend.

Ebenfalls im Herbst war Henriette, die Schwester des Senators August, nach Riga gereist: „1847 Riga Angekommene Fremde ... St. Petersb. Hotel. 1. Oktober: Frau

---

[1203] Allgemeines Kurländisches Amts- und Intelligenzblatt 29.5.1848;27.11.1848. KB Doblen Verstorbene 1847 fehlt, in den KB Windau, Kandau, Mitau, Spahren, Stenden, Talsen, Tuckum nicht gefunden.

[1204] Den Kurländischen Seelenlisten Exemten Doblen 1798 zufolge war sie 19 Jahre alt, (Kurländische Seelenlisten Bücher Nr. 88, Film B 134, fol. 96), im KB Doblen nicht gefunden.

[1205] Neumann, W.: Lexikon baltischer Künstler, Riga 1908, 132; Räder, W.: Die Lehrkräfte an den deutschen Schulen Kurlands 1805-1860, Lüneburg 1991, 58.

[1206] Kallmeyer, Th., Otto, G.: Die evangelischen Kirchen und Prediger Kurlands, Riga 1910, 574.

[1207] Allgemeines Kurländisches Amts- und Intelligenzblatt 17.6.1852.

[1208] Dela departament politsii ispolnitelnoj MBD za 1847/204, (Akten der Polizei-Abteilung des Innenministeriums 1847/204) www.prlib.ru/item/852947

[1209] Regensburger Tagblatt 4.10.1847, 4.

[1210] Ostsee-Provinzen-Blatt für das Jahr 1826 (Riga), 62, 88; Mitausches Intelligenz-Blatt 31.8.1815; Wilhelm Julius Slevogt (1751-1834) war zeitweilig „Notarius publicus" und „Conrector" der Stadtschule in Mitau (Otto, G.: Die öffentlichen Schulen Kurlands zu herzoglicher Zeit, Mitau 1904, CXIII). Schlau erwähnt nur „die alte Slevogt" als 1848 an Cholera verstorben. (Schlau, K.O.: Mitau im 19. Jahrhundert, Wedemark-Elze 1995, 250). Unterlagen zu Slevogt im Archiv der DBBG enthalten nichts aus dieser Zeit.

Baronin H. Budberg, aus Kurland." [1211] Nur einen Monat danach erschien ihre „Todes-Anzeige. Heute, Morgens um 8 Uhr, wurde nach langem, schmerzvollen Krankenlager unsere innigst geliebte Mutter, Henriette v. Budberg, geb. v. Denffer, im 57. Jahre ihres Alters aus diesem irdischen zu einem besseren Leben angerufen. Wir empfehlen die Verewigte dem frommen Andenken ihrer verehrten Freunde und Bekannten, uns aber ihrer stillen Theilnahme. Garsen, den 23. October 1847. Die Kinder der Verstorbenen." [1212] - „Mitau. Am 23. October verstarb zu Gorsen (sic!) Henriette v. Budberg, geb. v. Denffer, im 57sten Lebensjahre." [1213] Garsen hatte eine eigene Kirche, die von Subbath mitbetreut wurde. Ein Kirchenbuch aus diesem Jahr ist nicht erhalten.

Anna Elisabeth Maria Henriette v. Denffer, getauft am 1. Mai 1790 in Kandau, wuchs auf dem väterlichen Gut Stabben auf, wurde 1806 in Selburg konfirmiert und heiratete dort mit 17 Jahren am 1. Nov. 1807 den Fideikommisbesitzer von Garssen Christoph Gotthard Ernst v. Budberg. Die beiden hatten zehn Kinder, von denen zwei Töchter jung verstarben. Seit 1836 war sie Witwe. [1214]

✳

1848 Wieder Cholera

Das Jahr 1848 war einerseits „Ein gesegnetes jahr! Felder, gärten und wiesen gaben reiche erndten und jeder landwirth, jeder Bauer lobte u. pries Gott für die gaben…" [1215] - „Die ernte 1848 war allgemein eine reiche, gesegnete in jeder fruchtart. Der arme Lette athmete wieder auf u. freude zog ein in die von kummer u. sorge beladenen herzen. Der Herr hat geholfen! Sein name sei gelobt auch für die zeit der überstandenen trübsal." [1216]

[1211] Zuschauer (Riga) 1.10.1847.
[1212] Allgemeines Kurländisches Amts- und Intelligenzblatt 1.11.1847; Rigasche Zeitung 3.11.1847.
[1213] Blätter für Stadt und Land, 13.11.1847, 183.
[1214] Denfer, H. v.: Grundstein zu einer Geschichte der Familie von Denffer, Batum 1906, 52 f.; Genealogisches Handbuch der Baltischen Ritterschaften. Teil Kurland, Görlitz (1930), 216; Denffer, A. v.: Beiträge zu einer Geschichte der Familie von Denffer, Norderstedt 2006, 216.
[1215] Sloka, L. J.: Kurzemes draudžu chronikas, Riga 1930, II, 196 (Irben).
[1216] Sloka, L. J.: Kurzemes draudžu chronikas, Riga 1928, I, 114 (Edwahlen).

Andererseits brachte es eine Katastrophe: „Die cholera hat in diesem jahre wiederum nicht nur Moskau u. Petersburg u. Riga, sondern auch Curland, und besonders Mitau, schwer heimgesucht. Auf dem lande fielen nur hin und wieder einzelne Opfer, aber schrecklich wüthete die Seuche in Mitau. Gelinde trat sie in den kleinen städten auf, wie Tukkum etc." [1217] „Schon unter dem 11. August meldet das Journal de St. Petersbourg, daß die Cholera sich außer im Districte von Bauske auch in dem von Talsen gezeigt habe." [1218]

Wie schon früher versuchte man sein Möglichstes, die Verbreitung der Krankheit einzuschränken und den Kranken Linderung zu verschaffen:

„Anweisung eines Homöopathen, wie man in der Cholera ohne eines Arztes zu bedürfen, seine Angehörigen selbst behandeln kann." Der Homöopath empfahl unter Anderem: „Die Wärme, in welcher Art sie auch angewandt werde, taugt immer nicht bei dieser Krankheit, denn schon Paracelsus, der seinem Jahrhunderte vorgeeilt war, sagt: das Warme mit dem Kalten. - Auch Hahnemann und die Erfahrungen einsichtsvoller und beobachtender Aerzte sprechen dafür. Man muß also den Kranken, wenn ihm die Lebenswärme fehlt, statt ihn mit warmen Pfeffermünzthee zu quälen, lieber öfter kleine Portionen Gefrorenes, la glace geben (das letztere wird ihn schneller, als das erstere erwärmen), - ihn statt in eine warme Wanne zu setzen oder durch das Begießen eines heißen Steins mit Essig-Dämpfen unter der Decke ihm zuzuleiten, ihn tüchtig mit Eis und dann mit Flanell oder Tuch reiben… Auch das tüchtige Peitschen mit Nesseln ist sehr hülfreich." [1219]

Die Nesseln konnte man wohl irgendwie auftreiben, aber die Möglichkeiten, im Hochsommer an Eis zu gelangen, müssen doch äußerst eingeschränkt gewesen sein, wenn man, wie die allermeisten, nicht über einen Eiskeller verfügte. Eine „Erwiederung" zu diesen Empfehlungen erschien erst später. [1220]

In Kurland waren in den Kreisen mit 501,216 Bevölkerung - erkrankt 3,740, gestorben 1,212 und in der Stadt Mitau mit 15,329 Bevölkerung erkrankt 1,953, gestorben 990. [1221] Im Kirchspiel Mesothen starben von Juli bis Dezember insgesamt 71

[1217] Sloka, L. J.: Kurzemes draudžu chronikas, Riga 1930, II, 196 (Irben).

[1218] Das Inland 13.9.1848, 777.

[1219] Das Inland 26.7.1848, 646.

[1220] Das Inland 26.7.1848, 644 ff.; 29.11.1848, 1008 f.

[1221] Das Inland 26.9.1849, 665 f.

Menschen an Cholera, davon die meisten, nämlich 27, auf dem Gut Mesothen, gefolgt von 20 auf Schwitten, 17 auf Ruhenthal, 3 auf Bersteln und jeweils 2 auf Sallgalln und auf Grafenthal. Der letzte Sterbefall mit Cholera war am 11. Dezember auf Bersteln, der erste am 21. Juli auf Grafenthal. Dort starb der 67 jährige Geddeits Gahseis, „peedsihwotajs" [1222] in Swabschki (Svapški), der 20 Jahre mit Trihne und danach 22 Jahre mit L(...?) verheiratet war und 16 Kinder hatte. Er wurde am 1. August auf dem Friedhof Melantsch begraben, ebenso wie die neunjährige Dahrte, gleichfalls aus Swabschki, die am 30. Juli an Cholera verstorben war. [1223] Das Gesinde Swabschki lag jenseits des Flüßchens Schwitte und am weitesten entfernt von den anderen Grafenthalschen Gesinden und dem Herrenhaus, was vielleicht dazu beitrug, daß Grafenthal Gott sei Dank weitgehend verschont blieb und dort keine Cholerasterbefälle verzeichnet werden mußten.

Über die Ereignisse, die 1848 verschiedene Länder in Europa erschütterten, war fortlaufend in der „Mitauische Zeitung" zu lesen. Sie meldete die Flucht des Königs aus Frankreich nach England, berichtete von Straßenkämpfen in Berlin, der Nationalversammlung in Frankfurt [1224] und auch verschiedenen zwischenzeitlichen Geschehnissen.

Die „Liste der Bade- und Trinkgäste im Bade Wittekind zu Giebichenstein vom 10. Mai bis 10. Juni" verzeichnet unter Nr. „14. Fr. Geh. Räthin von Deuffer aus St. Petersburg. Bdg." [1225] Das Solebad lag eine Stunde zu Fuß von Halle und war erst zwei Jahre zuvor eingerichtet worden.

Aus Bersebeck war schon im April die Todes-Anzeige gekommen: „Nach mehrjährigen Leiden entschlief am heutigen Tage zu einem bessern Leben unsere geliebte Mutter und Großmutter, die verwittwete Frau C. G. Kummerau, geb. Bidder, im 78sten Jahre ihres dem Glücke ihrer Familie und ihrer Mitmenschen geweihten Lebens. Theilnehmenden Verwandten und Freunden widmen diese Anzeige Bersebek,

---

[1222] Ein im Gesinde nicht als eigentlicher Knecht Aufgenommener, der kein eigenes Haus hat, (Almann, C.C.: Lettisch-Deutsches Wörterbuch Riga, 1872, 193).
[1223] Auszählung und Angaben vorbehaltlich Irrtümern nach dem schwer lesbaren überwiegend auf Lettisch geführten Kirchenbuch Mesothen, Verstorbene 1848, Nr. 131, 132 et infra.
[1224] Mitauische Zeitung 21.2.1848; 10.3.1848; 15.5.1848.
[1225] Der Courier. Hallische Zeitung für Stadt und Land 10. Juni 1848, 15.

den 12. April 1848. Die Kinder und Großkinder der Verewigten." [1226] Constantia Gottlieb war Carolines Stiefmutter.

Zu Johanni lief der 1834 geschlossene Vertrag über den Erbpfandbesitz von Grafenthal aus und wurde erneuert:

„1848 Juni 2 (corrob. Juni 9) stellten die Denfferschen Eheleute dem Pfandgeber von Vietinghoff eine Quittung aus über die seinerseits bewerkstelligte Einlösung des Pfandes und stattgehabte Auseinandersetzung wegen der Meliorationen. [1227]

1848 Juni 3 (corrob. Juni 9) gab der Staatsrath und Ritter Kreismarschall G. J. F. von Vietinghoff das Gut Grafenthal den bereits genannten Denfferschen Eheleuten für 90000 Rbl. aufs neue in Pfand, auf zehn Jahre, mit der Ermächtigung, dasselbe weiter zu übertragen, und mit der Zusicherung der Erbrechts-Ertheilung, wenn das Gut in den Besitz eines des Indigenats Theilhaftigen gelangen sollte." [1228] Die Bedeutung von „Zusicherung der Erbrechts-Ertheilung" ist in einem Archivdokument etwas besser verständlich ausgedrückt: „Sollten Denffer während der Pfandzeit das Gut an einen Indigenats Edelmann verkaufen wollen, so verpflichtet sich Vietinghoff in den Erbkauf zu willigen." [1229]

Auf Grafenthal kam im Herbst Victors und Jacobines drittes Kind zur Welt: „1848 Oktober „Siebenundzwanzigsten October 2 Uhr Nachmittag (getauft) sechsundzwanzigsten December 252 Alexandra Thecla Carolina Tochter des Herrn Leutnants und Ritters Victor von Denffer Förster zu Kowno und dessen Frau Gemahlin Jacobine von Denffer geb Bayerhofer. Eltern luth. Pathen Frau Caroline von Denffer zu Grafenthal Großmutter des Kindes Fräulein Thecla von Denffer zu Grafenthal Herr Präsident Staatsrath von Grenberg aus Kowno, getauft im Hofe Grafenthal von Pastor Conradi

---

[1226] Allgemeines Kurländisches Amts- und Intelligenz-Blatt, 24.4.1848. Das KB Doblen Verstorbene 1834-1859 ist nicht erhalten.

[1227] Verbesserungsmaßnahmen insbesondere des Ackerbaus.

[1228] Kurländische Güter-Chroniken. Neue Folge, Bearbeitet und herausgegeben im Auftrage des Kurländischen Ritterschafts-Comités, Mitau 1895, 91. „Am 23. Juli 1852 starb G. J. C. F. von Vietinghof, der Letzte aus dem Kruschkalnschen Hause." (ebd.).

[1229] Staatsarchiv Riga 640/3/820, fol. 181 (W. Baron Hahn/1890: Inhaltsverzeichnis einiger kurländischer Brieffladen... V. Grafenthal).

zu Mesothen." [1230] Die Patin Thecla war Victors Schwester und der Präsident wohl der Vorgesetzte von Victor in der Forstbehörde. [1231]

※

Sallgalln

Die Brüder Robert und Julius, Söhne Jeannots, waren nun 11 und 10 Jahre alt und kamen zur Fortsetzung ihrer Schulbildung in das Pastorat Sallgalln. [1232] Dessen Pastor Conradi, mit dem gleichnamigen in Mesothen nicht verwandt, hatte stets einige Schüler aufgenommen. Die Beschreibung des Pastorats Sallgalln und seiner Umgebung aus den Jugenderinnerungen des kurländischen Heimatdichters Theodor Hermann Pantenius ist auch für die Denffersche Familiengeschichte von Interesse. Sie ermöglicht einen Eindruck vom ersten Schulort der Denfferschen Söhne und den Menschen, mit denen sie Umgang hatten. Grafenthal, wo Johann Robert Carl und Julius zuhause waren, lag nur etwa fünf Kilometer flußaufwärts. Natur und Lebensweise waren unverändert. Kaum anders als der Junge Pantenius werden die Grafenthalschen die freien Stunden ihrer Kinder- und Jugendzeit verbracht haben, denn sie wuchsen in der selben Landschaft auf, am selben Fluß, mit den selben Menschen, teils sogar den selben Personen.

„Das Pastorat Sallgallen liegt 24 Kilometer oberhalb Mitaus an der Semgaller Aa. Die Landschaft ist hier ganz flach, und man sieht nicht einmal am Horizont einen fernen Wald, wie doch sonst fast überall in Kurland; der Himmel liegt wie eine Glocke über den fruchtbaren Gefilden. Aus Rücksicht auf die Überschwemmungen durch den Fluss sind die Gesinde in einiger Entfernung von ihm angelegt, begleiten ihn aber in langer Reihe, ein jedes inmitten der zu ihm gehörenden Felder. Etwas oberhalb des Pastorates beginnt eine von Wiesen ausgefüllte Niederung, die in sanftem Bogen etwa 5 Kilometer weit bis Annenburg läuft und im Frühling von der aus ihren Ufern tretenden Aa überschwemmt wird. Sallgallen und die auf dem rechten Ufer liegenden Gesinde befinden sich dann auf einer Insel, und diesem Umstande verdankt der Ort vielleicht seinen Namen, der Deutsch „Inselende" lauten würde.

[1230] KB Mesothen 1848 (LR 3289, 38 links); LVVA 640/1/2341 (Adelsbeweise Denfer, 30 r, Nr.6).

[1231] Ein Fedor (Friedrich) Grönberg war Förster (Lenz, W. (Hg.): Deutschbaltisches Biographisches Lexikon, Köln 1970, 261).

[1232] Lettisch Salgales, deutsch auch Sallgallen, Salgaln u.ä. geschrieben.

Den Mittelpunkt der ganzen Hoflage von Sallgallen bildete noch zu meiner Zeit der „Große Baum". Er wölbte seine Riesenkuppel in etwa hundert Schritt Entfernung von der ihm zugekehrten Front des Wohnhauses und stand in der Mitte des Gartens… Rechts vom „Großen Baum" lag der Park mit schönen alten Bäumen, einem kleinen Teich und einem künstlichen Hügel, links erstreckten sich Gemüse- und Beerenbete, aus denen sich Obstbäume erhoben… Zwischen der Freitreppe des Wohnhauses und dem „Großen Baum" lagen sorgfältig gepflegte Blumenbeete.

Das von meinem Großvater [1233] erbaute Wohnhaus waren sehr geräumig. Nach dem Garten zu lagen in einer Reihe sechs Zimmer und ebenso viele nach der Seite des Flusses. Eine Treppe hoch befanden sich noch zwei, von denen das auf den Garten hinausgehende vom Hauslehrer bewohnt wurde, das andere das Schulzimmer war. Von der Flussseite her stieß in rechtem Winkel an das Wohnhaus die mit ihm durch einen bedeckten Gang verbundene „Herberge", ein Gebäude, indem sich die Küche, die Wohnungen der Viehpflegerin, die „Hofmutter hieß, und der Mägde befanden.

Der westliche Giebel des Wohnhauses grenzte an den Hof, den der Pferdestall, der Viehstall und der Speicher - die Kleete - in unregelmäßigem, offenem Viereck umgaben. Der Feuersgefahr wegen lag hier, wie überall, die „Riege", das Gebäude, in dem nach Landesart das Korn im Stroh gedörrt wurde, in einiger Entfernung vom Hof.

Alle Gebäude waren in vorzüglicher Verfassung, ebenso die Felder, denn mein Onkel war ein vortrefflicher Landwirt. Als ich nach Sallgallen kam, [1234] ging er eben von der Fron zur Verpachtung der zum Pastorat gehörenden Gesinde über, von denen eins zur Wohnung für die neu angeworbenen Knechte bestimmt wurde. An die Stelle der elenden Pferdchen, die die Bauern bisher stellten, traten sechs kräftige Klepper; es wurde gutes Ackergerät angeschafft, die Dreifelderwirtschaft durch das moderne System ersetzt.

Das geschah dann in wenigen Jahren allgemein, und wer nie Gelegenheit gehabt hat die Wirkung einer so tief einschneidenden wirtschaftlichen Maßregel zu beobachten, kann sich von ihrer Bedeutung keine Vorstellung machen. In einem Jahrzehnt war das Land wie verwandelt. Die Gutsherren gingen mit gutem Beispiel voran, die nun für die eigene Tasche arbeitenden Bauern folgten.

[1233] Adam Gerhard Johann Conradi * Würzau 5.12.1768, † Mitau 1.10.1830 (Kallmeyer, Th., Otto, G.: Die evangelischen Kirchen und Prediger Kurlands, Riga 1910, 305).
[1234] Im Jahr 1853, vgl. Pantenius, T.: Aus meinen Jugendjahren, Leipzig 1907, 90.

Überall ging man nun der „Attmatte" [1235] zuleibe und schuf Neuland, dessen jungfräulicher Boden reiche Ernten gewährte; der Anbau von Klee ermöglichte einen ganz anderen Viehstand als bisher; die neue, intensive Bestellung des Ackers verlangte neue Geräte. An die Stelle der Hütten, deren Inneres der Rauch geschwärzt hatte, traten bald stattliche Wohnhäuser; der Bauer kleidete sich ganz anders, nährte sich besser und bekam auch ein Verständnis für den Wert der Volksschule. Diese Wandlung vollzog sich... mit unglaublicher Schnelligkeit und führte eine bis dahin unerhörte Steigerung des Bodenwertes herbei.

Mein Onkel Karl Conradi [1236]... war nur mäßig begabt, aber ein ausgesprochener Charakter, ein ehrenfester, aufrechter Mann vom Scheitel bis zur Sohle. Als Geistlicher konnte er, glaube ich, seiner Gemeinde nicht viel bieten; er war ihr aber ein trefflicher Berater in allen weltlichen Dingen. Da er infolge des Todes seines Vaters schon mit 22 Jahren, unmittelbar nachdem er die Universität verlassen hatte, dessen Nachfolger geworden war, konnte seine theologische Bildung keine tiefe sein; er war aber nicht ohne geistige Interessen. Er war immer sehr sorgfältig gekleidet, sonst aber einfach gewöhnt und erlaubte sich nur den Luxus, vier Wagenpferde und ein Reitpferd zu halten, von denen erstere mehr geschont wurden, als ihnen gut und der Familie lieb war.

Mein Onkel hatte dreizehn lebende Kinder - bei der Geburt eines vierzehnten war seine Frau gestorben. Von diesen waren die beiden ältesten Söhne, als ich nach Sallgallen kam, schon in Mitau auf dem Gymnasium, die vier ältesten Töchter schon erwachsen, aber noch ledig." [1237]

Diese beiden Conradi-Söhne August Johann und Paul Carl [1238] waren Mitschüler von Julius, der das Mitauer Gymnasium von 1853 bis 1857 absolvierte. Auch den

---

[1235] „Unland", unbebautes Land.

[1236] Carl Wilhelm Conradi, * Sallgalln 16.8.1808, † Sallgalln 1880, 6.10.1880 (Kallmeyer, Th., Otto, G.: Die evangelischen Kirchen und Prediger Kurlands, Riga 1910, 305).

[1237] Pantenius, T.: Aus meinen Jugendjahren, Leipzig 1907, 87 ff.

[1238] August Johann Conradi * Sallgalln 24.5.1838, Gymn Mitau 1853-58, † Riga 6.10.1909; (Kallmeyer, Th., Otto, G.: Die evangelischen Kirchen und Prediger Kurlands, Riga 1910, 306). Paul Carl Conradi * Sallgalln 2.2.1840, † Mitau 22.2.1914 (Räder, W.: Album Curonorum 1808-1932, Riga 1932, 106).

nachstehend erwähnten Hauslehrer August [1239] und dessen Unterricht wird Julius mehr oder weniger wie von Pantenius geschildert erlebt haben.

„Die Hausfrau vertrat meine Tante Johanna Conradi (geb. 1814), die später als Schriftstellerin weiteren Kreisen bekannt wurde [1240]… In der Lebensperiode, in der ich sie in Sallgallen vorfand, war sie eine ganz unzugängliche, überaus schroffe Frau, die jedes Kind abstoßen musste… Ihre verschlossene, herbe Art machte sie in der Tat ganz ungeeignet, Kindern und ganz jungen Leuten gerecht zu werden. Sie war ihnen eine gefürchtete, aber nicht geliebte Respektperson, mit der sich keinerlei seelische Verbindung herstellte…

Meine (sic!) Onkel nahm, um sich die Erziehung der Kinder zu erleichtern. Pensionäre ins Haus, meist vier bis fünf gleichzeitig. Den Unterricht im Französischen erteilte - nicht fesselnd, aber mit erfreulichem Erfolg, meine Tante. In den übrigen Fächern unterrichtete uns ein Hauslehrer. Mein Onkel schwebte ganz über den Wassern und kam nur als oberster Gerichtsherr in Frage. Ich kann ihm leider den Vorwurf nicht ersparen, dass er es mit den Pflichten, die er als Inhaber einer Pension übernommen hatte, etwas leicht nahm. Erschien der neugewonnene Hauslehrer, der immer frisch von der Universität kam, auf der Bildfläche, so sprach mein Onkel also zu dem jungen Herrn, auch wenn er ihn zum ersten Male in seinem Leben sah: „Ich vertraue Ihnen unbedingt, Herr Kandidat, und lege auch die volle Disziplinargewalt in ihre Hände." Das wurde dem Lehrer ebenso zum Verhängnis wie den Schülern.

Der Hauslehrer, den ich 1853 in Sallgallen vorfand, war ein Vetter von mir und hieß mit seinem Vornamen August… Mein Vetter war von Natur sehr gutmütig und wäre unter anderen Umständen vielleicht kein übler Lehrer geworden; er war aber selbst von Hauslehrern - also schlecht - für die Hochschule vorbereitet worden und war dann acht Jahre lang hindurch der wildeste Student Dorpats gewesen… Schließlich hatte er mit Hilfe seiner zahlreichen Brüder doch noch das Examen gemacht und bestanden

---

[1239] Er soll ein Vetter von Pantenius gewesen sein. Vielleicht ist der Vornamen verändert. Ein Student August Pantenius kommt in Dorpat nicht vor, ebenso kein August Conradi, der zu dieser Zeit sein Studium beendet hätte. Vgl. Hasselblatt, A., Otto, G.: Album Academicum der Kaiserlichen Universität Dorpat, Dorpat 1889; Pantenius, T.: Stammtafel der Familie Pantenius, Leipzig 188; Seuberlich, E.: Stammtafeln Deutsch-baltischer Geschlechter I. Reihe, Leipzig Riga 1924, 36-42 Conradi.

[1240] Johanna Conradi * Sallgallen 4.6.1814, † Mitau 12.6.1892 (Lenz, W. (Hg.): Deutschbaltisches Biographisches Lexikon, Köln 1970, 150).

und war dann Hauslehrer in Sallgallen geworden. Ich tue ihm gewiß nicht unrecht, wenn ich annehme, daß er von den Elementarfächern, in denen er uns unterrichtete, genau so viel wußte, als in den von uns benutzten Lehrbüchern stand.

Wie unbeschreiblich langweilig waren diese Stunden, die nur darin bestanden, daß wir auswendig gelernte Regeln aufsagten und geohrfeigt wurden, wenn wir sie nicht kannten. Denn es war gekommen, wie es überall kommt, wo einem jungen Lehrer unbeschränkte Disziplinargewalt eingeräumt wird: unser von Natur durchaus gutartiger Lehrer hatte sich daran gewöhnt, Püffe und Schläge als das bequemste Erziehungsmittel zur Anwendung zu bringen, ohne sich klar zu machen, wie sehr wir dadurch verrohen mußten.

Die Regeln sollten wir uns am Abend während der Arbeitsstunden einbüffeln. Müde vom Schneeballieren [1241] oder was es sonst eben in der freien Zeit für ländliche Freuden gegeben hatte, saßen wir um einen Tisch, auf dem zwei Talglichter schwälten, vor uns den „kleinen Kühner", [1242] die Köpfe in die Hand oder auf den Tisch gelehnt. Die Tür zum Lehrerzimmer stand offen, und in ihm vertrieb sich mein Vetter die Langeweile, indem er mit seiner schönen Stimme sentimentale Lieder zu einer wirklichen, leibhaftigen Gitarre sang…

Mein Vetter suchte und fand aber auch andere Zerstreuungen, die ihm den Übergang aus der lustigen Dorpater Zeit in das stille Landleben erleichtern mochten. In der Sallgallen schräg gegenüberliegenden Domäne Zehmalden… hausten damals ein Universitätskamerad von ihm und dessen Schwager, nasse Brüder, die einen guten Tropfen und einen so vorzüglichen Gesellschafter wie meinen Vetter erst recht zu würdigen wußten. Bei diesen verbrachte unser Lehrer die Sonntage und kam dann in einer sehr angeregten Stimmung nach Hause. Das geschah einmal in einer stürmischen Herbstnacht. Die Kumpane hatten ihn bis zum Ufer geleitet; er hatte dann, wie wir das allgemein taten, das erste beste Boot, das er, aufs Ufer gezogen, vorfand, ins Wasser geschoben, und in ihm über den Fluß setzen wollen. Es erwies sich aber, daß er ein altes, leckes Ding erwischt hatte, das sofort unter ihm wegsank. Statt nun umzukehren, schwamm er in schweren Winterkleidern über den angeschwollenen Strom, kam glücklich hinüber und trat triefend in unser Zimmer.

[1241] Mit Schneebällen werfen.
[1242] Kühner, R.: Schulgrammatik der lateinischen Sprache, Hannover 1841.

Diese Besuche in Zehmalden bewirkten nicht selten, daß mein Vetter am Montag in sehr reizbarer Stimmung war. Dann ging es noch roher her als sonst, und er zerbrach im Zorn Pfeifenrohre und Spazierstöcke auf unseren Rücken.

Von irgendeiner bewußten Einwirkung auf uns war keine Rede. Im Jahre 1855 verließ uns dieser Lehrer und setzte seine Hauslehrertätigkeit in einem anderen Hause fort." [1243]

※

Der Fluß

Auf die nachfolgenden Lehrer, darunter Rudolf, und auf den Streich, den die Schüler ihm spielten, indem sie, wie Pantenius berichtet, sein Zimmer mit Mäusen besiedelten, sei hier nicht weiter eingegangen. Zu dieser Zeit besuchte Julius bereits das Gymnasium in Mitau. Doch was Pantenius abgesehen vom Unterricht weiter schildert, ist zeitlich so wenig gebunden, daß es auch für die Kinder- und Jugendzeit von Robert und Julius gelten darf.

„Außerhalb der Lehr- und Arbeitsstunden kümmerte sich kein Mensch um uns, und diesem Umstande verdanke ich es, daß ich in Sallgallen doch viele frohe Stunden verlebte, und daß ich mit dem Leben der Landleute vertraut wurde.

Eine Quelle immer neuer Freude war für uns der Fluß. Kaum war im Frühling der Eisgang vorüber, so kamen aus dem Oberlande die Flöße herab. Wir ruderten uns an diese heran, und die Flößer gestatteten uns gern, uns für eine Weile ihnen anzuschließen. Während sie uns von ihrer oft nicht ungefährlichen Fahrt erzählten, glitt das Floß mit der Strömung sanft bergab. An stillen Frühlingsabenden war eine solche Fahrt höchst reizvoll. Hier oder da sprang ein Fisch aus dem Wasser, eine Flucht Wildenten erhob sich von ihm, Kraniche und Wildgänse zogen über uns hin. Wir sahen auch wohl einmal ein paar wilde Schwäne sich zu kurzer Ruhe auf den Fluß hinablassen und den Fischadler nach Beute tauchen. Zu Fuß kehrten wir dann, nach kürzerer oder längerer Fahrt, durch den Vorfrühlingsabend nach Hause zurück.

Den Flößern folgte bald „das Holz", wie wir sagten. Die beiden Quellflüsse der Semgaller Aa, die Memel und die Muhs, kommen aus ausgedehnten Staatswaldungen. Die dort gefällten Bäume wurden in etwa zwei Meter lange Kloben verwandelt, und dann zu einer gewissen Zeit, in der die Aa nicht mehr über die Ufer getreten, aber doch noch voll Wasser war, in den Fluß geworfen. Die Bewohner der Ufer konnten

---

[1243] Pantenius, T.: Aus meinen Jugendjahren, Leipzig 1907, 89 ff.

nun so viele Kubikfaden, als sie erworben hatten, auffischen und am Ufer aufstapeln. Ersteres geschah mit Bootshaken und war eine höchst vergnügliche Arbeit, an der wir Knaben uns fleißig beteiligten. Die Hauptmasse des Holzes wurde in Mitau festgehalten und bot der Stadt das erforderliche Brennholz.

Der Wasserspiegel des Flusses hatte sich mittlerweile gesenkt, und nun begann ein Hauptvergnügen: der Fang der Neunaugen. Diese Fische gingen jetzt in großer Zahl stromaufwärts und suchten Stellen auf, wo hinter im Fluß liegenden erratischen Blöcken sich kleine Stein aufgehäuft hatten. An diesen sogen sie sich fest und ruhten, vor der Strömung geschützt, aus. Wir fuhren nun in einem leichten Boot zu zweit gegen den Strom. Der eine, der im Hinterteil stand, bewegte das Boot durch einen Bootshaken vorwärts, der andere kniete im Bug, hatte die rechte Hand mit einem wollenen Handschuh bewaffnet - um den glatten Fisch ergreifen zu können - und hielt in der Linken einen Käscher, ein an einem Stab befestigtes kleines Netz. Er gab durch Winke dem Steuermann die Richtung. Kam er nun an die Neunaugen, so fuhr er - je nach der Tiefe, in der sich die Fische befanden - mit dem Arm oder dem Käscher, möglichst leise ins Wasser und holte sich eine Neunauge nach der anderen. Verfuhr man geschickt, so konnte man vier bis fünf und mehr Fische ergreifen, ehe die anderen Unrat merkten und blitzschnell verschwanden. Es war das ein ganz herrliches Vergnügen.

War die Neunaugenzeit vorüber, so begann die der Krebse. Wie köstlich schmeckten die, wenn wir sie uns selbst gefangen und selbst gekocht hatten.

In der warmen Jahreszeit waren wir beständig am oder im Fluß und schwammen wie Fischottern. Die Freude an dieser Bewegung hat mich durch das ganze Leben begleitet. Ich kenne kaum einen größeren Genuß, als... durch das Wasser zu gleiten... oder still auf dem Rücken zu liegen und mir vom blauen Himmel herab die Sonne auf den Leib scheinen zu lassen.

Trat der erste stärkere Frost ein und bedeckte den Fluss mit einer dünnen, durchsichtigen Eisdecke, so galt es die Fische „schlagen". Man begab sich mit einer Axt auf das Eis und suchte Stellen auf, wo, wie man wußte, Hechte standen. Dieser Fisch verweilt oft, während er auf Beute lauert, lange an derselben Stelle. Nun hieß es, mit dem stumpfen Ende des Beiles genau über ihm auf das Eis zu schlagen. Gelang das, so kam der durch den Luftdruck betäubte Fisch bauchaufwärts an die Oberfläche und konnte durch ein in das Eis geschlagene Loch ergriffen werden. Es war dies ein nicht ungefährliches Vergnügen, denn es konnte nur geübt werden, wenn das Eis eben einen Mann trug.

Wir liefen natürlich alle Schlittschuhe und sausten in kleinen Schlitten von dem Sallgallen gegenüberliegenden hohen Ufer auf den Fluß herab und über ihn hinweg.

Während des Eisganges war die Niederung, von der oben die Rede war, überschwemmt. Wir fuhren dann auf Eisschollen auf ihr umher und machten uns nichts daraus, wenn wir einmal ins kalte Wasser fielen. Kleider und Stiefel wurden dann an dem Ofen, so gut es ging, getrocknet. Wir waren überhaupt im höchsten Grade abgehärtet und bauten unsere Schneeberge auch bei starker Kälte, ohne Paletots [1244] anzuhaben." [1245]

Pantenius erzählt, daß seine schlechtsitzende, unbequeme Kleidung wie die der Pastorensöhne von einem wandernden Schneider angefertigt wurde und fährt fort: „Mit viel Vergnügen verkehrte ich mit den Dienstboten und den Bauern; denn ich hatte die Liebe zu den Letten von meinem Vater geerbt." [1246] Die folgenden Berichte handeln von konkreten Begegnungen, die Pantenius mit ihnen hatte, darunter in erster Linie von dem alten Bluke, „eigentlich ein Taugenichts" und seiner Frau, „seit vielen Jahren die „Hofmutter", d.h. die Viehpflegerin" im Pastorat, denen die Dennfferschen Brüder während ihrer Schuljahre dort gleichfalls begegnet sind, wenn auch vielleicht nicht eine so enge Beziehung wie zu Pantenius bestand, der ja mütterlicherseits ein Conradi-Sohn war. Er weiß zu berichten, daß die Hofmutter ihren Gatten, wenn er betrunken nach Hause kam, ohrfeigte „solange sie den Arm heben konnte... Die Alte war nicht nur eine der Sachlage entsprechende Mustergattin und eine vorzügliche Viehpflegerin, sondern galt auch in weitem Umkreise für einen vortrefflichen Arzt. Sie „Besprach" Warzen und „die Rose" und erreichte in der Tat auf diesem Gebiet Erfolge, die ebenso tatsächlich wie unbegreiflich waren. Ihre Kuren waren überhaupt absonderlicher Art. Während ich in Sallgallen lebte, wurde die Gegend von einer sehr bösartigen Fieberepidemie heimgesucht. Man nannte die Krankheit, die intermittierend auftrat, das „kalte Fieber", und sie endete nicht selten mit dem Tode. Die alte Bluke kurierte das Fieber so: Wurde ein Patient zu ihr gebracht, so entnahm sie in seiner Gegenwart kleinen Schächtelchen allerhand Ungeziefer: Läuse, Flöhe, Schaben, die

---

[1244] Übermäntel.
[1245] Pantenius, T.: Aus meinen Jugendjahren, Leipzig 1907, 95 ff.
[1246] Pantenius, 97.

wir Preußen nannten, usw., zerhackte sie, bestreute die Masse mit etwas Mehl und formte sie zu Pillen, die der Kranke einnehmen mußte. Das Mittel versagte fast nie seine Wirkung. Ärzte, denen ich das später gelegentlich erzählte, führten sie auf das starke Ekelgefühl zurück."

„Wie deutlich steht die Spinnstube der Alten noch vor mir! Draußen ist der nordische Winter in voller Kraft; es friert zwanzig Grad und darüber; im Zimmer der Blukes herrscht die behaglichste Temperatur. Hier sind noch die Urzustände der Menschheit: in einem an der Wand angebrachten Ring steckt ein brennender Kienspan, d.h. ein etwa ein Meter langer, zwei Finger breiter, ganz dünner Streifen Fichtenholz, der „Pergel". Bei seinem rauchenden Licht spinnen die alte Bluke und die Mägde. Die Spinnräder surren, und die Alte erzählt, während der harzige Geruch des „Pergels" die Luft erfüllt, Märchen. Der alte Bluke aber sitzt auf einer Bank am Ofen und raucht. Ist der „Pergel" heruntergebrannt, so steht er auf und ersetzt ihn durch einen neuen Kienspan, der mit vielen anderen in einem Eimer steht. So an Wochentagen. An Sonnabenden aber singen wir alle Kirchenlieder." [1247]

Ein Exemplar des „Mitauisches Gesangbuch", [1248] das Johann Eugenius gehörte, war 1927 noch in Mitau vorhanden. [1249] Darin enthaltene Lieder und Gebetstexte, auch besonders diejenigen zu Schulbeginn und Schulende, dürften die Dennferschen Kinder, die ihren Erstunterricht ja meist in Pastoraten erhielten, oft gesprochen haben:

„Gebet für die zarte Jugend. Zum Anfang der Schule. Herr, unser Gott! Wir sind in die Schule gekommen, daß wir dasjenige lernen mögen, was zu unserem Fortkommen in der Welt, zum frommen Leben und zu unserem ewigen Glück, zu wissen nützlich und nöthig ist. Gieb doch, daß wir die Zeit und Gelegenheit, die wir dazu haben, nicht durch Faulheit und Unachtsamkeit ungenutzt hingehen lassen. Gieb uns Verstand, alles, was wir lernen sollen, gut zu begreifen und zu behalten. Segne unsern und unsers Lehrers Fleiß, damit wir zu verständigen, nützlichen und frommen Leuten erzogen werden. Laß uns deinen guten Willen lernen. Aber gieb uns auch ein gehorsames Herz, daß wir unser Lebenlage nach deinem guten Willen richten, und alles das, mit Freuden thun, was du uns befohlen, und alles das gerne lassen, was du uns verboten hast. So werden wir, o Gott! gefällig, und den Menschen lieb und werth seyn. So wirst

---

[1247] Pantenius, T.: Aus meinen Jugendjahren, Leipzig 1907, 97 ff.
[1248] Mitauisches Gesangbuch, Mitau 1771.
[1249] Es befand sich damals bei Ida v. Denffer (Denffer, Herbert v., Rigascher Brief, 4).

du es uns hier in diesem Leben wohl ergehn lassen, und uns, wenn wir sterben, ewig glücklich machen, um Jesu willen! Amen." [1250] Einen ähnlichen Gebetstext gab es auch für das Schulende. Damit kamen sicher die guten Absichten und Wünsche der erwachsenen Erzieher und Pastoren zum Ausdruck. Ob sie sowohl inhaltlich und vor allem hinsichtlich des sprachlichen Ausdrucks den heranwachsenden Schülern entsprachen, kann man allerdings bezweifeln.

Eines der Lieder, dessen Inhalt auch meinem Glauben entspricht, war nach der Melodie zu singen „Wer nur den lieben" (Gott läßt walten) und lautet:

„1. Es ist ein Gott, es giebt ein Wesen, Das diese Welt aus nichts gemacht, Das ewig vor der Welt gewesen, Sie in der Zeit hervorgebracht; Das jetzt noch die erschaffne Welt, Durch sein allmächtig Wort erhält.

2. Die Welt ist nicht von sich entstanden, Sie kann nicht von sich selbst bestehn, Ohn Gott wär keine Welt vorhanden, Ohn Gott muß sie bald untergehn: Drum bleibet es ein wahrer Schluß: Daß nothwendig ein Gott sein muß;

3. Man kann Gott in der Welt erblicken, In Dingen von so mancher Art, Die uns durch ihre Pracht entzücken, Wird seine Tugend offenbart: So stellt ein Geist, der unsichtbar, Sich im Geschöpfe sichtbar dar.

4. Ein jedes Gras muß ihn verklären, Ein jeder Wurm lehrt, daß Gott sey, Ein jedes Feld mit seinen Ähren, Bringt uns von ihm Erkenntnis bey, Und in der Bäume reifen Frucht, Läst er sich finden, wer ihn sucht.

5. Ihr Menschen! Geht in eur Gewissen, Wie? Treibt ihr mit dem Schöpfer Spott? Ihr werdet einst gestehen müssen, Es lebet ein gerechter Gott, Ein Schöpfer, dem ihr unterthan, Der auch bestrafen will, und kann.

6. In seiner Blitze rothen Stralen, Davor ein jedes Thier erschrickt, Pflegt sich der Gottheit Bild zu mahlen, Die ihr als Rächerin erblickt; Ihr zittert, denn nun seht ihr ein. Es muß ein höchstes Wesen seyn.

[1250] 163 ff.

7. Der Sünder fährt betrübt zusammen, Wenn er an Tod und Ende denkt. Ist kein Gott, der ihn kan verdammen! Was ists, das ihn im Tode kränkt? Es ist ein Gott, drum zittert er, Drum wird ihm Tod, und ende schwer.

8. Es lebt ein Gott, drum will ich leben, Wie mich Vernunft und Schrift belehrt, Ich will nach ächter Tugend streben, Die seines Namens Ruhm vermehrt, So leb ich, wie ich leben soll. So geht mirs hier, und ewig wohl.

9. Es ist ein Gott! Drum will ich leiden, Was dieser Gott mir auferlegt. Nichts soll von ihm, von Gott mich scheiden. Er hilft, wenn man sein Kreuze trägt; Er hilft und schenket nach der Last, Wenn er sie wegnimmt, Ruh und Rast.

10. Es ist ein Gott! Das will ich glauben, Dieweil ich hier auf Erden bin, Nichts soll mir die Gewißheit rauben, So wird der Tod mir zum Gewinn. Im Tode will ich zu ihm gehen, Gott selbst in meinem Fleische sehn.“ [1251]

Kurische Küche

Pantenius erklärt die ihm von Letten entgegengebrachte Zuneigung mit dem Engagement seines Vaters und Großvaters für die Letten. Dennoch bleibt eine offenbar unüberwindliche Kluft, wie sie in einer Passage zum Ausdruck kommt, in der er die idyllische Schilderung einer Sommernacht auf der Pferdeweide mit Sozialkritik herausfordernden Bemerkungen einrahmt: „Im allgemeinen aber hatten die Letten unter dem Herrenhochmut der Deutschen doch viel zu leiden gehabt. Trotzdem konnten wir unseren Leuten gar nicht aristokratisch genug sein, und sie taten ihrerseits alles, um die ohnehin schon große soziale Scheidwand, die uns von ihnen trennte, noch zu vertiefen. Wenn wir recht herrisch auftraten, war es ihnen gerade recht.

Das galt auch von dem männlichen Personal. Obgleich es uns streng verboten war, verbrachten wir so manche Sommernacht bei den Pferden auf der Weide. Das war ganz herrlich. Da oft Pferdediebstähle vorkamen, mußte ein Knecht die Nacht über bei ihnen wachen.

Dem schlossen wir uns an. Wir machten uns zunächst ein Feuer und saßen plaudernd um dasselbe. Allmählich erlosch es, und wir suchten die ambulante Hütte auf. Rings um uns das Dämmerlicht der nordischen Sommernacht, in der das Tierleben rege

---

[1251] Mitauisches Gesangbuch, Mitau 1771, 583-84 (Nr. 625).

bleibt: im Korn schlägt die Wachtel, in der Wiese schreit der Wachtelkönig, im Graben surrt der Erdkrebs. Den Pferden sind die Vorderfüße zusammengekoppelt, wenn sie sich vorwärts bewegen wollen, müssen sie einen schweren Sprung tun. Von Zeit zu Zeit schnaubt eins, während man die anderen den Klee abrupfen hört. Der Knecht aber erzählt uns von seinem Leben, in dem es, so einfach es auch verlief, doch immer Höhepunkte gab. Allmählich verstummt er, und auch wir verfallen in den gesunden Schlaf der Jugend, bis uns die Morgenkühle weckt. Auch hier trat uns im Verkehr mit den Leuten immer der angeborene Respekt vor den Herrensöhnen entgegen. Ich erinnere mich nicht, daß er je außer acht gelassen worden wäre.

Die Bauern hatten damals noch ganz eigenartige Sitten. So spielte bei ihren Festen der wollene Handschuh eine große Rolle. Das Pferd, das bei einer Hochzeit den Brautwagen zog, war über und über mit Handschuhen behängt; der Tanz wurde am Abend mit dem Handschuhtanz - einer Art Polonaise - eröffnet. Jede Tänzerin brachte Handschuhe mit, die ihr der Tänzer für Geld abkaufte, das sie ihrerseits den Musikanten übergab. Die Handschuhe werteten verschieden. Doppelte Fingerhandschuhe galten mehr als einfache, Fausthandschuhe mehr als Fingerhandschuhe.

Merkwürdig war auch die Sitte, daß die Konfirmation der Kinder mit Handschuhen bezahlt wurde. Die Eltern spendeten, je nach ihren Verhältnissen, mehr oder weniger Paar Handschuhe, die sich auf dem Speisetisch des Pastorats aufhäuften. Sie begaben sich dann in die Herberge und kauften hier ihre Handschuhe zurück. Es hatte ihnen nur widerstanden, die heilige Handlung mit Geld zu bezahlen."

„Der Lette jener Zeit hatte überhaupt ein für seine damaligen Verhältnisse erstaunlich entwickeltes Gefühlsleben und war, soweit ich ihn kennen lernte, ein sehr weicher Mensch. Er hing an denen, die er lieb hatte, mit großer Treue und verkehrte mit den Seinigen liebevoller, als es sonst wohl Bauern zu tun pflegen."

„Im Verkehr mit meinem Onkel und meiner Tante standen von den Nachbarn nur die Familie Denffer in Grafenthal, von der noch viel zu erzählen sein wird, und die Familie des Propstes Conradi in Mesothen. Der Probst war mit den Conradis in Sallgallen, trotz des gleichen Namens, nicht verwandt."

„Sallgallen beherbergte aber fast immer Gäste, die von weit her kamen, denn das Pastorat bildete den seelischen und gesellschaftlichen Mittelpunkt für die ganze große Familie. Traf ein Angehöriger aus der Fremde, etwa aus Petersburg oder Warschau, in Sallgallen ein, so war das erste, wonach er verlangte, ein Teller „saure Grütze". So heißt das Nationalgericht der Kurländer, und diese für jeden Nichtkurländer gewiß fürchterliche Speise war ihnen mit der Heimat so verwachsen, daß sie erst, nachdem sie saure Grütze verzehrten, das Gefühl hatten, wirklich wieder zu Hause zu sein. War der Gast ein in der Fremde erwachsenes Mitglied der Familie, so versammelte sich alles um ihn herum und beobachtete, wie er sich zu dem gereichten Teller „saure Grütze" verhielt. Schmeckte sie ihm, so war er ein „echter Kurländer", womit wir das höchste Lob erteilten, das wir zu vergeben hatten." [1252]

Wenig appetitanregend sind die Bemerkungen eines Nichtkurländers über „Die kurische Küche" in einer eher oberflächlichen Schrift:

„Ob ich im Stande sein werde, all' die Pein, die mein armer Magen in Kurland auszustehen hatte, auch wenn ich die gräulichsten Farben wähle, zur schrecklichen Anschauung zu bringen, bezweifele ich … wie schlecht ist in Kurland z. B. das Fleisch, wie rauh und grob sind die Erbsen, wie häßlich die gebratenen Schafsköpfe, die Blutkuchen und andere schreckliche Dinge, die mir das Blut bei der flüchtigsten Erinnerung schon gerinnen machen! … schreckliche Einzelheiten mögen einen Begriff von der kurischen Küche geben. Ich beginne sogleich mit der Suppe. Wie furchtbar die Suppen der Kurländer sind, kann daraus abgenommen werden, daß eine Composition aus Milch, Schweinefleisch und anderen heterogenen Stoffen, welche für die Magen dieser Provinzianer ein Götteressen ist, nicht von Ausländern, sondern von Livländern, also von ihren freundnachbarlichen Ostseebrüdern, „kurischer Jux" genannt wird. Ein jeder Nicht-Kurländer bekommt das kalte Fieber bei dem bloßen Gedanken an diese furchtbare Suppe.

In Kurland wird aus allem Möglichen und Unmöglichen Suppe gekocht. Es giebt kein Thier des Waldes, keine Ente und Gans des Teiches, keinen Fisch der größeren und kleineren Gewässer, der von den Kurländern nicht zu ihren Suppen verwendet würde … Die Kurländer haben bei ihrer Gewohnheit, aus Allem Suppe zu kochen, mit den Indianern Aehnlichkeit. Auch diese kochen aus Gemüse und Korn, aus Fisch und Geflügel, kurz aus Allem Suppe. Ich habe noch die Kohlsuppe besonders zu erwähnen, die auch eins jener abscheulichen Gerichte ist … Die eben erwähnte Kohlsuppe verhindert die Kurländer durchaus nicht (auch Saurampfer-Suppe verschlingen sie mit Leidenschaft), entschieden keine Vegetarier zu sein, sondern Fleisch in großen Massen verzehren … Bekommt man einmal bei ihnen Bouillon zu sehen, was freilich

[1252] Pantenius, T.: Aus meinen Jugendjahren, Leipzig 1907, 100 ff.

selten geschieht, da sie ihre abscheulichen Gänse, Enten-, Ferkel-, Fisch- u.s.w. Suppen bei weitem vorziehen, so schwimmen darin große Fleischstücke, Kartoffeln und Wurzeln umher, die man hier „Porkahnen" nennt. Die Kurländer sprechen diese von ihnen umgetaufte Wurzel „Burkahne" aus ... Auch kochen sie im Frühling eine Suppe, die durch und durch aus Petersilie, oder Gott weiß welchem andern Kraute besteht. - Ueberhaupt drängt sich die Petersilie hier frech in die Bouillon hinein, und wenn ich einmal so glücklich war, eine erträgliche Suppe zu sehen zu bekommen, so mußte ich mich eine Viertelstunde mit dem Herausfischen dieses unnützen Krautes beschäftigen. Dazu blieb mir aber leider oft nicht die Zeit, indem die Kurländer meist sehr schnell essen und mir so einen zu sichtlichen Vorsprung abgewannen. Weil ich nun nicht wollte, daß man wegen des Auftragens des folgenden Gerichts auf mich warten sollte, so winkte ich den Bedienten verstohlen, mir den fast noch vollen Teller eiligst wegzunehmen. Diese Schöpse aber, an den Appetit ihrer Herrschaften gewöhnt, die nie einen vollen Teller zurückgeben, waren zum Wegnehmen meist gar nicht zu bewegen ... Das kurze Sitzenbleiben an der Tafel, das ich in Kurland fast durchgehend traf, erkläre ich aus dem großen Thätigkeitsdrange der Bewohner. Einst war ich zum Besuche in dem Hause einer Baronin F-s, wo fast die ganze Familie Zahnschmerzen hatte. Ich schob es unbedingt auf die Gewohnheit des schnellen Verschlingens der noch glühenden Speisen." [1253]

1849 Neue Regeln

Eine Urkunde in russischer Sprache zur Bestätigung von Victors Rang als Stabs-Kapitän ab dem 25. April 1849 und seinem Dienst im Forst-Korps, ausgestellt in Sanktpeterburg 1852, ist erhalten geblieben. [1254]

Mit einer Bekanntmachung „Von der Direction des Kurländischen Credit-Vereins" in Mitau wurden die Mitglieder hinsichtlich ihrer Ansprüche auf Überschußauszahlung erinnert, „daß eine baare Auszahlung von disponiblen Quoten des Tilgungsfonds im nächsten Juni-Termine 1849 nur für nachbezeichnete Vereingüter in dem Falle herbeigeführt werden kann, wenn deren Besitzer ihre bezüglichen Zahlungs-Gesuche spätestens bis zum 1sten Februar d. J. hier eingängig machen... Grafenthal" ist in der

---

[1253] Brunier, L.: Kurland. Reiseeindrücke von Land und Stadt, Leipzig 1862, 190 ff.
[1254] Nachlaß Leonid v. Denffer (Staatsarchiv Bremen StAB 7.188 von Denffer, Familie).

Liste der in Frage kommenden Güter aufgeführt. [1255] Jeannot sollte demnach eine solchen Überschußauszahlung erhalten haben.

Sein Sohn Theodor fuhr zu Jahresbeginn nach Riga: „1849 Januar 5 Riga angekommene Fremde... Herr dim. Cornet von Denffer, von Mitau, log. bei Madame Newton." [1256] Ebenfalls in Riga stiegen Anfang Januar 1849 im Hotel St. Petersburg, vier Herren Studenten, von Mitau gekommen, ab, darunter ein Denffer. [1257] Vermutlich war August während der Universitätsferien Weihnachten 1848 und zum Neujahr von Dorpat nach Kurland gereist, wo seine Mutter und seine Schwester lebten. Vielleicht haben der Cornet und die reisenden Studenten das Neujahrfeiern in Riga noch fortgesetzt. Jedenfalls werden sie die neueste Verordnung aus St. Petersburg zur Kenntnis genommen haben, die in diesen Tagen bekannt gemacht wurde:

„Obrigkeitliche Bestimmungen u. Verordnungen. In Erwägung, daß das Lottospiel - aus einem unschuldigen Zeitvertreibe in eine verderbliche Leidenschaft ausgeartet, welche dem Familien- und gesellschaftlichen Leben um so mehr Schaden bringt, als sie vorzugsweise in der Mittelklasse, unter den Beamten und unbemittelten Leuten verbreitet ist - nicht allein in den Klubs und anderen öffentlichen Gesellschaften der beiden Hauptstädte, sondern auch anderer Städte überhand genommen, ist dasselbe im ganzen Reiche überall verboten. (St. Petersb. Zeit. v. 15. Jan.1849)." [1258]

Doch nicht nur das Glückspiel war bedrohlich. „Die Erfahrungen des Jahres 1848 schienen dazu angethan zu sein, den Kaiser Nikolaus vor allen derartigen, die Universität Dorpat bedrohenden Experimenten abzuschrecken. Er... entsandte im Mai 1848 den... an der Spitze des Ministeriums der Volksaufklärung stehenden Staatssekretär Staatssekretär Uwarow in die Embachstadt,..." - Sergei Semjonowitsch Uwarow war Bildungsminister und hatte 1833 die Grundsätze „Orthodoxie, Autokratie, Volkswesen" aufgestellt. „In dem Bericht, welchen Uwarow dem Kaiser über seine Reise nach Dorpat erstattete, konnte er nicht genug Worte des Lobes finden. „Der Geist der studirenden Jugend - so schreibt er - entspricht in jeder Beziehung den Erwartungen der Regierung. Ungeachtet dessen, daß in der nicht mehr als 14000 Bewohner zählenden Stadt mehr als 600 Studenten concentrirt sind, herrscht Ruhe und Anstand in Dorpat;

[1255] Allgemeines Kurländisches Amts- und Intelligenz-Blatt 15.1.1849.
[1256] Rigasche Zeitung 5.1.1849
[1257] Rigasche Zeitung 10.1.1849 (Angekommene Fremde).
[1258] Das Inland 21.2.1849, 134.

alle Spuren des früheren tollen Lebens der Studenten - diese betrübende und unsinnige Nachahmung germanischer Vorbilder - sind ausgetilgt; die bunten Mützen, Bärte, Schnurrbärte, Kanonenstiefel und alle Attribute der früheren Studenten haben sich verloren; zugleich sind auch die Burschenschaften, die stürmischen Studentenversammlungen und die blutigen Zweikämpfe verschwunden. Der heutige Dörptsche Student trägt mit Vergnügen seine Uniform, lernt fleißig, lebt bescheiden, gehorcht der Obrigkeit und verkehrt mit den Einwohnern in aller Höflichkeit." [1259]

Das Jahr 1849 brachte einige merkliche Veränderungen. Trotz des so positiven Berichts vom Vorjahr über die Verhältnisse in Dorpat blieb die Universität von einer allgemeinen Neuregulierung nicht ausgenommen. „Ein Jahr später traf die Hochschule (und mit ihr das Land) ohne die allermindeste Verschuldung eine Anordnung wie ein Blitzstrahl, die sie in ihrer Wirksamkeit vollständig zu lähmen drohte. Durch ein ministerielles Schreiben vom 19. Mai 1849 wurde nämlich der Universität Dorpat eröffnet, daß der Kaiser befohlen habe: 1) Die Zahl der Studirenden auf eigene Kosten und der freien Zuhörer einer jeden Universität auf 300 zu beschränken; 2) bei denjenigen Universitäten, auf denen die Zahl der für eigene Rechnung Studirenden und der freien Zuhörer die Normalzahl von 300 übersteigt, jegliche Aufnahme zu verbieten, bis die vorhandene Zahl auf das festgesetzte Maß kommt; 3) in die medicinische Fakultät auch Studirende auf eigene Kosten in unbeschränkter Zahl aufzunehmen, aber unter der Bedingung streng sittlicher Führung und mit der Maßgabe, daß dieselben, miteingeschlossen die Zahl der auf eigene Kosten Studirenden und der freien Zuhörer, 300 nicht übersteigen; 4) die Aufnahme der Krons- und der von der Regierung bestimmten Studirenden, welche bei den Universitäten sowohl durch die Etats derselben wie durch besondere Verordnungen eingeführt sind, auf früherer Grundlage fortzusetzen; 5) bei künftiger Aufnahme von Studirenden allein die in sittlicher Bildung am meisten ausgezeichneten auszuwählen. - Ferner wurde durch jenes Reskript vorgeschrieben: so lange als nach Maßgabe der jährlichen Entlassungen die Zahl der auf eigene Kosten Studirenden und der freien Zuhörer in Dorpat nicht auf jene Zahl zu rückgeführt sein werde, zeitig vor Beginn des Kursus bekannt zu machen, daß keine Aufnahme statthaben werde und man sich nicht zur Prüfung melden möge. Eine

---

[1259] Fünfzig Jahre Russischer Verwaltung in den Baltischen Provinzen, Leipzig 1883, 231 f.

derartige Bekanntmachung erging, dem ministeriellen Reskript gemäß, am 27. Mai 1849. (Dörptsche Zeitung Nr. 60)." [1260]

Eine weitere Verunsicherung muß im Juli 1849 hinzugekommen sein, als es in Riga und ebenso in Dorpat zu Aktionen der Behörden kam. Die bestehende Bücherzensur sollte durchgesetzt und verbotene Literatur beschlagnahmt werden. „Was das Ergebniß der vom 11. bis zum 28. Juli geführten Dorpater Untersuchung betrifft, so war die Zahl der in den Buchhandlungen vorhandenen und von der Kommission als staatsgefährlich bezeichneten Bücher recht beträchtlich." Man fand insgesamt 1150 zu beanstandende Werke, davon 548 verbotene, 455 nach Entfernung anstößiger Stellen erlaubte sowie 147 verdächtige in den Zensurlisten nicht angeführte. „Außerdem wurde konstatirt, daß 102 verbotene Bücher verschiedener Art erst vor Kurzem verkauft worden waren. Diese in thunlichster Eile wiederum zu beschaffen und der Gensdarmerie zuzustellen, mußten sich die betreffenden Buchhändler durch ein besonderes Reversal verpflichten…"

Zu den beschlagnahmten Büchern gehörten größtenteils Romane, aber auch Werke Heines und „der Kladderadatsch und der Nürnberger Trichter, welche Zeitschriften in beleidigenden Ausdrücken von Sr. kaiserlichen Majestät zu reden sich erdreistet hatten… Als Kuriosum sei noch bemerkt, daß die Untersuchungskommission in einem, 1839 mit obrigkeitlicher Genehmigung in Dorpat gedruckten Leihbibliothekkatalog ebenfalls verbotene Bücher verzeichnet fand, die der Besitzer der Bibliothek als bestens approbirte anzusehen gewiß allen Grund hatte."

Dies alles ereignete sich zu Beginn des Semesters. Zwar waren auf Grund der Bestimmung vom Mai 1849 Neuankömmlinge nicht zugelassen, doch die seit längerem Studierenden kehrten gerade aus den am 22. Juli endenden Ferien zurück. So mancher von ihnen muß sich gefragt haben, ob auch nicht er mit verbotener Literatur in Verbindung stand, wenn er dies nicht schon von sich aus wußte. Zudem waren nun alle Studenten und die Öffentlichkeit überhaupt von der Aktion betroffen, denn der Zar verfügte, „sämmtliche Buchläden in Riga und Dorpat zu schließen und zu versiegeln, sowie den öffentlichen Verkauf von Büchern so lange zu inhibiren, bis der Urtheilsspruch erfolgt sein werde!" Nicht eher als Ende Dezember durften die Buch-

---

[1260] Fünfzig Jahre Russischer Verwaltung, 233; Dörptsche Zeitung 28.5.1849, 11.

handlungen wieder öffnen, ihre Besitzer standen indes unter Hausarrest, der erst im Februar 1852 gegen Kaution aufgehoben wurde. [1261]

※

Bei der Mesothenschen Kirche begraben

In Grafenthal verstarb am „Neunzehnten May Ein Uhr Nachts" und wurde begraben am „Einundzwanzigsten May Zehrend(?)Kapelle August Wilhelm von Grabe aus Grafenthal Oekonomie Arzt des Mesothenschen Kirchspiels. Er war ein gebildeter Mann von großer Herzensgüte und Rechtlichkeit. (Geburtsort) Kreuburg (sic!) im Witebskischen Gouv. (Alter) 47 Verheiratet (Todesursache) Fleckfieber 14 Jahre in der Ehe gelebt mit Anna gebor. Groening 4 Kinder." [1262]

Jeannot kam nicht zur Beerdigung. Er war seit dem Morgen tot: „Einundzwanzigsten May 6 Uhr morgens Fünfundzwanzigsten May bei der Mesothenschen Kirche Johann von Denffer Besitzer von Grafenthal Russischer Kaiserlicher Capitaine und Ritter hat die Feldzüge von 1806, 1808 und 1812 mitgemacht zeichnete sich aus durch große Gewißenhaftigkeit Wahrheitsliebe und Rechtschaffenheit; war sehr lange schon kränklich und starb nach [1263] (Geburtsort) Bersemünde in Curland (Alter) 58 Verheirathet (Todesursache) Erweiterung des Herzens 33 Jahre in der Ehe gelebt mit Caroline geb Kummerau 15 Kinder von denen 12 lebend." [1264] In der Familiengeschichte sind 13 Kinder bekannt. [1265]

Die Mitteilungen über Jeannot aus dem Grundstein sind in Herberts Chronik wiedergegeben und ergänzt, [1266] wobei indes offensichtliche Irrtümer auftreten: „Eugen Johann (Jeannot) von Denffer, mein Urgroßvater, wurde geb. am 1.5.1791 zu Behrsemünde in Kurland, er wurde Russisch Kaiserlicher Capitain und Ritter und machte 1806, 1808 und 1812 die Feldzüge gegen Napoleon mit. 1829 erwarb er das Gut Grafenthal a. d. Aa südlich von Mitau in Erbpfand, wo er bis zu seinem Tode mit

---

[1261] Fünfzig Jahre Russischer Verwaltung in den Baltischen Provinzen, Leipzig 1883, 215 ff.
[1262] KB Mesothen 1849 Verstorbene Nr. 97.
[1263] Rest fehlt im Kirchenbuch, ergänzt mit „namenlosem Leiden" in Denfer, H. v.: Grundstein zu einer Geschichte der Familie von Denffer, Batum 1906, 41.
[1264] KB Mesothen 1849 Verstorbene Nr. 98.
[1265] Denfer, H. v.: Grundstein, 54-58.
[1266] Denfer, H. v.: Grundstein, 41 ff.; Denffer, Herbert v.: Die Familie von Denffer eine kleine illustrierte Chronik, München 1966, 5 f.

seiner Familie lebte und ein gastfreies Haus führte. Er soll sehr kränklich gewesen sein und starb mit 58 Jahren nach namenlosem Leiden am 24.5.1849 an Erweiterung des Herzens, er wurde auf dem Familienbegräbnis im benachbarten Mesothen beigesetzt. Vom Feldzug gegen Napoleon brachte er einen hübschen Smaragdring mit. Als meine Tante Tali, seine Großtochter, diesen in schwerer Zeit nach dem ersten Weltkrieg einmal veräußern wollte, erwies der Stein sich leider als unecht. Johann Eugen war verheiratet mit Caroline Wilhelmine Elisabeth Kummerau, Tochter des Hofapothekers Carl Ludwig Kummerau in Mitau (1751-1808) und seiner Ehefrau Katharina Elisabeth geb. Lieb. Diese war eine Tochter des Dr. Johann Wilhelm Friedrich Lieb (1730-1807, Leibarzt der Herzogin Dorothea von Kurland), und seiner Ehefrau Elisabeth geb. Wittenburg. Dieser Dr. Lieb war eine angesehene Persönlichkeit und hat die damals verbreitete Lieb'sche Landapotheke zusammengestellt. Er war durch Stottern behindert, trug auch im Winter weder Pelz noch Handschuhe und soll Hunde-, Katzen-, Ratten- und Mäusefleisch versucht und gelobt haben. [1267]

Caroline v. D. geb. 1795 in Mitau, gest. am 8.7.1867 lebte noch 10 Jahre nach dem Tode ihres Mannes in Grafenthal, das 1859 für 108.000 Rubel an Baron von Klopmann verkauft wurde und zog dann nach Mitau. Sie wurde im Familienkreise „Mamachen" genannt und wird als gütige Frau geschildert, ihre Ehe soll allerdings nicht glücklich gewesen sein." [1268]

Für letztere Bemerkung fehlen sonstige Hinweise, so daß eine Verwechslung mit der Ehe ihrer Schwester Charlotte naheliegt.

[1267] Die Informationen zu Lieb sind offensichtlich übernommen aus Brennsohn, I.: Die Ärzte Kurlands vom Beginn der herzoglichen Zeit bis zur Gegenwart, Riga 1929, 276 f. Theo v. Denffer ergänzte handschriftlich zu Lieb: „Eine Tabakdose von ihm und ein Medaillon mit seinem Bild befinden sich im Besitz von Vetter Leonid." Als ich Leonid danach fragte, erwähnte er mir gegenüber verärgert, diese Erbstücke habe Herbert von ihm erworben und seinem Sohn zur Hochzeit vermacht, doch seien sie inzwischen von einer diebischen Haushaltshilfe gestohlen worden. Herberts Sohn wiederum konnte mir das Vorhandensein von Tabakdose und Medaillon bestätigen (9.5.2012).

[1268] Denffer, Herbert v.: Die Familie von Denffer eine kleine illustrierte Chronik, München 1966, 6.

Eisenstück im Koffer

Der Friedhof von Mesothen umgab die dortige Kirche. Leider zeigt der Plan des Denfferschen Familienbegräbnisses im Grundstein [1269] weder die Himmelsrichtung noch die Lage der Kirche. Dreizehn Gräber sind eingezeichnet, in der Mitte stand vor Jeannots und Karolines nebeneinander liegenden Gräbern ein großes Kreuz „aus Sandstein", „auf dem Sandsteinkreuz ist als Geburtsdatum der 1. Mai 1791 verzeichnet." [1270] Zwei andere Grabkreuze waren „aus Eisen", das von Marie und das von Mathilde, beide 1872 gestorben. [1271] Rund um Jeannots Grab war das Familienbegräbnis angelegt, rechts und links von Akazienhecken und rückseitig Edeltannen eingegrenzt, von vorn durch eine Holzpforte zwischen zwei Ziegelpfeilern zugänglich. [1272] Leonid erzählte, er habe es in den 1930er Jahren mit Tante Tali besucht. Es sei völlig überwuchert gewesen, und sie hätten die Herrichtung veranlaßt. Nico, sein Bruder, so berichtete Tante Jenny, die einen Teil ihrer Jugendjahre in Bauske verlebte, hatte ihr vor der Umsiedlung 1939 das Familienbegräbnis gezeigt. Es befand sich, soweit ich annehmen kann, an der Nordseite der Kirche. Jedenfalls fand ich dort, fünfzig Jahre später, bei meinem ersten Besuch noch einen Hinweis darauf.

Es war am 23. Sept. 1989, am Nachmittag, ich war von Riga auf der M 12 mit dem Mietwagen gekommen. Nach etwa 70 Kilometern bog unmittelbar vor der Ortseinfahrt Bauska rechts die asphaltierte Straße nach Mezotnes ab. In diesem 10 oder 11 Kilometer von Bauska entfernten kleinen Ort liegt linker Hand unterhalb der Straße das Schloß der Fürsten Lieven, dahinter der Fluß Lielupe, auf Deutsch die Aa. Weil es für das Auto keine Brücke gab, ließ ich es beim Schloß Mesothen stehen und ging zu Fuß weiter. Über den Fluß führte ein schwimmender Brettersteg, der so wackelig aussah, daß ich unsicher war, ob man ihn betreten konnte. Dann kam von drüben eine Frau unbeschadet herüber, und so überquerte auch ich das Wasser, erklomm am anderen Ufer auf einem schmalen Pfad den bewaldeten Hang und gelangte nach fünf bis zehn Minuten schließlich oben zur Kirchenruine. Linker Hand waren in einiger Entfernung die Überbleibsel eines verfallenen Hauses zu sehen, vor allem der hochaufragende Schornstein, vermutlich das Pastorat. Der Kirchturm war zerschossen, die

---

[1269] Denfer, H. v.: Grundstein zu einer Geschichte der Familie von Denffer, Batum 1906, 42.
[1270] Denfer, H. v.: Grundstein, 43.
[1271] Denfer, H. v.: Grundstein, 42.
[1272] Denfer, H. v.: Grundstein, 42.

Spitze fehlte ganz, das verwahrloste leere Kirchenschiff eingerahmt von einer noch erkennbaren Einfriedung aus niedrigen Bäumen und verwilderten Gebüschen, insgesamt ein deprimierender Anblick. Der die Kirche umgebende Friedhof war völlig zerstört, das Gelände teils überwuchert. Ich ging um die Ruine herum. Die Grabmale waren zerschlagen und entfernt, Gräber teilweise geöffnet. Auf dem verwüsteten Friedhof suchte ich nach den Denfferschen Gräbern, ohne Erfolg. Unweit der Nordseite der Kirche lagen verstreut kleinere Bruchstücke von Grabtafeln, darunter ein namenloses mit der Inschrift Johannes 16,22: „Ihr habt nun Traurigkeit, aber ich will euch wiedersehen, und euer Herz soll sich freuen, und eure Freude soll niemand von euch nehmen."

Nachdem ich den Friedhofsbereich zweimal abgeschritten hatte, beschloß ich mit einem Gefühl des Bedauerns die Suche zu beenden und dankte und bat zugleich Allah, wenn doch etwas für mich Bedeutsames da sein sollte, es mir zu zeigen. Ganz unerwartet und geleitet kam ich an eine Stelle nahebei. Mein Blick fiel auf etwas, das im Boden eingesunken lag und nur ein kleines Stück herausragte, allseitig rostüberzogen, unter einem Stein oder einem Stück Mauerputz verborgen, der von der Kirchenwand herabgefallen war. Es lag unten bei der linken Kirchenwand, etwa in der Mitte. Mit dem Fuß hob ich den Stein an und zog ein schweres, flaches Eisenstück hervor. Zu meinem Erstaunen sah ich die Buchstaben „ilde v. D" in Frakturschrift, rechts und links abgebrochen. Ich hielt den Rest des Mittelstücks von Mathilde v. Denffers Eisenkreuz in Händen, das zerschmettert und beiseite geworfen da gelegen hatte, bis ich gekommen und es mir gezeigt worden war. Sonstige Fragmente oder Hinweise auf Denffersche Gräber fand ich nicht, nur ein paar Schritte weiter rechts auf dem Boden die spärlichen Reste zweier Ziegelpfeiler, die möglicherweise am Eingang des Denfferschen Familienbegräbnisse gestanden hatten.

Wie Mathildes Grabkreuz zerbrach, weiß ich nicht. Die etwas unregelmäßige Bruchkante schien mir als Laie die Folge einer Detonation zu sein. Die Kirche war 1944 beschossen worden, weil deutsche Truppen den Turm als Beobachtungsposten nutzten. Weniger wahrscheinlich wäre, daß beim Abräumen des Geländes um 1960 das Grabkreuz zerschlagen wurde. Allerdings spricht dagegen, daß man dieses Stück verwertbaren Rohstoff dann einfach liegen ließ. Jedenfalls war es für mich bestimmt, al-hamdu li-llah. Ich habe mich darüber gewundert und gefreut und es mitgenommen. Das war mir kein Problem, das Stück, das über viele Jahrzehnte unbeachtet dort herumgelegen hatte, wurde niemandem weggenommen, und niemand würde es vermissen. Dadurch, daß ich es an mich nahm, gelangte es gewissermaßen nur zurück in den Familienbesitz, aus dem es stammte. Kein Mensch außer mir war irgendwo zu sehen oder sah mich, doch schwieriger würde es sein, das Fundstück außer Landes zu bringen. Lettland war 1989 noch Sowjetrepublik und Teil der Sowjetunion. Am Flughafen wurde das Gepäck kontrolliert. Über das Stück Eisenschrott dürfte man sich dort sicher wundern, nach der Herkunft fragen und es am Ende vielleicht als eine Antiquität ansehen, die auszuführen verboten war, das Stück war ja mehr als 100 Jahre alt, oder gar als Staatseigentum einordnen, das ich dann entwendet hätte. Ich war nicht ohne Bedenken, aber wurde mir das Stück gezeigt, damit ich es zurückließ? Für die Gepäckkontrolle am Flughafen gab es bereits Durchleuchtungsgeräte, und der Koffer mußte zum Durchlaufen aufrecht auf das Transportband gestellt werden. Ich ging davon aus, die beste Chance zu haben, wenn das Eisenstück im Koffer flach unten an der Stelle liegt, wo die beiden Kofferhälften miteinander verbunden sind. Es gelang, die uniformierten Kontrolleure blickten auf den Bildschirm und ließen den Koffer dann ungeöffnet durch. Zuhause habe ich das Stück gemessen und gewogen, es mißt ca. 32x10x3 cm und ist 3,5 kg schwer.

Vom Friedhof Mesothen und den Gräbern war 1989 kaum noch etwas erhalten, aber doch noch mehr als heute. Die alte Einzäunung, wenn auch meistenteils eingestürzt, ließ den Friedhofsbereich noch eindeutig erkennen, auch hier und dort konnte man noch sehen, wo sich Gräber befanden, obgleich überwuchert und die Grabsteine abgeräumt. Bei meinem letzten Besuch 2017 war schon fast alles eingeebnet, spärliche Reste am Boden von Ziegelpfeilern vor der Nordseite der Kirche aber noch sichtbar. Diesmal nahm ich noch ein kleines Ziegelstück mit. Ein großes Schild zeigte die Planung von aufwendigen Instandsetzungsmaßnahmen für das Kirchengebäude an. Inzwischen ist die Kirche zum „Kulturraum" geworden und baulich hergerichtet. Dazu gehörte auch, das Gelände des Friedhofs umzugestalten und dabei noch dessen letzte Überreste zu beseitigen. Selbst die Bäume und Büsche, die an den Außenseiten den Friedhof eingegrenzt hatten, wurden entfernt, und die Kirche steht nun in neuem Glanz allein auf weiter Flur. Gottesdienste finden nicht statt, doch im Turm gibt es eine kleine Ausstellung mit dem Modell der Befestigung und Siedlung aus dem 13. Jahrhundert am nahegelegenen Mesothenschen Burgberg, und der „Kulturraum" kann sogar für Veranstaltungen gemietet werden. Wer wird bei solchen Gelegenheiten der Toten gedenken?

※

Begraben bei Komorn

Zu den Pfingstferien 1988 brachte ich meine Familie nach Ungarn, damals noch eine Volksrepublik und Teil des sogenannten Ostblocks, doch in einem Maße liberal, das unkompliziertes Reisen ermöglichte. So mietete ich ein Ferienhaus direkt am Ufer des Balaton, des Plattensees, die Kinder konnten baden und angeln, und wir erkundeten bei Ausflügen nach Budapest und Pécs Örtlichkeiten mit Bezügen zur muslimischen Geschichte. Auch war mir in Erinnerung, daß in Ungarn ein Bruder meines Urgroßvaters sein Leben gelassen hatte, der im Grundstein aufgeführte „Otto Eugen von Denffer, Sohn des Johann v. D., Besitzers von Grafenthal, geboren in Billenhof, gestorben in den 40er Jahren." [1273] Nach einer Notiz starb er 1849 bei Komornev. [1274] Dr. Alexander Senning, mit dem ich seinerzeit korrespondierte, schrieb mir dazu: „… das ist sicher Komorn/Donau (Ungarn), wo 1849 russ. Truppen Aufstand bekämpften." Mehr war zunächst über ihn nicht bekannt.

Immerhin verhalf der Hinweis auf den Geburtsort dazu, den entsprechenden Eintrag im Kirchenbuch Sallgalln zu finden: „Baptzt. 1824… Misericord. Dom. … 103.) H. v. Denffers u dessen Gemahlin geb. Kummeraus Söhnl. Johann Otto Eugen geb. d. 29. Febr. Pathen H. Kummerau, Fr. Pastorin Neander u. Demslle Tochter. H. Rittmeister v. Denffer nebst Fr. Madame Kahn etc. -" [1275] Wer Herr Kummerau war, ist unklar, die Pastorin Neander war des Täuflings Vaters Jeannot ältere Schwester Maria Gottliebe, damals schon Witwe des Pastors zu Grenzhof, Christoph Friedrich Neander, ihre Tochter Ulrike. Der Rittmeister ist Jeannots Bruder Christian Heinrich Eugen mit seiner Frau Charlotte aus Springen, Madame Kahn wird die Frau des Mitauschen Kreislehrers Kahn sein.

Des Weiteren hatte ich Otto Eugen verzeichnet entdeckt als dritten „Sohn, 2 ½ Jahre alt, des Arrende Cesssionairs seit dem Jahre 1817 des Kronsgutes Billenhof Capitain und Ritter Johann von Denffer" [1276] und als dritten „Sohn des von Denffer Iwan

---

[1273] Denfer, H. v.: Grundstein zu einer Geschichte der Familie von Denffer, Batum 1906, 56.
[1274] Handschriftliche Notiz von Otto v. Denffer im „Grundstein" (Nachlaß Dietrich v. Denffer).
[1275] KB Sallgalln Taufen 1824 LR 3943, 124 links; KB Abschrift Bl. 67.
[1276] Staatsarchiv Riga 630/1/99 Kurländische Seelenlisten, Billenhof 25.10.1826.

Iwanowitsch" im Adelsgeschlechtsbuch von Nowgorod. [1277] Später stieß ich noch auf die kurze Zeitungsnachricht von 1847 „Befördert sind... vom Ulanen-Regimente Sr. Kaiserl. Hoheit des Thronfolgers Cäsarewitsch... die Kornets... Denfer..." [1278] Endgültig Klarheit ergab sich erst durch einen Hinweis, den ich an dieser Stelle nicht erwartet hatte - im Verzeichnis der Verstorbenen der Kirche von Mesothen, die mehr als 1300 Kilometer von Komorn entfernt lag, war 1849 eingetragen:

„Zwölften September 5 Uhr morgens, (Begräbnis) Fünfzehnten September bei Komorn Eugen Johann Otto Russisch Kaiserl. Lieutenant im Ulanenregiment. Sohn des Herrn Kapitain von Denffer zu Grafenthal. Er machte den Feldzug gegen die Ungarn im Jahr 1849 mit und starb während der Belagerung der Festung Komorn (Geburtsort) Billenhof in Curland, (Alter) 25, ledig, (Todesursache) Nervenfieber." [1279]

Nervenfieber ist die früher gebräuchlich gewesene Bezeichnung für Typhus. In einem Nachschlagewerk der damaligen Zeit heißt es: „Das durch verminderte Empfindlichkeit oder beinahe gänzliche Unempfindlichkeit gegen Eindrücke aller Art und durch vorwaltende Betäubung sich charakterisirende, langsamer verlaufende und gefährlichere Nervenfieber entsteht gewöhnlich ursprünglich, verräth sich ebenfalls zuweilen durch mehr oder weniger Vorboten oder tritt auch, wie namentlich der sogenannte ansteckende Typhus, plötzlich ein. Ist das Erstere der Fall, so macht sich zunächst eine auffallende Veränderung der Gemüthsstimmung bemerkbar, die sich durch Traurigkeit, Insichgekehrtsein, Gefühl des Schwerkrankseins, Todesfurcht oder auch völlige Gleichgültigkeit gegen Alles beurkundet. Außerdem klagt der Kranke über ein Gefühl von Zerschlagenheit im ganzen Körper und verfällt bald in einen Zustand fast ununterbrochener Betäubung. Er bekommt einen stieren oder auch leeren, nichtssagenden Blick, antwortet auf an ihn gerichtete Fragen erst nach langem Besinnen kurz, unverständlich und unrichtig oder auch gar nicht und kennt die ihn umgebenden Personen nur in seltenen, lichten Augenblicken. Sein ganzes Aussehen verfällt, das Gesicht wird gewissermaßen in die Länge gezogen, der Mund steht offen, die weitgeöffneten Nasenlöcher und Lippen bekommen ein rußiges, schmuziges Ansehen, es tritt große Neigung zu Durchfall, Auftreibung des Unterleibes, Entstehung

---

[1277] Golitsin, P.P.: Spisok dworjanskich rodow Nowgorodskoj gubernii, Nowgorod 1910, 191.
[1278] Der Zuschauer (Riga) 1./13.9.1847.
[1279] KB Mesothen Verstorbene 1849, LR 3289, 136 links 137 rechts; KB Mesothen Verstorbene 1849, Nr. 167.

von Schwämmchen und zum Aufliegen ein. Nimmt auch die Krankheit den erwünschten, nicht allzu häufigen Ausgang zur Genesung, so zieht sich diese sehr in die Länge. Außerdem erfolgen mannichfache Nachkrankheiten oder der Tod... Als eine besondere Form... muß der ansteckende Typhus betrachtet werden, der in Kriegszeiten, wie überhaupt bei durch Theuerung, Mangel an der hinreichenden Menge von Nahrungsmitteln, allgemeine Nahrungslosigkeit, außerordentliche und eine große Menge Menschen gleichzeitig betreffende Drangsale, unter Begünstigung der davon abhängigen Trauer oder Muth- und Hoffnungslosigkeit einer ganzen Bevölkerung und vielleicht nach einer der Gesundheit ohnehin nachtheiligen Witterung ausbricht und bald zur weit verbreiteten, mörderischen Epidemie wird, die namentlich in belagerten Festungen, in schlecht versorgten, überfüllten Hospitälern, in ungesunden Gefängnissen u.s.w. große Verheerungen anrichtet..." [1280]

Aufstand in Ungarn

Die Stadt Komárom ist seit Ende des 1. Weltkrieges zweigeteilt. Nördlich der Donau liegt das heute zur Slowakei gehörende Komárno, südlich der Donau liegt das heute ungarische Komárom. Die erwähnte Belagerung von 1849 fand hauptsächlich von der Südseite her statt, so daß es auf dieser Ungarnreise leicht möglich war, sich bei einer Ortsbesichtigung einen Eindruck zu verschaffen. Als trefflich erwies es sich zudem, daß es gerade in diesen Tagen im Budapester Ernst-Museum eine Gemäldeausstellung „Ungarischer Patriotismus und Landesverteidigung 1848-1918" gab, wobei sich meine Erwartung erfüllte, auch etwas zur Belagerung von Komorn zu sehen, zwei Bilder der Ereignisse, eines davon war auch im Katalog wiedergegeben. [1281]

In Komárom haben wir auf unserer Heimfahrt vom Balaton am 2. Juni 1988 Halt gemacht. Die Orte der Kämpfe, die sich 1849 in der näheren Umgebung ereigneten, wie Monostor und Szöny, sind heute in die Stadt einbezogene bebaute Gebiete, andere noch immer weite, landwirtschaftlich genutzte Flächen. Wir fuhren auf Feldwegen, die alten Landwegen folgen, durch das ehemalige Schlachtfeld bis Mocsa und wieder nach Komárom, auf die Donaubrücke bis zum Grenzposten der „Sozialistischen

---

[1280] Bilder-Conversations-Lexikon für das deutsche Volk, Brockhaus, Leipzig 1839, III, 264 f.
[1281] A Hazáért. Honvedelem és Hazafiság a magyarországi müvészetben, II. 1848-1918, Ernst Museum Budapest 6.5.-12.6.1988, Nr. 14, Nr. 15.

Republik Tschechoslowakei", wo die Einreise ohne Visum damals nicht möglich war und wir umdrehten.

Auf eine briefliche Anfrage an das Österreichische Staatsarchiv-Kriegsarchiv in Wien im Hinblick auf möglicherweise erhaltene Unterlagen zu den Kämpfen von 1849 um Komorn wurde mir mitgeteilt, daß russische Truppen dort vor allem am 11. Juli zum Einsatz gekommen waren. „Im Rahmen einer amtlichen Anfragebeantwortung sind weitere Recherchen nicht möglich. Sie werden eingeladen, die Forschungen im Kriegsarchiv durchzuführen…" [1282] Bei einem späteren Besuch in Wien konnte ich einige relevante Bestände im Kriegsarchiv durchsehen. Verlustberichte betrafen jeweils nur österreichische Truppenteile, manche andere Aktenstücke auch die russischen Einheiten, besonders Gefechtsberichte und Botschaften von und an die russischen Befehlshaber. [1283] Den Name Denffer fand ich nicht.

※

Russlands Kriegseinsatz

Der russische Kriegseinsatz in Ungarn war eine der Maßnahmen, die in verschiedenen Ländern seit den 1820er Jahren erfolgten, um Veränderungen der politischen Verhältnisse zu verhindern und die Monarchien aufrecht zu erhalten.

„Schon als die demokratische Bewegung in Westeuropa sich deutlicher zu zeigen begann, erließ Nikolai I am 14 März 1848 ein Manifest… In diesem… teilt der Kaiser dem Volk mit, daß in Westeuropa der Frieden durch Unruhen bedroht ist, die zuerst in Frankreich, dann in Deutschland und zuletzt in den Nachbarstaaten Rußlands, im österreichischen Imperium und im preußischen Königreich ausgebrochen sind. Von dort aus bedrohen sie auch Rußland. Rußland sei jedoch bereit seinen Feinden entgegenzutreten, wo sie auch erscheinen." [1284]

Nachdem es in Österreich und insbesondere in Ungarn zu Unruhen und revolutionären Wirren gekommen war, erklärten am 14. April 1849 in der ungarischen Stadt Debrecen „Die gesetzlich versammelten Stände und Vertreter der Ungarischen

---

[1282] Schreiben vom 22.6.1988, Zl. 15.551/O-KA/1988.
[1283] Am 23.11.1989 im Kriegsarchiv Wien gesichtete Bestände: 1836 AFA(Alte Feldakten) 1848-49 Nr.1-272 (betr. 1.-15.Juli 1849); 1837 AFA Nr. 273 ff.; 1873 AFA Sonderbestand 2. Armeekorps 1.-15. Juli 1849.
[1284] Liiv, O.: Beiträge zur Frage der russischen Intervention in Ungarn i.J. 1849, 334 in Lukimich, M.E.: Archivum Europae Centro-Orientalis, Budapest 1937, III, 333-339.

Nation" den Habsburger Kaiser Franz Joseph I. für abgesetzt und Ungarn zum selbst-ständigen und von Österreich unabhängigen Staat. In der Folge kam es in verschiede-nen Landesteilen zu Kämpfen zwischen den Aufständischen und dem österreichischen Militär, so auch bei Komárom am 26. April.

Am selben Tag hatte Zar Nikolai die Entsendung russischer Truppen nach Ungarn angekündigt und damit begründet, daß „die angestrengten Kräfte der österreichischen Regierung... bis jetzt nicht des Aufstandes Herr werden können; im Gegentheil hat dort der Aufruhr, durch Banden Unserer polnischen Verräther aus dem Jahre 1831 und anderer Zuläufer, Verwiesener, Flüchtlinge und Landstreicher verschiedener Na-tion verstärkt, den bedrohlichsten Umfang gewonnen. Inmitten dieser unheilvollen Ereignisse hat der Kaiser von Oesterreich Sich an Uns gewandt mit dem Wunsche, Sich Unserer Mitwirkung gegen Unsere gemeinsamen Feinde zu versichern. Wir ent-ziehen Uns derselben nicht.

Nachdem wir den höchsten Lenker der Schlachten und den Herrn der Siege um Hülfe zu dieser gerechten Sache angerufen, haben Wir Unseren verschiedenen Ar-meen befohlen aufzubrechen zur Unterdrückung des Aufruhrs und zur Vernichtung der verwegenen Frevler, die sich erkühnen die Ruhe auch Unserer Gebiete zu bedro-hen. Ist Gott mit uns, wer wird wider uns sein!" [1285]

„Der theatralische Gesten liebende Zar" hatte es so eingerichtet, „daß Franz Joseph ihn am 21. Mai in Warschau kniend und ihm die Hand küssend um den Einsatz der russischen Truppen bitte. Als dies getan wurde, wies der russische Herrscher... an, Ungarn zu befrieden." [1286]

„Vor dem Ungarischen Kriegszug und während desselben war die Regierung ängst-lich bedacht darauf, daß nicht etwa solches, was die Aufmerksamkeit auf freiere Geis-tesströmungen im Auslande oder auf demokratische und revolutionäre Theorien len-ken konnte, heimlich ins „heilige Rußland" dringen möchte. Alle solche Literatur, die zufällig gefunden wurde, ward konfisziert; sogar die Einfuhr der harmlosesten Werke nach Rußland war verboten. Selbstverständlich war der Verkauf von Bildern, die sich auf die Pariser Unruhen und deren Führer bezogen, im Innern Rußlands wie auch in

---

[1285] Liiv, , O.: Beiträge zur Frage der russischen Intervention in Ungarn i.J. 1849, 334 in Luki-mich, M.E.: Archivum Europae Centro-Orientalis, Budapest 1937, III, 333-339.
[1286] Molnár, L.V.: Die ungarischen Ereignisse 1848-49 in russischen Schulbüchern 72 in: In-ternationale Gesellschaft für Geschichtsdidaktik 01/1999, 70-77.

den baltischen Provinzen verboten. Dem folgte eine Zwangsdurchsuchung der Buchhandlungen von Tallinn, Tartu [1287] und Riga... Hier zeigt sich auf charakteristische Weise der strenge Polizeistaat der Zeit Nikolai I mit seinem selbstherrscherlichen Regime, das nicht die kleinste freiere Geistesrichtung duldete. Noch im Jahre 1850 fürchtete man demokratische Ideen, die vielleicht auch in Rußland Unzufriedenheit erwecken und dieselben Folgen zeitigen könnten wie in Ungarn, Österreich, Preußen, Frankreich und andrerorts. Nicht uninteressant ist hierbei auch, daß man befürchtete, auch die Tartusche Universität könnte dazu beitragen, demokratische Ideen im damaligen Rußland zu verbreiten." [1288] In Tartu, auf Deutsch Dorpat, war zu dieser Zeit Otto Eugens Vetter August Student.

„Gleich zu Anfang des Kriegszuges mußten in ganz Rußland und auch im Baltikum in den Kirchen besondere Bittgottesdienste abgehalten werden aus Anlaß des Kriegsausbruchs mit Ungarn. Zur Zeit des täglichen Gottesdienstes mußte in den Kirchen für einen glücklichen Verlauf des Kriegszuges gebetet werden... Der Kriegszug dauerte bekanntlich nicht lange. Schon am 11. August 1849 gab der russische Innenminister Befehl, Dankgottesdienste abzuhalten für den Sieg, den die russischen Truppen in Ungarn erfochten hatten und in Mitau wurde ein solcher am 22. August abgehalten." [1289]

Korps Grabbe

Im Sommer 1849 gab es vor Komorn zwei größere Schlachten, am 2. Juli und am 11. Juli, von denen auch der ungarische Festungskommandant Georg Klapka berichtet hat. Hierbei waren russische Truppen beteiligt, jedoch nicht das Korps Grabbe, das sich zu dieser Zeit noch im Nordosten Ungarns befand und dem Otto Eugens Einheit angehörte, das russische „Ulanen-Regimente Sr. Kaiserl. Hoheit Großfürst Cesarewitsch". Es bildete mit einer Gesamtstärke von 1192 Mann zur Hälfte die 1. Brigade der 1. Leichten Kavallerie-Division, hatte Warschau am 1. Juni 1849 verlassen, am 19. Juni die Grenze überschritten und war nach Süden durch die Berglandschaft der

[1287] D.h. Reval, Dorpat
[1288] Liiv, O.: Beiträge zur Frage der russischen Intervention in Ungarn i.J. 1849, 336 f. in Lukimich, M.E.: Archivum Europae Centro-Orientalis, Budapest 1937, III, 334-339.
[1289] Liiv, 334 f.

Karpaten gezogen. In Kereszt schloß sich die Brigade am 3. und 4. Juli dem Korps Grabbe an. [1290]

„Die Cholera, welche im Russischen Heere am 12 Juni ausgebrochen, fing an sich unter den Truppen sehr stark zu verbreiten; durch den Regen, der sich... einstellte, erreichte die Epidemie eine solche Stärke, daß sie oft ihre Opfer selbst unter den in Reih und Glied stehenden Leuten sich erlas; diese starben alsdann entweder plötzlich oder nach sehr kurzen Leiden. In jedem der Armee-Korps starben auf solche Weise während des Marsches selbst täglich an 60 bis 100 Mann, deren Leichen von den nachfolgenden Truppen aufgehoben werden mußten. Alle Bagagewagen waren mit Kranken angefüllt; die Nothwendigkeit zwang, eine große Anzahl Fuhrwerke zu requiriren, weil die Korps nicht Hunderte, sondern Tausende von Kranken und Sterbenden mit sich schleppten." [1291]

Grabbes Truppen sollten unterstützen, „die Ruhe im Norden des Theiles des Landes zu erhalten" [1292] Sie waren am 5/17 Juli. „bei Kerescht (heil. Kreuz) aufgestellt, und besetzten mit besondern Abtheilungen Altsohl und Schemnitz". General Adjutant Grabbe, am „7./15. Juli in Szuhany angelangt, schob... seine Avantgarde bis Czobolze vor... um den Rebellen den Weg in die Berg-Komitate zu versperren, ging über Altsohl und Diveny nach Losoncz... der von ihm eingeschlagene Weg, nicht gerade auf Losoncz, sondern über Altsohl und Diveny... war drei Mal länger, woher denn unser Detaschement den Feind aus den Augen verlor, und erst den 15. in Miskolcz eintraf..." [1293] Die Truppen waren unterwegs am „7ten Juli nach Szuhany ... am 9/21 Juli... nach Altsohl, am 10/22 nach Lonya-Banya... am 11/23 nach Rima-Szombath, am 12/24 nach Lonya-Beie, am 13/25 hatten die Truppen Ruhetag, am 14/26 kamen sie nach Poutnok, und am 25/17 [1294] trafen sie in Miskolcz ein..."

Die Stadt Miskolcz kennen zu lernen ergab sich 150 Jahre später, als ich dort Anfang August 1999 während einer Woche Referent bei einer Fortbildungsveranstaltung der Da'wah Academy war. Dabei hatte ich auch meine beiden jüngeren Söhne mitgenommen. Auf der Rückfahrt machten wir nochmals Halt in Komárom, und am 11./12.

[1290] N., H. v.: Bericht über die Kriegs-Operationen der Russischen Truppen gegen die ungarischen Rebellen im Jahre 1849, Berlin 1851, 12; 82 f.; 141 (Kereszt).
[1291] N., H. v., 62.
[1292] N., H. v., Dritter Theil, 1; 6.
[1293] N., H. v., Dritter Theil, 13.
[1294] Druckfehler, richtig 15/27.

Sept. übernachtete ich erneut in Miskolcz, diesmal auf dem Weg in die Ukraine, wobei ich dann auch einen Teil der Strecke durch die Karpaten fuhr, durch die damals Otto Eugen nach Ungarn gekommen war.

※

Kämpfe bei Miskolcz

„Am 16/28 um 6 Uhr Morgens rückte Grabbe" von Miskolcz aus „in der Richtung von Tokay gegen Geßtely vor, zum Einsatz kam auch die „1ste Brigade der 1sten leichten Kavallerie-Division (16 Eskadrone und die leichte reitende Batterie Nr. 1)."

Etwa 12 Kilometer östlich, beim Dorf „Onga stießen die Kosaken auf die Ungarischen Husaren, griffen dieselben an und warfen sie zurück. Auf der linken Flanke der feindlichen Position, am Rande eines Waldes, entspann sich ein Kleingewehrfeuer, wohin General Grabbe 4 Eskadrone des Ulanen-Regiments Großfürst Thronfolger, mit 2 reitenden Geschützen entsandte; mit den übrigen Truppen fuhr er fort vorzugehen. Als sich unsere Truppen der Hernad näherten, wurde vom Feinde das Kanonenfeuer vom gegenüberliegenden Ufer eröffnet. Auf unserem linken Flügel ward die leichte Fuß-Batterie Nr. 7. unter Bedeckung des Jäger-Regiments Nisofskoy aufgestellt; auf der rechten Flanke die leichte reitende Batterie Nr. 1. unter Bedeckung der Ulanen-Brigade vorgerückt. Die Insurgenten waren in einer starken Position aufgestellt; ihre Artillerie war weit zahlreicher als die unsrige und von größerem Kaliber. Es war unmöglich die Stellung mit unbedeutenden Kräften anzugreifen, deshalb zog General Grabbe sein Detaschement zurück, und stellte es zwischen Onga und Miskolcz auf. In dem Gefechte bei Geßtely verloren wir an Todten: 2 Ober-Offiziere und 45 Gemeine; an Verwundeten: 48 Gemeine. Kontusionen erhielten 8 Ober-Offiziere…

Gegen Abend zog sich das Detaschement gegen Miskolcz zurück, und stellte sich hinter dem Sajo auf", der am östlichen Stadtrand fließt. „Unsere Patrouillen entdeckten, daß ein feindliches Detaschement mit Artillerie den Engpaß zwischen Miskolcz und Görömboly" besetzt hatte, das fünf Kilometer südlich lag. „Aus Miskolcz erhielt man die Nachricht, daß die Einwohner der Stadt im Aufstande begriffen seien, und die feindlichen Partisane zu ihrer Unterstützung herbeigerufen hätten. Aus Besorgniß, umringt werden zu können,… brach General Grabbe in der Nacht auf, und ging 30 Werst bis Putnok zurück." Von dort zog „das Detaschement am 19/31 Juli von Putnok nach Edeleny, und am 20 Juli/1 August nach Szikszo…“ [1295] Diese drei Orte liegen etwa 40 Kilometer nordwestlich, 30 Kilometer nördlich und 20 Kilometer nordöstlich von Miskolcz.

„Den 21 Juli/2 August erhielt General-Adjutant Grabbe von dem Oberbefehlshaber der Armee den Befehl, sich mit seinem Detaschement nach Westen zu wenden, um die Ruhe und Ordnung in den Bergkomitaten Ungarns wieder herzustellen. Zu derselben Zeit berichtete dem General Grabbe der Oberst-Lieutenant Rasvadowsky, Chef des Regiments Simbirsk“ von mehreren Angriffen auf russische Truppen, auch in der Stadt Losoncz, dem heutigen Lučenec in der Slowakei, 100 Kilometer nordöstlich von Miskolcz. „Grabbe richtete den 22 Juli/3 August die Hauptmacht seines Detachements gegen Losoncz und traf dort den 26 Juli/7 August ein. Die Insurgentenbanden und ein Theil der Einwohner gingen mit ihrer Habe in die Berge, sobald sie die Annäherung unserer Truppen erfuhren. General-Adjutant Grabbe verlangte die Auslieferung der an dem Ueberfalle des 20 Juli/1 August Schuldigen. Die Einwohner bezeugten völlige Unterwerfung, die Hauptanstifter aber waren in den Bergen. Den 27 Juli/8 August um Mittag zündeten die Insurgenten die Stadt von mehreren Seiten an… Die von unseren Truppen ausgeschickten Leute konnten die Feuersbrunst nicht löschen, retteten aber einen Theil der den Einwohnern gehörigen Sachen, die diesen zurückgegeben wurden.

Den 29 Juli/11 August setzte das Detaschement seinen Marsch nach Altsohl fort und gelangte dorthin den 31 Juli/12 August…“ Grabbe wurde instruiert: „Um die Gegend von Insurgentenscharen zu befreien, sollte er… das Land militärisch besetzen…“ In der Folge ging „die Hauptmacht des Detaschements… den 4/16 August von Altsohl nach Neusohl über…“, heute Zvolen und Banská Bystrica.

Blockade von Komorn

Nicht viel später „erhielt General-Adjutant Grabbe von dem Oestreichischen Kriegsminister die Aufforderung, sein Detaschement auf das linke Donauufer gegen Neutra zu versetzen, um bei den Operationen der vor Komorn sich befindlichen Oestreichischen Truppen mitzuwirken. Da General-Adjutant Grabbe keinen Befehl dazu hatte, so blieb er in Neusohl… Den 10/22 August erhielt er die Nachricht von dem

―――――――――――

[1295] N., H. v., Bericht über die Kriegs-Operationen der Russischen Truppen gegen die ungarischen Rebellen im Jahre 1849, Berlin 1851, Dritter Theil, 37-39; ähnlich zuvor 32 f.

zwischen den Oestreichern und der Garnison Komorns abgeschlossenen Waffenstill-
stande, und zugleich den Allerhöchsten Befehl, bei der Blokade dieser Festung mitzuwirken.

In Folge dessen verließ das Detaschement des General-Adjutanten Grabbe am 11/23
August Neusohl, um die Demarkationslinie längs dem Fluß Gran zu besetzen, und
bezog den 13. und 14. August die Quartiere an diesem Flusse," slowakisch Hron, „von
dessen Mündung bis zu der Straße die von Leva nach Verebely führt," d.h. von der
Mündung in die Donau bis zur Straße von Levice nach Vráble etwa 20 Kilometer im
Norden. Vom 20. August bis zum 2. September war Waffenstillstand, danach kam es
wieder zu Scharmützeln, während Österreicher und Russen den Belagerungsring zu-
zogen. [1296] Den 23 August/4 September, nach Ablauf des Waffenstillstandes, überschritt das Detaschement des General-Adjutanten Grabbe die Demarkationslinie und
näherte sich Komorn, um diese Festung auf der Strecke zwischen der Neutra" der
Nitra, 10 Kilometer westlich, „und der Donau einzuschließen." Am 24. August war
Bath erreicht, das ist Bátovce, und am 25. August Leva.

„Den 25 August/6 September blieben die Hauptkräfte des Detaschements in der Position bei St. Peter stehen… der ganze Raum zwischen der Neutra und der Donau war
durch Beobachtungsposten besetzt. Der Verabredung mit dem Feldzeugmeister Grafen Nugent gemäß, der die Oestreichischen Blokade-Truppen befehligte, war unser
Detaschement auf dem linken Donauufer, der befestigten Insel Apaly gegenüber, aufgestellt worden, zwischen der Palatinallinie und dem Brückenkopfe." [1297]

Zur Belagerung von Komorn waren zahlreiche österreichische Truppenabteilungen
aufgestellt. „Das k. russische Korps des G.L. Grabbe nahm Stellung bei Hetény, Kur-
takeßi und Szent-Peter…" Diese Dörfer liegen etwa 15 Kilometer nordöstlich von
Komorn, dazwischen liegt das Flüßchen Zsitva. Der Oberbefehlshaber „betrieb nun
mit aller Energie die zu einer etwaigen Belagerung nöthigen Vorbereitungen… Das
russische Korps rückte näher und überschritt mit seinen Posten die Zsitva, so daß die
Festung nun von dem offenen Lande ganz abgesperrt war…" [1298]

[1296] N., H. v., Bericht über die Kriegs-Operationen der Russischen Truppen gegen die ungarischen Rebellen im Jahre 1849, Berlin 1851, Dritter Theil, 94-98; Klapka, G.: Memoiren April
bis Oktober 1849, Leipzig 1850, 117 ff; 182 ff.; 191 ff.; 234; 258.
[1297] N., H. v., Dritter Theil, 94-98.
[1298] (Ramming, Wilhelm Freiherr von Riedkirchen) Der Feldzug in Ungarn und Siebenbürgen
im Sommer des Jahres 1849, Pesth 1850, 469 ff.

„Am 6. September konnte Komorn als völlig eingeschlossen betrachtet werden...
Kleine Gefechte kamen auf verschiedenen Punkten der Einschließungslinie von Tag
zu Tag vor; keines war von irgend einer Wichtigkeit... vor Komorn stand eine ganze
Armee, mit allem zu einer Belagerung nöthigen wohl versehen, und es war... kein
Hindernis vorhanden, diese Armee noch zu verstärken...“ [1299]

Die Unterwerfung der Festung Peterwardein und der Feste Munkács veranlasste die
ungarischen Aufständischen in Komorn, auf Verhandlungen zur Übergabe einzuge-
hen. „Den 16/28 September benachrichtigte Feldzeugmeister Baron Haynau den General-Adjutanten Grabbe von der Kapitulation der Festung Komorn. In Folge dessen
begannen unsere Truppen den 19 September/1 Oktober den Rückmarsch ins Königreich Polen.“ [1300]

„Am 4. Oktober befand sich... die Festung im vollständigen Besitz der k.k. Truppen. Dies war der letzte Akt des unheilvollen Krieges, der dieses schöne, von der Natur so reich gesegnete Land von einem Ende bis zum andern blutig und zum theil
verwüstend durchzogen...“ [1301]

※

Russische Verluste

„Für die russischen Armeen, welche zusammen mehr als 190000 M. zählten, hatte
der wirkliche Feldzug 2 Monate, von Mitte Juni bis Mitte August gedauert. Sie verloren während dieses ganzen Feldzuges an Todten in Schlachten und Gefechten... 2213
M. oder nicht ganz 1,2 Procent... Viel verheerender als feindliche Waffen wirkten die
Cholera und andere Krankheiten, Alles das, was man unter den Namen des Kriegsty-
phus zusammenfassen kann... Es erkrankten also im Ganzen 28935 M. und starben
von diesen 11038, also mehr als ein Drittel. Die Summe aller Leute, welche der Tod
hinraffte, beträgt 11884 M., von diesen erlag nur 1/14 den ungarischen Waffen.“ [1302]

„Nach Beendigung des Ungarischen Kriegszuges wurden detaillierte Daten darüber
gesammelt, wieviele Balten sich an der Niederwerfung des Aufstandes beteiligt hatten. Es muß gesagt werden, daß die baltischen Adligen - wie früher, so auch zu jener

---

[1299] Rüstow, W.: Geschichte des ungarischen Insurrectionskrieges in den Jahren 1848 und
1849, Zürich 1861, 401.
[1300] N., H. v., Bericht über die Kriegs-Operationen der Russischen Truppen gegen die ungarischen Rebellen im Jahre 1849, Berlin 1851, Dritter Theil, 98.
[1301] (Ramming, Wilhelm Freiherr von Riedkirchen), 469 ff.
[1302] Rüstow, 380.

Zeit - im Kriegs- und Zivildienst Rußlands sehr geschätzt waren. Für ihre bemerkenswerte Treue dem russischen Kaiser gegenüber war Nikolai I auch nicht sparsam mit Beförderungen." [1303] „Nach einem geheimen Rechenschaftsbericht des kurländischen Zivilgouverneurs vom 15. November 1849 waren aus Kurland im russischen Kriegsdienst 291 Offiziere (davon 207 aus altem Adel) und am Ungarischen Kriegszug beteiligten sich 90 Personen. Von letzteren fanden 2 den Tod und 6 wurden verwundet…Von den Kurländern fanden den Tod der Sekondeleutnant Volberg und der Leutnant des Thronfolger-Ulanenregiments, Eugen von Denffer." [1304]

In der Stadt Komárom ruft am Rathauseingang eine Gedenktafel die Kämpfe von 1849 ins Gedächtnis, ein Relief, das vier vorwärtsschreitende Soldaten und eine ungarische Inschrift zeigt. Am südlichen Ortsende liegt die beeindruckend große, gut erhaltene aber teils pflanzenüberwucherte Festung Igmand (Igmandi Eród), die allerdings erst in den 1870er Jahren erbaut wurde. Ein dortiges unscheinbares Museum war 1988 bei unserem Besuch nicht zugänglich. Auf einer Anhöhe nahe dem Haupttor der Festung befand sich ein kleines erkennbar restauriertes Denkmal für die Toten der Kämpfe von 1849. Es bestand aus drei Gedenksteinen, deren mittlerer zugleich als Sockel einer darauf befestigten Ulanenlanze mit Wimpel dient. Die deutschsprachigen Inschriften lauten „Denkmal der in den Schlachten am 2. und 11. Juli 1849 gefallenen Krieger des Infanterie Regiments Hoch und Deutschmeister" sowie auf dem Sockel der Lanze „Dem Andenken der in den Gefechten bei Acs am 3. August 1849 gefallenen Tapferen vom 1. Ulanenregiment Graf Civalart Ihr Oberst." Da den russischen Toten kein Denkmal gesetzt wurde und Otto Eugen aber Ulanenoffizier war, möge dieses auch an ihn erinnern. Er war einer der beiden Kurländer, die im Ungarnfeldzug von 1849 als Offiziere ihr Leben für Russland ließen. Er starb am 12. Sept. und wurde am 15. Sept. begraben, die Festung ergab sich am Tag darauf. Auch wenn über ihn nicht allzu viel bekannt geblieben ist, zeigt sich an seinem Beispiel doch erneut ganz deutlich, wie die Geschehnisse der „großen" Geschichte, der Weltgeschichte, einwirken auf die „kleine" Geschichte einer Familie bis hin zum einzelnen Familienangehörigen, zum einzelnen Menschen, und diese ihrerseits, so „klein" sie auch sein mögen, sich ebenso auf den Ablauf der „großen" Geschichte auswirken, bei ihm mitwirken.

[1303] Liiv, O.: Beiträge zur Frage der russischen Intervention in Ungarn i.J. 1849, 338 in Lukimich, M.E.: Archivum Europae Centro-Orientalis, Budapest 1937, III, 334-339.
[1304] Liiv, 339.

Dieses Wirken, beiderseitig und in jedem Fall, bleibt stets, ungeachtet einer Wertung, auch wenn kaum noch jemand davon weiß, selbst sollte es vergessen werden. Nichts geht verloren, es kommt nur darauf an, wie es wahrgenommen wird.

Segen und Trauer

Für die Landwirtschaft war 1849 „Ein gesegnetes getraide jahr, wenn auch nicht so, wie 1848. - Besonders gesegnet an Obst… Der ungarische krieg wurde in diesem jahre auch durch die siegreichen russisch: truppen beendigt. In allen kirchen wurden für den sieg der russischen Waffen gebethe gehalten. Die cholera, der mörderische feind in Ungarn, zeigte sich in Curland nur sporadisch i.r. nur bey einzelnen Personen." [1305]

Im Herbst waren „Winter- und Sommergetreide gut, nur das Korn des ersteren nicht vollwichtig. Heu gut und hinreichend. Kartoffeln von der Krankheit sehr mitgenommen." [1306]

„In dem Hofe Grafenthal soll am 1sten November d. J. eine Auction abgehalten werden über Meubles, Equipagen, Wirthschaftsgeräthen und einer fertig eingerichteten Apotheke." [1307] Dabei wird es sich um den Nachlaß des im Mai verstorbenen Ökonomiearztes von Grabe gehandelt haben.

Für die Grafenthalschen war 1849 ein besonders trauriges Jahr. Caroline war mit 54 Jahren Witwe geworden, 20 Jahre, nachdem sie mit Jeannot und den Kindern nach Grafenthal gekommen war, und zudem trauerte sie um den in Ungarn begrabenen Sohn Otto. Sie und ihre unverheirateten Töchter Thekla 27, Emilie 22, Mathilde 20, Marie 18, Elisabeth 14 sowie die 10jährige Bertha, der 12jährige Robert und der 11jährige Julius blieben nach Jeannots Tod auf Grafenthal. Alexander 23, war im Ulanenregiment, Theodor 27, mußte sich nun allein um die Grafenthalschen Angelegenheiten und Wirtschaft kümmern, sein älterer Bruder Victor war im Gouvernement Kowno.

[1305] Sloka, L. J.: Kurzemes draudžu chronikas, Riga 1930, II, 196 f. (Irben).
[1306] Das Inland 6.2.1850, 93.
[1307] Allgemeines Kurländisches Amts- und Intelligenz-Blatt 22.10.1849; 29.10.1849.

1850 Witwer mit drei Kindern

Die Verantwortlichkeiten des Gutsherrn von Grafenthal, die nun Theodor zugekommen waren, betrafen nicht nur die Gutswirtschaft, sondern auch Verwaltungsangelegenheiten. Schon im folgenden Jahr mußte er sich mit der erneut anstehenden „Seelenrevision" befassen, was ihm allerdings auch sehr nützlich gewesen sein dürfte, weil er dadurch einen aktuellen Blick auf das Gut und seine Bewohner erlangte. Dazu wurde das Gemeindegericht des Gutes veranlasst, tätig zu werden und die Aufforderung veröffentlicht „Alle außerhalb des Gebiets sich aufhaltenden Grafenthalschen Gemeindeglieder werden hiemit aufgefordert, sich Behufs ihrer Verzeichnung bei der 9ten Seelen-Revision spätestens bis zum 1sten Juli d. J. hieselbst zu melden. Gleichzeitig werden sämmtliche Polizei-Autoritäten hiemit ersucht, keinem Grafenthalschen Gemeindegliede den fernern Aufenthalt in ihren Jurisdictions-Bezirken zu gestatten, wenn es sich nicht über die erfolgte Anschreibung bei der 9ten Revision durch ein diesseitiges Zeugniß zu legitimiren vermag. Grafenthal Gemeindegericht den 1sten Mai 1850. + + + Vorsitzer Kalning. Ger. Schr. Wannach." [1308]

Auf Grafenthal war Carolines Schwägerin verstorben, die dort gelebt hatte, seit sie Witwe war:

„1850 Sechsten May 8 Uhr Abends (begraben) Eilften May bei d. hies. Kirche Amalie von Jankievicz geborne von Denffer aus Grafenthal. Sie war die leibliche Schwester des im vorigen Jahr verstorbenen Hr. C. v. Denffer aus Grafenthal; eine fromme Frau von großer Herzensgüte, die sich bei ihrer höchst schmerzlichen Kränklichkeit geduldig in den Willen Gottes ergab, und sich der innigen Liebe ihrer Angehörigen bis zuletzt zu erhalten wußte. (Geboren) Curland (Alter) 68 Witwe (Todesursache) lange Kränklichkeit 27 Jahre verehelicht mit H. v. Jankiewicz, kinderlos." [1309]

Amalia Catharina Johanna Ottilia war getauft am 2. Juni 1784 in Doblen, [1310] dort 1799 konfirmiert [1311] und heiratete, auf Latwelischek lebend, am 29. Dez. 1802 „Carl v. Jankewitz (ein Pole) aus Weisgerben". [1312] Da sie 27 Jahre verheiratet waren, muß ihr Mann 1829 gestorben sein.

[1308] Allgemeines Kurländisches Amts- und Intelligenz-Blatt 2.5.1850; 6.5.1850; 9.5.1850.
[1309] KB Mesothen Verstorbene 1850, Nr. 125.
[1310] KB Doblen Taufen 1784, Nr.7; LR 4002, 77 rechts.
[1311] KB Doblen Konfirmierte 1799, LR 4002, 736 links.
[1312] Archiv der Kurländischen Ritterschaft Kirchenbuchauszüge III, Getraute Kirchspiel Zeymel, 277.

Gleichfalls Anfang Mai 1850 wurde Jeannots Sohn Alexander „Befördert… zu Lieuts. …die Kornets … beim Ulanenreg. S. K. H. d. Großf. Throns. Denffer;" [1313] Henriettes Kinder reisten im Sommer 1850 nach Mitau: „In Mitau angekommene Fremde 31. Juli bis 3. August…. Hôtel de Moscau… Fräulein v. Budberg aus Garsen." [1314] - „7. Bis 10. August… Delle's Gasthaus… Gutsbesitzer Ernst v. Budberg und Lehrer J. Dittrich aus Berlin." [1315]

„Die getraide erndten, so wie heu u. kartoffeln, waren im allgemeinen ziemlich gut: roggen galt 130-140, gerste 100-108 cop. Die kartoffel-fäule herrschte durchgängig u. zerstörte viel frucht." [1316]

Victor war in diesen Jahren Forstbeamter im Gouvernement Kowno und lebte mit seiner Familie wohl in Aiguli. Aiguli lag etwa 5 Kilometer nördlich der Stadt Kowno auf der Ostseite des Flusses Neris und heißt heute „Eiguliai", ein noch immer teils bewaldetes Gebiet am nördlichen Stadtrand. Auch bewirtschaftete er ein Gut, vielleicht Sorgian/Dschurani in Litauen. Seine Frau Henriette Jacobine, die Tochter des Arztes Friedrich Bayerhofer, war gestorben. Ein genaues Datum und der Ort sind nicht überliefert, im Grundstein steht nur „† 1849". [1317] Victor war nun Witwer, gerade einmal 30, mit drei kleinen Kindern, Theophile vier, Olga drei und Alexandra ein Jahr alt. Sicher nicht zuletzt wegen der Kleinen hatte er wieder geheiratet, am „Zwölften August Victor von Denffer und Caroline Bayerhoffer", [1318] und dabei Glück im Unglück. Die Braut, am 24. Juni 1818 in Libau geboren, war die jüngere Schwester seiner verstorbenen Frau und nahm sich der Kinder an, deren Tante sie zugleich war. Die Hochzeit fand auf Grafenthal statt.

Wirklicher Student

In Petersburg hatte der Senator August sich beim Finanzministerium erfolgreich um ein Darlehen bemüht, das er zu besonders günstigen Bedingungen erhielt, wie der

---

[1313] Das Inland 8.5.1850, 302.
[1314] Allgemeines Kurländisches Amts- und Intelligenzblatt 5.8.1850.
[1315] Allgemeines Kurländisches Amts- und Intelligenzblatt 12.8.1850.
[1316] Sloka, L. J.: Kurzemes draudžu chronikas, Riga 1930, II, 197 (Irben).
[1317] Denfer, H. v.: Grundstein zu einer Geschichte der Familie von Denffer, Batum 1906, 54. Nicht verzeichnet als Verstorbene in KB Mesothen, Bauske, Mitau Trinitatis Stadt, Land; (KB Mitau Annen Stadt, Land fehlen).
[1318] KB Mesothen Getraute 1850, Nr. 21; LR 3289, 183 rechts.

Aktentitel zeigt: „Über die Ausgabe von 2.400 Rubel aus der Allgemeinen Schatzkammer an Senator Denfer auf ein Darlehen für 2 Jahre ohne Zinsen 1850." [1319]

Am Litenij Prospekt 13 wurde ein Teil des Denfferschen Geländes zum Heim des im selben Jahr verwitweten georgischen Prinzen Farnavaz Zarewitsch. Am 5. August erfolgte dort die Einsegnung seiner georgischen Hauskirche, die mehr als zwei Jahre bis zu seinem Tod bestand. [1320] Farnavaz war ein Angehöriger der georgischen Königsfamilie, die 1801 von Russland nach einer Militäraktion abgesetzt und 1803 zwangsweise nach Petersburg verbracht wurde. Auch zuvor hatte August immer wieder Mieter, so etwa 1844 Pawel Stepan Filimonow, Sekretär beim Ober-Prokuror und einen Jakow Petrow Iwanow. [1321] In späteren Jahren gab es dort das Kontor der Redaktion des „Woennij Sbornik" und die Buchdruckerei von N. M. Kotomin, Haus Denfer No. 13, danach auch die Druckerei W. Nuswalt. [1322]

Unter „Angekommene Reisende. Bis gestern Mittag" des 3. August war im „Hamburger Haus" in Dresden „Denffer, Geh.Raths-Gattin a. Petersburg." [1323] Sie traf dort am 6. August mit ihren Töchtern Theophile und Anna sowie einer Verwandten zusammen: "Angekommene Reisende... Bis gestern Abend. Hamburger Haus: ... 2 Fräul. Denfer a. Petersburg; Fräul. Schmelzer a. Halle." „Angekommene Reisende vom 6. August Mittags bis 7. August Mittags... 2 Denfer, Fräul. v. Petersburg, Hamb. Haus... Schmelzer, Fräul. v. Halle, Hamb. Haus." [1324]

Vermutlich war das Fräulein aus Halle Carolines Schwester Ernestine. Drei Monate später war Caroline nochmals in Dresden, diesmal im Hotel „Stadt Gotha... Geh.Räthin aus Petersburg," [1325] die beiden Töchter vielleicht wieder nach Russland zurückgereist.

[1319] RGIA 565/3/8822.

[1320] TsGIA 19/42/39; Smirnowa, T.M.: Natsionalnie prawoslawne tserkwi i prichod Peterburga 48, in: Istoria Peterburga 5 (27) 2005, 48-54.

[1321] Adres-Kalendar Sanktpeterburg 1844, II, 202, 288.

[1322] Zeitschrift "Militärische Sammlung" (Tscherenin, A.: Sbornik swdanij po knischko-literaturnomu dlu za 1866 god, Moskva 1867, I, 71). Die Druckerei Kotomin stellte z.B. den Jahresbericht der St. Annen-Schule St. Petersburg 1873 und die Dissertation des Doktors der Medizin Nikolai Tabur: O pereliwanij krowi, Sanktpeterburg 1873 her. Aus der Druckerei Nuswalt kam das Buch „Asbuka sotsialnich nauk" in drei Teilen von A.F. Hilferding, Sankt Peterburg 1871.

[1323] Dresdner Anzeiger und Tageblatt 4.8.1850, 14.

[1324] Dresdner Anzeiger und Tageblatt 7.8.1850, 15; Dresdner Journal und Anzeiger 8.8.1850, 1811.

[1325] Dresdner Anzeiger und Tageblatt 6.11.1850, 19.

Am 14. Nov. 1850 wurde Carolines Sohn, der Junker (Offizierskandidat) Nikolai Awgustowitsch Denfer vom Eriwan-Karabinier-Regiment des Thronfolgers und Zarewitsch, zum Fähnrich befördert. [1326]

In Dorpat kam es zu weiteren Polizeiaktionen. „Im Jahre 1850 wurden der Rechtsprofessor Osenbrüggen, der Docent Hehn und der revaler Gymnasiallehrer Meyer von Gensdarmen überrascht und Hals über Kopf nach St.-Petersburg geschleppt. Das Verbrechen, dessen Osenbrüggen und Hehn sich schuldig gemacht hatten, war, daß sie mit einer Freundin des Dichters Kinkel correspondirt hatten, und das Meyer zur Last gelegte Vergehen bestand in seinem Briefwechsel mit Hehn. So eilig hatte man es mit der Beseitigung dieser angeblichen Hochverräther, daß man ihnen nicht einmal gestattete, ihre häuslichen Angelegenheiten zu ordnen. Einem von ihnen wurde erlaubt, einen Band Goethe mitzunehmen, mit der Begründung, Goethe sei ein „dummer Kerl"; Schiller hingegen wurde als gefährlich confiscirt. Unter brutaler Behandlung langten die Unglücklichen in Petersburg an. Osenbrüggen und Meyer mußten freilich als Ausländer nach einiger Zeit aus der Haft entlassen und über die Grenze geschickt werden. Meyer, bis dahin ein kerngesunder Mann, begann zu kränkeln und starb nach zwei Jahren, seine Frau kam ins Irrenhaus und seine Kinder wurden an barmherzige Menschen vertheilt. Osenbrüggen fand bald in Zürich wieder eine Anstellung als Professor. Hehn aber kam als russischer Unterthan auf Jahre in die Kasematten. [1327] Als sich später sein Los etwas erleichterte, ward ihm gestattet, irgendwo im Innersten des Reichs Musikstunden zu geben, während Privatstunden in jedem andern Fache wegen seiner politischen Vergangenheit untersagt wurden. Erst nach dem Regierungsantritt Alexander's II. wurde er begnadigt und in Petersburg als Bibliothekar angestellt." [1328]

Am 18. Nov. 1850 hatte der Rektor der Universität Dorpat, wie in § 11 der „Vorschriften für die Studirenden" festgelegt, durch Zeitungsveröffentlichung diejenigen dazu aufgefordert, sich bei dem Kaiserlichen Universitätsgericht zu melden, die an zur Entlassung vorgesehene namentlich genannten Studenten, darunter „Stud. Hist. August Denffer... aus der Zeit ihres Hierseins aus irgend einem Grunde herrührende

---

[1326] Russkij Inwalid 89/1854 nach Mitteilung von Mark Conrad, 13.6.2002.
[1327] D.h. in Festungshaft (von Kasematte, Bunkerbau einer Festung).
[1328] (Neander, Th.) Die Deutsche Universität Dorpat im Lichte der Geschichte und der Gegenwart, Leipzig 1882, 52. f.

gesetzliche Forderungen haben sollten." [1329] Den Angaben in der Universitätsmatrikel zufolge beendete August sein Studium nach vierjähriger Regelstudienzeit am 20. Dez. 1850 mit abgelegter Universitätsprüfung als „Wirklicher Student". [1330]

※

1851 Vetter und Kusine

Seit dem 24. Oktober 1850 hatte sich in Dorpat ein Studentenkreis gebildet, um „als getreue Freunde einander zu fördern in ihrem Glaubensstande und solches auch zu bethätigen in der ihnen zugewiesenen Sphäre des studentischen Lebens. Zu dem Zwecke vereinbarten sie, wöchentlich einmal, am Sonntag Abend, in einem ihrer Quartiere zusammenzukommen zu geselligem und wissenschaftlichem Verkehr oder auch zu gemeinsamer Lektüre oder zu Vortrag und Besprechung selbstangefertigter Arbeiten. Diese Zusammenkünfte am Sonntagabende nannte man „theologischen Abend" nach der überwiegenden Mehrzahl der Theilnehmer… Diesem Freundeskreise schlossen sich allmählich noch mehrere andere gleichgesinnte Studenten an…" In das anläßlich des 50jährigen Bestehens zusammengestellte Album wurden diejenigen aufgenommen, „welche bis ans Ende ihres Studiums Verbindungsglieder geblieben sind." [1331] Zu diesen gehörte seit dem 1. Semester im Frühjahr 1851 auch August, der sich demnach weiterhin in Dorpat aufhielt. [1332]

Unter „In Mitau Angekommene Fremde. Vom 8. bis 11. Januar" logierte im „Hôtel de Varsovie… v. Denffer aus Grafenthal." [1333] Wer dieser war, läßt sich nicht eindeutig sagen, vielleicht August, wenn er zu Besuch gekommen war, oder Theodor, bei dessen Brüdern wohl neben dem Namen auch ihr Rang genannt worden wäre.

Ebenfalls im Winter reiste Henriettes Sohn mit Begleitung von Garsen über Mitau nach Riga: „1851, 8.2. Riga Angekommene Fremde … Stadt London. Hr. Baron Budberg. Hr. v. Dittrich, von Mitau." [1334]

[1329] Dörptsche Zeitung 21.11.1850, 8; 23.11.1850, 7; 25.11.1850, 8.
[1330] Universität Dorpat, Verzeichnis der immatrikulierten Studenten Nr. 5002, fol. 207; Das Inland 27.11.1850, 766.
[1331] Album des theologischen Abends und der Arminia 1850-1900, Jurjew (Dorpat) 1902, 3 f.
[1332] Album des theologischen Abends, 23.
[1333] Allgemeines Kurländisches Amts- und Intelligenzblatt 13.1.1851.
[1334] Rigasche Zeitung 10.2.1851; Zuschauer 12.2.1851.

Im Mai wurde eine besondere Hochzeit angekündigt und begangen. „1851 Dom Cantate 6 May/ Dom Rogate 13 May/Festo Ascens 17 May Copulirt zu Bersebeck den achtunzwanzigsten May von Pst. Lamberg Johann Carl Theodor von Denffer aus Grafenthal, Sohn des verstorbenen Capitains Johann von Denffer u dessen Frau Gemahlin Caroline geb Kummerau; Mutter lebt; geb. auf Billenhof luth Conf ledig 29 J alt Cornelie Caroline Theophile von Denffer aus Bersebeck Tochter des verstorbenen Majors Eugen von Denffer und dessen Frau Gemahlin Charlotte geb. Kummerau; Mutter lebt; geb. zu Billenhof luth Conf., ledig 28 J alt Die Mutter des Bräutigams hat Zeugen-Attest nach Doblen gegeben d. 17 May /Die Mutter des Bräutigams hat ihre Einwilligung erklärt. (Randnotiz zu Bersebeck: liegt in Doblen Pastorat)." [1335]

Die Braut Cornelia war als zehnjähriges Mädchen 1834 noch bei ihrer Mutter in Mitau, [1336] danach aber seit ihrer Jugend in Bersebeck aufgewachsen, wo auch die Hochzeit gefeiert wurde. Bräutigam und Braut waren Vetter und Kusine. Schon bald danach konnte das frisch vermählte Paar gemeinsam in Grafenthal als Taufpaten auftreten: „1851 Einunddreissigsten May 10 Uhr Morgens Grafenthal (getauft) Vierzehnten August, Johann, Sohn des Krons-Försters zu Kowno Herrn Capitain u Ritters Victor von Denffer u dessen Gemahlin Caroline geboren Beyerhoffer. Eltern luther. Conf. Pathen Herr Theodor von Denffer und dessen Gemahlin aus Grafenthal Taufzeugen: Herr Theodor von Denffer nebst Gemahlin; Herr KronsFörster von Vietinghoff aus Sessau; Herr Doctor med. von Erdmann Frau von Botticher aus Mitau getauft in Grafenthal von Pastor Conradi zu Mesothen." [1337] Johann war Victors viertes Kind, sein erstes aus der zweiten Ehe und sein erster Sohn nach drei Töchtern. Der Kronsförster in Sessau und Würzau war seit 1840 Theodor von Vietinghoff (1804-1878), [1338] ein Kollege von Victor. Karl Michael Theodor Friedrich Erdmann (1816-1887) war 1850-52 Landarzt in Mesothen und danach bis 1857 in Mitau. [1339] Mit Frau von Botticher könnte Thekla Marie (1812-1905) gemeint sein, die schon zuvor genannte Tochter

[1335] KB Mesothen 1834-1852, 287; KB Mesothen 1851 170 (LR 3290, 170.
[1336] Kurländische Seelenlisten Städte Nr. 52 Mitau fol. 613.
[1337] KB Mesothen Taufen 1851, Nr. 159; LVVA 640/1/2341 (Adelsbeweise Denfer, 30 r, Nr.7).
[1338] Lieven, A. v.: Curländische und Piltensche Landesbeamte 1562-1910, Mitau 1914, 241.
[1339] Brennsohn, I.: Die Ärzte Kurlands, Riga 1929, 148.

des Dr. med. Heinrich Bidder, die am 17.3.1834 Johann Christoph Ernst v. Boetticher geheiratet hatte. [1340]

※

Johannisfeier in Mitau

Henriettes reisefreudiger Sohn war auch im Sommer unterwegs und kam zu Johanni nach Mitau: „1851 in Mitau angekommene Fremde vom 8. bis 10. Juni… v. Diedrichs und v. Budberg aus Garsen log. b. Tode." [1341]

„Mitau, d. 15. Juni. Johannisfeier in Mitau. Mitau zeichnet sich vor allen andern Städten der Russischen Ostsee-Gouvernements darin aus, daß es die Johannisfeier doppelt begeht, nämlich zu Neu-Johannis am 12. Juni und zu Alt-Johannis am 24. Juni jeden Jahres. Während jedoch der Alt-Johannis-Tag hier ganz geräuschlos und nur kirchlich gefeiert wird, spielt der Neu-Johannis-Tag bei uns eine bedeutende Rolle u. nimmt das Interesse der ganzen Bevölkerung in Anspruch. Obgleich die Neu-Johanniszeit, und zwar ursprünglich nur der eine Tag der 12. Juni, bloß als Zahlungstermin gilt und ihr durchaus kein festlicher Charakter beigelegt worden ist, so hat sie nichtsdestoweniger das Volk seit langen Jahren durch Gebrauch und Sitte zum allgemeinen Volksfeste gestempelt und seit einigen Jahren die Dauer desselben sogar bis auf drei Tage ausgedehnt, während welcher die öffentlichen Schulen, so wie auch manche Behörden geschlossen sind. Würde Göthe das Treiben zu Johannis in Mitau einmal haben anschauen können, er würde ohne Zweifel seine Werke mit einem Bande bereichert und zu der schönen Beschreibung des Carnevals in Rom auch noch die der Johannisfeier in Mitau hinzugefügt haben. Da Dieses aber nicht geschehen ist, so begnüge sich der geschätzte Leser mit nachstehender Skizze, die ich zu geben versuchen will. - Schon einen Tag vor Johannis wird das Fest dadurch gleichsam eingeleitet, daß an unzähligen Häusern Annoncen ausgehängt werden, worauf, je nachdem dieselben entweder geschrieben oder gedruckt sind, mit oder ohne orthographische Fehler die Worte „Hier ist eine Wohnung für die Johanniszeit zu vermiethen" zu lesen sind, welche den bereits in die Stadt einzukehren beginnenden Fremden ein Asyl verkünden. Sonst waren die Johannisgäste froh für schweres Geld zuweilen auch nur ein

---

[1340] Denffer, A. v.: Das Kurländische Gouvernements-Adels-Geschlechtsbuch, Siegen 2011, 68; Archiv Johann Paulsen: Bidder, 4 (DBGG).

[1341] Allgemeines Kurländisches Amts- und Intelligenzblatt 12.6.1851, „logieren" (wohnen) abgekürzt „log.".

Dachkämmerlein erhalten zu können. Seitdem jedoch die Kurländische Bank in's Leben getreten ist und weit entfernte auf dem Lande wohnende Edelleute nicht persönlich hierher kommen, sondern ihre Geschäfte durch Agenten abmachen, ist der Miethpreis von Absteigequartieren zwar ziemlich gefallen, dieselben machen aber dennoch während dieser Zeit noch immer einen couranten Artikel aus. Kaum ist der Morgen des 12. Juni angebrochen, so durchziehen Schaaren von Bauermädchen die Stadt nach allen Richtungen und bieten unter dem lauten und einförmigen Gesange des Festliedes Lihgo-Jahni [1342] Blumenkränze aller Art zum Verkauf aus. Die Straßen und öffentlichen Plätze haben sich indeß mit Gästen aller Stände gefüllt. Einer kam um Schulden zu bezahlen, der Andere um Schulden zu machen; Dieser um ein Heirathsprojekt auszuführen, Jener um Pferde einzukaufen; Mancher um Waaren zu erhandeln, Mancher um solche feil zu bieten; der größte Theil aber bloß deshalb, weil es eben Johannis ist, und es zum Ton gehört, zu Johannis Mitau besucht zu haben. - Mitten in dem Treiben und geschäftigen Gewühle der Volksmenge hinter den Colonnaden (Budenreihen), woselbst Waaren aller Art, Nürnberger Spielzeug und Pfeffernüsse nicht ausgenommen, von einheimischen u. angereisten Kaufleuten in Buden u. auf Tischchen im Freien ausgestellt sind, vernimmt man aus dem Rathsherrn Schmemannschen Hause von Morgens früh bis Abends spät ununterbrochen einen eigentümlichen Silberklang, der bald zephyrleise wie Glockenspiel zum Sylphentanze, bald laut donnernd wie jäher Lawinensturz ertönt. Vor dem Hause beeilen sich rüstige Fuhrleute fortwährend, inhaltschwere Säcke bald von ihrem Karren abzuladen und in's Haus zutragen, bald umgekehrt dieselben aus dem Hause tragend dem Karren aufzuladen. Der geschätzte Leser ist wol begierig zu erfahren, was jener räthselhafte Klang, was dieses noch rätselhaftere Ab- und Aufladen bedeute. Diese Neugierde ist durch wenige Worte befriedigt. In diesem Hause nämlich befindet sich das Comtoir des Ehrenbürgers u. Banquiers M. Stern, welcher auch einen großen Theil der Johannisgeschäfte der Kurl. Bank besorgt; hier werden nun die verschiedenen Geldposten in klingender Münze zu Tausenden und aber Tausenden fortwährend aus- und eingeschüttet. Neben diesem Hause ist das Hôtel de Moscou, dessen Fenster nach der Straße hin alle angelweit geöffnet u. oft mit jungen Musensöhnen besetzt sind, die mit dampfenden Pfeifen und schäumenden Gläsern köstlichen Weines in collegialischer Einheit dem heil. Johannes

---

[1342] Lihgo, Ligo, Name des alten Gottes der Liebe, Jahni, Jani des St. Johannes, vgl. dazu Magazin herausgegeben von der Lettisch-Literärischen Gesellschaft, Mitau 1837, V, 34 f.

ihr Vivat bringen. Nähert man sich dem Paradeplatze, so glaubt man sich an den sogenannten Brühl während der Messe in Leipzig versetzt zu sehen. Auf der einen Seite ist der Pferdemarkt. wo Tausende von Käufern und Verkäufern sich geschäftig unterhalten und Probe-Ritte veranstalten. Nicht selten erblickt man hier hochgestellte Personen ersten Ranges mit jüdischen Pferdehändlern unter ernsten und zutraulichen Gesprächen und Mienen einen Pferdehandel schließen, daß man glauben sollte, es werden hier Dinge von diplomatischer Wichtigkeit verhandelt. Neben diesem Pferdemarkte sind verschiedene Bretterbuden und Zelte aufgestellt, in welchen Athleten, Künstler, Puppentheater, Guckkasten, Karoussele, wilde Thiere etc. ihr Wesen treiben. An bunten Fahnen, Leiermännern, Herolden mit Trompeten und Pauken und Harlekinen mit Schellen um das Publikum zu diesen Wunderwerken anzulocken, fehlt es hier gleichfalls nicht. Während Dieses alles hier am Paradeplatze vorgeht, amüsirt die Noblesse sich entweder im Theater (das vom Rigaer Theater-Personale alljährlich vom Anfange Juni bis zum 22. dess. und an den drei Johannistagen zweimal täglich gegeben wird), oder im Concerte oder auf den Clubs, so wie auch in den Hotels und Conditoreien. - Abends ist in der Regel Concert in einem der öffentl. Gärten (wir haben jetzt deren drei), nicht selten wird ein brillantes Feuerwerk bei geschmackvoller Illumination abgebrannt. - In der Schwesterstadt Riga dagegen ist es um diese Zeit still und öde, und wer Geld und Muße hat, macht jetzt eine kleine Wallfahrt zu uns herüber. Zum Krautmarkt (den 22. Juni) und zu Alt-Johannis aber herrscht wieder bei uns eine Grabesstille und Alles pilgert alsdann nach Riga hinüber. Sobald auch Alt-Johannis vorüber ist, erschallt plötzlich hier wie dort die allgemeine Losung: „Nach dem Strande!" und zwar ziehen dann gewöhnlich die Rigenser nach Dubbeln, und wir Kurländer nach Kaugern." [1343]

„Mitau, d. 20. Juli. Seit dem Anfange d. M. haben wir hier, mit Ausnahme einiger weniger Tage, fast ununterbrochen außerordentliche Hitze und öfteres Gewitter, welches letztere am 16. d. M. einige Gebäude in der Nähe der Stadt beschädigte. - Außer den hier befindlichen drei kleinen öffentlichen Fluß-Badeanstalten (darunter auch zwei für Damen) ist neuerdings noch eine vierte recht schöne und zweckmäßig eingerichtete gegenüber dem Schlosse an der Aa von einer Gesellschaft auf Aktien erbaut

---

[1343] Das Inland 25.6.1851, 457 ff. (Spalten vertauscht).

worden. Leider sind hier in dieser Woche drei Individuen durch unvorsichtiges Baden verunglückt." [1344]

Im Herbst ließen die Ernten einen schwierigen Winter befürchten: „1851. Schwache erndten - wenig heu. Der roggen preis 170-200 cop., gerste 140-146 cop. Der kalte sommer sezte das gedeihen des gemüses u. Obstes zurück. Die schönen 3 wöchentlichen herbsttage konnten das versäumte nicht wieder gut machen. Die wenigen u. kleinen kartoffeln fingen schon im herbst an zu faulen. Wir gehen mit manchen besorgniszen dem 1852 jahre entgegen. Die bauerschaft fürchtet futter-mangel u. die armen brodt-noth." [1345]

„Mitau, den 24. Nov. Bei einer Kälte von 4 bis 8° R. schneit es hier seit einigen Tagen ununterbrochen Tag und Nacht, so daß man durch den in den Straßen sich anhäufenden Schnee nur mit Mühe sich durchwinden kann." [1346]

Caroline, seit 1846 in Deutschland, hatte nicht vor, nach Russland zurückzukehren. Darauf deutet 1851 eine „Akte über die Verlängerung des Auslandsaufenthalts der Frau des Senators Geheimrats, Caroline Denfer." [1347] Das Petersburger Anwesen kam nochmals unter ein Veräußerungsverbot: „Denfer Awgust Julianow. S.O. 1851 - Ct. 1663." [1348] Das vorherige aus dem Jahr 1837 war offenbar aufgehoben, und das neuerliche stand vielleicht im Zusammenhang mit dem Darlehen über 2400 Rubel aus dem Vorjahr. [1349]

1852 Ein Diebstahl

Henriettes Sohn Woldemar aus Garsen war, wie schon zuvor, bereits im frühen Jahr unterwegs und wurde dieses Mal Opfer eines Diebstahls: „1852 Februar 25 Rubel Silber Belohnung werden demjenigen zugesichert, der mir zur Wiedererlangung

[1344] Das Inland 15.8.1851, 563 f.
[1345] Sloka, L. J.: Kurzemes draudžu chronikas, Riga 1930, II, 197 (Irben).
[1346] Das Inland 3.12.1851, 867.
[1347] RGIA 1286/13/2099.
[1348] Obschtschi alfawit familijam wladeltsew, imenija kotorich nachodjatsja pod zapreschtscheniem s 1829 po 1865 god, Sanktpeterburg 1867, I, 1064 (Allgemeines Alphabet von Familiennamen, deren Besitztümer sich unter Verbot (der Veräußerung) befanden, von 1829 bis 1865).
[1349] RGIA 565/3/8822.

folgender mir im Gr. Eckauschen Kirchenkruge in der Nacht vom 12ten zum 13ten d. M. gestohlenen Sachen verhilft: 1) zwei vollständige russische Pferdegeschirre, fast neu; 2) zwei ungarische Fahrzäume (durch ihre hier zu Lande ungewöhnliche Form auffällig); 3) ein fast neuer russischer Kutschermantel aus braunem Tuch. W. Budberg-Garßen." [1350]

Theodors und Cornelias erstes Kind Emilie kam zur Welt und wurde getauft: „1852 Zweyten Maerz 9 ½ Uhr Morgens (getauft) achten May Charlotte Caroline Emilie Wilhelmine Tochter des Herrn Theodor von Denffer zu Grafenthal und dessen Gemahlin Cornelie geborene von Denffer Eltern Luth. Pathen Fräulein Emilie Kummerau Frau Caroline von Denffer zu Grafenthal Frau Charlotte von Denffer aus Mitau Herr Obrist von Villon; getauft zu Grafenthal von Pastor Conradi zu Mesothen." [1351]

Emilie Kummerau war Carolines Schwester, Charlotte aus Mitau war Cornelies Mutter und Oberst v. Villon der Gutsherr von Bersebeck, Cornelies Pflegevater, Ehegatte der 1846 verstorbenen Wilhelmine Kummerau, Schwester von Emilie und Caroline.

Im Frühjahr 1852 veröffentlichte die Petersburgsche Gouvernements-Regierung eine lange Liste „Wegen Ausmittelung von Personen", die sie in verschiedenen Angelegenheiten zu kontaktieren suchte, darunter die „Hofraths-Witwe Denfer", [1352] Carolines Schwägerin, Ottos dritte Ehefrau Luisa Pauline geborene Fleischmann. Das Haus in Pawlowsk stand wie schon erwähnt bereits 1847 zum Verkauf. [1353]

Für die in Theodors Verantwortung übergegangene Grafenthalsche Gutswirtschaft waren die ungewöhnlichen Witterungsverhältnisse im ganzen Jahresablauf erschwerend. Schon die Schneeschmelze des Frühjahrs führte zu einer Überschwemmung, die große Schäden verursachte: „Mitau, d. 6. April. Unsere Flüsse Aa und Drixe wurden am 22. vorigen Monats von ihrer Winterdecke befreit, und schon am 24. stieg das Wasser bis zur Höhe von circa 26 Fuß über dem Normalstande, trat bis in die Seestraße, Schloß-, Bach- und Katholische Straße aus, und riß gegen 80 Faden Krons- und Privatholz weg. Unweit der großen Brücke blieb nach abgefallenem Wasser ein Stück Feld von einigen Faden im Quadrat und 2 Fuß Höhe, welches der Strom

---

[1350] Allgemeines Kurländisches Amts- und Intelligenzblatt 16.2.1852; 23.2.1852; 11.3.1852.
[1351] KB Mesothen Taufen 1852, Nr. 106; LVVA 640/1/2341 (Adelsbeweise Denfer 16, Nr.10).
[1352] Livländisches Amts-Blatt 10.4.1852.
[1353] Livländisches Amts-Blatt 4.9.1847.

irgendwo wegriß und hieher zu translociren beliebte, mitten auf der Straße liegen. - Nachdem nun bereits ein großer Theil des gewöhnlichen Flößholzes angekommen war, und wir bis zum ersten Osterfeiertage das schönste Frühlingswetter gehabt hatten, brachte uns der 1. April mit Frost und Schneegestöber wieder in den Winter zurück, und seitdem zeigt das Thermometer bis hiezu fast täglich 6° Kälte. Die Folge davon ist, daß unsere beiden Flüsse wieder von Neuem zugefroren sind und heute an mehreren Stellen bereits von Fußgängern überschritten werden, so daß wir offenbar in diesem Frühlinge einen zweiten Eisgang zu erwarten haben."[1354]

Im Juni fuhr Theodor nach Mitau: „1852 In Mitau angekommene Fremde. Vom 30. Mai bis 2. Juni… Hôtel de Moscou: v. Demfer aus Grafenthal…"[1355]

Übermäßiger Niederschlag im Sommer vernichtete Teile der Ernte: „Nerft, am 24. Juli. Auch hier im Oberlande, so wie auf der andern Seite von Mitau, hat der Hagel in der letzten Woche des Mai viel Schaden angerichtet… In den beiden ersten Wochen des Juni hatten wir viel Regen, wodurch die Flüsse die Wiesen, wie nur im Frühling, überflutheten und die Gerste auf niedrig gelegenen Feldern gelb ward oder gänzlich erstickte. In manchen Gegenden war die Saat nach Neu-Johannis noch garnicht vorgenommen worden, und in andern dachte man schon wieder an die zweite Aussaat, weil die erste durch die Fluthen zugrunde gegangen war. Roggen und Weizen stehen an den meisten Orten günstig."[1356]

„12ten october 1852 fing es an zu frieren, schneite noch denselben abend u. ward vollständiger winter, welches bis heute, d. 19 octobr. 1852 ununterbrochen fortdauerte. Es gab 9 grad kälte bei Ostwind am 14, 15 u. 16 octobr., am 18 u. 19 octbr. wurde es gelinder, jedoch auch da noch 2-3° R.- kälte, so dasz alles schon im Schlitten fuhr. Am 22 octbr, indesz machte regen dem frühen winter plötzlich wieder ein ende. Den 29 octbr. fror u. schneite es aufs neue, um abermals wenige tage darauf den waszervorrath zu vermehren. Den 30 Januar 1853 machte sich erst wieder Schlittenbahn."[1357]

[1354] Das Inland 14.4.1852, 283 f.
[1355] Allgemeines Kurländisches Amts- und Intelligenz-Blatt 3.6.1852
[1356] Das Inland 18.8.1852, 655.
[1357] Sloka, L. J.: Kurzemes draudžu chronikas, Riga 1928, I, 115 (Edwahlen).

Das Riesentier

„Der Rigasche Börsen-Comite bringt hiedurch zu öffentlicher Kenntniss, dass die electro-magnetische Telegraphen-Linie zwischen Riga und Bolderaa am 1. November d. J. eröffnet worden und... der allgemeinen Benutzung des Publicums dargeboten wird... Die Telegraphen-Gebühr beträgt: für eine Depesche bis zu incl. 25 Worten 50 Kop. ... Nacht-Depeschen müssen bis 9 Uhr abends aufgegeben werden." [1358]

Bolderaa war eigentlich nur ein Dorf und lag etwa 10 Kilometer nördlich von Riga. Aus heutiger Sicht kann man sich fragen, welchen praktischen Nutzen die Einrichtung dieser ersten öffentlichen Telegrafenverbindung im Baltikum hatte. Früher wurden in Bolderaa die Seeschiffe entladen und beladen, die wegen ihres Tiefgangs den Fluß Düna bis Riga nicht befahren konnten. Für den Handel in Riga war ein schneller Nachrichtenaustausch förderlich. Doch damalige Zeitgenossen setzten ganz allgemein sehr hohe Erwartungen in die Telegrafie und äußerten bereits weit über lokale Handelsverhältnisse hinausgehende Vorstellungen: „Neben der zu immer größerer Bedeutung und immer umfangreicherer Benutzung gelangenden Kraft des Dampfes ist wohl keine Erfindung so folgenreich und wichtig, als der elektromagnetische Telegraph der uns in den Stand setzt, den Antipoden die Ereignisse des Heute mit einer Schnelligkeit mitzutheilen, die dem Raum Hohn spricht und mit dem Blitz an Schnelle wetteifert. Die Wichtigkeit dieser wunderbaren Erfindung, die noch in ihrer Entwickelung begriffen ist, wird erst in der Zukunft sich recht herausstellen; sie ist unzweifelhaft berufen, in dem Leben der Völker einen hochwichtigen Einfluß auszuüben und die Schnelligkeit und Einfachheit seiner Anwendung dürfte dereinst noch zu ganz anderen Resultaten führen, als die bis jetzt errungenen sind." [1359] „Die Forscher einer frühern Zeit behaupteten, der Mensch könne auf künstliche Weise Organismen fertigen, die alle Handlungen eines lebenden Wesens verrichten, gehen, arbeiten und sprechen können, nur der Freiheit des Willens entbehrend dem Menschen unbedingt gehorchen müssen. Es liegt in diesem lang genährten Glauben einer alten Zeit vielleicht ein prophetisches Vorgefühl von dem, was der Mensch noch mit Hilfe dieser Erdkraft zu erreichen vermag, und diese alte Vorstellung läßt ahnen, wie weit noch das bisher durch die elektrischen Batterieen Erreichte vom Erreichbaren absteht. ... Die elektrischen Telegraphen sind galvanische Batterieen, welche mit ihren Leitungsdrähten

---

[1358] Rigasche Zeitung 10.11.1852.
[1359] Der Zuschauer (Riga) Extrablatt No. 7539, 24.4.1854.

sich auf große Entfernungen ausdehnen. Richtiger könnte man sie Organismen heißen, die mit ihrem Leib bereits einen großen Theil der cultivirten Welt umspannen.
Man nennt die Locomotiven häufig Dampfrosse, Funken sprühende, schnaubende
Ungeheuer; eben so gut kann man den elektrischen Telegraphen eine Riesenschlange
nennen, die scheinbar ruhig, leblos, sich mit ihrem Leib über weite Länder ausgestreckt hat, aber durch plötzliches, mit unmeßbarer Schnelligkeit sich fortpflanzendes
Zucken der Glieder zur Verbreitung der Gedanken der Menschen dient, und durch
jähes Ausströmen erschütternder Blitze den unvorsichtig sich nähernden ihre geheime Lebenskraft fühlen läßt.

Am Anfang und am Ende der elektrischen Leitung, also an der Station, wo die Nachricht aufgegeben wird, so wie an der entfernten, wo sie eintrifft, sind die Leitungsdrähte tief in den Erdboden, meistens in Brunnen eingesenkt. Mittelst dieser Versen-
kung in die Erde geht der Strom der Elektricität, welcher über der Erde oder an derselben mittelst der Leitungsdrähte sich fortpflanzt, auf eine von der Wissenschaft noch
nicht erklärte und von den Gelehrten verschieden gedeutete Weise, in der Tiefe, ohne
weitere künstliche Leitung zu seinem Ursprung zurück. Durch diese von unbekannten
Kräften der Erde geleistete unerwartete Hilfe reicht man mit der Hälfte der Leitungsdrähte, welche sonst nöthig gewesen wären, und so auch mit der Hälfte der Kosten
und mit der Hälfte der bei allen künstlichen Leitungen zu bekämpfenden Schwierigkeiten. Dadurch vorzüglich wurde es möglich, diese großartige Einrichtung so rasch,
so leicht und sicher über weite Länderstrecken auszudehnen. Die Drähte, welche wir
bei einem, wie gewöhnlich außer der Erde liegenden Telegraphen ausgespannt sehen,
bilden daher nur den obersten Theil oder den Rücken des zur Fernschreibekunst dienenden Riesenthiers; seine größere, ausgedehntere Hälfte ist unter der Erde. Der elektrische Telegraph ist daher ein Wesen. Ein Thier, das halb Menschenhände gebaut,
halb die Kräfte der Unterwelt, das seine Nahrung erhält zum Theil vom Licht des
Tages, zum Theil aus der Tiefe der Nacht. Er ist ein Wunderwerk, das, nachdem der
Mensch es halb fertig gebracht, unsichtbare Kräfte auf unerklärte Weise vollendet
haben. - Durch diese bei Errichtung des erstaunlichsten Werks der neuern Zeit unerwartet gewordene Hilfe erhält der Mensch ein Zeichen, einen Wink, welche mächtige
Unterstützung aus unbekannten, bis jetzt unzugänglichen Regionen er bei künftigen
Unternehmungen von den lebendigen Kräften der Erde zu erwarten haben mag, wenn
er diesen auf gehörige Weise beizukommen versteht. Der Mensch erkennt hier deutlich, wie bereitwillig der Erdgeist ist, ihm zu dienen, wenn man seine Hilfe ernstlich

in Anspruch nimmt, und wie dünn die Decke, wie schmal die Gränze ist, welche die Kräfte der Menschenwelt von den unbekannten der Tiefe trennen." [1360]

※

Candidatengrad

Auf dem Land verlief die Zeit weiterhin noch ohne unmittelbare Auswirkungen der Elektrizität. Selbst in Mitau sollte es noch mehr als halbes Jahrhundert dauern, bis mit einer elektrischen Straßenbeleuchtung begonnen wurde. [1361] In Grafenthal hat es zu Dennfferschen Zeiten Elektrizität nicht gegeben.

Theodor war wiederum nach Mitau gereist: „In Mitau angekommene Fremde. Vom 21. bis 23. November... Hôtel de Moscou: v. Dennffer aus Grafenthal... [1362] Damals wurde auch einer der Grafenthalschen Leute polizeilich gesucht: „Nachstehend genannte Personen sind zu ermitteln und im Ermittlungsfalle der Gouvernements-Regierung vorzustellen: ... Auf Unterlegung des Bauskeschen Hauptmannsgerichts, der zum Privatgute Grafenthal verzeichnete, sich paßlos umhertreibende Schmid Jan Petersohn. Signalement: 36 ½ Jahr alt, Größe 2 Arschin 6 ½ Werschok, Haar: braun, Augen: grau, Mund und Nase: mittel, Kind: rund, Gesicht: oval." [1363]

In Petersburg hatte der Senator August 1852 schon zum 1. Jan. den Orden des Hlg. Alexander Newsky erhalten. [1364] Augusts Neffe Woldemar v. Budberg, der Sohn von Henriette, trat im September das Erbe seines am 4. September verstorbenen Onkels Karl v. Budberg an und gelangte so in den Besitz von dessen Gut Baltensee mit langjährig anhängenden Verfahren. [1365]

[1360] Rigasche Zeitung 14.2.1853.

[1361] Düna Zeitung 12.3.1909 (Mitauer Lokalchronik).

[1362] Kurländische Gouvernements-Zeitung 25.11.1852

[1363] Kurländische Gouvernements-Zeitung 22.11.1852 Beilage, 7. Ein Arschin = ca. 71 cm, ein Werschok = ca. 4,5 cm.

[1364] Dienstliste (Russisches Historisches Staatsarchiv St. Petersburg 1343/20/127; 1348/73/716; 1349/3/672; 1405/58/6549); Russkij biograficeskij slowar, St. Petersburg 1905, Bd. 6, 250.

[1365] Kurländische Gouvernements-Zeitung 25.11.1852; 21.4.1853; 1.1.1855; 28.4.1856; 26.5.1856; 29.12.1856; 15.5.1857; 22.2.1858; 1.10.1858; Budberg, A. v.: Beiträge zu einer Geschichte des Geschlechtes der Freiherrn v. Bönninghausen genannt Budberg, Riga 1897 Tafel XI Anm. 5.

In Dorpat konnte der Student August sein Studium endgültig abschließen: „Nach dem Proklam des Universitätsgerichts vom 25. Januar verlassen die Universität ... der Stud. Hist. Aug. Denffer..." [1366] August hatte am 20. Dez. 1850 nach vierjähriger Regelstudienzeit mit abgelegter Universitätsprüfung die Universität als „Wirklicher Student" verlassen, trat am 7. Jan. 1852 für kurze Zeit zur Prüfungsteilnahme wieder ein, wurde am 22. Jan. entlassen und erhielt dann, wie in § 146 der Universitätsordnung dargelegt, mit bestandener besonderer Prüfung den „Candidatengrad" am 6. Okt. 1852. [1367] „Promoviert wurden auf der Dorpater Universität... zu Candidaten der historisch-philologischen Fakultät... August Denffer aus Kurland". [1368]

Im Jahr 1852 verließen insgesamt 96 Absolventen die Universität Dorpat, denen „nach Absolvierung einer Prüfung gelehrte Würde und Grade zuerkannt" wurden. Die meisten, 39, waren Mediziner, gefolgt von 22 Theologen und 11 Juristen. Gleichfalls 11 kamen aus der physikalisch-mathematischen Fakultät und 13 einschließlich August aus der historisch-philologischen Fakultät. [1369]

Als die Universität am 12. und 13. Dezember 1852 das fünfzigjährige Bestehen feierte, war August bereits aus dem Kreis der Studierenden ausgeschieden. Die nächsten Jahre verbrachte er, wie für Universitätsabsolventen in Kurland, die auf den Staatsdienst verzichteten nicht unüblich, als Hauslehrer auf Landgütern:

„1852/53 Hauslehrer in Ambothen" [1370] „1852 bis 1856, Hauslehrer in Kurland, (Zerrauxt, Ambothen)." [1371] Zerraukst, lettisch Ceraukste, liegt knapp 10 Kilometer

---

[1366] Das Inland 4.2.1852, 94; Kurländische Gouvernements-Zeitung 16.1.1854.

[1367] Universität Dorpat, Verzeichnis der immatrikulierten Studenten Nr. 5002, fol. 207; Das Inland 27.11.1850, 766; Dörptsche Zeitung 28.1.1852, 7; 31.1.1852, 5; Das Inland 4.2.1852, 94.

[1368] Das Inland 9.3.1853, 210.

[1369] Das zweite Jubelfest der Kaiserlichen Universität Dorpat, Dorpat 1853, (95).

[1370] Bernewitz, A.: Album Curonorum. Mitgliederverzeichnis der Curonia 1808-1885, Mitau 1885, 55 Nr. 640 (5002).

[1371] Album Academicum der Kaiserlichen Universität Dorpat. Zur Jubelfeier ihres fünfzigjährigen Bestehens am 12. Dec. 1852, Dorpat 1852, 113 Nr. 5002; Zweite berichtigte Ausgabe Dorpat 1853, 202, Nr. 5002; Busch, N.: Geschichte der Literärisch-praktischen Bürgerverbindung in Riga 1802-1902, Riga 1902, 115; Räder, W., Bettac, E.: Album Curonorum (Jurjew Dorpat 1903), 165 Nr. 650 (5002); Räder, W. Album Curonorum 1808-1932 (Riga), 74, Nr. 654 (5002).

südöstlich von Bauske, also nicht allzu weit von Grafenthal. Ambothen, lettisch Embūte, ist weit entfernt im Westen, 50 Kilometer östlich von Libau.

※

Vetter Rosenberger

Einer von Augusts Kommilitonen in Dorpat, der ebenfalls langjähriger Hauslehrer wurde, war Georg Rosenberger, „geb. 4. Sept. 1826, jur. 48-52, Privatlehrer in Kurl. (Berghof, 1870-85 in Kursieten); lebt seit 1886 in Mitau." [1372] Von ihm sind zwei Briefe an August aus späteren Jahren erhalten. Der erste Brief hat vier Seiten, beginnt mit „Lieber Vetter!" und endet mit „Georg Rosenberger. Forstei Kursieten über Frauenburg in Kurland den 23 October 1885." Georg Rosenberger berichtet darin, daß er seit mehr als einem Jahr an einer Familien-Chronik arbeitet und bereits den Stammbaum der Rosenberger bis zur Mitte des 17. Jahrhunderts gezeichnet hat. Nun bittet er um Mithilfe und schreibt konkret: „Die jüngste Schwester meines Urgroßvaters, Maria Gottlieb Rosenberger, die ich noch persönlich gekannt habe, du wol auch, da sie ja erst 1844 gestorben ist, war an Joh. Eugen Denffer, gen. Jansen, Obristlieutenant und Besitzer von Bersemünde, verheirathet. Sie war, wenn ich nicht irre, deine Großmutter, du daher eigentlich mein Onkel. Es liegt mir sehr viel daran, ihre ziemlich zahlreiche Nachkommenschaft zusammen zu bringen, und da wende ich mich an dich, in der Hoffnung, du werdest mir als Historiker, der also für Genealogie Verständnis und Interesse haben wird, am besten Auskunft geben können…"

Die Bezeichnung „Vetter" war im Baltikum nicht allein auf den Sohn von Onkel oder Tante beschränkt, sondern wurde auch im Umgang mit der weiten Verwandtschaft gebraucht. Georg Rosenberger bemerkt ja auch, daß sein „lieber Vetter" eigentlich sein Onkel ist. August half dem Wunsch folgend mit, die Informationen über die Denffer-Rosenberger Nachkommen zusammenzutragen. Dies bestätigt der zweite Brief. Er hat sechs Seiten und beginnt „Mitau den 30 December 1885 Schwedhöfsche Str. N 17. Lieber Vetter!" sowie mit Glück- und Segenswunsch zum neuen Jahr und Dank für „deinen lieben Brief mit den so sehr und reichhaltigen Notizen über deine Familie." Es folgen weitere konkrete Fragen zur Familiengeschichte, teils mit Bezug auf die brieflichen Mitteilungen von August. Am Schluß findet sich ein Hinweis auf

---

[1372] Hasselblatt, A., Otto, G.: Album Academicum der Kaiserlichen Universität Dorpat, Dorpat 1889, 379 (1848, I).

die in Dorpat zusammen verbrachte Zeit: „Ich freue mich auf ein Wiedersehen mit dir, was könnten wir uns nicht Alles zu erzählen haben, was wir in dieser langen Zeit erlebt, wol auch viel Trübes und Schweres, doch des Guten würde doch ein Überfluß sein und auch für die Trübsal haben wir Gott zu danken, auch sie wird uns von seiner liebenden Vaterhand geschenkt… Möchten diese Zeilen dich in längst vergangene, fröhliche Burschenzeiten zurückversetzen und dabei dich erinnern an deinen dich herzlich grüßenden Vetter Georg Rosenberger." [1373]

※

1853 Gedichte

Theodor war zum Jahresbeginn und auch im nächsten Monat nochmals nach Mitau gefahren: „1853 In Mitau angekommene Fremde. Vom 5. bis 8. Januar… Hôtel de Moscou: … v. Demffer aus Grafenthal." [1374] - „Vom 2. bis 5. Februar… Hôtel de Moscou: … v. Denffer aus Grafenthal… [1375]

Dazwischen kam es in Grafenthal zu einem Vorfall, der sicher die Gemüter erregte: „Bemerkenswerte Ereignisse im Gouvernement… Im Schulhause des Privatgutes Grafenthal im Bauskeschen Kreise brach am 12ten Januar d. J. Feuer aus, welches bald gelöscht wurde, und daher nur geringen Schaden anrichtete. Bei der deshalb angestellten Untersuchung ergab sich, daß das Feuer von einem 15jährigen Bauernmädchen absichtlich angelegt wurde, um sich an dem Schullehrer zu rächen, der es für einen Ungehorsam bestraft hatte. Die Gerichtsübergabe der Thäterin ist bereits erfolgt." [1376]

Ebenfalls waren „in Mitau angekommene Fremde vom 16. bis 19. Februar. Im Kurischen Hause: Die HH. v. Budberg aus Garsen, Probst v. d. Launitz aus Grobin", [1377] Henriettes Sohn Woldemar und sein Schwager.

„Mitau, den 5. April 1853. Nachdem wir hier bereits am 15. Decbr. v. J. einen Eisgang erlebt hatten, brach die Eisdecke zum zweiten Male am 28. v. M. und trieb ziemlich dicke Eisschollen den ganzen Tag hindurch; der unmittelbar darauf eingetretene

---

[1373] Nachlaß Dietrich v. Denffer. Die beiden Briefe sind mit kleinen Ergänzungen versehene Abschriften von Harald v. Denffer, die dieser offenbar Otto v. Denffer zuschickte.
[1374] Kurländische Gouvernements-Zeitung 10.1.1853.
[1375] Kurländische Gouvernements-Zeitung 7.2.1853.
[1376] Kurländische Gouvernements-Zeitung 14.2.1853.
[1377] Kurländische Gouvernements-Zeitung 21.2.1853.

und ununterbrochen gebliebene Frost hemmte jedoch den Eisgang bis hiezu, so daß uns noch ein dritter Eisgang bevorsteht. Die kältesten Tage hatten wir hier in diesem Jahre im vorigen Märzmonate, woselbst es vom 5. bis zum 10. sechzehn bis achtzehn Grad R. fror; die wärmsten Wintertage hingegen hatten wir im Decbr. v. J., indem vom 15. bis 20. das Thermometer 10 bis 12 Grad Wärme zeigte. Der Gesundheitszustand ist bei uns im Allgemeinen befriedigend; doch erkrankten hier und da Einige an Varioliden, [1378] an welchen manche Individuen sogar starben." [1379]

„Das Jahr 1853 war wieder ein schreckensjahr! Die Cholera brach wieder in mehreren gegenden Curlands aus u. forderte mehrere Opfer... Ein unheilbringender krieg in diesem jahre durch die Besetzung der Donau fürstenthümer von ruszischer seite veranlaszt." [1380]

Im April erschien in der Zeitschrift „Das Inland" die „Literärische Anzeige. A. Denffer, Gedichte; zum Besten der vielen in Goldingen durch die Cholera zu Waisen gewordenen armen Kinder. Libau 1853 (35 K.)" [1381]

August, der als Hauslehrer in Ambothen tätig war, hatte im Februar seinen ersten Gedichtband veröffentlicht: „Bibliographischer Bericht. In den Ostseeprovinzen erschienene Schriften und Gelegenheitsblätter. Monat Februar 1854...

Gedichte von A. Denffer, Cand. Hist. Zum Besten der vielen in Goldingen durch die Cholera zu Waisen gewordenen armen Kinder. 56 S. 8. Libau, Meyer." [1382]

In späteren Jahren folgten noch:

„Gedichte von August von Denffer. Zweite, veränderte Auflage. Mitau, in Commission bei Ferd. Besthorn (Reyher'sche Buchhandlung). 1868",

„Mein Kranz und meine Burg. Neue Gedichte aus Riga von August von Denffer. Riga. Commissions-Verlag von Baemeister & Brutzer (1870)",

(Eine Ausgabe „Mein Kranz und meine Burg. Religiöse Gedichte, Riga; Mitau 1860" [1383] konnte ich nicht auffinden),

---

[1378] Pocken.

[1379] Das Inland 27.4.1853, 351.

[1380] Sloka, L. J.: Kurzemes draudžu chronikas, Riga 1930 II, 198 (Irben).

[1381] Das Inland 26.4.1854, 285.

[1382] Das Inland 3.5.1854, 303.

[1383] Gottzmann, C.L., Hörner, P.: Lexikon der deutschsprachigen Literatur des Baltikums und St. Petersburgs, Berlin 2007, Bd. 1, 356.

„Mein Feld. Erzählende Gedichte von August von Denffer. Der Reinertrag ist für das „Rothe Kreuz" bestimmt. Riga. In Commission bei N. Kymmel 1878." [1384]

In den Rigaschen Stadtblättern erschienen 1859 sechs kleine Poeme „Vierzeilen", in dem Sammelband „Gedichte aus Riga" sind abgedruckt „Vierzeilen" und „Nachruf". [1385]

In einer Kommentierung zu Augusts dichterischem Werk heißt es:

„Der Ertrag war meist für wohltätige Zwecke bestimmt, im Hinblick auf diese sagte D. von seinem Dichten: „Ich hätt' es nie so offen hingestellt, Nun aber war's das Beste, was ich hatte." [1386]

Diese Zeilen sind dem Gedicht „Eingang" entnommen, mit dem August seine erste Sammlung eröffnete und sein Anliegen kundtat. Er wollte mit dem Erlös den Cholera-Waisen in Goldingen beistehen:

> „Ich hätt' es nie so offen hingestellt,
> Nun aber war's das Beste, was ich hatte.
> So gab ich dies denn her, aus Pflichtgefühl;
> Griff ich da fehl, man könnt' es wohl verzeihen.
> Ich fühl die Kunst zu sehr, um nicht zu wissen,
> Daß sie mir wol sehr ferne steht." [1387]

Mit diesen Worten teilte der Dichter mit, daß er sich seiner Schwächen bewußt war, zeigte Einsicht und bat seine Leser um Nachsicht.

[1384] In Brümmer's Lexikon sind genannt: Gedichte 1853, 2.A. 1868 – Mein Kranz und meine Burg (Neue Ge.) 1870. – Mein Feld (Erzählende Ge.), 1878. (Brümmer, F.: Lexikon der deutschen Dichter und Prosaisten vom Beginn des 19. Jahrhunderts bis zur Gegenwart, Leipzig 1913, Bd.1, 478).

[1385] Rigasche Stadtblätter 25.6.1859 Beilage Nr. 1, 4 f.; Gedichte aus Riga, Riga 1867 (R.Kymmel's Buchhandlung), 12; 60 f.

[1386] Busch, N.: Geschichte der Literärisch-praktischen Bürgerverbindung in Riga 1802-1902, Riga 1902, 115 Anm. 1.

[1387] Denffer, A.: Gedichte, Libau 1853, 4.

Von Kowno nach Mitau

Ende Mai kam Victors fünftes Kind zur Welt: „1853, Neunundzwanzigsten May, um 2 Uhr morg (getauft) siebzehnten September Jacobine Ida Emilie Tochter des Herrn Rittmeisters u Ritters Victor von Denffer aus Sorgiani in Lithauen, und dessen Gemahlin Caroline geb Bayerhoffer; beide Eltern sind lutherischer Confession; Pathen Fräulein Emilie von Denffer und Herr Theodor von Denffer; Fräulein Emilie Tiling getauft im Hofe Grafenthal von Past. Conradi zu Mes." [1388]

Emilie Tiling war die Tochter des Pastors Wilhelm Tiling (1798-1834) aus dem Grafenthal und Mesothen benachbarten Pastorat Bauske und der Julie Kühn. [1389] Die verspätete Taufe wird durch Victors berufliche Veränderung bedingt gewesen sein. Er wechselte damals vom Forstdienst in Litauen und zog um nach Mitau: „Der Kownosche Gouvernements- Förster, Stabscapitain von Denffer ist mit Capitains-Rang und Uniform des Dienstes entlassen worden." [1390]

„Mitau. Den 11. Juni 1853. Nach einer dreimonatlichen unausgesetzten Dürre, während welcher unsere Landleute sich vergebens auch nur nach einem Tropfen Regen sehnten, beglückte der Himmel uns heute mit einem sehr starken und umfangreichen Regen, in dessen Folge die bereits in den letzten Zügen gelegene Vegetation wieder neu belebt und gestärkt wurde. Am 18. April sah man hier die ersten Zugvögel dieses Frühlings, und namentlich Schwalben, ihre Sommerquartiere bei uns einnehmen." [1391]

„Mitau, d. 20. Juni. Unsere Johanniszeit hatte neben den alljährlich wiederkehrenden Erscheinungen nichts Eigenthümliches aufzuweisen… Geklagt wurde über den Mangel an baar cursirendem Gelde, über den geringen Absatz in Buden und Etablissements, … Zu den Ursachen, welche den Cours der Pfandbriefe regeln… möchte

---

[1388] KB Mesothen Taufen 1853, Nr. 205; (LR 3289 395 rechts). Andere Angaben beruhen wohl auf Lesefehler: 29. März 1853 (LVVA 640/1/2341 Adelsbeweise Denfer, 30 r, Nr.8; Denfer, H. v.: Grundstein zu einer Geschichte der Familie von Denffer, Batum 1906, 62; Sterbeanzeige Rigasche Rundschau 12.10.1936). Dem Julianischen Kalender dürfte die Angabe 10. April 1853 entsprechen (Sterbeanzeige Rigasche Rundschau Nr. 13.10.1936; Zemgales Balss 10.10.1936; 13.10.1936).)

[1389] Kallmeyer, Th., Otto, G.: Die evangelischen Kirchen und Prediger Kurlands, Riga 1910, 694; KB Bauske, Taufen 1833, 26. Nov., Nr. 32 Emilie Louise Tiling.

[1390] Rigasche Zeitung 10.4.1853 (1).

[1391] Das Inland 22.6.1853, 542.

aber wol auch der steigende Luxus zu rechnen sein, der die Bedürfnisse vermehrt und den Werth des Geldes gewaltig herabgedrückt hat." [1392]

„Der sommer 1853 im ganzen ein guter, aber hinsichtlich der früchte über die maszen karg, so dasz sich im herbste mangel an allem herausstellte. Der heuertrag war schlechter und geringer, als der der schlechtesten jahre. Kleeber [1393] gab es nur ⅓ bis ½ anderer Jahre. Roggen war ganz miszrathen u. 6 korn galt für eine gesegnete ernte. Stroh u. kaff [1394] gehörten zu den seltenheiten, so dasz streu nur aus dem walde bezogen wurde, also farrenkraut, blätter p. p…" [1395]

Victors Bruder Theodor kam im Sommer nach Mitau: „1853 In Mitau angekommene Fremde. Vom 26. bis 28. Juni… Hôtel de Varsovie: … v. Demffer aus Grafenthal,"[1396] auch „Vom 24. bis 27. August. Im Kurischen Hause: Die HH. … v. Budberg aus Garsen." [1397]

Zuvor war am 21. Juli 1853 in Mitau der achtzigjährige Titulär-Rath und Schloßhauptmann Johann Georg Nicol. v. Reibnitz verstorben. [1398] Als junger Mann hatte er Jeannots viertälteste Schwester Louise Elisabeth geheiratet, die schon 1801 nach der Geburt ihres Sohnes ihr Leben ließ.

„Das Jahr 1853 war wieder ein schreckensjahr! Die Cholera brach wieder in mehreren gegenden Curlands aus u. forderte mehrere Opfer… Ein unheilbringender krieg in diesem jahre durch die besetzung der Donau fürstenthüiner von ruszischer seite veranlaszt." [1399]

„Mitau. Die Cholera, welche hier in der zweiten Woche des August mit ungemein großer Heftigkeit aufgetreten ist und namentlich in den ersten Tagen ihres Erscheinens eine sehr große Zahl von Opfern gefordert hat, wird allmählig gelinder. Auch an anderen Orten Kurlands, so wie auf dem flachen Lande, herrscht die Epidemie." [1400]

[1392] Das Inland 29.6.1853, 569 f.

[1393] Klee.

[1394] Spreu.

[1395] Sloka, L. J.: Kurzemes draudžu chronikas, Riga 1928, I, 115 (Edwahlen). „p.p." steht für „perge, perge" im Sinne von „und so weiter".

[1396] Kurländische Gouvernements-Zeitung 30.6.1853.

[1397] Kurländische Gouvernements-Zeitung 29.8.1853.

[1398] KB Mitau Trinitatis Landgemeinde deutsche, Verstorbene 1853, Nr. 29.

[1399] Sloka, L. J.: Kurzemes draudžu chronikas, Riga 1930, II, 198 (Irben).

[1400] Das Inland 31.8.1853, 763.

„Mitau. d. 29. Aug. Die herrschende Epidemie hat in ihrer Heftigkeit nachgelassen, und die Gemüther fangen sich allmählich zu beruhigen an. Zu den vielen zu beklagenden Verlusten in Stadt und Land wurden auch Manche todtgesagt, die sich noch zu den Lebenden zählen. Aus dem ganzen Gouvernement gehen übereinstimmende Nachrichten über das bald mehr, bald minder heftige, Erscheinen der Cholera ein, die auch an der ganzen oberen Düna ihre zahlreichen Opfer gefordert hat, so namentlich in Dünaburg, Polozk u.s.w. Der Lauf der Flüsse ist auch bei dem Fortgang der Krankheit in unserer Gegend bezeichnet. Während die Cholera sechs Wochen vor ihrem hiesigen Auftreten in Riga gewüthet hatte, erhielten wir sie zunächst auf dem Wasserwege über Bauske." [1401]

„Bauske. Die Cholera-Epidemie während des Jahres 1853 im Bauskeschen Kreise hat zu einem ausführlichen Artikel Veranlassung gegeben, den die Kurländische Gouvernements-Zeitung Nr. 76 u. 77 mittheilt. Verfasser des Artikels ist der Bauskesche Kreisarzt J. Henko. Die Krankheit erschien Mitte Juni, ihren Weg von Ponjewesch längs dem Muhs-Flusse nehmend, und dauerte in Bauske bis zum Anfang September. Als bemerkenswert wird hervorgehoben, daß der dießjährigen Epidemie gleich den Epidemieen in den 30r. und 40r. Jahren eine weit verbreitete und sehr intensive Wechselfieber-Epidemie vorherging; die Periode der Abnahme und des Erlöschens war dieß Mal, wie auch damals, von ruhrartigen Erscheinungen begleitet. In Bauske erkrankten 451 Personen, nämlich der vierte Theil der Einwohnerschaft; 119 starben. Im Bauskeschen Kreise, der von 46389 Menschen bewohnt wird, erkrankte der 110te Mann und starb der 370ste. Man war in diesem Jahre auf die Krankheit mehr vorbereitet, die überhaupt in milderer Form auftrat und wußte ihr durch geeignetere Maaßregeln, als in früherer Zeit, zu begegnen." [1402]

Julius hatte 1853 Sallgalln verlassen, um seine Schulbildung in Mitau fortzusetzen, wo er bis 1857 das Gymnasium besuchte. Die Verhältnisse in der Schule werden so gewesen sein wie wenige Jahre später, als der junge Pantenius dorthin kam: „Das Mitausche Gymnasium, obgleich eine staatliche Schule, war damals ein ganz deutsches Institut, in dem nur Russisch als Lehrfach sowie Geschichte und Geographie Rußlands in russischer Sprache unterrichtet wurden. Überhaupt waren zu der Zeit alle Institutionen des Landes, auch die staatlichen, ganz deutsch, und alle Ämter waren mit Balten

---

[1401] Das Inland 7.9.1853, 778.
[1402] Das Inland 12.10.1853, 882.

besetzt. Waren so die Verhältnisse im Hause des Onkels für Pantenius nicht günstig, so waren es die Schulverhältnisse im damaligen Gymnasium nicht minder. Die größeren Jungen, auch wenn sie nicht weit in der Klasse waren, ahmten nicht nur ein studentisches Treiben nach, sondern führten bis auf den auch viel geschwänzten Schulbesuch ein regelrechtes, mit reichem Alkoholgenuß und nächtlichen Gelagen verbundenes Studentenleben. Es lag das in den allgemeinen Schulverhältnissen jener Zeit und war in Deutschland nicht besser." [1403]

Das Gebäude des Mitauschen Gymnasiums ist bis heute eine Sehenswürdigkeit, errichtet im Stil des Klassizismus und auffällig durch einen hohen Mittelturm, der als Sternwarte diente. Dort wurde 1775 die kurländische „Academia Petrina" eröffnet. Nach der Eingliederung Kurlands in das Zarenreich diente es als Gouvernements-Gymnasium. Im Ersten und Zweiten Weltkrieg stark beschädigt und wiedererrichtet sind in dem Gebäude heutzutage ein Kunstmuseum und das Stadtmuseum untergebracht, das Einblick in die Geschichte von Mitau/Jelgava gibt.

Karoline, die Frau des Senators August, hielt sich weiterhin in Deutschland auf und unternahm von dort aus eine Reise nach Österreich: „1853 im September in Innsbruck Angekommene 4. Sept. ... Frau Karoline Denffer, kais. Russ. Senators- und geh. Rathsgattin ... im g. Adler." [1404]

Babrujsk

Ich habe mich auf etwas aus Holz niedergelassen, ein Stück Baumstamm oder ein grobes Brett oder eine Art Bank. Jedenfalls kann man darauf sitzen. Hinter meinem Rücken ein hölzerner Lattenzaun, dahinter ein kleines, dichtbestandenes Gemüsegärtchen, leicht ansteigend, dahinter ein Haus aus Holz, schwere, dicke Balken, die ein schräges Dach tragen.

Vor mir ein paar Schritte entfernt ein Fahrweg, an einem schmalen Wasserlauf entlang. Den Bach säumt üppig grünes Buschwerk, hier und da von bunten Blüten durchsetzt.

[1403] Denffer, Alexander v.: Theodor Hermann Pantenius Kurlands Heimatdichter, Berlin 1918, 40 f.
[1404] Intelligenzblatt Nr. 202 Bothe für Tirol und Vorarlberg 6.9.1853.

Das flache Wasser steht fast still, ist aber, wo keine Pflanzen es bedecken, klar wie Glas, so daß man bis auf den Grund schauen kann. Darüber ein wackeliger Steg, nur ein paar Bretter hintereinander und nebeneinander gelegt. An einer Seite aus dünnen Stämmchen eine Art Geländer, das dem Aussehen nach umstürzen muß, sollte man sich daran festhalten. Gegenüber mündet der Steg in einen schmalen Fußpfad, der in ein dichtes Wäldchen aus niedrigen Bäumen führt. Im Winter wird man über das Eis gehen, und alles wird mit dickem Schnee bedeckt sein. Doch jetzt ist Sommer, 8. August 2019, die Sonne brennt vom wolkenlosen Himmel herab, und die Bäume spenden Schatten, wo die grellen Lichtstrahlen das Laubwerk nicht durchdringen.

Neben mir sitzt eine alte Babuschka. Wir warten auf Kyrill. Es ist wie im alten Russland. Mit Kopftuch und gebeugtem Rücken war sie aus dem Holzhaus gekommen. Ob sie Tee machen solle, hatte sie gefragt, und „Bol'schoje spasibo, njet, po-djal'sta njet - vielen Dank, nein, bitte nicht…" hatte ich dankend abgelehnt, was sie zufriedenstellte. Kyrill war den Weg zurückgegangen, den wir gekommen waren.

Gestern nach dem Frühstück hatte ich in Minsk am Bahnhof den Zug genommen und fuhr um 07:44 in die 150 Kilometer südöstlich gelegene Stadt Babrujsk. Konstantin war 1848 zum Oberst befördert und zum Kommandeur der Artillerie-Garnison Bobruisk ernannt worden. Nach 30 Dienstjahren ohne Tadel erhielt er das Ehrenzeichen mit der römischen Zahl XXX auf dem schwarz-orangenen Georgsband und 1853 den St. Anna-Orden 2ter Klasse mit der Kaiserkrone. [1405] Doch das Kommandeursamt und der Obristenrang brachten auch Schwierigkeiten mit sich. Wie schon gesagt, wurden den einzelnen Truppenteilen die Mittel für Ausstattung und Versorgung über ihre Führungsoffiziere zugeleitet, „so daß die… Oberstlieutenants, Majore u.s.w. nichts mit dieser Vertheilung zu thun haben, sondern nur die… Obristen und Capitäne. Auf den bezeichneten Posten bleiben daher die russischen Offiziere gern so lange als möglich, während sie über die dazwischen liegenden Grade der Majore, Oberstlieutenants etc. gern möglichst schnell hinweggehen." [1406] Überlicherweise beschafften die zuständigen Offiziere das für

---

[1405] 1848, 9.11. Oberst, 29.12. Kommandeur Artillerie-Garnison Bobruisk (Dienstliste; Spisok polkownikam… (Verzeichnis der Obristen…), Sanktpeterburg 1855, 107; 1856, 81. Vgl. Rospisanie sukhoputnikh woisk (Verzeichnis Armee und Korps) Sanktpeterburg 1852.; 1849, 11.1. zur Reserve entlassen, doch offenbar weiter im Dienst; 1851, 22.8. Ehrenzeichen 30 Jahre; 1853, 19.4. St. Anna-Orden 2. Kl. mit d. Kaiserkrone, wohnte 1853 im Kreis Igumen (Dienstliste).
[1406] Kohl, J.G.: Petersburg in Bildern und Skizzen, Dresden 1846, II, 257.

die Truppenversorgung Notwendige möglichst kostengünstig, um dabei zusätzliche Einnahmen zu erwirtschaften, und „den Ueberschuß des Geldes verrechneten die Obristen, die Capitäne u.s.w. zum Besten ihrer Privatkasse…" [1407]

Als Garnisonskommandeur und Oberst war Konstantin Ottosohn Denfer auf eine dieser mittelvergebenden Stellen gelangt. Somit konnte er auch, ob berechtigt oder nicht, der Mißwirtschaft verdächtigt werden. Seine Dienstliste enthält einen solchen Vermerk. Auf Grund eines anonymen Briefes vom Juli 1855 „an den Allerhöchsten Namen" (d.h. den Zaren) über angebliche Verfehlungen des Oberst Denfer bei der Requirierung verschiedener Sachen während seiner Kommandantur der Garnison Bobruisk wurde eine Untersuchung eingeleitet. Oberst Denfer wurde dazu am 22. Sept. 1855 vom Dienst suspendiert, ohne ihm seine Rechte als guter Offizier zu nehmen. [1408]

Als mögliche Denunzianten kamen außer wahrhaft anständigen Zeugen nach der Grundfrage des „cui bono" auch und vielleicht in erster Linie diejenigen in Frage, die bei Ablösung des Beschuldigten Aussicht auf Übernahme der ertragreichen Position hatten. August als Gouverneur von Nowgorod wurde seinerzeit von seinem Vize-Gouverneur angezeigt.

Ein Jahr später reichte Konstantin sein Dienstentlassungsgesuch ein, dem eine ärztliche Bescheinigung über Leberstau, schleimigen Keuchhusten und insgesamt geschwächten und erschöpften Zustand nach sechs Jahren erfolgloser Behandlung der Erkrankungen beilag. Die Dienstliste endet mit dem Vermerk über die Entlassung aus dem Dienst wegen Krankheit am 24. Juli 1856 im Rang eines Generalmajors mit 515 Rubel Gehalt zum Zivilleben in der Stadt Igumen. [1409] Konstantin war 54 Jahre alt, russisch-orthodoxer Konfession und ledig. Nach seinem Tod erfolgte die Rückgabe seines St. Anna-Ordens 2ter Klasse mit der Kaiserkrone an die kaiserliche Behörde, die den Erhalt am 30.Apr.1860 verzeichnete. [1410]

Nach einer gemächlichen Bahnfahrt im geräumigen Abteil des Waggons auf der russischen Breitspur kam ich 09:50 in Babrujsk an, nahm zunächst ein Taxi in die Stadtmitte, sah mich ein wenig um, bestaunte das blumenkranzgeschmückte Panzer-Denkmal mit rotem Stern für die Helden des Großen Vaterländischen Krieges und besuchte dann das Babrujsker Lokalgeschichtliche Museum. Besonders interessierte

[1407] Kohl, J.G.: Petersburg in Bildern und Skizzen, Dresden 1846, II, 257.

[1408] Dienstliste Russisches Militärgeschichtliches Archiv Moskau 395/48/1016 Denfer.

[1409] Entlassungsgesuch 1856, 30.6.; Ärztl. Attest Bobruisk 1856, 28.6.; Dienstliste 395/48/1016 Denfer.

[1410] Historisches Staatsarchiv Russlands 496/3/146; 1852-1855 (Alphabetisches Verzeichnis der Ritter des St. Anna-Ordens 2. Kl. mit d. Kaiserkrone; 1853 Nr. 39 Denffer) fol. 38 f.

mich die Abteilung über die Festung. Ein recht großes Diorama ermöglichte, sich einen ersten Überblick von der ausgedehnten Festungsanlage zu verschaffen. Von Vorteil war, daß dort alle wesentlichen Bauwerke dargestellt sind, während in natura weniger als die Hälfte der Bastionen erhalten blieb. Es gab zuvor nicht nur Befestigungen und Kasernen, sondern auch verschiedene Lagergebäude, ein eigenes Hospiz und sogar eine Kirche. [1411] Für meine anschließende Erkundung der Festung war es nützlich, einige zuvor zusammengestellte Informationen bestätigt zu sehen, insbesondere auch, wo auf dem ausgedehnten Terrain sich das Artillerie-Zeughaus, die Artillerie-Werkstätten und die Artillerie-Kommandantur befanden, an deren Spitze Konstantin stand.

Mit Hilfe eines Stadtplans, den ich in einer kleinen Schreibwarenhandlung erstand, machte ich mich auf den Weg, der über Straßen mit signifikanten Namen führte, von der „Ulitsa Sotsialicheskaja" den „Komsomolskaja Boulevard" und die „Ulitsa Karla Marksa" entlang. Es waren rund zwei Kilometer bis zu den ersten Resten der Festung. Der Wall, der sie umgab, ist kaum erkennbar. Eine alte Ansicht zeigt, daß früher Teile des Geländes mit dichtem Baumbestand bedeckt waren. [1412] Auch davon ist nichts geblieben. Ich erkundete eine der verschiedenen aus roten Ziegeln erbauten Bastionen, die halbverfallen teils in Bodenvertiefungen liegen, kaum herausragen und von Gras bewachsen sind. Dann wanderte ich durch die weitgestreckte Anlage, von der Stadt kommend in nordöstliche Richtung gehend, vorbei an weiteren backsteinernen, grasüberwachsenen Bastionenruinen unterschiedlicher Größe und Bauform. Erst beim Erreichen des östlichen Endes wurde der Standortvorteil der Festung klar erkennbar, denn dort fällt ein steiler Hang ab, unter dem der Fluß Beresina eine natürliche Barriere bildet, und dessen anderes Ufergelände aus der Festung heraus von oben beschossen werden kann.

Der Generalstab und die Offiziersquartiere lagen mehr in der Mitte der Anlage, die Zeughäuser und Werkstätten der Artillerie im äußersten Norden. Dem Plan im Museum zufolge führte einst eine eigene Straße dorthin, die „Artillerijskaja". Während ich unterwegs war, zogen hinter mir dunkle Wolken auf. Es war schon Mittag, ich hatte nach etwa zwei weiteren Kilometern die Gegend der früheren Artillerietruppen erreicht und sah mir die dortigen Festungsreste an. Dann setzten Blitze und Donnern

---

[1411] Tselesch, V.: Garadij Belarusi na starish paschtoikach/Towns of Belarus on old-time postcards, Minsk 1998, 43. Nr. 62. Glockenturm und Kuppeln sind abgerissen.
[1412] Tselesch, 43. Nr. 63.

ein, sehr schnell gefolgt von einem Wolkenbruch mit starken Windböen. Es goß in Strömen, und da es im offenen Gelände nirgends Schutz gab, war ich bald triefend naß, von Kopf bis Fuß. Mir blieb nichts übrig, als es regnen zu lassen und weiter bis zur „Babrujsk Arena" zu gehen, einem großen auf dem Festungsgelände erbauten Hallensportkomplex, wo, wie ich erfuhr, die Eishockey-Nationalmannschaft trainiert. Mit Hilfe der freundlichen Leute am Informationsschalter konnte nun ein Taxi bestellt werden, das mich zum Busbahnhof fuhr. Dort nahm ich mein bescheidenes Mittagsmahl ein, bestehend aus dem mir wohlschmeckenden einheimischen Brot, Käse und Wasser. Gegen zwei Uhr nachmittags hörte der Regen auf, und sofort gab es wieder grellen Sonnenschein, in dem ich, auf einer Bank im Freien sitzend, endlich mich und meine Kleidung am Leib trocknen konnte. Dann ging ich zum Bahnhof. Der Zug nach Minsk fuhr um 15:25 ab und kam dort 17:40 an. Ich nahm die U-Bahn zur Nationalbibliothek, wo ich dann noch eine Stunde in Büchern stöberte, die in Deutschland nicht zu finden waren. Zurück im Hotel verrichtete ich die Gebete, stärkte mich nochmals mit Brot und Käse und konnte Gott danken für einen erlebnisreichen Tag.

Poplawi

Heute, am frühen Vormittag, nach meinem Morgengebet und dem Frühstück, war Kyrill, der vielleicht 25jährige Fahrer, mit dem Auto gekommen. Als ich den Kleinbus sah, sagte ich „Ich bin nur eine Person", doch Kyrill erklärte, die Mietwagenfirma habe dieses Fahrzeug bereitgestellt, der Preis sei derselbe. Eigentlich hatte ich nur ein kleines Auto angemietet. Selbst fahren wollte ich allerdings nicht, um von vornherein eventuelle Scherereien auszuschließen, die mir bei Verkehrskontrollen als Ausländer wohl zu schaffen machen würden. Wir verließen Minsk um neun Uhr und kamen bald auf die breite, wenig befahrene Fernstraße nach Osten.

Ob er das knapp 100 Kilometer entfernte Poplawi kenne, fragte ich Kyrill. Nein, nur das Ortsschild, war die Antwort, er sei manchmal daran vorbeigefahren. Ob das Wort Poplawi bloß ein Ortsname sei oder vielleicht eine Bedeutung habe, wollte ich auch wissen. Ja, erklärte mir Kyrill, Poplawi habe mit Angeln zu tun, es bedeute etwas wie „Schwimmer", das anzeigt, wenn ein Fisch angebissen hat. Weshalb der Ort so heißt, wußte er nicht. Tatsächlich liegt das Dorf von etwa 600 Einwohnern, wie wir bei der Ankunft sahen, an einem kleinen Fluß, der „Reka Poplawka" heißt. Gegen 10:20 Uhr waren wir dort. Schon unterwegs hatte ich Kyrills Frage nach dem Zweck meiner

Reise beantwortet. In Poplawi lebte vor mehr als 150 Jahren ein Familienangehöriger, deshalb wollte ich diesen Ort besuchen.

Von Poplawi hörte ich erstmals im Februar 1997, als ich im Moskauer Militärgeschichtlichen Archiv, unterstützt von dem damals jungen Historiker Michael Katin-Yartsev recherchierte [1413] und dabei auf die Dienstliste von Konstantin stieß. Darin hieß es über ihn: „Herkunft: Aus dem kurländischen Adel. Religion: Russisch-Orthodox. Landbesitz: 72 männliche Seelen auf dem folwark Paplawi im Gouvernement Minsk, Kreis Igumen." [1414]

Paplawi, Paplawy, Poplawi und weitere Schreibvarianten - wo war das überhaupt? Wenn es sich ergab, versuchte ich, mehr herauszufinden. Im Standardwerk „Russisches Geographisches Namenbuch" waren 26 verschiedene diesbezügliche Örtlichkeiten aufgeführt. [1415] Doch die meisten davon kamen nicht in Frage.

Bei einem Besuch im Staatsarchiv Vilnius zeigte man mir ein entsprechendes Werk in polnischer Sprache, auch darin mehr als 20 Hinweise. [1416] Daß der dritte davon der gesuchte war, erkannte ich erst später, nachdem ich die Erwähnungen eines Flusses „Poplawka", einer „Friedhofskirche" und den Namen „Antonowa" zuordnen konnte. Zu diesem Dorf im Bezirk Igumen gehörte auch ein „folwark", d.h. ein „Gut" Poplawi.

Ebenso zog ich bei verschiedenen Gelegenheiten ältere und neuere Landkarten zu Rate, in der Londoner British Library wie in der Münch'ner Bayerischen Staatsbibliothek, auch die sowjetische Generalstabskarte, deren Einzelblätter nach dem Zusammenbruch des Ostblocks auftauchten und in Riga spottbillig zu kaufen waren. Erschwert wurde die Suche zunächst dadurch, daß „Igumen" auf den neueren Karten nicht mehr zu finden ist. Das kleine Städtchen heißt dort vielmehr „Tscherwen", auch dieser Ortsname war in mehreren Schreibvarianten anzutreffen.

[1413] Denffer, A. v.: „Gute Worte und ein vertrauenswürdiges Gesicht" - Recherchen in Moskauer und St. Petersburger Archiven und Bibliotheken, in: Denffer, A. v.: Beiträge zur Geschichte der Familie von Denffer, Norderstedt 2006, 93-100. Kurze Zusammenfassung von Karin Ostwald in: Baltische Ahnen- und Stammtafeln 39, Köln 1997, 14-15.
[1414] Dienstliste Russisches Militärgeschichtliches Archiv Moskau 395/48/1016 Denfer 1856, fol.3; fol.6.
[1415] Wiesbaden 1975, 270.
[1416] Slownik Geograficzny krolestwa Polskiego, Warszawa 1887, VIII, 793.

Das alles war noch zu der Zeit, in der man Archive, Bibliotheken und Lesesäle durchstöberte. Heutzutage hilft, wenn auch nicht immer, so doch immer wieder, das Internet. Jahrzehnte später, bei einer mit kyrillischen Buchstaben geschriebenen Suche nach „Poplawy", [1417] geriet ich auf eine Seite mit Sehenswürdigkeiten von Belarus. [1418] Zu meiner großen Überraschung waren dort Fotos aus dem kleinen Dorf zu sehen, aufgenommen im Jahr 2008. Sie zeigten ein zweistöckiges „Herrenhaus" aus Holz, im 20. Jahrhundert (wieder)erbaut, dazu das Bild einer „Lindenallee" im Schnee. Die beigefügten Koordinatenangaben verwiesen auf ein Grundstück, das im Dorf Poplawy südlich an die Fernstrasse M4 angrenzt. [1419] Besser kann man es kaum machen. Weitere Angaben gab es indes leider nicht.

Mit älteren Landkarten verglichen wurde klar, daß sich das „Herrenhaus" dort befindet, wo diese 1866 „gosp. d.", d.h. „Herrenhaus" und 1925 „Schk.", d.h. „Schule" anzeigen. Auf der älteren Karte ist außerdem am östlichen Dorfrand ein Zeichen für Kirche und die Abkürzung „Kl." für „Friedhof" zu sehen, auf der späteren nur noch das Zeichen für Kirche, während der Friedhof weiter nordöstlich außerhalb lag. Zeitweilig enthielt die Internet-Seite noch folgenden Hinweis, der indes mittlerweile nicht mehr zu finden ist: „What to see: Manor. Lost heritage: Orthodox church of St. Michael the Archangel."

Eine andere Seite gab zusätzlich den kurzen nachstehend übersetzten Hinweis: „Beschreibung der Sehenswürdigkeit. In den 1880er Jahren war das Dorf Poplavy Teil des Boschin-Anwesens und gehörte Michail Wolowitsch… Zu Beginn des 20. Jahrhunderts wurde hier ein hölzernes zweistöckiges Herrenhaus errichtet. Das Herrenhaus ist ein Wahrzeichen des Agrarortes und der gesamten Gegend." [1420] Ein kleines Foto zeigte das Gebäude und ein Lageplan den Standort, ganz nahe südlich der Fernstraße, die seit ihrem Bau das Dorf in zwei Teile zerschneidet.

Wir waren angekommen. Nun bat ich Kyrill, im „Beloruskoje Bistro", dem kleinen Kaffeehaus des Ortes, zu fragen, ob jemand helfen könne, das alte Haus zu finden, von dem ich ein Bild mitgebracht hatte. Niemand kannte es. Wir fuhren etwa einen

---

[1417] Поплавы.

[1418] https://www.radzima.org/ru/object-photo/3094.html

[1419] 53° 48'8.01"N, 28° 52'15.89"E

[1420] https://planetabelarus.by/sights/usadba-v-agrogorodke-poplavy/

Kilometer zum Friedhof, der auf der Landkarte aus der frühen Sowjetzeit eingezeichnet war. Der Friedhof war groß, sein neuerer Teil gut gepflegt, der ältere so dicht mit Gestrüpp überwuchert, daß man ihn nicht begehen konnte. Alte Gräber waren nicht zu sehen. Auf dem Rückweg begegneten wir ein paar Männern, ich ließ anhalten und zeigte auch ihnen das Bild des alten Hauses. Sie erkannten es. Ja, das habe auf der anderen Seite der Fernstraße gestanden, aber vor einigen Jahren wurde es abgerissen. Es sei früher die Musikschule gewesen. Sie erklärten Kyrill den Weg, er war zuversichtlich, ihn zu finden, wir bedankten uns und fuhren zurück ins Dorf, vorbei am Kaffeehaus, querten die Fernstraße durch eine Unterführung und mußten nun eigentlich angekommen sein. Doch Kyrill brauste weiter, er folge der Anweisung, die wir erhalten hatten, sagte er. Der Fahrweg führte durch das Dorf, rechts und links standen vereinzelt Häuser, dann immer weniger und schließlich hörte der Weg auf. Kyrill hielt an, um zu wenden. An dieser Stelle war der Boden noch feucht von einem früheren Regenguß, die Vorderräder rutschten, drehten durch, der Motor würgte ab. Kyrills weitere Versuche, fortzukommen, führten dazu, daß sich die Räder immer tiefer eingruben. Die Fahrt war zu Ende. Wir stiegen aus.

Ich schlug Kyrill vor, etwas Buschwerk oder Holz unter die Räder zu schieben, damit sie nicht weiter rutschen würden. Er ging zu einem nahegelegenen Haus und kam bald zurück. Die alte Babuschka, die in dem Haus wohnte, hatte ihm eine Schaufel und ein Brett gegeben und kam nun herbei, um zuzuschauen. Nach mehreren Versuchen, die Vorderräder freizuschaufeln, mußten wir aufgeben. Ich trug Kyrill auf, zurück ins Dorf zu gehen, um von dort Hilfe zu holen.

Obwohl die Umgebung eher menschenleer schien, war inzwischen eine andere Frau gekommen, wenn ich mich nicht irre, hieß sie Nina Ignatiewa, dann auch ein alter Mann. Sie betrachteten sich das Malheur und plauderten mit der Babuschka. Ich versuchte, von ihnen etwas mehr über die frühere Musikschule zu erfragen und zeigte ihnen das Bild: *gde etot dom* - Wo ist dieses Haus?

Es ist kaputt, verstand ich, hatte also falsch gefragt - Wo war dieses Haus? wäre richtig gewesen. Doch die Babuschka kam mit einer Geste zur Hilfe. Ihre ausgestreckte Hand wies in Richtung des Dorfes. Dort irgendwo also mußte es gewesen sein.

Die Babuschka fuhr fort, sie wisse genau, wo das Haus einmal stand, denn, als sie jung war, habe sie dort gearbeitet. Damals sei es das „*detsky dom*" - das „Kinder-

Haus" gewesen, später die Musikschule. Irgendwann stürzte es ein und wurde schließlich vor drei oder vier Jahren abgerissen. Die Stelle sei nahe der Fernstraße, fast anderthalb Kilometer entfernt, nicht hier am Ende des Fahrwegs, wo wir vor Babuschkas Haus saßen und auf Kyrill warteten.

Nun kam von irgendwo her noch ein Mann, etwa in meinem Alter. Er hieß Herr Krasowski und sprach etwas Deutsch, denn früher war er einmal ein paar Jahre in der DDR gewesen, in Halle, bei einem Austausch-Programm, wie er sagte. Auch er bestätigte die Stelle des alten Hauses und daß es zu verschiedenen Zeiten auf verschiedene Weisen genutzt worden war, als Musikschule und auch als Kinderheim. Ich ließ mir auf der Karte von 1925 zeigen, wo ungefähr das Haus stand, und auch wo wir waren - am südlichen Ende des Dorfes Cholopi. Herr Krasowski war überrascht, die alte Karte zu sehen. Auf neueren Karten sei der Name nicht mehr zu finden, denn das alte Cholopi sei nun der südliche Teil von Poplawi, das von der Fernstraße durchschnitten ist.

Dann sagte Herr Krasowski, er habe einen Traktor, und freundlicherweise bot er an, ihn zu holen, um das Auto herauszuziehen. Kyrill hatte aber den Autoschlüssel mitgenommen, und so mußten wir auf ihn warten. Die Frau aus der Nachbarschaft ging ins Dorf, um ihn zu suchen und kam bald darauf mit ihm zurück. Dann tuckerte Herr Krasowski mit seinem alten Traktor herbei, ein Abschleppseil wurde befestigt, ein paar Mal gezogen, Kyrill gab unterstützend Gas im Rückwärtsgang und bald darauf war das Auto auf festem Boden. Wir bedankten uns bei allen, und Kyrill zeigte sich auf landesübliche Weise erkenntlich. Gut zwei Stunden waren vergangen, doch Gott sei Dank hatte es in dieser Zeit nicht geregnet.

Wir fuhren zurück, die freundliche Nachbarsfrau kam mit, um uns die gesuchte Stelle zu zeigen, an der das frühere „Kinder-Haus" gestanden hatte. Es war nur etwa hundert Meter südlich der Fernstraße, dort, wo ich auf dem Hinweg Kyrill angedeutet hatte zu halten. Nur ein großer, freier grasbewachsener Platz war da. Bei genauerem Hinsehen konnte man in der Grasnarbe Umrisse des Fundaments erahnen. In einiger Entfernung stand noch ein größeres scheunenartiges Bauwerk, das früher einmal vermutlich eines der Wirtschaftsgebäude des Gutes gewesen war. Und von der Stelle des ehemaligen Hauses führte nordwestlich ein gerader, langgestreckter Pfad, an dessen Seiten in regelmäßigem Abstand niedrige abgeschlagene Baumstümpfe aus dem Boden ragten. Das war zweifellos früher einmal die Zufahrtsallee zum Gutshaus.

Auf dem Rückweg nach Minsk sah ich mich noch kurz in Tscherwen um, dem kleinen Landstädtchen, das früher Igumen hieß, etwa 30 Kilometer von Poplawi. Auch hier, so stand es in der Dienstliste, hatte Konstantin 1853 zeitweilig gelebt. Von alter Substanz war nur wenig erhalten, ein paar Steinhäuser in einfacher Bauweise. Die meisten Gebäude dürften früher ohnehin aus Holz gewesen sein, und viele werden einen Großbrand im Jahr 1899 nicht überstanden haben. Nur die russisch-orthodoxe Nikolai-Kirche, frisch renoviert, in bunten Farben gestrichen, strahlte mit ihrer Kuppel im Licht der Sonne.

Nachdem wir Tscherwen verlassen hatten, kam wie am Tag zuvor ein heftiger Gewittersturm mit sehr starkem Regen auf, der uns auf einem langen Wegstück begleitete. In Minsk waren davon einige tieferliegende Straßenabschnitte überflutet und dadurch längere Verkehrstaus entstanden. Gegen drei Uhr nachmittags war ich zurück im Hotel, zwei Stunden später als beabsichtigt, aber um einiges an Wissen bereichert und noch mehr an Erlebnis.

Gut und Kirche

Dem belarussischen Genealogen Dmitrij Drosd ist ein umfassendes Verzeichnis der „Grundbesitzer der Provinz Minsk 1861-1900" zu verdanken, das er auf der Grundlage zweier Veröffentlichungen von 1876 und 1889 erstellt hatte. [1421] Als seine zweite überarbeitete und ergänzte Auflage erschien, war er als Regimekritiker inhaftiert. Hinweise auf „Poplawi" findet man unter dem Namen der Gutsbesitzerin Antonowa Elisaweta Ottonowna, Witwe des K(ollegien)A(sessor), Re(chtgläubig). Sie besaß demnach noch 1876 „Poplawi, Ig(umenscher) B(ezirk) 1100 (Dessjatinen) durch Erbschaft." Das Gut war wohl verpachtet - „Ar(rendator)", die „Wassermühle" erbrachte an Einnahmen „100", die „Schenke 150 R(ubel)". [1422]

Zusätzlich hat der Verfasser die zu den jeweiligen Gütern gehörigen Aktenstücke aus dem Nationalarchiv von Belarus aufgeführt. Alle diese Angaben sind wie die Akten und das Buch insgesamt in russischer Sprache, durchsetzt von zahlreichen Abkürzungen, so daß ich Fehler bei der Wiedergabe nicht ausschließe.

[1421] Drosd, Dimitrij: Zemlewladelts Minskoj gubernii 1861-1900, Minsk 2012, (2. Auflage, überarbeitet u. ergänzt).
[1422] Drosd, 24 f. Für 1889 wird Dubenka, Marija Nikolaewna, General-Majorsfrau, genannt.

Die „Akte 160 1 536 über Aufteilung des Nachlasses des verstorbenen Poplawi (Be-sitzers) K. Denfer unter den Angehörigen 14.3.1859-31.1.1861" [1423] betrifft Konstan-tin und erweist ihn als vorherigen Besitzer von Poplawi.

Nach der Abschaffung der Leibeigenschaft in Russland 1861 gab es die Möglich-keit, daß Bauern selbst eigenes Land erwarben. Die Anfänge dieser Entwicklung in Poplawi finden sich offenbar in „1595 2 1550 Akte des Landkaufs der Bauern von Gut Poplawi bei Gutsbes(itzerin) Antonowa 1866-1913."

Weitere Aktenstücke, die Bezug auf Elisaweta nehmen, sind „147 3 20046. Akte betreffend einen Streit zwischen Gutsbe(sitzerin) E. Antonowa und Pr(iester) N. Lawkowski über das Recht, das Waldstück(?) Boschin und die Farm Borki des Gu(tes) Poplawi zu pachten 1880-1882" und „147 3 23423 Akte der Inbesitznahme von Grundstücken im Ig(umen'schen) B(ezirk) durch(?) E. Antonowa 6.7.-29.9.1882."

Von besonderem Interesse sind schließlich die Hinweise auf eine von Elisaweta in Poplawi erbaute Kirche in den Akten „147 3 26911 Akte der Schenkungsurkunde der Witwe K(ollegien) A(ssessor) E. Antonowa für das Grundstück der Friedhofskirche von Poplawi im Dorf Poplawi 25.7.-4.10.1879" und „147 3 301160 Ebenso 27.5.-3.6.1881" sowie „147 3 30176 Akte über die Inbesitznahme des Gr(und)besitzes der Kirche von Poplawi auf dem Friedhof Poplawi 4.-8.6.1881."

Diese Kirche ist auch in einer alten Schrift über die Eparchie, das orthodoxe Bistum, von Minsk, verzeichnet. Darin liest man, daß es im Bezirk Igumen außer den Ortskir-chen noch drei weitere auf Friedhöfen gab, „eine aus Stein in Boschin, und zwei aus Holz - in Nejonitschi und Poplawi, aus Holz." [1424]

Eine kurze Untersuchung des heutigen historisch-kulturellen Potentials des Bezirks Beresino führt verschiedene Kirchen an und ergänzt: „Die übrigen 11 Denkmäler des christlichen Kultes wurden zerstört, abgebaut oder niedergebrannt. Darunter… die St. Michael Kirche in Poplawi…" [1425]

[1423] 160 1 536. Дело о распределении между родственника-ми имущ. умершего пом. им. Поплавы К. Денфера. 14.3.1859-31.1.1861. (Drost, 25).
[1424] Opisanije tserkwej i prichodow Minskoj eparchii, Minsk 1879, 24 (IV. Igumen, Nr. 6 Boschin).
[1425] https://elib.bspu.by/bitstream/doc/40883/1/31635.pdf ; L. Smykovich, S. Kudeiko: Ot-senka istoriko-kulturnogo potentsiala Beresinskogo rajona (2016), in: Vesti BGPU serija 3/BSPU Bulletin Series 3, 3 (89) Minsk 2016.

Von einer Kirche mit dazugehörigem Friedhof hatte ich in Poplawi indes nichts mehr gesehen. Nachdem ich später einmal die Gemeindeverwaltung von Poplawi angeschrieben und nach der St. Michael-Kirche von 1862 gefragt hatte, kam die freundliche Auskunft: „Derzeit gibt es kein Kirchengebäude (und keine anderen religiösen Strukturen) auf dem Gebiet von Poplawi. Der Dorfrat hat keine Informationen über die 1862 in Poplawi erbaute Kirche." [1426] Die Eparchie Borisow, die ich gleichfalls kontaktierte, hat nicht geantwortet.

Auf einer Internet-Seite der Regionalregierung Beresino wurde die Ortsgeschichte von Poplawi bis ins Jahr 2005 skizziert, „nach Material von I. Schukowskij", doch ohne nähere Quellenangaben. Daraus ist zu erfahren: Am Ufer des kleinen Flusses Poplawka liegt ein Dorf mit dem ähnlichen Namen Poplawi. Der Name beruht auf dem Landschaftsbegriff. Das belarussische Wort „poplaw" bedeutet Niedrigwasserwiese mit grobem Gras, Flußaue oder niedriges Flußufer. Wann das Dorf entstand, ist unbekannt, doch gab es in der Nähe eine befestigte Ansiedlung aus der Zeit um 300 v. Chr. und Grabhügel. Um 1800 war das „Dorf Poplawi (Paplawka) Teil des Gutes Boschin und gehörte Michail Wolowitsch. Es gab 19 Haushalte im Dorf, 137 Menschen lebten dort.

Im Jahr 1854 erwarb der Generalmajor der russischen Armee Konstantin Ottowitsch Dempfer das Gut Poplawi vom Gutsbesitzer Alexander Michailowitsch Stankewitsch, mit 76 männlichen und 75 weiblichen Bauern und der Gesamtfläche von 1739 Dessiatinen. Das Gut war ein Musterbetrieb seiner Zeit. Auf dem Hof des Herrenhauses gab es 8 Pferde, 22 Bullen und Ochsen, 21 Milchkühe, 22 Kälber und 11 Schweine. Es gab eine große Bibliothek mit Veröffentlichungen und Werken über Geographie, Geschichte, exakte Wissenschaften, militärische Angelegenheiten, Wirtschaft und Religion. Nach dem Tod von Konstantin Ottowitsch (3. Januar 1860) ging sein Nachlaß an Elisaweta Ottowna Antonowa, die Schwester des Generals. 1862 wurde auf ihre Kosten im Dorf die Sankt Michael-Kirche erbaut." [1427]

[1426] 12.12.2022.

[1427] http://berezino.minsk-region.gov.by/dfiles/000142_278538_Poplavy.doc

„В 1854г., уже имение Поплавы приобретает генерал-майор российских войск. Константин Оттович Демпфер у помещика Александра Михайловича Станкевича в составе крестьян мужского пола 76 человек, женского пола 75 человек общей площадью 1739 десятин. Имение представляло собой образцовую усадьбу того времени. На господском дворе имелось лошадей 8 голов, волов и быков 22 головы, коров дойных 21

Diese Seite ist mittlerweile nicht mehr erreichbar, doch findet man den wortgleichen Text auch in einer Orts- und Schulchronik von Poplawi mit Präsentation der dortigen Schuleinrichtungen. [1428]

Bis heute sind demnach Konstantin und seine Schwester Elisaweta in Poplawi nicht vergessen, und die Erinnerung an sie wird bewahrt.

Über diese beiden Kinder von Jeannots älterem Bruder, Jeannots Nichte und Neffe, war in der Familie bisher nur das Wenige bekannt, das im Grundstein steht: „Elisabeth v. Denffer, geb. in St. Petersburg, marit.: N.N. Antonoff. - Constantin v. Denffer, Sohn des Otto, geb. in St. Petersburg, ortho. Conf., war General-Major. Er besass folgende Orden: 1. St. Georg 4. Kl. Seit 5. Dez.1841. 2. St. Wladimir 4. Kl. Seit 29. Mai 1830. 3. St. Annen 2. Kl. Seit 21. Nov. 1845. Evtl. Deszendenz unbekannt.“ [1429] In Herberts „Chronik“ steht nur unter „Ewald Johann Otto v. D. *1774 ∞ 3mal mit Russinen (sic!) in Petersburg 3 Töchter,1 Sohn.“ [1430]

1854 Krimkrieg

„Im jahre 1854 ward der krieg der türken gegen Ruszland erklärt und u. da Frankreich u. England sich mit den türken verbanden, so konnte man wohl erwarten, dasz der krieg ein verderblicher werden wird, selbst für die Ostseeprovinzen… Aller handel u. wandel stockte.“ [1431] - „Se. Majestät der Kaiser haben mittelst Allerhöchster Ukase an den Dirigirenden Senat, d. d. 21. Februar, für gut erachtet, in den Kriegszustand zu erklären: das Gouvernement St. Petersburg, die Gouvernements Ehstland und

голова, телят 22 головы, одиннадцать голов свиней. Была большая библиотека, в которой хранились издания и труды по географическим, историческим точным наукам, труды в области военного дела, экономики, религии. После смерти (3 января 1860г.) Константина Оттовича его поместье было передано Елизавете Оттовне Антоновой, родной сестре генерала. В 1862г. на её средства в деревне построена Свято-Михайловская церковь.“

[1428] Nr. 4, http://www.myshared.ru/slide/358402/
ebenso Nr. 4, https://baixardoc.com/documents/1--5c705bf063002
[1429] Denfer, H. v.: Grundstein zu einer Geschichte der Familie von Denffer, Batum 1906, 36.
[1430] Denffer, H. v.: Die Familie von Denffer. Eine kleine illustrierte Chronik, München 1966, (39) B.
[1431] Sloka, L. J.: Kurzemes draudžu chronikas, Riga 1930, II, 198 (Irben).

Livland, das Gouv. Archangel, das Königreich Polen und die Gouvts. Kurland, Kowno, Wilna, Grodno, Volhynien und Podolien…" [1432]

Im Krimkrieg 1853-56 war es zu einer merkwürdigen Konstellation gekommen. Die westeuropäischen Mächte England und Frankreich verbündeten sich mit dem Osmanischen Reich gegen Russland, das im Sommer 1853 mit der Besetzung von Moldau und Walachei die Kriegshandlungen begonnen hatte. Der panslawistische Moskauer Geschichtsprofessor Michail Pogodin trug in einem Memorandum für den Zaren verschiedene Gründe für die Auseinandersetzungen zwischen Russland und dem Osmanischen Reich zusammen und ging dabei auch auf die Rolle Englands und Frankreichs ein. „Nicholas teilte Pogodins Ansicht, dass Russlands Rolle als Beschützer orthodoxer Christen im Osmanischen Reich nicht verstanden und dass Russland vom Westen ungerecht behandelt wurde. Nicholas stimmte insbesondere der folgenden Passage zu: „Frankreich nimmt Algerien der Türkei, und fast jedes Jahr annektiert England ein anderes indisches Fürstentum: Nichts davon stört das Kräfteverhältnis; Aber wenn Russland die Republik Moldau und die Walachei besetzt, obwohl nur vorübergehend, stört dies das Kräfteverhältnis. Frankreich besetzt Rom und bleibt dort in Friedenszeiten mehrere Jahre: das ist nichts; Russland denkt aber nur daran, Konstantinopel zu besetzen, und der Frieden Europas ist bedroht. Die Engländer erklären den Chinesen den Krieg, die sie anscheinend beleidigt haben: Niemand hat das Recht, einzugreifen; Russland ist jedoch verpflichtet, Europa um Erlaubnis zu bitten, wenn es sich mit seinem Nachbarn streitet. England droht Griechenland, die falschen Behauptungen eines elenden Juden zu unterstützen, und verbrennt seine Flotte: das ist eine rechtmäßige Handlung; [1433] Russland fordert jedoch einen Vertrag zum Schutz von Millionen von Christen, und dies soll seine Position im Osten auf Kosten des Kräfteverhältnisses

---

[1432] Das Inland 8.3.1854, 165.

[1433] Gemeint ist die sogenannte „Don David Pacifico Affaire" von 1850, einem „Konflikt zwischen Großbritannien und Griechenland… als das Haus von David Pacifico… einem in Athen lebenden britischen Untertanen, bei einem antisemitischen Aufruhr niedergebrannt wurde. Zur Unterstützung seiner Forderung nach Entschädigung schickte Viscount Palmerston ein Marinegeschwader, um die griechische Küste zu blockieren. Palmerstons Politik führte zu Protest von Frankreich und Russland sowie des Oberhauses von Britannien, aber er gewann die Unterstützung des Unterhauses, nachdem er argumentierte, daß Britannien seine Untertanen vor Ungerechtigkeit schützen sollte, wo immer sie wohnten." (Britannica Concise Encyclopedia 2008, 562).

stärken. Wir können vom Westen nichts erwarten als blinden Hass und Bosheit..."
(Kommentar am Rande von Nikolaus I.: „Das ist der springende Punkt")." [1434]

Ein anderes Mal führte derselbe Pogodin die Feindseligkeiten auf ein grundsätzliches Unverständnis des Russentums durch die Westeuropäer zurück: Dieser „kann sich Festungen nicht anders denken, denn als Stützpunkte des Angriffs. Der Russe braucht sie nur zur Abwehr. Die westlichen Schriftsteller beurtheilen die orientalischen Angelegenheiten nach ihren Begriffen. Im Abendlande sind alle Einrichtungen... auf den Begriff einer Opposition gebaut. Unser Morgenland denken sie sich eben so wie ihren Westen. Dies ist der Capitalfehler, durch den alle Begriffe verwirrt werden und den unsere einheimischen Politiker und Diplomaten mit ihren abendländischen Brüdern theilen. Der Westen ist der Westen und der Osten der Osten und der Westen kann nicht der Osten sein, wie der Osten nicht der Westen. Rußland ist ein sich ausdehnender, aber kein erobernder Staat, was weder unsere Feinde noch unsere Freunde noch wir selbst begreifen, die wir es uns sogar zur Schande anrechnen, so groß ist unsere historische und politische Unwissenheit. Darin liegt die Erklärung, warum fast alle Kriege Rußlands mit der Abwehr, und nicht mit dem Angriff begannen. Darum ist der russische Bauer, der, von seinem Weibe und den Kindern begleitet, unter Geheul und Weinen ins Rekrutenamt geht und Tags darauf, wenn ihm der Kopf geschoren worden, der beste Soldat der Welt wird - der reinste Ausdruck des russischen Staates. Folglich braucht Europa russische Eroberungen nicht zu fürchten, für die es immer noch eine Abwehr finden wird..." [1435]

※

Karabinier-Regiment Eriwan

Schon lange bedrängten die sogenannten „Muriden" unter ihrem Anführer Imam Schamil die russischen Besatzer im Kaukasus. Die Spannungen zwischen Russland und dem Osmanischen Reich, die im Krimkrieg gipfelten, ermutigten zu verstärkten Widerstandsaktionen: „Unterdessen verbreitete sich in den Bergen das Gerücht über die Reduzierung der Truppen in Kachetien anlässlich unserer bevorstehenden

---

[1434] Mikhail Pogodins Memorandum an Nikolaus I., 1853 nach Figes, O.: The Crimean War, New York 2011, 134.
[1435] Pogodin, M.: Politische Briefe aus Rußland, Leipzig 1860, 189 f.

politischen Meinungsverschiedenheiten mit der Türkei, die immer ernster wurden. Dieses Gerücht war für Schamil ein Grund... einen Angriff auf Kachetien zu befehlen... Bald erschien Schamil selbst an der Spitze der Menge... außerdem hoffte er, den Aufstand in unseren muslimischen Provinzen auszuweiten. Im August begann er mit der Umsetzung eines so großen Plans. Fürst Orbeliani standen nur acht Bataillone zur Verfügung, die über den ganzen Grenzkordon verteilt waren. Orbeliani brachte, soweit es die Umstände und die Zeit erlaubten, einige Teile der Truppen näher an Zakatali heran, darunter Butschkievs Bataillon, dem befohlen wurde, durch einen Gewaltmarsch in Zakatali anzukommen. Am 25. August um 10 Uhr morgens waren die Eriwaner bereits in der Festung, und um zwei Uhr nachmittags, als die Schamil-Schar begann, in das Dorf Dschari herabzusteigen, zogen sie dorthin an der Spitze der Abteilung des Fürsten... Sobald sich die Eriwaner dem Aul näherten, traten sie sofort in Aktion... waren beim ersten und zweiten Angriff mit Bajonetten mit Jubelrufen den anderen voraus". Nach mehreren Angriffen begannen die Bergbewohner Dschari zu räumen. Nachdem Orbeliani den Feind zurückgeschlagen hatte, aber nicht über genügend Truppen verfügte, um ihn zu verfolgen, ging er nachts nach Zakatali. Dabei bildeten die Eriwaner die Nachhut, und daher war der Schaden des Bataillons größer als bei anderen, nämlich 13 Mann Tote und Verwundete. In derselben Nacht ging... das Bataillon erneut mit einem Gewaltmarsch in die Kapisdar-Schlucht, um zwei Kompanien von Tiflis, die von Schamils Banden umzingelt waren, zu entlasten. Nach erfolgreichem Abschluss des Einsatzes kehrte das Bataillon mit den Tifliser Kompanien nach Zakatali zurück und biwakierte auf den Glacis [1436] der Festung. Von hier aus unternahm Butschkiew einen Gewaltmarsch: am 31. August nachts in das Dorf Belokan, gegen die Partei von Daniel-Bek, die, nachdem sie in dichte Wälder vorgedrungen war, nach Zagatali zurückkehrte, nachdem sie mindestens 70 Werst zurückgelegt hatte; und am 12. September um 3 Uhr morgens nach Muchachu, um der Partei des Iribskischen Naib zu begegnen. Nach einem Gefecht kehrte das Bataillon für die Nacht, immer am selben Tag, in sein Biwak in Zakatali als Hauptstützpunkt zurück. Am 3. September räumte Schamil schließlich Dschari, stieg in die Berge entlang der Katech-Schlucht und kreiste die noch unvollendete Festung Mesel-Deger ein... Als Prinz Orbeliani von der verzweifelten Lage der Mesel-Deger-Garnison erfahren hatte, näherte er sich am 4. September dem Fuß des Mesel-Deger. Die Eriwaner und alle

---

[1436] Erdwall vor Festungsmauer.

Truppen, die die unaufhörliche Kanonade von Mesel-Deger hörten, eilten… zu Hilfe, aber Orbeliani, der befürchtete, Kachetien vollständig zu öffnen, wagte es nicht, die Berge zu erklimmen… Zum Glück ging… ein Teil der Dagestan-Abteilung… in den Rücken von Schamil und zwang ihn, die Blockade aufzuheben. Am 7. September bestieg Fürst Orbeliani mit einer Abteilung das Mesel-Degers-Gebirge und bezog Stellung unterhalb der Festung. Am 8. begannen die Eriwaner mit den Arbeiten innerhalb und außerhalb der Festung, bauten die Straße aus und machten eine Lichtung von Mesel-Deger über das Dorf Katechi bis zur Ebene." [1437]

Nikolai, Augusts und Karolines 27jähriger Sohn, hatte in den Monaten August und September 1853 mit seiner Einheit, dem Eriwanschen Karabinier-Regiment, als Fähnrich an verschiedenen solcher Einsätze gegen die „Bergvölker" teilgenommen. Dadurch sowie durch Auszeichnung im Kampf gegen die Türken am 2. November 1853 erlangte er den Rang des Unterleutnants. Diese Beförderung erfolgte am 18. April 1854 mit Dienstalter ab dem 25. August 1853. [1438]

„Basch-Kadyklar", türkisch „Başgedikler", ist der Name eines Dorfes, knapp 40 Kilometer östlich von Kars, am westlichen Berghang Armeniens. Dort waren im November 1853 osmanische Truppen zur Vorbereitung einer Militäroperation ins russische Gebiet gesammelt.

„Am 30. November brachte der General Bebutoff in Erfahrung, daß die türkische Armee den Rückzug eingestellt, und Stellung bei Basch Kadyk Kar (sic!) genommen habe. An der Spitze einer Colonne, welche 7000 Mann Infanterie, 2800 Mann Cavalerie und 32 Geschütze zählte, drang der russische Befehlshaber am 1. December gegen den genannten Ort vor und griff die zwischen Uzugly und Gamsa Keriak genommene türkische Stellung an, welche durch 20000 Mann regulärer Infanterie, 4000 Mann regulärer Cavalerie, gegen 12000 Mann irregulärer Truppen und 45 Geschütze vertheidigt wurde.

Die russische Armee griff in zwei Treffen an… Der rechte Flügel der Türken, befehligt von Ibrahim-Pascha, konnte den vereinten Anstrengungen des… ersten russischen Treffens nicht widerstehen. Die geschlagenen Abtheilungen geriethen in vollkommene Auflösung, das türkische Centrum, welches sich bisher unter Benutzung

---

[1437] Schabanow, Stabs-Kapitan: Istorija Leib-Grenaderskago Eriwanskago Ego Welitschestwa Aleksandra Nikolaewitscha Polka, Tiflis 1871, II, 215 f.
[1438] Russkij Inwalid 89/1854 nach Mitteilung von Mark Conrad, 13.6.2002.

aller Terrainvortheile tapfer geschlagen, wurde zu eiligem Rückzuge genöthigt. Die Colonne des Generals Bebutoff erfocht einen glänzenden Sieg… 24 Geschütze, 1 Fahne, 10 Standarten und das ganze türkische Lager waren die Trophäen des Tages, welche allerdings durch den Verlust von 8 Offizieren und 308 Soldaten an Todten und einer fast doppelt so großen Anzahl Verwundeter erkauft wurden. Türkischerseits zählte man gegen 1500 Todte; unter diesen Ibrahim-Pascha.

Es ist hierbei nicht unerwähnt zu lassen, daß das Corps Bebutoff's sich aus den ältesten, kampfgeübtesten Soldaten des Kaukasus zusammensetzte, daß die türkische Colonne dagegen in einer großen Anzahl irregulärer Truppen das nachtheiligste Element für Disciplin und Ordnung barg… Die russischen Truppen zogen sich nach Gümri zurück." [1439] Die Entfernung von 40 Kilometer bedeutete wohl einen Tagesmarsch. Ihre dortige Befestigung in dieser armenischen Stadt an der Grenze, heutzutage „Gjumri", nannten die Russen „Alexandropol".

Im Mittelpunkt dieses unerwarteten Angriffs am 19. Nov. 1853 [1440] stand der Kampf um die osmanischen Artilleriestellungen mit 20 Geschützen auf dem Oğuzlu-Hügel. Das 2693 Mann starke Eriwansche Karabinier-Regiment nahm an diesem Angriff teil. Sein Einsatz war offenbar entscheidend für den siegreichen Ausgang der Schlacht: „Der erste Angriff durch die Grusin'schen (Georgischen) Grenadiere wurde mit starken Verlusten abgewehrt, dabei starben Orebiliani und die meisten höheren Offiziere. Ein zweiter Angriff, von Prinz Bagration besser geführt, der die Eriwanski Grenadiere befehligte, nahm die Stellung ein" [1441] … „mit aller Kraft drangen sie gegen die Türken vor: Nichts konnte dem schnellen und vereinten Angriff der Eriwaner widerstehen… die Artilleristen wurden auf Bajonetten aufgespießt… die Deckung… in die Flucht geschlagen. Schließlich gelangten die durchschossenen und blutbefleckten Banner der Karabiniere an die gegnerische Hauptbatterie. So vollbrachten die Eriwaner die ruhmvolle Leistung, auf die das Regiment stolz ist. Von beiden Batterien wurden 22 Geschütze genommen.

Zur Ehre der türkischen Kanoniere muss gesagt werden, dass sie sich durch wahre Furchtlosigkeit und Selbstlosigkeit auszeichneten. Nach der Flucht ihrer Infanterie

---

[1439] (N.N.) Der Krieg gegen Russland im Jahre 1854, Leipzig 1855, 50 ff.
[1440] 1. Dez. 1853 neuen Stils.
[1441] Allen, W., Muratoff, P.: Caucasian Battlefields, Cambridge 2011, 64.

blieben sie ohne Deckung, feuerten weiter… Die Lafetten und Teile fast aller Waffen waren vom Blut ihrer tapferen Bediener bedeckt." [1442]

Nikolai, Augusts Sohn, erwarb sich für Auszeichnung in der Schlacht bei den Basch-Kadyklar-Anhöhen am 19. Nov. 1853 seinen ersten Orden, den St. Anna-Orden 4. Klasse, der ihm am 9. Mai 1854 verliehen wurde. [1443]

Für den panslawistischen Historiker Pogodin waren solche Kriegsereignisse Beweise für die Besonderheit des Russentums: „Und wunderbare Thaten geschehen! Soldaten und Officiere stürzen wetteifernd in den Tod… Sind denn eure Artilleristen an die Kanonen angewachsen? rufen mit Erstaunen die Engländer, die solche übernatürliche Standhaftigkeit nicht fassen. Da geht ein Commando, bis zur Brust im Wasser auf die Batterie am jenseitigen Ufer los: das Feuer streckt die ganze Reihe nieder. Thut nichts, ein zweites Commando bricht auf, die rechte Schulter voran, schlägt das Kreuz und wird wieder niedergestreckt. Und das dritte macht sich bereit, schlägt ein Kreuz, und vorwärts und die Batterie ist unser. Dies geschah bei Basch-Kadik-Lar…" [1444]

※

Enkelkinder

Mit Datum vom 16. April 1854 belegt ein „Extract aus dem Journal des Kurl Ritt Comit … daß Theodor Denffer russischer Erabdliger ist." [1445] - „Joagan-Teodor-Karl" war verzeichnet als zweites Kind des „fon-denfer: Iwan Iwanowitsch" im Nowgorodschen Adelsgeschlechtsbuch. [1446] Theodor, der nach dem Tod seines Vaters Grafenthal bewirtschaftete, hatte außerdem auch sein eigenes Gut Feldhof, das etwa 20 Kilometer nordwestlich von Grafenthal lag, etwa zwei Stunden Fahrt mit der Pferdekutsche. Dort brachte seine Frau ihr zweites Kind zur Welt:

„1854 Neunten Maerz 4 Uhr Abds. (getauft) Fünfundzwanzigsten April Caroline Thecla Caecilie Tochter des Herrn Theodor von Denffer zu Feldhof und dessen Gemahlin Cornelie geb. von Denffer Eltern Luth. Pathen Frau Caroline von Denffer und

[1442] Schabanow, Stabs-Kapitan: Istorija Leib-Grenaderskago Eriwanskago Ego Welitschestwa Aleksandra Nikolaewitscha Polka, Tiflis 1871, III, 16; 23.
[1443] Russkij Inwalid 89/1854 nach Mitteilung von Mark Conrad, 13.6.2002.
[1444] Pogodin, M.: Politische Briefe aus Rußland, Leipzig 1860, 159 f.
[1445] LVVA 640/1/2341 (Adelsbeweise Denfer).
[1446] Golitzin, P.: Spisok dworjanskich rodow Nowgorodskoij gubernii. Nowgorod 1910, 191.

Fräulein Elisabeth von Denffer aus Grafenthal Pastor Conradi; getauft im Hofe Feldhof von Pst. Conradi zu Mesothen." [1447] Das kleine Mädchen war Carolines sechstes Enkelkind.

Einen Monat darauf starb wieder ein Sohn von Caroline: 1854 „Vierter April 8 ½ Abends (begraben) Siebenten April b.d. Mesoth. Kirche Johann Robert Carl von Denffer Sohn des verstorb. Capitains u. Ritter Johann von Denffer und dessen Gemahlin Caroline geb. Kummerau zu Grafenthal; er war Sekundaner auf dem Mitauschen Gymnasium. (Geburtsort) Grafenthal (Alter) 17 (Todesursache) Typhus. Er starb zu Mitau." [1448] Wie sein ein Jahr jüngerer Bruder Julius war er vor dem Gymnasium in Mitau als Schüler im Pastorat Sallgalln bei Grafenthal gewesen.

Ende Mai traf August der Dichter in Mitau ein: „In Mitau angekommene Fremde. Vom 28. Mai bis 3. Juni… Die HH Candidat der Theologie Kraus, und Candidat der Philosophie Denffer aus Backhusen log. im Lindeschen Hause." [1449] Die Beiden waren zusammen angereist. August hatte eine Hauslehrerstelle in Ambothen, in dessen Nähe das Privatgut Backhusen lag. [1450] Der Theologe ist Hugo Emil Kraus, später Pastor zu Neugut nördlich von Bauske, der zur selben Zeit wie August in Dorpat studiert und dort gleichfalls zu den Mitgliedern des „Theologischen Abends" gehört hatte. Von ihm heißt es, daß sein Studium 1852 endete und er seit 1854 Hauslehrer in Estland war. [1451] Vielleicht hatte er die Zwischenzeit in Backhusen verbracht. Denkbar wäre auch, daß August aus Backhusen anreiste und der Hinweis auf seine Hauslehrerstelle in Ambothen [1452] ungenau ist und bedeuten soll „im Kirchspiel Ambothen".

[1447] KB Mesothen Geborene 1854, Nr. 85; LR 3289, 451 rechts.

[1448] KB Mesothen Verstorbene 1854, Nr. 82; LR 3289, 486 links. Auch zitiert in Denfer, H. v.: Grundstein zu einer Geschichte der Familie von Denffer, Batum 1906, 57.

[1449] Kurländische Gouvernements-Zeitung 5.6.1854, 396.

[1450] Possart, P.: Die russischen Ostseeprovinzen Kurland, Livland und Esthland. Erster Theil Kurland, Stuttgart 1843, 321.

[1451] Album des theologischen Abends und der Arminia 1850-1900, Jurjew (Dorpat) 1902, 27; Kallmeyer, Th., Otto, G.: Die evangelischen Kirchen und Prediger Kurlands, Riga 1910, 478. Kraus kam nach dem Tagebuch seiner späteren Frau wohl erst am 6.5.1855 nach Ottenküll in Estland. (Schaefer, O. (Hg.): Sally von Kügelgen. Stilles Tagebuch, Berlin 1936, 66). Backhusen ist darin nicht erwähnt.

[1452] Album Academicum der Kaiserlichen Universität Dorpat. Zur Jubelfeier ihres fünfzigjährigen Bestehens am 12. Dec. 1852, Dorpat 1852, 113.

Man kann annehmen, daß August in diesen Tagen auch die Verwandten in Grafen-thal besuchte. Nach ihm kam wie schon zuvor Henriettes Sohn Woldemar aus Garsen nach Mitau: „1854 In Mitau angekommene Fremde. Vom 7. bis 10. Juni. Im Kuri-schen Hause: Die HH. … v. Budberg und Lehrer Dietrich aus Garsen,"[1453] Vielleicht war auch er danach zum Verwandtenbesuch in Grafenthal, denn etwa zwei Wochen später traf er nochmals in Mitau ein: „1854 In Mitau angekommene Fremde. Vom 25. bis 28. Juni… Delle's Gasthaus Hr. Baron v. Budberg aus Garsen."[1454] Anschließend reiste er an die Ostsee, blieb in Libau, in dessen Nähe seine Schwester wohnte, und kehrte im September mit Zwischenaufenthalt in Mitau zurück nach Garsen: „1854, Libau Badegäste Den 23. Juli: … Hr. Baron v. Budberg, aus Garsden, log b, Frau Dr. Vollberg."[1455] - „1854, in Mitau angekommene Fremde vom 3. bis 5. September… Delle's Gasthaus… Baron v. Budberg aus Libau."[1456] Auch vor Jahresende war er erneut in Mitau: „1854, In Mitau angekommene Fremde. Vom 6. bis 9. Dezember… Im Kurischen Hause … v. Budberg und Lehrer Dietrich aus Garsden."[1457]

Ein Ausbruch der Cholera im Sommer war vergleichsweise nur mild: „Die Cholera ist seit dem 7. Juli in Kurland… Im Bauskeschen Kr. 6.-14. August erkrankt 4, gestor-ben 2, Am 14. Aug.: Bestand 1, starb, und sind weiter keine Erkrankungsfälle in dieser in früheren Epidemien so sehr heimgesuchten Gegend vorgekommen."[1458]

Am 12. August kam in Sorgiani (Litauen) oder Mitau Victors sechstes Kind zur Welt, die Tochter Wera,[1459] Carolines siebtes Enkelkind. Ein Kirchenbuch für Sorgi-ani war bisher nicht aufzufinden.

Aus Kurland (19. Oct.): „Die Ernte des Getreides und des Gemüses ist beendet, der Ertrag im Allgemeinen ein erfreulicher,… die Wintersaat ist gut ausgekommen."[1460]

[1453] Kurländische Gouvernements-Zeitung 12.6.1854.
[1454] Kurländische Gouvernements-Zeitung 29.6.1854.
[1455] Libausches Wochenblatt 24.7.1854.
[1456] Kurländische Gouvernements-Zeitung 7.9.1854.
[1457] Kurländische Gouvernements-Zeitung 11.12.1854.
[1458] Das Inland 30.8.1854, 585; 13.9.1854, 619.
[1459] Denfer, H. v.: Grundstein zu einer Geschichte der Familie von Denffer, Batum 1906, 63. Nach einer Notiz aus dem Hist. Staatsarchiv von Russland geboren am 13.8.1854; RGIA 733/225/134.
[1460] Das Inland 15.12.1854, 831.

In Petersburg bezog der Senator August neben seinen sonstigen Einnahmen auch wiederum die Sondervergütung „1854 Über die Fortsetzung der Ausgabe einer Geldvergütung als Gegenleistung für die Pacht an Senator Denfer Fristen 18. Juli 1854 - 13. August 1854." [1461]

Die Bedeutung einer weiteren Akte ist ohne Einsicht nicht verständlich: „Rückgabe von Geldbußen an die Verwalter des Kaufmanns Nikolai Menschitkin, Senator Geheimrat Denfer und Kaufmann(sfrau?) Anna Menschutkina 17. Juni 1854 - 28. Sept. 1854." [1462]

Augusts Frau Caroline, die seit Jahren weiterhin in Deutschland lebte, wohnte offenbar 1853/54 in Dresden „v. Denffer Geh. Räth, Dippoldiswaldaerg(asse). 8 pt." [1463] Am 13. Juni traf im Hotel „Stadt Rom... Mad. Deuffer aus Petersburg" ein, [1464] vermutlich die Tochter Theophile.

Carolines jüngster Sohn Woldemar, inzwischen 19 Jahre alt, wurde Student. Zunächst hatte er noch bei seinem Vater in Petersburg gewohnt: 1854 „Denfer Awg. Uljan. Senator, Tain. Sow. i kawal., Lit. Prosp. 12, sobstb. dom" (eigenes Haus)" [1465] 1854 „Denfer Woldemar Awgust. Sohn Tain. Sow., Lit. Teil 1 Kw. Lit ul D(om) Denfera." [1466]

Die Angaben über seine Erziehung und den Studienbeginn in Dorpat sind unterschiedlich. Im Grundstein heißt es: „Erst durch Hauslehrer unterrichtet, kam er später nach Narva in Pension, hierauf studierte er in Dorpat und später in Göttingen Naturwissenschaften." [1467] Im Verzeichnis der immatrikulierten Studenten der Universität Dorpat steht: „Nr. 6305 Woldemar Denffer (geboren) 2 Novbr 1834 Luth Nowgorod (Eltern) August - Geheimrath Caroline geb. Schmelzer (Wohnort der Eltern) St. Petersburg (Studienfach) Diplomatie Geographie und Statistik (Datum der Immatrikulation) d. 31. Aug. 1855 (Datum des Abgangs von der Universität) 1858 Decbr. 19."

[1461] RGIA 384/6/274.
[1462] RGIA 571/4/1148.
[1463] Adressbuch der Haupt- und Residenzstadt Dresden 1854, 21, 196.
[1464] Dresdner Anzeiger und Tageblatt 14.6.1854, 21.
[1465] Putewoditel. 60,000 Adresob iz Sankt-Peterburga 1854, Sanktpeterburg, 93.
[1466] Putewoditel, 93.
[1467] Denfer, H. v.: Grundstein zu einer Geschichte der Familie von Denffer, Batum 1906, 60.

[1468] Nach anderen Quellen begann das Studium 1854. [1469] Präzisiert werden diese Angaben durch eine Mitteilung des Rektors der Universität vom 19. April 1856: „Woldemar Denffer, der Sohn des Geheimraths August Denffer aus St. Petersburg, am 29 Juli 1854 als Stud. Dipl. immatriculirt, am 31. Aug. 1855 zum Studium der Geografie und Statistik übergetreten..." [1470] Er wählte damit die Fächer, die schon 20 Jahre zuvor sein mittlerweile verstorbener älterer Bruder Friedrich Eugen gleichfalls in Dorpat studiert hatte.

※

1855 Trauer

„1855. Ein trauriges jahr. Der krieg wurde mit allen seinen verwüstungen geführt... Bey dem dürren troknen sommer war die roggen-erndte fast im ganzen lande - u. die gersten erndte theilweise - miszrathen: bis über 3 rub. wurde für roggen für's loof gezahlt u. 2 rub. für gerste. Der hafer sogar mit 150-160 das loof bezahlt. Die kartoffel erndte war auch schwach ausgefallen... Von Martini bis Weynachten fester, strenger winter. An manchen tagen über 20 grade frost." [1471]

Henriettes Sohn Woldemar besuchte wie üblich nach dem Jahreswechsel und erneut im Frühjahr Mitau: „1855. In Mitau angekommene Fremde. Vom 21. bis 23. Januar... Delle's Gasthaus... Baron v. Budberg aus Garsden." [1472] - „1855 In Mitau angekommene Fremde. Vom 7. bis 10. März... Delle's Gasthaus... Baron v. Budberg aus Garsden." [1473]

Für Russland brachte das Jahr 1855 bedeutsame Veränderungen. Im Februar erschien in den Zeitungen ein

"Allerhöchstes Manifest. Von Gottes Gnaden

Wir Alexander der Zweite Kaiser und Selbstherrscher aller Reussen, König von Polen u.s.w.u.s.w.u.s.w. Thun allen Unseren getreuen Unterthanen kund: Es hat den

---

[1468] Fol. 85; ebenso Zentralarchiv Dorpat Film J31 Universitätsarchiv Dorpat IV,1, Blatt 64.

[1469] (Rummel, C.v.) Album Academicum der Kaiserlichen Universität Dorpat, Dorpat 1867, 275; Hasselblatt, A.: Album Academicum der Kaiserlichen Universität Dorpat, Dorpat 1889, 461 jeweils unter der Matrikelnr. 6305 und mit dem Hinweis „Im Auslande" bzw. „Lebte im Auslande."

[1470] Nationalarchiv Estland, Rahvusarhiiv Tartus EAA 354/1/4250, fol. 9.

[1471] Sloka, L. J.: Kurzemes draudžu chronikas, Riga 1930, II, 198 f. (Irben).

[1472] Kurländische Gouvernements-Zeitung 25.1.1855.

[1473] Kurländische Gouvernements-Zeitung 12.3.1855.

unerforschlichen Rathschlüssen des HErrn gefallen, uns Alle mit einem unerwarteten, schrecklichen Schlag zu treffen. Unser geliebtester Vater, der Herr und Kaiser Nikolai Pawlowitsch, ist nach einer kurzen aber schweren Krankheit, die sich in den letzten Tagen mit unglaublicher Schnelligkeit entwickelte, am heutigen Tage, den 18. Februar verschieden. Keine Worte sind im Stande, Unseren Schmerz, der auch der Schmerz aller Unserer getreuen Unterthanen ist, auszudrücken. Indem Wir Uns vor den geheimnißvollen Schickungen der göttlichen Vorsehung beugen, suchen Wir bei ihr allein Trost für Uns und erwarten von ihr allein, daß sie Uns Kraft verleihe, die durch ihren Willen Uns auf erlegte Bürde zu tragen. Gleichwie Unser von Uns beweinter theuerster Vater alle Seine Anstrengungen, alle Stunden Seines Lebens den Mühen und Sorgen für das Wohl der Unterthanen widmete, so legen auch Wir in dieser traurigen, aber feierlichen, wichtigen Stunde, indem Wir den Uns angestammten Thron des Russischen Reiches und des vor demselben unzertrennlichen Königreichs Polen und Großfürstenthums Finnland besteigen, vor dem Antlitze des unsichtbar um Uns waltenden Gottes das heilige Gelübde ab, die Wohlfahrt Unseres Vaterlandes stets als Unser einziges Ziel vor Augen zu haben. Und so möge die Vorsehung, die Uns zu diesem großen Berufe ersehen hat, Uns leiten und schirmen, daß Wir Rußland auf der höchsten Stufe der Macht und des Ruhmes erhalten und sich durch Uns erfüllen die unablässigen Wünsche und Absichten Unserer erhabensten Vorfahren, Peter's, Katharina's, Alexander's des Gesegneten und Unseres unvergeßlichen Vaters. Der bewährte Eifer Unserer geliebten Unterthanen, ihre mit den Unsrigen vereinten heißen Gebete vor dem Altar des Höchsten werden Unser Beistand sein. Wir fordern dieselben dazu auf, indem Wir ihnen hiemit zugleich befehlen, Uns und Unserem Thronerben, Sr. Kaiserlichen Hoheit dem Cäsarewitsch Großfürsten Nikolai Alexandrowitsch, den Eid der Treue zu leisten.

Gegeben zu St. Petersburg, den 18. Februar, im Jahre nach Christi Geburt ein tausend acht hundert fünf und funfzig, Unserer Regierung im ersten.

Das Original ist von Sr. Kaiserlichen Majestät Höchsteigenhändig unterzeichnet: „Alexander." [1474]

In der Hauptstadt, den anderen Städten und allen Gouvernements gab es Trauerveranstaltungen und Gottesdienste, doch zugleich erhofften nicht wenige im Land eine bessere Zukunft. „In den letzten sieben Jahren der Regierung des Kaisers Nicolaus

---

[1474] Das Inland 21.2.1855, das Datum nach dem „alten" Stil.

(1848-1855) war die Verwaltung, die auf Rußland lastete, fürchterlich; man muß ihren Druck empfunden haben, um sie nach ihrem wahren Werthe würdigen zu können. Die Presse war gefesselt, das Wort jeden Augenblick bedroht, Reisen wurden erschwert, Spione schlichen sich überall ein, die politische Polizei beherrschte ganz Rußland, fortwährend erfolgten Verbannungen, die Kerker der Festungen von St. Petersburg und Schlüsselburg waren mit Unglücklichen angefüllt, die ohne Untersuchung eingezogen und ohne Proceß gefangen gehalten wurden . . ."[1475]

※

Ein Schattenriss

Während die Öffentlichkeit anläßlich des Zarentodes zu Trauerbekundungen veranlaßt war, betrauerten die Grafenthalschen den Tod von Alexander. Im Kirchenbuch Mesothen Verstorbene 1855 ist zu lesen: „44. (Tod) Vierzehnter Februar um 11 Uhr Abends, (Begräbnis) Neunzehnter Februar bei d. Mesoth. Kirche, Alexander von Denffer, Leutenant beim Ulanen Regimente. Sohn des Kapitains und Ritters Johann von Denffer aus Grafenthal und dessen Gemahlin Caroline geb. Kummerau (Geburtsort) Billenhof (Alter) 29 Ledig, Nervenfieber, hat 10 Jahre gedient, starb zu Szawl."[1476]

Die gleichen Angaben, aus dem Sterberegister entnommen, sind alles, was im Grundstein über Alexander mitgeteilt ist, ergänzt durch die Bemerkung zum Familienbegräbnis bei der Mesothenschen Kirche: „Auf der Marmortafel steht: geboren am 10. Januar 1826."[1477] Mehr wußte man offenbar schon nur 50 Jahre nach seinem Ableben nicht zu berichten.

Szawl, wo Alexander verstarb, war eine kleine Stadt im Norden Litauens, hieß auch „Schaulen", heißt heute „Šiauliai", ausgesprochen etwa „Scho(u)lei", und hat inzwischen über 100 000 Einwohner. Bei einer Fahrt von Vilnius nach Jelgava im August 2001 hatte ich mich einmal dort umgesehen. Von der alten Stadt war außer zwei mehrfach renovierten Kirchen kaum etwas erhalten, ein Großbrand Ende des 19. Jahrhunderts sowie die Kämpfe im Ersten und Zweiten Weltkrieg haben fast alles vernichtet. Was Alexander nach Szawl geführt hat, ist nicht bekannt. Vielleicht war dort ein Teil

---

[1475] Dolgorukow, Fürst Peter: Wahrheit über Rußland. Erster Band, Sondershausen 1861, V.
[1476] KB Mesothen Verstorbene 1855, fol. 546 f. (LR 3289, 546 links 547 rechts); Denfer, H. v.: Grundstein zu einer Geschichte der Familie von Denffer, Batum 1906, 56.
[1477] Denfer, H. v.: Grundstein, 56. Dies weicht ab vom Eintrag im KB Sallgalln 3. Jan. 1828.

seines Regiments stationiert, vielleicht war er unterwegs von oder nach Grafenthal, das etwa 90 Kilometer nördlich lag, damals selbst zu Pferde mehr als eine Tagesreise Wegstrecke. Das Familienbegräbnis bei der Mesothenschen Kirche ist nicht mehr erhalten. Gänzlich unerwartet ist nun jedoch Alexanders Profil im Schattenriß sichtbar geworden, 170 Jahre, nachdem es entstanden war.

Mit Hans-Werner Carlhoff, dessen Urgroßeltern wie die meinen im kurländischen Mitau lebten, teile ich das Interesse an Familiengeschichtsforschung. Wir tauschen immer wieder einmal „Zufallsfunde" aus, die sich bei Recherchen wider Erwarten gelegentlich doch ergeben. Anfang Mai 2022 machte er mir eine solche überraschende und erfreuliche Mitteilung. Er war an Fotokopien einer Sammlung von über 800 Scherenschnitten aus der Mitte des 19. Jahrhunderts geraten. Eine dieser Silhouetten zeigt „Daenffer, Alexander aus Graventhal". Schon wenige Tage später, als wir uns ohnehin bei einem Arbeitstag der Deutsch-Baltischen Genealogischen Gesellschaft trafen, konnte ich das Fundstück in Augenschein nehmen. Hans-Werner Carlhoff schlug vor, diese Silhouette für die Titelseite des Mitteilungsblattes der Gesellschaft zu verwenden und bat mich um Mithilfe bei den Vorbereitungen. Obwohl ich über keine speziellen Kenntnisse verfüge, gelang es mir, das Grau in Grau der alten Fotokopie mit einem Fotobearbeitungsprogramm in zufriedenstellendes Tiefschwarz auf hellweißem Untergrund zu verwandeln. Auch konnte ich zur Person die Grunddaten mitteilen, die Hans-Werner Carlhoff für einen erläuternden Text verwendete, den er seiner Beschreibung der Scherenschnittsammlung voranstellte:

„Zum Titelbild. Der Schattenriss/Scherenschnitt auf der Titelseite dieser Ausgabe entstammt dem Silhouetten-Album von Wilhelm Baron v. der Recke. Das Porträt ist rückwärtig von diesem eigenhändig beschriftet mit: „Daenffer/Alexander/aus Graventhal/Lieutenant im/Thronfolger/Hulanenregiment/Wilkomir/1853/† 1855". - Bei dem Dargestellten handelt es sich um den Regimentskameraden v. der Reckes, Johann Ernst Alexander v. Denffer (Sohn des Capitains und Ritters Johann v. Denffer und seiner Gemahlin Caroline geb. Kummerau), geb. Billenhof 10. Januar 1826, get. Salgalln 19. Februar 1826. A. v. Denffer wurde nach dem Besuch des Gymnasiums in Mitau 1845 Kornet im Ulanenregiment S.K.H. d. Großfürsten Cäsarewitsch Thronfolger in Wilkomir (Gouvernement Kowno) und am 22. November 1850 Leutnant. Er starb unverheiratet in Schaulen am 14. Februar 1855 (Nervenfieber), und wurde am

19. Februar 1855 in Mesothen im Dennfferschen Familienbegräbnis bei der Kirche beerdigt." [1478]

Alexanders Geburtsort, das Gut Billenhof, gehörte zum Kirchenbereich von Sallgalln, und in dessen Kirchenbuch war auch sein Taufeintrag zu finden: „1826... 57. den 19ten Febr. Des Russisch Kaiserl. Kapitain u. Ritter H. v. Denffer auf Billenhof u. dessen Gemahlin Caroline Wilhelmina Elisabeth Söhnl. Johann Alexander Ernst, geb. den 3. Jan. h.a. Pathen: Fr. Obristlieutnantin v. Denffer. Herr Ernst Uckermann, Lehrer am Gymnasium zu Mitau. Madame Uckermann, Kummerau, Smolian, Demselle Kummerau, Bidder Smolian, Totien, Conradi." [1479]

Die Taufpatin Frau Obristlieutenantin war Maria Gottliebe geb. Rosenberger, Großmutter des Täuflings und damals 73 Jahre alt. Friedrich Ernst Uckermann (1782-1858) war Lehrer der Gymnastik aber auch anderer Fächer am Mitauschen Gymnasium, seine Frau hieß Johanna Wilhelmine Amalie geb. Hochhausen. [1480] Die weiteren Patinnen waren „Madames" und „Demselles" aus verwandten bekannten Mitauer Familien, „Conradi" wohl eine Tochter des damaligen Pastors in Sallgalln Adam Conradi (1768-1830). [1481]

Noch im selben Jahr ist Alexander verzeichnet als „vierter Sohn, ¾ Jahre alt, des Arrende Cessionairs seit dem Jahre 1817 des Kronsgutes Billenhof Capitain und Ritter Johann von Denffer" [1482] und später auch als vierter Sohn des von Denffer Iwan Iwanowitsch im Adelsgeschlechtsbuch von Nowgorod. [1483]

Über Alexanders Kindheit und Jugend ist nichts Näheres überliefert. Als kleiner Junge war er mit der Familie 1829 nach Grafenthal gekommen und dort aufgewachsen. Die anfängliche Schulbildung wird er der dortigen Lehrerin Frl. v. Rukteschell

[1478] Carlhoff, H.-W.: Das Silhouetten-Album von Wilhelm Baron v. der Recke 1,2 in: DBGG-Genealogen-Echo 33, Febr. 2023, 1, 2, 7-8.

[1479] KB Sallgalln 1826, Nr. 57 LR 3943, 166 links; Abschrift Bl. 36 f.

[1480] Dannenberg, K.: Zur Geschichte und Statistik des Gymnasiums zu Mitau, Mitau 1875, 22 f. Unterlagen zu Uckermann im Archiv der DBGG enthalten nichts aus dieser Zeit.

[1481] Kallmeyer, Th., Otto, G.: Die evangelischen Kirchen und Prediger Kurlands, Riga 1910, 305. Conradi hatte am 28.5.1806 Carolina Friederica Frohbeen geheiratet (KB Mitau Trinitatis Stadtgemeinde Getraute 1806 Nr. 26).

[1482] Staatsarchiv Riga 630/1/99 Kurländische Seelenlisten, Billenhof 25.10.1826.

[1483] Golitsin, P.P.: Spisok dworjanskich rodow Nowgorodskoj gubernii, Nowgorod 1910, 191.

zu verdanken haben, [1484] doch dürfte er bald, wie seine Brüder, im nahegelegenen Pastorat Sallgalln unterrichtet worden sein, etwa ab 1834. Wohl nicht vor dem 11. Geburtstag, eher nach dem 12., wurde er dann Schüler am Gymnasium in Mitau, war dort während der Schulzeit bei Verwandten oder in Pension untergebracht und kam in der Ferienzeit zurück nach Grafenthal. Ein erhaltenes Verzeichnis der Mitauer Gymnasiasten nennt seinen Namen, enthält jedoch leider keine Jahresangaben. [1485]

Mit 18 Jahren mag für ihn der Schulbesuch geendet haben, 1845, so läßt sich erschließen, trat der neunzehnjährige Alexander ins Militär ein. Wie auch seine älteren Brüder Victor, Theodor und Otto Eugen diente er im Ulanen-Regiment: „Befördert wurden… zu Lieuts.: die Kornets… beim Ulanenreg. S.K.H.d. Großf. Thronf. Denffer…" [1486]

Ulanen waren mit langen Lanzen bewaffnete Reitersoldaten. Ihr Name kam aus dem Tatarischen, im Türkischen „oğlan - junger Mann", dem Sinn nach ähnlich dem deutschen Wort „Knappe", und ihre Art von Kriegseinsatz wurde mit der Aufnahme tatarischer Hilfstruppen in die europäischen Heere übernommen. Dabei weckten sie Erinnerungen an die alten Ritter, die, wenn auch mit schweren Rüstungen bedeckt, gleichfalls mit Lanzen auf Pferden daherkamen.

Die eindeutige Identifikation von Truppenbestandteilen des Kaiserlich-Russischen Militärs bedarf einiger Mühe, denn es gab immer wieder Umstrukturierungen und wiederholt Umbenennungen von Einheiten, wobei die Namen zudem nicht selten unvollständig angeführt sind. Hier ist die Rede von einer Kavallerietruppe, die 1803 ursprünglich als „Kurländisches Dragoner-Regiment" am Standort Wilkomir in Litauen aufgestellt worden war. Diese kleine Stadt heißt heute Ukmergė und liegt 150 Kilometer südlich von Grafenthal. Dreißig Jahre später erfolgte im Zuge der Kavallerie-Reform von 1833 die Eingliederung in die 1. Leichte Kavallerie-Division unter Nr. 2 und seit 1838 die Bezeichnung „Ulanskij ego imperatorskogo wesotschestwa naslednika tsesarewitscha polk" - „Ulanen-Regiment Seiner Kaiserlichen Hoheit des Thronfolgers Cäsarewitsch". In den 1840er Jahren war das Regiment in der weißrussischen

---

[1484] Staatsarchiv Riga. Kurländische Seelenlisten. Städte Nr. 24, Bauske, fol. 387 (Film Nr. A 108) (Grafenthal Volkszählung 1834).
[1485] Staatsarchiv Riga 5759/2/781 fol. 15 (Verzeichnis der Schüler des Gymnasiums Mitau, aus dem Kurländischen Provinzial Museum).
[1486] Das Inland 8.5.1850, 302.

Stadt Neswisch/Njaswisch, etwa 120 Kilometer südwestlich von Minsk, stationiert und 1849 nahm es am Ungarnfeldzug teil. Seit 1855 hieß es „Leib-Ulanskij ego welitschestwa polk" - „Leib-Ulanen Regiment Seiner Majestät". [1487]

Alexanders Offizierspatent ist erhalten geblieben. Herbert erwähnte es 1927 im Riga'schen Brief „Ferner existieren ein Offizierspatent von Alexander v. D. (Har. 56 XXXVIII falls ich nicht irre)". [1488] Später wurde es von Leonid aufbewahrt, an den es über Tante Tali gelangt war, und befindet sich nun im Staatsarchiv Bremen. [1489] Das Patent in russischer Sprache ernennt den Kornet „Alexandr fon-Denfer" zum Leutnant, ausgefertigt Sanktpeterburg 22. Novbr. 1850.

※

Agrarexperimente

Im April 1855 veröffentlichte die Zeitschrift „Das Inland" ein Gedicht mit der Überschrift „Dondangen, besungen im Jahre 1721 vom Pastor Bankau". [1490] Darin enthalten sind die Zeilen:

„Priester, so an diesem Strand Gottes Wort gelehret haben,
Sind durch eines Priesters-Hand dort in jenem Stein gegraben.
Huncke, Trabensae und Grote, Hartmann, Jansohn, Peterson,
welche mit dem Fischerbote aufgefischt die Ehren-Kron…" [1491]

Das gesamte Gedicht wurde auch separat als kleines Buch gedruckt. [1492] Man sollte annehmen, daß sich, wenn nicht alle Grafenthalschen, dann zumindest der ehemalige Dorpater Student der Geschichte August sich darüber gefreut haben, ihren Ahnherrn, den Pastor Georg Christoph Jansen, in diesem Gedicht genannt zu finden. Doch man kann bezweifeln, daß sie von „jenem Stein" überhaupt wußten. Nachdem Georg Christoph 1710 in Irben an der Pest gestorben und als sein Nachfolger Pastor Peterson berufen war, zog die Witwe mit ihren Kindern von dort weg, wohl nach Goldingen, denn dort hat sie nochmals geheiratet. Es gibt keine Anzeichen dafür, daß seither noch

---

[1487] https://antologifo.narod.ru/pages/list/histore/istKurUl.htm
[1488] Herbert v. Denffer, Rigascher Brief 18./19.10.1927 an Theo v. Denffer.
[1489] StAB 7.188 von Denffer, Familie.
[1490] Das Inland, 4.4.1855, 213-218; 11.4.1855, 232-238; 18.4.1855, 249-254.
[1491] Das Inland 18.4.1855, 249.
[1492] Bankau, Jacob Friedrich: Dondangen, Ritterschloss und Privatgut in Kurland, nebst einigen Anmerkungen und einem Anhange, Dorpat 1855.

eine Verbindung nach dem äußerst abgelegenen Irben am Strande bestand. So dürfte die bis zum Ende des 20. Jahrhundert fortwährende Unkenntnis der Familie über den sogenannten „Großen Peststein" mit der Inschrift und Namensnennung ihren Anfang genommen haben. Über die Wiederauffindung von „jenem Stein" im August 1996 habe ich bereits vor längerer Zeit berichtet. [1493]

Im Mai starb Carolines Schwester, die zuletzt wohl auch auf Grafenthal gelebt hatte: „1855 Neunten May 7 Uhr Morgens (begraben) dreizehnten May bei d. Mes. Kirche Charlotte von Denffer geb. Kummerau Wittwe des verstorbenen Majors Eugene (sic!) von Denffer (Geburtsort) Mitau (Alter) 64 Wittwe (Todesursache) Lungenschlag 27 Jahre i.d. Ehe 4 Kinder." [1494] Uns sind nur drei Kinder bekannt, die Tochter Cornelia 1822 geboren, der Sohn Felix 1824, gestorben 1825 und August der Dichter geboren 1827. [1495] Ihre Heirat wäre demnach 1828 gewesen, vermutlich aber wohl 1818.

Am 19. Juli ereignete sich in Grafenthal ein tragischer Unfall. Der 20jährige Jurris Pohrihten aus dem Grafenthalschen Gesinde Smilten, „fiel vom Dache und starb darauf". Er war in Grafenthal geboren, ledig, und wurde am 23. Juli auf dem Imbschen Friedhof begraben.[1496]

Theodor, mit Cornelia verheiratet, betreute weiterhin Grafenthal. Wie die Zeitschrift „Das Inland" berichtete, erwies er sich dabei als experimentierfreudiger und erfolgreicher Gutsherr:

„Die Kaiserl. freie ökonomische Gesellschaft in St. Petersburg bemüht sich schon seit einigen Jahren um die Anbauversuche verschiedener bei uns noch neuer wirthschaftlicher Pflanzen. Unter diesen ist im vorigen Jahre der Fünfzigtage-Mais den Landwirthen besonders willkommen gewesen, und haben namentlich Hr. Forstmeister v. Seidler … in Livland (57° 8' n. Br.) und Hr. Th. v. Denffer zu Grafenthal bei Bauske in Kurland (56° 29') völlig reife Mais-Kolben erzielt… Ferner ist in Grafenthal der Riesenkohl mit so ausgezeichnetem Erfolge gebaut worden, daß Hr. von Denffer im nächsten Sommer ihn, behufs der Schweinefütterung, im Felde zu ziehen beabsichtigt." [1497]

[1493] Denffer, A. v.: Der große Peststein zu Mazirbe in Kurland, in: Baltische Ahnen- und Stammtafeln 44 (Hamburg) 2002, 23-32.
[1494] KB Mesothen Gestorbene 1855, Nr. 123. „27 Jahre i.d. Ehe" wohl irrtümlich statt „37".
[1495] Denfer, H. v.: Grundstein zu einer Geschichte der Familie von Denffer, Batum 1906, 41.
[1496] KB Mesothen Gestorbene1855, Nr. 188.
[1497] Das Inland 25.4.1855, 274.

Theodor berichtete selbst ausführlicher über seine Agrarexperimente, und seine Bei-träge wurden in den „Mittheilungen der Kaiserlichen freien ökonomischen Gesell-schaft zu St. Petersburg" veröffentlicht: „Das Inhaltsverzeichnis des nun erschienenen 2. Heftes der Mittheilungen der Kaiserlichen freien öconomischen Gesellschaft zu St. Petersburg wird desmittelst zur Kenntnis derer, die sich für die Öconomie interessie-ren, gebracht:… //Die Mittheilungen der Kaiserlichen freien ökonomischen Gesell-schaft zu St. Petersburg enthalten in den drei ersten Heften Folgendes://… XVI. Re-sultate von Anbauversuchen einiger ausländischer Pflanzen… Th. Von Denffer…// Mittheilungen der Kaiserlichen freien öconomischen Gesellschaft zu St. Petersburg 1856, 2,… 12) Resultate von Anbauversuchen einiger fremden wirtschaftlichen Pflan-zen von der Drillsaat etc von Th. v. Denffer auf Grafenthal…" [1498]

„3. Von Herrn Theodor von Denffer in Grafenthal bei Bauske in Kurland. Der Hr. von Denffer hat der Redaction Folgendes mit getheilt: Der Funfzigtage - Mais kam sehr gut fort, ist aber trotz der so günstigen Witterung nicht in 50, sondern in 150 Tagen reif geworden. Die Aussaat wurde nämlich am 1. Mai gemacht und die Ernte fand Ende Septembers Statt. Ich habe circa 30 gut ausgebildete Kolben geerntet; das Vieh wollte aber das grüne Stroh (Gras) nicht fressen."

„Auch der Taback kam sehr gut fort, und ich habe bis 6 Fuß hohe Stauden gehabt; er wurde aber des frühen Nachtfrostes wegen nicht reif, demungeachtet ist der Taback davon besser, als der ordinaire russische."

„Der Sesam und die Kerbelrübe kamen gar nicht auf, und die im vorigen Jahre gesäete Sandluzerne stand sehr üppig, und erwies sich als ein Wiesenkraut, das hier an den versandeten Aa-Heuschlägen sehr viel wild wächst."

„Der Riesenschnittkohl wurde von Erdflöhen abgefressen, und der Roggen gedieh anfänglich gut, später aber, als er in Aehren schoß, zerbrachen die Halme, trotzdem, daß sie an Stöcke gebunden waren, fast alle; ich hatte ihn isolirt gesäet, damit er durch die Nähe einer andern Roggenart nicht ausartete."

„Von dem im vorigen Jahre erhaltenen Riesenkohl, welcher die Höhe von 9 Fuß erreichte, habe ich in diesem Jahre von 15 Pflanzen circa 10 Pfund Samen erhalten,

---

[1498] Ehstländische Gouvernements-Zeitung 2.5.1855; Kurländische Gouvernements-Zeitung 16.7.1855; Das Inland 28.5.1856, 360.

und will im nächsten Sommer einen Versuch mit dem Anbau des selben auf dem Felde anstellen. Als Schweinefutter sind die Blätter des Riesenkohls ausgezeichnet." [1499]

Allerdings blieb im Allgemeinen der Erfolg der Gutswirtschaft auch in diesem Jahr sowohl von den Witterungsbedingungen und den politischen Verhältnissen beeinträchtigt: „13. Oct. Bei uns, wie auch in anderen Gegenden, so viel man hört, war die Ernte nicht eben ergiebig, aber auch für das Wenige muß man Gott danken und preisen. Der Roggen-Ertrag war überall gering. Manche ernteten nur die Aussaat; die Kartoffeln waren klein, sehr klein, und dieselben krank; Weizen hatte von Rost gelitten und war schwarz; nur Sommergetreide, das auf den Halmen ein treffliches Aussehen hatte und in vollen Aehren wogte, gab einen mittelmäßigen Ertrag, obwohl wir mehr von demselben erwartet hatten; beim Dreschen war der Ertrag gering! Die Obstbäume in den Gärten waren von Früchten entblöst, - nur selten ein Apfel zu erblicken. - Alles Korn steht gut im Preise, aber es ist wenig zum Verkaufen. Mancher Pächter spricht kopfschüttelnd: „Dieses wird wohl ein schweres Jahr sein:" Aber sicher noch schwerer für Diejenigen, die sich durch Handarbeit nähren. Dennoch wird Gott für einen Jeglichen sorgen! Der die jungen Raben nähret und die Blumen auf dem Felde kleidet, der wird auch die Seinen nicht verlassen. Seine Hand ist reich und seine Macht groß! - Der September war bei uns trockener und angenehmer, als der August; erst der October brachte kühlere Witterung und Regen, - und noch am 6. d. M. blitzte es ohne Donner. Der Gesundheitszustand ist, Gott sei Dank, hier ein günstiger, nur vereinzelte Ruhrfälle kommen vor. Die Roggenfelder sind an manchen Stellen schön eingegraset; wolle Gott sie den Winter über schirmen und im Frühling frisch aufgrünen lassen! Mittelst Allerhöchsten Befehls vom 18. Oct. d. J. ist die Ausfuhr jeder Art Getreides über die ganze europäische Gränze des Kaiserreichs, so wie des Königreichs Polen verboten worden, mit Ausnahme jedoch von Weizen, dessen Ausfuhr durch alle Zollämter des Königreichs Polen erlaubt bleibt." [1500]

Der Krimkrieg wirkte sich nicht nur durch dieses Exportverbot bis nach Kurland hinaus. Im Laufe des Jahres 1855 erschienen verschiedene Berichte von feindlichen englischen Kriegsschiffen, die Kurlands Küsten und die Häfen von Riga, Windau und Libau blockierten. Handelsschiffe wurden vom Feind abgedrängt, kleinere Boote

---

[1499] Mittheilungen der Kaiserlichen freien ökonomischen Gesellschaft zu St. Petersburg 1855, 114-115.
[1500] Das Inland 7.11.1855, 719.

aufgebracht, und es kam zu gelegentlichen Schießereien. [1501] Im Landesinneren und insbesondere in Grafenthal blieb man Gott sei Dank von Kampfhandlungen verschont.

„Auctions-Anzeige. Am 28. October d. J. Vormittags 11 Uhr, wird im Hofe Grafenthal eine Auction von Meubles und einigen anderen Sachen, vor dem Amte des Mitauschen Herrn Instanz-Secretairs, stattfinden." [1502]

Möglicherweise betraf dies den Nachlaß der im Mai verstorbenen Charlotte, Carolines Schwester.

Meckel v. Hemsbach

Caroline, Augusts Ehefrau, hatte wohl schon 1854 ihren Aufenthaltsort in Deutschland nach Berlin verlegt und wohnte „Schiffbauerdamm 35" als „v. Denffer, vw. Geh. Räth.". [1503] Die Abkürzung „vw." verwirrt. Sie bedeutet wohl „verwitwet", doch ihr Ehegatte August lebte noch. Es fällt schwer anzunehmen, daß Caroline, und sei es auch nur der Einfachheit halber, als Witwe auftrat.

Den „Schiffbauerdamm" gibt es in Berlin bis heute. Es handelt sich um eine Uferstraße entlang der Spree, etwa einen Kilometer südlich des Charité-Geländes, dem bedeutendsten Berliner Klinikum. Von alter Bebauung ist nichts erhalten, die Gegend wurde im Krieg zerstört. Das Haus Nr. 35 lag wohl etwa schräg gegenüber dem Reichstagsgebäude, dem heutigen Sitz des Bundestags. Zunächst kam die Frage auf, was Caroline zum Umzug nach Berlin veranlaßte. Im Lauf der Recherche stellte sich heraus, daß es einen leicht nachvollziehbaren Grund dafür gab. Gleichfalls in Berlin wohnten zu dieser Zeit „Meckel v. Nemsbach (sic!) J. H. Dr. med., Privatdocent und Prosector, [1504] Unterbaum 7" und seine Mutter „v. Meckel, verw. Professor, Karlsstr. 1." [1505] Sie war Carolines Schwester Luise, und der Mediziner Meckel war deren Sohn, Carolines Neffe.

[1501] Das Inland 18.4.1855, 256; 8.8.1855, 507; 12.12.1855, 800.

[1502] Kurländische Gouvernements-Zeitung 15.10.1855, 870; 19.10.1855, 884.

[1503] Allgemeiner Wohnungs-Anzeiger für Berlin und Umgebung 1855, 88, 149. Nicht in 1854 und 1856.

[1504] Sezierer, Anatomiearzt. Er hieß „Hemsbach", nicht „Nemsbach".

[1505] Allgemeiner Wohnungs-Anzeiger für Berlin und Umgebung 1855, 70, 169, 338. Im folgenden Jahr ist sie mit ihrem Geburtsnamen verzeichnet: „v. Hemsbach, Meckel-L., geb. Schmelzer, Professor-Ww., Karlsstr. 1." (Allgemeiner Wohnungs-Anzeiger für Berlin und Umgebung 1856, 153).

Im Juni 1855 wurden in Berlin getraut: „1855, Johann Heinrich Meckel von Hemsbach, Doctor der Medicin Pro Sector an der Königl. Charité und Privatdocent an der hiesigen Universität luth. Ev. Conf. (Vater) August Albrecht Meckel Professor der Medicin in Halle (Alter des Bräutigams) 34 J 8/6 21 in Halle geboren (Elterliche Einwilligung) die Mutter mündlich (schon verehelicht gewesen) nein Theophile von Denffer (Vater) August Julius von Denffer Kaiserl. Russischer Geheime-Rath und Senator in St. Petersburg (Alter der Braut) 30 J. 3/10 29 in Moskau geboren (Elterliche Einwilligung) der Vater unter dem 21sten Mai 1855 schriftlich (schon verehelicht gewesen) nein (Tag der Copulation) Achten 8 Juni 1859 (Prediger) Tippelskirch." [1506]

Die „Predigt zur Einsegnung der Ehe von Theophile von Denffer und Johann Heinrich Meckel von Hemsbach am 8. Juni 1855 gehalten in der Charité-Kirche von Prediger v. Tippelskirch" ist als achtseitiger Privatdruck erhalten, ebenso ein Siegelabdruck Meckel von Hemsbach. [1507]

August Albrecht Meckel, der schon verstorbene Vater des Bräutigams der Theophile, war verheiratet mit Carolines jüngerer Schwester Luise Johanna Wilhelmine Schmelzer,[1508] (1795-1873). Theophile heiratete also ihren Vetter, eine Verwandtschaftsbeziehung, die im Grundstein nicht bekannt ist.

Zu Meckel von Hemsbach gibt es eine Fülle von Literatur, meist aus dem Gebiet der Medizin und Medizingeschichte. Einen Überblick zur Familie bietet der Beitrag „Die Anatomen Meckel. Zur Genealogie einer halleschen Ärztefamilie", in dem auch die Ehe mit Theophile aufgeführt ist. [1509]

Über den Bräutigam ist zu erfahren: „Heinrich Meckel war der Sohn von Albrecht Meckel und 1821 geboren. [1510] Beim Tode des Vaters erst 8 Jahre alt, kehrte er mit seiner Mutter und zwei Brüdern von Bern nach Halle zurück, besuchte das dortige

---

[1506] KB Berlin Charité-Kirche 1855 Getraute 1855, Nr. 2 (fol. 19).

[1507] Berlin. Druck von Gustav Schade. (o.J.), Nachlaß Dietrich v. Denffer.

[1508] Sorger, H.K.: Genealogie Johann Beckmann 92, 95 in: Forum Ware 11 (1983), 89-97; Moeller, H.: Friedrich August Schmelzer. Professor der Rechte in Helmstedt von 1791 bis 1810. Im Schatten Haeberlins, (masch.schr., unveröffentlicht) Braunschweig 1986, 65. (Von Martin Moeller, Sohn des Verfassers, 2013 freundlicherweise überlassen).

[1509] Viebig, M., Schultka, R., Halle 1998 (Zeitschrift für Heimatforschung. Beiheft 5), 18, 30. Ergänzte Fassung 553, in: Annals of Anatomie (2002) 184: 551-554. S.a.: Die Hallesche Anatomie und ihre Sammlungen, 80.

[1510] * Bern 8.6.1821.

Pädagogium und bezog im Jahre 1841 die Universität. Wenn ihn schon während seiner Studienjahre vorzugsweise die anatomischen Wissenschaften anzogen, so folgte er damals vielleicht noch unbewußt dem Stern seiner Vorfahren, den er später hell vor sich leuchten sah, als er nach erlangter venia docendi [1511] an der Halleschen Universität im Jahre 1847 sich ausschließlich der Anatomie widmen konnte. Gleich die ersten wissenschaftlichen Arbeiten erregten die Aufmerksamkeit der Fachgenossen in hohem Grade und rechtfertigten die Erwartung, daß er ein ebenbürtiges Glied der ausgezeichneten Familie sei. Seinen Vorfahren an begeisterter Liebe für die Wissenschaft gleich, an Eigenschaften des Herzens, und des Gemüths vielleicht überlegen, stand er ihnen an geistiger Begabung und einem Reichthum früh erworbener Kenntnisse nicht nach, wohl aber an Glück.

Schon als Jüngling sah er sich bedroht durch die Krankheit, die seine Brüder an Körper und Seele ergriff und früh dahin raffte. Daß er selbst dieser Gefahr entging, verdankte er nicht einer ängstlichen Aufmerksamkeit auf sich selbst und sein körperliches Wohl, sondern gerade dem rückhaltlosen Sichhingeben an seinen Beruf, aus dem er immer so viel geistige Anregung und Schwungkraft wieder gewann, daß die körperliche Gebrechlichkeit oft für lange Zeit überwunden schien. Leider waren die äußeren Verhältnisse zunächst wenig geeignet, ihm Ruhe und Befriedigung zu gewähren, Der Wunsch, in Halle an der Schöpfung seiner Väter einen selbstständig fördernden Antheil nehmen zu können, erfüllte sich nicht. Auch andere Hoffnungen schlugen fehl, und indem er die Ursache in sich suchte, entschied er sich schnell zu einem längeren Aufenthalte in Wien, theils um durch Benutzung der dortigen Institute seinen Gesichtskreis noch zu erweitern, theils um Kraft und Sammlung zu neuen Arbeiten zu gewinnen. Hier war es auch, wo ihn der Zufall in Beziehungen zu der Familie des Dichters Lenau treten ließ und ihm Gelegenheit gab, durch die Section Licht über die räthselhafte Gehirnkrankheit zu verbreiten, welche jenen einst so edlen Geist seit einer Reihe von Jahren unheilbar gelähmt hatte. Ganz befriedigend wurde seine äußere Stellung erst, als er im Jahre 1852 für das Lehrfach der pathologischen Anatomie nach Berlin berufen und ihm die wichtige Prosektur an der Charité übertragen wurde. Was er hier in nicht zu beirrender Pflichttreue durch mündliche und schriftliche Belehrung den Studirenden und seinen älteren Fachgenossen gewesen, ist in weiten Kreisen anerkannt. Leider sollte diese Wirksamkeit eine nur kurze sein. Das seit langer Zeit an

---

[1511] Lehrbefähigung.

seinem Körper nagende Brustübel entwickelte sich unter den Anstrengungen seines Berufs schneller, so daß er während des Winters 1854-55 in südlichem Klima Hülfe suchen mußte.

Lebhaft angeregt durch die Eindrücke, welche Aegypten, wohin er sich begeben, in ihm hervorgerufen hatte, glaubte er sich geheilt und überließ sich nach seiner Rückkehr mit allem Eifer der Arbeit, die ihm eine Lust war, aber seine Kräfte überwog. Nach schweren Leiden starb er, kurz zuvor noch zum Professor ernannt, am 30. Januar. Auf dem alten Kirchhofe der Dorotheenstadt ist er an der Seite seines Urgroßvaters bestattet, dessen Gruft er in frommem Andenken hatte herstellen lassen. Erst seit dem verwichenen Sommer war er mit Theophile, der Tochter des Russischen Wirklichen Geheimrath und General von Denffer verbunden, die wenige Wochen nach seinem Tode eines Knaben genas. Möchte er gedeihen und in ihm der Geist seiner Väter neu erstanden sein, der mit Heinrich Meckel's letztem Athemzuge erloschen schien." [1512]

Von Heinrichs Ägyptenaufenthalt berichtet ein 21 Seiten langer Brief aus dem „Hôtel d'Orient in Cairo den 12. Nov. 1854 (19. Tag der Reise)", auf dem Briefbogen eine Abbildung der Stadt am Nil im Druck, beigelegt getrocknete Blumenblüten sowie ein weiteres Bild, etwa postkartengroß, das eine wundersame Straßenszene zeigt: Ein mit Federbüschen und Flügeln geschmückter Esel trägt eine verschleierte Frau, dahinter ein Mann mit Turban vor einem Kamel, in dessen hoher Sänfte zwei Menschen sitzen, und in der linken oberen schwebt, hinzugeklebt, ein kleiner Amor mit Bogen und Pfeil. Der Brieftext beginnt „Angelangt bin ich nun am Bestimmungs-Ort (meine einzige geliebte Theophile -) Russisch lernt ich in Egypten Duscha moja meine Seele lublju tebja ich liebe dich..." Der Schlußsatz lautet: „Einen innigen Gruß an Sie, mein Glück u. Lebensfreude, einen Kuß auf Hand u. Stirn u. Mund. Lebewohl. Ihr Heinrich Meckel." Ein Briefumschlag ist adressiert „A Mademoiselle Théophile de Denffer Berlin (Schiffbauerdamm 35.)". Dazu kommen noch ein Briefumschlag gestempelt „Alexandrien 8/1" an „Frau Professorin v. Meckel Berlin (Karlsstr.1.)", eine 5x5cm kleine Farbzeichnung eines orientalischen Reiters auf einem Esel, den jemand am Schwanz zieht, und ein kleinerer Umschlag „An Fräulein Theophile v. Denffer

---

[1512] Baerensprung, v.: Zur Erinnerung an Dr. Heinrich Meckel von Hemsbach, 50 f., in: Annalen des Charité-Krankenhauses VII (1), 48-59, Berlin 1856. Dem folgen noch Hinweise zu Meckels medizinischen Veröffentlichungen.

Excellz., St. Petersburg (Mouchavoi)" und Stempel „Halle8/6", auf der Rückseite als Absender „Denfera…" in russischer Schrift.[1513] Wie diese weiteren Stücke zuzuordnen sind, ist nicht erkennbar.

Kaum mehr als ein halbes Jahr nach der Hochzeit starb Johann Heinrich Meckel von Hemsbach am 30. Jan. 1856 in Berlin. „Todesfälle. Preussen. Berlin. Mit tiefer Betrübnis zeigen wir den Tod unseres tüchtigen pathologischen Anatomen an der Charité Dr. Meckel von Hemsbach an, der eben erst zum ausserordentlichen Professor ernannt war." [1514] „Meckel von Hemsbach Johann Heinrich Ehemann der Frau Theophile von Denffer Professor Dr. med. 34 (Jahre) 6 (Monate alt) (hinterlassen) Die Wittwe und die Mutter (Gestorben 1856) 30 dreißig Januar 12 ½ Eins fünf (Todesursache) Auszehrung (Begräbnis) d 2ten Februar Gewölbe unter der Kirche ist vor der Gedenktafel beerdigt." [1515]

Nicht einmal drei Wochen später brachte Theophile ihr Kind zur Welt: „Heinrich Adolph Siebzehnten 17 Februar Nachm. 5 ¼ U. ehelich (Eltern) Johann Heinrich Meckel von Hemsbach Doctor der Medicin, Prosector bei der Königl. Charité und Professor an der hiesigen Universität Theophile geb. von Denffer verwittwete Meckel von Hemsbach Louisenstr. Nro 67 (Geburtsort der Mutter) Moskau (Tauftag) 5ten April (getauft von) Tippelskirch (Paten) Herr Doctor Heinrich Lähr Wirkl. Geh. Rath August von Denffer   Dr. von Bärensprung   Charité-Prediger Friedrich von Tippelskirch Frau Wirkl Geh Räthin Karoline von Denffer geb. Schmelzer Frau Professor Louisa Meckel von Hemsbach geb. Schmelzer Frau Geh. Räthin Friedrike Meckel von Hemsbach geb. von Kleist Fräulein Anna von Denffer." [1516]

Über die Anwesenheit des Großvaters August gibt es keine Nachricht. Lähr ist vermutlich der in Berlin tätige Arzt und Psychiater Heinrich Laehr, Bärensprung war wie Hemsbach Mediziner an der Charité, zuvor in Halle. Tippelskirch, Seelsorger an der Charité, hatte die Eltern des Kindes getraut. Friederike geb. von Kleist war die Witwe des Anatomen Johann Friedrich Meckel (1781-1833), er Onkel und sie Tante des verstorbenen Kindesvaters, Karoline und Anna sind die Großmutter und Tante des Täuflings.

[1513] Nachlaß Dietrich v. Denffer.
[1514] Deutsche Klinik, 2.2.1856, 60; 29.1.1856 an „Leiden der Phthise" (Deutsche Klinik 9.5.1856, 181); 20.1.1856 (Königlich Preußischer Staats-Anzeiger 18.10.1856, 1994).
[1515] KB Berlin Dorotheenstadt Begräbnisse 1856, 37 (Nr. 000.m. nach Nr. 21).
[1516] KB Berlin Charité Geborene und Getaufte 1856, 29 (Nr. 200).

Aus dem vaterlos aufgewachsenen Sohn wurde später der Orientmaler Adolf v. Meckel. Obwohl erfolgreich und anerkannt, war auch er nicht glücklich. Er nahm sich 1893 das Leben. [1517] Im „Grundstein" war das traurige Schicksal von Theophile und ihrem Sohn offenbar nicht erwähnenswert. Es heißt dort von ihr nur „* 5/17. Oktober 1824 zu Moskau, † am 27. Okt./9. Nov. 1902 zu Gries bei Bozen in Tyrol, daselbst auf dem evangelischen Friedhof beerdigt. Sie war verehelicht mit dem Professor der Anatomie, Dr. Johann Heinrich Meckel von Hemsbach, der geboren 1821. Als Witwe lebte sie 1893 in Salò am Gardasee (Italien). Aus ihrer Ehe hatte sie einen Sohn Adolf v. Meckel, Orientmaler, * 1859, † 1893." [1518] Dessen Geburtsjahr ist falsch, Adolf kam 1856 zur Welt. „Adolf v. Meckel Geboren zu Berlin am 17. Febr. 1856. Seine früheste Jugend verbrachte er in Russland…" [1519] Daraus ist zu schließen, daß Theophile zunächst nach Petersburg zurückging. Später kam sie erneut nach Deutschland. Eine Akte über Aushändigung des Reisepasses der Tochter des Senator-Geheimrates Theophile Denfer [1520] läßt auf ihren weiteren Auslandsaufenthalt schließen, doch ist das Datum nicht erkennbar.

Medizinische Geräte und eine umfassende Büchersammlung Meckels hatte Theophile nach seinem Tod verkauft. [1521] Offenbar legte sie aber, auch im Hinblick auf ihren Sohn, Wert auf die Adelszugehörigkeit ihres verstorbenen Ehegatten „Heinrich M. von Hemsbach… Die Wittwe von diesem M. ließ den Adel renoviren." [1522]

[1517] Boetticher, F. v.: Malerwerke des Neunzehnten Jahrhunderts II/1, Dresden 1891-1901, 2 ff., Gellhorn, O.v.: Die berühmte hallische Anatomenfamilie Meckel von Hemsbach 213, in: Ekkekard. Mitteilungsblatt deutscher genealogischer Abende 8/9, Halle 1932/33, 212-13,233-34; Rhein, K.: Deutsche Orientmalerei in der zweiten Hälfte des 19. Jahrhunderts, Berlin 2003, 69 et infra, 229.

[1518] Denfer, H. v.: Grundstein zu einer Geschichte der Familie von Denffer, Batum 1906, 59.

[1519] Boetticher 2; Theilmann, R., Amman, E.: Die deutschen Zeichnungen des 19. Jahrhunderts. Text, Karlsruhe 1978, 403; KB Berlin Charité Geborene und Getaufte 1856, 29 (Nr. 200).

[1520] RGIA 1286/15//331.

[1521] Deutsche Klinik, 5.4.1856, 154; Allgemeine Zeitung (Augsburg) 26.10.1856, 4814.

[1522] Allgemeine Deutsche Biographie 21, Leipzig 1885, 162.

Für Russland gestorben

Im Osten Anatoliens, 3000 Kilometer südlich von Petersburg und 1500 Kilometer östlich von Istanbul liegt die im Laufe der Geschichte immer wieder umkämpfte Stadt Kars. Die im Juni 1855 begonnene russische Belagerung der osmanischen Festung war die letzte größere Militäroperation während des Krimkriegs. Erst zu Beginn des einsetzenden Winters ergaben sich am 28. Nov. 1855 die Osmanen den Russen. Ein britischer Arzt schilderte die Ereignisse aus der Sicht der osmanischen Verteidiger von Kars, die im Übrigen von dem britischen General Williams befehligt und durch weitere Briten unterstützt wurden:

„Am 29. September. [1523] Gegen vier Uhr Morgens hörte eine der vorgeschobenen Schildwachen auf Tahmasp in der Ferne ein verdächtiges, dem Rumpeln von Rädern und dem abgemessenen Schritte der Infanterie ähnliches Geräusch... die Leute waren bestimmt in ihren Aussagen und ihrer Sache gewiß. Nun wurden sofort alle Truppen unter die Waffen gerufen und standen geduldig lauschend und in das düstere Thal vor sich hinunterschauend... So war eine Stunde verstrichen, als die Töne, welche zuerst die Aufmerksamkeit erregten, wieder gehört werden; sie sind untrüglich... Rasseln von Geschützrädern, während man den abgemessenen Schritt der Infanterie näher und näher das Thal heraufkommen hört. Wiederum ist Alles still, aber die Achtlosigkeit des ermüdeten und schläfrigen Soldaten hat der gespanntesten Wachsamkeit Platz gemacht; die Scharfschützen... werfen einen Blick auf ihre Zündhütchen, knöpfen ihre Patronentaschen auf und betasten den Drücker. Die Artilleristen erhalten flüsternd das Commandowort Peschref (Kartätschen) und jede Kanone wird mit diesem tödtlichen Wurfgeschoß geladen. Die vorgeschobenen Scharfschützenposten kriechen mit den bedeutungsvollen Worten »Ghiaur gueliur« (die Ungläubigen kommen), in die Linien zurück. Inzwischen sucht jedes Auge die Dunkelheit zu durchdringen und Warnungsboten fliegen nach den anderen Theilen des Lagers. Ein scharfsehender Soldat zeigt jetzt auf eine dunkle, in der Finsterniß nur wenig sichtbare Masse im Thale - sie bewegt sich - es ist eine Infanteriecolonne, eine Kanone wird dorthin gerichtet, die Lunte sinkt und ein pfeifender Kartätschenhagel saust in den Knäuel; ein unheimlicher Todesschrei zermalmter Menschen folgt dem Donner des Geschützes; aber plötzlich wird Beides übertönt von einem lauten Hurrah, das von allen Seiten her erschallt und bald ist die ganze Linie der Brustwehren in der Fronte und auf der Flanke im Sturme

---

[1523] 17. September des russischen Kalenders „alten Stils".

angegriffen… Und nun beginnt der Kampf. Alle Ueberraschung ist vorüber; die Russen rücken in geschlossener Colonne auf die Brustwehren und Redouten vor, während einige auf einer gegenüber liegenden beherrschenden Höhe gut aufgestellte russische Batterien Kugeln, Granaten und Kartätschen in die Verschanzungen schleudern. Fest avancirt jede Colonne, Kartätschen, Vollkugeln und Musketensalven krachen ihnen entgegen, sie stürmen dennoch vor; ihre Offiziere greifen mit wunderbarer Selbstaufopferung an der Spitze an und springen einzeln in die Redouten, nur um, von Bajonetten durchbohrt, zusammenzusinken. Ihre Colonnen, zersprengt und zerrissen, weichen zurück, um sich wieder zu formiren…

Unterdessen erhebt sich die Sonne und zeigt uns jede Stellung des Feindes. Eine schwefelgelbe Rauchwolke umhüllt die Scenen des wildesten Kampfes, während Reserven in furchtbarer Zahl die fernen Anhöhen besetzt halten. Frische Colonnen des Feindes stürmen wieder und wieder gegen die Frontlinien der Bollwerke und Batterien an, von denen sie vorher zurückgetrieben wurden; sie werden mit, einem todtbringenden zermalmenden Feuer empfangen und so wüthet die Schlacht fort. Aber dies ist nicht die einzige Stelle des Kampfes. Die Linie der Brustwehren und Forts, welche die Höhen im Norden der Stadt beschützen, werden gleichzeitig durch überwältigende Streitmassen angegriffen und da sie nur schwach… vertheidigt sind, durch russische Truppen genommen und besetzt…

Unterdessen wüthete der Kampf auf dem ursprünglichen Angriffspunkte; das Knattern des Gewehrfeuers hörte nicht auf und die Batterien rasteten nicht einen Augenblick. Einmal, aber auch nur das eine Mal, bemerkte man eine kleine Bewegung zum Weichen, aber sogleich verwandelten frische, von General Williams zur Stelle gesandte Verstärkungen die Rückwärtsbewegung in eine Bewegung nach vorwärts. Das laute Hurrah der russischen Schaaren mischte sich mit dem gellenden Rufe der Türken, welche wie Tiger kämpften und wiederholt zum Bajonette griffen. Weißbeturbante Bürger sah man auf das Schlachtfeld eilen und mit ihren krummen Säbeln fechten, athletische, wilde Lazistaner [1524] Bergbewohner schlugen mit den Büchsenkolben drein oder schleuderten Steine auf den andrängenden Feind, während dieser, immer gehorsam den Befehlen einer strengen Disciplin, wieder und wieder vorrückte auf die todtspendenden Batterien und vor den Mündungen unserer Kanonen förmlich hinweggemäht wurde…. Inzwischen blieb jeder Sturm gegen die Schlüssel unserer Position

---

[1524] Lasistan, Gegend an der südöstlichen Schwarzmeerküste.

durchaus resultatlos… Die Schlacht wüthete sieben und eine halbe Stunde hindurch, besonders am Tahmasp-Fort, um dessen Position die ganze Zeit über heiß gekämpft und das durch den Feind stets von neuem angegriffen wurde.

Gegen Mittag sah man die russischen Colonnen die Höhen hinuntereilen, indem Cavallerie und Artillerie ihren Rückzug deckte. Eine verworrene Masse von Bürgern zu Pferde und zu Fuß folgte ihnen mit äußerster Verwegenheit, indem sie zwischen die Reihen feuerten… Ich ritt bald nach der Schlacht um die Batterien, und selten wohl erlebte der älteste Krieger einen schrecklicheren Anblick. Da lagen buchstäblich Haufen von Todten, durch marodirende Soldaten bereits ihrer Kleider beraubt, in allen Stellungen umher; während das Gewimmer von Leuten mit zerschmetterten Gliedern von Zeit zu Zeit von diesen Stätten menschlichen Jammers zu uns drang. Man sah hier alle Arten schauerlicher Wunden, tiefe und breite Säbelhiebe, denen das Leben des Mannes in blutigen Strömen entquoll, durch Vollkugeln abgeschlagene Arme und Beine, Körper von Menschen und Pferden durch Kartätschen zerrissen und zerfetzt. Ich trieb unsere Leute an, die Verwundeten fortzutragen; aber diese Arbeit ging nur langsam von statten - denn die Entfernung bis zur Stadt betrug beinahe drei Meilen, alle oder doch fast alle unsere Pferde waren todt und unser Ambulance-Corps war somit nutzlos geworden. Plötzlich spielt eine Musikbande auf, es ist die des Scharf-schützencorps, und ihre Weise ist eine wilde Zebek-Melodie. [1525] Auf einmal springen etwa ein Dutzend dieser Bergbewohner aus ihrer ruhenden Stellung vom Boden auf, reichen sich die Hände und tanzen bachantisch mitten zwischen den Todten, Sterben-den und Verwundeten umher.

Nach einem Tage harten Kampfes, glorreichen Triumphs und seelenmarternder Ar-beit senkt sich die Nacht auf uns hernieder, lange bevor wir die russischen Gefallenen vom Schlachtfelde entfernt haben. Gott helfe ihnen! Nachdem sie nackt mit zer-schmetterten Gliedern und brennendem Durste unter einer glühenden Sonne dagele-gen haben, sind sie jetzt einer frostigen Nacht ausgesetzt. Ich glaube wahrlich, die Empfindungen des menschlichen Körpers stumpfen nach einer Weile so ab, daß der-selbe nicht länger mehr für Leiden empfänglich ist." [1526]

Bei dieser Schlacht um Kars am 17. September 1855 waren Truppen des Georgi-schen und Eriwanschen Regiments gegen eine osmanische Artilleriestellung

---

[1525] Zeybek war ein Volkstanz von als Räuberbanden geltenden Bergbewohnern in Anatolien.
[1526] Sandwith, H.: Geschichte der Belagerung von Kars, Braunschweig 1856, 271-277.

eingesetzt. Ihr Angriff galt der Festungsschanze „Tomas-Tabija", [1527] die etwa fünf Kilometer westlich der Stadt und etwa drei Kilometer nördlich des Flusses Kars Çayı lag.

„Es war bereits völlig hell, und nachdem Williams den Verlauf der Dinge auf dem Schlachtfeld überprüft hatte, schickte er seine Reserven auf die Schorach-Höhen gegen die Truppen von Maydel. Maydel, an der Hand verwundet, stürmte mit seinen tapferen und gequälten Überresten immer noch zur Schanze von Thomas-Tabia, doch bald nahm ihm die zweite Wunde (eine Kugel in der Brust) die Möglichkeit zum Handeln... Der verzweifeltste und entscheidendste Moment der Schlacht kam - Prinz Tarchan-Mourawow II. wandte sich an seine Grenadiere und alten Eriwan-Kollegen, erinnerte sie an ihren früheren Ruhm und stürmte mit mehreren hundert Mann... zur Redoute... mit den Bannern... der Georgier und... Eriwaner. Die von seinem Mut beseelten Soldaten stürmten, jede Gefahr ignorierend, unter Kartätschensalven auf die Batterie zu. Eine Handvoll, mit dem Blut ihrer Kameraden bespritzt und durch ein Wunder gerettet, erreichte den Fuß der Schanze, kletterte auf eine hohe Brüstung, schon sprangen mehrere Leute darauf, andere stürmten in den Ausgang der Schanze, und Leutnant Denfort begann die Artilleristen niederzuschlagen, aber die Menge der Osmanen spießte ihn und andere auf Bajonette und warf sie in den Graben... Überall floss Blut... Die Schlacht an diesem Ort war schrecklich - eine Handvoll unserer tapferen Leute, die die Schlacht überlebt hatten, zeigten verzweifelten Erfolg bei der Eroberung der Redoute, Wolken aus Blei und Eisen machten diese Bemühungen unmöglich: Man kann wahrscheinlich sagen, dass die blutige Geschichte des Kaukasus in seinen Chroniken kein weiteres Massaker dieser Art aufweist - der gesamte Raum von der Brüstung, die wir besetzten, bis zur Tomastabij-Batterie war mit Blut bedeckt und mit Toten und Schwerverletzten übersät." [1528]

„Beim Sturm auf die Festung Kars, 17. September", den die osmanischen Verteidiger erfolgreich abwiesen, haben auf russischer Seite 2278 Soldaten und 77 Offiziere

---

[1527] Auch Tahmas, Thamas, Thomas. Das türkische Wort tabia bedeutet Schanze.
[1528] Schabanow, Stabs-Kapitan: Istorija Leib-Grenaderskago Eriwanskago Ego Welitschestwa Aleksandra Nikolaewitscha Polka, Tiflis 1871, III, 74 f.

ihr Leben gelassen, vier davon aus dem „Eriwanschen Karabinier-Regiment: Kapitan Soklowskij, Leutnants Ber und Denfer, Seconde-Leutnant Sabanelow." [1529]

In der Petersburger Kirche des Kaiserlichen Pagencorps, das Nikolai absolviert hatte, wurde ein Verzeichnis der Familiennamen einstiger Pagen auf Marmortafeln angebracht, darin „Auf schwarzer Marmortafel… Denfer". [1530] An seinen Tod in Kars erinnern die Standardwerke über das Pagencorps: „1844 „Denfer, (Abschluß ?) Mit Rang Leutnant Eriwan'sches Leib-Grenadier-Regiment Seiner Majestät - getötet beim Sturm der Befestigung von Kars 17. September 1855." [1531] 1855 „63. Nikolaj Awgustowitsch Denfer. Abschluß 1846 als Junker im Karabinier-Regiment Feldmarschall Fürst Barclay de-Tolly. Leutnant des Eriwanschen Leib-Grenadier Regiments Seiner Majestät. Getötet am 17. September beim Sturm auf die Festung Kars." [1532]

※

Denkmal in Kars

Kars, einst Hauptstadt eines armenischen Königreichs, von 1878 bis 1917 der russische Region Kars, ist heute die Hauptstadt der türkischen Provinz Kars. In den russisch-osmanischen Kriegen des 19. Jahrhunderts gab es viermal Kämpfe um die Festung, die dreimal von den Russen eingenommen wurde.

„Zum Gedenken an diese glorreichen Siege der russischen Waffen wurde beschlossen, in der Stadt ein majestätisches Denkmal zu errichten… Am 6. November 1910 fand die feierliche Einweihung des majestätischen 13 Meter hohen Denkmals statt. Es war ein Felsen, auf dessen Spitze ein russischer Soldat ein Banner hisste. Am Fuße der Klippe wehte ein Doppeladler mit der heruntergekommenen türkischen Flagge. Der Felsen stand auf einem grauen Granitsockel, an dessen Ecken vier Kanonenrohre

---

[1529] Gisetti, A.L.: Sbornik swedenij o poterjach Kawkasnich wojnsk… 1801-1885, Tiflis 1901, 157; Westi is kolonij (po stranitsam starich gaset) Marjanowka 04 apr 2012 (http://www.forum.wolgadeutsche.net).

[1530] Frejman, O.R. von: Paschi za 183 goda (1711-1894), Fridrichsgamn 1894, 877 ff., 880.

[1531] Frejman, 866, 880; Russisches Biographisches Archiv (Microfiche), München, Mikrofiche Nr. 154, Feld Nr. 340. Hierauf verweist Frey, A.: Russischer Biographischer Index, München 2002, Bd. 1, 223; Bd. 4, 1341; http://www.regiment.ru/bio/D/59.htm; https://kdkv.narod.ru/Pazh/Pazh.htm

[1532] Lewschin, D.M.: Pascheskij Ego Imp. Welitschestwa Korpus za sto let, St. Petersburg 1902, II, 390.

lehnten. Auf der Vorderseite … war eine Inschrift angebracht: „An die russischen Soldaten, die während der Angriffe auf die Festung Kars in den Jahren 1828, 1855 und 1877 tapfer gefallen sind." … Auf den anderen drei Seiten des Sockels befanden sich ovale Flachreliefs aus Bronze… Unter jedem Flachrelief befand sich eine Bronzetafel mit einer detaillierten Auflistung der Militäreinheiten, Trophäen und Verluste bei jedem Angriff. Rund um das Denkmal wurden mehrere Gruppen erbeuteter türkischer Kanonen aufgestellt, die durch eine Doppelkette verbunden waren. Die Eckgruppen wurden mit Doppeladlern gekrönt. Und dann begann in Russland ein Bürgerkrieg, und im Frühjahr 1918 verließen russische Truppen Kars. Das Denkmal wurde sofort zerstört…" [1533]

Kars kam vorübergehend an Armenien und seit 1920 an die Türkei. Neunzig Jahre später veröffentlichte das Präsidialamt Armeniens die nachstehende Pressemitteilung:

„20.08.2010 Die Präsidenten Sargsyan und Medwedew nahmen in Gjumri an der Eröffnungszeremonie des Denkmals teil, das der armenisch-russischen Freundschaft gewidmet ist.

Heute nahmen der Präsident der Republik Armenien, Sersch Sargsjan, und der Präsident der Russischen Föderation, Dmitri Medwedew, in Gjumri an der Eröffnungszeremonie des Ehrenhügels teil, der der armenisch-russischen Freundschaft gewidmet ist. In seinen Ausführungen betonte der armenische Präsident, dass die Unterstützung der russischen Truppen eine historische Bedeutung für das armenische Volk habe, und wies darauf hin, dass im russisch-türkischen Krieg hier die brutalsten Schlachten der Kaukasusfront ausgetragen wurden und viele russische Soldaten und Offiziere ihre letzte Ruhestätte auf dem Ehrenhügel gefunden hatten. Laut Präsident Sargsyan ist die Wiederherstellung des Ehrenhügels ein weiteres Symbol der armenisch-russischen Freundschaft. „In der Tat haben diejenigen, die die Vergangenheit vergessen, keine Zukunft. Hier, auf dem Ehrenhügel, wurde das Denkmal der russischen Offiziere restauriert - das Denkmal, das 1919 in Kars gesprengt wurde - der Stadt, die nach tragischen historischen Entwicklungen auf die andere Seite der Grenze gelangt war. Wir achten unsere Geschichte und die Erinnerung an die gefallenen Truppen, die ihre Ruhestätte auf armenischem Boden gefunden haben. In Anerkennung unserer Helden müssen wir unsere junge Generation dazu anhalten, in Frieden zu leben und sich

---

[1533] https://miaban.ru/info/turkey/kars-1/

kreativ zu engagieren. Seid der Erinnerung an die Märtyrer würdig", sagte Präsident Sargsyan. Auch der Präsident der Russischen Föderation Dmitri Medwedew sprach bei der Enthüllung des Ehrenhügel-Denkmals. Die Präsidenten Armeniens und Russlands legten am Denkmal der gefallenen russischen Offiziere einen Kranz nieder, pflanzten auf dem Gelände des Denkmals eine Weißtanne und besuchten die dort befindliche Russische Kapelle…

Hinweis: Der Ehrenhügel beherbergt die sterblichen Überreste der im Russisch-Türkischen Krieg von 1855 gefallenen russischen Truppen. Mehrere Jahrzehnte lang wurde die Gedenkstätte weitgehend vernachlässigt, bis 2009 durch die gemeinsamen Bemühungen der Verwaltungen der armenischen Region Schirak, der Region Uljanowsk der Russischen Föderation und der armenisch-russischen Organisation „Ehrenaufgabe" das Gebiet wieder aufgebaut und verschönert und das der Erinnerung an die russischen Offiziere gewidmete Denkmal errichtet wurde." [1534] Am 24. April 2017 wurde von „Nekropol Rossii" ein Artikel über den Ehrenhügel mit einer Namenliste der Toten veröffentlicht, darunter „Denfer porutschik" [1535] (Leutnant).

Nach Armenien, in die dortige Stadt Gjumri, bin ich nie gekommen, auch nicht nach Kars, obwohl ich öfter in der Türkei war. Auf Karten und Luftaufnahmen sind die westlich der Stadt gelegenen vierzackigen Redouten noch zu erkennen. Immerhin aber habe ich erfahren, daß es, 3000 Kilometer entfernt von Petersburg, schon früher einmal ein Denkmal gab, das auch an die Toten von 1855 erinnerte, und daß nun erneut, obwohl an anderem Ort, ein solches Denkmal steht. Mir ist bewußt, daß Errichten, Zerstören und Wiedererrichten von Denkmälern sich darauf auswirken und offensichtlich darauf auswirken sollen, woran man sich erinnert und woran nicht, und wie man sich erinnert, und daß jedes Erinnern nicht nur ein Aufrechterhalten von Erinnerung bedeutet, sondern auch zur Veränderung der Erinnerung führt.

1856 Beamtenbekleidung

Im neuen Jahr endete der Krim-Krieg, wenn auch mit blamablem Ausgang. Russland verfehlte seine Kriegsziele auf dem Balkan und konnte die Seeherrschaft über das Schwarze Meer nicht durchsetzen: „1856. Gott erhörte unser flehen um frieden,

[1534] https://www.president.am/en/press-release/item/2010/08/20/news-1136/
[1535] https://poxoronka.ru/news/1472

der im märtz in Paris geschlossen wurde! Handel u. wandel zu wasser u. zu lande lebten wieder auf... Der kalte nasze sommer war der sommersaat nicht günstig. Die näsze verdarb gerste, flachs, kartoffeln, obst- u. gemüse gärten. Der wurm that der gerste groszen schaden u. der blattspinner dem obst. Daher allgemeine klagen über theure zeit: Ein schweres jahr! Für roggen wurde im herbst 325 cop. per loof, für gerste 225 gezahlt... Die poken, variosiden, die bösartig hier u. da herrschten, rafften kinder u. selbst 40 jährige personen hin." [1536]

Wie üblich kam Henriettes Sohn Woldemar zu Jahresbeginn nach Mitau: „1856 In Mitau angekommene Fremde. Vom 24. Bis 26. Januar... Delle's Gasthaus... Baron v. Budberg aus Garsden." [1537]

In Petersburg erreichte August, der in diesem Jahr seinen 70. Geburtstag erleben sollte, den höchsten Rang: „1856 Der Geheimerath Senator Denfer ist zum wirkl. Geheimerath befördert worden." [1538] Bei der Infanterie hätte das dem Generalsrang entsprochen.

Unter dem seit einem Jahr herrschenden neuen Kaiser Alexander II. kam es bald zu Veränderungen, manche sehr bedeutsam, darunter zunächst die Beendigung des Krimkrieges im März 1856 und vor allem später die Abschaffung der Leibeigenschaft in Russland 1861. In diesem Zusammenhang heißt es über August: „Als Senator wurde er in der Folge zum Wirklichen Geheimrat und Mitglied des Reichsrats, dessen Präsident er mehrfach war, ernannt, als welcher er bis kurz vor seinem Tode an den Vorarbeiten zur Aufhebung der Leibeigenschaft regen Anteil nahm." [1539] Näheres dazu dürften Archivunterlagen in Russland enthalten, die indes bisher nicht zu prüfen waren.

Andere Maßnahmen erscheinen eher unbedeutsam, wurden aber dennoch wichtig genommen, wie die in Petersburg und anschließend auch landesweit veröffentliche seitenlange Regulierung der Beamtenbekleidung. Für uns, die wir in einer anderen Zeit und einer anderen Gesellschaft leben, mag so etwas nur wenig von Belang zu sein. Es ist dennoch wichtig, es zur Kenntnis zu nehmen, weil es sehr genau

---

[1536] Sloka, L. J.: Kurzemes draudžu chronikas, Riga 1930, II, 199 f. (Irben).
[1537] Kurländische Gouvernements-Zeitung 28.1.1856.
[1538] Rigasche Zeitung 16.1.1856; Dolgoruki, P. K.: Rossiskaja rodoslovnaja kniga Sanktpeterburg 1856, III 486.
[1539] Denfer, H. v.: Grundstein zu einer Geschichte der Familie von Denffer, Batum 1906, 47.

dokumentiert, in welchem auf den ersten Blick kaum vorstellbaren Ausmaß selbst von freien Menschen Unterordnung gefordert werden konnte und erwiesen wurde. Die Reglementierung mittels der Kleidung war nicht nur konsequent, sondern sogar insofern harmonisierend, als sie die äußere Erscheinung des Beamten mit der inneren Haltung im Einklang verdeutlichte:

„Beschreibung der unterm 8. März 1856 Allerhöchst bestätigten Veränderungen in den Uniformen der Beamten des Civil-Ressorts und Bestimmungen über die Anlegung dieser Uniformen. A. Von der Uniform im Allgemeinen.

1) Die laut Verfügung vom 27. Februar 1834 für die drei ersten Kategorien bestimmten Galla-Uniforms werden durch Halbkaftans ersetzt.

2) Der allgemeine Schnitt der Civil-Halbkaftans hat eine Reihe von neun, mit den Wappen der für die Ministerien und Ressorts bestimmten Knöpfe; einen stehenden, abgeschrägten Kragen von Tuch oder von Sammet, je nach der bestehenden Verordnung, und anstatt der runden, geschlitzte Aufschläge; zwei Knöpfe auf den Aufschlägen, zwei an der Taille und zwei unterhalb der Taschenklappen.

3) Die Farbe des Tuchs für die Halbkaftans, Kragen und Aufschläge, wie auch die Stickerei und Knöpfe bleiben unverändert wie bisher...

5) Die Beamten der zweiten Kategorie nach derselben Verordnung, als: die Glieder des Reichsraths und die Minister, haben auf den Galla-Halbkaftans volle Stickerei: auf dem Kragen und unter demselben, längs den Knöpfen und auf der Brust in zwei Reihen, auf den Rückentheilen aber in einer Reihe; auf den Aufschlägen und Taschenklappen nach den besonderen Zeichnungen (Nr. 3)...

6) Die Beamten der dritten Kategorie, als: die Senatore, der Reichs-Secretair, die Staats-Secretaire in verschiedenen Functionen, der Dirigirende der Angelegenheiten des Minister-Comités, die Gehülfen der Minister und die übrigen in der Vorordnung vom 27. Februar 1834 benannten Personen haben auf Galla-Halbkaftans volle Stickerei: auf dem Kragen, längs den Knöpfen und auf dem Brust- und Rückentheilen in einer Reihe, auf den Aufschlägen und Taschenklappen aber nach den besonderen Zeichnungen (Nr. 4)...

II. Bestimmungen über das Anlegen dieser Uniformen. l. Galla-Uniformen. 7) Die nach der Verordnung vom 27. Februar 1834 bestimmten Beamten der ersten drei Kategorien tragen einen Galla-Halbkaftan, Beinkleider von weißem Tuch mit einer Gold- oder Silbertresse, nach Verordnung, einen Hut mit Tressen, dem Range nach, einen Degen nach der neu bestimmten Form; - weiße Halsbinde, weiße Weste... Diejenigen, welche Orden erster Klasse haben, tragen die Bänder derselben bei dieser Uniform...“ [1540]

Derart geht es weiter über Feiertags-Uniformen, Gewöhnliche Uniformen, Besonderheiten bei Begräbnissen, Wochentags-Uniformen, Reise-Uniformen, Überkleider, Sommerregeln, Tage und Gelegenheiten, zu denen die verschiedenen Uniformen getragen werden, insbesondere „In der Galla-Uniform muß man erscheinen: 18) 1. Zur großen, beim Allerhöchsten Hofe angeordneten Cour a) an großen Kirchenfesten zu den Messen, als am: ersten Weihnachtsfeiertage, Neujahrstage, am heiligen Drei Königs Tage, am ersten Osterfeiertage zur Frühmesse und zur Vesper, am zweiten und dritten Osterfeiertage; b) an den Geburts- und Namensfesten Ihrer Kaiserlichen Majestäten, und c) an den Tauf-, Firmelungs-, Verlobungs- und Hochzeitstagen der durchlauchten Personen. 2. Bei Galla-Diners und auf großen Bällen bei Hofe, desgleichen auch auf Bällen, die nicht bei Hofe stattfinden, jedoch durch die Gegenwart Ihrer Majestäten beehrt werden und darüber Anzeige gemacht wird. 3. Bei Galla-Processionen: am 6. August, dem Transfigurationsfeste, in der Cathedrale zur Verklärung Christi, am 30. August, am Tage des Ritterfestes des Ordens des heiligen Alexander-Newski in dem Alexander-Newski-Kloster. 4. Beim Einzuge der Bräute der durchlauchtigsten Personen. 5. An den Thronbesteigungsfesten des Herrn und Kaisers und an den Krönungsfesten Ihrer Kaiserlichen Majestäten. 6. Bei Galla-Vorstellungen in den Theatern, wenn die Allerhöchsten Herrschaften die große Mittelloge einnehmen. 7. Ueberhaupt dann, wenn vom Kaiserlichen Hofe die Anzeige ergeht in dieser Uniform zu erscheinen.“ Entsprechend umfangreiche Verzeichnisse von Tagen und Gelegenheiten folgen für die Feiertags-Uniform, die gewöhnliche Uniform und die Reise-Uniform. Das Ganze beschließt ein Abschnitt „D. Allgemeine Regeln: 23) Bei Diners und gewöhnlichem Soireen am Kaiserl. Hofe müssen zum Uniformsfrack weiße Halsbinden und die Ordensbänder erster Classe über der Weste getragen werden. Ebenso müssen bei Galla-Bällen und Diners, zu denen man durch Billete eingeladen wird, und falls nicht befohlen worden in Galla-Halbkaftans oder Vice-Halbkaftans zu erscheinen, - zu den Uniformsfracks weiße Halsbinden und die Ordensbänder erster Classe über der Weste getragen werden. - 24) Die dreikantigen Hüte werden

---

[1540] Dörptsche Zeitung 4.4.1856, 2 ff.

so getragen, daß die Kokarde an der rechten Seite und die spitzen Enden vorn und hinten sind. Unterzeichnet: Staats-Secretair Tanejew." [1541]

Victor im ländlichen Raum und als verabschiedeter Kapitän und somit „nadwornij sowjetnik" (Hofrat) mit nur mittlerem 7. Rang scheint von diesen Regularien nicht übermäßig betroffen. Indes gehörte August schon seit 1834 als „tainij sowetnik" (Geheimrat) der 3. Klasse an und stieg 1856 zum „deistwitelnij tainij sowetnik" (Wirklichen Geheimrat) in die 2. Klasse auf. Zudem lebte er in der Hauptstadt. Er mußte demnach erheblich mehr Aufwand betreiben und entsprechende Kosten begleichen, um seine Ausstattung den veränderten Bestimmungen anzupassen. Auf jeden Fall wird die Neuregelung den Schneidern in Russland über einen längeren Zeitraum zu Beschäftigung und Einkommen verholfen haben. Doch August hatte bald andere Sorgen. Es gab schlechte Nachrichten aus Dorpat, wo sein Sohn Woldemar studierte.

Karzer

Im Frühjahr 1856 hatte sich Augusts Sohn Woldemar in eine mißliche Lage gebracht. Davon berichten Unterlagen aus dem Bestand der Universität „1856 16. April bis 30. April „Akte in Untersuchungssachen wider die Studenten Johann und Woldemar Deufer u.a. wegen Schlägerei". [1542] Zum selben Vorfall gibt es eine weitere Akte im „Archiv der Cancezellei des Curators d. Dorp. Lehrb(ezirks) über Johann Jurjan u. Wold. Denffer (Studenten der Dorpater Universität)" der Jahre 1856-1857. [1543] Sie betrifft Fehlverhalten der beiden, die den Statuten der Universität zufolge zu bestrafen waren.

Die Unterlagen beginnen mit einem Schreiben des Rektors der Universität Dorpat vom 19. April 1856 „An den Herrn Curator des Dorpatschen Lehrbezirks. Nachdem mir am Nachmittage des 15ten d.M. die Studirenden Jurjan und Denffer durch den Pedell Beck bei der Anzeige des Letzteren zugeführt worden, das dieselben im Wiedemannschen Gasthause sich mit einigen Handwerkern herum geschlagen, hohlte ich die gedachten Studirenden zur Untersuchung dieser Sache am 16. d.M. vor das

---

[1541] Dörptsche Zeitung 4.4.1856, 2-4.
[1542] Nationalarchiv Estland, Tartu Keiserlik Ülikool EAA.402.8.1835.
[1543] Nationalarchiv Estland, Rahvusarhiiv Tartus EAA 354.1.4250. Curator, Kurator: Verwalter, Vertreter des Ministeriums.

Universitätsgericht, welches nach stattgehabtem Verhör derselben in der ersten Sitzung verfügte, die Untersuchung fortzusetzen und zu dem Zwecke, da mehrere Handwerksgesellen bei dem Exceß berauschet erschienen, mit dem Herrn Dörptschen Polizeimeister in Relation zu treten. In Folge dessen wurde verabredet in einer combinirten Sitzung des Universitäts Gerichts und der Dorpatschen Polizeiverwaltung die Untersuchung fortzusetzen und nach deren Beschließung verfügt, die betreffenden Studirenden dem Universitätsgerichte, die betreffenden Handwerkgesellen der Dorpatschen Polizeiverwaltung zur angemessenen Bestrafung zu überweisen.

Demgemäß hat das Universitätsgericht, da sich aus der Untersuchung ergeben, daß zwar die Handwerkgesellen die Studirenden zum Streit gereizt, der Stud. Jurjan jedoch den ersten Schlag geführt überdieß in Civilkleidung sich befunden welchen Vergehens er sich schon früher einmal schuldig gemacht, beschlossen, diesen für seine Betheiligung an einer Schlägerei und weil er zum zweiten Male in Civilkleidung erschienen, mit der Strafe der Ausschließung zu belegen, den Stud. Denffer aber für seine Betheiligung an der Schlägerei und weil er sich dabei in berauschtem Zustande befunden, mit einer Carcerhaft// von 14 Tagen zu bestrafen.

Indem ich diese Verfügung des Universitäts-Gerichts Ew. Excellenz zu unterlegen die Ehre habe, ermangele ich nicht hinzuzufügen, daß der Stud. Juran bis zum Eingang der Entscheidung Ew. Excellenz in Haft wird gehalten werden.

Mittelst Schreibens vom 3ten Jan. d.J. sub Nr.6 haben Ew. Excellenz angeordnet, daß diejenigen Studirenden, die sich die Unziemlichkeit einer Schlägerei mit Privatpersonen haben zu Schulden kommen lassen, auch wenn sie in Folge des gerichtlichen Verfahrens, nicht sollten ausgeschlossen werden, dennoch alsobald von der Universität zu entlassen sind. Wenn ich mir jedoch erlaube, in Beziehung auf den Studirenden Denffer die Bitte vorzulegen, daß ihm noch der fernere Verbleib auf der hiesigen Universität, etwa bei einer (zwei Wörter unleserlich?) neben der über ihn bereits decretirten Strafe verstattet werden möge, so geschieht solches nur im Hinblick darauf, daß derselbe bis hinzu keiner Rüge oder Strafe unterworfen gewesen ist.

Johann Jurjan, Sohn des Landmanns Juris Jurjan vom Gute Erlau im Wendeschen Kreise, 26 Jahr alt, luth Confession am 18. Jan 1855 als Stud. Med immatriculirt, ist während seines Aufenthalts auf der dergestalten Universität nach Ausweis des Catalogus morum [1544] am 6. März 1856 wegen Erscheinens in Civilkleidern mit einer

---

[1544] Wörtlich „Verzeichnis des Verhaltens", Auflistung von Disziplinarmaßnahmen.

Carcerhaft von 3 Tagen vom Universitätsgericht und weil er sich gleichzeitig in einem liederlichen Hause befunden, unter Anwendung der Gesetzlichen nach Anleitung des § 109 der Vorschriften für die Studirenden mit einer Carcerhaft von 3 mal 24 Stunden vom … Gerichte bestraft worden.

Woldemar Denffer, der Sohn des Geheimraths August Denffer aus St. Petersburg, am 29 Juli 1854 als Stud. Dipl.// immatriculirt, am 31. Aug. 1855 zum Studium der Geografie und Statistik übergetreten, ist während seines Aufenthalts auf der Dorpatschen Universität nach Ausweis des Catalogus morum keiner Strafe unterworfen gewesen. Rector (unleserlich)." [1545]

Die Antwort des Kurators [1546] des Dorpatschen Lehrbezirks vom 20. April 1856 an den Rektor der Universität bestätigte Jurjans Bestrafung mit Ausschluß und „… Was den Studirenden Denffer betrifft, so genehmige ich in Berücksichtigung der Verwendung Ew. Excellenz für dieses Mal und ausnahmsweise die über ihn verhängte Strafe." [1547]

In der Folge wurde Jurjans Ausschluß in der Dörptschen Zeitung bekanntgegeben, über den Hintergrund und Denffers Beteiligung indes nicht berichtet. [1548]

Mit Schreiben vom 22. Dez. 1856 leitete der Rektor dem Kurator die Bitte Jurjans zu, wieder als Student aufgenommen zu werden und fügte einen Auszug aus dem Catalogus morum mit seinen beiden Vergehen und eine Bescheinigung des Bürgermeisters von Jacobstadt über den dortigen Aufenthalt vom August bis Anfang Dezember 1856 bei. [1549] Jurjan konnte sein Studium 1861 abschließen, wurde Arzt in St. Petersburg und danach in Livland. [1550]

※

[1545] Nationalarchiv Estland, Rahvusarhiiv Tartus EAA 354.1.4250, fol. 1v, 1r, 2v. Randvermerk unten: „Notaire A Wulffius".

[1546] Verwalter, Vertreter des Ministeriums.

[1547] Nationalarchiv Estland, Rahvusarhiiv Tartus EAA 354.1.4250, fol. 3.

[1548] Dörptsche Zeitung 23.4.1856, 15; 25.4.1856, 10; 27.4.1856, 8.

[1549] Nationalarchiv Estland, Rahvusarhiiv Tartus EAA 354.1.4250, fol. 4-6.

[1550] Hasselblatt, A.: Album Academicum der Kaiserlichen Universität Dorpat, Dorpat 1889, 467.

Correspondierendes Mitglied

Henriettes Sohn Woldemar, Vetter des Dorpater Studenten Woldemar, kam zu Johanni wieder nach Mitau: „1856, In Mitau angekommene Fremde. Vom 8. bis 11. Juni. Im Kurischen Hause: … Baron Budberg und Lehrer Diedrich aus Garsden." [1551]

Aus Berlin verreiste im Spätsommer Carolines Schwester Luise oder die verwitwete Theophile: „Angekommene Fremde in Innsbruck. Den 30. September… Bei der goldenen Sonne… Frau Meckel v. Hembach, Prof.-Gattin, v. Berlin." [1552]

August der Dichter beendete 1856 seine Hauslehrertätigkeit und begab sich auf eine ausgedehnte Bildungs- und Studienreise, die den seinerzeitigen Bestimmungen folgend durch öffentliche Bekanntmachung anzukündigen war: „Gemäß der Publication und Circulair-Vorschrift… fordert das Doblensche Hauptmannsgericht alle diejenigen Behörden und Personen, welche wider die beabsichtigte Reise des Candidaten August von Denffer, Sohn des verstorbenen Majors von Denffer, ins Ausland, irgend welche Ansprüche und Anforderungen zu erheben hätten, hierdurch auf, selbige bis zum 31. d. M. dieser Behörde zur Kenntniß zu bringen. Schloß Mitau, den 3. Juli 1856." [1553]

Daraufhin war August in den Jahren 1856-57 unterwegs. Seine „14 monatige Reise wissenschaftlichen Interesses halber führte ihn durch Deutschland, Frankreich, Spanien, Portugal/Lissabon, Nordafrika Algerien, Algier, Süd-Ägypten, Palästina, Klein-Asien, England." [1554]

In Garssen bereitete sich auch Henriettes Sohn Woldemar auf eine Auslandsreise im kommenden Winter vor: „1856 Aufforderungen. Gemäß der Publication und Circulair-Vorschrift St. Excellenz des vormaligen Herrn Kurländischern Civil-Gouverneurs vom 12. März 1853, fordert das Illuxtsche Hauptmannsgericht alle diejenigen Behörden und Personen, welche wider die beabsichtigte Reise des Herrn

---

[1551] Kurländische Gouvernements-Zeitung 13.6.1856.

[1552] Bote für Tirol und Vorarlberg 2.10.1856, 1282, (Hembach statt Hemsbach).

[1553] Kurländische Gouvernements-Zeitung 18.7.1856.

[1554] Busch, N.: Geschichte der Literärisch-praktischen Bürgerverbindung in Riga 1802-1902, Riga 1902, 115; Räder, W., Bettac, E.: Album Curonorum (Jurjew Dorpat 1903), 165 Nr. 650 (5002); Räder, W. Album Curonorum 1808-1932 (Riga), 74, Nr. 654 (5002); Brümmer, F.: Lexikon der deutschen Dichter und Prosaisten vom Beginn des 19. Jahrhunderts bis zur Gegenwart, Leipzig 1913, Bd.1, 478; Kosch, W.: Deutsches Literaturlexikon, Bern u. München 1971, Bd.3 85 f. (dort zu „Gedichte" irrtümlich Riga 1853 statt Libau 1853).

Majoratsbesitzers der Garßen-Baltenseeschen Güter Baron Woldemar v. Budberg, ins Ausland, irgend welche Ansprüche und Einwendungen zu erheben hätten, hierdurch auf, solche bis zum 15. October d. J. diesem Hauptmannsgerichte zur Kenntniß zu bringen. Illuxt, den 28. September 1856. [1555]

„Stand der Felder… man sieht hier ausgezeichnet schöne, aber auch nur mittelmäßige und selbst ganz schlechte Felder, und fast dasselbe gilt auch vom Weizen; im Bauskeschen ferner wie der Roggen, so der Weizen, schlecht und man hat hie und da die Roggensaat auspflügen müssen; im Oberlande endlich ist der Roggen fast durchweg… sehr schlecht, was dem magern Saatkorne des vorigen Jahres zugeschrieben wird. In Folge der 2jährigen Mißernten sind die Bauermagazine gänzlich erschöpft und auch auf den Gütern mangelt es an Vorräthen; daher stehen in Dünaburg… die Kornpreise noch hoch und man erwartet, daß sie sich noch ein Jahr auf dieser Höhe erhalten werden, denn es ist, wegen Mangel an Saatkorn, im vorigen Herbste, in Kurland weniger Roggen als sonst gewöhnlich ausgesaet worden und erfahrene Landwirthe bringen's herum, Rost und Brand werden heuer das Korn verderben." [1556]

In Petersburg erschienen die „Mittheilungen der Kaiserlichen freien ökonomischen Gesellschaft zu St. Petersburg 1856" mit verschiedenen Abhandlungen, darunter „Resultate von Anbauversuchen einiger fremden wirtschaftlichen Pflanzen, von der Drillsaat etc., von Th. v. Denffer auf Grafenthal." [1557]

Erneut wurden Beobachtungen von Theodor veröffentlicht: „Die Mittheilungen der K. fr. ökonom. Gesellsch. zu St. Petersburg 1856, H.2, enthalten… über den angebl. Einfluß des Mondes auf den Milchertrag der Kühe, u. über das Butterfaß mit Differenzialwirkung, von Th. v. Denffer auf Grafenthal in Kurl." [1558]

„6. Ueber den angeblichen Einfluß des Mondes auf den Milchertrag der Kühe. Hr. Th. von Denffer auf Grafenthal in Kurland theilt der Redaction Folgendes über diesen Gegenstand mit: Nach Durchlesung des Artikels in den „Mittheilungen" 1855, H. 2, S. 398 verglich ich meine Milchregister von den letzten Jahren mit den Kalendern, und fand, daß der Mond keinen Einfluß auf den Milchertrag der Kühe hat, wohl aber

---

[1555] Kurländische Gouvernements-Zeitung 6.10.1856; 10.10.1856; 13.10.1856.
[1556] Das Inland 9.7.1856, 452 f.
[1557] Das Inland 28.5.1856, 360.
[1558] Kurländische Gouvernements-Zeitung 28.4.1856; Das Inland 16.7.1856, 470.

haben Hitze, Kälte, Regen und belästigende Fliegen auf der Weide auf das Vieh einen solchen Einfluß, daß derselbe an dem Milchertrage wahrzunehmen ist.

7. Ueber das Butterfaß mit Differenzialwirkung * berichtet Hr. Th. von Denffer Folgendes: „Nach Anleitung der „Mittheilungen" ließ ich ein solches Butterfaß von 30 Stof Rauminhalt, aber ohne Schwungrad anfertigen. Es hat sich dasselbe sehr bewährt: in einer Stunde konnten mit dieser Maschine 30 Pfund Butter geschlagen werden. Auch war dieselbe sehr leicht zu handhaben, indem ein altes, obgleich rüstiges Weib damit ein paar Stunden butterte, ohne zu ermüden. Ein Butterfaß von der angegebenen Größe kostet ungefähr 3 Rub. S. M.   * Vergl. Diese Mitth. 1854, S. 411" [1559]

Vor allem berichtete Theodor über seine zahlreichen Versuche und Erfahrungen mit verschiedenen Pflanzenarten: „XII. Resultate von Anbauversuchen einiger fremden wirthschaftlichen Pflanzen, von der Drillsaat u.s.w. 1. Mittheilungen des Hrn. Th. von Denffer auf Grafenthal in Kurland. Die mir zugesandten Sämereien habe ich alle ausgesäet und das Resultat der Versuche war Folgendes:

Sonnenblume. Schon seit mehren Jahren baue ich hier Sonnenblumen von Saratowschem Samen und am Besten erwiesen sich diejenigen, die bei trockenem Spätherbst, gewöhnlich gegen Ende October, gesäet waren, sie kamen früh auf, daher sie auch früher bei trockener Witterung reif wurden. - Von dem von der Red. der Mittheilungen mir zugeschickten Samen habe ich an mehren Stellen Aussaaten gemacht, die frühe und undichte Saat, 2 Fuß von einander, war die beste, obgleich der Boden nicht besonders war. Von der Saat am 10. Mai wurde sehr wenig reif, viele Pflanzen verfaulten der nassen Witterung wegen; an einer Stelle, wo die Aussaat dicht war und die Pflanzen circa 1/2 Fuß von einander standen, kamen sie kaum zur Blüthe, trotzdem daß der Boden recht gut war. Nach meinem Dafür halten muß, wenn der Herbst zu feucht ist, so daß keine Herbstsaat gemacht werden kann, im Frühjahre so früh wie möglich und recht undicht gesät werden.

Gelbe Lupine. Sowohl in Warmbeete gesäete und nachher verpflanzte, als auch im Freien gesäete, gediehen nicht, denn weder waren sie an Samen reichhaltig, noch hatten sie großes Kraut; von allen Lupinengattungen, welche ich bisher gesäet, war diese die schlechteste. Im vorigen Jahre hatte ich eine hellblaublühende, die schon vielmehr versprach, jedoch konnte sie sich mit der Wicke in keiner Hinsicht messen.

[1559] Mittheilungen der Kaiserlichen freien ökonomischen Gesellschaft zu St. Petersburg 1856, 148-149.

Hirse vom Kuban. Obgleich erst Mitte Mai gesäet, und trotz des zeitigen Herbstes, sind die Spitzen von mehren Aehren reif geworden, was ich bei anderer Hirse bis jetzt hier nicht gesehen; im kommenden Jahre will ich sie etwas zeitiger säen und hoffe, daß sich diese Hirsegattung hier akklimatisiren kann.

Brasilianische Bohne. Anfang Mai gesäet keimten von dem Brüsseler Samen sehr wenige Bohnen, dagegen keimten die Goldingenschen, trotzdem daß sie kein besonderes Aussehn hatten, sehr gut, und ich habe eine ziemlich gute Ernte gemacht; diese Bohne reift jedoch später, als die hier einheimischen Bohnengattungen und ist, obgleich man sie auch im Felde ohne Stangen säen kann, doch keine reine Kruppbohne, weil sie in Ranken schießt; sie verlangt keinen besonders guten Boden.

Nonpareil-Erbse. Ende April gesäet, hatte gegen Mitte Juni schon große Schoten, reifte auch viel früher, als die ordinaire weiße Felderbse; trägt recht reichhaltig.

Magdeburger Runkelrübe. Gedieh nicht besonders; vermuthlich darum, weil der Boden zu streng in dieser Gegend, blieb sie ziemlich klein.

Riesenmöhren erreichten nur die Größe der anderen Möhren und Riesenkohl stand recht gut, doch nicht so üppig als in den beiden letztvergangenen Jahren.

Weißer und schwarzer Senf. Anfang Mai gesäet reift er zugleich mit den Kohlsamen; er wird hier in Kurland schon lange im Kleinen angebaut, in größerer Quantität kommt er nur höchst selten vor, weil er den Boden sehr entkräften soll.

Silber-Buchweizen. Anfang Mai gesäet, blühte Anfang Juni und war Ende Juli reif; die Ernte war ziemlich gut, doch da in dieser Gegend kein Buchweizen gebaut wird, so mag er zu früh gesäet worden sein, da im Sandboden die Spätsaat sehr gut gedeihen soll.

Mu-sü oder blaue Luzerne. Anfang Mai gesäet, verspricht für die Landwirthschaft eine sehr vortheilhafte Pflanze zu sein, denn nicht nur daß sie im ersten Jahre gemäht werden kann, sondern man kann auch im ersten Jahre von ihr Samen erzielen, und dann sind die Stengel so fein, die Blätter so dicht, daß sie ein sehr schönes Heu liefern; nun kommt es nur darauf an, wie sie hier überwintert. Winterwicke habe ich erst im Anfang Mai säen können, wurde deshalb auch nicht ganz reif, frühe Saat wäre besser; unterscheidet sich durch nichts von der gewöhnlichen Wicke.

Phönix-Gerste den 12. Mai gesäet, den 25. Juli geerntet, liefert eine recht gute Ernte; ist in Kurland schon bekannt.

Sibirischer Weizen erwies sich als Sommerweizen und lieferte eine reichhaltige Ernte; wenn er nicht ausartet, so wird er den Vorzug vor den hier schon gebauten Sommerweizengattungen erhalten.

Chito, wie die Melone, in Warmbeete gesäet, ganz wie die letztere behandelt, lieferte kleine Melonen von sehr angenehmem Geschmack.

Vegetable-Marrow, wie gewöhnlicher Kürbis behandelt, trägt ziemlich reichhaltig, und giebt, wie Spargel zubereitet, eine wohlschmeckende Speise, die jedoch zarter als der Spargel ist.

Riesenmais und Cinquantino-Mais, in sehr fetten Boden an einem Gebäude gesäet, wetteiferten an Größe mit einigen Sonnenblumen, die da zwischen waren, und erreichten eine Höhe von über 12 Fuß.

Cinquantino-Mais auf sehr mageren Boden gesäet wurde kaum 2 Fuß hoch und setzte gar keine Kolben an.

Riesengurke, wie die gewöhnliche Gurke behandelt, trug wenig aber recht große Früchte; einige Gurken hatten die Länge von 13 Zoll und wogen bis 4 Pfund.

Probsteier Roggen, Collosal-Roggen und Winterhafer stehen jetzt ziemlich, aber schlechter als der andere Roggen, der Wasa-Roggen ist gar nicht aufgekommen.

Soviel von den mir übersandten Samen, jetzt etwas über von mir selbst gekauften Sämereien:

Weißer amerikanischer Lein. Ich kaufte von Wagner aus Riga 4 Pfund Samen und behandelte diesen Lein ganz wie den gewöhnlichen und gewann 48 Pfund Samen und 30 Pfund Flachs, trotzdem daß hier der gewöhnliche Lein der ungünstigen Witterung wegen, besonders bei der Aussaat, nicht besonders gediehen war. Die reiche Samenernte muß ich meiner Meinung nach dem Umstande zuschreiben, daß bei dieser Leingattung die kleinen Stengel, welche die Samenköpfchen tragen, sehr gleich und kurz sind, und daher beim Abhauen der Köpfchen, wie es hier vor dem Weichen des Flachses der Brauch ist, keine oder sehr wenige Köpfchen im Flachs bleiben, was bei dem blaublühenden Lein viel mehr der Fall ist; der Flachs ist besser, feiner und weicher als der des blaublühenden.

Tsing-Ma . Chinesischer Riesenhanf, von Wagner gekauft, die Prise 50 Cop. S.; die Stengel erreichten die Höhe von über 13 Fuß, er blühte aber erst Ende October, gab daher auch keinen Samen; der Hanf ist zu Stricken sehr gut zu gebrauchen, ob die südlichen russischen Gouvernements nicht Samen erzielen könnten?"[1560]

Die Gesellschaft verwendete auch von Theodor zur Verfügung gestelltes Saatgut zum Gebrauch für weitere Anbauexperimente durch ihre Mitglieder: „Ueber beifolgende Sämereien. 1. Weißblühender Lein. Wir haben bereits in diesen Mittheilungen (1853, H. 1, S. 57) auf den weißblühenden Lein aufmerksam gemacht. Nach den Mittheilungen des Auslandes soll derselbe viel größer wachsen, als der blaublühende. Ist solches der Fall, so verdient er allgemein verbreitet zu werden. Um nun auch bei uns sich von seinen Vorzügen, die vielleicht nur vom Boden oder von der Oertlichkeit bedingt werden, zu überzeugen, theilen wir den Lesern dieses Journals beifolgend eine kleine Portion von dem Samen dieses Leins mit. Die Hälfte dieses Samens haben wir vom Auslande (durch Hrn. Dr. Betzhold in Warschau) bezogen und die andere Hälfte davon ist von ausländischem Samen in Kurland gezogen, und ist uns vom Hrn. Theodor von Denffer auf Grafenthal zur Vertheilung gütigst übersandt worden. Wir haben beide Sorten unter einander gemischt, weil die vom Auslande bezogene Menge für die in diesem Jahre namhaft vergrößerte Anzahl der Subskribenten unsers Journals nicht ausreichte. Sollte indessen Jemand die beiden Sorten getrennt aussäen wollen, so machen wir darauf aufmerksam, daß die dunklern Samenkörner vom Auslande, die hellern hingegen aus Kurland stammen."[1561]

„Über beifolgende Sämereien. No 4. Die schwarze brasilianische Bohne. Vor einigen Jahren erhielten wir vom Mitgliede der Kaiserl. freien ökonomischen Gesellschaft, dem Kaiserl. russischen Generalconsul von Bacheracht in Brüssel eine kleine Portion einer schwarzen, unter dem Namen der brasilianischen bekannten, Bohne zugesandt. Da sich dieselbe durch ihren Wohlgeschmack sehr auszeichnet, so vertheilten wir von dem erhaltenen Samen kleine Portionen unter mehre unserer Bekannten, mit dem Ersuchen, diese Frucht durch Anbau zu vermehren und uns alsdann die nöthige Menge Samen zur Vertheilung mit dem Journale zu kommen zu lassen. Nur zwei von den Herren, denen wir diese Bohne gesandt hatten, haben unserer Bitte willfahret, nämlich der Hr. Kreisrentmeister Worms in Goldingen und der Hr. Theodor von Denffer auf Grafenthal. Die beiliegenden Bohnen, deren Körner viel kleiner sind, als die

---

[1560] Mittheilungen der Kaiserlichen freien ökonomischen Gesellschaft zu St. Petersburg 1856, 98-101.

[1561] Mittheilungen, 87.

aus Brüssel erhaltenen waren, haben wir also von den genannten Herren aus Kurland erhalten. - Die Bohne ist eine Krupbohne, und es werden von derselben also nicht die Schoten (grünen Hülsen mit den Körnern), sondern nur die reifen Körner benutzt. Der Anbau derselben ist eine ganz gewöhnliche, und wie Hr. von Denffer berichtet, soll sie sogar mit einem ganz magern Boden vorlieb nehmen. Beim Kochen der Körner wird das Wasser bedeutend geschwärzt, woher es vor dem gänzlichen Garkochen 1 bis 2 Mal gewechselt werden muß.

№ 5. Aegyptischer Sommerroggen, der in Kurland gewachsen und uns von dem Hrn. Th. von Denffer auf Grafenthal zur Vertheilung mit den „Mittheilungen" freundlichst zugesandt worden ist. D. Red." [1562]

Die Kaiserliche freie oekonomische Gesellschaft zu St. Petersburg erkannte, daß Theodors fortwährende Befassung mit Fragen der landwirtschaftlichen Praxis und ihre Ergebnisse nicht nur für ihn von Interesse waren, sondern auch für andere Gutsbesitzer und Landwirte, die als Nahrungsmittelerzeuger zum allgemeinen Nutzen beitrugen. Die „Allgemeine Versammlung der Gesellschaft am 12.5.1856" beschloß deshalb: „6. Zu Mitgliedern wurden aufgenommen... b. zu correspondierenden Mit-gliedern... der kurländische Gutsbesitzer Theodor von Denffer"... [1563] - „Die K. freie ökonomische Gesellsch. in St. Petersb. hat den Gutsbesitzer Theodor v. Denffer zum corresp... Mitglied erwählt." [1564]

Von Theodor erschienen in den „Mittheilungen d. Kaiserl. freien oekonomischen Gesellschaft zu St. Petersburg" die folgenden Beiträge:

1855 Grafenthal, Kurzbericht über Pflanzenanbauversuche (1855, 114 f.);

1856 Grafenthal, Mitwirkung bei Leinsamenverteilung zu Versuchszwecken d. Kaiserl. Freien oekonomischen Gesellschaft zu St. Petersburg (1856, 87);

1856 Grafenthal, Kurzbericht über Pflanzenanbauversuche (1856, 98-101);

1856 Grafenthal, Über das Butterfaß mit Differenzialwirkung (1856, 149);

1856 Grafenthal, Mitwirkung bei Bohnensamenverteilung zu Versuchszwecken d. Kaiserl. freien oekonomischen Gesellschaft zu St. Petersburg (1856, 167 f.);

[1562] Mittheilungen der Kaiserlichen freien ökonomischen Gesellschaft zu St. Petersburg 1856, 167-168.
[1563] Mittheilungen 1856, 368.
[1564] Das Inland 5.11.1856, 735.

1857 Grafenthal, Mitwirkung bei Gurkensamenverteilung zu Versuchszwecken d. Kaiserl. Freien oekonomischen Gesellschaft zu St. Petersburg (1857, 78);

1857, Einige Mittheilungen über landwirtschaftliche Versuche (1858, 106-9).

※

Theodor Hermann Pantenius

Sieben Jahre zuvor war 1849 im „Intelligenzblatt" eine Sterbe-Anzeige erschienen, die man wohl auch in Grafenthal gelesen hatte: „Am 8ten d. M. Abends 7 Uhr entschlief nach schwerem Krankenlager Wilhelm Pantenius, Lettischer Kirchspiels-Prediger zu Mitau, im noch nicht vollendeten 43sten Lebensjahr. Seinen entfernten Freunden widmet diese Anzeige die hinterbliebene Witwe." [1565]

Wilhelm Pantenius war eine Ausnahmeerscheinung unter den Pastoren in Kurland, „unter dem kleinen Häuflein Prediger, die durch Schulen für die Aufklärung des Lettenvolkes gewirkt haben, sind besonders Pauffler, Wolter und Pantenius hervorzuheben, und haben sich diese drei unsterblichen Ruhm erworben. Ihr Andenken ist gesegnet bei der Mit- und Nachwelt! Pantenius hat vorzüglich als Redacteur der Lettischen Zeitung Gelegenheit gehabt, sich verdient zu machen." [1566]

In Herberts Chronik heißt es irrtümlich: „Pastor Wilhelm Pantenius hatte längere Zeit das Pastorat, Sallgalln, das Grafenthal benachbart war." Theo notierte dazu handschriftlich berichtigend: „Wilhelm P. war Pastor nur an der lettischen Annen-Gemeinde in Mitau. Er übersetzte Kirchenlieder ins Lettische, liebte - wie s. Sohn Theodor - das lett. Volk, bildete lett. Volksschullehrer aus. Das Grab des „Alten Pantenius" wurde von der lettischen Gemeinde noch 1939 gepflegt, wo wir es gesehen haben." [1567] Der Hinweis auf 1939 und „wir" bezieht sich auf Theos und Inges Hochzeitsreise im Sommer des Jahres. Das selbe Grab des Pastors Wilhelm Pantenius fand ich noch im Sommer 2017 erhalten, wenn auch instandsetzungsbedürftig, auf dem Baložu kapi (Tauben-Friedhof) am südöstlichen Stadtrand von Jelgava.

[1565] Allgemeines Kurländisches Amts- und Intelligenzblatt 12.7.1849, (4).

[1566] Die Zustände des freien Bauernstandes in Kurland. Von einem Patrioten, Leipzig 1860, 13.

[1567] Denffer, Herbert v.: Die Familie von Denffer. Eine kleine illustrierte Chronik, München 1966, 12.

Die Witwe war Luise Pantenius geborene Conradi (1807-1886), die 42jährig mit den zwei Töchtern Natalie geb. 14. März 1839 und Johanna geb. 3. Mai 1841 sowie dem Sohn Theodor geb. 10. Okt. 1843 hinterblieb. [1568]

Theodor Hermann Pantenius kam 1853 als Neunjähriger zu seinem Onkel Karl Conradi, Pastor in Sallgalln, der mit den Grafenthalschen Denffer verkehrte. Im Pastorat sollte der Junge mit anderen Schülern auf den Besuch des Gymnasiums vorbereitet werden. Er blieb dort bis zum 15. Lebensjahr. [1569] So bekam er die Gelegenheit, mit der Denfferschen Familie auf dem benachbarten Gut Grafenthal bekannt zu werden. Diese Verbindung intensivierte sich dadurch, daß seine Mutter mit seinen Schwestern im Februar oder März nach Grafenthal zog, und sie setzte sich insofern noch auf besondere Weise fort, als seine Schwester Agnes Natalie Pantenius [1570] am 15. Aug. 1862 in Mitau die Ehefrau des aus Grafenthal stammenden Johann Hermann Julius von Denffer [1571] wurde.

Der jüngste Sohn der beiden, Moritz Alexander Hermann, [1572] ist der Autor einer Schrift über Pantenius. [1573] Darin heißt es über die schulische Unterweisung in Sallgalln, die auch Julius genossen hatte, und den Bezug zu Grafenthal:

„Der Unterricht von den mehrere Male in der Zeit wechselnden jungen Hauslehrern war lückenhaft und unsystematisch, ganz besonders aber war für Pantenius ungünstig, daß der frühreife Knabe auf dem Nachbargut Grafental, wo er häufig einkehrte, von sehr viel älteren Personen ganz als Erwachsener behandelt und um seiner unverkennbaren Geistesgaben über alles Maß überschätzt wurde. In diese Zeit fielen auch seine ersten nie vollendeten dramatischen und nicht mehr erhaltenen lyrischen Versuche, um derentwillen der vierzehn- und fünfzehnjährige Knabe in dem erwähnten Hause fast wie ein junger Goethe bewundert wurde. Daß er selbst diese Leistungen sehr bald anders einschätzte, zeigt, daß er sie, bevor er zur Universität ging, samt und sonders

---

[1568] Pantenius, T.: Stammtafel der Familie Pantenius, Leipzig 1888, 6 f.

[1569] Pantenius, T.: Aus meinen Jugendjahren, Leipzig 1907, 90, 102, 110; Denffer, Alexander v.: T. Pantenius. Kurlands Heimatdichter. Materialien zu einem Lebensbilde, Riga u. Berlin 1918, 38.

[1570] * Mitau 1839, 14.3. - St. Petersburg 1915, 23.10.

[1571] * Grafenthal 1838, 5.6. - Mitau 1918, 16.12.

[1572] * Mitau 1874, 13.9. - Riga 1919, 25./26. 3.

[1573] Denffer, Alexander v.: T. Pantenius. Kurlands Heimatdichter. Materialien zu einem Lebensbilde, Riga u. Berlin 1918.

vernichtete. Diese Überschätzung des Knaben - einen Jüngling konnte man ihn ja noch nicht nennen - zeitigte bei ihm naturgemäß eine entsprechende Selbstüberschätzung und Geringschätzung anderer, sowie einen ausgeprägten Oppositionsgeist gegen die ihn umgebende bürgerliche Ordnung und damit auch den praktisch-nüchternen Charakter seiner damaligen Heimat." [1574]

„Mit fünfzehn Jahren kam Pantenius wieder nach Mitau zurück, um in die Tertia des Gymnasiums einzutreten, doch nicht zu seiner Mutter, sondern in das Haus seines Onkels Moritz. Mutter und Schwester lebten zu der Zeit nicht mehr in Mitau, sondern in Grafental, mit dessen Besitzern sie befreundet waren und, als diese bald darauf ihr Gut verkauften, in Doblen." [1575]

Natalie Pantenius

Der sich in Grafenthal anbahnenden Beziehung zwischen Julius und Natalie Pantenius stand der junge Theodor Hermann allerdings zunächst nicht erfreut gegenüber:

„Von besonderer Bedeutung für Pantenius war in jener Zeit sein Verhältnis zu seiner ältesten Schwester. Sie war vier Jahre älter als er und ihm an Reife sehr überlegen, bewunderte gleichwohl seine reichen Gaben mit der, wie schon erwähnt, jener Zeit eigenen Überschätzung des Theoretischen und Abstrakten. Außerdem verband diese beiden Geschwister neben der innigen Liebe, die alle vier Glieder der Familie vereinigte, die beiden gemeinsame kritische, außergewöhnliches allzusehr bevorzugende Geistesrichtung. So wurde das Verhältnis ein ungemein vertrautes, da Pantenius aber auch in seiner brüderlichen Liebe maßlos leidenschaftlich war, so war ihm der Gedanke unerträglich, sich in ihre Liebe teilen zu müssen. Als er nun bemerkte, daß ein Herr aus dem Bekanntenkreise sich für seine Schwester interessiere, bemühte er sich, diesen seinen späteren Schwager auf alle erdenkliche Weise von seinem Ansinnen abzubringen. So erzählte er ihm, daß seine Schwester an erdichteten Gebrechen leide, in der Hoffnung, die drohende Verlobung zu hintertreiben." [1576] „Zum Ende der Schulzeit" half ihm die Beratung mit seiner Schwester Natalie, „und die beiden Geschwister kamen zu dem Schlusse, daß er aus den alten Verhältnissen heraus müsse, um in der

[1574] Denffer, Alexander v.: T. Pantenius. Kurlands Heimatdichter. Materialien zu einem Lebensbilde, Riga u. Berlin 1918, 38 f.
[1575] Denffer, Alexander v.: 40, 41 f.
[1576] Denffer, Alexander v.: 42 f.

Fremde ein neues Leben, das normale Leben seines Alters, zu beginnen." Daraufhin ging Pantenius zum Studium nach Deutschland. [1577]

Eine neue, heitere Welt

Aus der Zeit seiner Bekanntschaft mit den Grafenthalschen Denffer berichtete Pantenius mancherlei, das Aufschluß darüber gibt, wie sich ihm als heranwachsendem Jungen die Verhältnisse darstellten:

„Am 3. März 1855 starb Kaiser Nikolaus… Ungefähr ein Jahr später entschloß sich meine Mutter, da meine Schwestern mittlerweile die Schule absolviert hatten, aufs Land zu ziehen. Fünf Kilometer oberhalb Sallgallen liegt auf dem linken Ufer der Aa das Gut Grafenthal, das, wie ich schon erwähnte, damals einer Familie von Denffer gehörte. Auf diesem Gute gab es neben dem großen Herrenhause noch ein kleines Haus, das wohl als Witwensitz erbaut war. Dieses Haus mietete meine Mutter.

Der Vorfahr der Denffers war um die Wende des 17. zum 18. Jahrhundert aus den Niederlanden nach Kurland gekommen und in Irben Pastor geworden. Die Nachkommen hatten aber später immer im russischen Heer gedient und waren in den russischen Militäradel übergegangen. Einer von ihnen hatte während des Krieges gegen Frankreich das Herz einer wohlhabenden Mitauerin gewonnen, dann als Kapitän seinen Abschied genommen und mit dem Gelde seiner Frau Grafenthal gekauft." [1578]

Gemeint ist hier Jeannot. Pantenius gab die Umstände vielleicht irrtümlicher Vermutung folgend wieder. Bei genauerer Betrachtung ergibt sich ein etwas anderer Ablauf. Vor und während des Krieges gegen Frankreich war Jeannot nicht in Mitau. Geheiratet hat er dort 1816, zwei Jahre nach der Rückkehr aus Frankreich und mehr als ein Jahrzehnt vor dem Kauf von Grafenthal, und damals das Kronsgut Billenhof gepachtet. Die Mittel dafür und so für das spätere Grafenthal dürften aus seinem Anteil des Verkaufs von Latwelischek gekommen sein, das die Familie in Litauen besaß. Seine Frau Caroline Kummerau war als Apothekerstochter nicht bedürftig, aber vor der Hochzeit Waise in stiefmütterlicher Obhut. Caroline Kummeraus ältere Schwester Charlotte war mit Christian Heinrich Eugen verheiratet. Beide Schwestern werden eine Mitgift in die Ehe eingebracht haben, doch auch Christian Heinrich Eugen war

---

[1577] Denffer, Alexander v., 43; Pantenius, T.: Aus meinen Jugendjahren, Leipzig 1907, 163 f.
[1578] Pantenius, T., 110.

Mitbesitzer von Latwelischek und wird nach dessen Verkauf ebenso wenig leer ausgegangen sein wie sein jüngerer Bruder Jeannot.

Pantenius fährt fort: „Als ich die Familie kennen lernte, war er schon lange tot, hatte aber sechs Söhne und sechs Töchter hinterlassen. Die vier ältesten Söhne waren Ulanenoffiziere gewesen, zwei von ihnen waren jung gestorben, die beiden anderen hatten ihren Abschied genommen. Der eine war zu meiner Zeit Oberförster im Inneren des Reiches, der andere, Theodor, besaß das Gut Feldhof (das in der Bauskeschen Hauptmannschaft) und bewirtschaftete Grafenthal. Die beiden jüngsten Söhne hatten ihre erste Erziehung in Sallgallen erhalten und besuchten dann das Gymnasium in Mitau, wo der ältere von ihnen bald starb, während der jüngere, Julius, in den Jahren, von denen ich erzählen will, das Gymnasium besuchte.

In dem Denfferschen Hause eröffnete sich mir eine neue, heitere Welt. Die alte Frau von Denffer, eine kleine, starke Dame, die von uns allen „Mamachen" genannt wurde, war die Herzensgüte in Person und liebte es, wenn es in ihrem gastfreien Hause bunt und munter herging. Sie und ihre Töchter nahmen meine Mutter und meine Schwestern in der freundlichsten Weise auf, so daß die Bewohner beider Häuser bald eine Familie bildeten. Die große Herzensgüte, die allen Töchtern der Familie Denffer eigen war, bewirkte, daß jeder Gast sich in Grafenthal überaus wohl fühlte, und daß das Haus kaum je ohne Gäste war.

Das Landleben war damals in Kurland überhaupt noch ungemein reizvoll. Die Wohnhäuser waren sehr geräumig, und man liebte es, daß möglichst viele Zimmer zusammenhingen und eine recht lange „Enfilade" [1579] bildeten. Die sie verbindenden Flügeltüren blieben bei Tag und Nacht geöffnet. Die Wände waren oft nur getüncht und zeigten dann mit Schablonen hergestellte Muster. In den meisten Zimmern hatten die Fenster keine Gardinen, nur, oft blaue, Rouleaux, [1580] auf denen Jungfrauen oder Jünglinge an Wildbächen angelten oder sonst landschaftliche Abbildungen angebracht waren. Die Möbel zeigten den Empirestil; auf den Sofakissen erdrückte, wer sich zurücklehnte, gestickte Schoßhündchen oder Kätzchen. Die Damen hatten überhaupt insofern gute Tage, als alles, was sich irgend besticken ließ, gestickte Einlagen zeigte: Tabakkasten, Kästchen jeder Art, sogar Lineale. Die Brieftaschen waren

---

[1579] Reihe von Räumen mit gegenüberliegenden Türen.
[1580] Ez. Rouleau (Rollo), aufrollbarer Sichtschutz.

gestickt, die Morgenschuhe, die Tragbänder [1581] der Herren, die Gürtel um ihre Pelze. Die Fußböden waren gestrichen, Teppiche nur vereinzelt und in kleinem Umfange vertreten. Die zahlreichen Fremdenzimmer waren sehr schlicht ausgestattet.

Das Wohnhaus kehrte meist die eine Front dem Hofe zu, den außer ihm zwei lange Gebäude einfaßten, die die Pferdeställe, die Wagenscheunen, den Vorratsspeicher enthielten. Die anderen Wirtschaftsgebäude lagen abseits. Auf den Hof ging eine unbedeckte Freitreppe hinaus. Die andere Seite des Hauses stieß an einen Blumengarten, an den sich immer Obst- und Gemüsegärten und ein kleinerer oder größerer Park schlossen.

Die Landwirtschaft wurde zwar intensiver betrieben als früher, ließ aber dem Hausherrn noch viel Zeit, sich seiner Familie oder seinen Gästen zu widmen, und der Hausfrau standen so viele Dienstboten zur Verfügung, daß die Wirtschaft sie nicht allzusehr in Anspruch nahm. Zudem Hausgesinde und zu den Knechten bestand meist ein sehr freundliches Verhältnis, und man nahm beiderseits an den Freuden und Leid der Herrschaft wie der Dienenden gemütlichen Anteil.

Der Hausstand wurde noch wesentlich auf Grund der Naturalwirtschaft betrieben. Man aß, was eben das Gut in der betreffenden Jahreszeit hergab: Lamm- und Kalbsbraten im Frühling, Geflügel aller Art im Sommer, im Herbst Wild, im Winter Schweinefleisch und frische Wurst. Im Spätherbst wurden große Massen Schweinefleisch eingesalzen. Schönes Gemüse und Obst lieferten die Gärten.

Die Wolle der Schafe wurde noch auf dem Hofe von den Mägden an Winterabenden gesponnen und auf einem Webstuhl zu einem festen Tuch, das „Wand" hieß, gewebt. Dieses Tuch trugen nicht nur die Dienstboten, sondern auch die Kinder, und auch die Erwachsenen gingen wohl, wenn keine Gäste da waren, in einer Wandjoppe.

Die Beleuchtung erfolgte im gewöhnlichen Tagesverlauf durch Talglichte, deren Docht von Zeit zu Zeit vermittelst einer Putzschere gekürzt wurde. War Besuch im Hause, oder wurde eine Festlichkeit veranstaltet, so brannten Kerzen - anfangs aus Wachs, später aus Stearin - auf Armleuchtern und in Kronleuchtern. Angezündet wurden diese Kerzen vermittelst sehr übel riechender Zündhölzchen. Zündete man sich im Freien eine Zigarre an, so benutzte man Stahl, Feuerstein und Schwamm. Man hatte gern Besuch und machte gern Besuche. Hatte man als Gast eine größere Fahrt machen müssen, so blieb man meist ein Paar (sic!) Tage und wurde auch dann nur

---

[1581] Hosenträger.

ungern entlassen. Es kam wohl vor, daß der Herr den Schlüssel zur Stalltür an sich genommen hatte und ihn, wenn der Gast abreisen wollte, nicht hergab.

Bei der großen geistigen Lebhaftigkeit der Kurländer war man um Unterhaltung nicht verlegen. Die Landwirtschaft, die Jagd und die Anekdote gaben den Herren Stoff, die Damen hatten viel gelesen und tauschten ihre literarischen Meinungen aus, die Jugend flirtete, spielte im Winter Federball, im Sommer Reifen fangen, trieb muntere Allotria [1582] oder tanzte wohl auch. Es lag etwas ausgesprochen Idyllisches in diesem Leben, das viele Menschen, die an ihm teilnahmen, froh, gut und glücklich machte." [1583]

Schlittenfahrt auf Winterwegen

„Wundervoll waren die weiten Fahrten über Land, wenn es galt, entfernt wohnende Freunde zu besuchen. Die Denffers waren mit einer Familie von B. verwandt, die in Litauen, unweit der kurischen Grenze, ein Gut L. [1584] besaß. Sie gehörte auch dem Militäradel an und spielte schon etwas in das Russische hinüber, was bei den Denffers nicht der Fall war. Der alte Herr von B. war ein rauher Kriegsmann, der Sohn ein aalglatter Gardeleutnant, die Hausfrau aber und die beiden Töchter waren sehr liebenswürdige Damen. Wir waren gern in dem gastfreien Haus.

[1582] Albernheiten, Unfug.

[1583] Pantenius, T.: Aus meinen Jugendjahren, Leipzig 1907, 110 ff.

[1584] Das ist die Familie von Brasch, die auf dem Gut Leeparn, heute Lieporai, lebte. „Leeparn-Braschhof" ist wohl ein Druckfehler für „Leeparn-Braschhof". (Schroeders, P. v.: Nachrichten über Kurländer in Litauen o.O. 1984, 55), Braschhof, auch „Brasch-Leeparn" und „Brašai", ist nicht zu verwechseln mit dem eigentlichen Leeparn. (Vasiliauskas, E.: Lieporu dvaras, 263, 265, 287, 300 in: Acta Academia Artium Vilnensis, 2020). „Carl von Brasch, Kapitän, Erbherr auf Leeparn und Uckern in Kovno, * 1795 † 1860" war verheiratet mit „Ernestine Tottien, * 1798, † 6. Juni 1875" (Denfer, H. v.: Grundstein zu einer Geschichte der Familie von Denffer, Batum 1906, 38; Seuberlich, E.: Stammtafeln deutschbaltischer Geschlechter II: Reihe, Leipzig 1927, 438 (Tottien)), einer Nichte des Jeannot. Ihre Eltern waren Jeannots ältere Schwester Maria Anna (1778-1843) und deren Ehemann Ernst Tottien (1764-1830), Aktuar des Hauptmann-Gerichts in Bauske. Carl v. Brasch hatte das Gut 1846 gekauft (Allgemeines Kurländisches Amts- und Intelligenzblatt 18.6.1846; Schroeders, 55) und seinem Sohn Eugenius Theodor von Brasch vererbt. Letzterer und die Enkel des Ehepaars Brasch-Tottien sind aufgeführt in Denfer, H. v.: Grundstein, 38. Sie sind wohl alle nicht in Bauske aufgewachsen und haben die Verwandten in Grafenthal vermutlich nur gelegentlich besucht.

Heute soll nach L. gefahren werden. Es ist Winter, und es hat in der Nacht stark geschneit, so daß eine dicke Schneedecke auf dem Lande liegt; am Morgen aber geht die Sonne strahlend auf. Vor der Freitreppe halten vier kleine Schlitten, und in dreien von ihnen werden je ein Herr, der das Pferd lenkt, und eine Dame Platz nehmen, während der vierte für den Kutscher bestimmt ist.

Wir haben uns gegen die Kälte gut verwahrt, mit Pelzen, Pelzmützen, Pelzhandschuhen und Pelzstiefeln; denn es friert 15 Grad, und wir werden fünf bis sechs Stunden unterwegs sein. [1585] Wie wir ins Freie treten, atmen wir mit Entzücken die frische Winterluft ein und recken uns in einem uns ganz erfüllenden frohen Kraftgefühl. Ein solches beseelt auch die Pferde, die es gar nicht erwarten können, ausgreifen zu können. Wir nehmen zu zweien Platz in den Schlitten, und mit munterem Glockengeläut - jedes Pferd trägt eine Glocke - geht es vom Hof. Der Schneemantel der Landschaft ist mit Milliarden von Brillianten besetzt, in denen die Strahlen der Sonne sich widerspiegeln, kein Wölkchen unterbricht das Blau des Himmels, von dem nur die Wintersonne milde herabscheint.

Wir benutzen nicht die Landstraßen, sondern fahren auf „Winterwegen", wie sie das Bedürfnis sich gebahnt hat, über Felder und Wiesen, durch Busch und Brache. Die Gebäude der Bauernhöfe, an denen wir vorüberkommen, haben alle dichte, weiße Hauben auf den Dächern; das Gebüsch nimmt im Schneeschmuck die phantastischsten Formen an. Die jungfräuliche Schneedecke berichtet getreulich, was sich auf ihr seit dem Morgengrauen bewegte. Hier ist Meister Lampe vom nächtlichen Besuch eines Bauerngartens heimgekehrt und hat, nachdem er mehrfach Haken geschlagen, sein Lager unter einem Wacholderbusch aufgeschlagen; da schnürte sein Todfeind Reinecke seines Weges; dort setzte ein Wiesel zierlich ein Füßchen vor das andere. Nun nimmt uns der Winterwald auf. Schwerlastend liegt der Schnee auf den Zweigen der Tannen; das gebeugte Unterholz bildet weiße Lauben; kein Ton unterbricht die Stille als unser Glockengeläut und hin und wieder das Prusten eines Pferdes.

Das alles ist unbeschreiblich schön und poetisch, und wir genießen es mit vollem Bewußtsein. Allmählich verstummen die Ausrufe der Freude; man wechselt nur noch

---

[1585] Das entspricht der Entfernung von etwa 35 Kilometern zwischen Grafenthal und Leeparn. Nur etwa 6 Kilometer Luftlinie weiter südlich lag Latwelischek (Schroeders, P. v.: Nachrichten über Kurländer in Litauen o.O. 1984, 54), wo Jeannot aufgewachsen und das Grab seines Vaters und Julius Großvaters war.

selten ein Wort. Die Einwirkung der Kälte macht sich doch fühlbar, und es tritt ein Gefühl angenehmer Ermüdung ein. Die Pferde laufen langsamer und nehmen unsere Aufmerksamkeit nicht mehr in Anspruch; wir richten die Pelzkragen auf und die nun eintönig erklingenden Glocken tragen dazu bei, uns in eine Art Halbschlaf zu versenken. Dann aber dringt die Kälte durch unsere Pelze; die Hände und Füße fangen an erst zu brennen, dann zu schmerzen. Wir werden wieder ganz wach und treiben die Pferde zu schnellerem Laufe an. Endlich sind wir auf dem Hof, werden mit Ausdrücken lebhaftester Freude empfangen und schälen uns aus unseren Pelzen und Wollsachen. Wie erfreut uns jetzt die Wärme, die uns umgibt, die Wärme, die von den Öfen ausgeht und die, die von den Herzen unserer gastfreundlichen Wirte kommt!

Im Sommer machte man solche weite Fahrten gern in der hellen Sommernacht, und wir genossen dann ihr heimeliches Leben nicht weniger, als das frohe, das die aufgehende Sonne der vom Morgentau getränkten Landschaft brachte. Beides erfüllte unsere jungen Herzen mit gleicher Wonne." [1586]

※

Das Zahnziehen

„Unter den Töchtern von Frau von Denffer war Marie die weitaus bedeutendste. Eine hübsche Blondine, hatte sie außer der Herzensgüte ihrer Schwestern auch einen scharfen Verstand und die regsten geistigen Interessen. Ich gefiel ihr, und sie nahm mich des zwölf Jahre jüngeren Knaben in freundlichster Weise an. Ich durfte ihr meine Gedichte vorlesen und ihr mitteilen, was immer mich in Freude und Leid bewegte.

Außer Marie war die Frau von Theodor Denffer noch tonangebend in diesem Damenkreise. Sie war klug, sehr munter und machte allerliebste Gelegenheitsgedichte.

Damals las jedermann voll Entzücken die Andersenschen Märchen, und da diese scheinbar leicht nachzuahmen sind, griffen die beiden Damen und ich auch zu dieser Form, um, was uns innerlich bewegte, mitzuteilen. Es gab vom Spiegel bis zum Stiefelknecht kein Möbel, das nicht von uns personifiziert wurde und die tiefsinnigsten Aussprüche tun mußte. Diese Märchen wurden dann im Familienkreise vorgetragen

---

[1586] Pantenius, T.: Aus meinen Jugendjahren, Leipzig 1907, 113 f.; Auszug mit der Überschrift „Eine Schlittenfahrt" auch in Goertz, L., Brosse, A.: Heimatbuch für die baltische Jugend, Riga 1909, I, 105 f.

und fanden bei den höchst nachsichtig gestimmten Zuhörern die freundlichste Aufnahme.

Mit den Sallgallschen Vettern und Cousinen und den Kindern des Propstes Conradi, die zumal während der Ferien viel nach Grafenthal kamen, war eine zahlreiche Jugend versammelt, die fleißig tanzte und Theater spielte. Wir wagten uns sogar an die Operette: „Guten Morgen, Herr Fischer".

Der einzige ältere Mann in diesem Kreise, Theodor Denffer, würzte unser Treiben gelegentlich durch einen derben Scherz. Er war noch ganz der Kavallerieoffizier jener Zeit, sehr wenig gebildet, aber voll gesunden Menschenverstandes und schlagfertigen Mutterwitzes. Wenn ihm ein Zahn zu schaffen machte, ging er in den Stall, wickelte ein Pferdehaar um ihn und gab dann dem betreffenden Gaul einen derben Schlag auf den Hals, was zur Folge hatte, daß der Zahn prompt herausgerissen wurde." [1587]

Dieses eigentümliche zahnmedizinische Verfahren hat Pantenius offensichtlich beeindruckt und vielleicht aus dem Erleben eines heranwachsenden Jungen zu seiner Charakterisierung von Theodor geführt. Theodor seinerseits befaßte sich offenbar nicht viel mit Pantenius, so daß letzterem dessen Interesse an der Gutswirtschaft und landwirtschaftlichen Versuchen nicht aufgefallen war. Die Einschätzung, Theodor sei „ganz der Kavallerieoffizier jener Zeit, sehr wenig gebildet" gewesen, ist eher ungenau. Erkennbar war der Blick des jungen Pantenius mehr auf die Damen des Hauses gerichtet, so daß ihm das eine oder andere über Theodor Erwähnenswerte nicht auffiel oder nicht in Erinnerung blieb. Die Militärkarriere Theodors war mit seinem krankheitsbedingten Abschied als Kornett bereits sehr früh zu Ende gegangen, überhaupt scheint er nicht bester Gesundheit gewesen zu sein. Daß er und seine Frau Cornelia doppelt Vetter und Kusine waren, von väterlicher wie mütterlicher Seite her, und von ihren sechs Kindern drei recht jung verstarben, war blieb offenbar unbeachtet. Zwar hatte Theodor nicht studiert, immerhin aber doch das Mitauer Gymnasium absolviert und es später, durch seine landwirtschaftlichen Experimente und Beobachtungen zum „correspondieren Mitglied" der Kaiserlichen freien ökonomischen Gesellschaft zu St. Petersburg gebracht. Diese Gesellschaft war, wenn auch keine geisteswissenschaftlich orientierte, so doch zweifelsfrei eine der erstrangigen wissenschaftlichen Einrichtungen Russlands. Ganz ähnlich wie Theodor, mit Berichten über landwirtschaftliche Experimente, hatte sich übrigens ein Jahrhundert zuvor der spätere Agrarwissenschaftler

---

[1587] Pantenius, T.: Aus meinen Jugendjahren, Leipzig 1907, 115.

Andrej Bolotow mit der selben Freien Ökonomischen Gesellschaft in Verbindung gebracht. [1588] Wie Theodors Mitgliedschaft bei der „Kaiserlichen ökonomischen Gesellschaft" zeigt, war seine Bildung hinreichend, nur entsprach sie nicht dem, was man damals unter Bildung verstand, und wer nicht an einer Universität studiert hatte, galt eben als „sehr wenig gebildet". [1589]

※

Ein merkwürdiges Doppelleben

Weiter berichtete Pantenius: „Im kleinen Hause hatten wir allerlei Kameraden aus der Tierwelt, Hühner, Tauben, Hunde, die uns viel Freude machten.

Es wurde in Grafenthal wie überall in den gebildeten Familien Kurlands viel gelesen…" [1590] Als Beispiele führt Pantenius zahlreiche mehr oder weniger bekannte Namen von Schriftstellern und Werken jener Epoche an, darunter neben anderen Immensee von Storm, Soll und Haben von Freytag und vor allem die Engländer Bulwer und Dickens.

„Wir Balten führten damals ein ganz merkwürdiges Doppelleben, denn die Welt, in der wir tatsächlich unser Leben verbrachten, war eine ganz andere als die, in die uns unsere Lehrbücher und die von uns gelesenen Romane führten. Diese wie jene kamen aus Deutschland und waren für in Deutschland lebende Kinder oder Erwachsene bestimmt. Wir erhielten weder Unterricht in der Heimatkunde noch in der Geschichte der Heimat und wurden von klein auf mit Begriffen gefüttert, für die uns jede Anschauung fehlte… in jedem für Kinder bestimmten Bilde stießen wir auf uns Fremdes. Wir hatten nie einen Säcke tragenden Esel gesehen, nie Gespanne… und das ging auch auf der Schule so fort. Ich bin in Geographie nach dem „Großen Roon" unterrichtet worden, einem Buch, das für den preußischen Generalstab bestimmt war… Ähnlich verhielt es sich mit der Geschichte…" In ihr „zerfiel Europa in zwei große Völkergruppen, eine westliche und eine östliche… In den deutschen Lehrbüchern wurde und wird naturgemäß nur die erste Gruppe berücksichtigt; sie verrückten daher uns, deren Heimat der zweiten Gruppe angehörte, ganz den geschichtlichen

---

[1588] Bolotow, A.: Leben und Abenteuer des Andrej Bolotow von ihm selbst für seine Nachkommen aufgeschrieben, Leipzig 1989, II, 82 f. et infra.
[1589] Pantenius, T.: Aus meinen Jugendjahren, Leipzig 1907, 115.
[1590] Pantenius, 115.

Sehwinkel. Und in Bezug auf die Unterhaltungsliteratur lagen die Dinge nicht viel anders; auch in ihr wurden Verhältnisse, Probleme behandelt, die uns zum Teil ganz fremde waren, denn der persönliche Zusammenhang mit Deutschland war durch die hohe Paßsteuer fast ganz unterbunden... Indem man nun an dem geistigen Leben Deutschlands lebhaft, aber doch ganz passiv, sozusagen als unbeteiligter Beobachter, teilnahm, bildete sich ein Geist hochmütiger Kritik aus, und wir, die wir doch geistig ganz von deutscher Art lebten, waren sehr geneigt, auf sie von oben herabzusehen.

Von Rußland wußten wir gar nichts, hatten auch keinerlei Kenntnis von seiner Literatur. Rußland hatte für uns zum Teil eine ähnliche Bedeutung wie früher die „Vereinigten Staaten" für Westeuropa. Wer zu Hause entgleiste, die Examina nicht machen konnte, oder Werg am Zeug hatte ging, wie wir sagten, „nach Rußland". Fand er sich dort wieder zurecht, was nicht selten geschah, so kehrte der vielleicht viele Jahre lang für die Seinigen verschollen Gewesene eines Tages in die Heimat zurück als kaiserlicher Staatsrat und Direktor einer Mädchenschule etwa, oder als Oberförster, als General, als Besitzer von Bergwerken im Ural usw. Viele weniger Glückliche ließen nie wieder etwas von sich hören oder starben einsam und verlassen in irgendeinem Winkel des Riesenreiches.

Man wird nach dem, was ich von dem Leben in Grafenthal erzählte, verstehen, daß ich den Sonnabendnachmittag gar nicht erwarten konnte, und wenn es irgend anging, mit froh klopfendem Herzen dorthin eilte. Aber das war nicht immer möglich; das erste Eis im Herbst, das noch nicht trug, der Eisgang im Frühling machten es wohl einmal unmöglich, über den Fluß zu kommen. Der Rückweg am Sonntag Abend war, wenn die angeschwollene Aa mit starker Strömung dahinschoß, auch nicht ungefährlich, und die vielen bissigen Hunde in den Gesinden, an denen ich vorüber mußte, waren eine arge Plage. War der Wanderer von den Kötern eines Hofes entdeckt und gaben sie ihm bellend das Geleit, so wurde er von den Wächtern des nächsten schon empfangen und so fort. Ging man, ohne sie zu beachten weiter, so bissen sie nicht; es war aber doch ein höchst unbehagliches Gefühl, sie immer dicht hinter sich zu wissen, und man hatte doch keinerlei Garantie, daß nicht doch einmal einer zupackte." [1591]

Wie die folgende Nachricht aus dem Jahr 1850 zeigt, war Furcht vor Hunden keineswegs unbegründet und Vorsicht durchaus angebracht: „In Mitau wurde, in der Nacht auf den 19. April, ein Bauer, der mit der Reinigung eines abgelegenen Ortes

[1591] Pantenius, T.: Aus meinen Jugendjahren, Leipzig 1907, 117 ff.

bei dem Nachtwächter Eckardt beschäftigt war, von den Hunden des Nachbars, Gerbers Hauder, die durch das Geräusch herbeigerufen unter der Pforte in den Hof gedrungen waren, überfallen und so zerfleischt, daß der Unglückliche bis zur Ankunft des Arztes, nach dem man sogleich nach Wahrnahme des unglücklichen Verfalls geschickt hatte, seinen Geist schon aufgegeben hatte." [1592]

Pantenius fährt fort: „Das hat mich aber nicht gehindert, den Weg von Sallgallen nach Grafenthal und von Grafenthal nach Sallgallen in jeder Jahreszeit und Tageszeit, bei jedem Wetter und in jeder Stimmung zu Wasser und zu Lande zurückzulegen, und die hierbei gewonnenen Eindrücke haben sich mir unvergeßlich eingeprägt. Zu ihnen gehören auch zwei sehr seltene und interessante Naturbeobachtungen. Ich sah hier den Kometen von 1858 und eine Windhose. Es war ungemein reizvoll, wie der Komet immer sichtbarer wurde und sein Schweif sich schließlich über eine weite Strecke am Himmelsgewölbe ausdehnte, dann wieder kleiner und kleiner wurde und schließlich verschwand. [1593] … Ich aber konnte später den Kometen, der „Die von Kelles" [1594] erschreckte, aus eigener Anschauung schildern." [1595]

Die Windhose

„Eine Windhose sahen meine älteste Schwester [1596] und ich in der Entfernung von höchstens 500 Schritt an uns vorüberziehen. Es war an einem glutheißen Nachmittag eines Sonntags, und im Westen stand eine schwere Wolkenbank, als, während es sonst ganz windstill war, die Windhose von Norden her über den Fluß kam und an uns vorüber nach Süden zog. Sie sah aus wie ein umgekehrter Trichter, der sich um seine Achse dreht, und man konnte diese Bewegung um so besser beobachten, da die Windhose ein großes Stück Leinwand, das sie von irgendeiner Bleiche aufgenommen hatte, mit sich führte. Diese Leinwand wirbelte nun, merkwürdigerweise ohne sich zusammenzuballen, zugleich mit einer Wolke Staub, Brettern usw. wie eine Riesenfahne

---

[1592] Das Inland 1.5.1850, 284.

[1593] Der Komet Donati war von August bis in den Oktober 1858 mit bloßem Auge deutlich sichtbar.

[1594] Einer der Romane, die Pantenius verfaßte (Pantenius, T.: Die von Kelles, Bielefeld u. Leipzig 1885).

[1595] Pantenius, T.: Aus meinen Jugendjahren, Leipzig 1907, 119.

[1596] Natalie Pantenius (1839-1915).

einher. Das untere Ende der Windhose aber bewegte sich nicht gleichmäßig sondern in Sprüngen fort, was sich nachher an den Kornfeldern mit Sicherheit feststellen ließ. Die Gewalt der Windhose war so groß, daß sie nicht nur jeden Hof zerstörte, über den sie ihren Weg nahm, sondern auch die stärksten Bäume so abdrehte, wie etwa ein Knabe eine Weidenrute… Ich habe auch diese Windhose in symbolischer Bedeutung in dem Roman „Im Banne der Vergangenheit" verwendet, und die durch sie ausgesprochene Prophezeiung hat sich in unseren Tagen nur zu schrecklich erfüllt." [1597]

Über die Windhose hatte Pantenius schon zuvor einmal berichtet:

„Ich kann mich nun, da ich mich ganz auf mein Gedächtnis verlassen muß, im Folgenden nicht für die nach bestem Wissen mitgetheilten Details verbürgen, wol aber für die wesentlichen Züge, die sich mir unauslöschlich eingeprägt haben.

Die Windhose, die ich meine, wurde von mir im Juni oder Juli 1858 oder 1859 vom Gute Grafenthal aus, das in Kurland an der mittleren Semgaller Aa gelegen ist, beobachtet. Die vorhergehenden Tage und der Tag selbst waren unerträglich heiß. Am Nachmittag schien sich bei vollständiger Windstille ein Gewitter zusammenzuziehen, und ich erinnere mich deutlich, wie sehr uns das ängstliche Wesen meiner Hunde und des Geflügels auffiel. Etwa um fünf Uhr nachmittags sah ich von einer etwa hundert Schritt von den unteren Teichen nach Westen zu entfernten Scheune aus die Windhose vom Fluß her auf uns zukommen. Sie sah genau so aus, wie man diese Erscheinung abgebildet sieht, d.h. sie glich der oberen Hälfte eines Stundenglases, war ganz schwarz und drehte sich um sich selbst, was um so bemerklicher war, da sie ein großes Stück Leinwand, und wie es schien, eine Anzahl Bretter hoch in die Luft mit sich führte. Wie groß der Umfang dieser Wirbelwolke (als solche erschien mir das Ganze) war, läßt sich schwer angeben, sie schien mir aber, um es so zu sagen, vielleicht ein Viertel der Himmelsrichtung einzunehmen. Da die Erscheinung höchstens fünfhundert Schritt von meinem Standort vorüberging, so konnte ich sie genau beobachten und weiße Wölkchen wahrnehmen, die an ihr auf und niederzuckten. Trotz völliger Windstille hörte man ein Rauschen und Sausen, für dessen Unheimlichkeit und

---

[1597] Pantenius, T.: Aus meinen Jugendjahren, Leipzig 1907, 119 f. Es hat den Anschein, daß Pantenius mit diesem Hinweis auf eine „Prophezeiung" Bezug auf die Revolution in Russland und im Baltikum von 1905 nehmen möchte, doch erschließt sich dies bei der Lektüre seines Romans „Im Banne der Vergangenheit" (Mitau 1880) nicht.

Eigenart ich keine Analogie finde. Wie lange die Erscheinung sichtbar war, wage ich nicht mehr anzugeben.

Es wurde damals erzählt, daß die Windhose auf dem Gute Garosen (Korffs-Garosen, wie ich für meine kurländischen Leser hinzufüge) eine Scheune zerstört, später mehrfach Menschen getödtet, und endlich in zwei Wäldern große Verheerungen angerichtet habe, ich habe es aber versäumt, mich damals über Wahrheit oder Unwahrheit dieser Gerüchte zu vergewissern, und kann daher nichts darüber aussagen." [1598]

Jedenfalls scheint die Windhose nur etwa 350 bis 400 Meter entfernt an Grafenthal vorbeigezogen zu sein, und die dort Anwesenden wie auch die Gutsgebäude blieben vor Schaden bewahrt.

Die Kurländische Gouvernements-Zeitung berichtete 1858 unter „Bemerkenswerthe Ereignisse im Gouvernement":

„Am 28. Juni c. wurden die Saatfelder von 7 Schwittenschen, 13 Zeemaldenschen 1 Grafenthalschen und 7 Garrosenschen Gesinden, so wie des Hofes Zeemalden, im Ganzen 473 Dessätinen vom Hagel, welcher von einer Windhose begleitet war, zerstört; der Schaden ist auf 10,113 Rbl. S. geschätzt worden. Außerdem wurden im Hofe Zeemalden 45 Fensterscheiben zertrümmert, in Garrosen von dem neu erbauten Knechtsgebäude das Dach abgetragen, ein Schaden, welcher auf 100 Rubel taxirt wurde." [1599]

Mit herzlicher Dankbarkeit

Wie bedeutsam die Grafenthalschen Jahre für Pantenius waren, zeigt sein Hinweis: „Die Landschaft zwischen Grafenthal und Mitau um diesen Teil der Aa bildet den Schauplatz, auf dem sich meine Romane und Erzählungen zum größten Teile abspielen." [1600]

Aufgegriffen und noch etwas präzisiert hat diesen Hinweis der deutschbaltische Historiker und Journalist Ernst Seraphim: „Dieses Stück Kurland an der Semgaller Aa zwischen Sallgalln und Grafenthal, wo eine Familie v. Denffer wohnte, die feineren

---

[1598] Pantenius, T.: Der Untergang von Inselhof 369, in: Daheim. Ein deutsches Familienblatt… XVI Nr.23 (6.3.1880), 368-69.
[1599] Kurländische Gouvernements-Zeitung 3.9.1858, 581.
[1600] Pantenius, T.: Aus meinen Jugendjahren, Leipzig 1907, 120.

geistigen Genüssen die Tore nicht verschloß, ist die Heimat der meisten Pantenius-schen Romane und Erzählungen." [1601]

„Seitdem die Mutter sich in Grafental ein kleines Haus zu dauerndem Aufenthalt gemietet hatte, verbrachte der heranwachsende Knabe dort die Sonnabendnachmittage, froh sich in die Bücherschätze des Denfferschen Hauses versenken zu können. Zwei unvergeßliche Eindrücke gewann er auf diesen zu jeder Jahreszeit und bei jedem Wetter unternommenen Wanderungen nach Grafental: er sah den großen Kometen von 1858, den das Volk wieder als Zuchtrute Gottes auffaßte, er sah eine Windhose, als er mit seiner ältesten Schwester auf der Landstraße stand, höchstens 500 Schritt von sich vorüberziehen…" [1602]

Pantenius selbst schließt mit dem Resümee: „So günstig auch für mich Grafenthal Sallgallen ergänzte, so übte die Nachsicht des fast ausschließlich aus Frauen bestehenden Kreises doch auch eine schädliche Wirkung auf mich. Es bildete sich in mir ein übergroßes Selbstgefühl aus, und die übertriebenen Erwartungen, die meine Freundin Marie [1603] von mir hegte, und über die sie mich nicht im Zweifel ließ, konnten meine Anmaßung nur verstärken. Das war für mich um so gefährlicher, als man damals in Kurland überhaupt die intellektuelle Begabung weit über Gebühr schätzte. Galt ein junger Mensch für „enorm begabt" - so lautete der übliche Ausdruck -, so hatte er damit schon eine gewisse Stellung, ohne daß irgend dieser Begabung entsprechende Leistungen verlangt wurden. Dieses leidige „enorm begabt" wurde nicht wenigen meiner Zeitgenossen zum Verhängnis. Im August 1858 verließ ich Sallgallen, um in Mitau in die Tertia des Gymnasiums einzutreten." [1604]

Bei einem weiteren Rückblick kommt Pantenius erneut auf seine Grafenthalsche Zeit und die Denffersche Familie zu sprechen:

„Zu eigener Produktion wurde ich übrigens, soviel ich mich erinnern kann, durch den Theaterbesuch nicht angeregt. In bezug auf sie blieb es bei Gedichten, die in reicher Zahl entstanden. Konnte ich sie doch nach anderthalb oder zwei Jahren wieder regelmäßig meiner Freundin Marie vorlesen. Frau von Denffer verkaufte nämlich

---

[1601] Seraphim, Ernst: Th. Hermann Pantenius zu seinem 70. Geburtstag 249, in: Baltische Monatsschrift 1913, 243-263.
[1602] Seraphim, 251.
[1603] Johanna Rosalie Marie Gottlieb v. Denffer (1831-1896).
[1604] Pantenius, T.: Aus meinen Jugendjahren, Leipzig 1907, 120.

Grafenthal und zog nach Mitau, während meine Mutter sich in Doblen ein bescheidenes Haus erwarb. Sie wurde zur Wahl dieses Wohnortes dadurch veranlaßt, daß meine jüngere Schwester unseren Vetter Alexander Bernewitz, der der Nachfolger seines Vaters in Neuenburg geworden war, heiratete. Doch von Doblen und Neuenburg nachher. Ich werde der Familie von Denffer immer mit herzlicher Dankbarkeit gedenken, denn sie behandelte mich, als ob ich zu ihr gehörte, und erwies mir alles Liebe. Es war aber nicht günstig für mich, daß insbesondere Fräulein Marie mich gar so sehr verwöhnte, und es erwuchs in mir infolge dieser Verwöhnung nur zuviel Anmaßung und herrschsüchtige Selbstsucht. Mir war eine leidenschaftliche Eifersucht angeboren, und ich habe von klein auf schwer unter ihr gelitten. Jede mir gebotene Zuneigung erschien mir wertlos, wenn sie nicht eine ganz ausschließliche war, und dieser Charakterzug mußte durch die rückhaltlose Liebe meiner Mutter und durch die ebenso rückhaltlose Bewunderung, die meine Freundin meinem Talent zollte, sehr vermehrt werden. Ich stand besonders innig zu meiner älteren Schwester, die mir die liebevollste und verständnisvollste Vertraute war, in der aber damals schon die Zuneigung zu ihrem späteren Mann lebte, ein Umstand, der mich außer Rand und Band brachte und mich leider veranlaßte, der doch heißgeliebten Schwester viel Herzeleid zuzufügen. Aber ich konnte nicht anders, denn es erschien mir das Verlangen ganz berechtigt, daß man mich entweder gar nicht oder einzig und allein liebte.
Von den Denfferschen Schwestern war mir die älteste, Thekla, [1605] noch besonders interessant. Sie war die geborene Diakonissin, eine jener Frauen, die für sich selbst gar nicht vorhanden sind, die nur für andere Menschen leben und nur glücklich sind, wenn sie mit voller Selbstaufopferung Kranke pflegen, Gebrochene aufrichten, Armen mit Rat und Tat zu Hilfe kommen. Sie war ein unbeschreiblich gütiger Mensch."
[1606]

※

1857 Kontaktschuld
„Anno 1857. Ein gelinder winter - wenig schnee. Den, zweyten aprill zog schon ein gewitter auf, aber nach diesem gewitter ein nachwinter... Die roggenerndte fiel mittelmäszig aus, die gerste, erbsen, flachs - sehr schwach. Leztere von sehr schlechten

---

[1605] Bertha Gottlieb Thekla (1821-1877).
[1606] Pantenius, T.: Aus meinen Jugendjahren, Leipzig 1907, 153 f.

qualität. Kein Obst im ganzen lande, keine haselnusz. Alle lebensmittel im hohen preise. Der spätherbst bis neujahr 1858, kein frost u. kein schnee, sondern immer gelinde, oft warme Witterung. Viele u. mancherley krankheiten, an denen besonders viele; kinder starben." [1607]

Im Frühjahr kam Woldemar v. Budberg mit Begleiter zu seinem üblichen Besuch nach Mitau: „1857 In Mitau angekommene Fremde. Vom 5. bis 7. März. Im Kurischen Hause: Die HH. v. Budberg und Lehrer Walther aus Garsden." [1608]

In Deutschland wohnte Caroline weiterhin in Berlin mit ihrer Tochter Anna. Ende Mai 1857 waren „in München anwesende Fremde… Hotel garni (Schafroth) Meckel, Prof.-Wittwe v. Berlin… Denfer mit Tochter, Geh.-Raths-Gattin von Petersburg." [1609] Die Witwe kann Carolines Schwester Luise oder Carolines Tochter Theophile gewesen sein.

Mitte Juni kam Caroline, vielleicht zur Erholung auf dem Rückweg, nach „Canstatt 5. Verzeichniß der hier angekommenen Kurgäste und sonstigen Fremden… In Privatwohnungen… Frau Geheimerath v. Denffer aus Berlin". [1610]

Der Sommer in Kurland blieb ungewöhnlich trocken: „Mitau. Der Regen ist nun auch bei uns schon seit 4 Wochen ausgeblieben, einzelne unbedeutende Gewitterschauer abgerechnet. Dessen ungeachtet hat der Blitz auf mehreren Stellen, auf Gütern und in Bauernhöfen eingeschlagen und mannigfachen Schaden angerichtet. Auch Waldbrände haben an vielen Orten stattgefunden oder finden noch statt, die bedeutende Verluste an Holz zur Folge haben. Doch kamen bei uns nicht Unglücksfälle, wie in der Nachbarprovinz Livland vor, wo nun, wie wir hören, schon das zweite Pastorat durch Waldbrand vernichtet sein soll." [1611]

Im September 1857 ließ Woldemar v. Budberg die Aufnahme seines Gutes Grützgallen in den Kurländischen Kreditverein durch seinen Bevollmächtigten A. Tiling beantragen. [1612]

[1607] Sloka, L. J.: Kurzemes draudžu chronikas, Riga 1930, II, 200 (Irben).
[1608] Kurländische Gouvernements-Zeitung 9.3.1857.
[1609] Münchener Tages-Anzeiger 27.5.1857, 980.
[1610] Schwäbischer Merkur 14.6.1857, 1014.
[1611] Das Inland 25.8.1858, 559.
[1612] Kurländische Gouvernements-Zeitung 2.10.1857.

In Dorpat unterrichtete von 1843 bis 1857 Adolph Grube, Professor für Zoologie, und veröffentlichte 1859 ein „Verzeichnis der Arachnoiden [1613] Liv-, Kur- und Ehstlands". Einleitend merkte er dazu an: „… auch das Sammeln von Arachniden will gelernt sein. Seitdem aber mehrere meiner Schüler, Denffer, Flor, Glehn, Graf Keyserling, Kaulwell, Niezkowski und Dybowsky, zum Theil mit der Insectenjagd wohl vertraut, mit Hand ans Werk legten, kam mir mancher hübsche Beitrag von Unbekanntem… zu." [1614]

Zu Grubes Zeit studierten in Dorpat von 1847 bis 1852 August und von 1854 bis 1858 Woldemar. Betrachtet man die Studienjahre der anderen erwähnten Insektenjäger, ist die Wahrscheinlichkeit doppelt so groß, daß besagter Denffer Woldemar war und nicht August. [1615]

Anders als beim Spinnenfangen steht Woldemars Teilnahme am Studentenleben indes nicht in Frage. „Im Jahre 1855 hatte der ein Jahr zuvor nach Dorpat gekommene lettische Student Christian Woldemar (Alb. Ac. 6309) alias Waldemar aus Kurland einen kleinen Kreis von Kommilitonen um sich gesammelt. Es scheinen anfangs nicht nur national gesinnte Letten an den von Waldemar und dessen Freunden veranstalteten literarischen Abenden teilgenommen zu haben, sondern auch Männer, die sich, jedenfalls im späteren Leben, eher als Deutsche fühlten… Dennoch ist der Dorpater «Lettische Abend» mit Recht als die Wiege des lettischen nationalen Gedankens bezeichnet worden. Die Aufgabe, die sich die Glieder des Kreises um Woldemar gestellt hatten, bestand in der Pflege lettischen Schrifttums und in der Arbeit an der geistigen und kulturellen Hebung des lettischen Volkes… Weniger bekannt als diese oft geschilderten Bestrebungen des «Lettische Abends» dürfte die Tatsache sein, dass eine Anzahl seiner Teilnehmer sich mit studentischen Reformplänen trug, ohne dabei ausgesprochen nationale Ziele zu verfolgen. Wie sie über das Leben der alten Korporationen urteilten, erhellt aus den Worten Barons: «Es gab im studentischen Leben mancherlei veraltete Formen und Sitten aus vergangenen Zeiten, die sich wegen ihrer

---

[1613] Spinnentiere.
[1614] Grube, A.: Verzeichnis von Arachnoiden Liv-, Kur- und Ehstlands, Dorpat 1859, 4; auch in: Archiv für die Naturkunde Liv-, Ehst- und Kurlands 418, zweiter Serie. Bd. I, 299-486; Heidemaa, I.: Zoologia katedri ja zoologiamuseumi ajaloost 167, in: Tartu Ülikooli Küsimusi II, Tartu 1975, 164-174.
[1615] Hasselblatt, A.: Album Acadmeicum der Kaiserlichen Universität Dorpat, Dorpat 1889, 368 f. (August Nr. 5002); 461 (Woldemar Nr. 6305).

romantischen Züge noch hartnäckig hielten und nur allmählich milderten. Eine Gruppe von Studenten wünschte beschleunigte Reformen. Ihre Zahl wuchs bald so stark an, dass sie eine Korporation mit gewissen Neuerungen im inneren Korporationsleben gründen konnten.» Diese neue Korporation war eben die «Dorpatensis Fraternitas Academica»",[1616] deren Konstituierung mit einem Schreiben vom 7. Okt. 1857 bekanntgegeben wurde. Einer der „Chargierten" [1617] der Dorp. Frat. Acad. im zweiten Semester 1857 war „Denffer (Alb. Acad. 6305) aus Nowgorod". [1618]

Die Vorgänge an der Universität und im Land überhaupt standen wie schon in früheren Jahren unter geheimpolizeilicher Beobachtung, und hierdurch geriet Woldemar auf eine Liste „Schriftsteller, mehr oder weniger gebildete und aktive gegenwärtige Helfer Valdemars". Sie war einem Bericht aus Jelgava vom 29. Dez.1863 über die als staatsfeindlich geltende Organisation „Jungletten" unter Kr. Valdemars als Anlage beigefügt:

„Geheim. An den H. Windauschen Hauptmann v. Mirbach. Der Kurl. Gensd'armen Stabsoffizier hat mir gegenwärtig ausführliche Mittheilung gemacht über das Ergebniß seiner Ermittelungen hinsichtlich der, unter der Hauptleitung des bekannten Christoph Woldemar in St. Petersburg wirkenden Propaganda „Junge Lettland", welche bemüht ist, unter den Letten in Kur- und Livland irrige Begriffe über die Stellung des Adels, das Landeigenthum u.s.w. zu verbreiten u. sie zur Auflehnung aufzureizen. Zugleich hat der Obristlieutenant v. Kotzebue seinem Berichte ein Namensverzeichnis derjenigen Personen, welche zu den Stiftern des Vereins „Jung Lettland" gehören oder durch Schrift u. That besonders wirksame Gehilfen Woldemars sind, oder, mit den verderblichen Tendenzen des „Jung-Lettlands" betraut, nachtheilig auf das Lettenvolk wirken…" [1619] In der Anlage wird neben Anderen auch genannt „Denfer: war in der Universität Freund von Barons, jetzt im Ausland". [1620]

[1616] Becker, H.: Die nationale Frage in der Dorpater Studentenschaft um 1850, 567 f., Anm. 59 in: Baltische Monatshefte Riga 1934, 548-571.
[1617] Vorstandsmitglied.
[1618] Becker, 570, Anm. 60 in: Baltische Monatshefte Riga 1934, 548-571.
[1619] Tentelis, A.: Dokumenti par „Peterburgas Avizem", Riga 1937, 181.
[1620] Tentelis, 176 ff., 178.

„Scheinbar fing die Gendarmerie einen Brief Denfers an Barons ab, wonach er zu den Jungletten gehörte. Im Allgemeinen sind die biographischen Angaben in der Liste sehr fehlerhaft." [1621]

Krišjānis Barons, später berühmt als „Dainu tēvs" (Vater der Dainas), [1622] war einer der beiden Herausgeber der lettischen Zeitung „Pēterburgas Avīzes" (Petersburger Zeitung), zuvor Gymnasiast in Mitau und 1856 bis 1860 Student in Dorpat. Der andere Herausgeber war Krišjāns Valdemars und 1854 bis 1858 gleichfalls Student in Dorpat.

✳

Carcerhaft

Die polizeiliche Beobachtung hatte für Woldemar zumindest während seiner Studienzeit keine Folgen. Dennoch gab es in Dorpat erneut ein unerfreuliches Vorkommnis. Nach der Wirtshausschlägerei im April 1856 wurde Woldemar im Herbst 1857 wegen eines weiteren Vergehens vom Universitäts-Gericht bestraft:

„Der Studirende der Geogr. und Statistik Woldemar Denffer, welcher mit einem Paße auf die Ferienzeit zur Reise nach St. Petersburg versehen war, kehrte erst am 9ten August nach Dorpat zurück ohne Legitimation wegen der Urlaubs-Überschreitung - sich mündlich nur darauf berufend, daß er durch Familien-Angelegenheiten an einer früheren Rückkehr verhindert gewesen sei. Dem Gericht überwiesen wurde er am 14. August zu einer Carcerhaft von 4 Tagen in den nächsten Ferien verurtheilt. - In der Zahl der Studirenden befindet er sich seit dem Juli 1854; über seine Führung spricht sich das beiliegende Blatt aus. D. 21 Septbr 1857" [1623] (unleserliche Unterschrift, dem Vergleich nach der Rektor). Das „beiliegende Blatt" fehlt in der Akte.

[1621] Klipoks, E.: Piecdesmito gadu latviesu studenti, 54 in: Izglitibas Menesraksts (Riga) 3/1944, 53-55; Klipoks, E.: Latviesu studentu kustibas sakumi, 4, in: Universitas 58 (Riga) 1.10.1986, 1-8.

[1622] Barons sammelte die „Dainas" genannten lettischen Volkslieder und Verse. Zu den zahlreichen Überlieferern gehören auch „Matura Atis" und „Matura J." aus „Grawendale, Grafenthal" (Barons, Kr., Wiffendorffs, H.: Latwju dainas III/2, Peterburga 1906, 767, Nr. 293).

[1623] Nationalarchiv Estland, Rahvusarhiiv Tartus EAA 354.1.4250, fol. 9.

Diese Bestrafung gab Anlaß zu einem Brief aus St. Petersburg an den Kurator des Dorpater Lehrbezirks. Die Handschrift ist dermaßen schwer lesbar, daß der Text stellenweise nicht vollständig deutbar wird, [1624] doch läßt sich der Inhalt erkennen:

„Ew. Excellenz

Werden es gewiß einer alten Bekannten verzeihen, wenn sie es wagt, sich in Ihre freundliche Erinnerung zu bringen, und zwar durch ein Anliegen das ihr schwer auf dem Herzen liegt. Wir sind alte Freunde dem Denfferschen Hause. Den alten Senateur Denffer hat das Schicksal schwer geprüft - von neun Kindern hat er sechs erwachsen verloren, unter denen fünf Söhnen der Letzte bei Kars blieb. Von den drei zurückbleibenden Kindern, ist nun die Aelteste auch Wittwe geworden, und zum Vater zurückgekehrt. Die zwei jüngsten, Tochter und Sohn (der in Dorpat Student) sind auch schwächlich. Nach langer Zeit hatte der arme alte Mann die Freude seine ihm gebliebenen Kinder beisammen zu sehen//

(denn die ältere Tochter war in Berlin verheirathet die Jüngste ihrer Gesundheit wegen im Auslande) Nun [1625] wird dieses freudige Gefühl, durch ein absichtloses Vernachläßigen des Sohnes gestört, der am Tage seiner Abreise [1626] unwohl wurde und von den Schwestern gewalthsam zurückgehalten sechs Tage über Termin zu Hause verweilte und kein Zeugnis des Arztes sandte - Woran es lag daß er dieses versäumte weiß ich nicht genau - ich glaube weil er jeden Tag selbst reisen wollte? Nun soll er dafür vier Tage von den Weihnachtsferien im Carcer sitzen. Diese Nachricht hat die Schwestern ganz niedergeschlagen die er auch dem alten Vater verschwiegen - Bis Weihnachten ist noch lange - um desto länger ist auch die Qual und Sorge um den einzigen geliebten Bruder die wie sein Fürchten (unter uns gesagt) sich am Ende streichen läßt. [1627] //

Ew. Excellenz sind selbst Vater, werden sich also in die Lage des armen Senateur Denffer versetzen können. Lassen Sie Gnade für Recht [1628] geschehen - und verzeihen Sie dem armen Schuldigen [es folgen zwei Zeilen in unleserlicher kyrillischer Schrift] wollen Sie den guten Worten der Krone folgen - so sagen Sie dem jungen Menschen

---

[1624] Dank an Udo Bongartz, der helfen konnte, einige Wörter zu deuten.

[1625] Oder: Ihm (unleserlich).

[1626] Oder: seines Abgehens (unleserlich).

[1627] Insbesondere „Fürchten" unsicher, die ganze Zeile ist unleserlich, auch wohl sprachlich falsch.

[1628] Unsicher, gemeint ist wohl: Gnade vor Recht.

daß Sie ihn begnadigt damit er sich und die Seinigen nicht mehr quält und dem hohen Feste nicht mit Sorgen, sondern wie alle (Christen? [1629]) mit Freude entgegen sieht. Ihr Segen wird auf Ihrem Kinde liegen(?)! ... Mit ausgezeichneter Hochachtung und aufrichtiger Ergebenheit nenne ich mich Ew. Excellenz ganz ergebenden Olga von Lea(nder?) geb. Staritzen den 10t September 1857." [1630]

Dazu gehört ein Text in anderer Handschrift: „Gnädige Frau! In Erwiderung Ihres geehrten Briefes vom 16. habe ich die Ehre Sie zu benachrichtigen, daß ich zur gehörigen Zeit es möglich finde eine Milderung der Strafe des Studirenden Denffer eintreten zu lassen, welches mir schon in Berücksichtigung der innigen Hochachtung, die ich für seinen Vater, meinen würdigen Collegen hege, besonders angenehm sein wird. Mit der ausgezeichnetsten Hochachtung habe ich die Ehre zu sein Gnädige Frau Ihr gehorsamster Diener G. von Bradke Dorpat 21. Septbr. 1857." [1631]

Georg v. Bradke (1796-1862) war gleichfalls Senator und zu dieser Zeit als Kurator des Lehrbezirks Dorpat auch zuständig für Angelegenheiten der Universität. [1632] Anders als seinen Vorgängern gelang es ihm offenbar, die gespannten Verhältnisse in Dorpat abzumildern: „Sein Werk war es, daß die dorpater Corporationen und die von ihnen geleitete Repräsentation des Studentenstaats im Frühling 1855 staatlich anerkannt und bestätigt... wurden. Nachdem auf diese Weise fester Boden gewonnen war, stellten sich allmählich gegenseitiges Vertrauen und Verständniß ein, zumal der neue Lenker akademischer Geschicke mit unermüdlicher Treue für das Wohl und die Selbständigkeit der ihm anvertrauten Hochschule und ihrer Anstalten thätig war." [1633]

Auch im Falle Woldemars läßt sich davon etwas erkennen, denn die Akte schließt mit einem für alle Beteiligten einigermaßen gesichtswahrenden Kompromiss. Der Kurator schrieb „An den Herrn Rector der Kais. Uni. Dp. N 2104 d 3. Decbr 1857. In Berücksichtigung eingetretener besonderer Umstände ersuche ich Ew. Excellenz den Studirenden Denffer die Carcerhaft von 4 Tagen zu welcher er für die bevorstehenden

---

[1629] So Udo Bongartz.
[1630] Nationalarchiv Estland, Rahvusarhiiv Tartus EAA 354.1.4250, fol. 7-8.
[1631] Nationalarchiv Estland, Rahvusarhiiv Tartus EAA 354.1.4250, fol. 9.
[1632] Lenz, W. (Hg.): Deutschbaltisches Biographisches Lexikon, Köln 1970, 95; (Neander, Th.) Die Deutsche Universität Dorpat im Lichte der Geschichte und der Gegenwart, Leipzig 1882, 54.
[1633] (Neander, Th.), Die Deutsche Universität Dorpat im Lichte der Geschichte und der Gegenwart, Leipzig 1882, 54 f.

Ferien verurtheilt ist, schon gegenwärtig im Hause des (unleserlich) zu unterziehen." [1634] Woldemar konnte demnach während des Weihnachtsfestes und zum Jahreswechsel 1857/1858 seine Angehörigen in St. Petersburg besuchen.

※

Riga

Die „Hamburger Nachrichten" verzeichneten „1857 7. September Hamburg Angekommene Fremde Alster Hotel … v. Denffer, Rent. a. Curland". [1635] Vermutlich war dies August der Dichter auf dem Rückweg von seiner langen Reise. Jedenfalls ließ er sich nun in Riga nieder, einer ganz anderen Welt als die seiner früheren Jahre:

„…durch die Vorstadt an dem sich großartig präsentirenden auf offenem Platze befindlichen Theater vorbeifahrend gelangen wir in die innere Stadt, deren Gassen schmal und krumm sind, und wir steigen in einem Hôtel nahe an der Düna ab, uns gegenüber das Schloß, in welchem der Gouverneur wohnt. Denn Riga ist nicht nur Hauptstadt der eigentlichen livländischen Provinz, sondern auch der sogenannten Ostsee-Provinzen, d. h. von Est-, Liv- und Kurland, welche zusammen das heutige russisch-livländische Gouvernement bilden. Riga ist nach Petersburg die bedeutendste russische Handelsstadt am baltischen Meere, obwohl es zwei Meilen landeinwärts liegt. Aber die Düna, welche wirklich die livländische Donau ist, (russisch Dwina, lettisch Daugava), und aus dem Innern Rußlands, dem twerischen Gouvernement, erst südlich, dann westlich fließt, ist bei Riga 1500 Schritte breit und bis hieher gehen die Seeschiffe, deren eigentlicher Hafen Dünamünde (Mündung der Düna) ist.

Gemäß der Volkszählung des Jahres 1867 zählt Riga 102,000 Einwohner; im Jahre 1836 waren 67,000, 1775 nur 22,000; dies allein zeigt schon den Aufschwung der Stadt, der sich im Uebrigen nicht nur in der Zahl der Einwohner, sondern auch in vielem Andern kund giebt. Unter den 102,000 sind 47,479 Deutsche, 25,647 Russen, 23,718 Letten, 1172 Esten, 4027 verschiedene andere Nationalitäten. Die Deutschen, Letten, Esten sind mit wenig Ausnahmen Protestanten (Lutheraner), deren Zahl im Ganzen auf 72,369 sich beläuft; die Russen gehören natürlich zur orientalischen Kirche, doch befinden sich unter ihnen auch viele Raskolniks,

---

[1634] Nationalarchiv Estland, Rahvusarhiiv Tartus EAA 354.1.4250, fol. 10.
[1635] Hamburger Nachrichten 7.9.1857 Beilage, 6.

Abtrünnige, die seit langer Zeit hier wohnen, wo sie ein Asyl vor Verfolgungen fanden. Verhältnißmäßig gering ist die Zahl der Katholiken und Juden. In der Stadt befinden sich dreizehn steinerne und zehn hölzerne Kirchen. Unter den erstern sind sieben lutherische, die gleichzeitig die bedeutenderen und älteren sind; vier russische, eine reformirte, eine katholische und eine anglikanische; von den hölzernen sind zwei lutherisch; auch die Kirche der Raskolniks und die Synagoge sind aus Holz. Riga besitzt ein Polytechnikum... ferner zwei Gymnasien, eine Marineschule etc. Auf den Bau des Hafens wurden von 1850-1861 2,040,000 Rubel verwendet, was allein schon auf Wohlstand hindeutet.

In einer fremden Stadt an den Fluß eilen, wenn einer da ist, und von dort dann einen höheren Thurm besteigen, heißt so viel als uns einheimisch machen. Ueber die Düna führt eine Schiffsbrücke in die Mitauer Vorstadt. Die Brücke ist lang und erinnert an die einstige Pester Schiffsbrücke; doch die Ufer der Düna sind flach. Auffallend sind die Wagen und Kutscher. Jene sind zumeist einspännig, mit einem sehr schmalen Sitz, so daß zwei Personen kaum neben einander sitzen können; der Kutscher trägt einen langen Rock, die beiden Theile des Rockschooßes sind übereinandergeworfen und mit einem Gürtel zusammengehalten; dabei ist der Kutscher sehr dick, denn wenn es nöthig ist, so stopft er sich aus, damit er den Kutschersitz ganz ausfüllt; sein Hut ist halbhoch. Der Kutscher ist kein Deutscher, wahrscheinlich Russe oder Lette. Das Pferd steckt bei einem herrschaftlichen Gespann in einem reizenden Geschirr, an dem die glänzenden Knöpfe nicht fehlen; über das Schulterblatt des Pferdes, von einem Theile der Wagengabel zum andern, erhebt sich im Halbkreis ein Bogen, bei Bauern- oder Lastwagen besteht dieser Bogen aus dickem Holz und spannt die Gabel so auseinander, daß diese die Seite des Pferdes nicht berührt. Die Leine bei elegantem Gespann aus rother Seide, wo dann der Kutscher weiß behandschuht ist, wird durch den Ring des Halbbogens durchgezogen. Die Pferde sind nicht übertrieben groß, sehr schnell und stark gebaut; auch die lastziehenden sind zumeist gut gepflegt und scheinen besser gehalten als bei uns. Auf der Brücke, an den Ufern des Flusses bewegt sich eine große Menschenmasse. Dampfschiffe gibt es verhältnißmäßig nur wenige; die ankernden, ein- und ausladenden Segelschiffe bilden die Mehrzahl. Im Jahre 1666 langten hier 2340 Schiffe an, und fuhren 2308 ab, welche Flachs, Hanf, Leinsamen, Holz, Getreide nach allen Gegenden transportiren. Rigaer Flachs und Leinsamen wird auch bei uns gesucht; die Anländer der Düna produciren sehr viel Flachs und Hanf, welche über Riga in den europäischen Handel gelangen.

Unter den Thürmen ragt der von St. Peter empor. Wir lesen von ihm, daß er seine jetzige von Gängen durchbrochene Kuppelform nach 1666 erhielt. „Der Meister dieses, durch seine Form einzig dastehenden Gebäudes ist unbekannt, und doch verdient er, genannt zu werden. Ein Thurm von ähnlicher Gestalt, so kühn und schlank, so stark, graciös und symmetrisch ist kaum zu finden." Wir gehen bis zur ersten Gallerie. Vor uns breitet sich Riga und seine Umgegend aus. Das Auge sucht zuerst die Düna, von wo sie kommt und wohin sie fließt, und wenn man sie verfolgt, so stößt das Auge wie auf große weiße Steinmauern, welche dort die Gegend absperren. Es sind dies die Sanddünen des Meeres; dort sehen wir Dünamünde, wo der rigaische Meerbusen den Horizont abschließt. Auf der entgegengesetzten Seite des Flusses ist die Mitauer Vorstadt; auf dem diesseitigen Ufer umgeben die Stadt die St. Petersburger und Moskauer Vorstadt. Promenaden und Gärten sind in großer Zahl sichtbar. Die Häuser der innern Stadt sind gut zu unterscheiden; das Schloß kennen wir bereits, denn wir sahen es von den Fenstern des Gasthofes, in dem wir uns einquartirten; dort ist das Rathhaus, ihm gegenüber das Schwarzhäupter-Haus; dort die St. Jakobs-Kirche, neben derselben der neue Palast, das Ritterhaus des livländischen Adels, in dem die Provinziallandtage abgehalten werden, die Häuser der großen und der kleinen Gilde, die Börse, das neue Theater, die Gasanstalt u. s. w. In der St. Petersburger Vorstadt ist unter Anderm das Polytechnikum; der Bahnhof befindet sich in der Moskauer Vorstadt. Die Kirche zu St. Peter stammt aus der ältesten Zeit der Stadt (1209); ihre gegenwärtige Gestalt erhielt sie im fünfzehnten Jahrhundert. Eine reiche Kirche einer reichen Stadt, obwohl der Küster, der das schönste Deutsch spricht, sie für viel ärmer bezeichnet als die Domkirche. Die Sitzreihen zeugen von dem mittelalterlichen Ursprung der Stadt. Hier sitzen die Väter derselben, die Glieder des „amplissimus senatus"; dort die Glieder der großen, hier die der kleinen Gilde. Doch was sehen wir dort? Schwarze Statuen bewachen und bezeichnen die Sitzreihen, was sollen sie bedeuten? Diese Plätze sind die Sitze der Schwarzhäupter! Auch in der Domkirche finden wir dieselbe Absonderung. Dann etwas, was wir hier zuerst sehen: daß man die Kirche im Winter heizt. Vier Oefen, welche man im Innern der Kirche gar nicht bemerkt, werden am Samstag und Sonntag zeitig des Morgens geheizt, bis zum Beginn des Gottesdienstes erfüllt eine angenehme Wärme das Gebäude und die frommen Gläubigen können ohne

Gefahr der Erkältung ihre Andacht verrichten. Auch Wappen und Begräbnißtafeln finden sich hier mehr, als in den andern Kirchen. Der Bau der Domkirche oder der Marienkirche wurde sogleich bei Gründung der Stadt in Angriff genommen, im Jahre 1201; in ihrer gegenwärtigen Gestalt begann man sie im Jahre 1215 zu bauen und im Jahre 1226 war man bereits so weit, daß in jenem Jahre der päpstliche Gesandte, Wilhelm von Modena, dort eine Synode abhalten konnte. Unser Dom, ein bewundernswerthes, großartiges, und symmetrisches Ziegelgebäude, wurde in erstaunlich kurzer Zeit vollendet, eben so wie Dorpats große und schönste Kirche, an welcher man blos von 1223-1230 baute, und wie die Schlösser in unserm Lande, welche in ihren Trümmern noch zur Bewunderung hinreißen. Zur Errichtung eines so riesigen Bauwerkes fehlte es in Riga weder an den Mitteln, noch an dem Willen, ganz im Gegensatz zu den meisten Städten Deutschlands, namentlich Lübeck, wo an dem aus Ziegel gefertigten Dom 150 Jahre lang (1170-1321) gebaut wurde." [1636]

Hier, in der Hauptstadt der Ostseeprovinzen Russlands, betätigte sich August seit 1857 als Privatlehrer. Darüber hinaus unterstützte er 1858 die Luther-Sonntagsschule für Handwerkslehrlinge durch Lehrtätigkeit. August ist verzeichnet unter „Lehrkräfte der Lutherschule in Riga in den Jahren 1857/58 und 1858/59." [1637] - In der 2. Klasse „mit über 80 Schülern… wird das zusammenhängende Lesen und Schreiben geübt und im Rechnen bis zum Multiplizieren und Dividiren gegangen." An der 2. Klasse unterrichteten „mit unentgeltlicher, gefälliger Betheiligung… Candidaten v. Denffer…" [1638] In der Rigaschen Gesellschaft war August offensichtlich bald, wie man heute sagt, gut vernetzt, denn seiner Vermittlung hatte später Theodor Hermann Pantenius wichtige Bekanntschaften zu verdanken. [1639]

※

[1636] Hunfalvy, P.: Reise in den Ostseeprovinzen Rußlands, Leipzig 1874, 17 ff.
[1637] Busch, N.: Geschichte der Literärisch-praktischen Bürgerverbindung in Riga 1802-1902, Riga 1902, 45; 115.
[1638] Rigasche Stadtblätter 24.12.1858, 42 f.
[1639] Pantenius, L.: Jugenderinnerungen aus dem alten Riga, Hannover-Döhren 1959, 75 f.; lettische Ausgabe Panteniusa, Luize: Jaunības atmiņas par veco Rīgu, Aizpute 1997, 55; Pantenius, T.: In Riga. Aus den Erinnerungen eines baltischen Journalisten 98-103 107 ff., in: Eggers, A.: Baltische Lebenserinnerungen, Heilbronn 1926, 87-128.

Riesengurke und andere Gurken

Die Petersburger freie ökonomische Gesellschaft verschickte weiterhin Saatgutproben für landwirtschaftliche Versuche: „Auch werden wie bisher, Sämereien wirthschaftlicher Pflanzen, die nicht allgemein bekannt oder verbreitet sind, dem Journale in Prisen beigegeben." [1640] Darunter war auch aus Grafenthal die „No 3. Chinesische Riesengurke, auch frühe grüne holländische Gurke genannt. Den Samen dieser Gurkenart erhielt der Redacteur dieses Journals vor einigen Jahren von dem correspondirenden Mitgliede der Kaiserlichen freien ökonom. Gesellschaft, Hrn. Leo, aus Jeniseisk. Da die erhaltene Menge des Samens nicht dazu ausreichte, um mit dem Journale vertheilt werden zu können, so wurde der erhaltene Same an nur einige Landwirthe und Gärtner, behufs zu veranstaltender Vermehrung vertheilt. Zur diesjährigen Vertheilung mit dem Journale haben wir nun den beifolgenden Samen von dem Hrn. von Denffer auf Grafenthal in Kurland, und von dem Hrn. Kronsgärtner Stelling in Orel erhalten. Letzterer nennt diese Gurkenart die frühe grüne holländische, während Herr Leo sie die chinesische Riesengurke nennt. Wir haben von derselben Gurke einige von mehr als ein Fuß Länge gesehen. Außer der Länge soll diese Gurkenart sich auch noch dadurch auszeichnen, daß sie eingesalzen oder gesäuert nicht so leicht weich wird und verdirbt, als die grüne russische Gurke." [1641]

Theodor übersandte zudem auch „IX. Einige Mittheilungen über landwirthschaftliche Versuche.

Der Filderkohl und die Douwicker Carotte *) sind ganz gut gediehen, nur finde ich keinen wesentlichen Unterschied zwischen diesen und den gewöhnlich gebauten Gattungen dieser Gemüse, außer der abweichenden Gestalt des Filderkohls und dem etwas größeren Zuckergehalt der Douwicker Carotte. *) Vergl. diese Mitth. v. 1857, S. 77 u.s.w.

Die Zuckerhirse wurde hier bis 5 Fuß hoch, der Halm war ähnlich dem vom Mais; die Rispen kamen aber nicht zum Vorschein, obgleich sich die obern Halme gebildet hatten; der Geschmack des Stengels ist süßlich, jedoch wird er wohl als Viehfutter nicht benutzt werden können, da ihn das Vieh nicht fressen will. **) - **) Soll auch

---

[1640] Mittheilungen der Kaiserlichen freien ökonomischen Gesellschaft zu St. Petersburg 1857, 412

[1641] Mittheilungen der Kaiserlichen freien ökonomischen Gesellschaft zu St. Petersburg 1857, 78.

nicht zum Viehfutter, sondern zur Gewinnung des Zuckers oder Branntweins aus den grünen Stengeln dienen. D. Red.

Die Narbonner Wicke gedeiht gut; als Futter habe ich sie noch nicht versuchen können, da davon zu wenig war.

Ueber den Anbau der Gurken hat mir die Erfahrung gelehrt, daß sie in schwerem Boden, besonders in trockenen Jahren, nicht gut gedeihen, und in nassen Jahren faulen die jungen Pflanzen leicht aus. Indessen hat sich die in Folgendem beschriebene Art, Gurkenbeete zu machen, als sehr praktisch erwiesen: die Beete müssen unten ohngefähr 3 Fuß und oben 4 Zoll breit sein; die Höhe ist 11½ Fuß. Das Beet hat in der Mitte eine 4 Zoll breite, bis auf den Grund desselben gehende Rinne, worin zuerst eine 9 Zoll hohe Schicht Dünger gelegt und drüber eine 9 Zoll hohe Schicht Blätter- oder andere gute Garten-Erde geschüttet wird. Zu berücksichtigen ist, daß man solche Beete, vorzüglich bei trockener Witterung, täglich begießen muß und zwar zur Mittagszeit.

Sehr vortheilhaft ist es bei uns einige Gemüsegattungen, als: Beeten, Burkanen (Möhren), Petersilien, Cichorien u. dergl., im Herbste zu säen, da man erstlich bei den im Frühjahr sich häufenden Arbeiten schon einen Vorsprung gewinnt, und dann auch, da das im Herbst gesäete Gemüse größer wird und früher zur Nutzung kommt. Nur muß man so spät als möglich die Herbstsaat machen, damit dieselbe nicht noch im Herbste auskeimt, weil in dem Falle die Pflanzen leicht im nächsten Jahre in Samen schießen. Ist der Spätherbst sehr naß, so daß man den Samen nicht in die Erde einharken kann, so muß man Sand oder leichte Gartenerde darüber schütten.

Mit dem Guano habe ich seit 3 Jahren verschiedenartige Versuche gemacht, welche aber leider kein günstiges Resultat gegeben haben. Meistentheils operirte ich auf Lehmboden, und bin bis zur Quantität von 5 Pud per 1½ Dessätine (1 kurländ. Lofstelle) gestiegen; habe den Guano rein, und mit Erde und Gyps gemengt, vor und nach der Saat, bei trockener und nasser Witterung, bei Sommer- und Wintergetreide angewandt, aber auch nicht den geringsten Erfolg davon bemerkt. Die mit Guano gedüngten Stellen, auf welche Weise dieses Düngmittel auch dem Boden beigebracht worden war, unterschieden sich auch nicht im Geringsten von den ungedüngten Stellen. Selbst bei Wiesen, wo ich den Guano mit Wasser verdünnt aufbrachte, und zwar, sowohl im Herbste als im Frühlinge, war kein Erfolg zu sehen. Und dennoch soll dieser Guano sehr gut gewesen sein, da mir sachverständige Männer versichert haben, daß er nach chemischer Untersuchung über 60 % verbrennbare Stoffe enthielt. Auch habe ich den Guano, zur Hälfte mit Erde gemischt, beim Pflanzen von Gartengewächsen angewandt, aber ebenfalls ohne Erfolg.

Noch wäre der landwirthschaftlichen Maschinen zu erwähnen, über die ich einiges Nähere, in Hinsicht des praktischen Gebrauchs, mittheilen will. Zu denjenigen, die hier in Kurland immer mehr Eingang finden, gehören besonders die Dreschmaschinen; auch sollen gegenwärtig schon 12 derselben, die durch Dampfkraft getrieben werden, aus England von der Garretschen Fabrik in Kurland eingeführt sein. Eine derselben die ich auf dem Gute Sr. Durchlaucht des Fürsten Lieven in Mesothen gesehen habe, leistet in jeder Hinsicht Ausgezeichnetes; sie drischt ungefähr 20 Lof (1 Lof = 1/3 Tschetwert) Wintergetreide, oder 30 bis 40 Lof Sommergetreide pr. Stunde, reinigt und scheidet das Getreide nach der Qualität, und läßt es in angehängte Säcke laufen; sie ist von guter reeller Arbeit und leistet Alles, was der Landwirth in dieser Hinsicht nur wünschen kann. Schade nur, daß sie bis 2500 Rbl. S. kosten soll, und daher dem kleineren Landwirthe schwer erreichbar ist.

Noch muß ich einer Pferdeharke (eines Pferderechens) erwähnen, die aus derselben Fabrik sein soll, die, durch einen Menschen und ein Pferd in Bewegung gesetzt, ebensoviel leistet, als zwanzig gewöhnliche Harken.

Auch ist die Hornsbysche Putz- oder Getreidereinigungsmaschine sehr zu empfehlen, sowohl für diejenigen die noch nach alter Art dreschen, als auch für diejenigen, deren Dreschmaschinen nicht gleich selbst reinigen. Diese Putzmaschine arbeitet sehr gut und rasch, und reinigt das Korn aus dem gröbsten Kaff. [1642]

Doch ist wie bei allem Guten auch bei den Maschinen ein Schlimmes, indem, wenn man dieselben aus nicht zuverlässigen Fabriken bezieht, man nicht nur Zeit und Arbeitskräfte nicht erspart, sondern im Gegentheil dieselben und sein Geld noch dazu opfert.

Grafenthal in Kurland 9. Novbr. 1857. Th. von Denffer. Corsp. Mitgl. der Gesellschaft." [1643]

Diese Versuchsergebnisse fanden nicht nur in Russland, sondern auch in Deutschland Verbreitung:

[1642] Spreu.

[1643] Mittheilungen der Kaiserlichen freien ökonomischen Gesellschaft zu St. Petersburg 1858 (2), 106-109.

„Dagegen berichtet Denffer *) aus Kurland: er habe seit drei Jahren verschiedene Versuche mit Guano gemacht, welche aber keine günstigen Resultate gegeben haben. Der Guano wurde rein, gegypst und mit Erde vor und nach der Saat, bei trockner und nasser Witterung, bei Sommer- und Wintergetreide angewendet, immer ohne geringstem Erfolge. Der Boden war ein Lehmboden. Ueber den Guano selbst sagt Denffer: „er soll ein guter gewesen sein". Diess giebt wohl wenig Aufschluss über die Güte des Guano. *) Mittheilungen der Kaiserl. freien ökonomischen Gesellschaft zu St. Petersburg 1858 S. 107." [1644]

Zum Jahresende bekamen Cornelie und Theodor ihr drittes Kind:

„Zwanzigst December 1857 um 9 ½ Uhr Ab (getauft) 1858 Zehnten Februar Johann Carl Woldemar Sohn des Herrn dimittierten Cornets u Besitzers von Feldhof Theodor Johann von Denffer und dessen Gemahlin Cornelie geborene von Denffer, Eltern Evangelisch Lutherischer Confession; Zeugen: Carl von Neumann Oberhofgerichts-Advocat und Secretär der Bank; Collegienassessor Dr. August von Bidder; Hofrath Wilhelm Napiersky; getauft in Feldhof von dem Evangelisch-Lutherischen Prediger H. T. Conradi zu Mesothen." [1645]

Carl v. Neumann (1809-1863) war Sekretär des Kurländischen Kreditvereins, der Arzt August v. Bidder (1823-1895), verheiratet mit Emilie v. Villon aus Bersebeck, ein Neffe des mehrfach genannten Dr. med. Heinrich Bidder, Wilhelm Napiersky (1823-1885), damals Oberlehrer für Mathematik am Mitauschen Gymnasium, beide Altersgenossen und vermutlich Theodors alte Freunde aus der gemeinsamen Schulzeit. Napiersky war verheiratet mit Auguste Amalie Kahn, der jüngsten Tochter des Mitauschen Kreislehrers Carl Christian Kahn. [1646]

Marie Reynart

Zum Leben auf dem Landgut gehören meist auch Liebestragödien. Eine solche aus Grafenthal hat uns Tante Tali überliefert. Bei ihr heißt das Gut „Herzogstal" statt

---

[1644] Jahresbericht über die Fortschritte der Agriculturchemie I (1858-59), Berlin 1860, 209.
[1645] KB Mesothen Taufen 1858, Nr. 32; (719, LR 3289 719 rechts).
[1646] Lenz, W. (Hg.): Deutsch-Baltisches Biographisches Lexikon, Köln Wien 1970, 545. Brennsohn, I.: Die Ärzte Kurlands, Riga 1929, 93; Lenz, 540; KB Mitau Landgemeinde Taufen 1825 Nr. 5 (LR 2892, 315 rechts).

Grafenthal und die Protagonistin „Marie Reynart", in der unschwer Mamachens Tochter Marie erkennbar ist. Die Geschichte nahm wohl im November 1857 ihren Anfang, wenn die Mitteilung zutrifft, daß ein gewisser Hermann Jesenius damals 14 Jahre alt war. Marie hatte am 21. Nov. 1831 das Licht der Welt erblickt und der mit Hermann Jesenius gemeinte Theodor Hermann Pantenius am 22. Okt. 1843.

Tante Tali erzählt: „Die Gesellschaftsräume in Herzogstal waren hell erleuchtet. Es wurde Mamachens Geburtstag gefeiert.[1647] Im Saal tanzte die Jugend. Die alten Herren saßen an den Kartentischen, die alten Damen in der offenen Tür des Enden-zimmers[1648] dem Tanz zuschauend. Obst und Süßigkeiten wurden während der Pausen in Kristallschalen herum gereicht. Im Kaminzimmer brannte ein helles Feuer. Die Flammen trieben ihr Spiel: haschten und umfingen sich, mieden sich. Strebten leidenschaftlich empor, als wollten sie einander entfliehen. Duckten sich dann nieder und umfingen sich aufs neue. Und wurden des Reigens nicht müde, unbekümmert darum, daß sie sich dabei verzehrten. An den Kamin gelehnt stand Eugen Rahsch,[1649] im Lehnsessel ihm gegenüber saß seine Kusine Marie Reynart. Ihre Blicke umfaßten seine schlanke Gestalt, die in lässig anmutiger Stellung vor ihr stand, sein fein geschnittenes Gesicht, seinen eleganten Anzug. Es brannte keine Lampe im Zimmer. Nur der Schein des Kaminfeuers huschte zuckend über die Mahagonimöbel und die Bilder in Goldrahmen und über Maries blonde Flechten. Sie sprachen von Eugens nahe bevorstehender Reise. Aber ihre Augen redeten dabei eine andere Sprache. „Kannst du wirklich von mir gehn?" fragten Maries Augen, die ihn unverwandt anblickten…"

Auf die gesamte Wiedergabe der Liebesworte zwischen Eugen und Marie sei hier verzichtet, sie können ohnehin wohl nur der dichterischen Vorstellung der Tante Tali entsprechen. Aber wie ging es weiter?

Hermann verhindert den Kuß der beiden, indem er unerwartet das Zimmer betritt und Marie erinnert: „Sie versprachen mir die Francaise,[1650] Fräulein Reynart. Ich bitte, sie fängt gleich an." Marie entschuldigt sich mit Kopfschmerzen, Hermann zieht gekränkt ab, das Liebespaar bleibt zurück.

[1647] Caroline Kummerau, * 4.11.1795.

[1648] Mit der seitlichen Außenwand abschließendes Zimmer im Gegensatz zu den sonstigen Durchgangszimmern, vgl. Pirang, H. Das Baltische Herrenhaus I, Riga 1926, 41.

[1649] Der eigentliche Name „Eugen von Brasch" ist nur leicht verändert, vgl. Pantenius, T.: Aus meinen Jugendjahren, Leipzig 1907, 113.

[1650] Ein Gruppentanz.

„Als Eugen am nächsten Morgen bei hellem Wintersonnenschein seine übereilte Verlobung bedachte, war ihm recht unbehaglich zumute … da er keinen moralischen Mut besaß, beschleunigte er seine Abreise und nahm von Marie nur im Beisein ihrer Familie Abschied. Dann fuhr er fort, bereiste Deutschland, die Schweiz und strandete schließlich in Dresden. Seine ersten Briefe waren liebevolle, zärtliche Briefe eines Bräutigams. Doch wurden sie bald zu amüsanten Berichten seiner Reiseerlebnisse und des geselligen Kreises kurischer Familien, die in Dresden lebten. In diesem Kreise verkehrte Eugen viel, wurde von den Damen sehr verwöhnt und spielte eine Rolle in der Gesellschaft. Allmählich wurden die Nachrichten immer spärlicher und inhaltsloser und hörten endlich ganz auf.

Und Maries Briefe? Sie waren liebeglühend und so rührend unvorsichtig. Die kleinsten Fältchen ihres liebenden Frauenherzens breitete sie vor dem Geliebten aus. Sie war nicht kokett, auch nicht weiblich zurückhaltend, sie war grenzenlos verliebt. Die Flammen des Kaminfeuers hatten in ihrem Herzen ein loderndes Feuer entzündet.

Dann wußte Marie, daß sie nicht mehr geliebt war. Schlaflose Nächte brachten ihr diese Erkenntnis. Grau sich hinschleppende Tage, Wochen und Monate folgten darauf. Es brachten Eugens Schwestern nach Herzogstal und in die Nachbarschaft die überraschende Nachricht, daß er sich mit einem armen, unschönen Mädchen verlobt habe. Er heiratete sie bald darauf, lebte auf seinem Gute in Litauen und war ein musterhafter Ehemann. -

Trotzdem Marie das behagliche Leben eines wohlhabenden Mädchens führte - trotzdem sie von Mamachens und der Schwestern Liebe umhegt war - trotzdem Verwandte und Freunde und nicht zum mindesten die treuen, alten Dienstboten sie liebten und verwöhnten - auch trotz der vielen, geselligen Zerstreuungen, deren Mittelpunkt sie war - trotz alledem fühlte Marie sich grenzenlos verlassen und allein. Von Jugend auf war ihr Herz wie eine Laute, aus deren Saiten immer das gleiche, süß bestrickende Lied erklang, das Lied der Liebe. Bald voll und berauschend, bald leise und einschmeichelnd, jetzt verhallend, wie ein fernes Echo. Dies beseligende Lied sollte sie missen? Ihr Leben sollte seinen schönsten Schmuck verlieren? Ihr leidenschaftliches Herz schrie: Nein! tausendmal nein! Sie rang mit sich. -

In dieser Zeit trat Hermann Jesenius, der kaum Fünfzehnjährige, der zukünftige Schriftsteller, in Maries Leben. Die verwitwete Pastorin Luise Jesenius zog mit ihren Töchtern nach Herzogstal in ein neben dem Gutshause gelegenes Häuschen, die

Herberge. Bald verband herzliche Freundschaft beide Familien. Hermann besuchte die Obertertia des Gymnasiums zu Mitau. Die Mutter, die ihren Gatten früh verloren hatte, verwöhnte den frühreifen, unbändigen Knaben nur zu sehr. Er war häufiger Gast in Herzogstal. wurde von Mamachen und ihren Töchtern verhätschelt und seiner Begabung wegen bewundert. Hermann, groß und stämmig für sein Alter, gebärdete sich halb wie ein Erwachsener, halb wie ein ungezogener Junge. Er räkelte sich im Wohnzimmer seiner Mutter gern auf dem Sofa, eine lange Pfeife rauchend, dabei den Faust mit strenger Kritik lesend … War Gesellschaft in Herzogstal, so fragte wohl der eine oder andere Gast, ob Hermann in Dorpat studiere …

Als Marie ihm damals im Kaminzimmer die versprochene Francaise verweigerte, hatte Hermann eine Zeit lang gegrollt und sie gemieden. Da die Jesenius häufig Gäste im Pastorat Aahof [1651] gewesen waren, das zur nächsten Nachbarschaft von Herzogstal gehörte, kannte Hermann Marie seit längerer Zeit. Er bewunderte dieses sehr viel ältere, anziehende Mädchen und suchte ihre Nähe. Maries Liebeskummer erriet er und empfand einen glühenden Haß gegen Eugen Rahsch. [1652] Hermann war einmal in das Kaminzimmer gekommen - Marie liebte es um seiner schmerzlichen Erinnerungen willen - und hatte sie dort am Fenster stehend weinen gesehn. Dieses Leid eines liebenden, doch verschmähten Weibes machte einen tiefen Eindruck auf den Frühreifen. Er suchte Marie um so mehr. An einem schönen Herbsttage willigte sie ein, mit ihm einen Spaziergang in das reizende Inzetal [1653] zu machen. Sie gingen erst schweigend durch die goldige Landschaft. Die letzten Blumen blühten am Feldrain. Sommermüde Falter flatterten in der durchsichtigen Luft.

„Diesen Eugen Rahsch kann ich nicht ausstehn! Ich möchte ihn durchprügeln, daß ihm Hören und Sehn vergeht!"

Hermann sah wirklich wütend aus bei diesen Worten. Marie mußte über seine bengelhafte Ritterlichkeit unwillkürlich lächeln.

„Er ist ein ganz feiger Kerl! Ein Knot ist er, trotz seiner guten Manieren."

[1651] Das an dem Fluß Aa gelegene Pastorat Sallgallen, vgl. Pantenius, T.: Aus meinen Jugendjahren, Leipzig 1907, 86.

[1652] Noch in seinen Jugenderinnerungen bezeichnet er ihn als „ein aalglatter ehemaliger Gardeleutnant" (Pantenius, 113).

[1653] Dem Gutshaus Grafenthal gegenüber mündet der kleine Bach Zizma in die Aa, an dessen Lauf das Gesinde Inzi (Inči) lag. Dieses Land, obwohl auf der anderen Seite des Flusses, gehörte zu Grafenthal.

„Aber er hat Ihnen ja gar nichts Böses getan."

„Mir? nein. Er sah mich nur immer so unverschämt an. Er hat unmännlich gehandelt - gegen Sie. Ich hasse dies Subjekt!"

Dieses Gespräch war die erste Annäherung beider. Marie rührte das Eintreten des Knaben für ihre verletzte Frauenehre. Es spann sich ein zarter Faden von ihr zu dem Jungen, der wie ein echter Kurländer für den Unterdrückten eintrat und dem Beleidiger Fehde ansagte.

Sie waren bald im Inzetal. Marie setzte sich auf einen Baumstumpf. Hermann lehnte am Stamme einer Eberesche. Die feuerroten Beerenbüschel des Baumes leuchteten in der Herbstsonne. Hier öffnete der Verschlossene sein Herz der bewunderten Frau und sprach zu ihr von seinen Kämpfen, seinem Entbehren und seiner Sehnsucht. „Die Schule ist gräßlich! Ich kann es nicht erwarten, davon loszukommen. Jeden Morgen ist es ein Kampf auf Tod und Leben, ob ich ins Gymnasium gehn soll. Nur büffeln jahrelang. Wissen in mich hineinkramen, anstatt selbst zu schaffen! Die Schule versperrt mir den Weg zum Leben. Aber das wirkliche Leben lockt mich mit Gewalt."

So sprach Hermann lange und leidenschaftlich in glühendem Jugendeifer. Marie ließ den Ungestümen ausreden, hörte geduldig zu und beschwichtigte. Dann sprach er von seiner Sehnsucht. Ja, er schrieb ein Epos: Kaupo der Live. Er wollte Epen und Balladen dichten, mehrere, viele. Die Helden der baltischen Geschichte sollten darin vorkommen: Viesturs, der Semgallerhäuptling, die Schwertbrüder, die Herzöge. Auch lyrische Lieder wollte er versuchen, gewiß. Auf Maries Bitte las Hermann ihr aus einem Manuskript vor, das er immer bei sich trug. Er wurde beim Lesen glühend rot und ärgerte sich sehr darüber. Maries nachsichtige Kritik lautete:

„Gute Gedanken. Königsgedanken in Bettlerkleidern."

Das war der Anfang eines eigenartigen Verhältnisses. Marie gewann bald großen Einfluß auf Hermann, verschönte und erleichterte seine sturmdurchrauschten Jugendjahre. Die Laute in Maries Herzen sang wieder das süße Lied, nur selbstloser und mütterlicher als zur Zeit ihrer Liebe zu Eugen. Sie dachte nicht an die Zukunft, sie war glücklich. Vier Jahre vergingen. Schöne und wunschlose Jahre für Marie.

Als Hermann fast neunzehn Jahre alt war, zog er nach Berlin, um Theologie zu studieren. Sein Vater und sein Großvater waren Pastoren gewesen. Es schien ihm und seiner Familie selbst verständlich, daß er auch Geistlicher werde. Weitere Jahre vergingen. Ganz allmählich hatten sich die Bande, die ihn mit Marie verknüpften, gelöst. Er fand in seinem Studium keine Befriedigung, wurde Jurist, fühlte bald, daß er sich zu keinem juristischen Amt eignen würde. Lebte als Hauslehrer in Petersburg, dann auf einem Landgute in der Nähe Libaus. War tief in seiner leicht erregbaren Seele durch das Leben und die an ihn herantretenden Menschen enttäuscht und verwundet. In der Landeinsamkeit schrieb er seinen ersten Roman, der ihm in seiner Heimat einen Namen machte. [1654]

Marie wußte von alledem durch Hermanns Mutter und Schwestern. Sie wußte auch von seiner Braut, einer hübschen Achtzehnjährigen mit braunen, lebensfrohen Augen, die temperamentvoll, verwöhnt und launenhaft war. Marie wußte alles dieses und sie litt. Grenzenlos. Sie war jetzt fünfunddreißig Jahre alt. [1655] Noch sehr anziehend. Welch eine Leere in ihrer Brust. Das betörende Lied der Liebe schwieg. Nach seinen letzten Strophen, aus denen mißtönende Eifersucht klang, schwieg es ganz. Wie ein Automat erfüllte Marie ihre geselligen Pflichten, kleidete sich mit Geschmack, unterhielt sich in Gesellschaft liebenswürdig, schrieb und empfing viele Briefe. Aber eine Sehnsucht war in ihr, eine große, durch nichts zu befriedigende Sehnsucht. Alles veränderte sich um sie. Herzogstal wurde verkauft. Mamachen starb. Die Schwestern gründeten eine neue, behagliche Häuslichkeit in Mitau, in einer geräumigen Wohnung am Jakobskanal gegenüber der Annenkirche. Im selben Hause wohnte im obersten Stock Maries Bruder, der Hermanns Schwester geheiratet hatte. [1656] Dann hörte Marie, daß Hermanns Verlobung gelöst war, und daß er seit kurzem als Lehrer und Journalist in Riga tätig war. Und dann stand sie ihm gegen über, als sie eines Nachmittags seine Mutter in ihren traulichen Stübchen im Köhlerschen Stift besuchte. [1657]

„Marie!"

„Hermann!"

Sie wollten „Sie" zueinander sagen, aber das Du stahl sich über ihre Lippen, ohne daß sie es selbst wußten, wie. Die alte Liebe kam wieder. Mit elementarer Gewalt überkam sie beide. Marie ging erst abends nach Hause, Hermann begleitete sie. Es war eine mondhelle Nacht. Als sich die schwere Eichentür des Stifts laut knarrend

---

[1654] „Wilhelm Wolfschild. Ein Roman aus dem baltischen Leben" erschien 1872 in Mitau.

[1655] Dies muß vor dem Romanerfolg gewesen sein, denn ihr Geburtsjahr ist 1831.

[1656] Mamachen starb am 8.7.1867 in Mitau und wurde am 13.7. im Familienbegräbnis bei der Mesothenschen Kirche bestattet, Julius v. Denffer und Natalie Pantenius hatten am 15.8.1862 in Mitau geheiratet.

[1657] Köhlersches Stift für Witwen und verwaiste Töchter von Literaten in Mitau.

hinter ihnen geschlossen hatte, fanden sie sich in einem innigen Kusse wieder und beteuerten einander mit heißen Worten Liebe und Treue. Dann gingen sie Hand in Hand durch die menschenleeren Gassen des schlafenden Städtchens. In Maries Herzen erklangen wieder die süßen Melodien. Wieder tönte das Lied der Liebe in ihr berauschend. Beseligend …

Hermann hatte anfangs an eine Ehe mit Marie fest geglaubt und wollte keine Hindernisse sehen. Je mehr ihre Leidenschaft aufflammte und sie diese nicht mehr zügeln konnte, um so mehr sah er in ihr die viel ältere Frau, die ihn um jeden Preis an sich fesseln wollte. Ihr erster Liebeszwist entstand, als Marie Hermann eine größere Summe von ihrem Vermögen anbot. Er hatte noch Schulden von seiner Studienzeit her, die er nur allmählich bezahlen konnte.

„Nimm das Geld, Liebling, bat sie, ich brauche es wirklich nicht. Es ist mir ganz einerlei, ob ich ein Vermögen habe, oder nicht."

„Marie, du mußt verstehn, daß ich Geld von dir nicht annehmen kann. Ich danke dir, aber nehmen kann ich es nicht."

Marie war glühend rot geworden. „Du hast doch Schulden."

„Gewiß. Aber ich werde sie nur mit selbsterworbenem Gelde bezahlen."

Sie war tief gekränkt. Hermann wies sie so schroff ab, weil es seiner männlichen Natur in tiefster Seele widerstand, von der geliebten Frau ein so wertvolles Geschenk anzunehmen. Doch er verstand nicht, welche Hingabe in ihrem Anerbieten lag."

Weiteren Mißstimmigkeiten folgten, die Tante Tali ausführlicher schildert. Als Hermann nicht wie üblich das Wochenende in Mitau verbrachte, fuhr Marie nach Riga, um ihn dort zu treffen. Er war empört, daß sie ihren Ruf damit aufs Spiel setzte, ihn in seiner Junggesellenwohnung aufzusuchen. Einen Brief für ihn, der ein Stellenangebot in Königsberg enthielt, verbrannte Marie ohne Hermanns Wissen aus Furcht, er würde fortgehen. Es kam zu einer Aussprache im Wohnzimmer von Maries Bruder, die mit der endgültigen Trennung von Marie und Hermann endete.

„Aus dem Nebenzimmer hörte man das Lachen spielender Kinder…

Er trat aus der Tür. Die Kinder liefen ihm nach: „Onkel Hermann, Onkel Hermann! Spiel mit uns! Bitte, bitte!" Oft hatte er mit ihnen gespielt. Er machte sich diesmal frei und ging fort.

Marie hatte den Kopf auf die Tischplatte sinken lassen und schluchzte. -

Nach Wochen schrieb Hermann:

Liebe Marie! Ich will Abschied von Dir nehmen. Jetzt, wo ich mich durchgerungen habe, kann ich es. Es ist besser, wir sehn uns nicht wieder. Wenn Du kannst, denke ohne Groll an mich zurück. Unsere Wege müssen nun auseinandergehn, Du selbst hast die Liebe in meinem Herzen verbrannt. Denn Deine Liebe ist ein verzehrendes Feuer, dessen Du nicht mehr Herr bist. Du verstandest wohl dieses Feuer zu entzünden, verstandest aber nicht, es zu bewalten. Deine Liebe verbrennt Dich und würde auch mich verbrennen, bliebe ich bei Dir. Es ist Notwehr, wenn ich von Dir gehe. Die Trennung wird mir nicht leicht, doch es muß sein. Ich danke Dir für alles, was Du an mir in meinen Knaben- und Jünglingsjahren getan hast. Du warst mir unendlich viel lange Jahre hindurch. Du gabst mir unendlich viel, Du gabst verschwenderisch all die reichen Schätze Deines Geistes und Herzens, Du gabst mit vollen Händen. Ich sage nicht: Vergiß. Denn Du kannst unsere Liebe nicht vergessen, ich auch nicht; sie ist ein Stück meines Seins und kann nicht aus meinem Leben ausgelöscht werden. Man vergißt nur, was wertlos ist. Deine Liebe war mir wert, so lange Du Gewalt über sie hattest. Lebe wohl, Marie.

Hermann.

Es litt Marie nicht mehr in der Heimat. Ihr weiteres Leben war ein unstetes Umherirren in der Fremde. Sie lebte in Petersburg, dann in Paris, in Venedig, am Gardasee. In einem Schwarzwalddörfchen beschloß sie ihr leidvolles Leben." [1658]

Kandern

Tante Tali, die Erzählerin, geboren in Mitau am 30. Juni 1868, war eines der im Nebenzimmer spielenden Kinder, Marie war als Schwester ihres Vaters ihre Tante und Theodor Hermann Pantenius als Bruder ihrer Mutter ihr Onkel. Maries

---

[1658] Denffer, N. v.: Aus Ältervaters Zeit, Löcknitz i. Pom., o.J. (ca. 1941), 54-68. Für Johanna Rosalie Gottliebe Marie v. Denffer lassen sich Aufenthalte nachweisen in Riga (Livländische Gouvernements-Zeitung 13.5.1864), Stuttgart (Adreß- und Geschäfts-Handelsbuch Stuttgart für das Jahr 1877, 46), Köln (Kölner Nachrichten 13.6.1887), Bozen, offenbar aus Wien angereist (Bozner Nachrichten 11.8.1895, 11). In Petersburg lebte zeitweilig ihre Schwester Emilie, auch in Riva am Gardasee (Denfer, H. v.: Grundstein zu einer Geschichte der Familie von Denffer, Batum 1906, 56).

Geschichte geht, wie sie hier mitgeteilt wurde, über den Rahmen der Grafenthalschen Jahre hinaus, doch wäre es unpassend gewesen, das Ende der Liebestragödie auszulassen. Zum Abschluß läßt sich noch Folgendes beitragen:

„Marie v. D. starb 1896 in Kandern (Baden)." [1659] Ihr Großneffe Herbert besuchte sieben Jahrzehnte später Kandern und verfasste daraufhin die folgenden Zeilen:

„Dr. Herbert von Denffer   Kandern, den 24. September 1965
                               Notiz
Betr.: Drei Schwestern meines Großvaters, welche vor dem 1. Weltkrieg in Kandern lange Zeit gelebt haben:
Frau Dr. Emilie v. Lerche, geb. v. Denffer, geb. 23.4.1827 in Billenhof (Kurland)
Frl. Elise v. Denffer, geb. 21.5.1835 in Grafenthal (Kurland)
Frl. Berta v. Denffer, geb. 15.10.1839 i. Grafenthal (Kurland)
Töchter des Johann Eugen von Denffer, Besitzer von Grafenthal und der
Caroline v. D., geb. Kummerau.
Auf dem Standesamt Kandern i. Baden waren keine Unterlagen über die Damen mehr vorhanden. Ich erfuhr jedoch Nachrichten aufgrund persönlicher Erinnerung von 1. Frau Schweinlin, Müllheim i. Baden, Hachbergstraße, Mutter des Standes-beamten in Kandern 2. Frau Luise Wendl, Ihre Freundin, 73 Jahre, Kandern, Kuttelgasse 11
Frau Schweinlin und Frau Wendl sind als junge Mädchen bei den Fräulein v. Denffer in Stellung gewesen, Frau Wendl bis zum Schluß. Sie haben in der Villa Stein gelebt, Frau Stein aus Dorpat habe das Haus gebaut, „sie habe aber nichts verstanden" und Frl. Berta v. Denffer, „die tüchtig gewesen sei", habe ihr den Haushalt geführt, die beiden anderen Damen hätten im oberen Stockwerk gewohnt. Die Damen, (besonders Frl. Liesel v. D.) seien sehr nett und lieb gewesen, sie hätten das Personal gut behandelt und es hätte gut zu essen gegeben: „Es sei oft mehr von Tisch weggetragen worden als bei anderen aufgetragen wurde" und „die jungen Mädchen hätten sich um die Stellung gerissen". Jeden Sonntag habe es eine Torte gegeben und zu Weihnachten hätten sie nach kurländischer Art schöne Süßigkeiten bereitet.
1912 sei Frau von Stein verstorben und der Haushalt wurde aufgelöst, die Denffer'schen Damen zogen nach Basel, wo sie wohlhabende Bekannte hatten. Sie seien

---

[1659] Denfer, H. v.: Grundstein zu einer Geschichte der Familie von Denffer, Batum 1906, 57.

nach Ausbruch des 1. Weltkrieges recht arm geworden, weil Frau v. Lerche, Witwe eines russischen Staatsrats, keine Pension mehr geschickt bekam und das vorhandene Geld immer mehr entwertete. Frl. Berta v. D. sei 1914 gestorben, Frau v. Lerche, die älteste Schwester, mit 91 Jahren 1918 und Frl. Elise v. D. im Altersheim in Riehen bei Basel (dicht an der deutschen Grenze bei Lörrach). Frau Wendl habe bis zuletzt mit ihr in Verbindung gestanden, sie hat noch Briefe und Fotografien von ihr. Ihre Tochter zeigte mir noch 5 silberne Löffel, graviert mit J. v. D. und Frau Wendel sagte dazu, das heiße „Johann v. D.", der das Gut Grafenthal besessen habe. Außerdem sah ich bei der Familie Wendl noch eine schöne bunte Tischdecke aus dem vorigen Jahrhundert, die ihr Frl. v. Denffer geschenkt hatte.

Frau Schweinlin und Frau Wendl sind sehr freundlich und gemütvoll und zeigten offensichtlich Freude über den Besuch eines Großneffen der Denffer'schen Fräulein, bei denen sie vor rund 50 Jahren gewesen waren. Frau Schweinlin meinte, jene Zeit sei die schönste ihres Lebens gewesen."

Diese Notiz schickte Herbert seinem Bruder am 13. Okt. 1965:

„Lieber Theo!

Am Telefon schilderte ich Dir schon, daß ich von Badenweiler aus ein wenig Familienkunde getrieben habe. Es kam so, daß ich gleich bei meiner Ankunft ein Straßenschild mit der Aufschrift „Kandern 13 km" sah, mich erinnerte, daß drei Schwestern unseres Großvaters vor dem 1. Weltkrieg jahrzehntelang dort gelebt hatten und beschloß dorthin zu fahren.

Ich habe darüber eine kleine Notiz niedergeschrieben und schicke sie Dir in der Annahme, daß sie sicher Dein Interesse finden wird. Besonders hat mich gefreut in den Erzählungen über diese alten Tanten und der Schilderung ihres offenbar großzügigen und gutmütigen Wesens einige Denffer'sche Familieneigenschaften wiedergefunden zu haben.

Ergänzend und berichtigend zu dieser Notiz muß ich sagen, daß es eigentlich sogar vier Schwestern unseres Großvaters waren, die nach Kandern gezogen sind, eine von ihnen ist aber schon bald gestorben, und es waren keine Erinnerungen an sie persönlich vorhanden.

Alles Gute, lieber Theo, und wie immer herzliche Grüße!

Dein Herbert" [1660]

[1660] Nachlaß Theo v. Denffer.

Die in der Notiz erwähnten Silberlöffel aus Grafenthal konnte Herbert käuflich erwerben. [1661] Die vierte Schwester, die Herbert im Brief ergänzend hinzufügte, ohne ihren Namen zu nennen, ist Marie. Ihr Sterbeeintrag von 1896 war offenbar dem Standesbeamten und damit auch Herbert damals entgangen, ich konnte später eine Kopie beschaffen:

„Kandern am 10. Juni 1896. Vor dem unterzeichneten Standesbeamten erschien heute, der Persönlichkeit nach bekannt, Frau Marie Stein, geborene Jürgensohn, Rentnerin wohnhaft zu Kandern Nr. 41 und zeigte an, daß die unverheirathete Marie von Denffer Rentnerin, 64 Jahre alt evangelischer Religion, wohnhaft zu Kandern geboren zu Grafenthal, Kurland, Rußland Tochter des verstorbenen Gutsbesitzers Johann von Denffer und dessen verstorbener Ehefrau Karoline geborene Kummerao (sic!) zuletzt wohnhaft gewesen zu Grafenthal, zu Kandern am zehnten Juni des Jahres tausend acht hundert neunzig und sechs Vormittags um drei Uhr verstorben sei." [1662]

Am 9. Nov. 1987 hatte ich einmal Gelegenheit, mich in Kandern umzusehen. Die „Villa Stein", in der Berta, Elise und Emilie von 1896 bis 1912 lebten, stand noch und war immer noch als „Villa Stein" bekannt. Die frühere Anschrift „Kandern Nr. 41" lautete nun „Staiggasse 13". In dem Haus befand sich ein Keramik-Atelier.

Auf dem Friedhof, wo die 1896 verstorbene Marie beerdigt wurde, war kein Grab von ihr zu finden. Das Evangelische Pfarramt Kandern teilte auf Anfrage mit:

„Kirchenbucheintrag 1896/Nr 12, 14. Juni mittags ½ 3 beerdigt. Todestag 10. Juni Fräul-Maria vo. Dennffer gb. In Grafenthal in Kurland 65 Jahre, starb als Pensionärin bei Fr. Stein hier. Pfr. Mündel. Eine Grabstätte ist laut Auskunft auf dem Rathaus Kandern nicht mehr vorhanden." [1663]

[1661] Ein „Hefterl" (Notizbüchlein) aus Kandern mit unbedeutenden Eintragungen der Emilie oder Bertha fand sich in Herberts Nachlaß (Mitteilung Reni 16.3.2023).
[1662] Standesamt Kandern 1896, Nr.14.
[1663] Briefliche Mitteilung 23. Dez. 1987. Am 26. Nov. 1987 hatte ich die Möglichkeit, mit Herrn Schweinlin zu telefonieren. Er sagte mir, die Mutter sei vor 15 Jahren gestorben, war vor dem 1. Weltkrieg in der Villa Stein beschäftigt und hat ab und zu von den Frl. Denffer erzählt, doch bei ihm und seinen beiden Brüdern (einer ist Standesbeamter in Kandern, der andere Bürgermeister in Neuenburg), seien keinerlei Unterlagen mehr vorhanden.

In Kurland meldete die lettische Zeitung „Tehwija" unter den Verstorbenen aus Jelgawa (Mitau): „1896, gadâ miruschàs muischneezes Marijas Johannas fon Denfer." (1896er Jahr, verstorbene Grundbesitzerin Maria Johanna von Denffer). [1664]

※

1858 Witterung und Krankheiten

Ein umfassender Bericht in der Zeitschrift „Das Inland" gibt Auskunft „Ueber die meteorologischen, sanitätlichen und landwirtschaftlichen Verhältnisse und Ergebnisse in Kurland während des Jahres 1858." In diesem Jahr nahm der Gedanke Form an, Grafenthal zu verkaufen. Weil dieser Bericht das letzte vollständige Jahr der Familie in Grafenthal betrifft, lohnt es, etwas längere Auszüge daraus wiederzugeben. Sie können zugleich als ein gewisses Resumee der vergangenen drei Jahrzehnte dienen:

„Der Schluß des Jahres 1857 brachte seine herbstlich trübe, nasse Novemberwitterung in den darauf folgenden Decembermonat hinein, und ohne Schnee und ohne Eis begann das neue Jahr 1858 seinen Lauf… Da konnte es nur einen milden, gelinden Winter geben, dem aber die Haupteigenschaft eines guten Kurländischen Winters, nämlich gute, andauernde Schlittenbahn, nicht fehlte. Diese trat mit der Mitte des Decembermonats ein, und dauerte mit wenigen kurzen Unterbrechungen bis zur Mitte des März. Am 19. dieses Monats war im Aa-Fluß bei Mitau Eisgang, und da war es auch aus mit dem Winterfrost… mit dem Mai kam über das ganze Gouvernement eine schöne, warme Witterung, und diese dauerte mit verhältnißmäßigen Abstufungen während des ganzen Sommers und Herbstes… Die nördliche Windrichtung war die herrschende vom Mai bis zum December… und es gab gleichzeitig Regen. Dieser aber zeigte sich nur sehr sparsam, vom frühen Frühjahr an bis in den Spätherbst hinein, und das war die Anomalie, die das Jahr 1858 vor vielen andern auszeichnete. Es war ein regenarmes, trocknes, ja dürres Jahr, im Ganzen aber mehr trübe und wolkenschattig… Die Paar Nordlichter im Frühjahr und Herbst schienen sich indifferent zur Witterung zu verhalten, eben so wie der herrlich glänzende Donatische Komet [1665]…

[1664] Tehwija (Jelgawa) 1.1.1897, 6, Nr.3. (1896er Jahr verstorbene Grundbesitzerin Maria Johanna von Denffer).
[1665] Der auffällig helle Komet, benannt nach seinem Entdecker Donati, auch erwähnt von Pantenius, T.: Aus meinen Jugendjahren, Leipzig 1907, 119.

Der Juni ist wieder regenarm und trocken… Dennoch sieht noch Alles gut aus in Gärten und Feldern. Nur mit dem Graswuchs der Wiesen will's nicht vorwärts gehen. Jene aber versprechen schöne Erndten, denn die Obstbäume haben reiche Frucht angesetzt, und die trockne Wärme hat nicht, wie das sonst wohl geschieht, die keimtödtenden Blüthenkäfer und laubzerstörenden Raupen ausgebrütet. Und im üppig heranschießenden Roggengras kann das junge Häschen schon Versteck spielen. Der Juli giebt darauf prächtige, gesegnete Badewitterung… und warmen Sonnenschein für das Einerndten des spärlich gewachsenen Heugrases, aber - keinen Regen. Dennoch leiden die Getreidefelder kaum etwas, und versprechen gute Erndten, und das Laub der Bäume ist üppig grün. Nur ein orkanartiger Sturm wüthet in den fruchtbeladenen Obstbäumen. Im August hält die Dürre noch an bis zum 16.; da regnet es bis zum 17. und dann noch am 23. und 24. Im ganzen Gouvernement entstehen Waldbrände, die viel Schaden anrichten, gleich wie das starke Gewitter am 4. August. Die Erndten, für deren Ertrag man bangte, sind größtentheils beendet und das Obst ist gereift. Jene, besonders die des Wintergetreides, sind ergiebiger, als man gedacht, mit schönem mehlreichem, vollwichtigem Korn; das Obst, zumal Kernobst und Kirschen, sind überreich gediehen. Es war heurig ein wahres Obstjahr. So waren auch die Kartoffeln sehr gut gerathen. daher auch wohlfeiler im Marktpreise, als seit langer Zeit, und ganz unangegriffen von der Kartoffelkrankheit. Den Erbsenfeldern hat die Dürre geschadet, so wie dem Gartengemüse… das Heu ist im ganzen Lande mißrathen, und das Vieh ist für das neue Jahr mit großem Futtermangel bedroht. Die Gefahr, die ihm aus dem allgemeinen Wassermangel während des ganzen Sommers und Herbstes hätte erwachsen können, ist glücklicherweise nur als ein bloßes Schreckbild am Horizont der Landwirthe aufgetaucht. Das Wasser mußte an vielen Orten meilenweit hergeholt werden, und manche große Viehheerde war mit ihrem Durst auf schlammiges, faul gewordenes Sumpfwasser angewiesen… es ist also eigentlich nur der geringe und schlechte Heuertrag in Rechnung zu bringen in dieser Hinsicht. Solchem Heumangel kam die warme Herbstwitterung sehr zu Gute, da das Vieh bis zum 18. October sich seine Nahrung auf den grünen Weideplätzen suchte… an diesem 18. October war's auch plötzlich damit aus. Es fror gelinde, schneite fast gleichzeitig und gestaltete sich schnell zur fertigen Schlittenbahn durchs ganze Land, zu einer Bahn, die in den November hineinführte, und in den Kreisen Tuckum, Talsen, Windau, Libau und Friedrichstadt bis zum December anhielt, ohnerachtet des abwechselnd eintretenden

Thauwetters, das im Mitauschen Kreise allen Schnee wegräumte. Die Winterwitterung trat also gar früh ein, wenn auch eine gelinde bei einer mittleren Temperatur von - 4 °…" [1666]

Die letztmaligen Ergebnisse der Denfferschen Bewirtschaftung von Grafenthal sind wetterbedingt wohl nicht außergewöhnlich gewesen. Aus dem oberen Kurland wurde berichtet: „Die Ernte-Aussichten gestalten sich in diesen Gegenden nun doch nicht so günstig… Der Roggen, der im Frühjahr üppig emporschoß und von der nicht gewöhnlichen Wärme, die wir schon im März hatten, stark getrieben worden war, wurde von dem später eintretenden Frost um den 26. und 27. Apr. förmlich decimirt. Das üppige Aussehen der grünen Fluren war gewichen, die jungen Blätter waren gelb geworden, man konnte Halm von Halm unterscheiden und deutlich wahrnehmen, wie nur die stärkeren Pflanzen den Frost überdauert hatten. Die Folge davon ist denn nun, daß die schockzahl der diesjährigen Ernte auf vielen Gütern hinter der vorjährigen zurücksteht… Freilich wird sich das insofern wieder ausgleichen, als dagegen an Korn wol mehr einkommen wird. Die Aehren sind alle recht groß u. voll… Das Sommergetreide steht im Vergleich mit dem vorigen Jahr zwar außerordentlich gut, besonders Hafer. Die Gerste indessen versprach anfangs auch mehr. Sie hat augenscheinlich zu wenig Regen gehabt… Eben so wenig ist die Heuernte eine vorzügliche zu nennen… Ohne allen Tadel stehen die Gärten; doch auch ihnen scheint Obst fast überall zu fehlen." [1667]

Von den Jahreszeiten und den Wetterverhältnissen abhängig traten auch immer wieder verschiedene Krankheiten auf, die sich teils seuchenartig verbreiteten und wie insbesondere die Cholera mit dem Tod enden konnten: „Neben dem epidemischen Katarrh, der das erste Vierteljahr einnahm und mit dem April erlosch, wurden die Muskeln und fibrösen Häute vom Rheuma ergriffen… Der Februar zeigte sich mit seinem Krankheitscharackter analog dem Januar, als katarrhalisch-rheumatisch. Grippe wurde etwas allgemeiner, auch Masern… Der März steigerte den Rheumatismus zur höchsten Höhe… Der April schließt sich in hygienischer Hinsicht nahe an den März… Der Rheumatismus zeichnete sich durch eine besondere Flüchtigkeit und Wandelbarkeit aus, so daß er seinen Sitz von einem Gelenk auf das andere wechselte, und dazwischen auch wieder die Brustmuskeln und selbst das Herz ergriff. Fumigationen

---

[1666] Das Inland 25.3.1859, 233 ff.
[1667] Das Inland 10.8.1859, Beylage zu Nr.32, 654 f.

mit Bernstein und Wacholderbeeren thaten immer sehr gut unter einer Bedeckung mit Baumwolle… Der Mai beschloß den cyclus der Frühlingskrankheiten und gewährte einen guten Gesundheitszustand… Mit den warmen Tagen des Juni… zeigten sich Diarrhö und Ruhr, doch nicht bösartig… Mit dem heißen Juli wurden Diarrhöen und Ruhren heftiger und häufiger… So geschah es auch im August… Bei den langwierigen Diarrhöen und Ruhren der Kinder bewährte sich der Genuß von rohem Fleisch und ein Morgentrank von Eichelkaffee sehr heilsam…

… Cholera in Mitau… die mit dem 26. October ihr Ende erreicht hatte, also grade drei Monate nach ihrem ersten Erscheinen. 270 Individuen waren von ihr ergriffen worden, von denen 140 genasen und 130 starben. Im ganzen Gouvernement erkrankten 673 Individuen, von denen 270 starben. - Das ist nun zwar keine ganz geringe Zahl, aber genügt doch nicht, um die Krankheit als herrschende Epidemie zu charakterisiren… an Litthauen gränzend, wo die Cholera im Städtchen Janiszek auch herrschte… Die Cholera war indeß auf dem Lande und in den Kreisstädten nicht nur sporadischer Natur, sie war auch gutartiger, als in Mitau… In medicinisch-polizeilicher Hinsicht hatte man nur den Verkauf des neureifen Obstes zu beaufsichtigen. Gutes Trinkwasser herbeizuschaffen, lag außer den Gränzen der Möglichkeit, denn die Dürre des Sommers hatte das an sich schlechte und widerliche bis in den Superlativ hineingesteigert. Bei den Cholera-Kranken half man sich zur Löschung ihres unsäglichen Durstes durch Eisstückchen, die man sie verschlucken ließ, oder auch durch aromatische Kräuteraufgüsse, je nach den individuellen Ansichten der behandelnden Aerzte… Ob mit ob ohne Arzeneien, ob allopathisch, ob homöopathisch, ob drastisch, ob expektatio, die Sache blieb sich immer gleich… Darnach sind denn auch die Arzneien zu beurtheilen, die vorzugsweise dispensirt wurden. Natrum nitricum und Acidum nitricum, Nux vomica und Opium, Ol. Terebonth., und Campher, Creosot und Strychninum nitricum, Mucilaginosa und Nervina, Milch und Bier, kaltes Eis und warmer Thee, Bilsenöl-Einreibungen und Senfplaster, Wärmflaschen, und Schröpfköpfe, das alles kam an die Reihe, um zu dem demüthigen Geständniß zu führen, daß Alles nichts half, wenigstens dann nichts half, wenn ein exquisirter Fall von Cholera vorlag. Einige Wochen nach ihrem Erscheinen ward sie milder und traktabler, und da half nun auch ein Mittel so gut, wie das andere, und man konnte eines, wie das andere, als ein Specifikum anpreisen, denn - die Kranken wurden darnach gesund. Grade so ist es in früheren Epidemieen auch gewesen, und diese heurige hat die Aerzte um keine einzige therapeutische Erfahrung reicher gemacht…"

„Auch der Croup möchte als diesjährige Epidemie für einige Kreise zu bezeichnen sein, namentlich für den Doblenschen, Bauskeschen, Tuckumschen, Hasenpothschen und Grobinschen… Auch die Ruhr herrschte als Epidemie, und zwar während der Monate August, September und October…

im Bauskeschen und Friedrichstädtschen, nahe der Litthauischen Gränze… zeichnen sich die beiden Kreise durch eine sehr geringe Krankenzahl aus, d. h. solcher Kranken, über die der Medicinalbehörde Kunde geworden. Die Ursache dieser Unkunde ist leider! nicht sehr erfreulich. In beiden Kreisen zusammen… domiciliren nur 7 Ärzte, die mit ihrer ärztlichen Thätigkeit unmöglich dem Bedürfniß darnach volle Genüge leisten können. Manche große Bauergemeinde, besonders auch Kronsdomainen-Gemeinde, entbehrt aller ärztlichen Hilfe und Aufsicht, und wie es da mit den Krankheiten und Kranken steht, das kommt zu keiner statistischen Erörterung…

Es kamen im Kurländischen Gouvernement 3 epizootische Krankheiten vor. Alle drei gewannen aber keine extensive Verbreitung. Das größte Contingent bietet die Rinderpest (veslis boum). Sie schleppte sich aus dem Herbst des Jahres 1857, wo sie nahe bei Mitau herrschte, in das neue Jahr hinein… Die Herkunft der Seuche im Laufe des Jahres läßt sich nur aus Litthauen herleiten, indem von daher häufig Schlachtvieh auf die Kurländischen Märkte zugeführt wird. Außerdem war der Gesundheitszustand bei allen Hausthieren durchweg gut, und das möchte man fast zu den Abnormitäten dieses Jahres rechnen, denn der so sehr warme Sommer ohne Regen und Abkühlung mit seinem großen Wassermangel schien so recht geeignet zur Erzeugung einer allgemeinen sich verbreitenden Milzbrandepizootie." [1668]

※

Besuche

Nach Mitau kam im Frühjahr wie üblich „1858 Vom 7. bis zum 10. März: Im Kurischen Hause: Die HH. … v. Budberg aus Garsden." [1669]

[1668] Das Inland 25.3.1859, 235 ff.; 30.3.1859, 258 ff.
[1669] Kurländische Gouvernements-Zeitung 12.3.1858.

Später im Jahr trafen ein „1858 29 Mai, Riga Angekommene Fremde... Hotel du Nord... Fräul. Meckel v. Bemsbach nebst Sohn, Fräul. v. Deuffer, von St. Petersburg." [1670] In dieser Notiz gibt es drei Druckfehler. Fräulein, Bemsbach und Deuffer sind zu berichtigen: Frau, Hemsbach und Denffer. Erkennbar ist trotzdem, daß die beiden Schwestern Theophile und Anna ihren Vater August in Petersburg besucht hatten [1671] und von dort nach Riga gekommen waren, entweder mit dem Schiff oder mit der Kutsche, die Eisenbahnstrecke war noch nicht gebaut.

„Von einer Privatgesellschaft wird eine Diligence zwischen Riga und Petersburg unterhalten, welche den Weg in 4 Tagen zurücklegt und sowohl von Riga als auch von Petersburg Dienstags früh um 10 Uhr abgeht. Für einen der 4 Plätze im Innern des Wagens werden 100 Rubel entrichtet; im Coupé kostet No. 5 80, und No. 6 und 7 60 Rubel. 20 Pfd. Gepäck gehen frei und für Ueberfracht bis 40 Pfd. bezahlt man à Pfd. 25 Kopeken." [1672]

Man kann vermuten, daß der Weg über Riga mit einem Zwischenaufenthalt dort gewählt wurde, um auch die Verwandten in Garssen und in Grafenthal zu besuchen. Im nächsten Monat reisten sie weiter: „1858 Juni Badegäste in Libau am 14. Juni: Fräulein A. von Dempfer und Frau Professorin Mekkel von Hemsbach, aus St. Petersburg, log. im Hohenstein'schen Hause bei Frl. Land." [1673]

Anfang September waren sie wieder in Riga: „1858 3. Sept. Riga Angekommene Fremde... St. Petersburger Hotel... Frau Professorin Mekl v. Gemsbach, Fräul. Hein und Denfer aus dem Auslande." [1674] Auch diesmal wurde Theophiles Nachnamen abgewandelt. Fräulein Denfer ist ihre Schwester Anna, die dritte Mitreisende unbekannt. Wenn sie zwischenzeitlich die Sommermonate an der Ostseeküste verbrachten, werden sie auch in Grobin ihre Kusine Ida aufgesucht haben, die dort mit dem Probst von der Launitz verheiratet lebte.

[1670] Rigasche Zeitung 29.5.1858

[1671] Davon ist auch in der Akte über Woldemars Karzer-Strafe im Jahr 1857 die Rede (Nationalarchiv Estland, Rahvusarhiiv Tartus EAA 354.1.4250, fol. 7).

[1672] Wagner, K.T.: Handbuch für Reisende in Dänemark, Norwegen, Schweden, Rußland, Polen und Finnland, Leipzig 1840, 154.

[1673] Libausche Zeitung 17.6.1858.

[1674] Livländische Gouvernements-Zeitung 3.9.1858, 404.

Im Juni 1858 hatte es in der Mesothenschen Kirche zwei „Verlöbnisse" und Trauungen von Grafenthalschen Leuten gegeben, darunter die der Müllerstochter. Verzeichnet ist sie im Kirchenbuch zusammen mit den lettischen Trauungen. [1675]

In Riga verstarb am 11.Okt. 1858 abends 6 Uhr Carl v. Villon, der mit Carolines Schwester Wilhelmine verheiratet und Cornelias Pflegevater gewesen war. Der Tote wurde am 13. Oktober „nach dem Land abgeführt", [1676] demnach nicht in Riga, sondern in oder bei Bersebeck bestattet.

„Am 11. October starb der Besitzer des Gutes Bersebeck bei Doblen in Kurland, Livl. Gouvts.-Forstmeister, Obrist vom Corps der Förster, Carl v. Villon im 64. Lebensjahre. Sohn eines Kurländischen Oberförsters, trat er in das St. Petersburgische Forst-Corps, wurde 1813 als gelehrter Forstmeister aus demselben entlassen und im Smolenskischen Gouvernement angestellt, war im Mohilewschen und Smolenskischen Gouvt. bei der Aufnahme und Beschreibung der Poststraßen und großen Verbindungs-Wege thätig, trat 1820 im Goldingenschen Kreise Kurlands in Aktivität, wurde zum Ingenieur-Wesen delegirt, arbeitete in den Jahren 1828 und 1827 unter der Direktion des Herzogs Alexander von Württemberg an der Aufnahme der Leinpfade des Windau-Stromes innerhalb der Kurl. Grenze, wurde bei Trockenlegung der Niederungen und Wiesen der Alschwangen-, Pilten- und Hasauschen Kronsländereien und Forsten zugezogen, u. trat 1832 in die neu errichtete Kurländische Meß-Commission ein, nahm aber 1834 seine Dimission und zog sich auf das Landgut seiner Ehefrau zurück. Im Jahre 1840 trat er als gelehrter Forstmeister des Wilnaschen Gouvernements wieder in den Staatsdienst, wurde 1840 in das Kownosche, 1845 in das Moskausche und am Schlusse desselben Jahres in das Livländische Gouvernement versetzt, 1850 aber als Nachfolger des Barons Uexcüll-Güldenbrand zum Livländischen

---

[1675] „Siebenten Juny Indrikis Baltalkspis(?) no Grahwen-dales… geb aus Grafenthal, Witwer 48 Jahre alt (und) Dahrte Spalle no Grahw. … geb z Grafenthal ledig 24 Jahre alt", getraut am 22. Juni, sowie „Siebenten Juny Heinrich Theodor Frey Müller aus Grafenthal, Sohn des verst. Sattler-Meisters Diedrich Gotthard Frey und deßen leb. Frau Charlotte Benigna geb. Depr(?) geb. aus Doblen Lutherischer Confession. Dorothea Sophie Scheiber aus Grafenthal; Tochter des verst. Müllermeisters Carl Lorenz Scheiber u deßen Frau Dorothea geb. Müller; Mutter lebt; geb, aus (?)jauns Lutherischer Confession." Der Bräutigam war ledig und 34 Jahre alt, die Braut ledig und vier Jahre älter. Die Trauung der Grafenthalschen Müllerstochter vollzog Pastor Conradi am dreizehnten August in der Kirche von Mesothen. (KB Mesothen Getraute 1858, Nr. 40, Nr. 41).
[1676] KB Riga Jakobi deutsch Verstorbene 1858, Nr. 51 (fol. 155/156).

Gouvernements-Forstmeister ernannt. Aus seiner Ehe mit der ihm vor längerer Zeit in die Ewigkeit vorangegangenen Lebens-Gefährtin Wilhelmine geb. Kummerau hinterläßt er einen in Staatsdiensten stehenden Sohn, eine Tochter ist ihm im Tode vorangegangen." [1677]

Der Sohn Theodor war zur selben Zeit wie August der Dichter Student in Dorpat: „1849 I. Sem. (Nr.) 5294. Villon, Th., a. Kurl, geb. 26. Oct. 1828, cam. 49-52, grad. Stud. War Tischvorsteher des 2. Depart. des Gerichtshofs in Moskau, Cancelleibeamter des General-Gouverneurs in Riga, Gutsbesitzer in Kurl. (Bersebeck)." [1678]

Lerche

In Petersburg heiratete Jeannots und Mamachens Tochter Emilia: „1858 1. Juny Lerche Dr. Wilhelm Georg Ludwig, Director und Oberarzt der Augenheilanstalt, v. Denffer Emilia Maria Sophia." [1679]

Sie war die einzige der sechs Töchter, die geheiratet hat. Ihr weiteres Leben war traurig. In der „Chronik" heißt es: „Emilie, die den Staatsrat Dr. v. Lerche heiratete, hatte 3 frühverstorbene Kinder. Die Ehe wurde von der Familie zunächst als gute Partie begrüßt, soll aber nicht glücklich gewesen sein. Ihr Mann soll einmal die Schüssel mit dem Mittagessen aus dem Fenster geworfen haben, weil es ihm zu einfach erschien - es waren, an einem heißen Sommertag, Walderdbeeren." [1680] Dem fügte Theo v. Denffer handschriftlich an: „mit Milch und Zucker, erfrischend!"

Emilies erstes Kind kam 1859 in Petersburg zur Welt: „d./20./zwanzigsten März, acht Uhr Morgens, (getauft) d./11./eilften April von Lerche, Wilhelm Carl (Eltern) H. Dr. med. Wilhelm Georg Ludwig v. Lerche, Collegienrath, und dessen Ehefrau Emilia Theophil Maria geborene Dennfer (Pathen) Dr. Carl Rosenberger Wirklicher

---

[1677] Das Inland 1858, 704.

[1678] Hasselblatt, A.: Album Academicum der Kaiserlichen Universität Dorpat, Dorpat 1889, 389. Er ist im Kurländischen Gouvernements-Adelgeschlechtsbuch eingetragen und 1894 auch als Besitzer von Bersebeck vermerkt. (Denffer, A. v.: Das Kurländische Gouvernements-Adels-Geschlechtsbuch, Siegen 2011, 243; Gritzner, M.: Der Adel der Russ. Ostseeprovinzen. Zweiter Theil: Der Nichtimmatrikulirte Adel, (J. Siebmachers… Wappenbuch) Nürnberg 1901, 234).

[1679] KB St. Petersburg Petri Gemeinde, Getraute 1858 Nr. 35, fol. 119.

[1680] Denffer, Herbert v.: Die Familie von Denffer. Eine kleine illustrierte Chronik, München 1966, 8.

Staatsrat. Frau Rosalia v. Merklin geb. v. Lerche. Frau Caroline Dennfer, geb. Kummerau, Großmutter des Kindes." [1681]

Dr. Karl Otto Rosenberger (1806-1866), Geheimrat, Generalstabsarzt der russischen Flotte, war seit dem 25. Nov. 1846 verheiratet mit Alexandra Julie Caroline geb. Sege v. Laurenberg (1827-1891), Tochter des Friedrich und der Theophile Tottien, letztere eine Tochter der Maria Anna, Jeannots älterer Schwester. [1682]

Rosalia v. Merklin war eine jüngere Schwester des Kindesvaters Wilhelm Georg v. Lerche. [1683] Caroline war, wohl zum ersten Mal, nach Petersburg gereist, wenn sie nicht schon an der Hochzeit teilgenommen hatte oder der Vermerk „abwesend" im Kirchenbucheintrag ausgelassen wurde. Ihr kleiner Enkelsohn lebte nur kurz. Er starb „den (2) zweiten December sieben Uhr Abends (begraben) den (7.) siebenten December, Morgens Lerche Wilhelm Carl, Sohn des Staatsraths Dr. Wilhelm Georg Ludwig v. Lerche (Geburtsort) hieselbst (Alter) 1 Jahr 8 Monate 9 Tage Kind (Todesursache) am Zahnen." [1684]

Emilia bekam noch zwei Kinder, das erste in Mitau „1861 d. sechzehnten Juny 8 U Ab. (getauft) d. vier und zwanzigsten August im Hause vom Pastor pr. zu St. Trinit. Neander, [1685] Theodor Alexander Wilhelm, ehel. Sohn des Staatsraths und Dr. med. Wilhelm von Lerche, Directors u. Oberarztes der Privatheilanstalt für Augenkranke in St. Petersburg u. dessen Ehegattin Emilie geb. v. Denffer, beide ev. Luth. Conf. - Pathen: der Oberaufseher des Mitauschen Schlosses, Herr Emil v. Reibnitz hielt im Namen des Gutsbesitzers Theodor v. Denffer, Frau Caroline v. Denffer geb.

[1681] KB St. Petersburg Petri Gemeinde Geborene 1859 Nr. 54, fol. 25. S.a. Deutsches Geschlechterbuch 158, Limburg 1971, 499 (Lerche VIII b 1). Eine Mappe „Lerche" im Archiv der DBGG enthält nichts Weiterführendes.
[1682] Denfer, H. v.: Grundstein zu einer Geschichte der Familie von Denffer, Batum 1906, 34 (C.c.a.); Genealogisches Handbuch der Oeselschen Ritterschaft, Tartu 1935, 589.
[1683] Deutsches Geschlechterbuch 158, Limburg 1971, 499 (Lerche VIII b 4). * 14.2.1821 (-1892).
[1684] KB St. Petersburg Petri Gemeinde Verstorbene 1860 Nr. 6, fol. 215.
[1685] Friedrich Eduard Neanders Onkel war der 1803 verstorbene Grenzhofsche Pastor Christoph Neander, seine Tante Marie Gottliebe Denffer (1778-1832). Friedrich Eduard Neanders Sohn Georg Friedrich Eduard Neander (1832-1892) war seit 1860 Adjunkt seines Vaters in Mitau (Kallmeyer, Th., Otto, G.: Die evangelischen Kirchen und Prediger Kurlands, Riga 1910, 549 f., 551).

Kummerau, Fräulein Tante Thecla an Stelle der wirkl. Staatsräthin Alexandrine von Rosenberger geb. Soege v. Laurenberg." [1686]

Reibnitz „Christian Carl Emil, * Mitau 1814 XII. 5., † das. 1881 IV.8., r. Lt. Z. S.," war nicht nur „Schloßhauptm. zu Mitau" und Sohn aus zweiter Ehe des 1853 verstorbenen Schloßhauptmanns Johann Georg v. Reibnitz in Mitau, dem Witwer der Louise Elisabeth und Schwager von Caroline, sondern auch „ ∞ 1852 II. 13 Theophile Angelica Kahn, * das. 1821 XII. 21 † das. 1901 IX. 26., T. d. Mit. Kreisschullehrers u. Rektors Christian Carl u. d. Joh. Gisberta (Bertha) Tottien aus Mitau." [1687]

Caroline war die Mutter von Emilie, Theodor und Thecla, die wirkl. Staatsräthin Alexandrine Rosenberger verheiratet mit dem Enkel von Jeannots Tante Maria Elisabeth „Otto Carlos v. Rosenberger, Geheimrath, Dr. med. in St. Petersburg, geb. 24. Dez. 1806 in Dorpat, † 17. Dez. 1866 in St. Petersburg, uxor: Alexandra Sege von Laurenberg, † 3. Nov. 1891." [1688]

Emilies drittes Kind wurde in Petersburg geboren „1863 den ersten December neun Uhr Abends (getauft) den neunten December von Lerche Wilhelm Carl (Eltern) Vater: d. verstorbene Staatsrath Georg Ludwig Wilhelm von Lerche evang. Luth. Mutter: dessen Ehefrau Marie Theophile Emilie geb. Denpfer, evangl. Luth. (Pathen) Frl. Alexandrine Friederike von Lerche. Wirklicher Staatsrath Carl von Lerche Geheim Rath Carl Otto von Rosenberger." [1689]

Die Patin Alexandrine ist wohl eine weitere jüngere Schwester des Kindesvaters, die sonst nur noch als „Alexandra" erscheint, Geheimrat Carl von Lerche war der jüngere Bruder, [1690] Rosenberger der Ehegatte der oben genannten Alexandra Sege von Laurenberg.

Der Vater war eine Woche nach der Geburt des Sohnes gestorben und wurde einen Tag nach dessen Taufe beerdigt: „den siebenten December ¾ 8 Uhr Morgens

---

[1686] KB Mitau Trinitatis Landgemeinde Taufen 1861 Nr. 26, fol.59.

[1687] Genealogisches Handbuch der Baltischen Ritterschaften. Teil Kurland, Görlitz (1930), 175. (A II.)

[1688] Denfer, H. v.: Grundstein zu einer Geschichte der Familie von Denffer, Batum 1906, 33, 34. (C.c.a.) Otto Carlos v. Rosenberger war ein Enkel von Otto Ludwig Rosenberger (1739-1809) und Maria Elisabeth Denffer (1742-1779), Jeannots Tante.

[1689] KB St. Petersburg Petri Gemeinde Geborene 1863 Nr. 29 fol. 69.

[1690] Deutsches Geschlechterbuch 158, Limburg 1971, 500 (Lerche VIII b 10); 499 (Lerche IX b 5) * 3.3.1822 (-1893); 500 (Lerche IX b).

(begraben) den zehnten December von Lerche Georg Ludwig Wilhelm Staatsrath (Geburstort) St. Petersburg (Alter) 46 Jahre Ehemann (Todesursache) Blutsturz." [1691]

Drei Jahre darauf starben die beiden Jungen Fedor und Wilhelm am selben Tag in Mitau: „1866 den zwölften Septemb. 3 U Morg/ d. zwölften Septemb 3 ½ U M (begraben) d fünfzehnten September 12 M, Wilhelm Lerche/Fedor Lerche Söhne des verstorbenen Staatsrathes v. Lerche (Geburtsort) St. Petersburg/Mitau (Alter) 3 J./5 J. (Todesursache) Cholera/Cholera." [1692] In den acht Jahren seit ihrer Hochzeit verlor Emilia ihren Ehemann und alle drei Kinder. Sie blieb allein zurück.

Die Kanone

In Grafenthal hatte sich um diese Zeit eine Geschichte ereignet, die Tante Tali mit der Überschrift „Die Kanone" versah. In ihrer Schilderung ist anders als in der folgenden Wiedergabe die Rede von „Herzogtal" und der Familie „Reynart" anstelle von Grafenthal und Denffer:

„Grafenthal war eine Republik. Es war ein schönes, großes Gut, vier Meilen von Mitau entfernt, und gehörte der Familie Denffer. Frau Denffer und ihre fünf liebenswürdigen Töchter - die sechste war die einzige, die verheiratet war und in Petersburg lebte - herrschten in dem geräumigen Gutshause. [1693] In dem schönen, behaglichen Hause, mit den Mahagonimöbeln im Empirestil, den Trümos, [1694] den alten englischen Wanduhren, den gemalten Zimmerdecken und den Blumengewinden über den Türen. Diese sechs freundlichen, gastfreien Damen geboten über die leinengefüllten Wirtschaftsschränke, und über das riesige Eichenbüffet, das aus drei Stockwerken bestand und das Silber von Mamachens Aussteuer enthielt, die Meißener Tassen, die Kristallschalen und die alten, blaugemusterten Tassen. Auch über die großen Truhen mit Eisenbeschlag, sowie über alles eß- und trinkbare Gut in Keller und Vorratskammern geboten die Denfferschen Damen. Sie regierten im Obst- und Gemüsegarten, sie

---

[1691] KB St. Petersburg Petri Gemeinde Verstorbene 1863 Nr. 12 fol.118.

[1692] KB Mitau Trinitatis Landgemeinde Verstorbene 1866, Nr. 35, 36 fol. 14.

[1693] Caroline geb. Kummerau, Thekla, Mathilde, Marie, Elisabeth, Bertha. Emilie hatte am 1.6.1858 in St. Petersburg Wilhelm v. Lerche geheiratet.

[1694] Trumeau, Wandspiegel zwischen Fenstern o.ä.

verfügten über die beiden Fischteiche, in denen Karauschen und Karpfen gemästet wurden. Und sie herrschten im schattigen Park, im Blumengarten, kurz in dem ganzen Reich, das Grafenthal für sie darstellte. Wie gesagt, war die Regierung der Damen durchaus republikanisch, im Familienparlament gab es unbedingte Freiheit der Rede und des Handelns. Zwar lebte auf dem Gute ein Verwalter, Herr Schultze. Er hatte wohl die Landwirtschaft zu führen, sonst aber wenig zu sagen. Und fügte sich seufzend, aber willig den oft widersprechenden Wünschen seiner Gebieterinnen. Trotz Freiheit und Gleichheit war in den meisten Fällen „Mamachen" ausschlaggebend, denn die temperamentvollen Töchter gaben schließlich, wenn auch nach leidenschaftlichen Kämpfen, ihrer sanften Mutter nach.

Mamachen war die Mensch gewordene Herzensgüte. „Ein Herz auf zwei Beinen", hatte eine humorvolle Nachbarin sie genannt. Sie lebte und webte nur für andere. In ihr weites Herz schloß sie Kinder und Enkel, Dienstboten, Verwandte und Nachbarn ein. Wie freundlich blickten die Augen der kleinen rundlichen Dame unter der schneeweißen Tüllhaube mit lila oder blaßgelber Seidenschleife. Für Mamachen gab es nicht gute oder böse Menschen, sondern nur mehr oder weniger liebe- und hilfsbedürftige, die sie mütterlich betreute. Sie konnte keinem eine Bitte abschlagen. Es waren für sie Leidenstage, wenn die Töchter sich ihrer „Schenkwut" entgegenstellten. Denn sie schenkte gar zu gern. Nun wurde aber Mamachen mit den Jahren recht zerstreut und verschenkte denselben Gegenstand an zwei, auch drei Personen, die ihn ihrer Meinung nach „dringend nötig" hatten. Das gab dann heftige Revolten. Überhaupt kamen in Grafenthal mitunter Aufstände der Töchter vor, kurze Erhebungen gegen Mamachens grenzenlos verwöhnende Liebe für unwürdige Schützlinge. Auch lebten die Schwestern untereinander, obgleich sie sich innig liebten, durchaus nicht wie die Turteltauben. Es gab Tage der Anarchie, an denen die eine oder die andere der Familie kündigte und zur Schwester nach Petersburg ziehn wollte. Es gab gewitterähnliche Aussprachen, wobei Marie oder Berta erklärten, sie opferten sich der Familie. Sie seien unverstanden. Erst an ihrem Sarge würden die Schwestern Maries oder Bertas Wert erkennen. Dann wäre es aber zu spät. Dann kamen Tränen, Umarmungen und Küsse. Die zärtliche Liebe der Schwestern stellte den Frieden bald wieder her.

In ihrem kleinen Staat hatte jede der Schwestern ihr Amt. Thekla, die älteste, war der gute Geist des Hauses. In ihr Zimmer flüchteten die Streitenden beider Parteien, und ihr gelang es meist, die Erregten zu besänftigen. Sie war auch die Göttin des

Gartens. Unter ihren Händen gedieh das schönste Obst, weit und breit berühmt in der Nachbarschaft. Jedem wässerte der Mund, der an die Grafenthaler Zikatäpfel dachte, an die Sirinka, die rosigen Erdbeeräpfel, die Hasenköpfe, die niedlichen Reinetten. Gab es schönere Birnen als die Grafenthaler Kanehlbirnen, die Bergamotten, die rotwangigen „schmucken Damen"? Auch die nach einem früheren Besitzer des Gutes „Niegandt's Nasen" benannten waren köstlich. Von den Bierkirschen, den Reineclauden, den Morellen ganz zu schweigen. Im Blumengarten umhegten Theklas geschickte Hände üppige Zentifolien, Aurikeln und noch viele Blumen jeder Art.

Marie war gewissermaßen Minister des Aeußeren. Sie unterhielt die Beziehungen zu fernen Verwandten und zu den Nachbarn. Sie hatte einen ausgebreiteten Briefwechsel, machte Einkäufe in Bauske oder Mitau und war wochenlang in der Stadt zum Besuch. Marie war es auch, die eine unausgesprochene, doch erwiderte Liebe in ihrem Herzen barg zu einem anziehenden Vetter, der ein hübsches Gut besaß. Sie war es auch, die schon mannigfache Liebesromane erlebt hatte, aus denen nichts wurde.

Mathilde hatte die Armen- und Krankenpflege in ihrer Hand. Sie nähte und strickte beständig für die Knechtskinder und betreute die Alten und Kranken.

Elise und Berta führten abwechselnd die Wirtschaft und trieben in ihren Mußestunden eifrig Musik.

Der Verwalter hatte einen schweren Stand. Die Damen hielten es für unerläßlich, täglich eine weitere Ausfahrt zu machen oder einen Boten in die Stadt zu schicken. Denn Elise mußte Noten kaufen, oder Marie hatte „gar nichts mehr anzuziehn" und führte daher häufig Beratungen mit einer Schneiderin in Mitau. Die Pferde wurden nicht geschont und oft mitten in der Erntezeit vom Felde geholt, trotz Herrn Schultzes höflichem Protest.

Eins darf auf keinen Fall verschwiegen werden: nämlich die reizende, alt-kurische Gastfreundschaft in Grafenthal. Sobald ein Wagen in die Weidenallee einbiegt, die zum Gutshaus führt, so öffnen sich die Fenster, die fünf Schwestern winken lebhaft mit Taschentüchern. Sind die Gäste vorgefahren, so stürzen ihnen ein ältliches Dorchen und ein rotwangiges Lisettchen entgegen. Die Schwestern fliegen auf die Gäste zu. Mamachen steht in der Tür des Wohnzimmers und empfängt die meisten ihrer Gäste buchstäblich mit offenen Armen. Es gibt ein Küssen, Umarmen und Händedrücken. Im Triumph werden die Gäste in das Wohnzimmer geführt und nun fängt das Verwöhnen an: die niedlichsten, kleinen Kümmelkuchen und Goldinger Kringelchen,

Zwiebacken und Striezel, goldgelbe Landbutter und Honig schmücken früh morgens den Kaffeetisch. Ein Strauch Zentifolien durchduftet das große, behagliche Speisezimmer. Elise und Berta versorgen und unterhalten die Gäste aufs Angenehmste, fragen, wie sie geschlafen haben, reichen dieses Gebäck und empfehlen jenes. Zum zweiten Frühstück um elf Uhr muß die Speisekammer so manches liefern, was das Herz eines Städters befriedigt, so an Festtagen die beliebten Speckkuchen. Die Herren erfrischen sich an kurischen Schnäpsen, die aus Flaschen und Fläschchen in allen Farben schimmern. Das Mittagessen beschicken der Hühnerhof, die Fischteiche, der Obst- und Gemüsegarten. Es gibt Krebssuppe mit rosigen Krebsschwänzen und gefüllten Krebsnasen, Karpfen, Hühnerbraten mit grünen Erbsen. So tafelt man in Grafenthal häufig und lange: um vier Uhr Nachmittagskaffee in der Lindenlaube, um sieben Uhr abends Tee im Kaminzimmer, um neun Uhr das Abendessen. Es kommen die Nachbarn und bringen noch ihre Logiergäste mit. Man fährt zu Boot, macht Picknicks ins malerische Inzetal. Man sucht Erdbeeren und Pilze. Man krebst spät abends, man zündet ein Feuer im Walde an, lagert sich im Grase und singt Volkslieder, man bummelt in Garten und Park, man musiziert. Die liebenswerten Grafenthaler Damen verhätscheln ihre Gäste und fragen beständig nach ihren Wünschen. Die Gäste fühlen sich unsagbar wohl in Grafenthal, kommen in Scharen, bleiben wochenlang, wohl auch den Sommer über, und manche unter ihnen lassen sich recht gehen.

So sah es in Grafenthal aus, als die Geschichte mit der Kanone sich ereignete. Zu Lebzeiten des Hausherrn hätte diese Geschichte sich nicht ereignen können. Denn damals war Grafenthal durchaus keine Republik, sondern eine recht despotisch regierte Monarchie. Der kränkliche Hausherr hielt streng auf Ordnung und Regelmäßigkeit. Und seine Frau und seine zwölf Kinder mußten sich ihm in allen Stücken unbedingt fügen. Er war sparsam. Mamachens weiches Herz litt Qualen, weil sie nicht so häufig, wie sie gern wollte, schenken konnte. Es kamen wohl auch Gäste ins Haus, doch wurden sie nicht anders aufgenommen, als in vielen gastfreien, kurischen Pastoraten, Doktoraten und Gutshäusern.

Damals war eine wichtige Person im Hause die Singelmann. Sie sah aus, wie bei alt Licht geboren: [1695] klein und miggerig mit lebhaften Äuglein. War sie alt oder jung? Keiner wußte das zu sagen. Sie war auf dem Gute Kinderfräulein und betreute wohl

---

[1695] Ältlich aussehend. Mit „Altlicht" ist gemeint abnehmender Mond, auch dessen letzte Sichtbarkeit.

mehr als fünfzehn Jahre lang die kleinen Grafenthaler bei ihrem Eintritt ins Leben und in ihren ersten Lebensjahren. Die Singelmann hatte, wie wohl anzunehmen ist, weder von Rousseau, noch von Pestalozzi je etwas gehört, war aber eine geborene Pädagogin. Sie verstand es, aus den kleinen Pflichten der Kinder diesen eine Freude und Ehre zu machen. Hatte sie die Kleinen morgens gesäubert und angekleidet, so ging sie an ihre eigene Toilette. Dann durfte Robert ihr den Kamm reichen und Berta die Bürste, Elise brachte ihr die Schuhe. Und um diese Ehre stritten sich die Kinder und weinten bitterlich, wenn um einer Unart willen der eine nicht die Bürste, der andere nicht die Schuhe holen durfte. Kamen Kinder aus der Nachbarschaft zu Besuch, so zog die Singelmann wohl mit einer Schar von zwanzig zum Beerenlesen oder Pilzesuchen in den Wald. Sie wurde mit den wildesten Jungen fertig. Sie leitete die Kleinen zu allerlei Beschäftigungen an, ließ die Unbändigsten aus bunter Wolle Strumpfbänder flechten.

„Warum müssen wir denn gerade immer flechten?" fragten die Jungen vorwurfsvoll. Worauf die Singelmann prompt antwortete: „Flechten is besser als herumerlaufen."

An Winterabenden, wenn die Kleinen fast den ganzen Tag in ihrer geräumigen Kinderstube verbracht hatten, sang die Singelmann mit ihnen Lieder im Chor. Von ihrem Lieblingslied sang sie immer die ersten Strophen allein:

„Nun sattelt mir den Brau-au-nen,
Sprach Kugelmann,
Und bindt ihn an den Zau-au-nen,
So ist's getan."

Dann rief sie den Kindern befehlend zu: „Nun kommt die einfältige Stimme!"
Und es mußte der Chor einfallen. -

Vor dem Gutshause standen zwei Kanonen, die nach einem Gefecht 1812 auf einer Wiese nachgeblieben waren. Sie wurden zu beiden Seiten des Hauses eingegraben. Die Kinder bewunderten die Kanonen oft und die Singelmann erzählte:

„Die sind noch von dem Franzosenkrieg. Damals hat sie ein großer russischer Kaiser, Peter der Große, gerade aus Petersburg mitgebracht. Das waren dem Kaiser seine eigenen Kanonen."

So die Singelmannsche Geschichtsforschung.

Darüber waren wohl zwanzig Jahre vergangen und mehr. Längst ruhte der gestrenge Gutsherr von Grafenthal in seinem Erbbegräbnis. Drei seiner Söhne ruhten neben ihm, die andern waren fern. [1696] Und Grafenthal war eine fröhliche, gastfreie Republik geworden.

Ein herrlicher Sommerabend. Zentifolien, Nelken und Levkojen duften im Garten um die Wette. Die Damen sitzen in der Lindenlaube am Eingang des Gartens, Lisettchen (das Dritte, seit Grafenthal besteht) räumt den Teetisch ab. Die Schwestern sticken, Mamachen strickt emsig. Wer rumpelt da in einem Wägelchen auf der Landstraße und biegt in die Weidenallee ein?

„Wer ist das?"

„Wer kann das sein?"

„Es ist die Singelmann!"

„Nein wirklich, es ist die Singelmann!"

Sie klettert aus dem Wagen und ist so miggerig und runzelig, wie sie schon vor zwanzig Jahren war. Sie ist längst verheiratet und lebt „hinter Bauske". Die Singelmann wird königlich bewirtet und darf auf keinen Fall morgen wieder fortfahren. Und nun erzählt sie: von ihrem Manne, der schon ein „Wedemann" [1697] war, als sie ihn heiratete; von den Stiefkindern, den Ferkelchen und den Hühnern. Aber trotz des freundlichen Empfangs und des gemütlichen Plauderns ist die Singelmann unruhig. Ja, sie hat etwas auf dem Herzen. Und am dritten Tage, ehe sie fortfahren will, da kommt es heraus: „Gnädig Frauchen, ich hätt' eine große Bitte."

Mamachen ermutigt sie aufs Freundlichste, ihren Wunsch auszusprechen.

„Ich hab so gedacht … Wenn Sie so gut sein wollten … Ich möchte um die eine Kanone gebeten haben …"

„Eine Ka-no-o-ne,"

Starres Erstaunen auf allen Gesichtern. Aber die Singelmann ist eine Menschenkennerin und beurteilt Menschen und Verhältnisse in Grafenthal ganz richtig.

„Es ist nur wegen meinem Alten …"

Jetzt spricht sie schon zuversichtlicher.

[1696] Jeannot starb 1849, das Erbbegräbnis befand sich auf dem Friedhof bei der Kirche von Mesothen. Die verstorbenen Söhne waren Johann Otto Eugen 1849, Johann Alexander Ernst 1855 und Johann Robert Carl 1854, übergangen wurde der 1835 jung gestorbene Johann Julius Rudolph. Von den „andern" waren nicht alle „fern". Nur Julius studierte in Petersburg, Victor lebte in Mitau und Theodor in Feldhof und vor Ort in Grafenthal.
[1697] Witwer.

„Er ist doch ein Badstüber, und neulich hat er so gesagt: „Wenn ich möcht einen
guten Eisenofen haben in die Badstube, hat er gesagt, so möcht ich reich werden. Denn
nur mit die erhitzte Steine das Dampfbad zu machen, hat er gesagt, das ist eine
schwere Arbeit.“ Und da hab ich mir erinnert an die zwei Kanonen, und hab so gedacht: Zu was stehn sie da, die Kanonen, wo doch gar kein Krieg mehr ist? Und nu,
mein liebes, goldenes, gnädig Frauchen, schenken Sie mir die Kanone! Die könnt
mein Alter grade brauchen als ein Badeofen. Mein Alter hat gesagt: „Du wirst sie nich
kriegen.“ Aber ich hab gesagt: „Ich krieg sie schon.“ Und ich hab auch gleich ein
Wagen mitgebracht.“

Nun wird die Sache dramatisch: Mamachen ist glücklich, schenken zu können. Aber
die Töchter stemmen sich dagegen:

„Nein, das ist zu toll!“

Thekla und Mathilde machen der Singelmann freundliche Vorstellungen, aber die
andern Schwestern sind empört.

„Was wirst du nicht noch verschenken, liebes Mamachen?“

„Verschenke doch den geschnitzten Eichenschrank.“

„Verschenke doch alle Möbel.“

„Am besten das ganze Haus.“

Marie blitzt Mamachen mit zornigem Augenfunkeln an. Elise und Berta reden leidenschaftlich. Die beiden andern sprechen begütigend dazwischen. Die Singelmann
sitzt lächelnd dabei. Sie hat nicht umsonst zwanzig Jahre lang in Grafenthal gelebt
und kennt ihr „gnädig Frauchen“. Es gewittert, grollt und blitzt noch eine Zeit lang.
Bis die Töchter nachgeben, und Mamachen mit ihrem gütigen Lächeln sagt:

„Nehmen Sie nur die Kanone, liebe Singelmann, Sie haben sie ja so nötig.“

So kam die Kanone, die im Gefecht gegen die „Große Armee“ Feuer und Verderben
gespieen hatte, in den Besitz des Badstübers und diente ihm viele Jahre als Ofen in
seiner Badestube. Und war der Familie Singelmann ein Denkmal von Mamachens
grenzenloser Herzensgüte.“ [1698]

[1698] Denffer, N. v.: Aus Ältervaters Zeit, Baltische Erzählungen, Löcknitz i. Pom. o.J. (ca.
1941), 39-45. Zweite Auflage mit geringfügig bearbeitetem Text 48-54. Eine 70jährige Witwe
Catharina Elisabeth Singelmann geborene Sprengel verstarb am 22. April 1855 in Mitau. (KB
Mitau Trinitatis Stadtgemeinde Verstorbene 1855, Nr.55).

Eine abgewandelte Version hat später Herbert überliefert, die ihm seine „Tante Tali" erzählte: „Bei Grafenthal hatte 1812 ein Gefecht stattgefunden, zwei daher stammende Kanonenrohre wurden nachher am Eingang des Herrenhauses aufgestellt. Viele Jahre später kam der Mann, der in Grafenthal das Haarschneiden besorgte, zu Mamachen und bat sie um die Überlassung der Kanonenrohre: Sie stünden doch nutzlos herum, und er könne sie so gut als Öfchen für seine Badstube gebrauchen. Er erhielt sie gegen den Protest der Familie." [1699] Für die erste Version spricht nicht nur, daß sie die ältere ist, sondern auch, daß auf einer späteren Fotografie vor dem Herrenhaus Grafenthal eine Kanone noch zu sehen ist. [1700] Wenn „Mamachen" die Kanone verschenken konnte, gehörte sie nicht zum Gutsinventar, und demnach hatte wohl Jeannot die beiden Kanonen vor dem Gutshaus aufstellen lassen, zum Gedenken an den Krieg von 1812, von dem sein Leben besonders geprägt war.

Seelenrevision

Im Pastorat Mesothen wurden 1858, im letzten vollen Jahr vor dem Verkauf von Grafenthal, getauft: Ehelich geborene Knaben 140, Mädchen 123, unehelich 3 Knaben und 4 Mädchen, totgeboren waren 5 Knaben und 5 Mädchen. Auf Grafenthal gab es 6 ehelich geborene Knaben und 6 Mädchen, keine unehelichen und 2 totgeborene männliche Kinder sowie ein weibliches Totgeborenes.

Getraut wurden 92 Ehepaare, 6 davon aus Grafenthal. Wie zuvor sind die Taufzeugen und Trauzeugen bei den Letten stets Letten gewesen, Denffer sind bei den Taufen und Eheschließungen ihrer eigenen „Leute" nicht als Zeugen verzeichnet, auch nicht bei der Hochzeit des deutschen Grafenthalschen Müllers, was nochmals die bestehende Distanz zwischen den Ständen dokumentiert.

Gestorben sind im Mesothenschen Pastorat 312 Menschen, 157 davon männlich und 155 weiblich. In Grafenthal waren es insgesamt 29, davon 10 männlich und 19 weiblich, neun der Toten kleine Kinder, eines totgeboren. Die häufigeren Todesursachen waren Nervenfieber, Wassersucht und Altersschwäche.

[1699] Denffer, Herbert v.: Die Familie von Denffer, eine kleine illustrierte Chronik, München 1966, 6.
[1700] Herder Institut Marburg, Bildarchiv Sammlung Wolff 135209. (https://www.herder-institut.de/bildkatalog/iv/135209).

Am 11. Sept. (Nr. 210) starb der aus Grafenthal gebürtige Ruhentalsche Juris Jahseis, 32 Jahre alt, mit Greete verheiratet, 1 Kind, „Er fiel vom Korn fuder auf eine Forke, die ihm in den Leib drang." [1701]

Als Gutsherr hatte Theodor alljährlich die erforderlichen Angaben für die sogenannten Umschreibungslisten von Grafenthal zusammentragen und ausfertigen lassen. Erhalten geblieben sind solche Dokumente aus den Jahren 1850 bis 1859. [1702] Seltsamerweise enthält dieser Bestand im Staatsarchiv Riga [1703] keine Dokumente aus der Zeit, in der Jeannot Besitzer von Grafenthal war. Der hier unterzeichnende Theodor war sein Sohn und Erbe.

In den erhaltenen Dokumenten sind wie auch in der „Revisionsliste angefertigt im Jahre eintausendachthundert acht und funfzig den zweiten Januar über die Bauerngemeinde des im Kurländischen Gouvernement Bauskeschen Kreise und Bauskeschen Kirchspiele belegenen Privatgutes Grafenthal" [1704] aufgeführt alle Gesinde sowie der Hof Grafenthal mit den Namen der jeweiligen Bewohner, von Auswärtigen und von losgekauften Rekruten. Die Revisionsliste verzeichnet die folgenden 27 Gesinde sowie die dort lebenden männlichen und weiblichen „Seelen":

Swanke 11/9, Mellansche jaun 8/9, Bohle 8/10, Smiltneek 8/18, Budberg 8/5, Juske 8/11, Schirwe wetz 12/13, Kanner 8/11, Mellansche wetz 9/9, Ginnahrt 4/4, Intze 7/8, Bunner 11/12, Jaunstohke 5/6, Wetzstohke 5/6, Kiwul 6/8, Skrubeneek jaun 7/8, Wetzsebber 8/6, Jaunsebber 6/7, Schwabschke 14/11, Gretze 9/5, Barsde 6/9, Skurbeneek wetz 8/7, Perel 10/14, Tohle 8/6, Schwittenschirwe 6/8, Kakke 8/7, Springe 5/6. Hinzu kamen Rethenkrug 1/1, Im Hofe Grafenthal 7/8, Neuhof/Swirmahjas 13/11, Wetzwagger Gailupurwe 13/16, Auswärtige 17/36, Losgekaufte Rekruten 4.

„Ueberhaupt sind in dieser Revisionsliste zweihundert achtund sechzig männliche und dreihundertund fünf weibliche Seelen aufgenommen. Daß in dieser Revisionsliste alle Seelen an dem Dato den zweiten Januar des Jahres eintausend acht hundert acht

---

[1701] KB Mesothen Verstorbene 1858, 369v ff., vorbehaltlich Irrtümer; 380v,r „Fuder" war eine Ackerwagenladung, „Forke" eine Heugabel.

[1702] LVVA 630/1/254. Jahr 1850: fol. 125 ff., 161v, 164, 166 ff., 203v, 205. 1851/52: 206v., 208v, 210v, 214, 218v. 1853.1856: 220v, 224v, 226v, 228v, 230v, 232v, 234v, 236v. 1858/59: 239 ff., 289 ff., 338v, 340v, 343 ff., 348v, 350v.

[1703] LVVA 630/1/254

[1704] LVVA 630/1/254, 289 ff.

und funfzig zur Stelle waren, angegeben sind und Niemand ausgelassen und daß diese Liste in der Gemeindeversammlung dreimal verlesen worden, solches attestirt das Gemeindegericht des Privatgutes Grafenthal xxx Jahn Kalning Gemeindeger(icht) Vorsitzer. Jurris Lapsa Gemeindeger(icht) Beisitzer xxx Krischjahn Bumbehr Gemeindeger(icht) Beisitzer. (unleserlich…)derheff Gerichts Schreiber." [1705]

Demnach lebten am 2. Jan. 1858 auf Grafenthal 264 männliche und 305 weibliche „Seelen" sowie 4 losgekaufte Rekruten, [1706] insgesamt 573 Personen.

Eine Aktennotiz hält fest, daß die Grafenthalsche Revision ordnungsgemäß erfolgte: „Remarquen des Bauskeschen Kreises über Revision: „Privatgut Grafenthal. 1858 December den 5ten die Ortsrevision bewerkstelliget. Remarquen. a., des Kameralhofs. Es hat sich nichts zu remarquiren ergeben. b. des Ortsreviranten, wie sie sich an Stelle und Ort ergeben haben. Ist gleichfalls nichts zu remarquiren gewesen. Ortsrevirant (?) Secretär H Michelsohn" [1707]

Das letzte von Theodor unterzeichnete Dokument ist eine „Umschreibungsliste" von 1859 in zweifacher Ausfertigung. Sowohl der Vordruck des Formulars als auch die Eintragungen sind diesmal nicht nur in deutscher, sondern auch in lettischer Sprache. Seit dem Vorjahr kam zum Gesinde Perel hinzu der 30 ½ jährige Jehkop Druppe vom Privatgut Endenhof. Abgegangen vom Gesinde Schwapschke nach dem Privatgut Schwitten ist der 17jährige Krischjahn Jurrel Sohn Grauding und vom Gesinde Perel nach dem Privatgut Mesothen die Familie Geddert, bestehend aus Geddert, Jehkob Sohn Kerrus 32 Jahre alt, dessen Weib Greete 29, Sohn Jehkob 8 ½, Tochter Trihne 6 und Tochter Dahrte 3 Jahre alt. Ausgefertigt hat die Liste das Grafenthal Gemeinde Gericht am 22. April 1859, unterzeichnet mit drei Kreuzen hat „Gemeinde Eltester Kalning", unterschrieben „Ger(icht)Schr(eiber) Kapsen"(?) und „Geprüft und für richtig befunden ThvDenffer". [1708]

Die „Zehnte Revision" von 1858/59 ergab abschließend für das „Privatgut Grafenthal" die „Seelen-Zahl" von 264 männlichen und 305 weiblichen angeschriebenen „Seelen", [1709] damit insgesamt 569. Für die „Krons- und Privatgüter des Bauskeschen

---

[1705] LVVA 630/1/254, 333 f. (fol. 335 f.).

[1706] LVVA 630/1/254/ fol. 317; 630/1/254, fol. 349-351; fol. 388.

[1707] LVVA 630/2/99, 25.

[1708] LVVA 630/1/254, 344-347 (fol. 348-351).

[1709] LVVA 630/2/97, (fol. 120).

Hauptmannsgerichts-Bezirks" wurden die folgenden „Seelen-Zahlen" ermittelt:

Auf 36 Kronsgütern einschließlich Pastoraten waren 8019 männlich und 9400 weiblich, zusammen 17419.

Auf 30 Privatgütern waren männlich 12877 und weiblich 14906, zusammen 27783. Diese Statistik differenzierte nicht nach Ständen. Auf den insgesamt insgesamt 66 Gütern lebten demnach 45202 Menschen. [1710]

In Petersburg wurde August zum „Vorsitzenden Senator des 4. Departement",[1711] dem er seit 1835 angehörte, und das als Appellationseinrichtung für zivilgerichtliche Angelegenheiten diente. Eine Akte aus dem Finanzministerium betrifft „zusätzliche Zuwendungen an Senator Denfer 1858". [1712]

Sein Sohn Woldemar beendete das Studium, verließ Dorpat und kam wohl zunächst nach Petersburg zurück: „Gerichtliche Bekanntmachungen. Von einem Kaiserlichen Universitätsgerichte zu Dorpat werden, nach § 11.u. 69 der Vorschriften für die Studirenden, alle diejenigen, welche an die Herren: Stud. … geogr. und stat. Wold. Denffer … aus der Zeit ihres Aufenthalts auf dieser Universität aus irgend einem Grunde herrührende gesetzliche Forderungen haben sollten, aufgefordert, sich binnen vier Wochen a dato, sub poena praeclusi, bei dem Kaiserlichen Universitätsgerichte zu melden… Dorpat, d. 21. November 1858." [1713]

※

1859 Abschied von Grafenthal

Nachdem Theodor die Eintragung seines am 20. Dez. 1857 geborenen Sohnes Johann Carl Woldemar in das Nowgorodsche Adelsgeschlechtsbuch veranlaßt hatte, entstand beim Heroldie-Departement des Senats in Petersburg 1859 eine Akte „fon-Denfer", der ein Bericht der Nowgoroder Adelsdeputiertenversammlung mit Unterlagen zu „Iwan Iwanowitsch" (Johann Johannsohn) und seinen Nachkommen zugrunde

---

[1710] LVVA 630/2/97, 135.
[1711] Russkij biografitscheskij slowar St. Peterburg VI, 249 f.; Adres-Kalendar/Roznik Urzedowy… 1859 Warschawa/Warszawa, 56/57, s. a. 1850, 1854, 1858.
[1712] RGIA 565/4/14195.
[1713] Dörptsche Zeitung 21. 11.1858, 6; 26.11.1858, 8; 1.12.1858, 8.

lag. Diese Akte bestätigte mit Datum vom 26. Juni 1859 nochmals den Denfferschen Adel. [1714]

Der Beschluß Grafenthal zu verkaufen wurde umgesetzt. Vor dem Umzug aus Grafenthal sollte dort noch Einiges veräußert werden, das nicht zum Inventar des Gutes gehörte und für das es keine weitere Verwendung gab: „Am 20. April d. J. und an den darauf folgenden Tagen wird auf dem Privatgute Grafenthal unweit Bauske eine Auction stattfinden, in der Möbeln, Equipagen und Wirthschafts-Sachen gegen gleich baare Zahlung versteigert werden." [1715] Auch das Museum der Kurländischen Gesellschaft für Literatur und Kunst in Mitau wurde bedacht: „Das zoologische Cabinet wurde vermehrt durch Schenkungen der Herren: v. Denffer in Grafenthal." [1716]

Die am 22. April ausgefertigte „Umschreibungsliste des Privatgutes Grafenthal 1859", ausgefertigt vom Grafenthal Gemeindegericht und unterzeichnet „Geprüft und für richtig befunden ThvDenffer" sowie „Gemeinde Eltester Kalning (drei Kreuze) und GemeindeSchreiber Kapp", [1717] war wohl die letzte „Amtshandlung" vor dem Verkauf von Grafenthal.

„1859 Juni 12 (corrob. Juni 14): Caroline v. Denffer geb. Kummerau, Wittwe des Capitaine Johann von Denffer, Stabscapitaine Victor v. D., Cornet Theodor v. D., Staatsräthin Emilie von Lerch geb. v. D., Fräulein Thekla, Marie, Elisabeth v. D. veräußern das von ihnen zu Pfand besessene Privatgut Grafenthal nebst Zubehör an den Stabsrittmeister und Ritter Baron Hermann Theodor Friedrich von Klopmann für die Summe von 108000 Rbl. - Die Zustimmung der Minorennen, Julius und Bertha von Denffer soll nachträglich beschafft werden. Die Uebergabe des Gutes nebst Inventarium ist bereits am 23. April 1859 geschehen." [1718]

In dieser Aufzählung der Familienmitglieder fehlt die Schwester Mathilde (1829-1872), man möchte annehmen, der Verfasser der Güterchronik hat sie versehentlich

---

[1714] TsGIA 1343/20/1273; Denfer, H. v.: Grundstein zu einer Geschichte der Familie von Denffer, Batum 1906, 43 f.

[1715] Kurländische Gouvernements-Zeitung 11.3.1859, 187; 18.3.1859, 208.

[1716] Monatssitzung 7.10.1859; Kurländische Gouvernements-Zeitung 10.10.1859; Das Inland 19.10.1859, 816.

[1717] LVVA 630/1/254, fol. 349-351.

[1718] LVVA 640/3/820 (Hahn, W. Baron (1890) Inhaltsverzeichnis einiger kurländischer Briefladen… V. Grafenthal, No 236); Kurländische Güter-Chroniken. Neue Folge, Bearbeitet und herausgegeben im Auftrage des Kurländischen Ritterschafts-Comités, Mitau 1895, 91.

ausgelassen. Doch auch in der zugrundeliegenden Notiz für sein Werk wird sie nicht genannt, obwohl dort zusätzlich noch alle Namen der den Verkaufsvertrag Unterzeichnenden aufgeführt sind. [1719] Ein zweimaliges Übersehen ist unwahrscheinlich, doch eine andere Erklärung nicht erkennbar. Merkwürdig ist auch, daß im Grundstein auf die „Brieflade des Gutes Grafenthal" verwiesen wird, und dabei die selben Namen genannt werden, Mathildes Auslassung aber offenbar unbemerkt blieb. [1720]

Jedenfalls war der Verkauf von Grafenthal durch Caroline und Kinder damit vollzogen. Die Übergabe des Gutes an den Käufer erfolgte am 23. April, dem Georgstag, an dem allgemein üblich Pachtverträge ausliefen, wohl um dem neuen Besitzer zu ermöglichen, die dem Jahreslauf nach erforderlichen Feldarbeiten selbst zu bewerkstelligen.

※

Der Zehntausender

Im Historischen Staatsarchiv Lettlands ist ein „Protocoll über die Taxation von Grafenthal 20. April 1859" erhalten geblieben. Demnach wurde „der Werth des Gutes Grafenthal sammt An- und Zubehör auf neunzigtausend Rubel veranschlagt." [1721] Am 12. Juni 1859 wurde Grafenthal „verkauft an Baron Hermann Theodor Friedrich von Klopmann für die Summe von 108 000 Rbl." [1722]

Ergänzend dazu hat Theo v. D. (1909-1982) handschriftlich notiert: „Zum Verkauf von Grafenthal erzählte mir Tante Tali in Schleswig: Onkel Theodor wickelte i. A. von Mutter + Geschwistern den Verkauf ab. Baron Klopmann gab ihm ein Bündel Geldscheine (es gab 10 000 Rubel-Scheine): es sollten 10 Zehntausender sein, dazu einige kleinere. Theodor nahm das Geld ungezählt - gemäß seinen Ehrbegriffen von einem Ehrenmann. Er legte es in eine Schatulle in einem Zimmer, welches man nur durch sein Schlafzi. betreten konnte. Viell. (?) verschloß er noch das Kästchen. Am nächsten Vormittag kamen alle Fam. Glieder zur Geldverteilung. Schatulle, Tür und Fenster waren unverletzt. Aber es fanden sich nur 9 Zehntausender! So hatte

[1719] LVVA 640/3/820, fol. 181v (Hahn, W. Baron (1890) Inhaltsverzeichnis einiger kurländischer Brieffaden... V. Grafenthal, No 236).
[1720] Denfer, H. v.: Grundstein zu einer Geschichte der Familie von Denffer, Batum 1906, 43.
[1721] LVVA 581/4/2100, 8.
[1722] LVVA 640/3/820; Kurländische Güter-Chroniken. Neue Folge, Bearbeitet und herausgegeben im Auftrage des Kurländischen Ritterschafts-Comités, Mitau 1895, 91.

Klopmann den „Edelmann" Denffer hereingelegt, und dieser konnte nichts beweisen und nichts tun, ohne sich lächerlich zu machen." [1723]

Wie soll man mehr als anderthalb Jahrhunderte nach dem Geschehnis mit einem solchen Bericht umgehen? Am einfachsten wäre vielleicht, ihn dem Orkus des Vergessens zu überlassen, denn außer dieser handschriftlichen Notiz dürfte es kein weiteres Zeugnis davon geben, es sei denn, es hätte sich etwas dazu in der Klopmannschen Familie erhalten, was eher unwahrscheinlich scheint, zumal es auch keine direkten Nachkommen des erwähnten Barons mehr gibt. [1724]

Etwas mehr Aufwand entsteht, wenn man die Geschichte, ohne sie zu kommentieren, einfach nur weitergibt. Dann wäre sie zumindest nicht unterschlagen. Oder man kann sich damit auseinandersetzen, sie „bearbeiten" und so in gewisser Weise vielleicht „abräumen". Dann sind dazu einige Fragen zu stellen. Die erste lautet: Warum überhaupt darauf eingehen? Dazu habe ich schon einmal an anderer Stelle geschrieben: „Dem, der noch Wert darauf legt, von den Vorausgegangenen und aus der Geschichte zu lernen, kann dabei auch und gerade das Wissen um die Familiengeschichte nützlich sein. Mir jedenfalls ist es verschiedentlich durchaus lehrreich gewesen… Möge, wer… darüber nachdenkt, für sich selbst und sein eigenes Leben aus dem lernen, was … über die Altvordern berichtet werden konnte, sich zum Guten anregen und ermutigen lassen und dem Schlechten aus dem Wege gehen." [1725]

Als Nächstes kommt mir in den Sinn, was ich über „'ulum al-hadith - die Wissenschaften des Berichts" gelernt habe, darunter die Betrachtung und Überprüfung des Weges oder der „silsilah" (Kette) der Überlieferung, stark vereinfacht: Wer hat wem wann was und warum berichtet? Diese Methodik ist auch hier durchaus brauchbar.

[1723] Ergänzend zu Denffer, Herbert v.: Die Familie von Denffer, eine kleine illustrierte Chronik, München 1966, 13 v.

[1724] Kurländische Güter-Chroniken. Neue Folge, Bearbeitet und herausgegeben im Auftrage des Kurländischen Ritterschafts-Comités, Mitau 1895, 92; Friedrich Hermann Theodor (1825-1883), verheiratet mit Luise v. Pfeilitzer (1840-1922), Ehe kinderlos (Klopmann, E.v.: Familienchronik der Freiherrn v. Klopmann o.O., o.J., 206 (Kurländisches Ritterschaftsarchiv Marburg 701.XVI. O.299). Nach mündlicher Auskunft durch Peter Baron v. Klopmann (1983: Degenfeldstr.9, München) gab es im Familienbesitz keine Unterlagen mehr zu Grafenthal.

[1725] Denffer, A. v.: Beiträge zu einer Geschichte der Familie von Denffer, Norderstedt 2006, 5 f.

Die Geschichte über Onkel Theodor (1822-1866) und den fehlenden Zehntausender hörte Theo nach eigenem Bekunden von der etwa 80jährigen Tante Tali, Natalie v. Denffer (1868-1950), die er zuletzt vor ihrem Tod in Schleswig besucht hatte. Auch sie konnte nur vom Hörensagen berichten, denn sie erblickte erst zehn Jahre nach dem Verkauf von Grafenthal das Licht der Welt. Vielleicht hatte ihr Vater Julius (1838-1918) davon erzählt, der seinerzeit 20 Jahre alt und als Miterbe vom geminderten Kauferlös direkt betroffen gewesen war. Allerdings studierte er 1859 in St. Petersburg und konnte deshalb am Tag der beabsichtigten „Geldverteilung" eher nicht anwesend sein. Dann wäre er von seinen Familienangehörigen informiert worden, doch Genaueres ist nicht bekannt. Das Gespräch von Julius mit Tante Tali muß etwa 30 oder noch viel mehr Jahre vor dem Besuch Theos in Schleswig stattgefunden haben.

Man kann bezweifeln, daß Einzelheiten unter solchen Umständen und über derartig lange Zeiträume gänzlich unverändert weitergegeben wurden, der eigentliche Kern der Sache aber mag erhalten geblieben sein. Er besteht in der Feststellung: Ein Teil der erwarteten Bezahlung fehlte.

Wie es dazu kommen konnte, legt Theos Notiz nachvollziehbar dar, doch muß man fairerweise einräumen, daß auch andere Möglichkeiten zumindest denkbar sind. Daß Theodor selbst einen Geldschein zum eigenen Gebrauch entnahm, möchte man natürlich nicht annehmen. Zunächst hat jedenfalls ihm und ebenso Klopmann gegenüber die Unschuldsvermutung zu gelten. Ein Hinweis darauf, wann sich das Ganze konkret ereignete, fehlt. Immerhin aber kaufte Theodor am 5. März 1859 das Gut Szoran in Litauen. [1726] Wurde dazu sein Anteil aus dem Verkauf von Grafenthal mitverwendet? War der Kaufpreis für Grafenthal zu dieser Zeit gezahlt worden? Die Übergabe von Grafenthal an Klopmann erfolgte am 23. April 1859. [1727]

Ganz merkwürdig ist übrigens, zumindest aus heutiger Sicht, das Begleichen einer solch hohen Summe in bar und ohne Zeugen, wo doch zu dieser Zeit auch in Kurland längst Bankgeschäfte stattfanden. Die Gutsbesitzer hatten sogar mit dem Kurländischen Kreditverein ihre eigene Bank, dem Denffer auf Grafenthal jedenfalls angehörte und Klopmann nach aller Wahrscheinlichkeit ebenso.

[1726] LVVA 1100/13/393, fol. 4 (Testament des weil. Theodor Johannes von Denffer 1.9.1860).
[1727] LVVA 640/3/820 (Hahn, W. Baron (1890) Inhaltsverzeichnis einiger kurländischer Briefladen… V. Grafenthal, No 236); Kurländische Güter-Chroniken. Neue Folge, Bearbeitet und herausgegeben im Auftrage des Kurländischen Ritterschafts-Comités, Mitau 1895, 91.

Zudem ist fraglich, ob die Erläuterung in Klammern „es gab 10 000 Rubel-Scheine" von Tante Tali stammt. Einen Hinweis, daß solche Scheine schon 1859 in Gebrauch waren, fand ich nicht. Zwar hatte der Zar Paul I. im Jahr 1798 die Ausgabe von „Billets" der Hilfsbank für den Adel verfügt, darunter das höchste über 10 000 Rubel, doch war deren Laufzeit auf 25 Jahre, d.h. bis 1822 begrenzt. [1728] Soweit mir ersichtlich gab es infolge der Finanzreform von 1840 und bei den Geldscheinausgaben nach 1843 keine 10 000-Rubelscheine, erst die Sowjets brachten sie heraus. Zur fraglichen Zeit war offenbar der höchste Geldschein der 100-Rubelschein. [1729] Bis zum Erweis des Gegenteils ist deshalb nicht auszuschließen, daß Theo hier eine Ergänzung vorgenommen hat, die den Bericht zu stützen scheint, jedoch auf einer irrtümlichen Annahme beruht.

※

Glanz, Gloria und Missgeschick

Darüber hinaus geht es in dieser Geschichte bei genauem Hinsehen nicht, wie es zunächst vielleicht den Anschein hat, allein um das Fehlverhalten Klopmanns, sondern ebenso oder sogar noch mehr um das Fehlverhalten Theodors „gemäß seinen Ehrbegriffen von einem Ehrenmann." Wiederum ist nicht klar erkennbar, ob das von Tante Tali so mitgeteilt oder von Theo erläuternd geäußert wurde. Auch der abschließende Satz „So hatte Klopmann den „Edelmann" Denffer hereingelegt, und dieser konnte nichts beweisen und nichts tun, ohne sich lächerlich zu machen" könnte Theos Fazit sein.

Wäre ich ein Klopmann und wie berichtet des Betrugs beschuldigt worden, hätte meine Antwort lauten können: Ich habe den vollständigen Betrag übergeben, Du hast ihn entgegengenommen. Danach blieb er allein in Deiner Verwahrung. Wenn also etwas fehlte, mußt Du den fehlenden Teil an Dich gebracht haben!

[1728] Tschutschin, F. G.: Bumaschnje deneschnje znaki, wpuschtschennje na territorii bwschej Rossiskoi imperii sa wremja s 1769 po 1924 g.g., Moskwa 1924, 17. (Чучин, Ф. Г.: Бумажные денежные знаки, выпущенные на территории бывшей Российской империи за время с 1769 г. по 1924 г. /Papierbanknoten, herausgegeben auf dem Gebiet des ehemaligen Russischen Reiches in der Zeit von 1769 bis 1924).
[1729] Tschutschin, 17 f.; Zagorski, W.B.: Bumaschnje deneschnje znaki Rossii gosudarstwennje wpuski s 1769 Katalog), Sankt-Peterburg 2007, 13. (Загорский В.Б.: Бумажные денежные знаки России Государственные выпуски с 1769. Каталог/Russische Papierbanknoten Staatliche Emissionen seit 1769. Katalog); Murray, J.: Handbook for travellers in Russia, London 1865, 34.

Wäre ich nun Theodor, und lebten wir im Russland des 19. Jahrhunderts, bliebe mir, anders als im Bericht gesagt, nach meinem Ehrbegriff durchaus doch etwas zu tun, um mich nicht lächerlich zu machen - auch wenn es damals schon verboten war - die Forderung Klopmanns zum Duell. Pantenius berichtet, daß um die Mitte der 1850er Jahre am Rigaschen Strand Pistolenduelle ausgetragen wurden. [1730] Klopmanns Ablehnung der Forderung hieße, daß er keine Ehre zu verteidigen hätte. Bei seiner Annahme wäre indes jeder mögliche Ausgang „ehrenhaft" - Sterben bei der Verteidigung der Ehre oder leben als Verteidiger der Ehre.

Merkwürdig, daß Theo, der als Student einer schlagenden Verbindung angehörte, das nicht angesprochen hat. Nun lebe ich Gott sei Dank in anderen Verhältnissen und kann mir auch noch eine weniger dramatische und gewaltfreie Variante vorstellen: Hat Klopmann sich vielleicht nur geirrt und versehentlich einen Schein zu wenig übergeben? Leider fehlt in der Geschichte ein Hinweis darauf, ob Theodor überhaupt versucht hat, Klopmann darauf aufmerksam zu machen.

Vor allem aber fehlt mir bei der Geschichte ihr eigentliches Ende, nämlich die Schilderung, wie nun die betroffenen Familienangehörigen mit dem Verlust umgegangen sind. Wie sollte die Summe von 108 000 Rubel überhaupt verteilt werden? War für jeden ein gleicher Anteil vorgesehen? Oder bekam die Mutter eine größere Summe, weil ihr vielleicht ein Betrag zu erstatten war, den sie zum Kauf des Gutes beigetragen hatte? Der im Auftrag der anderen handelnde Theodor sollte sich natürlich geschämt und entschuldigt haben. Doch hat er darüber hinaus seine Mutter und Geschwister nicht entschädigt? Oder haben diese ihrerseits darauf verzichtet? Auch darüber Bescheid zu wissen, würde helfen, die angesprochenen „Ehrbegriffe" besser zu verstehen.

Hinzu kommen zwei Versionen der Geschichte, die mir begegnet sind. Die Notiz von Theo (1909-1982) war dadurch veranlaßt, daß Herbert (1907-1988) in seiner „Chronik" dieses Vorkommnis nicht mitteilte, obwohl er den Verkauf von Grafenthal und den Betrag von 108 000 Rubel erwähnte. Bei einem späteren Gespräch berichtete Herbert mir jedoch die Variante, daß die „Schuldige" die Gutsbesitzerin selbst

---

[1730] Pantenius, T.: Aus meinen Jugendjahren, Leipzig 1907, 105 f.

gewesen sein soll, [1731] daß also die Mutter Caroline und nicht der Sohn Theodor das Geld ungezählt entgegennahm.

Von Leonid (1908-1997) erfuhr ich: Der Verkaufspreis von Grafenthal war 120 000 Goldrubel, was nach heutigem Geld etwa 2,5 Millionen DM entspreche. Der Verkäufer im Auftrag der Familie soll nicht besonders schlau gewesen sein. Er zählte die bar übergebene Kaufsumme nicht nach. Jeder Erbe bekam demnach 100 000 Rubel (so Leo!), die er nach Bedarf verwendete. Jeder gab dem bedauernswerten Theodor auch 10 000 Rubel ab, so daß er nicht leer ausging. Zwei Brüder kauften sich in Mitau nahe beieinander gelegene Häuser in der Grünhofschen Straße, die Schwestern zogen nach Kandern in Baden, wo sie von ihrem Kapital lebten, später in die Schweiz. [1732]

Leonid hatte Tante Tali nicht erwähnt, aber von den drei Berichterstattern den wohl längsten und engsten Umgang mit ihr. Doch hier ist die Geschichte bei genauem Hinsehen noch etwas verwirrter wiedergegeben. Zwar kann beim Erzählen das Anführen von Einzelheiten helfen, die Authentizität zu stützen, doch dem 80jährigen Leo unterliefen zumindest zwei Irrtümer: Der Goldrubelstandard wurde in Rußland erst 1897 eingeführt, und ansonsten ist nie die Rede von Goldrubeln, sondern von Silberrubeln oder einfach Rubeln, [1733] und die von ihm genannten Zahlen passen nicht zusammen. Zwar gibt er konkret an, wie der Gesamtbetrag verteilt werden sollte, hat sich dabei aber um eine Dezimalstelle vertan. Jeder Erbe bekam allenfalls 10 000 Rubel und überließ dann Theodor 1 000 Rubel. Doch auch derart berichtigt ist die Anzahl der 10 000 Rubel-Scheine nicht mit der Gesamtsumme in Einklang zu bringen, gleich ob 108 000 oder 120 000 Rubel.

Vor allem aber deutet Leo an, wie mit dem Verlust umgegangen wurde. Demnach kam der Schadensverursacher Theodor für den Schaden auf, indem er auf seinen Anteil verzichtete, und die anderen Familienangehörigen entschädigten ihn, indem jeder etwas weniger beanspruchte, als ihm zustand. Das ist nun trotz der auffälligen

---

[1731] Denffer, Herbert v.: Die Familie von Denffer eine kleine illustrierte Chronik, München 1966, 6; Gesprächsnotiz 20.4.1988.
[1732] Mehrfach Gespräche sowie Telefonat 15.5.1989.
[1733] LVVA 581/4/2100 (Nachlaßsache des Kap. v. Denffer. Protocoll über die Taxation von Grafenthal 20. April 1859); LVVA 640/3/820 (Hahn, W. Baron (1890) Inhaltsverzeichnis einiger kurländischer Brieflanden... V. Grafenthal, No 236); Kurländische Güter-Chroniken. Neue Folge, Bearbeitet und herausgegeben im Auftrage des Kurländischen Ritterschafts-Comités, Mitau 1895, 91.

Ungenauigkeiten in Leos Bericht ein besseres Ende, nicht zuletzt im Hinblick auf den „Ehrbegriff", den Theo angesprochen hatte. In allen drei Versionen ist Theodors Geschäftstüchtigkeit in Frage gestellt, hier jedoch gerät nicht nur seine Ehre in den Blick, sondern auch die der übrigen Angehörigen. Alle verhalten sich ehrenhaft, und damit ist die Ehre der Familie festgestellt - trotz offenbar unstrittiger Geschäftsunfähigkeit, kann man hinzufügen, die im Übrigen ja die Ehre nicht mindert, sondern im Gegenteil sie nur unterstreicht.

So gesehen könnte man sogar auf den Gedanken kommen, daß die ganze Geschichte nicht bloß zu diesem Zweck erzählt wird, sondern überhaupt dazu entstand. Ist es unangemessen zu fragen, ob am Ende vielleicht Tante Tali sie derart gestaltet oder gar in Teilen sich ausgedacht hat? Immerhin ist Tante Tali auch ihrer Großnichte Reni als „die beste Märchenerzählerin" in Erinnerung geblieben und hat uns nicht nur „Aus Aeltervaters Zeit"[1734] erzählt, sondern noch manche anderen Geschichten verfaßt und veröffentlicht.

Auf weitere Überlegungen sei verzichtet. Was vorgegangen ist, wird sich spätestens am Tag der Auferstehung klären. Will man aber noch in dieser Welt aus der Geschichte lernen, dann zumindest so viel: Selbst dem „Edelmann" bringt das Leben nicht nur Glanz und Gloria, sondern auch Mißgeschicke. Wenn Du im Auftrag Anderer handelst, sei noch gewissenhafter als bei Deinen eigenen Angelegenheiten. Und wenn Du auf Geld Wert legst, zähle nach!

※

In Litauen

Nach 40 Jahren war Mamachen, mit ihren Töchtern Thekla, Mathilde, Marie, Elisabeth und Bertha, zurückgekehrt nach Mitau, ihrer Heimatstadt. Das mag ihr den Abschied von Grafenthal erleichtert haben, zumal in Mitau mittlerweile auch ihr ältester Sohn Victor mit seiner Familie lebte. Der jüngste Sohn Julius studierte noch in Petersburg, und Theodor, der während des letzten Jahrzehnts Grafenthal und sein eigenes Gut Feldhof geführt hatte, kaufte für sich und seine Familie am 5. März 1859 das Gut Shorani in Litauen, etwa 80 Kilometer südwestlich von Mitau, im Kirchspiel

---

[1734] Denffer, N. v.: Aus Ältervaters Zeit, Löcknitz i. Pom., o.J. (ca. 1941).

Schaulen des Gouvernements Kowno. [1735] Pantenius, der ihn dort besuchte, hat davon berichtet:

„Der Bruder Theodor verkaufte auch sein Gut in Kurland und erwarb ein anderes in Littauen. Da ich auf diesem mehrfach für längere Zeit sein Gast war, hatte ich Gelegenheit, eine mir bisher fremde, interessante Welt kennen zu lernen. Die Gutsbesitzer waren hier fast alle Polen, und ihre gastfreien Häuser boten das seltsamste Gemisch von Kultur und Unkultur. Man fuhr mit Vieren, aber die Stränge, an denen die Pferde zogen, bestanden aus Stricken; die Diener hatten eine Livree an und zugleich Bastschuhe an den Füßen; die Damen trugen in Gesellschaft seidene Kleider und gingen Werktags in schmutzigen Blusen, die man in Kurland an keiner Magd geduldet haben würde. Einen ganz merkwürdigen Einschlag in der Geselligkeit bildeten die zahlreichen angehenden katholischen Geistlichen, die gewissermaßen als geschlechtlich neutral angesehen wurden und sich den jungen Damen gegenüber große Freiheiten erlaubten.

Diese Gesellschaft war durch die sich vorbereitende Revolution von 1863 in die lebhafteste patriotische Erregung versetzt, ließ sich aber dadurch nicht abhalten, sich nach wie vor immer wieder zu geselligen Freuden zusammenzufinden.

Bei einer solchen Gelegenheit lernte ich zwei Schwestern kennen, von denen die eine mein Herz lichterloh brennen machte. Ich konnte am folgenden Tage den Nachmittag kaum erwarten, um unter dem Vorwand mich nach ihrem Befinden der Damen zu erkundigen, die Schöne wiederzusehen und ritt dann auch froh bewegt meinem Ziele zu. Der schmutzig gekleidete Diener, der mir mein Pferd abnahm, sagte mir, daß ich die Panjonkas [1736] im Garten finden würde, und sie traten mir dort auch sehr freundlich entgegen, aber in Anzügen, die allen meinen Illusionen ein schnelles Ende bereiteten." [1737]

Zudem begegnete Pantenius auf Szorany Theodors Vetter August: „Im Hause Theodor Denffers lernte ich auch zum ersten Mal einen lebenden Dichter kennen. Dieser, ein naher Verwandter der Familie, war ein kleiner zart gebauter Mann, mit rotblondem

---

[1735] LVVA 1100/13/393, fol. 4 (Testament des weil. Theodor Johannes von Denffer 1.9.1860). Der Gutsname kommt in unterschiedlichen Schreibweisen vor wie „Szoran", „Szorany", „Dschuran" u.ä. Die heutige naheliegende Ortschaft heißt Žarėnai.
[1736] Panjonka, litauisch: Dame.
[1737] Pantenius, T.: Aus meinen Jugendjahren, Leipzig 1907, 154 f.

Haupthaar und Vollbart, und blauen, etwas vortretenden Augen. Er hatte Geschichte studiert, und dann eine große Bildungsreise unternommen, die bis Spanien, Portugal und Algier führte. Ein Wort aus einem von Lissabon ausgeschriebenen Brief: „Die Portugiesen sind dumm, aber faul", war in der Familie zum geflügelten geworden. [1738] Heimgekehrt, trieb er ohne jedes System historische Studien, sofern man ganz planloses Lesen geschichtlicher Bücher so nennen darf. Nebenbei verfaßte er aber auch dilettantische Gedichte und veröffentlichte sie von Zeit zu Zeit unter den merkwürdigsten Titeln im Kommissionsverlage. Da sie nun niemand kaufte, und er das Lagergeld beim Buchhändler sparen wollte, waren die noch rohen, ungefalzten Bogen nach Litauen gekommen und wurden dort unter den Betten der Gastzimmer aufbewahrt. Aber nicht nur das, sie wurden auch zu allem verwendet, wozu man Papier verbraucht. Da ich mit dem Poeten das Zimmer teilte, kam es vor, daß, während wir die tiefsinnigsten Gespräche führten, eine Magd eintrat, mit fester Hand unter ein Bett griff und eine Anzahl Bogen mit sich nahm. Der von der Zeit verkannte Dichter aber verzog keine Miene und wurde auch durch die Neckereien des Hausherrn, der für Poesie gar kein Verständnis hatte, an seinem Berufe nicht irre gemacht.

Das Leben hat uns später wieder zusammengeführt, und er war immer sehr gütig gegen mich; er war aber einer der wunderlichsten Menschen, die ich kennen gelernt habe." [1739]

Dem entgegen berichtete Herbert über August: „Im Alter bei Verwandten lebend soll es ihn sehr gekränkt haben, wenn Teile seiner Werke von einer Bedienerin respektlos zum Ofenanheizen benutzt wurden." [1740] Dieser Version widerspricht indes schon, daß August nicht „im Alter bei Verwandten" lebte.

※

[1738] Von diesem „Wort" soll auch Tante Tali erzählt haben (Denffer, Herbert v.: Die Familie von Denffer, eine kleine illustrierte Chronik, München 1966, 7).

[1739] Pantenius, T.: Aus meinen Jugendjahren, Leipzig 1907, 157 f.

[1740] Denffer, Herbert v.: Die Familie von Denffer, eine kleine illustrierte Chronik, München 1966, 7.

Mitau

Am 23. Mai 1859 heiratete Woldemar von Budberg, Henriettes jüngster Sohn, Marie von Korff in Dünaburg. [1741] Geboren 1824, war er taubstumm aufgewachsen [1742] und trotzdem viel gereist, jedoch stets in Begleitung. In den folgenden Jahren sind den Zeitungen keine Reisen mehr zu entnehmen, und er hob auch die seinem Begleiter erteilten Vollmachten auf: „Nachdem die von mir dem Herrn Candidaten, preußischen Unterthan Gottlieb Dittrich erteilten Generalvollmachten d. d. 18. Februar 1852 und 7. December 1854, recognoscirt bei Einem Mitauschen Oberhauptmannsgerichte am 9. December 1854, nunmehr erloschen sind, so bringe ich solches zur allgemeinen Kenntnis. Baltensee, den 20. März 1862. Erbherr der Baltenseeschen, Gahrsenschen und Gritzgalnschen Güter, Baron R. (sic!) Budberg." [1743]

Theodor war am Johanni-Termin, wohl zu diesem Zweck, aus Litauen nach Mitau gekommen.: „1859 In Mitau angekommene Fremde. Vom 9. bis zum 11. Juni... Hr. Th. v. Denffer aus Szorany log. b. Oberlehrer Napiersky", [1744] seinem alten Schulfreund Wilhelm Napiersky (1823-1885), nun Oberlehrer für Mathematik am Mitauschen Gymnasium. [1745]

Kurz zuvor hatte es ein ungewöhnliches Unwetter gegeben: „Mitau, den 8. Juni. Heute um 3 Uhr Nachmittags, bei heiterem Horizonte und einem Thermometerstande von 22 Grad R. im Schatten, erhob sich hier plötzlich ein südöstlicher Orkan unter Donner und Blitz in Begleitung von einem starken Hagelregen, worauf der Thermometerstand bis 12 Grad R. fiel. Der Hagel hatte die Größe von Taubeneiern und hat in einer Strecke von 4 bis 5 Werst bedeutenden Schaden angerichtet. Außer der Beschädigung auf dem Lande, sind in der Stadt viele Tausende Scheiben zerbrochen, Dächer und Zäune beschädigt und in den Gärten starke Bäume entwurzelt worden. Kellerwohnungen wurden der Art überschwemmt, daß die Einwohner derselben sich mit vieler Not kaum retten konnten. Bis spät in die Nacht lagen Hagelschichten in den Straßen aufgehäuft, daß wir mitten im Sommer ein winterliches Bild in natura vor

---

[1741] Kirchenbuch Dünaburg Copulirte 1859, fol. 17.
[1742] Budberg, A. v.: Beiträge zu einer Geschichte des Geschlechtes der Freiherrn v. Bönninghausen genannt Budberg, Riga 1897, 46, dort als Geburtsjahr irrtümlich 1834 statt 1824.
[1743] Kurländische Gouvernements-Zeitung 7.4.1862.
[1744] Kurländische Gouvernements-Zeitung 13.6.1859.
[1745] Lenz, W. (Hg.): Deutsch-Baltisches Biographisches Lexikon, Köln Wien 1970, 540.

Augen hatten. Der direct und inderect angerichtete Schaden wird auf circa 10,000 R. S. geschätzt." [1746]

Doch das Leben in Mitau hatte auch erfreulichere Seiten:

„Mitau, den 8. Sept. Das freudige Ereigniß des Mündigwerdens Sr. Kais. Hoheit des Thronfolgers Nicolai Alexandrowitsch wurde heute an Hochdessen Geburtsfeste von der Gesammt-Bevölkerung Mitaus tief gefühlt und in lebhafter Weise geäußert. Am Vormittage halb eilf Uhr, während man bereits an vielen Häusern die Reichs- und Gouvernementsfahnen und Flaggen lustig flatternd erblickte, versammelten sich sämmtliche Zünfte, Aemter und Innungen mit ihren verschiedenen Fahnen und Standarten, die Bürgermeister und die Glieder des Magistrates an ihrer Spitze, und zogen unter klingendem Spiel, bei Musikbegleitung der Stadtmusici und wogendem Gedränge des freudigst bewegten Volks zum Schlosse hinauf, um Sr. Exe. dem Hrn. Civilgouverneuren die Festesgratulation darzubringen; während dessen fand gleichzeitig die übliche allgemeine Cour Seitens der Behörden und Autoritäten statt. Hierauf begann in den Gotteshäusern aller Konfessionen ein feierlicher Gottesdienst, welchem sich der laute Jubeldonner der am Rathhause aufgestellten Kanonen anschloß. Gegen 1 Uhr Mittags fand eine Speisung der Untermilitairs, so wie der Armen in den Armenhäusern und in den verschiedenen Anstalten, Seitens der Stadtgemeinde, statt. Auch die ebräischen Soldaten und Armen wurden auf Kosten der ebräischen Kaufmannschaft in dem Vorhofe der Synagoge nach beendetem Gottesdienste an langen Tischreihen, auf welchen gegen 120 mit Blumen-Bouquets geschmückte Couverts aufgestellt waren, gespeist, wobei ihnen das Glück zu Theil wurde, daß Se. Excellenz der Kurl. Hr. Civil-Gouverneur… und viele andere Honoratioren dieser Speisung beiwohnten. Zugleich beehrten dieselben Personen die Synagoge mit ihrem Besuche, ließen sich vom Rabbiner die heiligen Gesetzrollen und das Innere der heiligen Lade zeigen, worauf sie sich wieder zurück auf den Synagogen-Hof begaben. Nach angebrachter ehrerbietiger Einladung Seitens der Repräsentanten der Ebr. Gemeinde, beliebten die hohen Gäste einem bereit stehenden Tische sich zu nähern, auf welchem diverse Weine und Confituren befindlich waren. Sr. Excellenz der Herr Kurl. Civil-Gouverneur eröffnete mittelst eines Glases Champagners den Toast auf das Wohl Sr. Maj. des Kaisers und Sr. Kaiserl. Hoheit des Thronfolgers, den alle Anwesenden durch ein lautes Gläser-Geklirr und ein donnerndes „Hoch" erwiederten, worauf die

---

[1746] Das Inland 15.6.1859, 486.

Musik die Volks-Hymne anstimmte… Nachmittags fand ein belustigendes Volksfest auf dem Platze hinter dem Schlosse statt, woselbst zwei Kletterstangen aufgestellt und die Erkletternden, unter Belustigung der Zuschauer, nach manchem vergeblichen Versuche endlich so glücklich waren, die darauf gesetzten Prämien sich zu erwerben. Abends leuchtete unter dem Spiele mehrerer Musikchöre ein brillantes Feuerwerk, dessen Kosten (für Rechnung der Stadtgemeinde) sich auf 200 R. S. beliefen, so wie auch eine ausgezeichnet schöne Illumination in der ganzen Stadt, bei welcher sich namentlich das Schloß, das Rathhaus, das Casino, das Gymnasium und das Zehr'sche Gasthaus ganz besonders prachtvoll ausnahmen." [1747]

※

Riga

August der Dichter war ab Januar 1859 als Mitglied dem „Rigaer Dichterverein" beigetreten, der zum Zweck hatte „über die neuesten Werke der Dichtkunst sich zu unterhalten, durch diese Unterhaltung zu gegenseitiger Fortbildung und zur Selbstproduction anzuregen, eigene Gedichte vorzulesen und aufzubewahren, ausserdem aber auch Gedichte von anderen Verfassern zu sammeln. - Zu Gliedern des Vereins eignen sich diejenigen, welche Ideen und Gefühle in gebundener, oder auch Poetisches in ungebundener Rede auszudrücken vermögen." Augusts Mitgliedschaft im Verein währte bis zum Mai 1862. [1748]

Von August waren in den Rigaschen Stadtblättern 1859 sechs kurze Poeme, „Vierzeilen", zu lesen, von denen man annehmen kann, daß sie auch im „Rigaer Dichterverein" vorgetragen und besprochen wurden:

„Vierzeilen. August Denffer.

Such' das Leben in dem Leben,
Freudenkeime schon im Schmerz;
In dem Freunde such' ein Streben,
In der Freundin nur ein Herz.

[1747] Das Inland 14.9.1859, 728 f.
[1748] (Kolberg, F.:) Die ersten 25 Jahre des Rigaer Dichtervereins, Riga 1881, 8, 31.

Hypochonder, ja ich glaub's,
Du wirst nicht mehr lange leben;
Lange sterben wirst du nur,
Armer, denn nur dahin führt dein Streben!

Du hast nur dann ein Recht auf Einsamkeit,
Wenn du nach Kräften beigetragen,
Daß Andre sich mit Ernst und Thätigkeit
Zusammenthun in Lebensfragen.

Das Sprechen, denke ich, das ist uns angeboren;
Nur wie zu sprechen sei, das lehren die Rhetoren.
Das Schweigen aber lernt auch durch sich selbst der Mann,
Doch ob es nicht noch mehr an Lehrgeld kosten kann?

Ein Einwurf gegen sein System
Bringt nicht Gefahr dem Philosophen,
Die Praxis und das Leben nur,
Wenn er hervorkommt hinterm Ofen.

Es ist ein Schmetterling die Freude,
Der flatternd naht sich deinem Kleide;
Doch greifst du schnell und hastig zu,
So ist der Schmelz herab im Nu." [1749]

Auch von seinem weiteren Bemühen um Wohltätigkeit gibt es 1859 Nachricht. August der Dichter unterstützte die Kinderanstalt des Rauhen Hauses in Hamburg. [1750] In dieser Einrichtung, einer Art „Kinderdorf", wurden über 100 „sittlich verwahrloste"

[1749] Rigasche Stadtblätter 25.6.1859, Beilage Nr. 1, 4 f.; Register Riga 1860, V. Nachgedruckt auch in: Gedichte aus Riga, Riga 1867 (R. Kymmel's Buchhandlung), 12.
[1750] Fliegende Blätter aus dem Rauhen Hause zu Horn bei Hamburg Mai 1859, 160 (Quittungen vom Monat April 1859… Rußland: Hr. Cand. Denffer in Riga); XXVI. Jahresbericht der Kinderanstalt des Rauhen Hauses 1859, Hamburg 1860, 12.

Kinder und Jugendliche betreut und erhielten Berufsausbildung sowie christliche Erziehung.

❊

Petersburg

Aus Petersburg wurde 1859 gemeldet: „Durch Allerhöchste Gnadenbriefe vom 8. September ist der Alexander-Newski-Orden mit Brillianten verliehen worden: ... dem Senator wirklichen Geheimerath Denffer." [1751]

Bald darauf schrieb Kurd v. Schlözer aus St. Petersburg:

„Der deutsche Einfluß schmilzt dahin und kann nur noch künstlich aufrecht erhalten werden. Das russische Nationalkostüm fängt an, Mode zu werden. Und da das Kaiserhaus bereits als ein „fremdes" bezeichnet wird, so mischen sich slawische und antimonarchische Tendenzen... Ich empfehle keinem Deutschen, in russische Dienste zu treten; das gegenwärtige und zukünftige Rußland ist das gräulichste Land, was man sich nur denken kann. Seitdem mit Nikolaus der ganze Nimbus der Armee, der Finanzen, der Diplomatie usw. zu Grabe gegangen, ist das Widerliche dieses Landes zutage getreten... Jeder Mensch möchte Rußland jetzt verlassen, selbst eingefleischte Petersburger... sprechen im Vertrauen davon." [1752]

Auch Augusts Sohn Woldemar war weggegangen und hatte sich an der Universität Göttingen eingeschrieben: „1859, 3. Mai Woldemar Denffer. V: Geh. Rat in St. Petersburg; Rußland; phil. Reisepaß." [1753] Daß Woldemar von der Dorpater Universität kommend nach Göttingen ging hing wohl mit den engen wissenschaftlichen, besonders naturwissenschaftlichen, und personellen Beziehungen zusammen, die im 19. Jahrhundert zwischen diesen beiden Universitäten bestanden. [1754]

Christiane Dorothea Pannenborg geborene Ellissen, Woldemars Schwägerin, hielt in ihren Jugenderinnerungen über Woldemar fest: „Der Sommer 1863 brachte einige wichtige Ereignisse. Zunächst die Verlobung meiner geliebten Schwester Berta mit

---

[1751] Rigasche Zeitung 21.9.1859; Warschauer Zeitung 29.9.1859 dort „in Brillanten".

[1752] Rothe, H. (Hg.): Petersburger Briefe... von Schlözer, München 1997, 104 f.

[1753] Ebel, W.: Die Matrikel der Georg-August-Universität zu Göttingen 1837-1900, Hildesheim 1974, 242 (Nr. 47 470 122).

[1754] Vgl. Schwamm, K.: Beziehungen der Universität Dorpat zur Universität Göttingen im 19. Jahrhundert 183 ff., in: Pistohlkors, G.v.: Die Universitäten Dorpat, Riga und Vilna 1579-1979, Köln u. Wien 1987.

einem jungen Deutschrussen, Woldemar von Denffer, der sich Studierens halber in Göttingen aufhielt. Er hatte schon drei oder vier Jahre früher ein Semester hier verbracht und damals mit Berta Tanzstunde gehabt, also war es wohl eine alte Liebe. Aber auch ich verliebte mich in den nicht schönen, aber sehr artigen jungen Mann schon lange, ehe er mein Schwager wurde, und begrüsste dies Ereigniss mit innerem Jubel. Auch meiner Mutter war der liebenswürdige und anscheinend wohlhabende Schwiegersohn sehr willkommen. Weniger erbaut von ihm zeigte sich mein Vater. Seiner überaus tätigen Natur war die nachlässige Art, mit der Denffer sein Studium (der Chemie) betrieb und dass er es mit 28 Jahren noch zu keinem Abschluss darin gebracht, ein starker Stein des Anstosses. Vergebens drängte er ihn in den folgenden Jahren wiederholt, wenigstens seinen Doktor zu machen. Der gute Wille war wohl da, aber mein lieber Schwager hatte zeitlebens, was wir die Aufschiebekrankheit nannten, - er kam selten oder nie dazu, seine guten Vorsätze auszuführen. Sein Einkommen, der Ertrag von Häuserbesitz in Petersburg, sicherte ihm damals eine behagliche Existenz und überhob ihn der Notwendigkeit, eigenen Verdienst zu suchen, der doch später, als er eine grosse Familie hatte, sehr wünschenswert gewesen wäre. Denn die Petersburger Einnahmen vermehrten sich nur langsam, und sein Leben wurde später durch Nahrungssorgen fast noch mehr getrübt wie das meines guten Vaters, der mit einer viel, viel kleineren Einnahme auch eine ziemlich grosse Familie durchbringen musste. Auch verletzte es den Stolz meines Vaters etwas, dass Denffer's adelsstolze Mutter nur zögernd und widerwillig ihren Consens gab. Denffer selbst dagegen kam dem demokratischen Sinn meines Vaters so entgegen, dass er von sich aus für Jahre auf den Adelstitel verzichtete, den er später doch seiner Kinder wegen wieder annahm." [1755]

Tatsächlich gibt es im Staatsarchiv St. Petersburg diesbezügliche Unterlagen „Denfer Wladimir Awgustowitsch zur Aufnahme in das Adelsgeschlechtsbuch" der Petersburger Adelsversammlung aus dem Jahr 1870. [1756] Eine Abschrift des Protokolls vom 2. April 1870, datiert 10. Nov.1912, in russischer und deutscher Sprache ist im Nachlaß Dietrich v. Denffer erhalten. [1757] Bis dahin waren weder Woldemar noch sein Vater und seine „adelsstolze" Mutter in ein Adelsgeschlechtsbuch eingetragen. Zu

---

[1755] Pannenborg, C.D.: Jugenderinnerungen einer alten Frau, Göttingen/Oldenburg 1918/1924, Typoskript Stadtarchiv Göttingen B 393, 18 f.
[1756] TsGIA 536/6/3711 (26.3.1870-24.9.1870); 1343/20/1274 (Heroldie Departement).
[1757] Ebenso eine weitere beglaubigte Übersetzung datiert Göttingen 29. Juli u. 12. Aug. 1927.

Adelsdiplomen von Offizieren hatte schon Hupel 1790 mit Bezug auf „Adels-Ukase § 92 Nr.3" der Kaiserin Katharina II. mitgeteilt: „ich kenne nur wenige die eines gesucht haben… Es scheint jetzt auch gar nicht nöthig zu seyn ein Adelspatent zu haben", da die „adeliche Würde" schon mit dem „Oberofficiers-Patent" verknüpft ist, und „besizt er Dörfer oder Landgüter, so wird sein Name in das adeliche Geschlechtsbuch der Statthalterschaft… verzeichnet."[1758] August war Stadtbewohner ohne „Dörfer oder Landgüter" und wohl deshalb nirgendwo eingetragen.

Als die Schwägerin sich Jahre später verlobte, kommt sie nochmals auf Woldemar zurück: „Meine Mutter war vielleicht nicht so entzückt wie über ihren ersten Schwiegersohn, der reich, adlig, von feinsten Manieren und bestechender Liebenswürdigkeit, ihr vor neun Jahren gewaltig imponiert hatte, wenn auch seitdem der Nimbus des Reichtums wie der Liebenswürdigkeit etwas an Glanz verloren hatte. Anders mein Vater, der an Denffer's Beruflosigkeit und Untätigkeit noch immer starken Anstoss nahm."[1759]

Woldemars alter Vater August war, wenn nicht in töchterlicher Gesellschaft, allein in St. Petersburg zurückgeblieben und gestorben „1860 März… No. 51 d. Elften (11ten) (Begräbnis) d. Vierzehnten (14ten) von Denffer, August, wirkl. Geheimer Rath, Senateur. (Geburtsort) Frauenburg in Kurland 74 Jahre verheiratet Schlagfluß (Begräbnis) auf Wolkowo."[1760]

[1758] Einige besondere Arten oder Klassen des russischen Adels 438 f. in: Hupel, A.W.: Nordische Miscellaneen 20/21, Riga 1790, 437-443.

[1759] Pannenborg, C.D.: Jugenderinnerungen einer alten Frau, Göttingen/Oldenburg 1918/1924, Typoskript Stadtarchiv Göttingen B 393, 83 f.

[1760] KB St. Petersburg St. Anna Verstorbene 1860 Nr.52, fol. 131 f.; Das Inland 11.4.1860, 308; St. Petersburger Evangelisches Sonntagsblatt 27.3.1860, 104; Denfer, H. v.: Grundstein zu einer Geschichte der Familie von Denffer, Batum 1906, 49. Peterburgskij nekropol, S. Peterburg 1912, II, 37; Böhm (Behm), B.: Wolkowo lutherischer Friedhof in St. Petersburg, St. Petersburg 1998, 44. Sein Geburtsort war nicht Frauenburg sondern Kandau (KB Kandau Taufen 1786, fol. 26, Nr. 137). Ein Übersichtsplan der Denfferschen Gräber auf dem Wolkowo-Friedhof ist zu finden in Denfer, H. v.: Grundstein, 50. Bei einem Besuch in St. Petersburg am 16.11.1993 fand ich die Gräber nicht mehr erhalten und einen Teil der südlichen Friedhofsbegrenzung an der Mginskaja ulitsa nach erfolgter Verkleinerung des Friedhofs über das Denffersche Gräberfeld verlaufend.

Jenseits des Erwartungshorizonts

Nach Augusts Tod scheint kein Denffer mehr dauerhaft im Petersburger Stadthaus gewohnt zu haben. Das Adressbuch von 1867 verzeichnet Denfer zwar als Eigentümer der Häuser Litejnij Pr. 13 und Mochowaja 10 (sic!), aber nicht im Teil der Einwohner. [1761] Augusts Frau, Kinder und Enkel haben als seine Erben noch etwas mehr als ein halbes Jahrhundert die Einkünfte aus Petersburg bezogen, selbst aber anstatt des Verbleibs in Russland sich in Deutschland niedergelassen. Das Anwesen wurde wohl 1911 verkauft. [1762]

Caroline überlebte August um 18 Jahre. - 1878 „Todes-Anzeige. (8454) Am 13 October entschlief sanft und schmerzlos in Stuttgart unsere geliebte Mutter, Ihre Excellenz die kais. russische wirkliche Geheimräthin Caroline v. Denffer, geb. Schmelzer, in ihrem 85. Lebensjahre. Die trauernden Kinder." [1763] „Veränderungen im Familienstand. Stuttgart 14. Oktober 1878… Todesfälle… von Denffer, Karoline geb. Schmelzer, Geh-Raths Wittwe in St. Petersburg (Altersschwäche), 84 J." [1764]

Im „Grundstein" steht merkwürdigerweise fälschlich „starb im Jahre 1881 zu Stuttgart." [1765]

Constantin, der verabschiedete General, war am 3. Jan. 1860 unverheiratet und kinderlos auf seinem Gut Poplawi gestorben. Seine Schwester Elisaweta, die wohl 1882 noch lebte, ließ dort 1862 die St. Michael-Kirche erbauen. [1766] August der Dichter blieb in Riga und betätigte sich weiter als Lehrer an verschiedenen Schulen. Auch die alte Tante Cornelie, Theodors Witwe, zog nach Riga, behielt jedoch ihr Gut Klein-Elley bis zu ihrem Tod im Jahre 1912. [1767]

[1761] Wseobschtschaja adresnaja kniga s.- peterburga 1867-68, 24. Einwohner 148.

[1762] Im Petersburger Adressbuch 1912 ist als Eigentümer verzeichnet „Fam. Alex. Nicolaiw. Bezak" (Vesja Peterburg 1912, Sp. 276).

[1763] Allgemeine Zeitung (München) 20.10.1878, 4332. D.h. gestorben nach vollendetem 84. Lebensjahr (Geburtsdatum 16./28. Jan. 1794, Denfer, H. v.: Grundstein zu einer Geschichte der Familie von Denffer, Batum 1906, 47).

[1764] Neues Tageblatt (Stuttgart) 16.10.1878, 8.

[1765] Denfer, H. v.: Grundstein, 47.

[1766] http://berezino.minsk-region.gov.by/dfiles/000142_278538_Poplavy.doc

[1767] Sie verstarb am 4.4.1912 in Riga. Richter, A.: Baltische Verkehrs- und Adressbücher, 2. Kurland, Riga 1912, 315, 688; KB Riga St. Petri Verstorbene 1912, fol. 134 Nr. 55 (LR 59, 134 links, rechts); Riga Jacobi Verstorbene 1912, fol. 136 Nr. 57 (LR 28, 136 links, rechts); Rigasches Kirchenblatt 13.4.1912, 184; Rigasche Zeitung 13.4.1912.

Mamachens Familie hatte durch den Umzug nach Mitau die Vorzüge und Nachteile des Landlebens eingetauscht gegen die des Lebens in der Stadt. Zu den verschiedenen Umständen, die es prägten, gehörte in erster Linie die allein schon infolge der Einwohnerzahl bedingte weit größere Öffentlichkeit im Gegensatz zur Privatheit durch die Abgeschiedenheit auf dem Land. Derart wurde man nun auch mehr als zuvor in die Gesamtgesellschaft eingebunden. Victor und seine Söhne blieben im Staatsdienst. Die Schwestern Emilie, Marie, Elisabeth und Bertha zogen später nach Deutschland.

Julius stellte als Schriftführer der Kurländischen Gouvernements-Wehrpflichts-Commision zwar die Regularien der Wehrpflicht zusammen, [1768] doch nur ein Denffer hat noch freiwillig Kriegsdienst geleistet, Alexej, der Enkel Victors. Als Besitzer des litauischen Gutes Dargian stand Julius noch weiterhin mit einem Fuß auf ländlichem Grund, doch durch seine Anstellung bei der Gouvernementsregierung in Mitau mit dem anderen Fuß auch auf städtischem Boden. Seine und ebenso Victors Nachkommen wurden wie viele ihrer Zeitgenossen endgültig zu Stadtbewohnern, ein im ausgehenden 19. Jahrhundert weitverbreiteter Wandel. Was sich anschloß, und daß drei Generationen später kein Denffer mehr in Kurland und in Russland leben sollte, dürfte weit jenseits ihres Erwartungshorizonts gelegen haben.

[1768] „Sammlung sämmtlicher gesetzlichen Bestimmungen und obrigkeitlichen Vorschriften über die allgemeine Wehrpflicht nebst den Ergänzungen und Erläuterungen zu denselben bis zum 1. September 1879 und einem alphabetischen Register. Zusammengestellt vom Colleg-Assessor J. v. Denffer, durchgesehen vom Staatsrath M. v. Kelczewsky und approbirt von der Kurl. Gouv.-Wehrpflichts-Commission", Mitau 1879.